"十二五"职业教育国家规划教材

经全国职业教育教材审定委员会审定

供护理、助产专业使用

内 科 护 理

（第3版）

主　编　钟　华　江　乙
副主编　陆红梅　李　凤
编　者　（按姓氏汉语拼音排序）

　　　　陈梓珊　（汕头市卫生学校）
　　　　甘权海　（百色市民族卫生学校）
　　　　江　乙　（贺州职业学院桂东卫生学校）
　　　　李　凤　（鞍山师范学院附属卫生学校）
　　　　陆红梅　（镇江高等专科学校）
　　　　聂　珊　（毕节医学高等专科学校）
　　　　石　芳　（玉林市卫生学校）
　　　　孙军妹　（桂林卫生学校）
　　　　杨新芳　（新疆巴音郭楞蒙古自治州卫生学校）
　　　　钟　华　（毕节医学高等专科学校）
　　　　仲　琴　（宿迁卫生中等专业学校）

科学出版社

北京

· 版权所有　侵权必究 ·

举报电话：010-64030229；010-64034315；13501151303（打假办）

内 容 简 介

本教材为"十二五"职业教育国家规划教材。全书共九章，第1章绪论介绍了内科护理的性质、内容、学习目的与方法、基本要求和发展趋势；第2~9章包括理论和实践教学内容，每章正文内容之外设情境案例导入、情境诊断分析、情境护理诊断分析、情境护理工作过程、情境问题回答、执考和知识拓展链接、小结、自测题等特色栏目，使教材在拓展学生知识的同时，与护士执业考试无缝衔接，为学生顺利通过执业资格考试奠定基础。课后配有自测题和实训指导供学生自学和课后检测，配套的PPT课件及自测题参考答案供教师课堂教学选用。

本教材适用于中等卫生职业学校护理、助产等专业使用。

图书在版编目（CIP）数据

内科护理／钟华，江乙主编．—3版．—北京：科学出版社，2015.7
"十二五"职业教育国家规划教材
ISBN 978-7-03-044666-4

Ⅰ．内… Ⅱ．①钟…②江… Ⅲ．内科学-护理学-中等专业学校-教材 Ⅳ．R473.5

中国版本图书馆CIP数据核字（2015）第124524号

责任编辑：丁海燕　张　茵／责任校对：郑金红
责任印制：赵　博／封面设计：范璧合

版权所有，违者必究。未经本社许可，数字图书馆不得使用

科学出版社 出版
北京东黄城根北街16号
邮政编码：100717
http://www.sciencep.com

天津文林印务有限公司 印刷
科学出版社发行　各地新华书店经销

*

2007年12月第 一 版　　开本：787×1092　1/16
2015年7月第 三 版　　印张：22
2021年2月第二十一次印刷　字数：521 000

定价：52.80元
（如有印装质量问题，我社负责调换）

前　言

为了进一步贯彻教育部"关于做好中等职业教育课程改革国家规划新教材使用和管理工作的通知"精神，落实教育规划纲要，加强职业教育教学课程体系改革，适应教育部制定的《中等职业学校专业教学标准》的要求，更好地促进职业教育专业化、科学化、标准化、规范化，为全国中等卫生职业学校的教学改革和发展服务，科学出版社启动了全国中等职业教育专业技能课规划教材的编写工作，本教材是其中之一。

教材是体现教学内容和教学方法的知识载体，是开展教学活动的基本工具，是深化教育改革、培养合格人才的重要保证。本教材的编写理念是适应中等卫生职业教育、教学的发展趋势，体现"以就业为导向，以能力为本位，以发展技能为核心"的职业理念，强调理论实践一体化、教学做一体化的人才培养模式，突出"做中学、做中教"的职业教育教学特色，突出案例教学、情境教学、问题教学及与执考接轨的编写理念，并尽可能满足各参编学校护理职业教育教学现状和要求，使本教材达到培养学生掌握必要的内科护理理论知识、较熟练的岗位技能操作能力，为今后就业打下坚实基础。在编写的过程中，力求保证质量，突出特色。其编写有以下特点：

1. 本教材编写时充分体现职业教育的特性，坚持以上编写理念，并强调与护士执业资格考试接轨。

2. 编写章节内容的确定充分考虑到不同课程之间的衔接、过渡及教材体系的完整性，同时避免教材体系出现重复、不足等缺陷。第1章绪论包括了内科护理的性质、内容、学习目的与方法、基本要求和发展趋势四个方面；第2~9章包括理论和实践教学内容，并在每一章正文内容之外设情境病例、情境诊断分析、情境护理诊断分析、情境护理工作过程、情境护患对话、执考和知识拓展链接、小结、自测题等。书后附有教学大纲、参考答案。本教材第1章由钟华编写；第2章第1~6节由陆红梅编写，第7~11节和实践1、2由杨新芳编写；第3章第1~10节和实践3、4由陈梓珊编写；第4章第1~4节由钟华编写，第5~6节和实践5由陆红梅编写；第5章第1~4节和实践6由聂珊编写；第6章第1~3节由甘权海编写；第4~5节由李凤编写；第7章第1~7节和实践7由仲琴编写；第8章第1~3节和实践8由江乙编写；第9章第1~5节和实践9由石芳编写。

3. 教材容量适度、概念清楚，描述简洁易懂，摒弃片面追求学科知识系统化、完整性的弊病，但对学生必须理解记忆的内容也不吝啬笔墨，图文并茂，特别是突出案例、情境、问题教学和将新知识、新观点以相关的链接形式表述，并加注考点，达到了强化学生创新意识和实际应用能力培养的目的，更加适应培养对象的需求。

4. 本教材不仅可供护理、助产专业使用，也可作为临床护理人员的一本较实用的参考书。由于时间仓促、水平有限，教材中难免有不尽完善之处，敬请同行专家及读者提出宝贵意见和建议，以便再版时进一步改进和完善。

5. 本教材的编写得到了科学出版社及各有关学校的大力支持，在此特向本书第2版作出贡献的曹文元、赵淑敏、李玉明、赵菊芬、唐宗琼、王景舟、陈琼、刘东、吉银柱、张晓红、张笑阳、温博等专家表示诚挚的谢意。

钟　华
2015年2月

目 录

第 1 章 绪论 …………………………………………………………………………………… (1)
第 2 章 呼吸系统疾病患者的护理 ……………………………………………………………… (5)
  第 1 节 概述 ………………………………………………………………………………… (5)
  第 2 节 急性上呼吸道感染患者的护理 …………………………………………………… (11)
  第 3 节 慢性支气管炎、阻塞性肺气肿患者的护理 ……………………………………… (14)
  第 4 节 慢性肺源性心脏病患者的护理 …………………………………………………… (21)
  第 5 节 支气管哮喘患者的护理 …………………………………………………………… (26)
  第 6 节 支气管扩张患者的护理 …………………………………………………………… (34)
  第 7 节 肺炎患者的护理 …………………………………………………………………… (39)
  第 8 节 肺结核患者的护理 ………………………………………………………………… (44)
  第 9 节 原发性支气管肺癌患者的护理 …………………………………………………… (49)
  第 10 节 胸膜炎和胸腔积液患者的护理 ………………………………………………… (53)
  第 11 节 慢性呼吸衰竭患者的护理 ……………………………………………………… (57)
  实践 1 胸腔穿刺术的配合操作技术 ……………………………………………………… (62)
  实践 2 呼吸机的操作及机械通气患者的气道护理 ……………………………………… (63)
第 3 章 循环系统疾病患者的护理 …………………………………………………………… (65)
  第 1 节 概述 ……………………………………………………………………………… (65)
  第 2 节 心力衰竭患者的护理 …………………………………………………………… (70)
  第 3 节 心律失常的护理 ………………………………………………………………… (79)
  第 4 节 心脏瓣膜病患者的护理 ………………………………………………………… (89)
  第 5 节 冠状动脉粥样硬化性心脏病患者的护理 ……………………………………… (96)
  第 6 节 病毒性心肌炎患者的护理 ……………………………………………………… (105)
  第 7 节 原发性高血压患者的护理 ……………………………………………………… (108)
  第 8 节 感染性心内膜炎患者的护理 …………………………………………………… (116)
  第 9 节 心肌疾病患者的护理 …………………………………………………………… (120)
  第 10 节 急性心包炎患者的护理 ………………………………………………………… (124)
  实践 3 循环系统常见诊疗技术及护理 ………………………………………………… (127)
  实践 4 循环系统常见病的护理措施 …………………………………………………… (133)
第 4 章 消化系统疾病患者的护理 …………………………………………………………… (136)
  第 1 节 概述 ……………………………………………………………………………… (136)
  第 2 节 胃炎患者的护理 ………………………………………………………………… (143)
  第 3 节 消化性溃疡患者的护理 ………………………………………………………… (148)
  第 4 节 肝硬化患者的护理 ……………………………………………………………… (154)
  第 5 节 肝性脑病患者的护理 …………………………………………………………… (159)

| 第 6 节 | 溃疡性结肠炎患者的护理 | (163) |
| 实践 5 | 消化系统常用诊疗技术及护理 | (166) |

第 5 章 泌尿系统疾病患者的护理 (174)
第 1 节	概述	(174)
第 2 节	尿路感染患者的护理	(180)
第 3 节	慢性肾小球肾炎患者的护理	(185)
第 4 节	慢性肾衰竭患者的护理	(190)
实践 6	泌尿系统常见诊疗技术及护理	(196)

第 6 章 血液及造血系统疾病患者的护理 (199)
第 1 节	概述	(199)
第 2 节	贫血患者的护理	(207)
第 3 节	特发性血小板减少性紫癜患者的护理	(221)
第 4 节	白血病患者的护理	(225)
第 5 节	血友病患者的护理	(237)

第 7 章 内分泌与代谢疾病患者的护理 (241)
第 1 节	概述	(241)
第 2 节	单纯性甲状腺肿患者的护理	(245)
第 3 节	甲状腺功能亢进症患者的护理	(249)
第 4 节	糖尿病患者的护理	(258)
第 5 节	甲状腺功能减退症患者的护理	(270)
第 6 节	库欣综合征患者的护理	(273)
第 7 节	痛风患者的护理	(277)
实践 7	内分泌及代谢性疾病常用诊疗技术及护理	(281)

第 8 章 风湿性疾病患者的护理 (284)
第 1 节	概述	(284)
第 2 节	系统性红斑狼疮患者的护理	(285)
第 3 节	类风湿关节炎患者的护理	(290)
实践 8	类风湿性关节炎患者的护理	(295)

第 9 章 神经系统疾病患者的护理 (296)
第 1 节	概述	(296)
第 2 节	急性脑血管疾病患者的护理	(304)
第 3 节	癫痫患者的护理	(321)
第 4 节	三叉神经痛患者的护理	(326)
第 5 节	帕金森病患者的护理	(329)
实践 9	神经系统常用诊疗技术及护理	(333)

参考文献 (336)
内科护理教学大纲 (337)
参考答案 (342)

第1章 绪 论

内科护理是研究内科疾病患者的生理、心理和社会等方面健康问题的发生、发展规律,运用护理程序诊断和处理患者的健康问题,促进患者康复和保持健康的一门临床护理学科。内科护理是一门重要的临床护理课程。学好内科护理,将有利于提高护生对疾病的观察能力,配合用药的能力和解决护理问题的能力,是临床各科护理的基础,故学好内科护理是学好临床护理课程的关键。

一、内科护理的范围和内容

内科护理涉及范围广,根据中等护理专业的教学目标,本教材包括绪论、呼吸系统疾病、循环系统疾病、消化系统疾病、泌尿系统疾病、血液系统疾病、内分泌代谢性疾病、风湿性疾病、神经系统疾病患者的护理。

人类疾病不仅是人体组织和器官的病理过程,而且是人体与自然、心理、社会、环境相互作用的结果。当各种损害和危险因素使人体健康状态下降时,会出现或可能出现健康问题(包括疾病),并因而产生生理、心理或社会方面的反应——即健康问题的反应。护理是诊断和处理人类对现存的或潜在的健康问题的反应的过程。因此,内科护理的内容主要介绍怎样以内科疾病患者为中心,对其生理、心理和社会状况进行评估,找出患者存在的健康问题,并根据患者的健康问题的反应做出护理诊断,制订和实施相应的护理计划,对实施的护理活动进行评价的知识和技能。

二、内科护理的工作要点

重点提示:以整体护理观,运用护理程序为患者解决健康问题,是当今内科护士临床护理工作的重点。

内科护士在护理活动中应始终贯彻整体护理理念,熟练地按照护理程序实施护理活动,为服务对象提供满足需要、减轻痛苦、促进康复、增进健康的服务。内科护士应为内科疾病患者提供以下护理服务:

(一)满足患者的生理、安全需求

生理需求是人得以生存的基础,包括氧气、水、营养、体温、排泄、休息与睡眠及避免疼痛等。内科护士应为患者创造一个整齐、清洁、安静、舒适、安全的环境,使患者在接受医疗、护理的过程中避免受到心理或生理性的伤害。做好基础护理,根据疾病的不同阶段、不同性质,科学地调配饮食的种类和成分,提供合理的饮食和营养,帮助患者增强抗病能力。

(二)保持患者的生理完整性

内科疾病常可影响患者某些系统、器官的功能,引起躯体生理功能障碍。应及时明确病因,采取有效的治疗、护理措施,消除躯体不适,避免并发症的发生,促进躯体生理功能的恢复。

1. 协助临床诊断　内科疾病大多病因复杂,为了明确诊断,患者需要接受各种诊断检查。检查前护士应向患者说明检查的目的、检查过程中的配合要求,避免患者产生不安和恐惧心理,从而有利于检查的顺利进行。护士要准确及时地采集标本,为正确诊断提供依据。

2. 配合药物治疗　药物治疗是内科疾病的主要治疗方法。护士既是各种药物治疗的实施者,又是安全用药的监护者。护士应熟悉各种常用药物的作用、用途、使用方法、不良反应及注意事项,并在用药过程中观察疗效和不良反应,做好用药监护。

3. 实施内科专科护理　专科护理包括各种内科常用诊疗技术的操作前准备、操作中配合及操作后护理,如内镜检查和各种穿刺术、人工心脏起搏、心血管介入性诊治术、造血干细胞移植、血液透析等。

4. 预防、观察和处理并发症　内科疾病患者常因疾病的发展规律或因机体抵抗力、反应性降低而出现并发症,如支气管扩张患者可突然发生大咯血,消化性溃疡患者并发上消化道出血,甲亢患者出现甲状腺危象,长期卧床患者易出现感染、压疮等。内科护士应采取相应的护理措施,减少、延缓或消除引起并发症的因素,减少或延缓并发症的发生。同时,严密监测和评估病情变化,一旦发生并发症,及时报告医师并配合妥善处理。

5. 协助康复　长期卧床患者缺乏活动,可能出现血液循环减慢、肺活量降低、肌力减弱、骨质疏松、排便困难、精神萎靡等疾病,某些疾病可遗留躯体或心理功能障碍。因此,当疾病进入好转期,应及早协助患者有计划地循序渐进地进行功能锻炼,恢复身心活动,促进康复。

(三) 提供心理支持,满足患者社交、自尊和自我实现的需要

内科疾病大多病程长,易反复或恶化,治疗效果不显著。住院后,病痛的影响、环境的改变、角色的变更等,使患者社交与自尊的需求受到影响,自我实现的需求难以实现,可产生一系列的不良心理反应。护士应对不同患者错综复杂的心理活动进行评估,通过良好的语言、态度主动地与其进行沟通,对患者进行心理安慰、支持、疏导,调整患者的情绪,消除患者的各种压力、不利于治疗和康复的不安情绪,鼓励患者树立信心,促进其康复。内科疾病患者因长期患病常给家庭带来较重的心理压力和沉重的经济负担,家属、亲友和单位领导也可能逐渐产生厌烦情绪,不能善待患者,易使患者感到生存失去意义,加重不良情绪。护士应了解家庭成员对疾病的认识和理解、对患者所患疾病的情感反应与支持程度,以及对患者进行家庭护理的质量;了解患者的社会支持情况,如工作单位、同事、朋友、社会团体对患者的支持程度。鼓励家庭成员和亲朋好友对患者多给予精神支持,使之感受到家庭、亲友的关爱,激发其珍惜生命、热爱生活的热情,克服恐惧、绝望心理,保持积极、乐观情绪,调动机体潜能与疾病作斗争。

(四) 开展健康教育,促进患者康复和保持健康

健康教育是内科护理的重要内容之一,它能帮助人们树立健康意识,采取健康的生活方式,降低或避免影响健康的危险因素,预防疾病、增进健康;能指导患者如何进行自我护理、建立康复的信心和科学的生活方式,促进康复,提高生活质量。许多内科疾病是慢性病甚至是终身疾病,患者大多仅在急性加重期住院治疗和接受护理,而更多的治疗、护理需在家庭、社区由患者或其家属等来完成,通过健康教育向患者及其家属讲解护理知识,进行操作示范,使患者及其家属掌握自我及家庭护理的知识和方法,在家继续治疗和护理,进行康复锻炼,能巩固疗效,促进功能恢复,避免疾病复发或加重。内科护士应将健康教育有机地融入临床内科护理的全过程,从医院到社区,从社区到家庭开展健康教育。

三、内科护理的学习目的与方法

内科护理的学习目的是通过该门课程的学习,使学生掌握内科护理的基本理论、知识与技能,能规范进行专科护理技术操作,运用现代护理观对内科疾病患者实施高质量的整体护理,促进患者康复、增进健康;达到卫生部执业护士上岗证考核标准的基本要求,毕业后能直接适应医院内科临床护理的工作岗位。

内科护理是一门实践性很强的学科,技术操作的熟练程度直接影响着护理的效果,故内科护理教学应特别重视对实践技能学习的掌握。课程的教学分系统学习和毕业实习两个阶段。系统学习包括课堂理论教学、技能操作训练和配合课堂教学进行的临床实习。通过课堂理论教学掌握内科常见病、

多发病的临床过程和这些疾病给患者带来的健康问题,学会如何判断和处理患者现存的和潜在的健康问题的反应。通过示教、观看录像、操作训练,多动手、勤练习,掌握常用内科护理操作技能。在临床见习、毕业实习过程中通过对内科患者具体实施的整体护理,把所学的理论、知识和技能综合运用于实践之中,运用护理临床思维,培养和提高学生分析、解决问题的能力,逐步培养学生独立工作的能力。要学好内科护理,掌握正确的学习方法非常重要。除多观察、多思考、多请教,注重理解、注重讨论、注重笔记、注重理论联系实际外,在学习时还应注意树立整体观念。由于本套教材是一个整体,为了避免不必要的重复,同时更加突出本教材注重护理的特点,每个疾病均从疾病概要、疾病护理、健康教育三个部分进行阐述。首先,学习时不仅需要将各学科知识相互联系和互动,还需要将三部分的知识有机结合,才能在初步认识疾病概要的基础上更好地掌握疾病的护理和健康教育知识,全面把握内科护理的内涵。其次,树立"人"的整体观念,将护理服务的对象——人,视为生理、心理、社会、文化和发展的统一整体,与周围环境保持平衡与协调。人体各局部病变实际上是整体病变的局部表现,在学习疾病护理时不仅要着眼于局部病变,还要更多地考虑其与身体其他系统以及外部环境的关系。再次,树立整体护理观,即护理不仅要关注疾病,而且要对人的整个生命过程、健康、疾病全过程及整个人群提供服务。学习时应贯彻整体护理观念,并内化为自身的学习和思维习惯,将来外化为工作方法。这样才能在学习中自觉地用整体观思考问题,在工作中自觉地关注患者的生理、心理、社会等各方面对健康问题的反应和对护理的需求,用整体观观察和护理患者。

四、内科护理的发展趋势

(一) 为适应临床诊疗技术的发展,对护理人员知识能力的要求更高更新

随着医学科学的发展,内科疾病在病因及发病机制、诊断方法和治疗手段等方面都发生了巨大变化,内科护理必须适应其发展的需要,对内科护士的知识与能力提出更新、更高的要求。如在病情监测技术方面,各种监护仪广泛应用于临床且不断更新,要求护士必须掌握各种监测仪的简单原理、操作程序、使用方法,才能具备排除设备故障和维护保养的熟练技能和处理突发事件的能力,也才能真正履行监测、监护的职能,适应临床监护学的发展。新的检测技术层出不穷,护士需熟悉各种检查的目的及检查前后的护理工作。内科疾病的治疗进展很快,如心血管介入性诊治术、干细胞移植和血液净化技术不断发展,临床新药层出不穷。各种治疗方案的落实往往是医护共同甚至是由护士单独执行来完成的。因此,要求护士要熟悉各种治疗的基本原理、方法和操作规范,准确执行治疗项目,观察与评估治疗效果及不良反应。只有这样,内科护士才能为患者提供专业化的优质的护理服务,与其他医务工作者一道,担当起挽救生命、预防疾病、促进健康的神圣职责。

(二) 循证护理将受到重视

循证护理是护理人员在计划其护理活动过程中将科研与临床经验、患者需求相结合来获取实证,作为临床护理依据的过程。根据循证医学将其进一步理解为慎重、准确、明智地应用当前所获得的最好的研究依据,并根据护理人员的技能和临床经验,考虑患者的价值、愿望和实际情况,三者结合制定出完整的护理方案。循证护理挑战常规和某些习惯性的护理活动,提倡护士将临床经验与系统的研究实证相结合,以获得科学的护理方法,这对提高护理学科的地位和独立性有着积极的意义。

(三) 护理工作的场所从医院扩展到社区和家庭

由于人口的老龄化及生活方式的改变,老年人、慢性病患者增多,对护理的需求增大,而这些护理将不可能集中在医院内进行,而是会逐渐向社区和家庭扩展;医疗技术的进步,使更多原来需要在医院才能实施的治疗方法和技术可以在社区、家庭中开展;随着卫生保健和医疗体制的改革,医疗保险制度的逐步成熟和完善,为减轻住院医疗费用支出过高的压力,缩短患者住院时间以省费用是必然趋势,这就需要大量的社区护理、家庭护理作为患者出院后的后续服务,保证患者虽离开医院但不影响治疗和康复的过程,保证治疗护理的连续性和协调性。内科疾病中慢性病居多,患者出院后的治疗

和护理的连续性显得更为重要。这使得内科护理的工作场所必然会向社区和家庭扩展,越来越多的内科护理人员将在社区初级卫生保健领域里从事护理和健康保健工作。

总之,社会的进步和医学的发展拓宽了内科护理的领域和内容,而内科护理的发展也将推动着社会的文明和进步及医学水平的提高,同时,社会发展变化所导致的对医疗卫生保健需求的变化和医学的发展对内科护理的深远影响,也决定了内科护理的未来发展趋势。

自 测 题

A₁型题

1. 内科护士的职责不包括（ ）
   A. 提供心理支持　　B. 修订治疗方案
   C. 生活护理　　　　D. 开展健康教育
   E. 协助临床诊断
2. 护士最重要的职责是（ ）
   A. 开展健康教育　　B. 参与医疗诊断
   C. 做好患者生活护理　D. 制定并实施护理计划
   E. 做好内科专科护理
3. 开展健康教育的目的不在于（ ）
   A. 帮助人们树立健康意识
   B. 帮助患者树立信心,配合治疗
   C. 指导患者增强体质促进康复
   D. 进行保健护理操作示范,使患者学会正确操作
   E. 让患者懂得疾病知识,以便自我治疗

（钟　华　江　乙）

第2章 呼吸系统疾病患者的护理

呼吸系统疾病是一种常见病、多发病,病变轻者出现咳嗽、咳痰、胸痛、呼吸受影响,重者可出现呼吸困难、发绀,甚至呼吸衰竭死亡。近年来呼吸系统疾病如肺癌、支气管哮喘的发病率明显增加,慢性阻塞性肺疾病居高不下,肺结核发病率有增高趋势,肺动脉高压也日益受到关注。从2002年年底以来,在中国及世界范围内暴发的传染性非典型肺炎(severe acute respiratory syndrome,SARS)及人禽流感等,多发生于中青年,其传染性强,病死率高,给国民经济造成了巨大的损失。因此,正确认识呼吸系统疾病,对其进行有效的治疗、护理及预防显得尤其重要。

第1节 概 述

一、呼吸系统的结构功能与疾病的关系

呼吸系统(图2-1)是由鼻、咽、喉、气管、各级支气管、肺及胸膜、胸廓组成。鼻、咽、喉统称为上呼吸道,气管至终末细支气管称为下呼吸道。呼吸道为气体进出的通道,上呼吸道能对吸入的气体进行加温、湿润和过滤;呼吸性支气管、肺泡管、肺泡囊为膜性气道,参与换气,换气主要在肺泡进行。呼吸系统的主要功能是进行气体交换,并具有防御功能、免疫功能及内分泌、代谢功能。

呼吸系统与外界相通,有害物质可直接侵入造成病损。引起呼吸系统疾病最常见的病因是感染,其他致病因素有大气污染、吸烟、理化因素、变态反应、创伤、肿瘤及老龄化等因素,全身性疾病也可侵犯肺部。

呼吸系统疾病主要病变部位在支气管和肺泡。咳嗽、咳痰、咯血、呼吸困难和胸痛为呼吸系统疾病常见的五大症状。

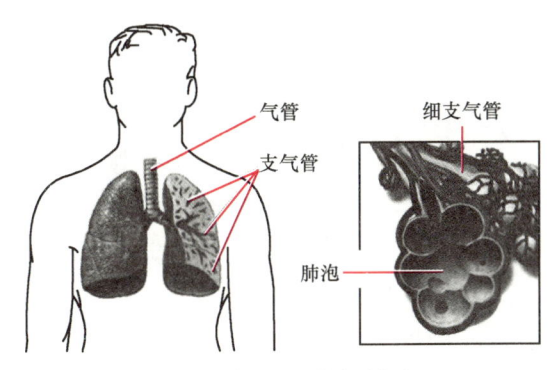

图2-1 呼吸系统解剖图

二、呼吸系统疾病患者常见症状体征的护理

咳嗽、咳痰

咳嗽是呼吸系统疾病最常见的症状,是一种保护性反射动作,借咳嗽反射可以清除呼吸道分泌物和异物。但频繁、剧烈和长久的咳嗽使肺泡内压力增高,加重呼吸和循环的负担,影响睡眠和消耗体力,甚至诱发呼吸道黏膜出血和自发性气胸。咳痰是借助支气管上皮纤毛运动、支气管平滑肌收缩及咳嗽反射,将呼吸道分泌物从口腔排出体外的动作。咳嗽、咳痰最常见的病因是呼吸道感染。

(一)护理评估

1. 健康史 询问咳嗽、咳痰的起病情况、性质、程度、音色、发生的时间、与体位的关系、伴随症状和病程长短等;有无受凉、气候变化、花粉或粉尘吸入、服用药物或精神因素等诱因;评估患者的既往健康史、过敏史、吸烟史、个人史、家族史;了解患者既往和目前检查、用药和治疗情况。

2. 身体状况

(1) 咳嗽的性质、时间、音色:咳嗽无痰或痰量甚少称干咳,多见于急性上呼吸道感染初期、肺癌;咳嗽伴有痰液称湿咳,多见于慢性支气管炎、支气管扩张、肺脓肿等。慢性支气管炎、支气管扩张的咳嗽多于晨间体位改变时出现,夜间阵发性咳嗽见于左心衰竭。带金属音的咳嗽,多见于支气管腔狭窄或受压,如支气管肺癌、纵隔肿瘤、主动脉瘤;嘶哑性咳嗽,多见于声带炎、喉炎等。

(2) 痰液的性状、量、气味:根据痰液的性状可分为泡沫性、浆液性、黏液性、脓性和血性。无色透明痰见于病毒感染;白色泡沫痰或黏液痰见于支气管炎、肺炎、支气管哮喘;脓性痰见于呼吸道化脓性感染;铁锈色痰见于肺炎球菌肺炎;粉红色泡沫痰见于急性肺水肿;血性痰液见于肺结核、肺癌、肺梗死出血;红棕色胶胨样痰见于克雷白杆菌感染;灰黑色痰见于尘肺、大气污染;痰液有恶臭味见于厌氧菌感染。

痰液可收集于干净容器内观察,必要时静置数小时后观察测量。支气管扩张和肺脓肿时,咳大量脓痰,静置后出现分层现象。痰量增减可反映病情进展,原有大量脓性痰,未经积极治疗而痰量减少,且伴发热者,则提示支气管引流不畅。痰多黏稠且排痰无力时,应警惕呼吸道痰液堵塞,有发生窒息的危险。

(3) 伴随症状:是否伴有发热、胸痛、呼吸困难、烦躁不安等表现。

(4) 体征:患者有无体温升高、脉率增快、呼吸困难、意识障碍;有无出现三凹征、口唇肢端发绀、杵状指(趾)、颈部锁骨上淋巴结肿大;有无气管移位、桶状胸,肺部听诊有无呼吸音异常和(或)消失,是否出现干湿啰音等。

3. 心理-社会状况　频繁、剧烈咳嗽,尤其是夜间咳嗽和大量咳痰,患者常出现烦躁不安、失眠、注意力不集中、焦虑、抑郁等情绪,从而影响生活和工作。当患者出现血性痰时,常出现紧张、恐惧等情绪。

4. 辅助检查　血常规检查、痰液检查(细菌培养及药敏试验、痰脱落细胞检查等)及胸部 X 线检查。

(二) 护理诊断及合作性问题

1. 清理呼吸道无效　与呼吸道感染、痰液黏稠、疲乏、胸痛、意识障碍等有关。
2. 焦虑　与剧烈咳嗽、排痰不畅、病情加重有关。
3. 有窒息的危险　与呼吸道分泌物增多、无力排痰、意识障碍有关。

(三) 护理措施

1. 一般护理

(1) 环境与体位:提供整洁、舒适的病房环境,注意保暖,避免受凉,减少不良刺激,尤其避免尘埃和烟雾的刺激。保持室内空气新鲜、洁净,通风 2 次/日,15~30 分/次,保持适宜的温度(18~22℃)、湿度(50%~70%)。

(2) 饮食护理:给予高热量、高蛋白、高维生素饮食,不宜油腻辛辣等刺激性食物。适当补充水分,一般饮水量 1500ml/d 以上,使呼吸道黏膜湿润,利于痰液稀释和排出。

(3) 基础护理:咳脓痰者加强口腔护理,昏迷患者加强翻身,每次翻身前后注意吸痰。

2. 病情观察　密切观察患者的神志、呼吸、发绀、咳嗽、咳痰等情况,详细记录痰液的性状、量、气味,正确收集痰液标本。如患者突然出现烦躁不安或神志不清,面色苍白或发绀,出冷汗、咽喉部明显的痰鸣音,应警惕窒息;对意识障碍、年老体弱、咳嗽、咳痰无力、咽喉部明显痰鸣音、神志不清者,突然大量呕吐物涌出等高危患者,提示窒息。及时采用机械吸痰,做好抢救准备,并报告医生协助抢救。

3. 配合治疗护理　除按医嘱用祛痰药外,可协助患者有效排痰。

(1) 指导有效咳嗽:适用于神志清醒能咳嗽的患者。有效咳嗽、咳痰的方法为:患者取舒适的坐位或卧位,坐位时腹部置软枕促使膈肌上抬,先行 5~6 次深而慢的呼吸,于深吸气末屏气,身体前倾,做 2~3 次短促咳嗽,将痰液咳至咽部,再迅速用力将痰咳出。经常变换体位有利于痰液咳出。

(2) 湿化呼吸道：适用于痰液黏稠不易咳出者。超声雾化吸入使痰液稀释，在雾化液中可加入痰溶解剂，如α-糜蛋白酶或复方安息香酊；抗生素，如硫酸庆大霉素；解痉平喘药，如硫酸特布他林、沙丁胺醇等，以达到祛痰、消炎、止咳、平喘的作用。雾化的药液量不宜过多，雾化时间以10~20分钟为宜，需注意①防止窒息：干结的痰液湿化后易膨胀阻塞支气管；②防止降低吸入氧浓度；③防止感染：如无菌操作不严格，易发生呼吸道交叉感染。

(3) 胸部叩击与胸壁震荡：适用于久病体弱、长期卧床、排痰无力的患者。叩击与震荡时间以5~15分/次为宜，应安排在餐前30分钟或餐后2小时进行。①胸部叩击法：患者取侧卧位，医护人员两手指并拢，指关节微曲，从肺底由下向上、由外向内拍击胸壁，震动气道，边拍边鼓励患者咳嗽，以促进痰液排出。②胸壁震荡法：双手掌重叠置于欲引流的胸廓部位，从吸气末开始，在整个呼气期手掌紧贴胸壁，施加一定压力，并做轻柔的上下抖动，震荡患者胸壁5~7次，每一部位重复6~7个呼吸周期。

(4) 体位引流：适用于痰液量较多，呼吸功能尚好者。如支气管扩张、肺脓肿，利用重力原理，辅以拍背、有效咳嗽，排出痰液。

(5) 机械吸痰：适用于意识不清、无力咳痰，尤其是昏迷、气管插管、气管切开患者。经患者的口、鼻腔、气管或气管切开处进行负压吸痰。昏迷患者每次吸痰前后应给氧，每次吸痰时间不超过15秒，两次抽吸间隔时间大于3分钟，防止因吸痰引起低氧血症。

(四) 护理目标及评价

患者呼吸道通畅，咳嗽、咳痰减轻或消失；情绪稳定，积极配合治疗与护理；呼吸平稳，无窒息发生。

咯 血

咯血是指喉以下呼吸道或肺组织出血经口咳出。引起咯血的呼吸系统常见疾病有肺结核、支气管扩张、肺癌、慢性肺脓肿等。

(一) 护理评估

1. 健康史　询问患者既往健康史，有无呼吸系统疾病如肺结核、支气管扩张、肺癌；循环系统疾病如心力衰竭；血液系统疾病如血小板减少性紫癜、再生障碍性贫血、急性白血病等病史。在我国，肺结核是引起咯血最常见的病因。

2. 身体状况　询问患者咯血伴有的症状，咯血的颜色、量及病情变化。

(1) 咯血的颜色、量及性状：咯血的颜色一般为鲜红色。根据咯血量的多少，分为痰中带血、少量咯血、中量咯血和大量咯血。24小时咯血量小于100ml为小量咯血、100~500ml为中等量咯血、大于500ml或一次咯出300ml者为大咯血。大量咯血可致窒息，若不及时抢救，将危及患者生命。

呕血是指消化道出血经口呕出。咯血与呕血的鉴别见表2-1。

表2-1　咯血与呕血的鉴别

鉴别点	咯血	呕血
病史	肺结核、支气管扩张、原发性肺癌等	消化性溃疡、肝硬化、急性胃黏膜病变、胃癌等
出血前症状	喉部发痒、胸闷、咳嗽等	上腹不适、恶心呕吐等
出血方式	咯出	呕出
血的颜色	鲜红	棕黑色、暗红色、有时鲜红
血中混合物	痰、泡沫	食物残渣、胃液
酸碱反应	碱性	酸性
黑便	无（咽下可有）	有，可呈柏油样便，持续数天
出血后痰的性状	常有痰中带血	无痰

（2）窒息表现：大咯血患者尤应警惕窒息的发生，如患者出现情绪紧张、面色灰暗、胸闷气促、咯血不畅，往往提示窒息先兆；如患者出现表情恐怖、张口瞪目、大汗淋漓、唇指发绀、牙关紧闭或意识丧失等，提示已发生窒息。

（3）体征：观察患者呼吸次数、深度、节律，有无呼吸困难，肺部听诊有无呼吸音改变，注意面色、脉搏、心率、血压、神志等变化。

3. 心理-社会状况　患者一旦咯血，不论咯血量多少，都会出现焦虑、紧张等情绪反应，反复咯血者常有烦躁不安、恐惧等心理反应。

4. 辅助检查　凝血时间检查、纤维支气管镜检查、胸部X线、CT、MRI检查、支气管造影、支气管动脉造影等（图2-2）。

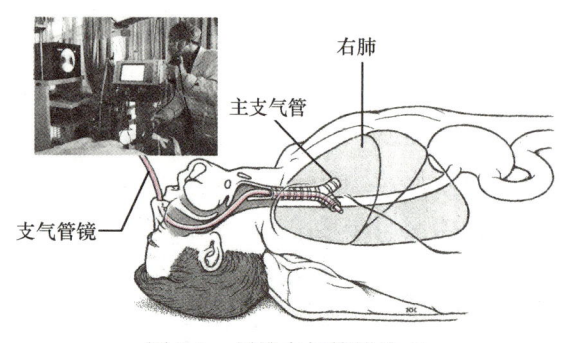

图2-2　纤维支气管镜检查

（二）护理诊断及合作性问题

1. 恐惧　与突然大咯血或反复咯血不止有关。
2. 有窒息的危险　与大咯血阻塞气道有关。

（三）护理措施

1. 一般护理

（1）休息与体位：保持病室安静，避免不必要的谈话。少量咯血者静卧休息，大量咯血者绝对卧床休息，协助患者取患侧卧位或平卧位头偏向一侧，嘱其尽量将血轻轻咯出，绝对不要屏气，以免诱发喉头痉挛，造成呼吸道阻塞而发生窒息。

（2）饮食护理：大量咯血者暂禁食，少量咯血者宜进少量温凉流食，避免刺激性食物，多饮水，多食含纤维素的食物，保持大便通畅。及时为患者进行口腔护理，保持口腔清洁、舒适，以免因口腔异味刺激引起再度咯血。

2. 配合治疗护理

（1）镇静止血：对烦躁不安患者遵医嘱应用镇静剂，如地西泮5～10mg肌内注射，禁用吗啡、盐酸哌替啶，以免抑制呼吸。遵医嘱应用止血药物，如垂体后叶素，并注意观察疗效及不良反应。垂体后叶素5～10U加入50%葡萄糖40ml中，在15～20分钟内缓慢静脉推注，或将10U垂体后叶素加入5%葡萄糖500ml中静脉滴注维持治疗。垂体后叶素有收缩小动脉的作用，故高血压、冠心病及孕妇忌用，注射过快会引起恶心、便意、心悸、面色苍白等不良反应。

（2）窒息的预防：咯血时密切观察病情变化，准确记录咯血量，观察呼吸、血压、脉搏，注意双肺呼吸音变化。指导患者有效咳嗽，不屏气。禁用呼吸抑制剂和镇咳剂，备好吸痰器、鼻导管、气管插管和气管切开包等急救用品。对于年老体弱咳嗽无力、心肺功能不良应警惕有无窒息先兆，一旦出现立即用套纱布的手指清除口鼻腔内血块，必要时用吸引器吸除血块，保持呼吸道通畅。

（3）窒息的抢救配合：一旦发现窒息，立即通知医生，置患者于头低足高位，头偏向一侧，轻拍背部以利血块排出，清除口鼻腔内血块，或用鼻导管接吸引器插入气管内抽吸，以清除呼吸道内积血。必要时立即气管插管或气管镜直视下吸取血块。如患者血块清除后未恢复自主呼吸，应给予人工呼吸，高浓度吸氧，遵医嘱应用呼吸兴奋剂。同时密切观察病情变化并详细记录，监测血气分析。

3. 心理护理　守护在患者身边，安慰患者，轻声、简要解释病情，减轻患者的紧张情绪，消除恐惧感，告知患者心情放松有利止血，并配合治疗。

（四）护理目标及评价

患者安静休息、情绪稳定；患者咯血停止，无窒息发生。

肺源性呼吸困难

肺源性呼吸困难是由于呼吸系统疾病引起的通气和或换气功能障碍,引起缺氧和(或)二氧化碳潴留所致,患者主观上感觉空气不足、呼吸费力,客观上有呼吸频率、节律与深浅度改变。根据呼吸困难发生的时相,临床上将其分为吸气性呼吸困难、呼气性呼吸困难和混合性呼吸困难三种类型(表2-2)。

表2-2 呼吸困难的分型

鉴别点	吸气性呼吸困难	呼气性呼吸困难	混合性呼吸困难
病变部位	喉、气管、主支气管	支气管	肺泡、胸膜腔
临床表现	吸气困难,吸气时间延长;喘鸣、三凹征	呼气困难,呼气时间延长,伴有哮鸣音	吸气、呼气均困难,呼吸表浅、频率加快
常见疾病	喉、气管狭窄,如炎症、喉头水肿、异物和肿瘤等	支气管哮喘和阻塞性肺病	重症肺炎、肺纤维化、大量胸腔积液、气胸等

(一) 护理评估

1. 健康史　询问患者有无慢性阻塞性肺疾病、支气管哮喘等病史,有无呼吸道异物、张力性气胸、肺不张等;有无过敏物质接触史、剧烈活动等诱因,目前检查和用药治疗情况等。

2. 身体状况

(1) 起病缓急:呼吸困难是突然发生,还是逐渐加重。突发者多见于呼吸道异物、张力性气胸,起病缓慢者多见于慢性阻塞性肺疾病、肺心病、肺结核等。

(2) 呼吸困难和缺氧程度:呼吸困难、缺氧程度,依据呼吸的变化、发绀程度、血气分析监测结果判断。

(3) 体征:观察患者呼吸的频率、节律、深浅度改变,观察患者意识状态、有无烦躁不安、谵妄、昏迷,有无口唇、肢端发绀、鼻翼扇动、张口呼吸或点头呼吸,有无"三凹征"。肺部听诊有无啰音、哮鸣音等异常呼吸音及呼吸音消失。

(4) 伴随症状:有无咳嗽、咳痰、胸痛、发热、神志改变。

3. 心理-社会状况　了解患者的心理反应,有无焦虑、紧张、抑郁或恐惧。

4. 辅助检查　血气分析、胸部X线检查、纤维支气管镜检查等。

(二) 护理诊断及合作性问题

1. 气体交换受损　与呼吸道痉挛、呼吸面积减少、换气功能障碍有关。

2. 活动无耐力　与机体缺氧、疲乏有关。

(三) 护理措施

1. 一般护理

(1) 休息与体位:提供安静舒适、空气洁净的病房环境,温度、湿度适宜,避免刺激性气体吸入。协助患者采取舒适的体位,可抬高床头,取半卧位或端坐位。严重呼吸困难者应尽量减少活动和不必要的谈话,减少耗氧量。

(2) 饮食护理:保证每日摄入足够的热量、给予高维生素、易消化食物。张口呼吸者给予足够的水分,水的摄入量在1500~2000ml/d,口腔护理2~3次/日。

2. 配合治疗护理

(1) 抗炎排痰:遵医嘱给予抗感染药物、支气管扩张药、祛痰药。气道分泌物较多者,协助患者有效排痰,保持气道通畅。

(2) 氧疗:氧疗是纠正缺氧,改善呼吸功能,缓解呼吸困难的一种最有效方法。它能提高动脉血氧分压,减轻组织损伤,恢复脏器功能,提高机体运动的耐受力。

根据病情和血气分析结果,给予患者不同的氧疗方法与浓度。遵医嘱给予合理氧疗,单纯缺氧患者给予中高流量的面罩给氧,缺氧伴二氧化碳潴留患者给予持续、低流量、低浓度的鼻导管或鼻塞给氧。

3. 心理护理　医护人员应陪护患者,适当安慰患者,做好心理疏导,使患者增强安全感,减轻焦虑紧张情绪。

（四）护理目标及评价

患者呼吸平稳,无呼吸困难;患者日常活动不感疲乏,活动耐力提高。

胸　痛

胸痛是由于胸内脏器或胸壁组织病变引起的胸部疼痛。引起胸痛的呼吸系统常见疾病有胸膜炎、胸膜肿瘤、自发性气胸、肺炎、支气管肺癌等;胸壁疾病有肋骨骨折、带状疱疹等,以及心血管疾病、纵隔疾病等。因痛阈的个体差异性大,故胸痛的程度与原发病的病情轻重并不完全一致。

（一）护理评估

1. 健康史　注意询问患者胸痛的起病情况、诱发因素、疼痛的特点;了解胸痛部位、性质、持续时间和伴随症状等;评估病情进展、治疗经过,以及了解既往病史。

2. 身体状况

（1）疼痛的特点:疼痛可表现为隐痛、钝痛、刺痛、灼痛、刀割样或压榨样疼痛。肺癌,多为胸部闷痛或隐痛;胸膜炎,常在胸廓活动较大的两侧下胸部腋前线或腋中线附近,呈尖锐的刺痛或撕裂样痛,且在深呼吸或咳嗽时加重,屏气时减轻;自发性气胸,在剧咳或屏气时突然发生剧痛。

（2）伴随症状:有无发热、咳嗽、咳痰、咯血、呼吸困难、发绀、休克等。

3. 心理-社会状况　胸痛发作时,患者常烦躁不安、坐卧不宁,因对疾病的担心而情绪抑郁、焦虑甚至恐惧。

（二）护理诊断及合作性问题

1. 疼痛:胸痛　与病变累及胸内脏器或胸壁组织有关。

2. 焦虑　与疼痛不能缓解,对疾病的担心有关。

（三）护理措施

1. 一般护理　保持病房环境安静、舒适,协助患者采取舒适的体位,胸膜炎、肺结核患者采取患侧卧位,以减少胸壁与肺的活动,缓解疼痛,同时利于健侧肺呼吸。

2. 配合治疗护理

（1）护理:指导患者在咳嗽、深呼吸或活动时,用手按压疼痛部位制动,或在呼气末用15cm宽胶布固定患侧胸壁,以降低呼吸幅度,减轻疼痛。亦可采用局部热湿敷或肋间神经封闭疗法止痛。教会患者采用减轻疼痛的方法,如放松技术、局部按摩、穴位按压及欣赏音乐等,以转移对疼痛的注意力。

（2）止痛药:对疼痛剧烈者,遵医嘱使用镇痛药物,观察并记录疗效及不良反应。

3. 心理护理　向患者说明胸痛的原因及医护措施,取得患者的信任。与患者及家属讨论疼痛发作时分散注意力的方法,保持情绪稳定,注意休息,配合治疗。

（四）护理目标及评价

患者胸痛已减轻或消失,学会控制疼痛的方法;患者情绪稳定,积极配合治疗。

小结

本节主要阐述了呼吸系统的常见症状:咳嗽、咳痰、咯血、肺源性呼吸困难、胸痛,其中咳嗽、咳痰是呼吸系统最常见症状,窒息是最危急的状况,要注意观察窒息先兆与窒息的表现,保持呼吸道通畅是抢救窒息的关键。

考点:熟练掌握咳嗽、咳痰、咯血、肺源性呼吸困难的护理

自测题

A₁型题

1. 呼吸系统疾病最常见的致病因素是（　　）
   A. 全身性疾病态　　B. 理化因素
   C. 过敏因素　　　　D. 变态反应
   E. 感染
2. 呼气性呼吸困难主要见于（　　）
   A. 胸腔积液　　　　B. 喉头水肿
   C. 支气管肺癌　　　D. 肺炎
   E. 支气管哮喘
3. 痰量较多、呼吸功能尚好的支气管扩张患者最适合的排痰措施是（　　）
   A. 有效咳嗽　　　　B. 拍背与胸壁震荡
   C. 湿化呼吸道　　　D. 体位引流
   E. 机械吸痰
4. 大咯血是指24小时咯血量大于（　　）
   A. 100ml　　　　　B. 200ml
   C. 300ml　　　　　D. 400ml
   E. 500ml
5. 大咯血的患者不宜（　　）
   A. 咳嗽　　　　　　B. 屏气
   C. 绝对卧床　　　　D. 少交谈
   E. 禁饮食
6. 大咯血患者一旦发生窒息，首先抢救措施是（　　）
   A. 立即气管插管
   B. 取患侧卧位
   C. 立即抽吸呼吸道内血块
   D. 立即使用呼吸兴奋剂
   E. 加压吸氧
7. 咯血患者饮食护理错误的是（　　）
   A. 大咯血者暂禁食
   B. 少量咯血者宜进少量或温凉的流质饮食
   C. 可饮用浓茶、咖啡、酒等刺激性饮料
   D. 多饮水
   E. 多食富含纤维素的食物
8. 急性胸膜炎致胸痛患者常取（　　）
   A. 被动体位　　　　B. 患侧卧位
   C. 仰卧位　　　　　D. 端坐位
   E. 前倾坐位
9. 刺激性呛咳或带金属音的咳嗽应首先考虑（　　）
   A. 上呼吸道感染　　B. 肺部病变早期
   C. 左心功能不全　　D. 支气管扩张
   E. 支气管肺癌
10. 肺炎球菌肺炎患者咳（　　）
    A. 少量白色黏痰　　B. 草绿色痰
    C. 红棕色胶陈样痰　D. 铁锈色痰
    E. 脓痰
11. 痰量较多而咳嗽反射弱的昏迷患者排痰的方法是（　　）
    A. 有效咳嗽　　　　B. 拍背与胸壁震荡
    C. 湿化呼吸道　　　D. 体位引流
    E. 机械吸痰

第2节　急性上呼吸道感染患者的护理

情境2-1

李某，男，20岁，咽痛、咽异物感，发热伴头痛来到一院门诊看医生。王医生问："你怎么啦？"他说："2天前打球，出汗后没有换衣服，第2天就出现发热、咽部难受，以前受凉也出现过"。王医生说："我看一下你喉咙。"咽部充血，扁桃体肿大，表面有白点。下颌淋巴结肿大伴压痛。赵护士测量生命体征：T 39.4℃，P 96次/分，R 20次/分，BP 120/80mmHg。

一、疾病概要

（一）概述

急性上呼吸道感染（简称上感），是鼻、咽或喉部急性炎症的总称。多数由病毒引起，少数由细菌所致。发病率高，免疫功能低下者易感，一般病程较短，病情较轻，预后良好，具有一定的传染性，但少数患者可产生严重并发症，应积极预防和治疗。

本病全年皆可发病，冬春季节多发，病原体主要通过飞沫传播，也可通过被病毒污染的手或用具接触传播。多数为散发，在气候突变时易造成流行。由于病毒的类型较多，人体对各种病毒感染后产生的免疫力较弱且短暂,病毒间又无交叉免疫,且在健康人群中有病毒携带者,故一年内可有多次发病。

(二)病因和病机

70%~80%急性上呼吸道感染由病毒引起,主要有鼻病毒、冠状病毒、流感病毒、副流感病毒、呼吸道合胞病毒、腺病毒、埃可病毒、柯萨奇病毒、麻疹病毒、风疹病毒等;20%~30%的急性上呼吸道感染由细菌引起,直接或继发于病毒感染之后,以溶血性链球菌多见,其次为流感嗜血杆菌、肺炎球菌和葡萄球菌等,偶见革兰阴性杆菌。在受凉、淋雨、过度疲劳等因素作用下,呼吸道防御功能降低,病毒或细菌迅速繁殖引起本病,尤其是老幼体弱者更易患病。

(三)诊断及治疗要点

受凉后出现发热,咽部充血,扁桃体肿大,表面有白点可诊断为急性扁桃体炎。

1. **对症治疗** 目的是减轻症状,缩短病程和预防并发症。选用抗感冒复合剂和中成药。
2. **抗菌药物治疗** 如细菌感染,根据病原菌选用敏感的抗生素。
3. **抗病毒药物治疗** 早期应用抗病毒药治疗。

> **情境2-1诊断分析**
> 该患者因2天前受凉后出现咽痛、咽异物感,伴发热T39.4℃、头痛,咽部充血,扁桃体肿大,表面有白点,下颌淋巴结肿大和压痛。根据诱因、症状、体征可初步诊断为细菌性咽炎、扁桃体炎。

二、疾 病 护 理

(一)护理评估

1. **健康史** 了解患者有无受凉、淋雨、过度疲劳等诱因,以及使机体抵抗力降低等因素;注意询问本次起病情况,既往健康情况,有无呼吸道慢性疾病史等。

2. **身体状况** 根据不同病因有不同临床类型,各型之间无明显界限,可互相转化。主要症状和体征个体差异较大,常见类型如下。

(1)普通感冒:俗称"伤风",最常见的病原体是鼻病毒,以鼻咽部卡他症状为主要表现。潜伏期短(1~3天),起病较急。初期有咽干、喉痒,继之喷嚏、鼻塞、流清水样鼻涕,2~3天后分泌物变稠。伴咽痛,有时由于耳咽管炎使听力减退,出现流泪、声音嘶哑、味觉迟钝、咳嗽或少量黏液痰等。一般无发热及其他全身症状,或仅有低热、轻度头痛、全身不适等症状。检查可见鼻腔黏膜充血、水肿、有分泌物,咽部轻度充血。如无并发症,一般5~7天痊愈。

(2)病毒性咽炎和喉炎:急性病毒性咽炎表现为咽部发痒和灼热感,局部疼痛不明显;当有吞咽疼痛时,提示链球菌感染,偶有咳嗽,发热和乏力。体检咽部明显充血和水肿,颌下淋巴结肿大且有触痛,腺病毒感染时伴有眼结膜炎。

急性病毒性喉炎常有发热,临床特征为声嘶,说话困难,咳嗽、咳痰时喉部疼痛。体检可见喉部水肿、充血,局部淋巴结轻度肿大和触痛,可闻及喘息声。

(3)细菌性咽、扁桃体炎:多由溶血性链球菌引起。起病急,咽痛明显,吞咽时加剧,伴畏寒、发热,体温达39℃以上。体检可见咽部充血明显,扁桃体充血肿大、表面有黄色点状渗出物,颌下淋巴结肿大,有压痛。

(4)并发症:常并发急性鼻窦炎、中耳炎、气管-支气管炎;部分患者继发风湿热、急性肾小球肾炎、心肌炎等。

3. **心理-社会状况** 患者症状轻者,经休息、治疗很快痊愈,一般不影响生活和工作;患者症状重者,常因发热、全身酸痛而不能很好休息,表现疲惫不堪,情绪低下;青年人对疾病轻视,不能及时就诊,易致病情延误,病情加重,出现并发症。

4. **辅助检查**

(1)血常规检查:病毒感染时白细胞计数正常或偏低,淋巴细胞比例升高;细菌感染时白细胞计数偏高,中性粒细胞增多或核左移。

(2) 病毒和细菌检测:根据需要检测病毒和(或)病毒抗体,判断病毒类型。细菌培养可判断细菌类型并进行药敏试验,指导用药。

(二) 护理诊断及合作性问题

1. 体温过高　与病毒和(或)细菌感染,引起体温调节中枢失调有关。
2. 舒适的改变　与急性病毒或细菌感染中毒有关。

> **情境 2-1 护理诊断分析**
> 因患者有咽痛、咽异物感,发热(T 39.4℃)、头痛。故存在下列主要护理诊断:体温过高,与病毒和(或)细菌感染,引起体温调节中枢失调有关;舒适的改变,与急性病毒或细菌感染中毒有关。

(三) 护理措施

1. 一般护理　适当休息,不要过度疲劳,发热患者卧床休息,保持室内空气流通,调节适宜的温度、湿度;给予清淡、易消化的高热量、高维生素、低脂肪的流质或半流质饮食,摄入足够的水分,维持体液平衡。

2. 病情观察　每 4 小时测体温、脉搏、呼吸并记录,观察患者发热程度和热型。

3. 配合治疗护理

(1) 对症护理:当患者体温超过 39℃时,可物理降温,如头部冷敷、温水或乙醇擦浴、4℃冷盐水灌肠等。必要时遵医嘱应用药物降温,观察记录降温效果;患者寒战时,注意保暖;退热时及时擦干汗液,更换衣物及被褥。

(2) 用药护理:发热伴头痛、全身酸痛者,遵医嘱服用阿司匹林、索米痛片、感冒清热颗粒等解热止痛药;鼻塞、流涕用 1%盐酸麻黄碱滴鼻液滴鼻;咳嗽时给予盐酸溴己新片;咽痛、声嘶,用淡盐水含漱或消炎喉片含服,局部雾化治疗。遵医嘱给予抗生素或抗病毒药物治疗,防治感染并注意观察药物疗效。

4. 心理护理　告知患者通过积极处理,本病预后良好,但不要过于轻视。对出现并发症的患者,护士应与其积极沟通,缓解焦虑、紧张情绪,鼓励积极配合治疗。

(四) 护理目标及评价

患者体温恢复正常,躯体不适缓解。

三、健 康 教 育

1. 疾病知识指导　向患者介绍疾病的相关知识和自我护理方法,避免受凉、淋雨、过度疲劳等诱因;恢复期若出现眼睑水肿、心悸、关节痛等症状,及时就诊。

2. 生活指导　加强体育锻炼,坚持耐寒训练,增强体质。在流行季节尽量少去公共场所,注意隔离患者,防止交叉感染。

3. 用药指导　室内用食醋 5~10ml/m³ 加等量水稀释,关闭门、窗,加热熏蒸,1 次/日,连用 3 日;注射流感疫苗;也可用贯众、板蓝根、野菊花、桑叶等中草药熬汤饮用。

> **情境 2-1 问题回答**
> 患者:"护士,我为什么感到咽部疼痛、不舒服?"
> 护士:"因为您受凉,抵抗力下降,口咽部细菌繁殖,引起咽扁桃体发炎,出现咽部扁桃体红肿疼痛。"
> 患者:"护士,我为什么会发烧呢?"
> 护士:"发烧是身体对口咽部扁桃体感染的反应。"
> 患者:"哦,我明白了,我会积极配合医生治疗的。谢谢您啊!"
> 护士:"不用谢!您还有什么问题,可随时问我。"

小结

急性上呼吸道感染70%~80%由病毒引起，20%~30%由细菌引起。临床上可分为普通感冒、病毒性咽喉炎、细菌性咽扁桃体炎，并发症有急性鼻窦炎、中耳炎、气管-支气管炎、心肌炎等。

自测题

A_1型题

1. 成年人普通感冒最常见的病原体是( )
   - A. 鼻病毒
   - B. 埃可病毒
   - C. 柯萨奇病毒
   - D. 呼吸道合胞病毒
   - E. 副流感病毒
2. 对患有消化性溃疡的上感患者，应禁用( )
   - A. 感冒退热颗粒
   - B. 马来酸氯苯那敏(扑尔敏)
   - C. 盐酸金刚烷胺胶囊
   - D. 阿司匹林
   - E. 复方氨基比林
3. 对急性上呼吸道感染的健康指导不正确的一项是( )
   - A. 避免淋雨
   - B. 增强机体抵抗力
   - C. 饮用中草药汤剂预防
   - D. 患者使用的餐具、痰盂等用具每日消毒
   - E. 接触患者时注意做好床边隔离

A_2型题

4. 患者，女，15岁，因受冷，出现咽干、喉痒，继之喷嚏、鼻塞、流清水样鼻涕。问患者可能的病因( )
   - A. 病毒
   - B. 细菌
   - C. 真菌
   - D. 衣原体
   - E. 气体
5. 患者，男，20岁，因受凉后出现咽痛，伴畏寒、发热，体检见咽部充血明显、扁桃体充血肿大、表面有黄色点状渗出物。问患者可能是( )
   - A. 感冒
   - B. 普通感冒
   - C. 真菌感染
   - D. 咽扁桃体炎
   - E. 鼻炎
6. 患者，男，30岁，因受凉后出现咽痛，5天后症状消失，继而出现鼻塞，患者可能出现( )
   - A. 鼻窦炎
   - B. 心肌炎
   - C. 中耳炎
   - D. 自发性气胸
   - E. 气管-支气管炎

第3节 慢性支气管炎、阻塞性肺气肿患者的护理

情境2-2

李某，男性，66岁，慢性咳嗽、咳痰15年，近3天症状加重伴喘息前来就诊。王医生问其得知受凉咳嗽加重，夜间尤甚，咳大量黄脓痰，伴气急。查体：口唇发绀，桶状胸，两肺叩诊过清音。李护士测生命体征：T 37.4℃，P 96次/分，R 22次/分，BP 130/90mmHg。实验室医生血气分析结果：PaO_2 50mmHg，$PaCO_2$ 60mmHg。

一、疾病概要

(一)概述

慢性支气管炎简称慢支，是指气管、支气管黏膜及其周围组织的慢性非特异性炎症。临床上以慢性咳嗽、咳痰或伴有喘息及反复发作为主要特征。本病多见于中老年人，是严重危害人民身体健康的常见病。

阻塞性肺气肿简称肺气肿，系指终末细支气管远端(呼吸性细支气管、肺泡管、肺泡囊和肺泡)(图2-3)的气道弹性减退、过度充气膨胀、肺容积增大，或同时伴有气管壁破坏的病理状态(图2-4)。肺气肿多由慢性支气管炎发展而来，临床上将具有气流阻塞特征的慢性支气管炎和(或)肺气肿统称为慢性阻塞性肺疾病(COPD)(图2-5)。COPD是一种常见病，呈慢性进行性发展。近年来对我国北部及中部地区10万余成年人进行调查，COPD的患病率为3.17%，且随年龄增长而增加。慢支逐渐形成阻塞性肺气肿及肺源性心脏病。

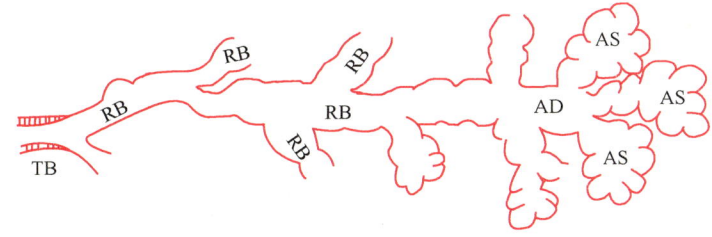

图 2-3　支气管树的结构示意图
TB:终末细支气管;RB:呼吸性细支气管;AD:肺泡管;AS:肺泡囊

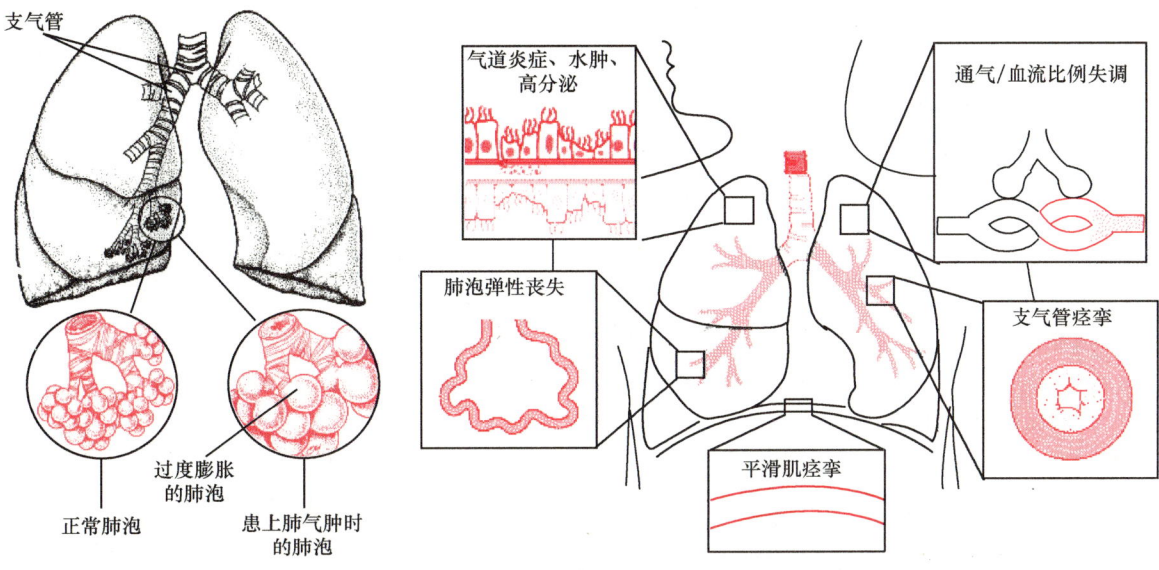

图 2-4　正常肺泡与肺气肿肺泡对比示意图

图 2-5　COPD 的病理生理进程

（二）病因和发病机制

慢支、慢阻肺的病因及发病机制较为复杂，一般认为与下列因素有关。

1. **吸烟**　是重要发病因素。烟草中的多种有害物质损伤呼吸道黏膜上皮细胞，使纤毛运动减弱、吞噬细胞功能降低；支气管黏膜充血、水肿，杯状细胞增生，黏液分泌增多，气道净化能力下降；此外，吸烟还引起支气管平滑肌痉挛，这些变化均有利于继发细菌感染。吸烟者的患病率比不吸烟者高 2～8 倍，且烟龄越长，吸烟量越大，患病率越高。

2. **空气污染**　空气中的有害气体，如二氧化硫、二氧化氮、氯气等损伤气道黏膜，引起纤毛清除功能降低，黏液分泌增加，为细菌入侵创造条件。

3. **感染**　反复感染是慢支、慢阻肺发生、发展的最重要因素。主要是病毒和细菌感染，常见病毒为鼻病毒、流感病毒、腺病毒和呼吸道合胞病毒等；细菌感染以肺炎链球菌、流感嗜血杆菌、葡萄球菌和奈瑟球菌多见。

4. **过敏因素**　过敏反应引起支气管收缩或痉挛，加重组织损伤和炎症反应。喘息型慢支与过敏因素尤为密切。常见的过敏原有细菌、真菌、尘螨、花粉、尘埃、某些食物和化学气体等。

5. **其他因素**　除上述因素外，如自主神经功能失调引起的副交感神经反应性增高、老年人呼吸道局部防御功能降低，以及营养、遗传、气温的突变等因素都参与疾病的发生和发展。

肺气肿的发病机制至今尚未明确,一般认为是多种因素协同作用,使支气管黏膜充血、水肿、管腔内分泌物积聚所致。

(三) 诊断及治疗要点

1. 诊断要点

(1) 慢性支气管炎的诊断依据:根据咳嗽、咳痰或伴喘息,每年发病至少3个月,连续2年或以上,并排除具有类似症状的其他心、肺疾病时,可做出诊断;如果每年发病持续不足3个月,而有明确的胸部X线检查、呼吸功能异常等客观依据者,也可诊断。

(2) 肺气肿的诊断依据:有慢性支气管炎、支气管哮喘等病史;发病缓慢,有原发病症状,逐渐加重的呼吸困难,早期无明显异常体征,典型者有肺气肿体征;有胸部X线检查改变;肺功能测定表现为残气量、肺总量增加、残气/肺总量比值增高等。

2. 治疗要点　慢性支气管炎患者在急性发作期和慢性迁延期,以控制感染及对症治疗(祛痰、镇咳、解痉、平喘)为主;临床缓解期,以加强锻炼,增强体质,避免诱发因素,预防复发为主。肺气肿患者同时应加强呼吸功能锻炼,改善肺功能。

(1) 控制感染:根据病原菌类型和药物敏感情况选择抗生素治疗。常用药物有青霉素、头孢菌素、喹诺酮类或氨基糖苷类抗生素,并依据症状轻重给予口服、肌内注射或静脉滴注;轻者常口服用药,如阿莫西林或氨苄西林,左氧氟沙星或环丙沙星,头孢拉定等;重者第三代头孢菌素和氨基糖苷类联合静脉用药。

(2) 祛痰、镇咳:常用药物有氯化铵、盐酸溴己新片、枸橼酸喷托维林片等。

(3) 解痉、平喘:用于伴有喘息的患者,常选用氨茶碱或β_2受体激动剂;气道舒张剂使用后仍有阻塞现象,可使用糖皮质激素泼尼松等。

(4) 氧疗:是纠正缺氧、缓解呼吸困难最有效的治疗手段。患者需持续低流量低浓度吸氧。

情境2-2 诊断分析

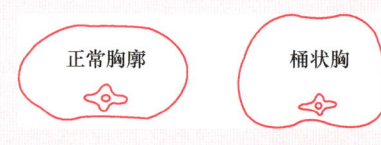

图2-6　正常胸廓、桶状胸的区别

该患者慢性咳嗽、咳痰15年,近3天症状加重伴喘息。符合慢性支气管炎典型临床表现咳、痰、喘。查体:桶状胸,两肺叩诊过清音(图2-6)。符合肺气肿的表现。口唇发绀。辅助检查:血气分析示,PaO_2 50mmHg,$PaCO_2$ 60mmHg。符合呼吸困难导致机体缺氧的特点。根据病史、症状体征及实验室检查可初步诊断为慢性阻塞性肺疾病。可进一步做X线检查。

二、疾病护理

(一) 护理评估

1. 健康史　询问呼吸道感染史、吸烟史、过敏原接触史;了解患者生活工作环境和职业,有无有害气体、烟雾、粉尘等吸入史;了解既往健康情况,有无慢性肺部疾病,以及此次患病的起病情况、表现特点和诊治经过等。

2. 身体状况

(1) 症状:慢性支气管炎,主要症状是咳、痰、喘。缓慢起病,病程较长,因反复急性发作而加重。初期症状轻微,常在寒冷季节、吸烟、劳累、感冒后引起急性发作,症状加重,气候转暖时自然缓解。咳嗽、咳痰一般是晨间起床时为重,排痰较多,白天咳嗽较轻,睡眠时有阵咳。痰一般为白色黏液或浆液泡沫痰,偶见痰中带血。伴有细菌感染时,则变为黏液脓性痰,痰量增加。部分患者因支气管痉挛而出现喘息,常伴有哮鸣音。

阻塞性肺气肿:主要症状是进行性加重的呼吸困难,活动后明显。早期仅在体力劳动或上楼、爬坡等活动时出现气促，随着病情发展逐渐加重，以致在日常活动甚至休息时也感到气短，是COPD的标志性症状。急性发作时，支气管分泌物增多，呼吸困难进一步加重，严重时出现发绀、头痛、嗜睡、神志恍惚等呼吸功能衰竭的表现。

（2）体征：慢支早期无任何异常体征。急性发作期，多在背部或两肺下部闻及干、湿啰音，咳嗽后减少或消失。喘息型慢性支气管炎可闻及哮鸣音和呼气延长，且不易完全消失。阻塞性肺气肿患者早期体征不明显，长期反复发作出现肺气肿体征。视诊：桶状胸，肋间隙增宽，呼吸运动减弱；触诊：语颤减弱或消失；叩诊：呈过清音，肺下界和肝浊音界下移，心浊音界缩小或不易叩出；听诊：肺部呼吸音减弱，呼气延长，心音遥远，并发感染时肺部可闻及湿啰音。

（3）临床分型、分期

1）分型：分为单纯型和喘息型两型。单纯型主要表现为咳嗽、咳痰；喘息型除有咳嗽、咳痰外尚有喘息，常伴有哮鸣音，喘鸣于睡眠时明显，阵咳时加剧。

2）分期：慢性支气管炎按病情进展分为三期。①急性发作期，指一周内出现脓性或黏液脓性痰，痰量明显增加，或伴有发热等炎症表现，或"咳"、"痰"、"喘"症状中任何一项明显加剧。②慢性迁延期，指不同程度的"咳"、"痰"、"喘"症状迁延1个月以上者。③临床缓解期，经治疗症状基本消失或偶有轻微咳嗽、咳痰，持续2个月以上者。

（4）并发症：常见的并发症有慢性呼吸衰竭、自发性气胸、慢性肺源性心脏病等。

3. 心理-社会状况 早期往往不重视，后期由于病程长，病情反复发作，导致劳动能力逐渐丧失，给患者带来较重的精神负担和经济负担，患者易出现焦虑、悲观、沮丧等心理反应，甚至对治疗失去信心。

4. 辅助检查

（1）血液检查：细菌感染时出现白细胞总数和中性粒细胞增多。喘息型者，嗜酸粒细胞增多。

（2）痰液检查：痰涂片或培养可见肺炎球菌、流感嗜血杆菌等致病菌。涂片中可见大量中性粒细胞，喘息型患者有较多的嗜酸粒细胞。

（3）胸部X线检查：早期无异常，反复发作者可见两肺纹理增粗、紊乱，呈网状、条索状或斑点状阴影，以双肺下野明显。肺气肿时典型X线表现为胸廓前后径增大，肋间隙增宽，肋骨平行，膈肌低平；两肺透亮度增加；肺纹理减少或有肺大泡征象；心脏呈垂位，心影狭长。

（4）肺功能检查：是判断气流受阻的主要客观指标。早期常无异常，随病情发展逐渐出现阻塞性通气功能障碍，第1秒用力呼气量占用力肺活量比值（FEV_1/FVC）<60%，最大通气量（MBC）<80%预计值。尚有残气量（RV）增加，残气量占肺总量的百分比（RV/TLC）>40%，为诊断肺气肿的重要指标。

（5）动脉血气分析：阻塞性肺气肿如出现明显缺氧和二氧化碳潴留时，则PaO_2降低，$PaCO_2$升高，出现呼吸性酸中毒时，pH降低。

考点：COPD标志性症状、肺气肿典型体征、并发症、判断气流受限的主要客观指标

（二）护理诊断与合作性问题

1. 清理呼吸道无效 与呼吸道炎症、阻塞，痰液过多而黏稠，咳嗽无力有关。
2. 气体交换受损 与呼吸道阻塞、呼吸面积减少引起通气和换气功能障碍有关。

情境2-2 护理诊断分析

因患者咳嗽、咳大量黄脓痰、气急、口唇发绀。故存在下列主要护理诊断：清理呼吸道无效（与呼吸道炎症、痰液多而黏稠有关）；气体交换受损（与呼吸道阻塞、呼吸面积减少引起通气和换气功能障碍有关）。

（三）护理措施

1. 一般护理

（1）体位与休息：患者取舒适卧位，呼吸困难患者可取半坐位或端坐位，以改善呼吸。根据病情

合理指导活动,活动量适中。病房内空气流通,温、湿度适宜。注意保暖,防止受凉。

(2) 饮食护理:根据患者的喜爱和饮食习惯,给予高热量、高蛋白、高维生素的易消化饮食,提高机体抵抗力。避免过冷、过热及产气食物,以防腹胀而影响膈肌运动。指导患者少食多餐,避免因过度饱胀而引起呼吸不畅。鼓励患者多饮水,使痰液稀释,易于排出,戒烟酒。

2. 病情观察　观察患者咳嗽、咳痰发作情况,观察体温、呼吸、脉搏变化,如体温超过39℃应给予物理降温或遵医嘱药物降温。监测动脉血气分析、电解质、酸碱平衡状况。

3. 配合治疗护理

(1) 促进排痰:指导患者深吸气后咳嗽,翻身拍背,酌情采用胸部物理治疗,如胸部叩击和震荡,以利排痰,保持气道通畅。

(2) 氧疗护理:氧疗是纠正缺氧最直接和最有效的方法,但不适当的氧疗不仅影响疗效,甚至造成较严重的后果。如患者缺氧同时出现二氧化碳潴留,则持续(>15h/d)、低流量(1~2L/min)、低浓度(25%~29%)鼻塞给氧;严重呼吸困难者,通过面罩加压呼吸机辅助呼吸,必要时建立人工气道。

氧疗有效指标:患者呼吸困难减轻、呼吸频率减慢,发绀减轻,心悸缓解、活动耐力增加或PaO_2达到55mmHg以上,$PaCO_2$呈逐渐下降趋势。

> **链接:无创通气治疗 COPD**
>
> 无创通气(noninvasive ventilation,NIV)是指不需要建立有创人工通气而进行的辅助机械通气。可经口(鼻)面罩使用,具有使用方便,避免有创机械通气(气管插管、气管切开)的多种损伤及并发症,降低对呼吸机的依赖,减少患者的痛苦和医疗费用,提高生活质量等特点。因此及早合理的应用无创通气,可给患者及时的呼吸支持,改善或纠正缺氧、二氧化碳潴留和酸碱失衡,预防和减少有创机械通气并发症和多脏器功能不全,为基础疾病的治疗,呼吸功能的改善争取到宝贵的时间,从而挽救患者的生命。

(3) 用药护理:遵医嘱使用抗炎、祛痰、镇咳药,观察药物的疗效和不良反应。对痰液较多或年老体弱者以抗炎、祛痰为主,避免使用中枢镇咳药,如磷酸可待因,以免抑制咳嗽中枢,加重呼吸道阻塞,导致病情恶化。磷酸可待因有麻醉性中枢镇咳作用,适用于剧烈干咳者,有恶心、呕吐、便秘等不良反应,应用不当可能成瘾;枸橼酸喷托维林片是非麻醉性中枢镇咳药,用于轻咳或少量痰液者,无成瘾性,有口干、恶心、腹胀、头痛等不良反应;盐酸溴己新片使痰液中黏多糖纤维断裂,痰液黏度降低,偶见恶心、转氨酶升高,胃溃疡者慎用。

(4) 呼吸功能训练:其目的是使浅而快的呼吸,变为深而慢的有效呼吸。具体方法如下。

腹式呼吸训练:指导患者采取立位、坐位或平卧位,全身肌肉放松,静息呼吸。吸气时,用鼻吸入,尽力挺腹,胸部不动,吸气末自然且短暂地屏气,造成一个平顺的呼吸形态使进入肺的空气均匀分布;呼气时,用口呼出,同时收缩腹部,胸廓保持最小活动幅度,缓呼深吸,增进肺泡通气量,吸与呼时间之比为1:2或1:3;呼吸7~8次/分,10~15分/次,训练2次/日。熟练后增加训练次数和时间,使之成为不自觉的呼吸习惯。练习时病人一只手置于腹部,另一只手置于胸部,感受自己的呼吸是否正确(图2-7)。

缩唇呼吸训练:用鼻吸气用口呼气,呼气时口唇缩拢似吹口哨状,持续而缓慢地呼气,同时收缩腹部。吸与呼时间之比为1:2或1:3,尽量深吸

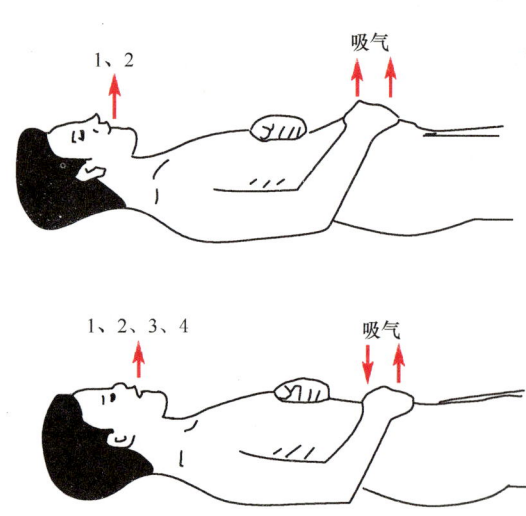

图2-7　腹式呼吸训练

慢呼,呼吸7~8次/分,10~15分/次,训练2次/日。缩唇呼气使呼出的气体流速减慢,延缓呼气气流下降,防止小气道因塌陷而过早闭合,改善通气和换气(图2-8)。

松弛法:延长呼气时间,减少肺内残气量。以下几种方法促进松弛:①配合呼吸旋转头部,当头从左边转向右边时吸气,头从右边转向左边时呼气;②配合呼吸转动肩膀,当肩膀向后转动时吸气,向前转回时呼气;③配合呼吸旋转手臂,当手臂向上朝后旋转时吸气,手臂向下朝前旋转时呼气。以上几种松弛方法,均由鼻吸气,噘嘴呼气,换气的形态须保持放松而且舒适。

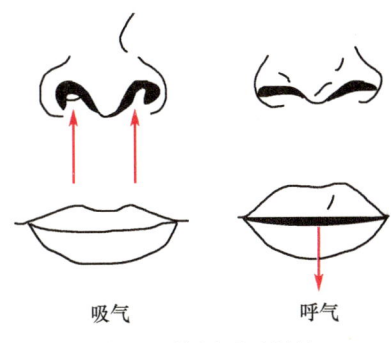

图2-8 缩唇呼吸训练

4. 心理护理 由于病程长,长期的呼吸困难,容易使患者对治疗缺乏信心,出现焦虑、抑郁情绪,护士应细心聆听患者的诉说,做好患者与家属之间的沟通,协助患者取得家属及社会的支持,缓解心理压力,积极配合治疗。

情境2-2 护理工作过程

◆ **入院护理工作过程**

接诊—送患者到病床,嘱患者取舒适体位—为患者戴腕带—通知医师、护工、膳食科—测体重及生命体征并记录—初步评估患者是否受凉等可使病情加重的诱因及呼吸系统症状、体征情况,了解血气分析等辅助检查结果—安慰患者—办理入院手续—遵医嘱给予治疗—填写住院护理评估单及护理表格—进行入院注意事项告之和安全教育。

◆ **住院护理工作过程**

加强巡视,观察生命体征、咳嗽、咳痰、喘息、口唇发绀情况—执行医嘱—加强口腔、呼吸道、尿道等部位基础护理—给予营养丰富、易消化食物,避免刺激性食物—心理护理、健康教育—填写护理记录单。

◆ **出院护理工作过程**

执行出院医嘱,撤销单据及卡片、整理出院病历、做好出院登记—征求患者意见和建议—出院宣教、指导患者合理饮食和活动—协助备好出院所带药品,嘱按医嘱用药并注意药物不良反应等—通知护工、膳食科—常规清洁床位—填写出院护理记录。

(四)护理目标及评价

患者能有效咳嗽、排痰,保持呼吸道通畅;患者学会呼吸功能锻炼的方法,缺氧得到改善。

三、健康教育

1. 疾病知识指导 戒烟,有资料表明戒烟不仅能有效地延缓病情的进展,对于早期患者,戒烟可使病情逆转。

2. 生活指导 保持健康心态,指导患者和家属了解本病发生、发展及治疗的知识,引导患者适应慢性疾病,培养外出散步、听音乐、养花种草等爱好,以分散注意力,减少孤独感,缓解焦虑,并以积极的心态对待疾病。坚持呼吸功能锻炼:制定个体化的锻炼计划,选择空气新鲜、安静的环境,进行呼吸功能锻炼。加强体育锻炼如步行、慢跑、气功等,以增强体质。在潮湿、大风、严寒气候条件下,避免室外活动。

3. 用氧指导 家庭氧疗:向其说明长期家庭氧疗的必要性及重要性,以取得患者的配合。告知患者及家属,家庭氧疗吸氧的时间不宜少于10~15小时/天,尤其夜间睡眠时,不宜间断吸氧。监测氧流量,防止随意调高氧流量引起氧中毒。注意安全,供氧装置周围严禁烟火,防止氧气燃烧爆炸;吸氧鼻导管需每天更换,以防堵塞;氧疗装置定期更换、清洁、消毒,防止感染。

情境 2-2 问题回答

患者："护士,我为什么有时咳泡沫痰,有时咳大量黄脓痰?"

护士："李叔叔,因为您患有老慢支。老慢支的主要症状是慢性咳嗽、咳痰,痰一般为白色黏液或浆液泡沫痰,您最近受凉了,抵抗力下降,伴有细菌感染,痰变为黏液脓性痰,并痰量增加。"

患者："我为什么会得这个病呢?"

护士："李叔叔,这个病是由多种原因引起的,主要病因是吸烟、大气污染、年龄大抵抗力下降,您可能是长期吸烟而得这个病的。"

患者："护士,我这个病不治疗会有什么后果?"

护士："如果不治疗或者不规范治疗,继续发展会出现并发症,如肺源性心脏病、呼吸衰竭等。"

患者："哦,我明白了,我会积极配合医生治疗的。谢谢你啊!"

护士："不用谢!您还有什么问题,可随时问我。"

小结

慢性支气管炎主要症状是咳、痰、喘,阻塞性肺气肿主要症状是进行性加重的呼吸困难。肺气肿的体征为:视诊,桶状胸,肋间隙增宽,呼吸运动减弱;触诊,语颤减弱或消失;叩诊,呈过清音;听诊,肺部呼吸音减弱,呼气延长,心音遥远,并发感染时肺部可闻及湿啰音。氧疗是纠正缺氧最直接和最有效的方法,如患者缺氧同时出现二氧化碳潴留,则持续、低流量、低浓度鼻塞给氧。

自测题

A₁型题

1. 慢性支气管炎急性发作的最常见原因是( )
   A. 吸烟　　　　　　B. 感染
   C. 大气污染　　　　D. 气温下降
   E. 过敏

2. 慢性阻塞性肺气肿最常继发于( )
   A. 支气管哮喘
   B. 慢性纤维空洞型肺结核
   C. 慢性支气管炎
   D. 原发性支气管肺癌
   E. 肺源性心脏病

3. 慢性支气管炎并发肺气肿时,除慢支症状外,主要症状为( )
   A. 突发性呼吸困难
   B. 夜间阵发性呼吸困难
   C. 逐渐加重的呼吸困难,以活动后为重
   D. 发绀
   E. 心悸

4. 慢性支气管炎患者的下列表现中,不应使用抗生素的是( )
   A. 偶尔咳少量黏液样痰　　B. 发热
   C. 喘息伴哮鸣音　　　　　D. 肺内大量湿啰音
   E. 外周血白细胞计数 $15 \times 10^9/L$

5. 慢性阻塞性肺疾病患者,进行呼吸功能锻炼的方法是( )
   A. 加强胸式呼吸,用鼻吸气,经口用力快速呼气
   B. 加强腹式呼吸,用鼻深吸,经口缓呼,呼气时口唇收拢
   C. 加强腹式呼吸,用鼻吸气,经口用力快速呼气
   D. 加强胸式呼吸,经鼻用力呼气
   E. 同时加强胸式和腹式呼吸

A₂型题

6. 患者,女性,46岁,咳嗽、咳痰,痰液黏稠,不易咳出,对此提出的护理诊断或问题是( )
   A. 活动无耐力　　　B. 气体交换受损
   C. 清理呼吸道无效　D. 低效性呼吸型态
   E. 知识缺乏

7. 患者,男性,74岁,反复咳嗽、咳痰伴喘息30年,5年前出现逐渐加重的呼吸困难,诊断为COPD。当患者血气分析结果为 PaO_2 55mmHg、$SaO_2 < 85\%$,氧疗护理措施正确的是( )
   A. 高浓度、高流量持续吸氧
   B. 高浓度、高流量间歇吸氧
   C. 低浓度、低流量持续吸氧
   D. 低浓度、低流量间歇吸氧
   E. 高压氧舱

8. 患者,男性,68岁,被人搀扶着步入医院,接诊护士看见其面色发绀,口唇呈黑紫色,呼吸困难,询问病史得知其有慢性阻塞性肺疾病史。护士需立即对其进行的处理是( )
   A. 为患者挂号
   B. 不作处理,等待医生到来
   C. 鼻塞法吸氧
   D. 电击除颤

E. 人工呼吸

9. 患者,女性,65岁,被人用轮椅推入医院,接诊护士看见其面色发绀,呼吸困难,询问病史得知其有慢性阻塞性肺疾病史,给予吸氧流量应是(　　)
   A. 1~2L/min　　　B. 2~4L/min
   C. 4~6L/min　　　D. 6~8L/min
   E. 8~10L/min

10. 患者,男性,86岁,有COPD病史30年。平素体弱,3天前受凉后再次出现咳嗽咳痰,痰白质黏量多,伴有气急。此时患者应避免使用(　　)
    A. 盐酸溴己新　　B. 氨茶碱
    C. 磷酸可待因　　D. 盐酸氨溴索
    E. 沙丁胺醇气雾剂

11. 患者,男性,68岁,有慢性支气管炎、肺气肿病史30年。今日中午在家拾重物时,突感右侧胸部刺痛,逐渐加重,伴气急、发绀。最可能发生的是(　　)
    A. 心肌梗死　　　B. 胸腔积液
    C. 自发性气胸　　D. 肺栓塞
    E. 支气管阻塞

12. 患者,男性,75岁,咳嗽、咳痰,胸闷气短12年,肺功能检查残气量增加,残气量占肺总量比值40%。最可能的诊断是(　　)
    A. 支气管哮喘　　B. 自发性气胸
    C. 肺结核　　　　D. 肺心病
    E. 阻塞性肺气肿

第4节　慢性肺源性心脏病患者的护理

情境 2-3

李明,女,68岁。反复咳嗽、喘息20年,加重1周入院。王医生查体:神清,口唇发绀,颈静脉怒张,双肺散在中小水泡音。P 120次/分,律齐。肝肋下3cm触及,双下肢凹陷性水肿。检验医生查血外周血白细胞$12×10^9$/L。放射科医生查胸片示双肺纹理粗。

一、疾病概要

(一) 概述

慢性肺源性心脏病简称肺心病,是由支气管-肺组织、肺血管或胸廓的慢性病变引起的肺组织结构和(或)功能异常,导致肺血管阻力增加,产生肺动脉高压,使右心室肥厚扩张,最终发展为右心衰竭的心脏病。

肺心病是我国中老年人的常见病、多发病,患病年龄多在40岁以上,随年龄增长患病率增高。我国肺心病的患病率存在地区差异,北方高于南方,农村高于城市,吸烟者比不吸烟者明显增多。急性呼吸道感染是肺心病急性发作的主要诱因,常导致肺、心功能衰竭。目前重症肺心病的病死率仍然较高。

(二) 病因和病机

按原发病的不同部位,其病因分为三类。

1. 支气管、肺疾病　以慢性阻塞性肺疾病(COPD)最为多见,占80%~90%,其次为支气管哮喘、支气管扩张、重症肺结核、肺尘埃沉着病、慢性弥漫性肺间质纤维化、结节病等。

2. 胸廓运动障碍性疾病　较少见,如脊椎后凸或侧凸、脊椎结核、类风湿关节炎等引起的严重胸廓或脊柱畸形,以及神经肌肉疾患,如脊髓灰质炎、多发性神经炎等,均引起胸廓活动受限、肺受压、支气管扭曲或变形,肺功能受损。

3. 肺血管疾病　甚少见,如广泛或反复发生的多发性肺小动脉栓塞及肺小动脉炎;以及原因不明的原发性肺动脉高压等。

引起右心室肥大的因素很多,但先决条件是肺的结构和功能的不可逆性改变。气道的反复感染、低氧血症和(或)高碳酸血症,导致一系列体液因子和肺血管的变化,使肺血管阻力增加、肺动脉血管重构,肺动脉高压形成。其中缺氧是肺动脉高压形成的最重要因素,而肺动脉高压的形成是肺心病发生的关键环节(图2-9)。

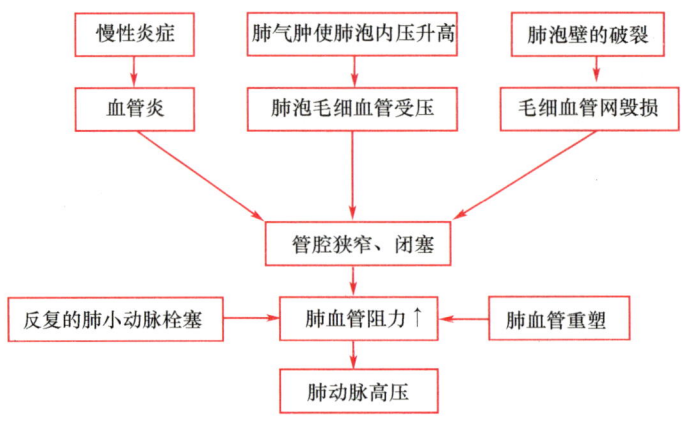

图 2-9 肺动脉高压的形成机制

(三) 诊断及治疗要点

1. 诊断要点　有慢性肺部原发疾病史,发病年龄多在 40 岁以上;肺心功能代偿期和失代偿期临床表现;体检可有肺气肿征、肺动脉瓣第二心音亢进、三尖瓣区收缩期杂音及奔马律、颈静脉怒张、肝大、肝颈静脉回流征阳性、腹水及下肢水肿等;X 线检查可有肺气肿改变;心电图可有电轴右偏,肺型 P 波,右心室肥厚,右束支传导阻滞;超声心动图可见肺动脉高压改变;肺功能检查及血气分析、酸碱度测定均有助于诊断。

2. 治疗要点

（1）急性加重期:社区获得性感染以革兰阳性菌占多数,医院感染则以革兰阴性菌为主。选用两者兼顾的抗生素,如青霉素类、氨基糖苷类、喹诺酮类及头孢菌素类等控制感染。维持呼吸道通畅,合理用氧,纠正缺氧和二氧化碳潴留,改善呼吸功能。慢性肺心病患者一般在积极控制感染,改善呼吸功能后,心力衰竭便能得到改善;对治疗无效的重症患者,适当选用利尿、强心或血管扩张药物控制心力衰竭,慎用镇静剂。

（2）缓解期:以中西医结合的综合措施为原则,防治原发病,去除诱发因素,避免或减少急性发作,提高机体免疫功能,延缓病情的发展。

> **情境 2-3 诊断分析**
> 该患者有老慢支病史,口唇发绀,是缺氧的典型症状,颈静脉怒张,双下肢凹陷性水肿,是右心衰竭的表现。根据病史、症状体征可初步诊断为慢性肺源性心脏病。进一步做 X 线检查、心电图检查有助于明确诊断及病情程度判断。

二、疾病护理

(一) 护理评估

1. 健康史　询问患者既往健康情况,有无 COPD、支气管哮喘、支气管扩张、重症肺结核、肺尘埃沉着病等慢性肺部疾病,以及严重胸廓、脊柱畸形、神经肌肉疾患等病史;了解此次患病的诱发因素、临床特点和诊治经过等。

2. 身体状况　本病发展缓慢,临床上除原有肺、心疾病的各种症状和体征外,主要是逐步出现的肺、心功能衰竭和其他器官损害的表现。

（1）肺、心功能代偿期:此期以慢阻肺为主要表现。慢性咳嗽、咳痰、气促,活动后有心悸、呼吸困难、乏力和活动耐力下降。体检有明显肺气肿体征,听诊多有呼吸音减弱,感染时肺部可闻及干、湿啰音。肺动脉瓣区第二心音亢进,提示有肺动脉高压。三尖瓣区出现收缩期杂音,或剑突下心脏搏动增强,提示有右心室肥大。部分患者因肺气肿胸膜腔内压升高,阻碍静脉血回流,可见颈静脉充盈。因膈肌下降,有肝界下移。

(2)肺、心功能失代偿期:以呼吸衰竭为主要表现,或伴有心力衰竭。由肺血管疾患引起的肺心病,则以心力衰竭为主,呼吸衰竭较轻。

呼吸衰竭,常因急性呼吸道感染诱发所致。患者呼吸困难加重、夜间更甚,发绀明显,甚至出现烦躁、谵妄、嗜睡、昏迷、抽搐等肺性脑病的表现。患者发绀明显,球结膜充血、水肿,视乳头水肿,腱反射减弱或消失,周围血管扩张,如皮肤潮红、多汗。

心力衰竭,以右心衰竭为主,表现为心悸、气急、腹胀、食欲缺乏、恶心、呕吐等症状;下肢水肿,严重者有腹水。患者主要为体循环淤血体征,颈静脉怒张、肝大伴压痛、肝颈静脉回流征阳性、三尖瓣区可闻及收缩期杂音,心尖区出现奔马律,也可出现各种心律失常。

(3)并发症:由于低氧血症和高碳酸血症,使多个重要脏器受累,出现严重并发症,如肺性脑病、酸碱失衡及电解质紊乱、心律失常、消化道出血、弥散性血管内凝血等。

3.心理-社会状况 患者因病程冗长,肺、心功能减退,逐渐丧失生活自理能力,久治无效,患者自觉治疗无望,拖累家人而心情沉重、情绪低落,丧失信心,产生孤独、自卑、悲观绝望心理;由于患者工作能力的丧失,亦给家庭带来沉重的生活负担和经济负担。

4.辅助检查

(1)胸部X线检查:除原发病的X线征象外,尚有肺动脉高压和右心室肥大的征象。

(2)心电图检查:心电图表现为右心房肥大图形,P波尖而高耸,其振幅≥0.25mV,以Ⅱ、Ⅲ、aVF导联表现最为突出,又称"肺型P波",以及右心室肥大的改变(图2-10)。

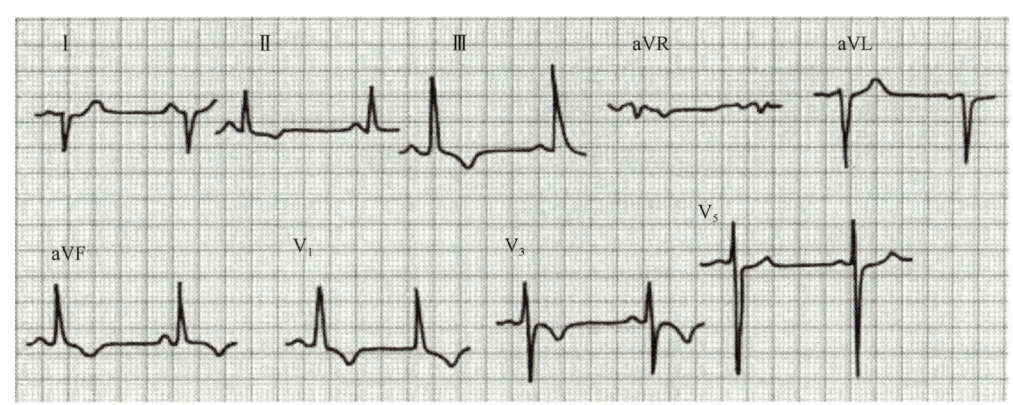

图2-10 慢性肺心病心电图改变

(3)超声心动图:可显示肺动脉内径增大(≥18mm)、右心室流出道内径增宽(≥30mm)、右心室内径增大(≥20mm)、心室壁和室间隔增厚。

(4)血气分析:出现低氧血症、高碳酸血症,当$PaO_2<60mmHg$,$PaCO_2>50mmHg$时,提示呼吸衰竭。

(5)血液检查:红细胞和血红蛋白升高,系缺氧所致,全血黏度和血浆黏度增加;并发感染时,白细胞总数增高,中性粒细胞增加。部分患者血清学检查有肾功能、肝功能的异常及电解质紊乱。

(6)其他检查:肺功能检查对早期或缓解期肺心病患者有意义。肺心病急性加重期通过痰细菌学检查可指导抗生素的选用。

考点:肺动脉高压的表现、右心室肥大的表现、失代偿期最突出的表现及肺心病死亡的主要原因

(二)护理诊断与合作性问题

1.气体交换受损 与呼吸道阻塞、呼吸面积减少引起通气和换气功能障碍有关。

2. 清理呼吸道无效　与呼吸道感染、痰液过多而黏稠或咳嗽无力有关。

3. 活动无耐力　与心肺功能减退有关。

4. 体液过多　与右心功能不全、静脉回流障碍、静脉压升高有关。

5. 潜在并发症　肺性脑病、酸碱失衡与电解质紊乱、心律失常、上消化道出血等。

情境2-3 护理诊断分析

因患者有咳嗽、喘息、口唇发绀、颈静脉怒张、双下肢凹陷性水肿。故存在下列主要护理诊断：气体交换受损（与呼吸道阻塞、呼吸面积减少引起通气和换气功能障碍有关）；清理呼吸道无效（与呼吸道感染有关）；活动无耐力（与心肺功能减退有关）；体液过多（与右心功能不全、静脉压升高有关）；潜在并发症（肺性脑病、酸碱失衡与电解质紊乱、心律失常等）。

（三）护理措施

1. 一般护理

（1）休息与体位：急性发作期，卧床休息，取半卧位，减少机体耗氧量，减轻心脏负担；缓解期，指导患者根据肺心功能状况适当地进行活动，增强体质，改善心肺功能。

（2）饮食护理：摄取低盐、低热量、清淡、易消化和富含维生素及纤维素的饮食。限制钠盐摄入，钠盐<3g/d，入液量限制在1~1.5L/d。因碳水化合物可增加二氧化碳的生成，所以在热量供给中，一般碳水化合物供热<60%。根据患者饮食习惯，少量多餐。应用排钾利尿剂的患者注意钾的摄入，鼓励患者多吃含钾高的食物和水果，如香蕉、枣子等，保持大便通畅。避免含糖高的饮食，以免引起痰液黏稠。

（3）皮肤护理：对久病卧床、水肿明显者应加强皮肤护理，避免腿部和踝部交叉受压，保持衣服宽大、柔软，在受压部位垫气圈或海绵垫，有条件者用气垫床，帮助患者抬高下肢，促进静脉回流，定时更换体位，预防压疮。

2. 病情观察　密切观察病情变化，监测生命体征及血气分析。观察呼吸频率、节律、深度及其变化特点，若患者出现点头、提肩等呼吸，或呼吸由深而慢，转为浅而快等不规则呼吸，提示呼吸衰竭；若患者出现注意力不集中、好言多动、烦躁不安、昼睡夜醒、神志恍惚等，提示肺性脑病的先兆症状，立即报告医生，并协助抢救。

3. 配合治疗护理

（1）促进排痰：加强巡视，保持呼吸道通畅。指导患者深吸气后咳嗽，翻身拍背，酌情采用胸部物理治疗，如胸部叩击和震荡、体位引流、吸痰等以利排痰，保持气道通畅。对昏迷患者，可进行机械吸痰，需注意无菌操作。

（2）氧疗护理：根据缺氧和二氧化碳潴留程度不同，合理给氧。患者缺氧伴二氧化碳潴留时，则持续(>15h/d)、低流量(1~2L/min)、低浓度(25%~29%)给氧，使PaO_2控制在60mmHg或略高。其原因是当缺氧伴二氧化碳潴留时，呼吸中枢对二氧化碳的刺激已不敏感，主要依靠缺氧来维持其兴奋性。若高浓度给氧，可使缺氧迅速被纠正，使外周化学感受器失去低氧血症的刺激，反而抑制自主呼吸，加重缺氧和二氧化碳潴留。若病情需要提高氧浓度，应辅助呼吸兴奋剂刺激通气，或使用呼吸机辅助呼吸，必要时建立人工气道。

氧疗有效指标：患者呼吸困难减轻、呼吸频率减慢、发绀减轻、心悸缓解、活动耐力增加或PaO_2达到55mmHg以上，$PaCO_2$呈逐渐下降趋势。

（3）肺性脑病的护理：①及时清除痰液，解除支气管痉挛，保持呼吸道畅通。②定时翻身、拍背，勤吸痰。定期改变患者的体位，每2小时翻身拍背一次，以防止痰液在呼吸道内积聚的作用，痰液松动，有利于患者自行排痰。如痰栓引起窒息应立即行气管插管或气管切开，机械吸痰。③鼓励患者饮水，使体液能得到充分的补充，必要时给予静脉输液，有利于痰液稀释和排出。湿化气道，清除呼吸道分泌物。特别注意对雾化吸入器的消毒和使用。④肺性脑病患者适于持续低流量低浓度吸氧，吸氧方法用鼻塞法较为适合。

(4) 用药护理

1) 利尿剂,有减少血容量,减轻右心负荷,消除水肿的作用。以缓慢、小量和间歇用药为原则,常用药物有氢氯噻嗪;尿量多时需加用10%的氯化钾,或选用保钾利尿药,如氨苯蝶啶。重度或急性需行利尿者用呋塞米肌内注射或口服。利尿剂尽可能在白天给药,以免因频繁排尿而影响患者夜间睡眠。用药后应观察精神症状、痰液黏稠度、有无腹胀、四肢无力等,准确记录液体出入量。利尿剂应用过多易导致:①脱水使痰液黏稠不易咳出,加重呼吸衰竭;②低钾、低氯性碱中毒,抑制呼吸中枢,通气量降低,耗氧量增加,加重神经精神症状;③血液浓缩增加循环阻力,且易发生弥散性血管内凝血。

2) 强心剂,宜选用速效、排泄快的制剂,剂量宜小。常用药物有毒毛花苷 K 0.125～0.250mg,或去乙酰毛花苷 0.200～0.400mg 加入10%葡萄糖液内缓慢静脉推注。用药前应纠正缺氧,防治低钾血症,以免发生药物毒性作用。遵医嘱给药,注意药效并观察毒性反应。由于肺心病患者长期处于缺氧状态,对洋地黄类药物耐受性很低,故疗效差、易中毒,用药前注意纠正缺氧。

3) 呼吸兴奋剂,遵医嘱使用呼吸兴奋剂,注意保持呼吸道通畅,适当增加吸入氧浓度,用药过程中如出现恶心、呕吐、震颤,甚至惊厥,提示药物过量,及时通知医生。

4) 血管扩张剂,可减轻心脏前、后负荷,降低肺动脉压,如酚妥拉明、硝普钠、硝苯地平、卡托普利等。

5) 对二氧化碳潴留、呼吸道分泌物较多的重症患者慎用镇静剂、麻醉剂、催眠剂,如必须使用,用药后必须密切观察是否抑制呼吸中枢和咳嗽反射情况。

4. 心理护理　耐心对待患者,多与患者沟通交流,诚心安慰患者,给予患者理解与支持,鼓励患者积极配合治疗与护理,树立信心;学会自我护理,避免各种诱发因素,保护肺、心功能;动员患者的家人与亲友多陪护探视,增强患者的支持系统。

考点: 护理措施,特别是氧疗、低盐饮食护理

(四) 护理目标及评价

患者呼吸困难减轻;能有效咳痰;活动耐力增加;尿量增加;水肿减轻或消失;无并发症产生。

三、健康教育

1. 疾病知识指导　向患者宣传及时控制呼吸道感染、增强体质、改善心肺功能、防止肺心病进一步发展的重要性;积极防治呼吸道慢性疾患,避免各种诱发因素。教会患者和家属观察病情,患者如感到呼吸困难加重、咳嗽剧烈、咳痰、尿量减少、水肿明显,或家属发现患者神志淡漠、嗜睡或兴奋躁动、口唇发绀,提示病情变化或加重,及时就诊。

2. 生活指导　增加营养,保证足够的蛋白质及热量的供应,以补充机体消耗,增加抗病能力。

3. 呼吸训练指导　教会患者呼吸训练的方法,如腹式呼吸和缩唇式呼吸,并嘱家属督促其长期坚持。

情境2-3 问题回答

患者: "护士,我为什么会反复咳嗽、喘息?"

护士: "李阿姨,因为您患有老慢支。老慢支主要症状是咳嗽、咳痰、喘息,每年发作,每次发作一般在3个月以上。"

患者: "我为什么会口唇发紫、下肢水肿?"

护士: "李阿姨,因长期的老慢支,导致肺气肿,气体交换能力下降,身体缺氧,口唇就会发紫。肺气肿导致肺动脉压高,影响了心脏,心功能下降,出现体循环淤血就会出现下肢水肿。"

患者: "护士,我担心病情会加重。如治疗不当会有什么后果?"

护士: "感染是病情加重的主要因素,您平时要注意保暖。只要您按医生的要求规范治疗,病情就会稳定。如果不治疗或者不规范治疗,继续发展会出现并发症,如呼吸衰竭、心力衰竭等。"

患者: "哦,我明白了,我会积极配合医生治疗的。谢谢你啊!"

护士: "不用谢!您还有什么问题,可随时问我。"

小结

COPD 是导致肺动脉高压，引起肺源性心脏病的主要因素。感染是病情加重的主要诱因。代偿期主要临床表现为慢性咳、痰、喘，活动后呼吸困难加重；失代偿期主要表现为发绀、呼吸困难加重、Ⅱ型呼吸衰竭、心力衰竭。

自测题

A₁型题

1. 肺心病、心力衰竭的治疗中最主要的是（　　）
   A. 控制感染，改善通气功能　B. 应用利尿剂
   C. 应用强心剂　　　　　　　D. 应用脱水剂
   E. 糖皮质激素的应用
2. 引起肺心病的主要原因为（　　）
   A. 胸廓活动功能障碍
   B. 呼吸中枢功能障碍
   C. 慢性支气管炎、肺疾患
   D. 胸腔内肿瘤
   E. 过敏反应

A₂型题

3. 患者，男，60岁，肺心病患者，痰多，排除痰液的护理措施，下列哪项不妥（　　）
   A. 痰液黏稠可使用祛痰剂
   B. 限制水分摄入，以免痰液生成过多
   C. 对症使用有效的中成药
   D. 行蒸汽吸入或药物超声雾化吸入
   E. 对痰多而无力咳出者协助翻身拍背，或导管插入吸痰
4. 患者，男，65岁，肺心病患者，肺、心功能失代偿期的主要表现为（　　）
   A. 发热
   B. 咳嗽、咳痰
   C. 咯血
   D. 呼吸衰竭与心力衰竭
   E. 胸痛、胸闷
5. 患者，女，70岁，患肺心病10年。治疗肺心病心衰的首要措施是（　　）
   A. 卧床休息，低盐饮食
   B. 使用小剂量强心剂
   C. 使用小剂量作用缓和的利尿剂
   D. 应用血管扩张剂减轻心脏负荷
   E. 积极控制感染和改善呼吸功能
6. 肺心病患者进行强心、利尿治疗，不正确的措施是（　　）
   A. 快速、大量使用利尿剂
   B. 快速、小剂量使用洋地黄
   C. 使用洋地黄前应纠正缺氧
   D. 使用洋地黄前应数脉搏
   E. 使用后，密切观察疗效

A₃型题

患者，女，67岁。有肺心病病史20年，此次因两周前受凉后，出现咳嗽、咳黄脓痰，今晨出现痰不易咳出且呼吸困难加重，烦躁不安，神志恍惚。查体：体温37.4℃，脉搏110次/分，呼吸36次/分、节律不整，口唇发绀，两肺底闻及细湿啰音，心（−），腹（−），血压正常。

7. 患者最可能出现的并发症是（　　）
   A. 呼吸衰竭　　　　B. 上消化道出血
   C. 急性脑出血　　　D. 肾衰竭
   E. 急性心力衰竭
8. 此时患者不宜采取的治疗是（　　）
   A. 静脉滴注氯化钾　B. 给予镇静剂
   C. 低流量吸氧　　　D. 给呼吸兴奋剂
   E. 使用人工呼吸机

第5节　支气管哮喘患者的护理

情境2-4

张某，男，15岁，今天外出游玩后，出现打喷嚏、流泪、干咳，随即胸闷气急、咳嗽伴大汗，不能平卧急诊入院。既往曾有类似发作史。王医生查体：急性面容，口唇轻度发绀，胸廓较膨隆，双侧语颤均减弱，两肺布满哮鸣音，心律齐。护士测生命体征：T 37.5℃，P 98次/分，R 30次/分，BP 120/80mmHg。实验室检验结果：血液白细胞计数 $7×10^9$/L，中性粒细胞0.70，淋巴细胞0.22，嗜酸粒细胞0.08，胸部X线：两肺纹理粗乱。

一、疾病概要

（一）概述

支气管哮喘简称哮喘，是一种以嗜酸粒细胞、肥大细胞和T淋巴细胞等多种炎症细胞参与的气道慢性炎症性疾病。其炎症导致气道反应性增加，通常引起广泛性、可逆性的呼吸道阻塞症状。其表现特点为反复发作的喘息、呼气性呼吸困难，伴哮鸣音、胸闷、咳嗽等症状，可自行缓解或经治疗后缓解。

支气管哮喘是全球最常见的慢性病之一，全球约有3亿患者，我国的患病率为1%~4%。成人男女患病率大致相同，儿童发病率高于成人，发达国家高于发展中国家，城市高于农村。约40%的患者有家族史。

（二）病因和病机

1. 病因　其病因不十分清楚，目前认为与多基因遗传有关，同时受遗传因素和环境因素的双重影响。

（1）遗传因素：患者亲属患病率高于群体患病率，亲缘关系越近，患病率越高；患者病情越严重，其亲属患病率也越高，而哮喘患儿的双亲大多存在着不同程度的气道高反应性。

（2）环境因素：环境中存在着某些诱发或加重哮喘的刺激因素，包括吸入物，如尘螨、花粉、动物皮屑、真菌、二氧化硫、刺激性气体等；感染因素，如细菌、病毒、寄生虫等；食物，如鱼、虾蟹、奶制品、花生、豆制品等；药物，如盐酸普萘洛尔、阿司匹林等；其他，如气候变化、运动、精神刺激等。

2. 发病机制　哮喘的发病机制不完全清楚。目前普遍认为，哮喘的发病与变态反应、气道炎症、气道高反应性及神经精神等因素相互作用有关（图2-11）。

（1）变态反应：哮喘多由接触变应原而触发。变应原进入具有特异性体质的机体后，刺激机体产生大量IgE，并与炎症细胞表面的IgE受体结合；当变应原再次进入体内，即与受体上IgE交联，从而激活该炎性细胞释放多种炎性介质；引起呼吸道平滑肌痉挛、血管通透性增加，黏液分泌增多和炎性细胞浸润，出现呼吸道狭窄和哮喘症状。

（2）呼吸道炎症：其本质是呼吸道慢性炎症，表现为肥大细胞、嗜酸粒细胞和T淋巴细胞等多种炎症细胞在呼吸道内浸润和聚集；分泌多种炎性介质，导致呼吸道反应性增高、呼吸道平滑肌痉挛、黏液分泌增多和血管通透性增加。

（3）气道高反应性：是哮喘发生发展中的一个重要因素，受遗传因素影响，常有家族倾向。气道炎症是导致气道高反应的重要机制之一，然而出现气道高反应者并非都是支气管哮喘，长期吸烟、上呼吸道感染、慢性阻塞性肺疾病等也出现气道高反应性。

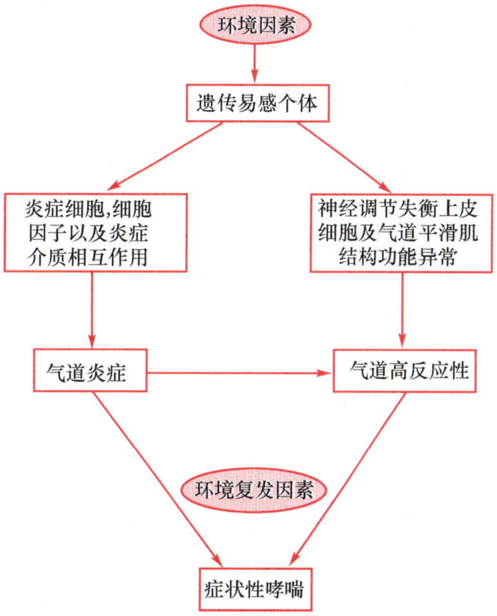

（4）神经因素：哮喘患者的自主神经功能障碍主要表现在迷走神经张力亢进，而β-肾上腺素受体功能低下，进而引起支气管平滑肌收缩（图2-12），促进呼吸道炎症。

图2-11　哮喘发病机制

根据变应原吸入后哮喘发生的时间长短，将哮喘分为速发型哮喘和迟发型哮喘。速发型哮喘，在吸入变应原的同时立即发生反应，15~30分钟达到高峰，2小时后逐渐恢复正常；迟发型哮喘，约6小时发病，持续时间长，达数天。

考点：环境因素、典型表现、哮喘持续状态

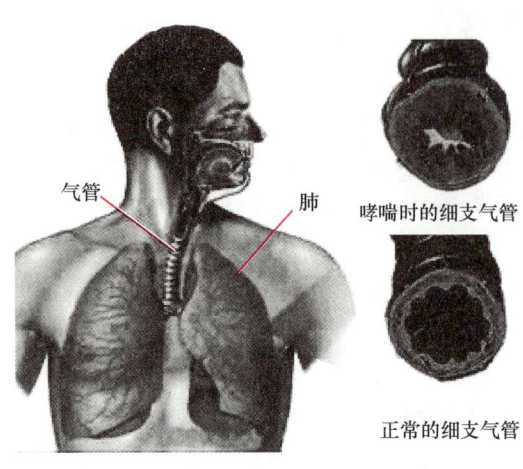

图 2-12 哮喘发作时细支气管变化

（三）诊断及治疗要点

1. 诊断要点　①反复发作喘息、咳嗽、气促、胸闷,多与接触变应原、冷空气、呼吸道感染及运动等有关,常在夜间和(或)清晨发作或加剧。②发作时在双肺可闻及散在或弥漫性,以呼气相为主的哮鸣音。③上述症状、体征经抗哮喘治疗有效或自行缓解。

2. 治疗要点

(1) 消除病因:过敏者脱离变应原,感染者控制感染。

(2) 药物治疗:支气管舒张剂,主要用于缓解哮喘发作。主要作用是舒张支气管平滑肌,使痉挛的气道松弛、扩张,同时也具有抗炎等作用。①β_2-受体激动剂:通过选择性刺激气道内的β_2-肾上腺素能受体,松弛气道平滑肌,改善气道阻塞,是控制急性发作的首选药物。短效药,如沙丁胺醇、硫酸特布他林等,吸入后1~5分钟即可出现效应,疗效持续时间4~6小时;长效药,如盐酸丙卡特罗片、沙美特罗等,疗效持续时间12~24小时,适用于夜间哮喘。②茶碱类药物:通过抑制磷酸二酯酶,拮抗腺苷受体,刺激肾上腺素分泌,增强膈肌收缩,同时使支气管平滑肌松弛、气道扩张,减轻或缓解哮喘。常用氨茶碱。③抗胆碱药物:通过阻断胆碱能神经释放的乙酰胆碱而松弛支气管平滑肌,扩张气道,缓解哮喘;还具有抑制肥大细胞释放炎性介质、阻止炎症反应和抑制迷走神经兴奋引起的黏膜分泌增加作用,减少气道内的分泌物,减轻气道的堵塞。常用溴化异丙托品。

抗炎药,主要用于控制或预防哮喘发作。①糖皮质激素:通过抑制炎症细胞的迁移和活化,抑制细胞因子的生成,抑制炎症介质的释放,具有抗炎、抗过敏、抗渗出等作用。吸入剂有氟替卡松;常用口服片剂,醋酸泼尼松龙片等;重症病人静脉滴注地塞米松或氢化可的松,待病情控制后逐渐减量,改为口服和吸入剂维持给药。糖皮质激素是目前最有效的抗炎药物。②色苷酸钠:是一种非糖皮质激素抗炎药,部分抑制肥大细胞释放介质,对其他炎症细胞释放介质亦有选择性地抑制。

其他药物,抗白三烯药物能够抑制白三烯的合成、阻断其生物活性,是一种安全有效的抗炎、抗哮喘药物,作为糖皮质激素吸入的替代疗法,治疗轻度持续性哮喘。

3. 重症哮喘治疗

(1) 持续雾化吸入β_2-受体激动剂等;氧疗;病情恶化缺氧不能纠正时,机械通气,必要时行气管切开,通畅气道。

(2) 静脉滴注氨茶碱和糖皮质激素,如氢化可的松100~300mg/d,待病情控制和缓解后激素再逐渐减量,改为口服维持给药。

(3) 注意维持水、电解质平衡,纠正酸碱平衡失调;控制感染。

情境2-4 诊断分析

该患者既往有哮喘发作史;有典型的哮喘诱因和症状,如外出游玩后,出现打喷嚏、流泪、干咳,随即胸闷气急,咳嗽伴大汗。查体:口唇轻度发绀,胸廓较膨隆,双侧语颤均减弱,两肺布满哮鸣音,符合哮喘体征。嗜酸粒细胞(0.08)增高符外源性哮喘特点。根据病史、症状及检查结果可初步诊断为外源性哮喘。进一步可做过敏原试验有助病因诊断。

二、疾病护理

（一）护理评估

1. 健康史　询问患者过敏原接触史、感染史、个人史和家族史。了解患者有无吸入花粉、尘螨、动物皮屑,食入鱼、虾、蟹,服用盐酸普萘洛尔、阿司匹林药物等情况;了解患者有无感染、气候变化、运动、精神刺激等诱发因素;了解患者既往发作的情况;了解患者家族中有无哮喘等过敏性疾病史,以及本次发病经过、诊断和治疗情况。

2. 身体状况

(1) 症状:哮喘发作前常有干咳、呼吸紧迫感、连打喷嚏、流泪等先兆表现;典型表现为发作性呼气性呼吸困难,伴胸闷和咳嗽,严重者被迫坐起或呈端坐呼吸,有哮鸣音。哮喘多在夜间或凌晨发作,亦在接触过敏原、病毒感染或情绪波动后迅速发作。哮喘症状可自行缓解或经治疗后缓解,缓解后无任何症状。可反复发作,每次发作短者仅数分钟,长者达数日或更长。哮喘根据其临床特点可分为内源性哮喘、外源性哮喘(表2-3)。

表2-3 哮喘的临床分型

鉴别点	内源性哮喘	外源性哮喘
发病年龄	成年	儿童和青少年
家庭史、过敏史	有	无
诱因	感染	接触过敏原
临床表现	先有上呼吸道感染,逐渐出现哮喘。常年发病	起病前多有鼻发痒、喷嚏等过敏先兆症状,继之出现呼气性呼吸困难。呈可逆性反复发作
发病规律	间歇期长短不一,无规律性,多在冬季发病	发作常与季节有关,多在春秋季发病
嗜酸粒细胞	正常	增多
血清IgE	正常	增加
过敏原皮试	阴性	阳性

(2) 体征:哮喘发作时,胸部视诊可见颈静脉怒张、胸廓饱满呈吸气状;触诊语颤可减弱;叩诊呈过清音;听诊两肺可闻及哮鸣音,合并感染者闻及湿啰音。严重哮喘发作时,可见唇、指(趾)发绀,大汗淋漓,脉搏增快、奇脉,两肺满布哮鸣音。当患者处于危重状态时,由于呼吸无力或气道有严重阻塞时,哮鸣音则不明显,亦称为寂静胸或沉默胸。

(3) 重症哮喘:亦称哮喘持续状态,指严重哮喘发作持续24小时以上,经一般支气管扩张剂治疗不能缓解。诱发重症哮喘的因素有:感染未控制、过敏原未消除、失水使痰液黏稠阻塞细支气管、治疗不当或突然停用糖皮质激素、精神过度紧张、并发自发性气胸或肺功能不全等。患者发作时表现为张口呼吸,端坐呼吸、发绀明显、大汗淋漓、烦躁不安。如病情不能控制,会出现呼吸衰竭和循环衰竭。

(4) 分期:急性发作期,哮喘症状突然发生或加剧,呼吸困难,常因接触过敏源或治疗不当所致。病情加重可在数小时内出现,严重者可在数分钟内危及生命。慢性持续期,哮喘症状持续间断存在。缓解期,哮喘症状消失,肺功能恢复,并持续4周以上。

> **链接:特殊类型哮喘**
>
> 非典型支气管哮喘:可表现为发作性胸闷或顽固性咳嗽。后者又称咳嗽变异性哮喘(CVA),无喘息症状,临床上易误诊为支气管炎。
>
> 运动型哮喘:好发于青少年,一般在剧烈运动几分钟后出现症状,运动停止后5~10分钟症状达到高峰,30~60分钟内自行缓解。有少数患者症状持续较久,需要药物治疗缓解症状。运动型哮喘可发生在任何气候条件下,但在空气干燥、寒冷时发作的机会增多,而在温暖、潮湿的气候下则不易发生。

(5) 并发症:哮喘发作时,可发生自发性气胸、纵隔气肿、肺不张或肺炎;长期反复发作和感染,并发慢性支气管炎、肺气肿、支气管扩张和肺源性心脏病。

3. 心理-社会状况 哮喘发作时出现呼吸困难,造成患者焦虑、烦躁不安;若连续发作,则患者易对医护人员、家人和平喘药物产生依赖心理;若出现重症哮喘,患者易产生濒死感、恐惧感。哮喘缓解后,患者担心哮喘复发、不能痊愈而影响工作和生活;反复发作者易对治疗失去信心。

考点:典型表现、哮喘持续状态

4. 辅助检查

(1) 血常规检查:嗜酸粒细胞升高,感染时白细胞总数和中性粒细胞增高。

(2) 肺功能检查:FEV、FEV$_1$/FVC、呼气峰流速(PEER)均显著减少,症状缓解后,上述指标明显改善。家庭中常用简易峰流速仪检测肺功能(图2-13)。

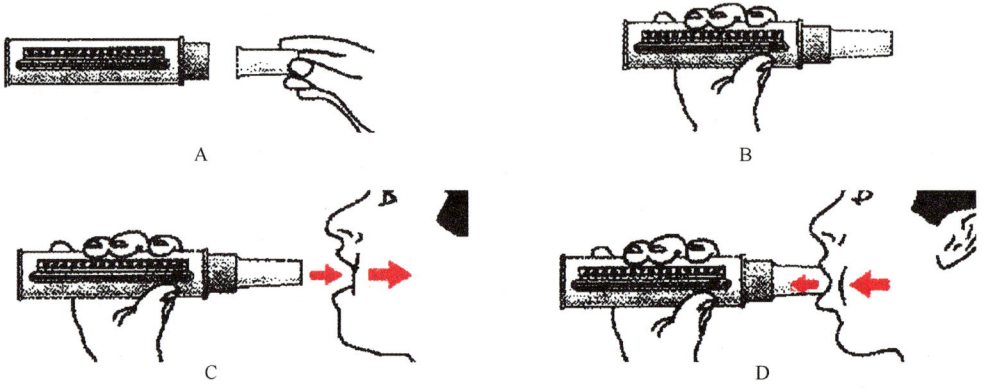

图2-13 简易峰流速仪的使用

(3) 动脉血气分析:哮喘发作时可有缺氧,表现为低氧血症合并代谢性酸中毒。由于过度通气,二氧化碳不潴留,可表现为呼吸性碱中毒。

(4) 痰液检查:痰涂片可见较多嗜酸粒细胞、尖棱结晶、黏液栓。

(5) 胸部X线检查:哮喘发作期两肺透明度增高,呈过度充气状态;缓解期无异常;并发呼吸道感染,可见肺纹理增强和炎症浸润阴影。

(6) 变应原检测:在缓解期,用可疑变应原做皮肤划痕或皮内试验,帮助寻找变应原,但应注意防止过敏反应。

(二) 护理诊断与合作性问题

1. 低效性呼吸型态 与支气管狭窄、呼吸道阻塞有关。
2. 焦虑/恐惧 与哮喘发作时出现极度呼吸困难、濒死感、健康状态不佳有关。
3. 潜在并发症:呼吸衰竭 与呼吸道阻塞等致缺氧和二氧化碳潴留有关。

情境2-4 护理诊断分析

因患者有干咳、胸闷气急、不能平卧。故存在下列主要护理诊断:低效性呼吸型态(与支气管狭窄、呼吸道阻塞有关);焦虑/恐惧(与哮喘发作时出现极度呼吸困难、濒死感有关);潜在并发症:呼吸衰竭(与呼吸道阻塞等致缺氧和二氧化碳潴留有关)。

(三) 护理措施

1. 一般护理

(1) 环境:保持室内空气流通、新鲜,维持室温在18~22℃,湿度在50%~70%;避免环境中的过敏原,不宜在室内放置花草及用羽毛枕头;避免房间内尘埃飞扬,避免吸入刺激性物质而导致哮喘发作。

(2) 体位:发作时协助患者采取半卧位、坐位或端坐位,以利呼吸和减轻体力消耗。

(3) 饮食:提供清淡、易消化、足够热量的饮食,避免进食硬、冷、油腻食物,不宜食用鱼、虾、蟹等易过敏食物。多饮水,保持大便通畅。

2. 病情观察　观察患者神志、面容、出汗、发绀、呼吸困难的程度等;了解病情和治疗效果。重症哮喘患者有专人护理,严密观察病情变化,监测动脉血气分析结果和肺功能指标等。

3. 配合治疗护理

(1) 吸氧:哮喘发作时,PaO_2有不同程度的下降,遵医嘱给予吸氧,2～4L/min,伴有高碳酸血症时,低流量(1～2 L/min)低浓度吸氧。吸氧时注意呼吸道的湿化和通畅,避免气道干燥和寒冷气流的刺激而导致气道痉挛。

(2) 补充体液、促进排痰:补液是纠正失水、稀释痰液、促进排痰、改善通气的最有效方法。若无心、肾功能不全,鼓励患者饮水2～3L/d。重症哮喘者静脉补液,纠正失水,一般补液量为2～3L/d,滴速以30～50滴/分为宜,避免单位时间内输液过多而诱发心力衰竭。若痰液黏稠不易排出时,用雾化吸入,辅以拍背,促进痰液排出;但不宜用超声雾化吸入,因颗粒过小使较多的雾滴进入肺泡,或过饱和的雾液进入支气管,刺激支气管痉挛,加重哮喘症状。

(3) 用药护理:常用给药方法,吸入法、口服给药和静脉注射。由于吸入法给药,药物直接作用局部,起效快、全身不良反应小,常作为首选用药方法。

使用气雾剂吸入治疗是治疗哮喘的有效方法之一,吸入治疗的效果与吸入装置及正确的使用方法有关。

压力定量气雾吸入器(MDI):是由药物、推进剂、表面活性物质或润滑剂三种成分组成(图2-14)。使用此种吸入装置的气雾剂有硫酸沙丁胺醇气雾剂、硫酸特布他林气雾剂、异丙托溴铵气雾剂、丙酸倍氯米松气雾剂、丙酸氟替卡松吸入气雾剂、布地奈德气雾剂等。使用方法为:①移去套口的盖,使用前轻摇储药罐使之混匀。②头略后仰并缓慢地呼气,尽可能呼出肺内空气。③将吸入器吸口紧紧含在口中,并屏住呼吸,以食指和拇指紧按吸入器,使药物释出,并同时做与喷药同步的缓慢深吸气,最好大于5秒(有的装置带笛声,没有听到笛声则表示未将药物吸入)。④尽量屏住呼吸5～10秒,使药物充分分布到下气道,以达到良好的治疗效果。⑤盖子套回喷口上。⑥用清水漱口,去除上咽部残留的药物。

干粉吸入器:是通过使用者主动吸入空气的动能分散药物微粒,干雾颗粒的流速与使用者的吸气流速相吻合。国内常用的干粉吸入器有三种:储存剂量型涡流式干粉吸入器,俗称都保,如布地奈德都保、富马酸福莫特罗粉吸入剂。另一种为旋蝶式干粉吸入器如必酮蝶和喘宁蝶。第三种为准纳器,如舒利迭(图2-15)。

 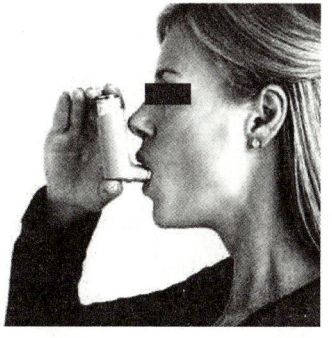 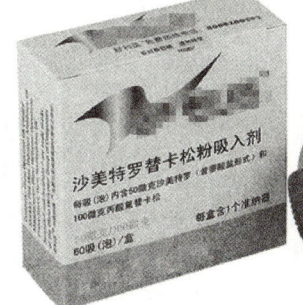 

图2-14　定量气雾吸入器　　　　　　图2-15　干粉吸入器(准纳器)

都保的使用方法:①旋转并移去瓶盖。②检查剂量指示窗,看是否还有足够剂量的药物。③一手拿都保,另一手握住底盖,先向右转到底再向左转到底,听到"咔"一声,即完成一次剂量的充填。④吸入之前,先轻轻地呼出一口气(勿对吸嘴吹气),将吸嘴含于口中,并深深地吸口气,即完成一次吸入动作。⑤吸药后屏气5～10秒。⑥用完后将瓶盖盖紧(图2-16)。

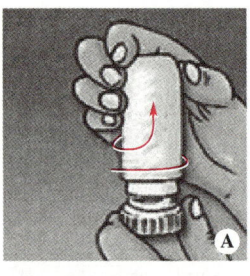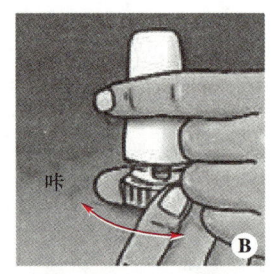
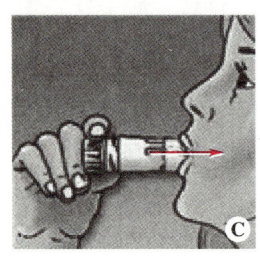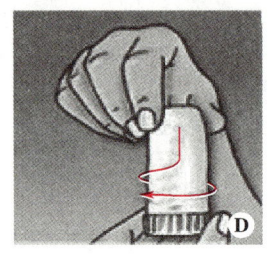

图 2-16 干粉吸入器(都保)使用方法

旋蝶式干粉吸入器的使用方法:此类吸入装置是专为吸入使用而设,配备一个蝶式吸纳器。必酮蝶和喘宁蝶的每个小泡内盛有非常细微的相应药物,由双层箔片保护着,8个小泡有规律地分布在蝶上。使用时将蝶片放入旋蝶式干粉吸入器内,吸入器上的刺针会刺穿蝶片上的一个小泡,将里面的药物粉末放在蝶式吸入器里,患者只需轻轻一吸(即使吸气速率极低),便可以将药物送到肺部。这对儿童和老年人来说也是很容易操作的。

准纳器的使用方法:①一手握住准纳器外壳,另一手拇指向外推准纳器的滑动杆直至发出咔哒声,表明准纳器已做好吸药的准备。②握住准纳器并使远离嘴,在保证平稳呼吸的前提下,尽量呼气。③将吸嘴放入口中,深深地平稳地吸气,将药物吸入口中,屏气约10秒。④拿出准纳器,缓慢恢复呼气,关闭准纳器(听到咔哒声表示关闭)。

药物不良反应:

β_2-受体激动剂,出现头痛、头昏、心悸或心律失常等不良反应,特别在用量大或静脉滴注速度快时出现,停药后消失。患者按需用药,不宜长期用药,以免出现药物耐受。使用气雾剂时,指导患者在用药时深吸气,吸气后屏气几秒钟,使药物吸入细小支气管以发挥更好的效果。原发性高血压病、糖尿病、甲亢、心肌缺血、心功能不全及老年人慎用或不用。

茶碱类药物,常见不良反应是恶心、呕吐、头痛、兴奋、失眠、心悸、严重心律失常等,其反应有很大的个体差异,患者应以常规剂量为基准,根据个体反应稍作调整。

糖皮质激素,部分患者吸入后出现声音嘶哑、口腔念珠菌感染或咽喉肿痛等,指导患者在喷药后及时、充分漱口;长期口服激素引起或加重消化道溃疡、骨质疏松等,应注意预防。

4. 心理护理 哮喘发作时患者精神紧张、烦躁、恐惧,而不良情绪常会诱发或加重哮喘发作。应提供良好的心理支持,尽量守护在患者床旁,或允许患者家属陪伴,多安慰患者,使其产生信任和安全感;发作时常伴有背部发胀、发凉感觉,采用背部按摩法使患者感觉通气轻松,并通过暗示、诱导或现身说法等方式使患者身心放松,情绪稳定,有利于症状缓解。

考点: 用药护理

(四) 护理目标及评价

患者呼吸困难减轻,能有效咳痰,保持呼吸道通畅,患者情绪稳定,无并发症发生。

三、健康教育

1. 疾病知识指导 向患者说明避免接触或吸入过敏原的重要性,减少与空气中变应原的接触。戒烟、避免被动吸烟和预防上呼吸道感染。教会患者正确使用定量气雾吸入器和超声波雾化吸入器。

2. 生活指导 避免食用易诱发哮喘发作的食物,如牛奶、鱼、虾等;鼓励多饮水;锻炼身体,增强体质;保持乐观情绪,避免身心过劳。

3. 用药指导 指导患者熟悉哮喘发作的先兆及相应的处理方法;了解支气管舒张剂的作用和不良反应。

情境 2-4 问题回答

患者： "护士阿姨，我为什么外出游玩就会出现打喷嚏、流泪、干咳、胸闷气急？"

护士： "同学，因为你患有过敏性哮喘。春秋季节外界花粉等过敏原较多，这些过敏原进入你机体，引发哮喘发作，出现打喷嚏、流泪、干咳、胸闷气急的表现。"

患者： "我为什么会得这个病呢？"

护士： "这个病是由多种原因引起的，主要与遗传因素及环境因素有关。亲属患病率高于群体患病率，亲缘关系越近，患病率越高；环境中存在着某些诱发或加重哮喘的刺激因素，如尘螨、花粉、动物皮屑、真菌、氧化硫、刺激性气体等。"

患者： "护士阿姨，我这个病能治好吗？不治疗会有什么后果？"

护士： "你这个病是能治好的。主要的措施是避免接触过敏源、遵医嘱服药。只要你按医生的要求规范治疗，一定会治好的。如果不规范治疗，会出现重症哮喘、呼吸衰竭等并发症。"

患者： "哦，我明白了，我会积极配合医生治疗的。谢谢！"

护士： "不用谢！你还有什么问题，可随时问我。"

小结

遗传因素与环境因素是诱发支气管哮喘的主要病因，其特征性的表现为发作性呼气性呼吸困难伴哮鸣音，严重时发生重症哮喘，治疗中外源性哮喘以去除变应原为前提，内源性哮喘控制感染为重，在护理措施中吸氧以改善呼吸困难，吸入给药为常见控制哮喘的给药方法。

自 测 题

A_1型题

1. 哮喘持续状态的处理，下列哪项是错误的（　　）
   A. 控制感染　　　　B. 纠正脱水
   C. 解除支气管痉挛　D. 肌内注射吗啡镇静
   E. 纠正缺氧

2. 下列属于外源性哮喘特点的是（　　）
   A. 中老年发病多见　B. 全年发病
   C. 无明确过敏原　　D. IgE 增高
   E. 嗜酸粒细胞正常

3. 治疗支气管哮喘时，快速静注氨茶碱的主要不良反应有（　　）
   A. 口干和皮疹　　　B. 心律失常和低血压
   C. 腹绞痛和腹泻　　D. 耳鸣和高血压
   E. 红斑和视物模糊

4. 哮喘患者禁忌使用的药物是（　　）
   A. 地高辛　　　　　B. 盐酸苯海拉明
   C. 盐酸普萘洛尔　　D. 罗红霉素
   E. 维生素 C

5. 哮喘持续状态者取（　　）
   A. 头低足高位，头偏向一侧
   B. 去枕平卧位
   C. 平卧位，头抬高 15°
   D. 端坐位
   E. 患侧卧位

A_2型题

6. 患者，男，25 岁，因春游去植物园，出现咳嗽、咳痰伴喘息 1 天入院。喘息貌，口唇发绀，在肺部可闻及广泛哮鸣音。医疗诊断是支气管哮喘，下面哪种是控制症状的首选药（　　）
   A. 氨茶碱　　　　　B. $β_2$ 受体激动剂
   C. 色甘酸钠　　　　D. 马来酸氯苯那敏
   E. 沙丁胺醇

7. 患者，男，48 岁。患有哮喘 20 年，1 天前凌晨因感冒受凉再次发作，经口服氨茶碱、支气管扩张剂仍不能控制，下午来医院急诊。气急明显，口唇发绀，鼻翼扇动，不能平卧，应拟诊为（　　）
   A. 外源性哮喘　　　B. 内源性哮喘
   C. 混合性哮喘　　　D. 心源性哮喘
   E. 哮喘持续状态

8. 患者，女，28 岁。因外出春游去植物园，出现咳嗽、咳痰伴喘息 1 天入院。体检：体温 36.5℃，脉搏 90 次/分，呼吸 28 次/分，血压 110/80mmHg。喘息貌，口唇发绀，在肺部可闻及广泛哮鸣音，该患者发病最可能的诱因是（　　）
   A. 花粉　　　　　　B. 尘螨
   C. 动物毛屑　　　　D. 病毒感染
   E. 精神因素

9. 患者，男，25 岁。因外出春游，出现咳嗽、咳痰伴息1天入院。喘息貌,口唇发绀,在肺部可闻及广泛哮鸣音。医疗诊断是支气管哮喘。对支气管哮喘患者,下列护理措施正确的是(　　)
  A. 平卧位
  B. 给予面罩吸氧,氧流量6~10L/min
  C. 限制水分摄入
  D. 痰黏者雾化吸入
  E. 食用鱼虾等高蛋白食物
10. 患者,女,38岁。春暖花开季节哮喘发作。昨天看电影时银幕上出现满园春色,张女士突然哮喘发作。主要的护理措施应是(　　)
  A. 休息　　　　　B. 湿化呼吸道
  C. 氧气吸入　　　D. 使用支气管舒张
  E. 心理护理

A₃型题

患者女性,20岁。自诉接触花粉而出现咳嗽、咳痰、胸闷、呼气性呼吸困难,发绀明显,视诊桶状胸,听诊两肺布满哮鸣音,诊断为支气管哮喘。
11. 患者饮食护理中不恰当的是(　　)
  A. 摄入高维生素流质
  B. 摄入富有营养的清淡流质
  C. 鼓励患者多食虾
  D. 忌食易过敏食物,如鱼等
  E. 少油腻,多饮水
12. 针对该患者目前情况,采取的主要护理措施为(　　)
  A. 半坐位　　　B. 补液小于2500ml
  C. 超声雾化　　D. 吗啡镇静
  E. 低流量吸氧

第6节　支气管扩张患者的护理

情境2-5

王某,男,25岁,慢性咳嗽、大量脓痰伴反复咯血10年。2天前受凉后症状加重,痰量增多,每日150~200ml伴臭味,咯血100ml,轻度胸闷前来就诊。医生查体:神志清、口唇发绀,左下肺呼吸音粗,闻及湿啰音。护士测量生命体征:T 38℃,P 98次/分,R 30次/分,BP120/80mmHg。放射科孙医生做辅助检查:胸部X线显示左下肺纹理增粗,呈卷发状阴影,阴影内有液平面。

一、疾 病 概 要

（一）概述

支气管扩张是支气管慢性异常扩张的疾病。主要由于支气管及其周围组织的慢性炎症和支气管阻塞,引起支气管管壁肌肉和弹性组织的破坏,导致支气管管腔扩张和变形。其表现特点为慢性咳嗽,大量脓痰和(或)反复咯血。多发生于儿童和青年,随着人民生活水平的提高,免疫接种和抗生素的广泛应用,其发病率已明显降低。

（二）病因和病机

1. **支气管-肺组织感染和阻塞**　婴幼儿麻疹、百日咳、支气管肺炎等感染为常见原因。由于儿童支气管较细,管壁薄弱,易阻塞,反复感染破坏支气管壁各层组织,尤其是平滑肌和弹性纤维的破坏削弱了对管壁的支撑作用,或因细支气管周围肺组织纤维增生和收缩牵拉,导致支气管变形扩张。感染使支气管黏膜充血、水肿、分泌物阻塞管腔,导致引流不畅而加重感染,两者互为影响,促使支气管扩张发生发展。此外,肿瘤、异物吸入或管外肿大的淋巴结压迫,也导致远端支气管-肺组织感染而致支气管扩张。

2. **先天性发育缺陷和遗传因素**　此类支气管扩张较少见,如巨大气管-支气管症、内脏逆位-鼻窦炎-支气管扩张综合征、肺囊性纤维化、先天性丙种球蛋白缺乏症等。

3. **免疫功能失调**　目前已发现类风湿关节炎、克罗恩病、溃疡性结肠炎、系统性红斑狼疮、支气管哮喘等疾病同时伴有支气管扩张;有些不明原因的支气管扩张患者体液免疫和(或)细胞免疫功能有不同程度的异常,提示支气管扩张可能与机体免疫功能失调有关。

（三）诊断及治疗要点

1. **诊断要点**　多见于儿童和青年。有慢性咳嗽、大量脓痰、反复咯血病史,少数患者仅见反复大量咯血症状；下胸部和背部可听到固定、局限性湿啰音。长期反复感染者可有杵状指；X线检查：病变部位肺纹理增粗、紊乱，后期呈不规则环状透亮阴影或卷发样阴影，甚至有液平面；支气管造影检查可确定病变部位、性质和范围；支气管镜检查可明确诊断。

2. 治疗要点　治疗原则是控制呼吸道感染，保持呼吸道引流通畅，必要时手术治疗。

(1) 控制感染：是急性感染期的主要治疗措施。轻者口服阿莫西林或氨苄西林，或第一、二代头孢菌素；氟喹诺酮类，如环丙沙星。重症者，第三代头孢菌素和氨基糖苷类联合静脉用药。慢性感染时，选用磺胺甲噁唑(SMZ-TMP)；厌氧菌混合感染时，加用甲硝唑(灭滴灵)或替硝唑。必要时根据痰菌敏感试验选择抗生素。

(2) 加强痰液引流：痰液引流和抗生素治疗同样重要，保持气道通畅，减少继发感染和减轻全身中毒症状。祛痰药，选用氯化铵或盐酸溴己新片；出现支气管痉挛，口服氨茶碱，或其他茶碱类药物；进行体位引流。

(3) 手术治疗：适用于病灶范围较局限，全身情况较好，经药物治疗仍有反复大咯血或感染者。根据病变范围做肺段或肺叶切除；病变范围广泛或伴有严重心、肺功能障碍者不宜手术治疗。

(4) 咯血处理：少量咯血给予6-氨基己酸、氨甲苯酸(止血芳酸)、酚磺乙胺(止血敏)、卡巴克络(安络血)等药物止血；大咯血时常用垂体后叶素缓慢静脉注射，经药物治疗无效者，行支气管动脉造影，根据出血小动脉的定位，注入明胶海绵或聚乙烯醇栓，或行栓塞止血。

> **情境 2-5 诊断分析**
> 该患者有典型的支气管扩张的表现，如慢性咳嗽、大量脓痰、反复咯血10年，2天前受凉后症状加重，痰量增多，每日150～200ml伴臭味，咯血100ml。符合慢性、受凉后感染加重的特点；胸部X线检查呈卷发状阴影符合支气管扩张的特点。根据病史、表现及X线检查结果可初步诊断为支气管扩张。进一步可做痰培养有助病因诊断及治疗。

二、疾病护理

(一) 护理评估

1. 健康史　询问患者既往是否有麻疹、百日咳、支气管肺炎迁延不愈；有无反复发作的呼吸道感染病史。

2. 身体状况

(1) 主要症状：①慢性咳嗽、大量脓痰。咳嗽、咳痰与体位改变有关，晨起及晚间卧床改变体位时咳嗽明显、痰量增多。急性感染发作时，黄绿色脓痰明显增加，一日达数百毫升；若有厌氧菌混合感染时，痰有恶臭味，呼吸有臭味。痰液收集于玻璃瓶中静置后分四层：上层为泡沫，中层为混浊脓性黏液，底层为坏死组织沉淀物。②反复咯血。50%～70%的患者反复咯血，咯血量不等，从痰中带血至大咯血。部分患者唯一症状为咯血，无咳嗽、脓痰等症状，临床上称为"干性支气管扩张症"，多发生于引流良好的上叶支气管，且不易感染。③继发肺部感染。其特征是同一肺段反复发生肺炎并迁延不愈。因扩张的支气管清除分泌物的功能丧失，引流差，易反复发生感染。④全身中毒症状。反复的肺部感染引起全身中毒症状，出现发热、乏力、食欲减退、盗汗、消瘦、贫血等，严重者出现气促或发绀。

(2) 体征：早期或干性支气管扩张无异常肺部体征。重症或继发感染时常在两肺下方、背部闻及固定而持久的局限性粗湿啰音，有时可闻及哮鸣音；结核引起的支气管扩张，湿啰音多位于肩胛间区；慢性重症支气管扩张肺功能严重障碍时，出现杵状指(趾)。

3. 心理-社会状况　支气管扩张是长期反复感染的慢性疾病，病程长，发病年龄较轻，给患者的学习、工作，甚至婚姻带来影响，尤其病情迁延反复，检查治疗效果不显著，患者出现悲观、焦虑情绪；痰多、有口臭的患者，在心理上产生极大压力，表现自卑、孤独、回避。

4. 辅助检查 ①胸部X线检查:早期轻者一侧或双侧肺纹理增多、增粗现象;典型X线表现为粗乱肺纹理中有多个不规则的蜂窝状透亮阴影,或沿支气管的卷发状阴影,感染时阴影内出现液平面(图2-17)。②胸部CT检查:显示管壁增厚的柱状扩张,或成串成簇的囊样改变(图2-18)。③支气管造影:确定病变部位、性质、范围、严重程度,为治疗或手术切除提供重要参考依据。④纤维支气管镜检查:明确出血、扩张或阻塞部位,还可进行局部灌洗、局部止血,并取冲洗液做微生物学检查。⑤其他检查:继发肺部感染时白细胞总数和中性粒细胞数增多。痰涂片或培养发现致病菌。

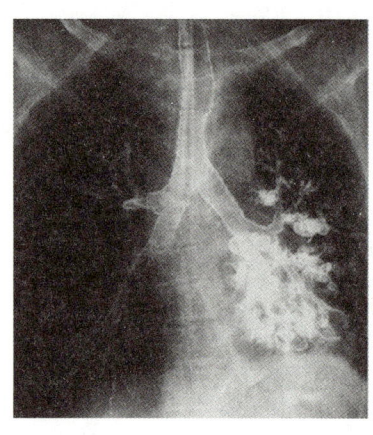 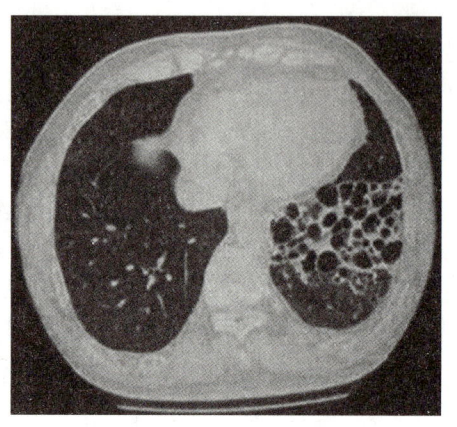

图2-17 支气管扩张胸片表现　　图2-18 支气管扩张胸部CT表现

(二)护理诊断与合作性问题

1. 清理呼吸道无效　与呼吸道反复感染、痰多黏稠、咳嗽无效、体位不当等有关。
2. 营养失调:低于机体需要量　与感染导致机体消耗增多有关。
3. 有窒息的危险　与痰液黏稠或大咯血造成气道阻塞有关。

情境2-5 护理诊断分析

因患者有慢性咳嗽、大量脓痰、反复咯血。故存在下列主要护理诊断:清理呼吸道无效(与呼吸道反复感染、痰多黏稠有关);营养失调:低于机体需要量(与感染导致机体消耗增多有关);有窒息的危险(与大咯血造成气道阻塞有关)。

(三)护理措施

1. 一般护理

(1)休息与体位:急性感染或病情严重者卧床休息;保持室内空气流通,维持适宜的温度、湿度,注意保暖;使用防臭、除臭剂,消除室内异味。避免到空气污染的公共场所,戒烟,避免接触呼吸道感染患者。

(2)饮食护理:加强营养,摄入总热量以不低于3000kcal/d为宜,指导患者多进食肉类、蛋类等高蛋白、高热量及豆类、蔬菜、水果等富含维生素和矿物质的饮食,增强机体抵抗力;高热者给予物理降温,鼓励患者多饮水,保证摄入足够的水分,饮水量在1.5~2L/d,利于痰液稀释,易于咳出。

(3)口腔护理:支气管扩张患者排痰较多,且痰液有臭味,应加强口腔护理,晨起、睡前、饭后和体位引流前后均应保持口腔清洁,减少感染,增进食欲。

2. 病情观察　观察患者咳嗽、咳痰的量、颜色、黏稠度及痰液的气味;观察咯血的程度、体温、脉搏、呼吸的变化;病情严重者需观察有无窒息前症状,发现窒息先兆,立即向医生汇报并配合处理。

3. 配合治疗护理

(1)促进有效排痰:指导有效咳嗽和正确的排痰方法,可选用祛痰剂或β₂受体激动剂超声雾化吸入,使支气管扩张,痰液稀释,配合胸部叩击或胸壁震荡,指导患者有效咳嗽以促进排痰。注意体液补充,利于痰液稀释排出。

（2）体位引流：是利用重力原理，依据病变部位选择引流体位，使病变部位处于高位，其引流支气管的开口向下，促使痰液借重力作用引流咳出，减少继发感染和全身中毒症状。体位引流一般于饭前1小时进行，引流时可配合胸部叩击、雾化吸入，以提高引流效果。引流时间可从每次5~10分钟增加到每次15~20分钟。引流毕漱口，记录引流出的痰液量及性状；引流过程中注意观察患者有无不适，如出现出汗、发绀等表现应中止引流。高血压、呼吸衰竭及危重患者禁止体位引流（图2-19）。

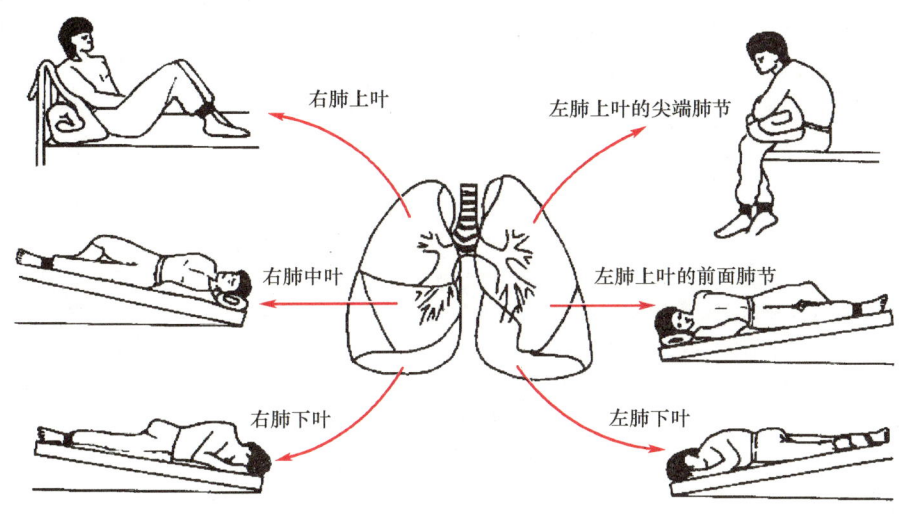

图 2-19 体位引流示意图

4. 心理护理 以尊重、亲切的态度，多与患者交谈，给予心理支持，帮助患者树立治疗疾病的信心，消除紧张、焦虑情绪。

（四）护理目标及评价

患者能有效清除痰液，保持呼吸道通畅；患者能摄入足够营养，体重渐增；患者能配合体位引流，未发生窒息。

三、健 康 教 育

1. 疾病知识指导 开展麻疹、百日咳等呼吸道传染病的预防接种工作，积极防治支气管肺炎、肺结核等呼吸道感染；治疗上呼吸道的慢性病灶，如扁桃体炎、鼻窦炎、龋齿等，减少呼吸道反复感染的机会。急性感染期，选用有效的抗生素，防止病情加重。注意口腔清洁卫生，用复方硼酸溶液漱口，一日数次。痰液经灭菌处理或焚烧。

2. 生活指导 保持室内空气流通，维持适宜的温度、湿度，注意保暖；加强营养，多进食肉类、蛋类、豆类及新鲜蔬菜、水果等高蛋白、高热量及富含维生素和矿物质的饮食，增强机体抵抗力；鼓励患者多饮水。

3. 体位引流指导 教会患者体位引流的方法和选择体位的原则，如两上肺叶的病变，选择坐位或头高脚低的卧位；中、下肺叶的病变，选择头低脚高的健侧卧位。体位的选择不宜刻板，患者还可根据自身体验（有利于痰液排除的体位）选择最佳的引流体位。指导患者和家属掌握有效咳嗽、雾化吸入的方法，观察感染、咯血等症状，以及引流过程中的不良反应，一旦症状加重，及时就诊。

内科护理

情境2-5 问题回答

患者："护士,我为什么会有脓痰、咯血?且痰有臭味?"

护士："因为您患有支气管扩张。支气管扩张主要症状是慢性咳嗽、大量脓痰伴反复咯血。感染由厌氧菌引起痰就会有臭味。"

患者："我为什么会得这个病呢?"

护士："这个病是由多种原因引起的,可能是你小时候患过麻疹、百日咳、支气管肺炎或先天性支气管发育缺陷及遗传因素,也可能是免疫功能失调所致。受凉后机体抵抗力下降,感染加重,痰量就会增多。"

患者："护士,我为什么要进行体位引流?"

护士："因你肺部感染重,痰量多,通过体位引流将痰排出,在痰排出的基础之上加用抗生素治疗,效果较好。"

患者："哦,我明白了,我会积极配合进行体位引流的。谢谢你啊!"

护士："不用谢!你还有什么问题,可随时问我。"

小结

支气管扩张主要的临床表现为慢性咳嗽、大量脓痰、反复咯血。其特征性体征为固定而持久的局限性粗湿啰音。典型X线表现为粗乱肺纹理中有多个不规则的蜂窝状透亮阴影,或沿支气管的卷发状阴影,感染时阴影内出现液平面。治疗原则为促进排痰、控制感染,其中体位引流为排痰的关键措施。

自 测 题

A_1型题

1. 关于支气管扩张的发病机制,叙述错误的是( )
   - A. 先天性发育缺损
   - B. 支气管-肺组织感染和支气管阻塞
   - C. 肺结核和慢性肺脓肿伴支气管慢性炎症
   - D. 肿瘤压迫引起支气管部分或完全阻塞
   - E. 缺氧性肺血管收缩

2. 呼吸呈恶臭味见于( )
   - A. 肝性脑病
   - B. 酮症酸中毒
   - C. 有机磷农药中毒
   - D. 尿毒症
   - E. 支气管扩张

3. 支气管扩张的典型临床表现为( )
   - A. 慢性咳嗽,黏液或泡沫状痰,气急,低热,两肺底啰音
   - B. 慢性咳嗽,大量脓痰,反复咯血,常有肺部感染,局限性肺下部湿啰音
   - C. 发热,刺激性咳嗽,黏液脓性痰;两肺呼吸音增粗,散布干湿啰音
   - D. 高热,咳嗽,黏液血性痰,一侧胸痛和呼吸音减低
   - E. 发热,黏液血性痰,两肺底啰音

4. 为支气管扩张患者行口腔护理的主要目的是( )
   - A. 去除口臭
   - B. 促进唾液分泌
   - C. 减少感染机会
   - D. 增进食欲
   - E. 减少痰量

5. 护士帮助支气管扩张患者进行体位引流时,不正确的是( )
   - A. 引流前向患者讲解配合方法
   - B. 根据病变的部位选择合适的体位
   - C. 每次引流的时间可从5~10分钟开始,根据患者情况进行调整
   - D. 饭后立即进行
   - E. 若患者出现咯血、头晕等,立即终止引流

A_2型题

6. 患者男性,56岁,诊断为支气管扩张,咯血100ml后突然出现胸闷气促、张口瞪目、两手乱抓、大汗淋漓、牙关紧闭此时患者应取( )
   - A. 头低足高位,头偏向一侧
   - B. 去枕平卧位
   - C. 平卧位,头偏向一侧
   - D. 端坐位
   - E. 患侧卧位

7. 患者男性,38岁,诊断为支气管扩张,胸片提示病变位于右肺下叶外底段,体位引流选择的合适体位是( )
   - A. 取坐位或健侧卧位
   - B. 左侧卧位
   - C. 右侧卧位
   - D. 右侧卧位,床脚抬高30~50cm
   - E. 左侧卧位,床脚抬高30~50cm

8. 患者男性,48岁,诊断为支气管扩张,咯血100ml后突然出现胸闷气促、张口瞪目、两手乱抓、大汗淋漓、牙关紧闭。对大咯血出现窒息征象者的护理措施正确的是( )
   - A. 患者取头高足低俯卧位

B. 迅速清除口鼻血凝块
　　C. 不可将头偏向一侧
　　D. 鼓励其将血咽下,减少失血
　　E. 无效时给予面罩给氧解除呼吸道阻塞
9. 患者女性,22岁。因咳嗽、痰中带血3日,以"支扩"收住院。今晨突然大咯血100ml。该患者最主要的护理诊断或合作性问题是(　　)
　　A. 焦虑　　　　　　B. 活动无耐力
　　C. 潜在的并发症:窒息　　D. 知识缺乏
　　E. 有感染的危险

A₃型题

　　患者女性,43岁。幼时曾患百日咳。咳嗽、咳痰3个月,近日咳大量脓痰,今日早晨突然咯血3口。
10. 该患者最可能的诊断是(　　)
　　A. 肺炎　　　　　　B. 肺癌
　　C. 肺结核　　　　　D. 支气管扩张
　　E. 肺囊肿
11. 患者一旦出现大咯血,处理的重要措施是(　　)
　　A. 保持呼吸道通畅　　B. 输血
　　C. 抗生素　　　　　D. 镇静剂
　　E. 止咳药

（陆红梅）

第7节　肺炎患者的护理

情境2-6

　　王某,男,40岁,工人。主诉"因寒战、高热、咳嗽、咳痰4天"入院,4天前淋雨后感到全身不适、乏力、寒战、高热,自觉全身肌肉酸痛,咳嗽伴少量铁锈色痰,右胸疼痛,咳嗽和深呼吸时加重。护理体检:呈急性病容,口角有疱疹,T 39.1℃,P 90次/分,右肺触觉语颤增强,叩诊呈浊音,可闻及支气管呼吸音。实验室检查:WBC $25×10^9$/L,中性粒细胞0.90,核左移。以"肺炎"收住入院。

一、疾病概要

（一）概述

　　肺炎是由多种原因引起的终末气道、肺泡和肺间质的急、慢性炎症,是呼吸道的常见病、多发病。引起肺炎最常见的病因是感染,如细菌、病毒、真菌、寄生虫等,还有理化因素、免疫损伤、过敏及药物等。

　　肺炎按病因分为感染性和非感染性肺炎,其中感染性肺炎分为细菌性、病毒性、真菌性、非典型病原体(衣原体、支原体等)所致肺炎和其他病原体所致肺炎、理化因素所致肺炎,临床上以细菌性肺炎最常见;按病理解剖分为大叶性(肺泡性)、小叶性(支气管性)和间质性肺炎;按患病环境和宿主状态可分为社区获得性(也称院外感染)和医院获得性肺炎(院内感染)。社会获得性肺炎是在院外由细菌、病毒、衣原体和支原体等多种微生物所引起的。医院获得性肺炎亦称医院内肺炎,是指患者入院时不存在、也不处感染潜伏期,而于入院48小时后发生的,由细菌、真菌、支原体、病毒或原虫等病原体引起的各种类型的肺实质炎症,常见致病菌为革兰阴性杆菌。本节主要介绍肺炎球菌感染引起的细菌性肺炎。

　　考点:肺炎的常见病因和分型,医院获得性肺炎的致病菌

　　肺炎球菌肺炎(也称大叶性肺炎)是由肺炎球菌感染引起的肺段或肺叶的急性炎性实变。好发于冬季和初春,常伴有呼吸道病毒感染,患者常为既往健康的男性青壮年、老人或婴幼儿。典型表现为突然起病、寒战高热、咳嗽、咳铁锈色痰和胸痛。

（二）病因及发病机制

　　1. **病因**　肺炎球菌肺炎是肺炎链球菌引起的。
　　2. **诱因**　受凉、淋雨、饥饿、疲劳、醉酒、呼吸道感染、应用免疫抑制剂等。
　　3. **发病机制**　肺炎球菌是寄生在口腔及鼻咽部的正常菌群,当存在上述诱因或某些基础疾病如慢性阻塞性肺疾病、糖尿病、肿瘤、心力衰竭等使机体抵抗力低下和呼吸道防御功能削弱时,有毒力的

肺炎球菌侵入肺泡而致病。致病力主要是荚膜对肺组织的侵袭作用,不引起原发性肺组织的坏死或形成空洞,故病变消散后肺组织结构多无损坏,不留纤维瘢痕。

肺炎的病理特点为渗出性炎症和肺实变。肺炎球菌肺炎属大叶性肺炎,典型病理改变包括四期:充血期、红色肝变期、灰色肝变期和炎症消散期。

(三) 诊断及治疗要点

肺炎球菌肺炎的治疗原则为积极控制感染、对症治疗及处理并发症。肺炎球菌肺炎首选青霉素,对青霉素过敏或者耐药者,可选用红霉素、头孢菌素类,疗程一般5~7天,或热退3天后停药。重症患者可用头孢菌素类或喹诺酮类抗生素。并发感染性休克时,除加强抗菌治疗外,尚需积极抗休克(扩容、纠酸、活血管、激素、防止心肾衰竭)处理。

> **情境2-6 诊断分析**
>
> 　　该患者淋雨后,出现高热,咳嗽并伴少量铁锈色痰,护理体检:T 39.1℃,P 90次/分,右肺触觉语颤增强,叩诊呈浊音,可闻及支气管呼吸音。实验室检查:WBC 25×10^9/L,中性粒细胞0.90,核左移,这些符合肺炎球菌肺炎的表现。根据病史、症状及血常规检查结果可初步诊断为肺炎球菌肺炎。进一步可做胸部的X线检查辅助诊断及判断病情程度。

考点: 肺炎球菌肺炎的治疗首选青霉素

二、疾病护理

(一) 护理评估

1. 健康史 了解有无慢性阻塞性肺疾病、糖尿病、肿瘤等慢性疾病史;有无发病诱因;有无应用免疫抑制剂史;是否吸烟及烟量。

2. 身体状况

(1) 症状:自然病程多为1~2周。起病急骤,先有寒战,继之高热,体温在数小时内高达39~40℃,呈稽留热,伴全身肌肉酸痛;咳嗽、咳痰,开始痰少可带血丝,典型者呈铁锈色痰;可有恶心、呕吐、腹痛、腹胀或腹泻等消化道症状;严重者有呼吸困难,累及胸膜时胸部刺痛,可放射至肩部或上腹部,疼痛在咳嗽或深呼吸时加剧。

(2) 体征:患者呈急性病容,面颊绯红、口唇有疱疹,严重时可有发绀;早期肺部明显体征,仅患侧呼吸运动减弱、呼吸音减低及少量湿啰音;肺实变时,触诊语颤增强,叩诊呈浊音或实音,听诊可闻及支气管呼吸音;炎症累及胸膜时可有胸膜摩擦音;消散期可闻及湿啰音。

(3) 休克型肺炎:也称感染性休克或中毒性休克,感染严重时,出现面色苍白、四肢湿冷、尿量减少、血压下降、心动过速、烦躁及意识模糊等休克征象,而高热、胸痛、咳嗽等不明显;肺部听诊呼吸音低或闻及少量湿啰音,可有或无肺实变体征。

> **链接:大叶性肺炎妙记**
>
> 　　充血水肿红色变,灰色肝变溶解散,胸痛咳嗽铁锈痰,呼吸困难肺实变。

考点: 肺炎球菌肺炎的主要临床表现

3. 心理-社会状况 由于起病突然,短时间内出现高热、伴胸痛、呼吸急促,患者及家属常有焦虑不安的情绪;当并发感染性休克时,常有高度紧张甚至恐惧心理。

4. 辅助检查 ①血常规:白细胞计数多在10×10^9~20×10^9/L,中性粒细胞在80%以上。常伴核左移,细胞内可见中毒颗粒。②痰液检查:痰涂片及痰培养可见肺炎球菌,明确诊断。③X线检查:早期仅见肺纹理增粗。实变时表现为肺叶、肺段分布一致的片状、均匀、致密阴影。病变累及胸膜时,可有少量胸腔积液征象。

考点: X线检查的特点

（二）护理诊断与合作性问题

1. 体温过高　与肺炎球菌引起肺部炎症有关。
2. 急性疼痛　胸痛与肺部炎症累及胸膜有关。
3. 清理呼吸道无效　与肺部炎症、胸痛、咳嗽无力等有关。
4. 气体交换受损　与肺部感染引起的有效呼吸面积减少有关。
5. 潜在并发症　休克型肺炎。

> **情境2-6 护理诊断分析**
> 因该患者有高热、咳嗽、呼吸困难、胸部刺痛故存在下列主要护理诊断：体温过高（与肺部炎症有关）；疼痛（与炎症累及胸膜有关）；清理呼吸道无效（与咳嗽无力等有关）；潜在并发症（休克型肺炎）。

考点：肺炎球菌肺炎的护理诊断和合作性问题

（三）护理措施

1. 一般护理　①休息：病室应安静、舒适、温湿度适宜，室温18～20℃，湿度50%～60%，协助患者采取有利于呼吸的高枕卧位或半卧位休息，减少组织的耗氧。胸痛患者可采取患侧卧位。②饮食护理：给予高热量、高蛋白、高维生素、易消化的流质或半流质饮食，鼓励患者多饮水，每天1000～2000ml，以补充丢失的水分并利于排痰；高热及暂时不能进食者需静脉补充液体，滴速不宜过快，尤其是年老体弱者，以免引起肺水肿。

2. 病情观察　严密观察并记录患者的生命体征、神志、尿量等，以及时评估其病情转归。若经抗菌药物治疗后，体温降而后复升或3天后仍不降温，可考虑肺炎球菌的肺外感染；发现有休克征象时，应立即报告医生并配合抢救。

3. 配合治疗护理　①降温给氧：畏寒时注意保暖，适当增加衣物、被褥；高热时给予物理降温或按医嘱给予小剂量退热药，并及时补充液体以防虚脱；同时应做好患者口腔和皮肤的护理。②给氧：做好咳嗽、咳痰的护理；出现呼吸困难和发绀者，遵医嘱吸氧，氧流量一般为4～6L/min；若为COPD患者，应持续低流量（1～2L/min）吸氧。③止痛：协助患者采取患侧卧位，指导其在咳嗽或深呼吸时用手按压患侧胸部以降低呼吸幅度，减轻胸痛，必要时遵医嘱给予少量镇痛药。④用药护理：遵医嘱使用抗生素，注意观察疗效和不良反应，使用抗生素48～72小时内，若体温下降、症状改善说明有效，若72小时后病情无改善应及时报告医生处理。

4. 休克型肺炎的护理　①一般护理：患者取仰卧中凹位，头胸部抬高20°、下肢抬高30°，以利于呼吸和静脉回流。尽量减少搬动，注意保暖（忌用热水袋），高流量吸氧，维持$PaO_2>60mmHg$，改善缺氧状况。②抗休克处理：速建立两条静脉通道。一条静脉通道扩容（输入低分子右旋糖酐）及应用抗生素等，快速扩容时应注意呼吸、脉搏、出入量等，以防脑水肿；另一条静脉通道纠正酸中毒（输入5%碳酸氢钠）、活血管（多巴胺）等，使用血管活性药时防止药液外漏，并密切监测血压。③病情观察：严密监测和随时评估患者的生命体征、神志、皮肤黏膜、尿量等，以判断病情的转归。当患者神志逐渐清醒、表情自然、皮肤转红、脉搏有力、呼吸平稳而规则、血压回升（收缩压>90mmHg）、尿量增多（>30ml/h）、皮肤及四肢变暖时，说明病情已好转。

> **护考链接**
> 休克型肺炎与普通型肺炎不同点是应重点观察（　　）　A. 发热程度　B. 白细胞总数　C. 呼吸困难程度　D. 有无末梢循环衰竭　E. 起病缓急
>
> **点评**：有效循环血容量不足是肺炎并发休克的突出问题，故应重点观察口唇颜色、肢端温度、脉搏和血压情况。所以答案为D 有无末梢循环衰竭。

内科护理

> **护考链接**
>
> 李某,女,62岁,因寒战、高热、咳嗽1天而急诊入院。诊断为肺炎球菌肺炎,次日体温骤降,伴四肢厥冷、大汗及意识模糊,血压10.7/7.3kPa(80/55mmHg),下列哪项护理措施不妥（ ） A. 迅速建立静脉通道 B. 热水袋保暖 C. 去枕平卧位 D. 快速滴入低分子右旋糖酐 E. 高流量吸氧
>
> 点评:患者已出现休克先兆,保暖时忌用热水袋。因热水袋使外周血管扩张,血压下降,加重休克症状。所以答案为B热水袋保暖

5. 心理护理　加强与患者及家属的沟通,做好解释工作,告知患者大部分肺炎球菌肺炎预后良好,消除焦虑、紧张的情绪,树立治愈疾病的信心。

考点:休克型肺炎护理措施

> **情境2-6 护理工作过程**
>
> ◆ **入院护理工作过程**
>
> 接诊患者—送患者到病床,嘱患者取舒适体位—为患者戴腕带—通知医师、护工、膳食科—测体重及生命体征并记录—初步评估患者是否受凉等可使病情加重的诱因及肺部症状、体征情况,了解痰培养、X线检查等辅助检查结果—安慰患者—办理入院手续—遵医嘱给予治疗—填写住院护理评估单及护理表格—进行入院注意事项告之和安全教育。
>
> ◆ **住院护理工作过程**
>
> 加强巡视,观察生命体征,尤其体温变化、咳痰的量、颜色(铁锈色痰)、性质等情况—执行医嘱—加强口腔、皮肤、呼吸道、尿道等部位基础护理—给予营养丰富、易消化食物,避免刺激性食物—心理护理、健康教育—填写护理记录单。
>
> ◆ **出院护理工作过程**
>
> 执行出院医嘱、撤销单据及卡片、整理出院病历、做好出院登记—征求患者意见和建议—出院宣教、指导患者合理饮食和活动—协助备好出院所带药品,嘱按医嘱用药并注意药物不良反应,特别是青霉素的不良反应、常规清洁床位—填写出院护理记录。

(四) 护理目标及评价

患者体温降至正常;能学会运用缓解疼痛的方法,胸痛减轻或消失;能有效咳嗽、咳痰维持良好的气体交换状态;对本病的相关知识有所了解,能按医嘱正确服药并会观察药效和不良反应;无休克发生。

三、健康指导

向患者介绍肺炎的基本知识,强调预防的重要性。指导患者合理膳食,加强营养,劳逸结合,适当参加体育锻炼,增强抗病能力。纠正吸烟等不良习惯,避免受凉、淋雨、酗酒和过度劳累等诱因,防止呼吸道感染。

> **情境2-6 问题回答**
>
> **患者:**"护士,我的痰怎么是这个铁锈色,我不会死吧?"
>
> **护士:**"王师傅,因为您患的是肺炎球菌肺炎。主要症状是咳嗽、咳痰、高热、胸痛,而痰液是铁锈色是这个病的特征性表现。"
>
> **患者:**"我为什么会得这个病呢?"
>
> **护士:**"王师傅,这个病是由肺炎球菌引起的,当受凉、淋雨、疲劳等诱因情况下或一些慢性疾病、药物原因可以引起发病,你要注意避免这些不利的因素啊!"
>
> **患者:**"护士,我这个病能治好吗?不治疗会有什么后果?"
>
> **护士:**"您这个病是能治好的。主要的治疗措施是积极控制感染、对症治疗及处理并发症。"
>
> **患者:**"哦,我明白了,我会积极配合医生治疗的。谢谢你啊!"
>
> **护士:**"不用谢!您有什么问题,可随时问我。"

小结

肺炎球菌肺炎是由肺炎球菌感染引起的肺段或肺叶的急性炎性实变,临床上以急起寒战、高热、咳嗽、铁锈色痰和胸痛为特征。好发于既往健康的男性青壮年,其潜在并发症主要是休克。痰液检查确定病原菌可明确临床诊断。肺实变的体征,注意与肺气肿体征鉴别,治疗、护理主要是控制感染,防治休克。

自测题

A_1型题

1. 典型肺炎球菌肺炎患者护理问题不包括( )
   A. 体温过高　　　　B. 清理呼吸道无效
   C. 气体交换受损　　D. 组织灌流量改变
   E. 有体液不足的危险

2. 肺炎球菌肺炎患者不可能出现下列哪项表现( )
   A. 高热　　　　　　B. 咳嗽
   C. 呼吸困难　　　　D. 胸痛
   E. 咳砖红色胶胨样痰

3. 不属于肺炎球菌肺炎的表现是( )
   A. 寒战　　　　　　B. 高热
   C. 胸痛　　　　　　D. 大量咯血
   E. 气急

A_2型题

4. 患者,男,32岁,突发寒战、高热、咳嗽、右下胸痛1天余,随后体温迅速下降,出现恶心、呕吐、意识模糊。护理体检:患者脸色苍白,口唇发绀,右下肺叩诊音稍浊,听到少量湿啰音,血压80/50mmHg。除按医嘱正确使用抗菌药物外,首要的护理措施是( )
   A. 鼻饲高热量富含维生素的流质饮食
   B. 给予祛痰止咳药物
   C. 按休克原则处理好体位、保暖、吸氧、静脉输液等问题
   D. 注意观察生命体征
   E. 预防肺水肿、尿路感染、压疮等并发症

5. 王先生,39岁,因寒战、高热、咳嗽、胸痛来院就诊。胸透显示右上肺有云絮状阴影。查痰肺炎球菌(+),该患者血常规检查如何( )
   A. 嗜酸粒细胞增加　　B. 淋巴细胞增加
   C. 中性粒细胞增加　　D. 大单核细胞增加
   E. 嗜碱粒细胞增加

6. 患者,60岁,经门诊就医以肺炎收入院,体温39.6℃,降温时尽量不采用( )
   A. 头部置冰袋　　　　B. 温水拭浴
   C. 乙醇拭浴　　　　　D. 鼓励饮水
   E. 口服退热药

7. 杨先生,38岁。因发热、咳嗽、咳痰、胸痛3天入院。体温40℃,右下肺闻及湿啰音。血白细胞计数$12.5×10^9/L$。入院诊断:发热待查,肺炎?该患者的首要护理问题是( )
   A. 气体交换受损　　B. 低效型呼吸型态
   C. 体温过高　　　　D. 疼痛:胸痛
   E. 清理呼吸道无效

8. 李某,68岁。入院诊断肺炎,经抗感染治疗3天后病情未见好转。为防止病情进展应重点观察( )
   A. 血压变化　　　　B. 体温变化
   C. 肺部体征变化　　D. 血白细胞计数变化
   E. 呼吸系统症状的变化

9. 某男,受凉后出现畏寒、寒战、高热、左侧胸痛2天,咳嗽、咳少量铁锈色痰。体检:神志清楚,体温40.6℃,血压98/76mmHg,心率102次/分。胸部X线左下肺野大片模糊阴影。白细胞计数$14.5×10^9/L$。最可能的诊断是( )
   A. 肺炎球菌肺炎　　B. 急性肺脓肿
   C. 支气管肺炎　　　D. 肺炎杆菌肺炎
   E. 胸膜炎

A_3型题

(10~12题共用题干)

老年患者因寒战、高热咳嗽1天而入院。诊断为肺炎球菌肺炎,次日体温骤降,伴四肢厥冷、大汗及意识模糊,血压70/50mmHg,脉搏细弱115次/分。

10. 该患者最主要的护理诊断是( )
    A. 体温过高　　　　B. 恐惧
    C. 组织灌流改变　　D. 舒适改变
    E. 有体液不足的危险

11. 对该患者采取的首要护理措施是( )
    A. 物理降温　　　　B. 高流量吸氧
    C. 建立静脉通路　　D. 心理安慰
    E. 心电图检查

12. 医嘱有下列药物需静脉滴入,应首先输入( )
    A. 青霉素　　　　　B. 地塞米松
    C. 右旋糖酐　　　　D. 多巴胺
    E. 碳酸氢钠

第8节 肺结核患者的护理

情境 2-7

王女士,26岁。发热、盗汗、乏力,偶尔干咳已持续10多天。主诉:"近日每天下午发热,晚上睡觉出汗,咳嗽,痰中带血"。2天前上述症状加重,无胸痛及气短,前来就诊。查体:T 37.8℃,R 20次/分,P 100次/分,BP 110/75mmHg。咽充血,双肺未闻及干湿啰音,无肝脾大。母亲曾患肺结核。血常规正常,X线胸片显示右肺上野片状阴影。

一、疾病概要

(一)概述

肺结核是由结核分枝杆菌引起的慢性呼吸道传染病。结核分枝杆菌可侵犯全身多个脏器,但以肺部受累引起肺结核最为常见。临床上主要表现为咳嗽、咳痰、咯血(或痰中带血)、胸痛、低热、盗汗、乏力、消瘦。目前肺结核仍是严重的、全球性的需要高度重视的公共卫生和社会问题;在我国,结核病的疫情一直处于"三高一低",即患病率高、病死率高、耐药率高、年递减率低。

2004年我国实施新的结核病分类标准如下:①原发型肺结核,包括原发综合征和胸内淋巴结结核,儿童最多见;②血行播散型肺结核,有急性血行播散型肺结核(急性粟粒型肺结核)、亚急性血行播散型肺结核和慢性血行播散型肺结核;③继发型肺结核,包括浸润性肺结核、空洞性肺结核、结核球、干酪性肺炎、纤维空洞性肺结核,此型成年人多见,病灶多在锁骨上下,痰中常有结核菌,为结核病的重要传染源;④结核性胸膜炎,有干性胸膜炎、渗出性胸膜炎和结核性脓胸;⑤其他肺外结核,如骨结核、肠结核、肾结核等;⑥菌阴肺结核,3次痰涂片及1次痰培养阴性的肺结核。

(二)病因及发病机制

1. **病因** 肺结核是由结核分枝杆菌引起。分为人型、牛型、鼠型和非洲型,其中引起人致病的主要是人型。结核杆菌具有抗酸性,故又称抗酸杆菌,对干燥、冷、酸、碱等抵抗力较强,在阴湿环境中能生存5个月以上,在干燥环境中存活数月或数年,但在烈日下曝晒2小时,病房紫外线灯消毒30分钟,5%~12%来苏儿液接触2~12小时,70%乙醇接触2分钟或煮沸5分钟即可被杀灭。将痰吐在纸上直接焚烧是最简单彻底的灭菌方法。

考点: 结核杆菌的灭菌方法

2. **流行病学**

(1)传染源:主要是痰菌阳性的肺结核患者。

(2)传播途径:呼吸道飞沫传播是肺结核最重要的传播途径,经消化道和皮肤、泌尿生殖道传播者已很少见。

(3)易感人群:人群普遍易感,尤其是存在生活贫困、居住拥挤、营养不良等社会因素和婴幼儿细胞免疫系统不完善、老年人、HIV感染者、长期免疫抑制剂使用者、慢性疾病如糖尿病患者等机体抵抗力低下时均为结核病的易感人群。

考点: 肺结核的传播途径

链接:结核病的历史

结核病是一个很古老的疾病,从新石器时代人类的骨化石和埃及4500年前的木乃伊上,就发现了脊柱结核。我国最早的医书《黄帝内经·素问》(公元前403—前211年)上就有记载,科学家发现这类患者的肺内有一个个坚实的团块,摸上去好像土豆或花生的根上块茎,就将这种病称之为结节,这是结核病命名的由来。我国约有450多万肺结核患者,结核杆菌的携带者达到了44.5%,而携带者中终生都有发病的机会。

（三）诊断及治疗要点

根据临床特点结合X线检查，痰中找到结核分枝杆菌可确诊。合理的抗结核化疗加强对症、支持治疗，最终达到临床痊愈。化疗原则：早期、联合、适量、规律、全程。整个化疗方案分强化和巩固两个阶段。

> **链接：肺结核的鉴别诊断**
> "直言阔爱农"："直"——慢性支气管炎；"言"——肺炎；"阔"——支气管扩张；"爱"——肺癌；"农"——肺脓肿。

> **情境 2-7 诊断分析**
> 该患者有肺结核接触史，临床表现为咳嗽、咳痰、咯血（或痰中带血）、胸痛、低热、盗汗、乏力、消瘦。结合X线检查和痰液中找到结核分枝杆菌可确诊。

考点： 肺结核的化疗原则

二、疾 病 护 理

（一）护理评估

1. **健康史** 询问有无肺结核患者接触史、疫苗接种史，生活环境和既往健康状况，是否长期使用糖皮质激素、免疫抑制剂等药物。

2. **身体状况**

（1）症状：①全身中毒症状，表现为午后低热（最常见）、盗汗、乏力、食欲减退、消瘦等。若病灶播散可有不规则高热、畏寒等症状。女性患者可有月经失调或闭经。②呼吸系统症状，咳嗽、咳痰是肺结核最常见的症状，多为干咳或少量白色黏液痰；若合并支气管结核则表现为刺激性咳嗽；有空洞形成时痰量增多，并发细菌感染时可呈脓痰。1/3~1/2患者有不同程度的咯血，多为少量，少数可出现大咯血。病变累及胸膜时出现胸痛，在深呼吸和咳嗽时加重。干酪性肺炎或大量胸腔积液患者可伴呼吸困难。

（2）体征：取决于病变的性质和范围。病变范围小或位置深者多无异常体征。锁骨上下、肩胛间区于咳嗽后闻及湿啰音有参考价值。渗出性病变较大或干酪性坏死时可有肺实变体征。较大的空洞性病变可听到支气管呼吸音。结核性胸膜炎时有胸腔积液体征。

考点： 肺结核的主要临床表现

3. **心理-社会状况** 患者缺乏对结核病的正确认识，病后怕影响生活和工作，加之结核病是传染病需要一定的隔离措施，可有焦虑、悲观、孤独、多疑等不良心理。

4. **辅助检查** ①痰结核菌检查：痰菌阳性（痰直接涂片或集菌法或培养法）是确诊肺结核最可靠的方法，也是制订化疗方案和判断疗效的主要依据。②胸部X线检查：是早期诊断肺结核的重要方法，而且对病灶部位、范围、性质、发展情况和治疗效果做出判断，也是肺结核临床分型的主要依据（图2-20）。③结核菌素试验：有助于判断有无结核杆菌的感染，对儿童和青少年的结核病诊断有参考意义。目前WHO和国际防痨和肺病联合会推荐使用的结核菌素为纯蛋白衍化物（PPD）。取PPD 0.1ml（5IU）在左前臂屈侧中下1/3交界处作皮内注射，使之形成一直径为6~10mm的皮丘，注射后48~72小时观察皮肤硬结直径，若硬结直径≤4mm为阴性（-），5~9mm为阳性（+），10~19mm为中阳性（++），≥20mm或局部有水泡或坏死为强阳性（+++~++++）。结核菌素试验阳性仅表示曾有结核杆菌感染或接种过卡介苗，并不一定现在患病，但3岁以下儿童呈强阳性反应，提示有新近感染的活动性结核病灶。结核菌素试验阴性除见于未感染结核杆菌外，还见于结核菌感染尚未到4~8周，体内变态反应尚未完全建立；免疫力下降和变态反应暂时受抑制如应用糖皮质激素、免疫抑制剂者，年老体弱、营养不良患者，以及严重结核病和危重患者。

原发综合征

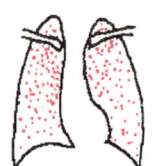
急性粟粒型肺结核

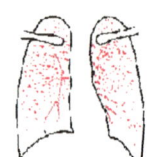
亚急性和慢性血行播散型肺结核

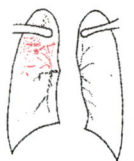
浸润型肺结核

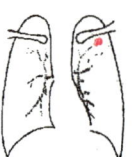
结核球

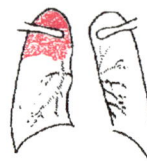
干酪性肺炎

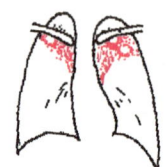
纤维空洞性肺结核

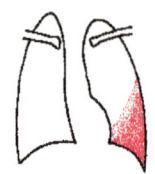
结核性胸膜炎

图 2-20 各型肺结核

考点：肺结核确诊的检查项目，结核菌素实验的方法及判断结果

结核菌素试验阳性意义的判断错误的是（　　） A. 接种卡介苗后　B. 婴幼儿尤其是未接种卡介苗者阳性反应多表示体内有新的结核病灶　C. 强阳性反应表示体内有活动性结核病　D. 由阴性反应转为阳性，或反应强度由原<10mm 转为>10mm，或增幅>6mm 时表示新近有感染　E. 年长儿无明显的临床症状呈阳性反应时表示一定有结核感染

点评：结核菌素试验阳性仅表示曾有结核杆菌感染或接种过卡介苗，并不一定现在患病，但 3 岁以下儿童呈强阳性反应，提示有新近感染的活动性结核病灶。故答案为 E。

（二）护理诊断与合作性问题

1. 知识缺乏　与缺乏结核病的相关防治知识有关。
2. 营养失调：低于机体需要量　与机体消耗增加、食欲减退有关。
3. 有传播感染的危险　与开放性肺结核患者痰液排菌有关。
4. 体温过高　与结核分枝杆菌感染和结核病灶播散及病情恶化有关。
5. 孤独　与呼吸道隔离有关。
6. 潜在并发症　呼吸衰竭、胸腔积液、自发性气胸等。

情境 2-7 护理诊断分析

因患者有发热、盗汗、乏力、干咳、痰中带血。故存在下列主要护理诊断：知识缺乏（与缺乏相关防治知识有关）；营养失调：低于机体需要量（与机体消耗增加、食欲减退有关）；孤独（与呼吸道隔离有关）。

（三）护理措施

1. **一般护理**　①休息：提供安静、舒适、整洁的病房环境，依据病情安排患者休息，活动性肺结核患者增加休息时间，重症患者卧床休息；恢复期患者适当增加户外活动，如散步、打太极拳、做保健操等，增强体质，提高机体的抗病能力；轻症患者在坚持化疗的同时，可以正常工作，但应避免劳累和重体力劳动，做到劳逸结合。②饮食护理：向患者和家属解释加强营养与疾病康复的重要性，指导患者选用高热量、高蛋白、高维生素的食物，如鱼、肉、蛋、牛奶、豆类、蔬菜、水果等，注意合理搭配，科学烹调，促进食欲，增强机体的抗病能力和修复能力。每周测体重并记录，观察进食与营养状况改善的情况。③消毒隔离：患者单居一室，进行呼吸道隔离，室内保持良好通风，每日用紫外线照射消毒，或用 1% 过氧乙酸 1~2ml 加入空气清洁剂溶液内做空气喷雾消毒；告诫患者应注意个人卫生，严禁随地吐痰，咳嗽和打喷嚏时以双层纸巾掩住口鼻，并将纸巾直接焚烧灭菌；痰菌培养阳性的患者，痰液吐在纸上用火焚烧，或吐在有盖的痰杯内加消毒液浸泡 1 小时后方可倒掉，接触痰液后用流水洗手；不要和家人共同进餐，患者用过的食具先煮沸 5 分钟后再洗涤；被褥书籍要经常在烈日下曝晒 2 小时以上。患者外出或探视患者的人均应戴口罩。

2. **病情观察** 观察发热、盗汗、咳嗽、咳痰、胸痛、咯血等症状体征的变化，注意生命体征和意识状态的变化，如发生窒息、呼吸衰竭等严重并发症，立即报告医生进行配合抢救。

3. **配合治疗护理** ①用药护理：向患者和家属宣传并强调坚持规律、全程、合理化疗的重要性，与患者和家属共同参与制订治疗与护理计划，取得配合，督促患者按医嘱服药。常用抗结核药物的不良反应和注意事项（表 2-4）。②做好胸腔积液患者胸腔穿刺术的护理配合。

表 2-4　常用抗结核药物的不良反应和注意事项

药名	不良反应	注意事项
异烟肼（H,INH）	周围神经炎、消化道反应、偶有肝功能损害	避免与抗酸药同时服用，注意消化道反应、肢体远端感觉及精神状态；监测肝功能
利福平（R,RFP）	肝损害、过敏反应	服药后体液及分泌物呈橘黄色；与对氨基水杨酸钠、乙胺丁醇合用可加重肝毒性和视力损害；监测肝功能
链霉素（S,SM）	听力障碍、眩晕、口周麻木、肾损害、过敏反应	用药前和用药后每 1~2 个月进行听力检查，注意有无平衡失调；监测尿常规
吡嗪酰胺（Z,PZA）	胃肠道不适、肝损害、高尿酸血症、关节痛	警惕肝脏毒性，监测肝功能；注意关节疼痛，监测血清尿酸；孕妇禁用
乙胺丁醇（E,EMB）	球后视神经炎、胃肠道反应、偶有肝损害	用药后 1~2 个月进行 1 次视力和辨色力检查；幼儿禁用
对氨基水杨酸钠（P,PAS）	胃肠道反应、过敏反应、肝损害	饭后服药，减轻消化道不适，监测肝功能

考点：抗结核药的不良反应

> **情境 2-7 护理工作过程**
>
> ◆ **入院护理工作过程**
> 接诊患者—送患者到传染病床，嘱患者取舒适体位—为患者戴腕带—通知医师、护工、膳食科—测体重及生命体征并记录—初步评估患者是否曾接触过肺结核患者、疫苗接种史、是否长期使用糖皮质激素、免疫抑制剂等，了解患者的生活环境和居住条件，既往诊疗经过及用药史—安慰患者—办理入院手续—遵医嘱给予治疗—填写住院护理评估单及护理表格—进行入院注意事项告之和安全教育。
>
> ◆ **住院护理工作过程**
> 加强巡视，观察生命体征、发热的时间、咳嗽、咳痰情况，痰中是否带血—执行医嘱—加强口腔、皮肤、呼吸道等部位基础护理—给予营养丰富、易消化食物，避免刺激性食物—心理护理、健康教育—填写护理记录单。
>
> ◆ **出院护理工作过程**
> 执行出院医嘱、撤销单据及卡片、整理出院病历、做好出院登记—征求患者意见和建议—出院宣教、指导患者合理饮食和活动指—协助备好出院所带药品，嘱按医嘱用药并注意药物不良反应，特别是减少外出，外出时戴口罩，防止传染等—通知护工、膳食科—消毒病房、清洁床位—填写出院护理记录。

4. **心理护理** 充分理解和尊重患者，主动与其交流，鼓励其倾诉患病后的身心感受，使之了解结核病是一种慢性呼吸道传染病，病程长，但只要坚持正规化疗，就能取得满意的疗效；同时向患者及家属解释呼吸道隔离的必要性和方法，使患者及早适应环境，减轻或消除孤独感。指导并帮助患者和家属学会寻求社会支持。

（四）护理目标及评价

患者能获得结核病防治的有关知识，得到家庭和社会的支持，治疗信心增强，接受和完成治疗计划。能说出加强营养的重要性,合理地摄取营养,营养状况得到改善。学会基本的消毒隔离方法,未发生结核的传播。体温逐渐恢复到正常。能按医嘱正确服药并会观察药效和不良反应。调整良好心理状态,积极配合治疗。

三、健康指导

1. 疾病知识的指导　①控制传染源:早期发现患者,及时给予合理的化疗是现代防痨工作的中心环节。确诊病例应合理化疗,做到定期随访,直至痊愈。②切断传染途径:禁止随地吐痰,对痰菌阳性患者的痰、日用品,以及周围的东西要加以消毒和适当处理。室内可用紫外线照射消毒,每日或隔日一次,每次2小时,患者用过的食具应煮沸消毒10~15分钟,被褥在烈日下暴晒4~6小时,痰盂、便器可用5%~10%来苏水浸泡2小时,吐在纸上的痰要烧掉或用20%漂白粉溶液泡6~8小时。③增强免疫力、接种卡介苗:卡介苗是一种无致病力的活菌苗,接种于人体后可使未受结核菌感染者获得对结核病的特异性免疫力,保护率约为80%。可维持5~10年。接种对象是未受结核菌感染、结核菌素试验阴性者,年龄越小越好,一般在出生时注射。

2. 生活指导　戒烟、酒,注意补充营养,保证充足的睡眠和休息时间,避免劳累。预防呼吸道感染。

3. 用药指导　向患者及家属说明坚持规则合理化疗的重要性,向患者和家属强调指出不规则用药、过早停药不仅可导致治疗失败,还会诱导结核菌产生继发耐药,增加复治的困难,甚至成为难治病例。并嘱患者定期随诊复查,以便及时调整治疗方案。

情境2-7问题回答

患者: "护士,我的病能治好吗?"
护士: "王女士,您的病属于传染病,要进行隔离治疗,你可能会孤独,但为了您家人的健康,你积极配合治疗是可以治好的。"
患者: "我应该注意些什么呢?"
护士: "王女士,注意个人卫生,严禁随地吐痰,咳嗽和打喷嚏时以双层纸巾掩住口鼻,然后纸巾直接焚烧灭菌;接触痰液后用流水洗手;不要和家人共同进餐,患者用过的食具先煮沸5分钟后再洗涤;被褥书籍要经常在烈日下曝晒2小时以上。外出或您的家人来看你均应戴口罩。"
患者: "哦,我明白了,我会积极配合医生治疗的。谢谢你啊!"
护士: "不用谢!您还有什么问题,可随时问我。"

小结

肺结核是由结核分枝杆菌感染引起的呼吸道慢性传染病,是最常见的一种结核病。临床上主要表现为低热、盗汗、乏力、消瘦和咳嗽、咳痰。肺结核仍是严重的、全球性的需要高度重视的公共卫生和社会问题,在我国,结核病的疫情一直处于"三高一低"。规则合理的抗结核治疗对肺结核的控制起决定作用,而加强营养和注意休息是重要的辅助治疗手段。

自测题

A₁型题

1. 对肺结核患者的健康指导最重要的是(　　)
   A. 保持乐观情绪和治疗信心
   B. 加强营养,保证身心休息
   C. 定期复查,根据病情调整治疗方案
   D. 尽可能与家人分室或分床就寝
   E. 按医嘱规则服药,坚持疗程

2. 早期发现肺结核的主要方法是(　　)
   A. 胸部X线检查　　B. PPD试验
   C. 痰结核菌检查　　D. ESR检查
   E. 胸部CT检查

A₂型题

3. 患者男性,30岁,因低热、盗汗伴食欲减退、消瘦1个月,咳嗽并痰中带血3天,以"肺结核"收住入院。今晨突然大咯血,该患者目前存在的最主要的护理诊断或合作性问题是(　　)
   A. 活动无耐力　　B. 焦虑
   C. 知识缺乏　　D. 潜在并发症:窒息

E. 有传播感染的危险

A₃型题

(4、5题共用题干)

张女士,30岁,近2个月来常感午后低热、盗汗、乏力,时时干咳,怀疑患有肺结核。

4. 为进一步确诊,最有价值的检查是(　　)
　A. 胸部X线检查　　B. 纤维支气管镜检查
　C. 痰结核菌检查　　D. 肺功能检查
　E. 胸部CT检查

5. 若已确诊为肺结核,下列护理措施不妥是(　　)
　A. 给予高能量、高蛋白、高维生素饮食
　B. 保持室内空气新鲜,阳光充足
　C. 及时做好消毒隔离
　D. 向患者做有关疾病知识的宣教
　E. 鼓励患者加强体育锻炼,增强抗病能力

(6~8题共用题干)

张先生,28岁,既往体健。近3个月来午后低热、夜间盗汗、食欲减退、乏力消瘦。近1周来高热、咳嗽、咳痰,伴咯血。胸部X线检查显示右肺上叶有片状模糊阴影,痰结核菌检查阳性。临床诊断肺结核。

6. 按结核病分型应诊断为(　　)
　A. 原发性肺结核
　B. 急性血行播散型肺结核
　C. 浸润型肺结核
　D. 慢性纤维空洞型肺结核
　E. 结核性胸膜炎

7. 其护理诊断不包括(　　)
　A. 体温过高　　　B. 组织灌注量改变
　C. 活动无耐力　　D. 有窒息的危险
　E. 营养失调

8. 最重要的治疗是(　　)
　A. 加强营养　　　B. 退热治疗
　C. 止血治疗　　　D. 合理化疗
　E. 对症治疗

第9节　原发性支气管肺癌患者的护理

情境2-8

男性,60岁,装修工人,主诉"咳嗽、咳痰2个月,痰中带血1周"来就诊,2个月前无明显诱因出现刺激性咳嗽,咳少量灰白色黏痰,伴右胸前疼痛,曾于附近医院按呼吸道感染治疗,用药不详,疗效不显著。1周来间断痰中带血,有多有少,但无大量咯血,即来院就诊。患者明显消瘦,大小便正常,既往无肺炎、结核病史。吸烟30多年。每日两包。近5年从事装修喷漆工作。查体:T 37.3℃,P 82次/分,R 20次/分,BP 124/84mmHg,律齐,无杂音,右上肺可闻及干湿啰音,其他无异常。辅助检查:胸部X线片示,右上肺前段有一约3cm×4cm大小椭圆形阴影,边缘模糊,可见细短的毛刺影。

一、疾病概要

(一) 定义

原发性支气管肺癌(简称肺癌),是源于支气管黏膜或腺体的恶性肿瘤。早期主要是刺激性咳嗽、痰中带血等呼吸道症状,晚期有肿瘤侵犯、压迫及转移引起的症状和体征。本病40岁以上发病,发病高峰在60~79岁,男女患病比例为2.3：1。肺癌是男性恶性肿瘤中排第四位,女性中排第五位,个别城市已跃居第一位。

链接:肺癌的流行病学

肺癌是当今世界各地最常见的恶性肿瘤之一,是一种严重危害人类健康和生命的疾病,据WHO 2003年公布的资料显示,肺癌的发病率(120万/年)和死亡率(110万/年)均居全球癌症首位。我国肺癌已超过癌症死因的20%,且发病率和死亡率均迅速增长。英国著名肿瘤学家R.Peto预言:如果我国不及时控制吸烟和空气污染,到2025年我国肺癌发病人数将超过100万/年,成为世界第一肺癌大国。

(二) 病因及发病机制

肺癌是一种典型的与环境因素及生活方式有关的疾病,其病因和发病机制尚未明确,但认为与下列因素有关。

1. **吸烟** 吸烟是公认的肺癌重要的危险因素,纸烟中含有各种致癌物质,其中苯并芘为致癌的主要物质。男性肺癌80%～90%与吸烟有关,且吸烟量越大,吸烟时间越长,开始吸烟年龄越早,肺癌的发病率和死亡率越高,女性肺癌与被动吸烟关系密切。

2. **职业因素** 石棉、烟煤、沥青等均有致癌作用。石棉与吸烟有协同致癌作用,石棉厂吸烟工人肺癌的死亡率是一般吸烟者的8倍。

3. **空气污染** 包括室内污染和室外污染。室内污染有被动吸烟、燃料燃烧和烹调时产生的油烟雾,室外污染常见汽车废气、工业废气、公路沥青主要含苯并芘等致癌物。

4. **电离辐射** 大剂量电离辐射可引起肺癌。据统计医疗照射占44.6%,其中X线诊断占到36.7%。

5. **饮食与营养** 食物中维生素A含量少或血清维生素A含量低时,患肺癌的危险性增高。

6. **其他** 结核病、病毒感染、真菌毒素、内分泌失调及家族遗传等均对肺癌的发生起一定的促进作用。

(三) 分类

1. **按解剖学分类** 分为中央型肺癌(多为鳞癌和小细胞癌)和周围型肺癌(以腺癌较多见)。

2. **按组织病理学分类**

(1) 鳞状上皮细胞癌(鳞癌):最常见,与吸烟关系密切,多见于老年男性。生长速度较慢,转移较迟,治疗首选手术,对放、化疗不敏感。

(2) 小细胞未分化癌(小细胞癌):恶性程度最高,生长快,转移早,对放、化疗敏感。

(3) 大细胞未分化癌(大细胞癌):恶性程度较高,但转移较小细胞癌晚,手术切除的机会较大。

(4) 腺癌:恶性程度介于鳞癌和小细胞癌之间,局部浸润和血行转移较早,易转移至肝、脑和骨,更易累及胸膜而引起胸腔积液,对放、化疗敏感性较差。多见于女性和不吸烟者。

(四) 诊断及治疗要点

根据病史、护理体检和相关辅助检查结果进行综合判断,80%～90%的患者可确诊。肺癌的治疗方案包括手术治疗、化学药物治疗及放射治疗等综合治疗方案。小细胞肺癌的治疗以化疗为主,辅以手术和(或)放疗。非小细胞肺癌(包括鳞癌、腺癌、大细胞癌)的治疗首选手术治疗,辅助放疗和化疗。化疗最敏感的是小细胞未分化癌,鳞癌其次,腺癌效果最差。

考点: 肺癌的确诊依据主要治疗原则

> **情境2-8 诊断分析**
> 该患者长期从事装修工作,吸烟史30多年,现又出现刺激性干咳、血痰,X线检查显示:右上肺占位性病变,边缘模糊,有毛刺影。根据病史、症状及X线检查结果可初步诊断为原发性支气管肺癌。进一步做病理检查可有助诊断及病情程度判断。

二、疾病护理

(一) 护理评估

1. **健康史** 重点询问吸烟史、职业史、慢性肺部疾病史和家族史。询问患者有无吸烟史及开始吸烟的年龄、烟龄及每日吸烟的支数;了解生活环境和职业及生产劳动保护条件,是否长期接触有害气体;了解既往健康情况,有无慢性肺部疾病史;家族中有无类似疾病患者。

2. **身体状况** 肺癌的临床表现与其发生的部位、大小、类型、发展阶段、有无并发症或转移有密切关系。大多数患者因呼吸系统症状就诊,5%～15%患者在发现肺癌时无症状。

(1) 症状:①咳嗽:为最常见的早期症状,表现为阵发性刺激性呛咳,无痰或少许黏液痰;肿瘤增大引起支气管狭窄时,咳嗽呈高调金属音;继发感染时,痰量增多呈黏液脓性。②咯血:约1/3以上患者以咯血为首发症状,表现为间断性或持续性痰中带血,若癌肿侵蚀大血管常引起大咯血。③胸闷、气急、喘鸣:肿瘤阻塞或压迫使支气管狭窄引起胸闷、气急,吸气时出现局限性喘鸣音,当病灶广泛播散或大量胸腔积液时,气急加重。④发热:多由继发感染引起,或由肿瘤所致,抗生素治疗效果不佳。⑤体重下降:为恶性肿瘤的常见症状之一,由感染、疼痛、肿瘤毒素等引起,晚期表现恶病质。⑥肿瘤局部扩展引起的症状:癌肿直接侵犯胸膜、肋骨和胸壁,出现胸痛;压迫大气道引起呼吸困难;压迫食管引起吞咽困难;压迫喉返神经引起声音嘶哑;肿瘤侵犯纵隔,压迫上腔静脉,使头部静脉回流受阻,出现面、颈部和上肢水肿,以及颈静脉曲张,称上腔静脉阻塞综合征;位于肺尖的肺癌(如肺上沟癌)压迫颈部交感神经,引起病侧眼睑下垂、瞳孔缩小、眼球内陷、同侧额部少汗,称Horner(霍纳)综合征。⑦肺外转移引起的症状:发生脑转移,表现为头痛、呕吐、复视、共济失调、偏瘫、颅内高压等;肝转移,表现为黄疸、肝大、肝区疼痛、腹水等;骨转移,常见肋骨、脊椎等局部疼痛。肿瘤作用于其他系统如内分泌、神经肌肉、结缔组织等引起的异常改变称副癌综合征,表现有杵状指(趾)、肥大性骨关节病、Cushing(库欣)综合征、男性乳房发育、周围神经病变等。

考点:肺癌的临床特点

(2)体征:早期无阳性体征,肿瘤致部分支气管阻塞时,有局限性哮鸣音,随病情进展患者出现消瘦、阻塞性肺炎、肺不张及胸腔积液体征,晚期有贫血、恶病质、锁骨上及腋下淋巴结肿大,以及肿瘤压迫和转移侵犯邻近器官所引起的肺内外表现。

护考链接

肺癌最常见的早期症状是( ) A. 刺激性呛咳 B. 胸闷 C. 胸痛 D. 血痰 E. 发热

点评:肺癌早期常出现刺激性干咳,肿瘤增大引起支气管狭窄时,咳嗽会出现金属音,压迫气管会导致胸闷、气急,发热是中晚期全身症状,侵犯胸膜会出现胸痛,所以答案为A 刺激性呛咳。

3. 心理-社会状况 评估患者因患病、诊断、治疗所产生的心理反应,早期接受各种检查容易产生揣测、焦虑不安;一旦确诊癌症,患者表现惊恐、沮丧、孤独、退缩;随着病情的不断恶化,治疗效果不佳,产生抑郁、自卑、悲观绝望甚至自杀的念头。还应了解患者的社会支持情况及患者的经济状况等。

4. 辅助检查 ①胸部影像学检查:是发现肺癌最主要的方法。通过胸部X线片、CT、MRI、支气管或血管造影等检查,了解肿瘤的部位、大小、肺门和纵隔淋巴结肿大、支气管阻塞,以及肺内、肺外转移的情况,确定分期,提供诊断和治疗的依据。②痰脱落细胞检查:可找到癌细胞,是简单有效的早期诊断方法,阳性率一般在70%~80%。③纤维支气管镜检查:是诊断肺癌最可靠的手段。④其他:经胸壁肺穿刺检查、开胸手术探查、胸水癌细胞检查、淋巴结活检、癌胚抗原检测等。

考点:确诊的检查项目

(二)护理诊断与合作性问题

1. 恐惧 与肺癌的确诊、面临治疗对机体功能的影响及死亡威胁有关。
2. 疼痛 与癌细胞的浸润、肿瘤压迫或转移有关。
3. 营养失调:低于机体需要量 与癌肿致机体过度消耗、化疗致食欲下降等有关。
4. 潜在并发症 呼吸衰竭、化疗药物毒性反应、放疗的不良反应等。

情境2-8 护理诊断分析

因患者有咳嗽、阵发性刺激性呛咳、高调金属音、咯血、发热、体重下降、疼痛等。故存在下列主要护理诊断:恐惧(与肺癌的确诊、面临死亡威胁有关);疼痛(与癌细胞的浸润、肿瘤压迫或转移有关);营养失调(与癌肿致机体过度消耗、化疗致食欲下降等有关);潜在并发症(呼吸衰竭、化疗药物毒性反应、放疗的不良反应等)。

（三）护理措施

1. **一般护理** ①休息：提供安静的环境，根据病情调整舒适体位，保证患者充分休息。②饮食护理：给予高蛋白、高热量、高维生素的易消化饮食，避免食用产气多的食物，少量多食。有吞咽困难给予流质饮食进行鼻饲或静脉输入脂肪乳剂、复方氨基酸和含电解质的液体，保证营养供给；必要时酌情输血、血浆或清蛋白，增强机体抗病能力。病情允许指导患者取半坐卧位进餐，进餐宜慢，以免发生吸入性肺炎或呛咳。

2. **病情观察** 监测患者生命体征的变化；注意观察患者的常见症状胸痛、呼吸困难、吞咽困难等的动态变化；观察是否出现肿瘤转移症状；监测体重、尿量、血白蛋白和血红蛋白；密切观察放、化疗的不良反应；做好手术患者的病情监测。

3. **配合治疗护理** ①化疗药物的护理：评估化疗药物的不良反应；监测血常规，注意骨髓抑制程度，预防感染，保护血管，加强防感染护理，做好口腔及皮肤护理。②放疗护理：向患者讲明放疗的目的、方法、不良反应，告知患者放疗本身无痛苦以解除思想顾虑，在皮肤放射部位涂上标志，照射结束后切勿擦去。放疗时协助患者采取舒适体位，并嘱其不要随便移动。做好皮肤护理，保持皮肤干燥，宜穿宽松柔软的衣物；避免照射皮肤搔抓、挤压、摩擦；照射部位只能用清水洗而忌用肥皂等刺激性洗液，避免直接阳光照射和冷热刺激；不能在照射部位涂擦凡士林、红汞、乙醇、各种乳液和药粉等，忌贴胶布。防止放射性食管炎的发生，有咽下疼痛或吞咽困难的患者，遵医嘱可给予氢氧化铝凝胶口服，必要时应用利多卡因胶浆，饮食给予无刺激性的流食或半流食。一旦出现放射性肺炎，协助患者进行有效排痰，遵医嘱及早使用抗生素、糖皮质激素治疗。③疼痛的护理：疼痛常给患者带来躯体的折磨和精神困扰，也是产生绝望的原因之一。根据疼痛程度给予相应镇痛措施，如可以采取局部按摩、冷敷、变换体位、支托痛处等措施；也可让患者听音乐等转移对疼痛的注意力；指导和协助患者在咳嗽、变换体位时用手或枕头按住胸部以减轻疼痛；必要时给予药物止痛。

4. **心理护理** 了解患者及家属心理及承受能力，根据患者的年龄、职业、文化、性格等情况以适当的方式和语言告知患者病情并与其讨论之，引导患者面对现实，积极配合相关检查和治疗。家属有特别要求时，应协同家属采取保护性措施。多与患者交谈，耐心倾听患者的诉说，并指导家属关心、支持患者，以唤起患者求生的欲望，树立与病魔作斗争的信心。

> **情境2-8 护理工作过程**
>
> ◆ **入院护理工作过程**
>
> 接诊患者—送患者到病床，嘱患者取舒适体位—为患者戴腕带—通知医师、护工、膳食科—测体重及生命体征并记录—初步评估患者是否存在吸烟、接触有害气体、职业环境等可引起肺癌的病因及临床特点，了解影像学、痰脱落细胞等辅助检查结果—安慰患者—办理入院手续—遵医嘱给予治疗—填写住院护理评估单及护理表格—进行入院注意事项告之和安全教育。
>
> ◆ **住院护理工作过程**
>
> 加强巡视，观察生命体征、伴随症状及痰液情况，观察是否出现肿瘤转移症状密切观察放、化疗的不良反应—执行医嘱—加强口腔、皮肤、呼吸道、尿道等部位基础护理—给予营养丰富、易消化食物，避免刺激性食物—心理护理、健康教育—填写护理记录单。
>
> ◆ **出院护理工作过程**
>
> 执行出院医嘱、撤销单据及卡片、整理出院病历、做好出院登记—征求患者意见和建议—出院宣教、指导患者合理饮食和活动指—协助备好出院所带药品，嘱按医嘱用药并注意药物不良反应，特别是定期到医院复查，通知护工、膳食科—常规清洁床位—填写出院护理记录。

（四）护理目标及评价

患者能面对现实，能维持基本营养需求，营养状态有所改善。患者疼痛缓解或消失；对本病的相关知识有所了解，能按医嘱正确服药并会观察药效和不良反应；消除恐惧心理。

三、健康指导

1. 与患者沟通,讲解有关本病的病因和防治知识,正确认识肺癌鼓励患者正确面对疾病,坚持积极的化疗或放疗,并根据患者具体的病情进行指导。减少或避免吸入有害气体,对高发人群进行重点普查,早期发现,及时治疗是关键。

2. 戒烟、改善工作环境和劳动场所,控制环境污染;防治呼吸系统疾病;合理安排休息和活动;加强营养,平衡膳食;根据病情可选择性运动,提高免疫力。

3. 指导患者按医嘱服药,注意观察不良反应,积极进行配合治疗。

小结

原发性支气管肺癌是最常见的严重威胁人民生命健康的肺部原发性肿瘤,其发病率和死亡率逐年上升,为当前重点防治的疾病之一,发生与吸烟有密切关系,早期常有刺激性呛咳和痰中带血等呼吸道症状。早期发现肺癌最主要的方法是胸部影像学检查,而确诊依赖纤维支气管镜检查。

自测题

A_1型题

1. 与原发性支气管肺癌关系最密切的危险因素是( )
   A. 长期吸烟 B. 空气污染
   C. 石棉沉着病 D. 遗传因素
   E. 维生素A缺乏

2. 原有肺癌病史,现怀疑为肿瘤转移至胸膜,其胸腔积液外观应为( )
   A. 透明 B. 绿色
   C. 微浑 D. 黄色
   E. 血性

A_2型题

3. 张先生,60岁,平素体健,吸烟史20多年,平均20支/天以上,突然咯血50ml后无其他不适,护理体检未发现异常,考虑肺癌住院,为明确诊断一般简单有效的方法是( )
   A. 血沉 B. 血甲胎蛋白测定
   C. 痰脱落细胞检查 D. 颈淋巴结活检
   E. 纤维支气管镜检查

4. 患者,女,75岁。体检X线胸片提示:肺占位性病变入院,经病理诊断为小细胞肺癌。该患者首选的治疗方法是( )
   A. 手术切除 B. 化疗
   C. 对症治疗 D. 单纯营养支持
   E. 免疫治疗

5. 患者,男性,50岁。近半年来已在右肺中叶发生2次节段性肺炎,肺炎控制后仍然有持续的痰中带血。最可能的病变是( )
   A. 慢性支气管炎 B. 支气管扩张
   C. 支气管肺癌 D. 肺炎球菌性肺炎
   E. 支气管内膜结核

第10节 胸膜炎和胸腔积液患者的护理

情境2-9

王某,女性,22岁,主诉"低热伴右侧胸痛1周",1周前无明显诱因出现午后低热,体温37.5℃,夜间盗汗,伴右侧胸痛,深呼吸时明显,不放射,与活动无关,未到医院检查,自服止痛药,于3天前胸痛减轻,但胸闷加重伴气短,故来医院检查,发病来进食无变化,二便正常,睡眠稍差,体重无明显变化。既往体健,否认有结核病密切接触史,吸烟10年。查体:T 37.4℃,P 84次/分,R 20次/分,BP 120/80mmHg,一般情况可无皮疹,全身浅表淋巴结未触及,巩膜不黄,咽(-),颈软,气管稍左偏,颈静脉无怒张,甲状腺(-),右侧胸廓稍膨隆,右下肺语颤减弱,右下肺叩浊,呼吸音减弱至消失,X线检查:心界向左移位,心右界叩不清,心率84次/分,律齐,无杂音,腹平软,无压痛,肝脾未及,下肢不肿。

一、疾病概要

(一)定义

胸膜炎是由于感染、肿瘤、变态反应、化学性和创伤性等多种原因引起的胸膜壁层和脏层的炎症。

临床上除原发病表现外,常有发热、干咳和胸痛,可出现胸腔积液,并随胸腔积液量的增加胸痛逐渐减轻,而呼吸困难却逐渐加重。临床上以结核性胸膜炎较常见。胸膜炎按病理学可分为干性胸膜炎和渗出性胸膜炎。本节介绍的主要是结核性胸膜炎。

胸腔积液(简称胸水)是指任何原因使胸腔内液体形成过多或吸收过缓,致胸腔内液体异常积聚的现象。临床最常见的症状为呼吸困难,常伴胸痛和咳嗽。胸腔积液的病因包括肺、胸膜和肺外疾病,其发生与胸膜毛细血管内静水压升高、胸膜通透性增加、胸膜毛细血管内胶体渗透压下降、胸壁膜淋巴引流障碍及损伤等有关。按发病机制和化学成分将胸腔积液分为漏出液、渗出液、血液(血胸)、脓液(脓胸)和乳糜液(乳糜胸)。

(二) 病因及发病机制

胸膜炎多由胸膜感染(无结核分枝杆菌、肺炎球菌、金黄色葡萄球菌等)、肿瘤(肺癌、淋巴瘤及胸外转移癌等)、变态反应(风湿病、系统性红斑狼疮等)、化学性和创伤性等所致。胸腔积液可由结核性胸膜炎、胸膜肿瘤、心力衰竭、缩窄性心包炎、上腔静脉阻塞、低蛋白血症、肝石化、肾病综合征及胸部损伤等引起。

胸腔积液的发病机制:胸膜毛细血管内静水压增高;胸膜毛细血管壁通透性增加;胸膜毛细血管内胶体渗透压降低;壁层胸膜淋巴引流障碍;胸膜损伤等所致胸腔内出血。

胸腔内可有液体积聚(渗出性胸膜炎)或无液体积聚(干性胸膜炎)。当炎症消退后,胸膜可恢复至正常,或发生两层胸膜相互粘连。干性胸膜炎时,胸膜表面有少量纤维渗出,表现为剧烈胸痛,似针刺状,检查可发现胸膜摩擦音等改变。渗出性胸膜炎时,随着胸膜腔内渗出液的增多,胸痛减弱或消失,患者常有咳嗽,可有呼吸困难。

(三) 诊断及治疗要点

根据临床症状呼吸困难、胸痛、咳嗽及体征胸膜摩擦音及积液区叩诊呈浊音和相关辅助检查结果可诊断。针对病因治疗尤为重要。结核性胸膜炎引起的胸腔积液除抗结核治疗外,原则上应尽量抽尽胸腔内液体;炎性胸腔积液的治疗原则为控制感染,引流胸腔积液;恶性胸腔积液治疗方法包括原发病治疗和胸腔积液治疗。

> **情境 2-9 诊断分析**
>
> 该患者有右胸痛、咳嗽、呼吸困难,右侧胸廓稍膨隆,右下肺语颤减弱,右下肺叩浊,呼吸音减弱至消失,心界向左移位,心右界叩不清,根据病史、症状及 X 线检查结果可初步诊断为胸腔积液。进一步可做结核菌素实验、B 超、胸腔积液检查有助病因诊断及病情程度判断。

二、疾病护理

(一) 护理评估

1. **健康史** ①胸膜炎:询问患者有无肺结核病史;有无肺癌、胸膜间皮瘤、淋巴瘤及胸外转移癌等肿瘤病史;有无系统性红斑狼疮、风湿病等免疫性疾病病史;有无肺梗死、胸部挫伤及食管破裂等病史。②胸腔积液:了解患者有无肺结核(特别是结核性胸膜炎)、胸膜肿瘤、心力衰竭、缩窄性心包炎、低蛋白血症、肝硬化、肾病综合征等病史。

2. **身体状况** 常见症状有呼吸困难、胸痛、咳嗽等。病因不同,症状各异。

(1) 结核性胸膜炎:多见于青年人,干性胸膜炎主要表现为胸痛,深吸气、咳嗽时加重,可闻及胸膜摩擦音;渗出性者全身结核中毒症状明显,胸痛减轻或消失,而随着渗液量的增多出现逐渐加重的呼吸困难,胸痛可缓解。

(2) 胸腔积液:临床症状的轻重取决于积液量和原发疾病。①呼吸困难:最常见,与积液量有关,积液量少于 300~500ml 时症状多不明显,当积液量超过 500ml 时出现胸闷和呼吸困难,并随积液量的增多而加重。②胸痛:多见于干性胸膜炎,常为单侧锐痛,可向肩、颈或腹部放射,深呼吸或咳嗽时加重,随着胸腔积液量的增多,胸痛逐渐减轻。③伴随症状:病因不同,伴随症状不同。结核性胸腔积液多见于青年人,常有发热、干咳;癌性胸腔积液多见于中老年患者,一般无发热,胸部隐痛,伴消瘦和呼吸道或原发部位肿瘤的症状;炎性积液多为渗出性,伴有咳嗽、咳痰、胸痛及发热;心力衰竭所致胸腔积液多为漏出液,常伴有心力衰竭的表现。

考点: 胸膜炎、胸腔积液的临床特点

(3)体征:少量积液时,体征不明显;中等至大量胸腔积液时气管、纵隔向健侧移位,患侧呼吸运动受限,肋间隙饱满,触觉语颤减弱或消失,积液区叩诊为浊音;积液增多时,两层胸膜隔开,胸痛可以缓解;干性胸膜炎可触及胸膜摩擦感,闻及胸膜摩擦音。

3. **心理-社会状况** 结核性胸膜炎患者因不能与亲友密切接触,多有悲观、多疑等情绪;癌性胸腔积液患者,因胸腔积液产生快、疗效差、预后不良,易产生烦躁、焦虑、恐惧甚至绝望等心理。

4. **辅助检查** ①X线检查:少量胸腔积液,患侧肋膈角变钝或消失;中等量积液,呈内低外高的弧形阴影;大量积液,整个患侧胸部呈致密阴影,气管和纵隔推向健侧;积液常遮盖肺内原发病灶。②超声检查:用于估计胸腔积液的量和深度,并协助胸腔穿刺术穿刺点的定位。③胸腔穿刺术及胸腔积液检查:可鉴别漏出液和渗出液,有助于病因诊断,并可作为一种治疗方法。④CT检查:肺部CT有助于病因诊断。

> **护考链接**
> 诊断渗出性胸膜炎下列哪项检查最有价值( ) A. 临床症状和体征 B. 胸部X线检查 C. 超声波检查 D. 胸部CT E. 胸腔穿刺液检查
> **点评:** 胸腔穿刺液检查可以明确胸腔积液的性质,所以答案为E。

(二)护理诊断与合作性问题

1. **气体交换受损** 与大量胸腔积液压迫肺组织使肺不能充分扩张、气体交换面积减少有关。
2. **营养失调:低于机体需要量** 与胸膜炎、胸腔积液引起过度消耗、食欲下降等有关。
3. **急性疼痛:胸痛** 与胸膜摩擦和胸腔穿刺有关。

> **情境2-9 护理诊断分析**
> 因患者有胸痛、咳嗽、呼吸困难,故存在下列主要护理诊断:气体交换受损(与大量胸水压迫肺组织使肺不能充分扩张、气体交换面积减少有关);营养失调:低于机体需要量(与胸膜炎、胸腔积液引起过度消耗、食欲下降等有关);急性疼痛:胸痛(与胸膜摩擦和胸腔穿刺有关)。

(三)护理措施

1. **一般护理** ①休息:大量胸腔积液致呼吸困难或发热者,应卧床休息。胸腔积液消失后继续休息2~3个月,避免过度劳累。取半卧位或患侧卧位,半卧位有利于呼吸,患侧卧位有利于缓解疼痛。待体温恢复正常,胸腔积液抽吸或吸收后,鼓励患者逐渐下床活动,以增加肺活量。②饮食护理:给予高热量、高蛋白、高维生素、易消化饮食。

2. **病情观察** 观察患者有无呼吸困难、胸痛及程度,注意咳嗽、发热等情况;监测动脉血气分析;胸腔穿刺抽液术后患者,应密切观察其呼吸、脉搏、血压的变化,并注意观察穿刺部位有无渗血或渗液。

3. **配合治疗护理** 呼吸困难时注意保持呼吸道通畅,吸氧,鼓励排痰;胸痛者协助采取患侧卧位,必要时用宽胶布固定胸壁,以减少胸廓活动度来给予减轻疼痛,或按医嘱给予止痛剂。胸腔积液抽吸后,根据病情鼓励患者下床活动,增加肺活量。

4. **心理护理** 有胸痛和呼吸困难的应稳定其情绪,与家属配合做好其心理护理,分散注意力避

免精神紧张,消除恐惧;对结核性胸膜炎患者,告知患者该病虽为慢性疾病,但坚持按医嘱用药可以治愈,消除沮丧、焦虑等情绪。对恶性肿瘤所致的胸腔积液,应多交谈,鼓励患者说出内心感受,帮助患者树立战胜疾病的信心。

> **情境2-9 护理工作过程**
>
> ◆ **入院护理工作过程**
>
> 入院护理工作过程:接诊患者—送患者到病床,嘱患者取半卧位—为患者戴腕带—通知医师、护工、膳食科—测体重及生命体征并记录—初步评估患者有无结核病史、胸膜感染、肿瘤、心力衰竭等病史,了解X线、超声检查等辅助检查结果—安慰患者—办理入院手续—遵医嘱给予治疗—填写住院护理评估单及护理表格—进行入院注意事项告之和安全教育。
>
> ◆ **住院护理工作过程**
>
> 加强巡视,观察生命体征、胸痛特点、伴随症状及胸腔积液情况、胸腔积液抽吸后的症状—执行医嘱—加强皮肤等部位基础护理—给予营养丰富、易消化食物,避免刺激性食物—心理护理、健康教育—填写护理记录单。
>
> ◆ **出院护理工作过程**
>
> 执行出院医嘱、撤销单据及卡片、整理出院病历、做好出院登记—征求患者意见和建议—出院宣教、指导患者合理饮食和活动指—协助备好出院所带药品,嘱按医嘱用药并注意药物不良反应,通知护工、膳食科—常规清洁床位—填写出院护理记录。

(四) 护理目标及评价

患者能了解引起呼吸困难及胸痛的原因;对本病的相关知识有所了解,能运用缓解疼痛的方法和技巧;使患者上腹部疼痛缓解或消失;能按医嘱正确服药并会观察药效和不良反应;无上消化道出血等并发症发生;紧张焦虑情绪消失,心理状态良好。

三、健 康 指 导

1. 向患者及家属解释病情,指出原发病治疗和对症治疗的重要性和必要性。
2. 指导患者合理安排休息与活动,避免过度劳累,向患者及家属讲解加强营养对疾病康复的重要性,嘱患者进食高热量、高蛋白及富含维生素的食物,促进组织修复,增强抵抗力。
3. 指导患者遵医嘱用药,介绍药物的剂量、用法及不良反应。对结核性胸膜炎患者,特别强调规律全程化疗的重要性,不可自行停药,嘱患者定期复查,防止复发。

> **小结**
>
> 胸膜炎是多种疾病引起的胸膜壁层和脏层的炎症,临床较常见的是结核性胸膜炎,常有肺结核病史,除有肺结核表现外,有胸痛或呼吸困难,结合病史和临床表现可诊断;胸腔积液是胸腔内液体异常积聚,多由结核性胸膜炎或肺癌引起,临床表现根据积液量的多少有程度不同的呼吸困难,通过胸水检查可明确病因。治疗以病因治疗为主。护理重点是做好胸腔积液穿刺检查术后的相关护理。

自 测 题

A₁型题

1. 胸腔积液最常见的表现是( )
   A. 胸痛　　　　　B. 呼吸困难
   C. 胸闷　　　　　D. 消瘦
   E. 发热
2. 少量胸腔积液可出现( )
   A. 患侧肋膈角变钝或消失
   B. 可见弧形积液影
   C. 患侧胸廓呈致密影
   D. 纵隔、气管向健侧移位
   E. 叩诊呈过清音
3. 感染性胸膜炎最常见的致病菌是( )
   A. 肺炎链球菌　　B. 溶血性链球菌
   C. 金黄色葡萄球菌　D. 结核杆菌

E. 绿脓杆菌

A₂型题

4. 王女士,40岁,曾患肺结核,半年前出现呼吸困难、胸痛、咳嗽,疑为结核性渗出性胸膜炎,胸腔穿刺抽液,下列哪项是错误的(　　)

A. 严格无菌操作
B. 抽液不宜过快、过多
C. 每周可以3次
D. 穿刺发生"胸膜反应"不影响继续抽液
E. 抽液后胸腔内可以不用药

第11节　慢性呼吸衰竭患者的护理

情境2-10

李某,男性,72岁,肺心病病史25年,活动后气促10年,加重3年,2周前因天热变凉开始咳嗽、咳痰,患者诉:"胸前区发闷、气不够用、全身没力气",双下肢水肿,行走气喘,多采取半卧位。今晨呼吸困难加重,神志恍惚,送来就诊。查体:T 38.4℃,P 110次/分,BP 130/86mmHg,R 36次/分,节律不整,颈静脉怒张,口唇发绀,肺底闻及湿啰音,肝肋下4cm。血气分析:PaO_2<45mmHg,$PaCO_2$>60mmHg。

一、疾病概要

(一)概述

呼吸衰竭(简称呼衰)是由各种原因引起的肺通气和(或)换气功能严重障碍,以致在静息状态下不能维持正常的气体交换而导致的缺氧伴(或不伴)二氧化碳(CO_2)潴留,并由此而产生一系列病理生理改变和相应临床表现的综合征。明确诊断有赖于动脉血气分析:在海平面、静息状态、标准大气压及呼吸空气条件下,动脉血氧分压(PaO_2)<60mmHg(8.0kPa)和(或不伴)二氧化碳分压($PaCO_2$)>50mmHg(6.7kPa),并排除心内解剖分流和原发于心排血量降低等因素所致的低氧血症,即可诊断。按照动脉血气分析分型可分为:

(1)Ⅰ型呼吸衰竭又称缺氧性呼吸衰竭,缺氧而无二氧化碳潴留,主要为换气功能障碍的疾病(通气/血流比例失调、弥散功能损害和肺动-静脉分流),如急性呼吸窘迫综合征(ARDS)。

(2)Ⅱ型呼吸衰竭又称高碳酸性呼吸衰竭,缺氧伴二氧化碳潴留,常是肺泡通气不足所致,如慢性阻塞性肺疾病(COPD)。

考点: 呼吸衰竭的诊断标准和Ⅰ、Ⅱ型呼吸衰竭的区别

按病程分为急性呼吸衰竭和慢性呼吸衰竭。本节介绍慢性呼吸衰竭。

(二)病因及发病机制

病因很多,包括气道阻塞性病变、肺组织病变、肺血管疾病、胸廓与胸膜病变,如COPD、重症哮喘、肺气肿、重症肺结核、肺水肿、肺栓塞、肺血管炎、胸外伤造成连枷胸、胸廓畸形、气胸、大量胸腔积液等引起气道阻塞和通气不足、肺泡有效弥散面积减少或伴有通气/血流比例失调而导致缺氧和CO_2潴留引起呼吸衰竭;神经肌肉疾病如脑血管病、颅脑外伤、镇静催眠类药物中毒,直接或间接抑制呼吸而致。其中COPD是最常见的病因,而呼吸道感染是最常见的诱发因素。

1. **气道阻塞性病变**　气管-支气管的炎症、痉挛、肿瘤、异物、纤维化瘢痕,如COPD、重症哮喘等引起气道阻塞和肺通气不足,或伴有通气/血流比例失调(图2-21),导致缺氧和CO_2潴留,

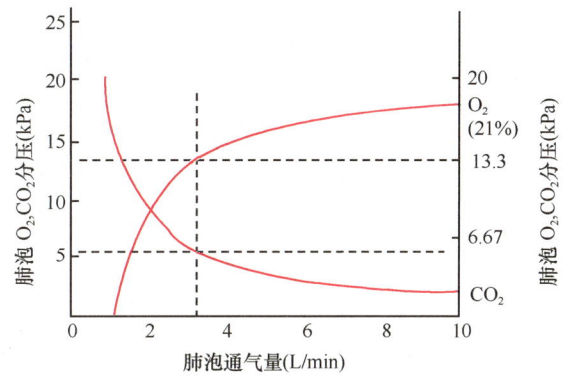

图2-21　肺泡氧分压和二氧化碳分压与肺泡通气量的关系

发生呼吸衰竭。

2. 肺组织病变　各种累及肺泡和（或）肺间质的病变，如肺炎、肺气肿、严重肺结核、弥漫性肺纤维化、肺水肿、硅沉着病等，均致肺泡减少、有效弥散面积减少、肺顺应性减低、通气/血流比例失调，导致缺氧或合并CO_2潴留。

3. 肺血管疾病　肺栓塞、肺血管炎等可引起通气/血流比例失调，或部分静脉血未经过氧合直接流入肺静脉，导致呼吸衰竭。

4. 胸廓与胸膜病变　胸部外伤造成连枷胸、严重的自发性或外伤性气胸、脊柱畸形、大量胸腔积液或伴有胸膜肥厚与粘连、强直性脊柱炎、类风湿性脊柱炎等，均可影响胸廓活动和肺脏扩张，造成通气减少及吸入气体分布不均，导致呼吸衰竭。

5. 神经肌肉疾病　脑血管疾病、颅脑外伤、脑炎及镇静催眠剂中毒，可直接或间接抑制呼吸中枢。脊髓颈段或高位胸段损伤（肿瘤或外伤）、脊髓灰质炎、多发性神经炎、重症肌无力、有机磷中毒、破伤风及严重的钾代谢紊乱，均可累及呼吸肌，造成呼吸肌无力、疲劳、麻痹，导致呼吸动力下降而引起肺通气不足。

（三）诊断及治疗要点

呼吸衰竭缺乏特异性临床表现，确诊要靠血气分析检查。治疗原则是在保持呼吸道通畅的条件下，迅速纠正缺氧、CO_2潴留和代谢紊乱，防治多器官功能损害，积极处理基础疾病，消除诱因，预防和治疗并发症。

考点： 呼吸衰竭的确诊依据

> **情境 2-10 诊断分析**
> 该患者既往有肺心病病史，有典型的缺氧症状，下肢水肿，呼吸困难，神志恍惚，颈静脉怒张，口唇发绀，肺底闻及湿啰音，肝大，结合血气分析：$PaO_2<45mmHg$，$PaCO_2>60mmHg$。可初步诊断为肺心病及Ⅱ型呼吸衰竭。

二、疾 病 护 理

（一）护理评估

1. 健康史　了解患者有无基础疾病如COPD、重症哮喘、肺气肿、重症肺结核等病史；有无呼吸道感染等诱因；了解生活环境和是否吸烟及烟量。

2. 身体状况

（1）症状：除原发病症状外，主要是缺氧和CO_2潴留引起的呼吸困难和多脏器功能受累的表现。①呼吸困难：是缺氧最早、最突出的症状，有呼吸频率、节律、深度的改变。表现为呼吸费力伴呼气延长，严重时呼吸浅快，点头或提肩呼吸，并发二氧化碳潴留时，出现浅慢呼吸或潮式呼吸，严重时会出现间歇样呼吸。②发绀：是缺氧的典型表现，尤其以口唇、指（趾）甲等处较为明显。贫血者可不明显或不出现，而红细胞增多者发绀更明显。③精神神经症状：轻度缺氧有注意力不集中、定向力减退，随缺氧加重逐渐出现烦躁、嗜睡，甚至昏迷。轻度CO_2潴留表现兴奋症状，如烦躁、多汗、昼睡夜醒等；中度CO_2潴留表现为皮肤温暖、红润多汗、球结膜充血水肿等外周血管扩张症状；严重时出现肌群抽搐、神志恍惚、昏迷等CO_2麻醉现象，称肺性脑病。④心血管系统症状：早期心率增快、血压升高、晚期心率减慢、血压下降、心律不齐等。⑤其他：严重呼衰对肝、肾功能和消化系统都有影响。如转氨酶升高，部分有黄疸；尿中有蛋白、红细胞和管型；部分可因应激性溃疡而出现上消化道出血。

考点： 呼吸衰竭的临床表现

第2章 呼吸系统疾病患者的护理

护考链接

呼吸衰竭的患者临床上出现最早的症状是( ) A. 胸部疼痛 B. 呼吸困难 C. 咯血 D. 发绀 E. 精神错乱

点评：呼吸衰竭是由各种原因引起的肺通气和(或)换气功能严重障碍，导致低氧血症伴或不伴高碳酸血症，缺氧最早、最突出的症状是呼吸困难，发绀是缺氧的典型表现。所以答案为 B 呼吸困难。

患者，男，76 岁。患慢性肺心病，近几天神志恍惚，白天嗜睡，夜间兴奋，今晨出现谵妄、肌肉抽搐、昏迷，抢救无效死亡。死亡的主要原因是( ) A. 呼吸衰竭 B. 心力衰竭 C. 肺性脑病 D. 呼吸性酸中毒 E. 上消化道出血

点评：轻度 CO_2 潴留表现兴奋症状(肺性脑病早期表现)如烦躁、多汗、昼睡夜醒等，严重时出现肌群抽搐、神志恍惚、昏迷等二氧化碳麻醉现象，轻度缺氧导致注意力不集中、定向力减退，随缺氧加重出现烦躁、嗜睡，甚至昏迷。所以答案为 C 肺性脑病。

（2）体征：外周体表静脉充盈、皮肤潮红、温暖多汗及球结膜充血水肿；血压早期升高，后期下降；心率多数增快；部分患者可出现视乳头水肿，瞳孔缩小，腱反射减弱或消失，锥体束征阳性等。

（3）心理-社会状况：由于受长期慢性基础疾病的折磨，特别是呼吸困难，患者常出现焦虑、恐惧、绝望等心理，加上病情突然加重，采用人工气道或机械通气时，患者出现情绪低落、精神错乱，甚至不配合治疗。部分患者过分依赖呼吸机，撤机时会对自主呼吸缺少信心。

（4）辅助检查：①动脉血气分析：可以确认呼吸衰竭，是呼吸衰竭分型最有意义。②血 pH 及电解质测定：主要异常有低氧血症、高碳酸血症、酸中毒、高钾血症等。$PaCO_2$ 增高>45mmHg，提示呼吸性酸中毒；减少<35 mmHg，提示呼吸性碱中毒（表 2-5）。

表 2-5 酸碱失衡的判断标准

$PaCO_2$ 增高>45mmHg 时	7.35≤pH≤7.45	代偿性呼吸性酸中毒
	pH<7.35	失代偿性呼吸性酸中毒
$PaCO_2$ 减少<3545mmHg 时	7.35≤pH≤7.45	代偿性呼吸性碱中毒
	pH>7.45	失代偿性呼吸性碱中毒

（二）护理诊断与合作性问题

1. 低效性呼吸型态　与肺通气不足、通气/血流比例失调、肺泡弥散障碍有关。
2. 清理呼吸道无效　与呼吸道分泌物多而黏稠、咳嗽无力、意识障碍或人工气道有关。
3. 焦虑　与呼吸困难、病情危重、死亡威胁等有关。
4. 营养失调：低于机体需要量　与食欲减退、久病消耗增多、人工气道有关。
5. 潜在并发症　消化道出血、感染等。

情境 2-10 护理诊断分析

因患者有呼吸困难，烦躁不安、神志恍惚、体温高、脉搏快、呼吸快、节律不整、口唇发绀，故存在下列主要护理诊断：低效性呼吸型态(与肺通气不足、通气/血流比例失调、肺泡弥散障碍有关)；清理呼吸道无效(与呼吸道分泌物多而黏稠有关)；焦虑(与病情危重、死亡威胁等有关)；潜在并发症(消化道出血、感染等)。

（三）护理措施

1. 一般护理　①休息：病室保持安静、空气新鲜、温湿度适宜。协助患者取舒适体位(半卧位或

坐位有利于改善呼吸状态),卧床休息,尽量减少活动。②饮食护理:给予高热量、高蛋白、富含维生素的易消化、少刺激性的流食或半流食,做好昏迷患者的饮食护理。

2. 病情观察　严密观察呼吸困难的程度、呼吸频率、节律和深度,并记录患者的生命体征、意识状态、皮肤黏膜色泽、尿量变化等,监测并记录出入量,并配合进行血气分析和血生化的监测;观察呕吐物和粪便性状,观察有无神志恍惚、烦躁、抽搐等肺性脑病表现。

3. 配合治疗护理　①氧疗:临床常用鼻导管、鼻塞、面罩、呼吸机给氧等。缺氧伴 CO_2 潴留者,可用鼻导管、鼻塞法给氧,不能使用面罩给氧;缺氧无 CO_2 潴留者,可用面罩给氧。氧疗指征:慢性呼吸衰竭患者 $PaO_2<60mmHg$ 是氧疗指征, $PaO_2<55mmHg$ 为必须氧疗的指征。氧疗原则:Ⅰ型呼吸衰竭给予较高浓度(35%~50%)或高浓度(>50%)氧气吸入(注意,长时间高浓度吸氧可引起氧中毒导致急性肺损伤和ARDS)。Ⅱ型呼吸衰竭,主要由COPD引起,应给予低流量(1~2L/min)、低浓度(25%~29%)持续给氧(因慢性呼吸衰竭时主要靠缺氧刺激化学感受器主动脉体和颈动脉窦维持呼吸)。疗效:给氧过程中若呼吸困难缓解、心率减慢、发绀减轻、尿量增多、神志清醒、皮肤转暖,提示氧疗有效;若呼吸过缓或意识障碍加深,要警惕 CO_2 潴留。②保持呼吸道通畅:气道通畅是改善呼吸功能的重要环节。做好咳嗽、咳痰的护理(见本章第一节)。建立人工气道,做好气管插管或气管切开的准备,当病情严重时配合医生建立人工气道,进行机械通气。做好人工气道和机械通气的常规护理,如保持气管切开伤口无菌,吸引器和呼吸器的消毒,以及密切观察呼吸机的工作状况和详细记录各项数据等。③用药护理:长期应用抗生素的患者,注意其有无"二重感染"。遵医嘱使用支气管舒张剂,在呼吸道通畅的情况下,遵医嘱使用呼吸兴奋剂,适当提高吸入氧流量及氧浓度,静脉输液速度不宜过快,可出现恶心、呕吐、烦躁、面色潮红及皮肤瘙痒等,提示呼吸兴奋剂过量,需减量或停用。对烦躁不安、夜间失眠的患者禁用麻醉剂、慎用镇静剂,防止引起呼吸抑制。

考点:氧疗的原则

护考链接

机体动脉血氧分压低于多少是用氧的指标(　　)　A. 60mmHg　B. 60mPa　C. 60kPa　D. 6.0kPa　E. 0.6kPa

点评:通常 $PaO_2<60mmHg$ 为氧疗指标。但对主要依赖低氧作为兴奋呼吸中枢的低氧血症伴高碳酸血症的患者,其氧疗指标控件相对严格,在 $PaO_2<55mmHg$ 时才开始,以免因解除低氧性呼吸驱动而发生抑制呼吸中枢的危险。所以答案为 A 60mmHg。

某呼吸衰竭患者,应用辅助呼吸和呼吸兴奋剂过程中,出现恶心、呕吐、烦躁、面颊潮红、肌肉颤动等现象应考虑(　　)　A. 肺性脑病先兆　B. 通气量不足　C. 呼吸兴奋剂过量　D. 呼吸性碱中毒　E. 痰液阻塞

点评:恶心、呕吐、烦躁、面颊潮红、肌肉颤动等是呼吸兴奋剂过量的典型表现;通气不足、痰液阻塞可诱发肺性脑病;呼吸性碱中毒是由于过度换气所致,主要表现是呼吸深快或不规则,并伴有意识障碍;肺性脑病表现为皮肤温暖、红润多汗,所以答案为 C 呼吸兴奋剂过量。

4. 心理护理　多了解和关心患者的心理状况,尤其是使用呼吸机者,要学会与其进行语言或非语言交流以安慰患者情绪,指导并协助患者分散注意力,缓解其紧张和焦虑。

(四) 护理目标及评价

患者呼吸困难缓解,血气分析指标得到改善;痰能顺利咳出,气道通畅;焦虑减轻;营养改善;无并发症发生。能按医嘱正确氧疗并会观察药效和不良反应;意识能恢复。

情境 2-10 护理工作过程

◆ **入院护理工作过程**

接诊患者—送患者到病床,嘱患者取半卧位,吸氧—为患者戴腕带—通知医师、护工、膳食科—测体重及生命体征并记录—初步评估患者有无阻塞性肺部疾病、有无呼吸道感染、高浓度吸氧、手术、外伤等诱因,了解发作情况—安慰患者—办理入院手续—遵医嘱给予治疗—填写住院护理评估单及护理表格—进行入院注意事项告之和安全教育。

◆ **住院护理工作过程**

加强巡视,观察生命体征、呼吸困难的程度、呼吸频率、节律和深度,观察发绀的情况、血气分析等—执行医嘱—加强氧疗的护理—给予营养丰富、易消化食物,避免刺激性食物—心理护理、健康教育—填写护理记录单。

◆ **出院护理工作过程**

执行出院医嘱、撤销单据及卡片、整理出院病历、做好出院登记—征求患者意见和建议—出院宣教、指导患者合理饮食和活动指—协助备好出院所带药品,嘱按医嘱用药并注意药物不良反应,特别加强呼吸功能锻炼,慎用避免吸入刺激性气体、戒烟等—通知护工、膳食科—常规清洁床位—填写出院护理记录。

三、健康指导

(1) 向患者及家属介绍慢性呼衰发生、发展和病情恶化的原因、诱因;向患者说明积极治疗基础疾病和避免诱因可延缓呼吸功能恶化的进程;强调防治呼吸道感染的重要性,鼓励患者进行耐寒锻炼(如冷水洗脸)和呼吸功能锻炼(膈式呼吸法、缩唇呼吸法),以增强抗病能力、改善呼吸功能。

(2) 指导患者保持规律生活,多食高热量、高蛋白、富含多种维生素、易消化的、少刺激的流质或半流质饮食,加强营养,注意休息;劝告吸烟者戒烟。

(3) 指导患者及家属遵医嘱正确用药,了解药物的用法、用量及注意事项,不良反应。强调家庭氧疗的重要性并指导学会氧疗的方法和注意事项;指导患者及家属观察病情变化,出现异常立即就诊。

小结

呼吸衰竭是由慢性阻塞性肺疾病引起的肺通气和(或)换气功能严重障碍,导致缺氧和(或)CO_2潴留,从而引起一系列病理、生理改变和相应临床表现的综合征。呼吸衰竭属临床急危重症,缺乏特异性表现,明确诊断主要依赖动脉血气分析:$PaO_2 < 60mmHg$ 和(或不伴)$PaCO_2 > 50mmHg(6.7kPa)$。治疗、护理主要是氧疗,以迅速纠正缺氧、CO_2潴留和代谢紊乱,防治多器官功能损害。

自测题

A₁型题

1. 缺氧的典型表现是( )
   A. 呼吸困难　　　　B. 发绀
   C. 意识障碍　　　　D. 肺功能下降
   E. 球结膜水肿

2. 慢性呼吸衰竭最常见的病因是( )
   A. COPD　　　　　B. 呼吸道感染
   C. 肺结核　　　　　D. 肺肿瘤
   E. 胸廓畸形

A₂型题

3. 患者,男性,74岁,呼吸衰竭进行氧疗,发现呼吸困难缓解、发绀减轻、心率减慢、尿量增多。提示( )
   A. 需加用呼吸兴奋剂　B. 缺氧伴 CO_2 潴留
   C. 氧浓度过低　　　　D. 缺氧不伴 CO_2 潴留
   E. 氧疗有效,继续维持原方案

4. 患者,女,78岁,慢性咳嗽、咳痰20余年,近5年来活动后气急,1周前感冒后痰多,起急加剧,近2天嗜睡。化验:WBC $18.6 \times 10^9/L$,中性粒细胞 0.9,动脉血 pH 7.29,PaO_2 48mmHg,$PaCO_2$ 80mmHg。问该患者最可能的诊断是( )
   A. Ⅰ型呼吸衰竭　　B. Ⅱ型呼吸衰竭
   C. 呼吸窘迫综合征　D. 支气管哮喘急性发作
   E. 脑血管意外

A₃型题

(5~7题共用题干)

患者,女,78岁,慢性咳嗽、咳痰20余年,近5年来活动后气急,1周前感冒后痰多,起急加剧,近2天嗜睡。化验:WBC $18.6 \times 10^9/L$,中性粒细胞 0.9,动脉血 pH 7.29,PaO_2 48mmHg,$PaCO_2$ 80mmHg。诊断:Ⅱ型呼吸衰竭。

5. 该患者氧疗原则是（　　）
   A. 间断高流量、高浓度吸氧
   B. 持续高流量、高浓度吸氧
   C. 持续低流量、低浓度吸氧
   D. 氧浓度可高可低
   E. 以上都不正确
6. 如患者出现头痛、头胀、神志恍惚、烦躁谵语，应考虑（　　）
   A. 呼吸性酸中毒　　B. 肺性脑病
   C. 窒息先兆　　D. 休克早期
   E. 脑疝出现
7. 若经药物治疗无效，患者自主呼吸停止，应立即给予（　　）
   A. 气管切开进行机械通气
   B. 气管插管进行机械通气
   C. 清理呼吸道
   D. 高浓度吸氧
   E. 胸外心脏按压

（杨新芳）

实践1　胸腔穿刺术的配合操作技术

【目的和要求】

1. 了解胸腔穿刺术的方法及呼吸机的使用。
2. 掌握胸腔穿刺术及使用呼吸机患者的护理。

【内容】

胸腔穿刺术是针对胸膜腔内积液或积气患者实施的手术，它包括诊断性和治疗性胸腔穿刺术两种。

【适应证】

1. 胸腔积液性质不明者，抽取积液检查，协助病因诊断。
2. 胸腔内大量积液或积气，以缓解压迫症状，避免胸膜粘连增厚。
3. 胸腔内注入药物，辅助治疗。

【禁忌证】

出血性疾病及病情危重、体质虚弱、不能耐受操作者。

【操作前准备】

1. 患者准备　向患者及家属说明穿刺的目的、操作步骤及术中注意事项，消除顾虑；对精神紧张者，必要时可予镇静止痛；并与患者签署知情同意书；告知患者在操作过程中保持穿刺体位，不要随意活动，尽量不要咳嗽或深呼吸，以免损伤胸膜或肺组织；做好普鲁卡因皮肤过敏试验，并将结果记录于病历上。

2. 环境准备　环境安静、整洁、温度及湿度适宜。

3. 用物准备　胸腔穿刺包物品（包括带乳胶管胸腔穿刺针、小镊子、血管钳、纱布、孔巾、无菌手套、胶布、弯盘、盛器、无菌试管、棉签）、0.5%碘伏（或2% 碘酊、75%乙醇）、5ml和50ml注射器、2%利多卡因、0.1%肾上腺素等、急救药品和器械。

【操作过程与护理配合】

1. 安置体位　协助患者反坐于靠背椅上，两前臂平置于椅背上缘，前额伏于前臂上；或取坐位，用床旁桌支托；不能下床者可取平卧位，患侧前臂上举抱于枕部。气胸患者取直坐位在靠背坐椅上，臂自然伸展，双手扶在椅面上，严重者亦可取平卧或半卧位。

2. 确定穿刺点　穿刺点取在叩诊实音部位，结合X线、超声检查结果确定。一般胸腔积液的穿刺点在肩胛下角第7~9肋间隙，腋中线第6~7肋间隙；气胸患者取患侧锁骨中线第2肋间隙或腋前线第4~5肋间隙（图2-22）。

考点：胸腔穿刺术的部位

3. 常规消毒皮肤　局部麻醉。

4. 穿刺　术者以左手示指、拇指固定穿刺部位皮肤，右手持穿刺针（针栓接有胶管并用血管钳夹紧）在局麻部位沿肋骨上缘缓慢刺入胸腔。

5. 抽液、排气或胸腔内注药　术者将注射器与胶管连接后,护士松开血管钳并协助固定穿刺针,术者抽液,待抽满后护士夹紧胶管,术者取下注射器排液,以防气体进入胸腔;若使用三通活塞,术者接上抽液注射器,转动三通活塞,使注射器与胸腔相通,并进行抽吸,抽液时护士用血管钳固定针头,液体抽满后,再转动三通活塞,使注射器与外界相通,排出注射器内液体完毕后,如治疗需要可注射药物。

6. 拔针　术毕拔出穿刺针,覆盖无菌纱布,护士协助用胶布固定。

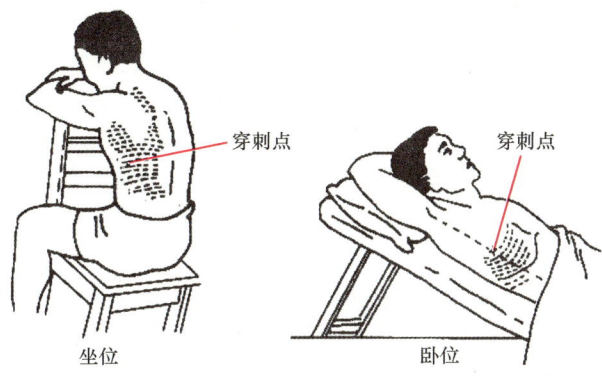

图 2-22　胸腔穿刺时体位及穿刺点

7. 术中观察　术中密切观察病情,如出现头晕、面色苍白、出冷汗、心悸、胸闷、胸部剧痛及刺激性咳嗽等情况,提示患者可能出现"胸膜反应",应立即停止抽液,使患者平卧,观察血压变化,防止休克。必要时,按医嘱皮下注射 0.1% 肾上腺素 0.5ml。

【操作后护理】

1. 记录、送检标本　观察和记录抽出液体的量、颜色、性状,按需要留取标本并及时送检。

2. 术后观察　嘱患者平卧或半卧位休息,注意观察呼吸、脉搏及血压等情况,及时发现并发症,如血胸、气胸及肺水肿等。观察穿刺部位有无渗血或液体流出。

3. 胸腔内注药护理　术中注射药物者,嘱患者稍作活动,使药液在胸腔内混匀,并观察患者对注入药物的反应。

4. 术后嘱患者静卧　24 小时后方可洗澡,以免穿刺部位感染;鼓励深呼吸,促进肺膨胀。

5. 现场急救　如遇大量胸腔积液或张力性气胸造成呼吸、循环功能障碍等危急情况,为抢救患者生命,应立即现场实施胸腔穿刺抽液或排气以迅速解除胸腔内正压避免发生严重并发症。如无其他抽液、抽气设备时,可用粗针头迅速刺入胸膜腔以达到暂时减压目的;亦可用粗注射针头,在其尾部扎上剪有小孔口的橡皮指套、柔软塑料袋、气球或避孕套等,插入胸腔做临时排气的现场紧急处置,为此后再进一步全面救治赢得宝贵时间。

【注意事项】

严格执行无菌操作,避免继发感染。

穿刺进针时必须沿肋骨上缘垂直进针,以免损伤动脉和神经。避免在第 9 肋间以下穿刺,以防止穿透膈肌损伤腹腔脏器。

每次抽液、抽气不宜过快、过多,防止胸腔内压骤降发生肺水肿或循环障碍。诊断性抽液 50~100ml 即可;减压抽液,首次不超过 600ml,以后每次不超过 1000ml;诊断性抽气可进行胸腔测压,以辨别气胸类型;减压抽气一次不宜超过 1000ml;如抽出液为脓性胸腔积液,则每次应当尽量抽尽。

实践 2　呼吸机的操作及机械通气患者的气道护理

一、呼吸机使用

呼吸机是一种能代替、控制或改变人的正常生理呼吸,增加肺通气量,改善呼吸功能,减轻呼吸功消耗,节约心脏储备能力的装置。

呼吸机须具备四个基本功能,即向肺充气、吸气向呼气转换,排出肺泡气以及呼气向吸气转换,依次循环往复。因此必须有:①能提供输送气体的动力,代替人体呼吸肌的工作;②能产生一定的呼吸节律,包括呼吸频率和吸呼比,以代替人体呼吸中枢神经支配呼吸节律的功能;③能提供合适的潮气量(TV)或分钟通气量(MV),以满足呼吸代谢的需要;④供给的气体最好经过加温和湿化,代替人体鼻腔功能,并能供给高于大气中所含的 O_2 量,以提高吸入 O_2 浓度,改善氧合。

呼吸机的基本原理：自主通气时吸气动作产生胸腔负压，肺被动扩张出现肺泡和气道负压，从而构成了气道口与肺泡之间的压力差而完成吸气；吸气后胸廓及肺弹性回缩，产生相反的压力差完成呼气。因此，正常呼吸是由于机体通过呼吸动作产生肺泡与气道口"主动性负压力差"而完成吸气，吸气后的胸廓及肺弹性回缩产生肺泡与气道口被动性正压力差而呼气，以满足生理通气的需要。而呼吸机通气是由体外机械驱动使气道口和肺泡产生正压力差，而呼气是在撤去体外机械驱动压后胸廓及肺弹性回缩产生肺泡与气道口被动性正压力差而呼气，即呼吸周期均存在"被动性正压力差"而完成呼吸。

【适应证】

严重的通气不良或换气障碍；神经肌肉麻痹；心脏手术后；颅内压增高；新生儿破伤风使用大剂量镇静剂需呼吸支持时；窒息、任何原因引起的呼吸心搏骤停进行心肺复苏时。

【禁忌证】

无绝对禁忌证。伴有肺大泡的呼吸衰竭、气胸、低血容量性休克、急性心肌梗死等疾病。

【操作前准备】

1. 患者准备　向患者及家属解释呼吸机使用的重要性、操作过程和注意事项，缓解其焦虑情绪；协助医生建立人工气道。

2. 环境准备　环境安静、整洁、温、湿度适宜。

3. 用物准备　呼吸机及机械通气用物。

【方法与操作过程】

1. 方法　观看多媒体、录像演示，实践。

2. 过程　安置体位→连接呼吸机各部件→湿化器准备→减压表与氧气及呼吸机相连接→打开氧气开关，调节减压表压力→打开空压机、呼吸机、湿化器开关→连接模拟肺→设置通气方式、呼吸参数及报警界限→调试呼吸机→取下模拟肺→呼吸机与人工气道连接→监测病情及呼吸机运行情况→定时湿化、排痰，做好气道护理→记录参数、时间、效果及患者反应→撤机并做好撤机前护理。

【操作后护理】

做好患者监护；监测呼吸机参数与功能；做好气道护理。

二、机械通气患者的气道护理

1. 气管切开护理

（1）术前向患者及家属说明气管切开的目的和操作过程，强调气管切开后有暂时失音情况，使患者有思想准备、消除顾虑。

（2）术中患者取仰头卧位，肩背垫高，头部固定，准备气管切开的全套用具，配合医生进行操作，并密切观察患者的呼吸与全身情况。

（3）术后取平卧位，气管套管固定带辅扎适宜，嘱患者手术当天不宜更换体位，以免发生脱管或套管角度变化太大损伤气管内壁，术后24小时内注意气管切口有无出血。

（4）保持气管套管外周清洁；每天用生理盐水清洁伤口，周围皮肤用75%乙醇消毒并更换敷料，气管内套管每隔4~6小时取出清洁、消毒后再插入，外套管7~10天更换一次。

（5）套管气囊内适量充气，以免使用呼吸机时漏气，并防止咽喉部分泌物流入气道造成阻塞，每隔2~3小时放气一次，每次5~10分钟，放气前先吸净积聚在咽喉部的分泌物。

（6）加强湿化气道和吸痰，每日湿化液总量为250~500ml，3~5ml/次，30~60分钟一次，患者吸气时缓慢注入。吸痰时严格遵守无菌操作，动作要轻柔迅速，每次吸痰不超过15秒，吸引负压不得超过6.67kPa，以免损伤气道黏膜。

2. 经鼻插管护理　监测患者的生命体征和缺氧情况，注意有无心率失常和误吸发生；插管过程中如分泌物多影响插管和通气时，应及时协助吸引；气管插管后确认导管在隆突上1~2cm，固定插管，清除气道内分泌物，接上呼吸机开始通气；做好相关资料的记录。

（杨新芳）

第 3 章 循环系统疾病患者的护理

随着人民生活水平的提高、人口老龄化及饮食结构的改变,我国循环系统疾病的发病率和死亡率不断升高,已成为我国城乡居民主要的死亡原因。在我国,每15秒就有一个人死于心、脑血管疾病,而每22秒就有一个人因为心、脑血管疾病致残。循环系统疾病大多病程冗长,变化迅速,病情危重,因此对护理工作提出了较高的要求。

第 1 节 概 述

一、循环系统的结构功能与疾病的关系

循环系统由心脏、血管和调节血液循环的神经体液组成。其主要功能是通过血液循环将氧、激素和各种营养物质运输给全身组织器官并带走代谢产物,以维持人体正常的新陈代谢。此外,循环系统还具有内分泌功能,如心肌细胞和血管内皮细胞能分泌心房钠尿肽、内皮素、内皮舒张因子等活性物质。循环系统疾病也称心血管病,包括心脏和血管疾病,病因包括动脉粥样硬化、感染、风湿热、先天发育异常、肺及胸腔疾病、内分泌代谢功能异常、自主神经功能失调和理化因素等,有时受心理、社会和环境因素的影响(图3-1)。

二、循环系统疾病患者常见症状体征的护理

心源性呼吸困难

心源性呼吸困难是由各种心血管疾病引起的,表现为患者呼吸时自觉空气不足、呼吸费力,并伴呼吸频率加快,鼻翼扇动等,严重时可出现皮肤黏膜发绀和端坐呼吸。心源性呼吸困难按其严重程度可表现为以下几种形式:劳力性呼吸困难、夜间阵发性呼吸困难、端坐呼吸。

(一)护理评估

1. 健康史 心源性呼吸困难应从起病原因、诱发因素,起病的缓急、与活动和体位的关系及其严重程度等方面进行评估。

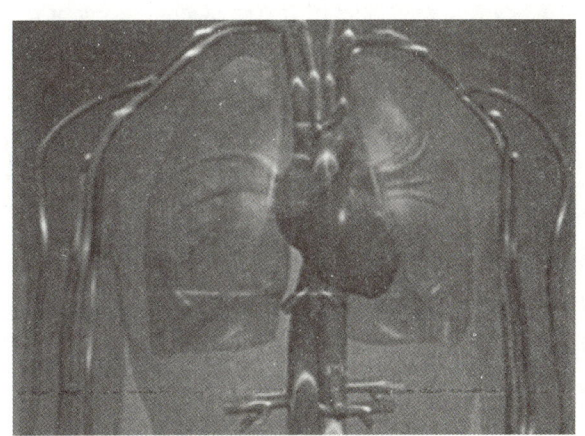

图 3-1 循环系统解剖图

2. 身体状况

(1)劳力性呼吸困难:是左心衰竭的早期表现,其呼吸困难程度常随活动强度的加大而加重。因为运动时回心血量增加,增加左心的负担,加重肺淤血情况,因此劳力性呼吸困难常在体力活动时出现或加重,休息后能缓解或消失。

(2)夜间阵发性呼吸困难:是左心衰竭的典型表现。由于平卧时回心血量增加,肺血流量增加,加上夜间迷走神经兴奋性增加,小支气管收缩,所以患者常于睡眠中突然出现胸闷、气急而憋醒,被迫坐起,呼吸深快,采用端坐位休息后可自行缓解。重者可有哮鸣音,故也称为"心源性哮喘"。

（3）端坐呼吸：当左心衰竭发展到晚期，患者平卧位时也会出现呼吸困难，常被迫采取端坐位，以改善呼吸困难。

> **链接：呼吸困难**
>
> 呼吸困难不是心脏病所特有的，其他疾病也可引起呼吸困难，如：①肺部疾病、贫血及去适应作用（长期失重后心血管功能的一种改变）也可以导致劳力性呼吸困难；②端坐呼吸是慢性阻塞性肺疾病的常见症状；③肺部疾病的患者也常出现静息性呼吸困难；④夜间阵发性呼吸困难是提示心脏疾病的一种较为特异性的症状，因为其他疾病很少出现这种症状。

评估时可根据患者的一般状态如呼吸、脉搏、血压、面容表情、营养状况、体位、皮肤黏膜等进行评估；同时注意患者有无颈静脉怒张、有无肺部湿啰音或哮鸣音；注意患者的心率、心律、心音、杂音及心脏的大小。评估患者有无因呼吸困难引起的恐惧，有无因活动受限产生紧张、焦虑或因久治不愈而产生绝望的心理。

3. 辅助检查　动脉血气分析可协助评估患者缺氧的程度和酸碱平衡失调的状况；胸部X线检查可了解心脏病变和肺淤血、肺水肿的情况。

（二）护理诊断及合作性问题

1. 气体交换受损　与肺淤血、肺水肿或体循环淤血有关。
2. 活动无耐力　与氧的供需失调有关。

（三）护理措施

1. 一般护理　保持病室安静、整洁，根据病情安排卧位，酌情抬高床头。急性肺水肿时取端坐位，使膈肌下降，增强肺通气量；同时两腿下垂，减少静脉回心血量，缓解呼吸困难。指导患者进食低盐、高蛋白、易消化的饮食，少食多餐，保持大便通畅。

2. 病情观察　观察并记录呼吸的频率、节律及深度的变化，咳嗽、咳痰及肺部啰音等情况，监测动脉血气分析，有变化及时通知医生，备好药物及仪器设备，配合抢救。

3. 配合治疗护理　遵医嘱吸氧，氧流量一般为2~4L/min，慢性肺源性心脏病患者宜1~2L/min，经鼻导管吸入。急性左心衰竭时应高流量鼻导管给氧或以面罩加压给氧。遵医嘱给予强心、利尿、扩血管、解痉平喘等药物，严格控制滴数和输液量，一般应控制在每分钟40滴以下，以防加重肺淤血，同时观察药物疗效及不良反应。

（四）护理目标及评价

能维持在良好的气体交换状态，呼吸困难明显改善或消失。评价经实施护理措施，是否达到以上护理目标。

心源性水肿

心源性水肿是指因于心功能不全引起有效循环血量不足，肾血流量减少，导致肾小球滤过率降低，继发性醛固酮增多，从而引起水钠潴留、体静脉压和毛细血管静水压升高、组织液回吸收减少而出现的机体组织间隙液体积聚过多。

（一）护理评估

1. 健康史　最常见的病因是右心衰竭或全心衰竭，也可见于渗出性或缩窄性心包炎。钠、水摄入过多是常见的诱因。

2. 身体状况　心源性水肿发展缓慢，首先出现于身体的下垂部位，如足踝部、胫骨前，长期卧床者常局限于腰骶部；严重者可发生全身性水肿，甚至出现胸水和腹水等；水肿呈对称性、凹陷性，常于活动后出现或加重。心源性水肿常伴有右心衰竭或全身衰竭的症状和体征，评估时可从水肿的部位、程度、皮肤完整性、体重、腹围、颈静脉充盈程度、肝脏大小等方面进行评估，还须注意摄钠量、饮水量、尿量及近期体重的变化。短期内体重增加是水肿的可靠指标,若出现足踝部和腰骶部水肿则表明,体内液体潴留已达到4~5L。

> **链接:如何增加水肿患者的静脉穿刺成功率**
> 　　水肿患者可沿着肢体静脉的解剖位置,先用手指按压局部,摸清静脉走向,用拇指顺着血管的走向将血管上方及两旁的组织间液暂时推开,使血管形态显露后在液体重新聚集前消毒并进针,注意动作要快、准、稳,这样才能增加静脉穿刺的成功率。

3. 辅助检查　可有血液稀释、低蛋白血症及电解质紊乱等。

(二) 护理诊断及合作性问题

1. 体液过多　与体循环淤血有关。
2. 有皮肤完整性受损的危险　与水肿所致组织营养不良有关。

(三) 护理措施

1. 一般护理

(1) 休息与体位:患者应卧床休息,因休息可增加肾血流量,提高肾小球滤过率,使尿量增加,从而减轻水肿;休息时可抬高下肢,以利静脉回流,消除下肢水肿。如果伴胸腔积液或腹水者宜取半卧位,以缓解呼吸困难。

(2) 饮食护理:给予低盐、低热量、清淡易消化饮食,严重水肿且利尿剂疗效不佳时,需控制每日进液量,每日进液量为前一天尿量加500ml左右。

(3) 皮肤护理:水肿肢体的皮肤容易破损,故住院患者有条件者可使用气垫床,协助患者翻身,每2小时一次,翻身时避免拖、拉、推等动作,防止擦伤皮肤。保持床褥、内衣柔软、平整、干燥,骶、踝、足跟等处经常按摩;保持皮肤黏膜干净,防止感染和外伤;用热水袋时水温不宜太高,防止烫伤;肌内注射时应严密消毒后做深部注射,拔针后用无菌棉球按压以免药液外渗,如有外渗,局部用无菌纱布包裹,防止继发感染;会阴部水肿者保持皮肤清洁、干燥,男性患者卧床休息时可用垫托法或胶片手套法托阴囊部。

2. 病情观察　观察和判断水肿的部位、范围。用手指按压水肿部位5秒后放开,观察凹陷平复的速度以判断水肿程度、范围;定期测量体重、腹围,详细记录尿量、24小时液体出入量、体重、腹围以判断水肿的消长变化。

3. 配合治疗护理　遵医嘱用药,应用强心剂、利尿剂,观察、记录疗效和不良反应;遵医嘱定期监测血电解质变化。

4. 心理护理　向患者及其家属介绍水肿的病因和诱因,安抚患者情绪,鼓励患者积极配合治疗。告知患者水肿消退后,形体可恢复正常,以减轻其焦虑和烦躁不安心理。

(四) 护理目标及评价

水肿慢慢减轻或消退。皮肤完整,无红肿、破损、压疮等发生。评价经实施护理措施,是否达到以上护理目标。

心　悸

心悸是一种自觉心跳或心慌的不适感。

(一) 护理评估

1. 健康史　询问患者既往有无心脏方面疾病、贫血和甲状腺功能亢进症等病史,评估心悸出现时有无诱因,如情绪激动、吸烟、饮酒、饮浓茶、咖啡或使用氨茶碱及肾上腺素等药物,评估心悸对日常生活、工作的影响程度。

2. 身体状况　心悸时，心率可快可慢，一般无危险性，但严重心率失常所致者可发生猝死。初发、敏感者、安静或注意力集中时，心悸通常较为明显。

3. 辅助检查　心电图可确定有无心律失常。

（二）护理诊断及合作性问题

活动无耐力　与心悸发作时心前区不适、胸闷有关。

（三）护理措施

1. 一般护理　有心悸时应适当休息，以缓解症状；若为严重心律失常的患者应绝对卧床休息，避免左侧卧位；保持环境安静，温湿度适宜，以免过度寒冷诱发心悸。指导患者少量多餐，避免过饱及饮浓茶、酒、咖啡，戒烟。

2. 病情观察　密切观察心率与心律变化，必要时做心电图检查及心电监护，备好电复律等抢救仪器和设备，做好起搏、消融术等治疗前的准备，发现严重心律失常或晕厥、抽搐时，立即通知医生，配合抢救。

3. 配合治疗护理　遵医嘱应用抗心律失常药物，观察药物疗效及不良反应；出现睡眠障碍者遵医嘱给予少量镇静剂。

4. 心理护理　向患者解释心悸的一般病因及诱因，说明心悸的严重程度不一定与病情严重程度成正比，以减轻患者的焦虑不安；安抚患者，避免情绪激动和紧张、焦虑等，因为紧张、焦虑有时可加重心悸。

（四）护理目标及评价

心悸感减轻或消失，心率和心律恢复正常，患者情绪稳定。评价经实施护理措施，是否达到以上护理目标。

心前区疼痛

心前区疼痛是指各种病因导致支配心脏、主动脉的交感神经及肋间神经受到刺激而出现的心前区或胸骨后疼痛感。常见于心绞痛、急性心肌梗死、急性心包炎、急性胸膜炎及心血管神经官能症等，其中以心绞痛和急性心肌梗死最常见。

> **链接：多种病因可引起胸痛**
>
> 　　心前区疼痛不仅是心脏病变引起的，也可能由其他疾病产生，如胸腔内的非心脏结构的病变-动脉、气管、胸膜、食管、膈肌、胸壁肌肉，有时可来源于腹部组织器官的病变。

（一）护理评估

1. 健康史　评估心前区疼痛时注意疼痛是首发还是复发，疼痛的部位、性质、严重程度、持续时间、诱因、缓解方式等。

2. 身体状况　不同疾病引起的心前区疼痛的特点是一样的，如典型的心绞痛呈阵发性压榨样痛，位于胸骨后，体力活动或情绪激动时出现，舌下含服硝酸甘油后能缓解；急性心肌梗死则为持续性剧痛，伴濒死感，无明显诱因时出现，舌下含服硝酸甘油不能缓解；急性心包炎引起的疼痛常因呼吸或咳嗽而加剧；主动脉夹层患者出现胸骨后撕裂样剧痛等。

3. 辅助检查　心电图、超声心动图、X线检查可协助判断疼痛的原因。

（二）护理诊断及合作性问题

疼痛心前区疼痛与冠状动脉供血不足导致心肌缺血、缺氧，炎症累及心包、胸膜有关。

（三）护理措施

1. 一般护理　指导患者疼痛发作时立即停止活动，卧床休息，取舒适体位，必要时遵医嘱给予吸氧；解释心前区疼痛的原因和诱因，安抚患者，指导深呼吸、全身肌肉放松以缓解疼痛；遵医嘱给予镇痛药、镇静药和病因治疗。

2. 病情观察　密切观察疼痛发作的特点及规律,监测血压、呼吸的变化,观察胸痛时心率与心电图变化。

3. 配合治疗护理　应用硝酸酯类、吗啡、溶栓剂、复方丹参、β-受体阻滞剂、钙拮抗剂等解除疼痛,必要时吸氧,改善心肌供血;监测药物疗效及反应,若疼痛不缓解应通知医生,缓解后继续给药或非药物疗法,改善心肌供血,减少疼痛的发作。

（四）护理目标及评价

心前区疼痛减少或消失。评价经实施护理措施后,是否达到以上护理目标。

心源性晕厥

心源性晕厥是由于心脏疾病导致一过性广泛性脑组织缺血、缺氧而出现短暂、突然的可逆性意识丧失状态。阿-斯综合征又称心源性脑缺血综合征,指突然发作的严重的、致命性的缓慢性和快速性心律失常,引起心排出量在短时间内骤减,产生严重脑缺血、意识丧失、晕厥和抽搐等症状。

（一）护理评估

1. 健康史　询问患者有无引起晕厥的病因存在,如主动脉瓣狭窄、急性心肌梗死、心脏压塞等,有无疼痛、直立性低血压等病史;询问患者晕厥的发作次数、历时长短、缓解方式及晕厥与姿势或活动的关系等。

> **链接：晕厥的病因**
>
> 晕厥不是循环系统的特异性症状,有时可由原发性中枢神经系统疾病、代谢性疾病、脱水或内耳疾病等引起。较少见的还可能由过度通气或低血糖导致晕厥。反复发作的晕厥是病情严重和危险的征兆。晕厥和近乎晕厥的家族史,多见于肥厚型心肌病或长 QT 综合征的患者。

2. 身体状况　评估晕厥时有无血压下降、心率与心律、心音的改变及抽搐、等,评估每次晕厥发作的持续时间及缓解方式。心源性晕厥多在用力活动、奔跑时发生短暂的意识丧失,1~2 分钟内可恢复;若脑血流中断 2~4 秒患者可出现眼前黑矇;若脑血流中断 5~10 秒则可出现意识丧失;超过 15 秒除意识丧失外,可伴四肢抽搐,则成为阿-斯综合征。

3. 辅助检查　心电图、超声心动图、动态心电图等检查有助于心律失常的诊断。

（二）护理诊断及合作性问题

有受伤的危险　与意识丧失引起跌倒损伤有关。

（三）护理措施

1. 一般护理　指导患者卧床休息或适当活动,但要避免剧烈活动和情绪激动,若出现晕厥先兆如头晕、黑矇、心悸、出冷汗等应立即下蹲或平卧,防止摔伤。向患者及家属解释晕厥的原因及预防方法,消除患者的恐惧、焦虑心理。

2. 配合治疗护理　遵医嘱给予抗心律失常药物;配合医生做好心脏起搏、电复律及消融术、左房黏液瘤、主动脉瓣狭窄手术的术前准备和术后护理。

（四）护理目标及评价

心源性晕厥发作次数减少或消失,发作时未出现受伤或受伤时能准确处理。评价经实施护理措施后是否达到以上护理目标。

考点： 常见症状和体征的护理措施

自 测 题

A₁型题

1. 与心源性呼吸困难有关的护理措施是( )
   A. 加强心电监护
   B. 夜间睡眠时取半坐卧位
   C. 记录24小时出入液量
   D. 加强皮肤护理
   E. 限制蛋白质的摄入量

2. 与心源性晕厥无关的护理措施是( )
   A. 加强心电监护
   B. 保持病室安静
   C. 给予中流量吸氧
   D. 避免剧烈运动
   E. 采取半坐卧位

A₂型题

3. 患者,女性,55岁,因提重物上五楼后出现心前区疼痛难忍,大汗淋漓急诊送入院。关于心前区疼痛患者的护理,不恰当的是( )
   A. 采取舒适的体位
   B. 做好心理护理,消除恐惧感
   C. 采用深呼吸的放松术
   D. 做好健康指导
   E. 立刻自服止痛药

4. 患者,男性,50岁,因晕厥反复发作而入院,诊断为"肥厚性心肌病"。下列关于心源性晕厥的叙述,错误的是( )
   A. 由暂时性广泛脑组织缺血、缺氧引起
   B. 为可逆性意识丧失
   C. 如无脉搏,可立即叩击心前区1~2次
   D. 引起心源性晕厥的心律失常均为严重缓慢性心律失常
   E. 主动脉瓣狭窄可引起心源性晕厥

A₃型题

(5~7题共用备选答案)
   A. 气体交换受损
   B. 有皮肤完整性受损的危险
   C. 舒适的改变
   D. 自理缺陷
   E. 有受伤的危险

5. 心源性水肿患者常用的护理诊断是( )
6. 心源性呼吸困难患者常用的护理诊断是( )
7. 晕厥患者常用的护理诊断是( )

第2节 心力衰竭患者的护理

情境3-1

内科门诊,一名女性患者就诊中诉说:"医生,我近期总是半夜出现咳嗽加重,怎么也睡不着,一直干坐着!而且好像尿量也有点少……"医生问:"你以往出现过咳嗽、咳痰症状吗?"患者答:"我一直咳嗽、咳痰,有20年了。"医生查体:T 37.9℃,P 120次/分,R 24次/分,BP 120/80mmHg,端坐位,口唇发绀,颈静脉怒张,桶状胸,叩诊过清音,双肺下野可闻及干湿啰音,三尖瓣区可闻及收缩期杂音,肝大,双下肢水肿。嘱其入院治疗,入院辅助检查:心电图显示肺型P波;胸片显示右心室增大征。

心力衰竭简称心衰,是指由于原发的心脏损害,引起心排血量减少,导致静脉系统淤血、动脉系统供血不足,不能满足组织代谢需要的一种病理生理综合征。是各种心脏病进展至严重阶段而引起的一种复杂的临床表现,主要表现为肺循环系统和(或)体循环系统淤血的症状、体征,故亦称为充血性心力衰竭。

心力衰竭按发病急缓分为急性心力衰竭和慢性心力衰竭,以慢性心力衰竭较为多见;按其发生的解剖部位分为左心衰竭、右心衰竭和全心衰竭;按其性质分为收缩性心力衰竭和舒张性心力衰竭。

链接

心力衰竭是一种较常见的临床疾病,在我国,心衰的患病率为0.9%,女性患者高于男性患者,可能由于我国风湿性心脏病较多见而且好发于女性患者有关。心衰的患病率随年龄增高,城市高于农村,北方地区高于南方地区。

一、慢性心力衰竭

（一）疾病概述

1. 定义　慢性心力衰竭又称慢性充血性心力衰竭，是各种病因导致心脏的收缩功能出现障碍或心脏负荷过重使心排血量降低不能满足机体的需要，从而出现组织、器官血液灌注不足，肺循环和（或）体循环淤血的一组临床综合征，是心血管疾病最主要的死亡原因之一。

2. 病因病机及病理

（1）心脏负荷过重：心脏负荷包括前负荷（容量负荷）和后负荷（压力负荷）。各种病因导致左心室舒张期灌注量增加或回心血量增多都会引起心脏的前负荷过重，常见疾病如主动脉瓣或二尖瓣关闭不全、甲状腺功能亢进等疾病；各种病因导致左或右心室负荷加重都会引起心脏的后负荷过重，常见疾病如主动脉瓣狭窄、高血压、肺动脉高压等。

（2）心肌收缩力下降：冠心病心肌缺血和（或）心肌梗死、各种心肌炎和心肌病、心肌代谢障碍（维生素 B_1 缺乏、心肌淀粉样变性）等使心肌收缩力下降。

考点：慢性心力衰竭的基本病因

护考链接

下列疾病哪项会引起心室后负荷过重（　　）　A. 二尖瓣狭窄　B. 二尖瓣关闭不全　C. 主动脉瓣狭窄　D. 主动脉瓣关闭不全　E. 甲状腺功能亢进

点评：当主动脉瓣出现狭窄，左心室收缩时承受的压力负荷增加，压力负荷也即后负荷，故选择 C。

（3）诱发因素：呼吸道感染是心力衰竭最常见、最重要的诱因。其他各种因素如心律失常、过度疲劳、情绪激动、循环血量增加、治疗不当、肺栓塞、水电解质及酸碱平衡失调、环境气候急剧变化等都可能引起或加重心力衰竭。

（4）病理生理：在上述病因的作用下，机体通过心脏扩大、心肌肥厚、交感神经兴奋、肾素-血管紧张素系统激活及分泌各种体液因子进行代偿，但心肌肥厚以心肌纤维增多为主，心肌细胞数并不增多，心肌细胞的能量供应相对或绝对不足及能量利用的障碍导致心肌细胞坏死，继以纤维化。在心腔扩大、心肌肥厚的过程中，心肌细胞、胞外基质、胶原纤维网等均有相应变化，心室重构逐渐形成，心肌损害进一步加重。心肌细胞减少使心肌整体收缩力下降，心肌纤维化的增多使心室的顺应性下降，心室重构加重，如此形成恶性循环，最终导致不可逆转的心肌损害。加之诱发因素的作用，心力衰竭产生或加重。

3. 诊断及治疗要点

（1）诊断要点：有原发器质性心脏病；左心衰竭患者有呼吸困难等肺淤血的症状是重要的诊断依据；右心衰竭患者出现体循环淤血引起的颈静脉怒张、肝肿大、水肿等是重要的诊断依据；相关辅助检查阳性结果有助于诊断。

（2）治疗要点：慢性心力衰竭的治疗包括防止和延缓心衰的发生、缓解症状、提供患者的运动耐量和生活质量、改善预后和降低死亡率。方法包括病因治疗、控制诱因、减轻心脏负荷、增加心排血量、改善心室重构等。

链接

充血性心力衰竭是心内科治疗学上的难题，可使患者丧失工作能力，具有较高病死率的严重疾患，每年有成千上万的患者死于心力衰竭。几十年来，随着血管紧张素转化酶抑制剂、醛固酮拮抗剂、β-受体阻断药的推广，心衰的治疗取得了巨大的进展。鉴于宗教信仰、心脏供体有限等原因，对那些药物治疗无效的心衰患者而言，起搏治疗是一种优于人工心脏植入、心脏移植的新的治疗方法，目前出现一种新的起搏治疗方法——心脏再同步疗法（CRT），这种起搏不仅可以提供房室顺序起搏，而且可达到心室同步化。

内科护理

> **情境 3-1 诊断分析**
>
> 患者反复咳嗽、咳痰 20 年,桶状胸,叩诊过清音,说明患者有慢性肺部疾病史;近期出现特征性体征-颈静脉怒张、肝大、双下肢水肿,说明出现体循环瘀血,其胸片结果显示右心室增大,说明慢性肺部疾病已累及右侧心脏,而且出现心衰的表现。故可诊断为:肺心病,右心衰竭。

(二)疾病护理

1. 护理评估

(1)健康史:评估引起心力衰竭的病因及诱因,同时了解患者的心理状况、家族史和诊疗经过。

(2)身体状况

1)左心衰竭:主要是由于肺循环淤血及心排血量减少导致脑、肾等重要脏器供血不足而引起的相应的症状和体征。

A. 症状:①心源性呼吸困难:按其呼吸困难程度和特点分为劳力性呼吸困难、阵发性夜间呼吸困难、端坐呼吸。劳力性呼吸困难为左心衰竭最早出现的症状,夜间阵发性呼吸困难为左心衰竭的典型表现,随着病情加重患者则被迫采取坐位而出现端坐呼吸。②咳嗽、咳痰及咯血:咳嗽、咳痰是肺泡和支气管黏膜淤血所致,开始常发生于夜间睡眠时,坐位或立位时咳嗽可减轻,为左心衰竭的早期症状。痰液为浆液性白色泡沫痰,急性肺水肿时可出现痰中带血丝或粉红色泡沫痰。③心排血量减少的表现:可出现乏力、头晕、失眠、心悸、发绀、尿少等。

B. 体征:①心脏、血管体征:除原有心脏病体征外,心尖部可闻及舒张期奔马律;肺动脉瓣区第二心音亢进;多数患者左心室扩大、交替脉等。②肺部湿啰音:由于肺毛细血管压增高,液体可进入肺泡而出现湿啰音。随病情加重,肺部啰音可从局限于肺底部直至全肺。急性肺水肿时满肺湿啰音伴哮鸣音。

2)右心衰竭:主要是体循环淤血引起的症状和体征。

A. 症状:为各种脏器瘀血的表现。上腹饱胀感、食欲缺乏、恶心、呕吐等是由于腹内脏器淤血和水肿所致;有些患者出现夜尿增多和少尿,前者是心衰的早期常见症状,由于夜间平卧血流重新分配,肾脏的血流量增加所致,后者则由心排血量显著减少所致,常提示预后不良。

B. 体征:①颈静脉征(图3-2):颈静脉充盈、怒张是右心衰竭的主要体征,提示体循环静脉压增高。当压迫肿大的肝脏时,可出现颈静脉充盈或怒张,称为肝颈静脉回流征阳性。②肝脏体征:肝脏由于淤血而肿大,是右心衰竭的重要表现。长期肝淤血可导致心源性肝硬化。③心源性水肿:是右心衰竭的晚期表现。水肿开始出现在身体的下垂部位,呈凹陷性(图3-3),活动后出现或加重,严重时可蔓延至全身,并伴胸腔积液、腹水。④心脏体征:右心衰竭时除基础心脏病的相应体征外伴有右心室增大,心浊音界向左或向两侧扩大。剑突下可见弥散性搏动。可因右心室扩大而出现三尖瓣关闭不全的反流性杂音。

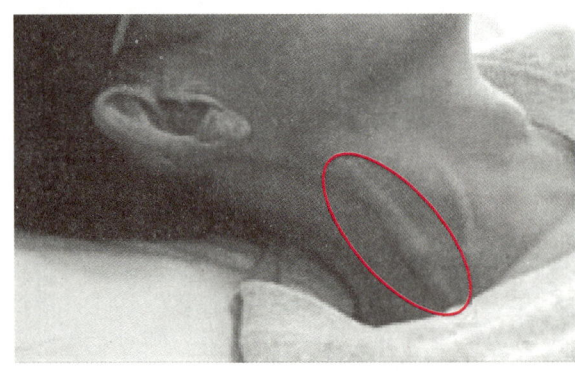

图 3-2 颈静脉怒张

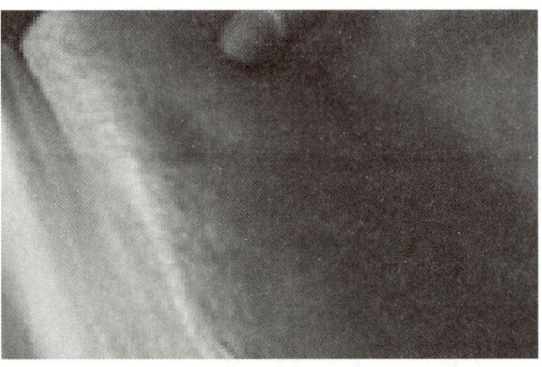

图 3-3 凹陷性水肿

3) 全心衰竭：同时具有左、右心衰竭的表现。临床上多见于先发生左心衰竭而后又出现右心衰竭，此时由于右心室输出量下降，肺淤血缓解，可使呼吸困难症状减轻。

4) 心功能分级：根据患者的临床症状和活动受限的程度可将心功能分为四级。Ⅰ级：体力活动不受限制。日常活动量不引起疲乏、心悸、呼吸困难和心绞痛等症状。Ⅱ级：体力活动轻度受限。休息时无自觉症状，但日常活动量可引起上述症状，休息后很快缓解。Ⅲ级：体力活动明显受限。休息时无症状，低于日常活动量即可出现上述症状，休息较长时间后症状方可缓解。Ⅳ级：不能从事任何体力活动。休息时也有心衰的症状，体力活动后加重。

考点：左心衰竭和右心衰竭的症状和体征、心功能分级

护考链接

患者，女性，55岁，以往有高血压病史6年，1个月前出现疲乏症状，近3天出现劳力性呼吸困难，经休息后能缓解。患者最可能出现了（ ） A. 慢性左心衰竭 B. 心绞痛 C. 高血压危象 D. 慢性右心衰竭 E. 急性左心衰竭

答案：A

(3) 心理-社会状况：长期的疾病折磨和心力衰竭反复出现，体力活动受限，甚至不能从事任何体力活动，使患者出现焦虑不安、内疚、悲观失望甚至绝望。家属和亲友可因长期照顾患者或支持能力有限而忽视患者心理感受。

(4) 辅助检查

1) X线检查：左心衰竭患者可出现左心室增大，肺门血管影增强；右心衰竭可见右心室增大、肺动脉段膨出。

2) 超声心动图：可准确提供各心腔大小变化及心瓣膜结构情况，估计心脏功能。可利用二维或多普勒超声技术测定左室的收缩和舒张功能。

3) 有创伤性血流动力学检查：应用右心导管或漂浮导管测量肺毛细血管楔嵌压、心排出量、心脏指数和中心静脉压，了解血流动力学状况其中肺毛细血管楔嵌压可反映左心室舒张末期压，正常为 $0.8 \sim 1.6$ kPa，当肺毛细血管楔嵌压 >2.4 kPa 时即出现肺淤血，提示左心衰竭。右心衰竭时，中心静脉压及外周静脉压可明显升高，其升高的程度与心力衰竭的严重程度相关。

4) 6分钟步行试验：此法可评估患者的运动耐受性，对预后也有一定的预测价值，且简便、安全、易行，逐渐为临床医师所接收和应用。要求患者在平直的走廊里尽可能快地行走，测定其6分钟的步行距离，如果步行在 $426 \sim 550$ m 之间为轻度心衰；在 $150 \sim 425$ m 为中度心衰；<150 m 为重度心衰。如果 <300 m 则提示预后不良。

2. 护理诊断及合作性问题

(1) 气体交换受损：与左心衰竭致肺循环淤血有关。

(2) 活动无耐力：与心排出量下降有关。

(3) 体液过多：与右心衰竭致体循环淤血有关。

(4) 知识缺乏：缺乏有关心力衰竭的预防保健知识。

(5) 潜在并发症：洋地黄中毒。

情境3-1 护理诊断分析

因患者有咳嗽、咳痰，可下护理诊断为清理呼吸道无效；因患者出现双下肢水肿、颈静脉怒张、肝大等，可有护理诊断：体液过多；患者还存在口唇发绀，说明存在气体交换受损；T 37.9℃，说明体温高；因此，该患者存在下列主要护理诊断：①清理呼吸道无效（与呼吸道感染、分泌物分泌过多有关）；②体液过多（与右心衰竭致体循环淤血有关）；③气体交换受损（与低氧血症有关）；④体温过高（与感染有关）。

3. 护理措施

（1）一般护理

1）休息与活动：休息是减轻心脏负荷的重要方法。根据心功能情况合理安排休息：①心功能Ⅰ级，患者不限制体力活动，可适当参加体育锻炼，但应避免剧烈运动；②心功能Ⅱ级，适当限制体力活动，增加午睡时间，强调下午休息；③心功能Ⅲ级，严格限制一般的体力活动，尽量卧床休息，但日常生活可以自理或在他人协助下完成；④心功能Ⅳ级，需绝对卧床休息，日常生活由他人照顾，患者采取坐位或半卧位。长期卧床的患者在病情好转后可逐渐增加活动量，预防静脉血栓的形成。

考点： 不同心功能分级如何合理安排休息和活动

2）饮食护理：应选择低热量、低钠、清淡、易消化、不胀气、富含维生素的食物，少食多餐。低热量饮食可降低基础代谢率，减轻心脏负荷，但时间不宜过长；由于胃肠道淤血，食欲缺乏，应给予清淡、易消化食物；少量多餐可减少消化食物的负担；避免产气食物以免加重呼吸困难。

考点： 应选择低钠饮食，少食多餐

3）保持大便通畅：心衰导致脏器淤血，患者食欲缺乏、恶心等导致进食减少，加上长期卧床、限制活动等因素导致肠蠕动减弱，患者常出现便秘现象，而用力排便可导致回心血量增加，加重心脏负荷而诱发心衰，故饮食中增加粗纤维食物，经常进行顺时针腹部按摩以促进肠蠕动，必要时给予缓泻剂和开塞露，以保持大便通畅。不能使用大量液体灌肠，以防增加心脏负担。

（2）病情观察：严密观察患者心力衰竭的症状及体征如呼吸困难、肺部啰音、皮肤发绀及水肿等是否减轻，血气分析结果是否正常，准确记录24小时液体出入量。有腹水者每日测量腹围。

（3）配合治疗护理

1）吸氧：遵医嘱给氧，一般氧流量为2~4L/min，慢性肺心病患者应为1~2L/min，持续吸氧。

2）用药护理：常用药物有利尿剂、血管扩张剂、洋地黄类药物、β受体阻滞剂和血管紧张素转换酶抑制剂等。

A. 利尿剂：常用利尿剂有排钾利尿剂和保钾利尿剂，其中排钾利尿剂包括噻嗪类利尿剂，如氢氯噻嗪、氯噻酮；袢利尿剂，如呋塞米等；保钾利尿剂有螺内酯、氨苯蝶啶等。遵医嘱正确使用利尿剂，观察药物的疗效及不良反应：①准确记录尿量、24小时液体出入量，定时监测血电解质浓度变化；②指导患者合理饮食，使用排钾利尿剂期间应进食含钾丰富的食物；③注意利尿剂所引起的不良反应及药物起效的时间。一般情况下利尿剂宜在早晨给予，不宜在夜晚应用，以免夜间频繁起床排尿而影响睡眠或受凉。

B. 血管扩张剂：主要扩张动静脉，减少心脏的前后负荷，减少心肌耗氧，从而改善心功能。常用的药物有硝酸甘油、硝酸异山梨酯以扩张静脉为主，乌拉地尔、卡托普利以扩张动脉为主。血管扩张剂易引起血压骤降甚至休克，所以应用时需密切观察血压及心率变化，当血压下降超过原有血压的20%或心率增加20次/分时应及时停药，并与医生联系。向患者说明在用药过程中，起床动作宜缓慢，以防直立性低血压反应。使用硝普钠需现用现配，输液过程中应避光，用药时间不超过72小时。

C. 洋地黄类药物：治疗心衰的主要药物，常用药物有去乙酰毛花苷、毒毛花苷K、地高辛、洋地黄毒苷等，以地高辛最为常用。用药过程中需注意：①洋地黄毒苷治疗量与中毒量接近，易发生过量而中毒，应严格按时、按医嘱剂量给药；②密切观察有无洋地黄中毒症状：消化道的反应如恶心、呕吐；心脏毒性反应如室性期前收缩呈二联律、三联律；神经系统症状如头痛、头晕、黄视、绿视等；③洋地黄用量的个体差异很大，老年人、心肌缺血、缺氧、肝肾不全、低钾血症、高钙血症等，易致洋地黄中毒，故急性心肌梗死24小时内不宜使用；④给药时应注意不宜与钙剂、奎尼丁、维拉帕米、硝苯地平、抗甲状腺药物同用，以免增加毒性。去乙酰毛花苷或毒毛花苷K务必稀释后缓慢静脉注射；⑤每次给药前应做到询问患者有无胃肠道和神经系统症状，并测量心率与心律的变化，若成人心率<60次/分或突然明显增快、节律由规则变为不规则或由不规则突然变为规则，应考虑为洋地黄中毒，暂缓给药，及时与医

生联系,做出相应的处理;⑥用药后注意疗效的观察,如出现心率的减慢、呼吸困难减轻、肝脏缩小、尿量增加、水肿减退、体重下降、食欲增加等表示洋地黄治疗有效;⑦遵医嘱定期监测心电图、血钾及血中地高辛浓度;⑧对出现洋地黄中毒反应的患者,遵医嘱立即停药,并停用排钾利尿剂,给予补充钾盐和纠正心律失常的药物,如苯妥英钠、利多卡因。

D. β受体阻滞剂:β受体激动剂能够对抗过度激活的肾上腺素能受体通路,降低心衰时交感神经系统兴奋的程度,减少去甲肾上腺素的产生,从而减少对心肌细胞的损伤作用。常用的药物有多巴酚丁胺和磷酸二酯酶抑制剂如氨力农、米力农等。支气管哮喘、心率低于60次/分的心动过缓、伴窦房阻滞或二度、三度房室阻滞患者禁用。

E. 血管紧张素转换酶抑制剂:常用药物有卡托普利、贝那普利和抗醛固酮制剂如螺内酯,可改善心室和血管的重构,明显改善远期预后,降低死亡率。用药期间需观察药物的不良反应如咳嗽、低血压、头晕、高血钾、肾功能损害和血管神经性水肿等。

考点:洋地黄药物的毒性反应及中毒后的处理

护考链接

患者,男性,64岁。因慢性心力衰竭入院。入院后遵医嘱服用地高辛,0.125mg/d,某日患者将医生白大褂看成了绿色,表示患者出现了洋地黄中毒哪种反应(　) A. 胃肠道反应　B. 心律失常　C. 黄视绿色　D. 视力模糊　E. 头痛、头晕

答案:C

(4)心理护理:向患者介绍该病的预防保健知识,安抚患者,鼓励患者说出内心的感受,减轻患者的心理负担。对焦虑的患者进行自我心理调整辅导,必要时遵医嘱应用小剂量镇静剂。

4. 护理目标及评价　患者保持良好的气体交换状态;活动耐力增加;水肿减轻或消失;能说出有关心力衰竭的预防保健知识;住院期间无潜在并发症发生。评价是否达到所拟定的护理目标。

(三)健康指导

(1)向患者及家属介绍疾病的基本病因、诱发因素、常见并发症及自我护理的方法,避免感冒,尽早治疗呼吸道感染。

(2)指导进食清淡、易消化、富含蛋白和维生素的饮食,少食多餐,多食蔬菜、水果,防便秘,戒烟酒。

(3)合理安排休息和活动,活动中出现不适如头晕、胸痛、呼吸困难等应立即停止活动,及时就诊。建议患者进行有利于提高心储备力的活动如平地散步、打太极拳、练气功等,避免重体力劳动和过度疲劳,保证足够的睡眠时间。

(4)向患者强调继续严格遵医嘱用药的必要性,切记不可随意增减或撤换药物,同时向患者介绍常用药物的不良反应,如发现不良反应要及时就诊。

情境3-1问题回答

患者:"护士,为什么我的脚会肿起来?"
护士:"阿姨,因为您患有右心衰竭。正常的心脏有泵血的功能,能够把血泵出去再把血回收回来,当心脏泵血的功能出现衰竭时,心脏泵血会无力,同时也无法把血回收回心脏,这时血积聚在下肢就会出现肿胀。"
患者:"原来这样,那我的脚什么时候能消肿呢?"
护士:"医生现在给您用了利尿剂,用后您的尿液就会增多,慢慢地把过多的水排出来,这样您的脚就可以慢慢消肿了;而且您睡觉的时候可以把脚架高,这样也有利于消肿哦!"
患者:"哦!好的!那我的病还会不会复发啊?"
护士:"阿姨,您这是慢性病,只要您记得按时吃医生给您开的药,不能漏服,定时监测血压、血脂和血糖等情况,同时记得不吸烟、喝酒,尽量不要感冒、过度劳累和情绪激动等,这样就可以减少复发的机会了。"
患者:"哦,我明白了。谢谢你啊!"
护士:"不用谢!你还有什么问题,可随时问我。"

内科护理

(5) 教会患者自我监护,及时发现病情变化,当出现体重增加、足踝部水肿、气短加重等,常提示病情变化,应立即就医。嘱患者定期门诊随访,根据病情及时调整药物剂量、及早发现病情变化。

二、急性心力衰竭

(一) 疾病概述

1. **定义** 急性心力衰竭是指由于急性心脏病变引起心排血量在短时间内急剧下降,甚至完全丧失了心排血功能,导致组织器官灌注不足和急性淤血综合征。临床上以急性左心衰竭所引起的急性肺水肿最常见,严重时可出现心源性休克。临床急性右心衰竭很少见,以下重点讨论急性左心衰竭。

2. **病因病机** 心脏解剖或功能的突发异常,如急性冠脉综合征、急性重症心肌炎、瓣膜穿孔、腱索断裂、高血压性心脏病血压急剧升高等,使心脏收缩力突然严重减弱或左室瓣膜急性反流,心排血量急剧减少,左室舒张末压迅速升高,肺静脉回流不畅,导致肺静脉压快速升高,血管内液体渗入到肺间质和肺泡内而形成急性肺水肿。

3. **诊断及治疗要点**

(1) 诊断要点:根据病史及典型的症状和体征可确诊本病。

(2) 治疗要点:急性左心衰竭的患者需要立即进行抢救,主要措施有减轻心脏负荷、增强心肌收缩力、解除支气管痉挛。可静脉给予去乙酰毛花苷、呋塞米、硝酸甘油、硝普钠、酚妥拉明、氨茶碱等药物。

(二) 疾病护理

1. **护理评估**

(1) 健康史:评估有无急性心梗、急性重症心肌炎、瓣膜穿孔等引起急性心力衰竭的原发病因,评估有无急性感染、过度疲劳、严重心律失常、静脉输液过多过快等诱因存在。

(2) 身体状况

1) 症状:患者突感严重的呼吸困难伴有窒息感,呼吸频率高达30~40次/分;频繁地咳嗽,咳出大量粉红色泡沫痰;强迫坐位、端坐呼吸,伴极度的烦躁不安;急重者出现神志模糊。

2) 体征:面色灰白或发绀、大汗淋漓、心率、脉率增快,两肺满布湿啰音和哮鸣音,心前区舒张期奔马律,肺动脉瓣区第二心音亢进,血压初期升高,随后下降,严重者可出现心源性休克。

(3) 心理-社会状况

因病情严重、起病突然,伴有窒息感,使患者产生濒死恐惧心理,表现极度的烦躁不安;同时监护室的抢救设施和抢救时的紧张气氛也让患者恐惧。

考点:急性心力衰竭的临床表现

> **护考链接**
>
> 患者,男性,64岁。因咳嗽、咳痰、尿少、呼吸困难加重2天入院。医生考虑为急性左心衰,其痰液性质为( ) A. 白色浆液性 B. 粉红色泡沫样痰 C. 铁锈色痰 D. 浓臭痰 E. 痰中带血丝
>
> 答案:B

(4) 辅助检查

1) X线检查:急性肺水肿的典型表现为双侧肺门可见蝶形大片云雾状阴影,重度肺水肿可见大片绒毛状阴影。

2) 动脉血气分析:病情越严重,动脉血氧分压越低。

3) 血流动力学监测:急性肺水肿时肺毛细血管嵌压增高,合并休克时心排血量降低。

2. **护理诊断及合作性问题**

(1) 气体交换受损:与急性肺水肿影响气体交换有关。

(2) 恐惧:与极度呼吸困难、严重的窒息感、监护室的抢救设施和抢救时的紧张气氛对患者的影响有关。

(3) 潜在并发症:心源性休克。

3. 护理措施

(1) 一般护理:安置患者于重症监护室,协助患者取端坐位,两腿下垂,以减少回心血量,减轻心脏负荷,改善呼吸;保护患者的安全,防止坠床。协助患者咳嗽排痰,保持呼吸道通畅。

考点:急性心力衰竭需安排的体位

护考链接

患者,男性,75岁。因反复咳嗽、咳痰10年,近3年来劳累后出现心悸、气短而来诊入院,入院时口唇发绀明显,呼吸困难,双肺布满哮鸣音。该患者应采取何种体位(　) A.仰卧位 B.侧卧位 C.头低足高位 D.端坐位 E.膝胸位

答案:D

(2) 病情观察:严密监测患者的呼吸、脉搏、血压、心电图等变化,并做详细记录;注意观察患者意识、心音、皮肤颜色、温度、尿量等变化,如发现患者烦躁不安情况加重、四肢厥冷、脉搏细速、血压下降等情况应及时报告医生并配合抢救。

(3) 配合治疗护理

1) 吸氧:给予高流量吸氧,6~8L/min,用20%~30%乙醇湿化,有利于降低肺泡内泡沫的表面张力,使泡沫破裂,改善通气。病情严重者可加压给氧,增加肺泡内压力,利于气体交换和减少肺泡内液体的渗出。

链接:高频呼吸机

高频呼吸机(图3-4):急性心力衰竭的患者抢救时可采用高频呼吸机。其特点是每次输出气体容积低于正常的潮气量,而工作频率高于患者正常的呼吸次数。高频呼吸机一般可分为三类:高频正压呼吸机、高频喷射呼吸机和高频振荡呼吸机。高频喷射呼吸机和高频振荡呼吸机应用方便,可经气管插管进行通气,也可经鼻塞、鼻导管进行通气。由于高频呼吸机可以在较低气道峰压下进行通气,因此特别适用于肺部开放性创伤及严重肺漏气患者的通气。这类呼吸机对缺氧患者通气效果较好,但对CO_2潴留为主的患者效果较差。

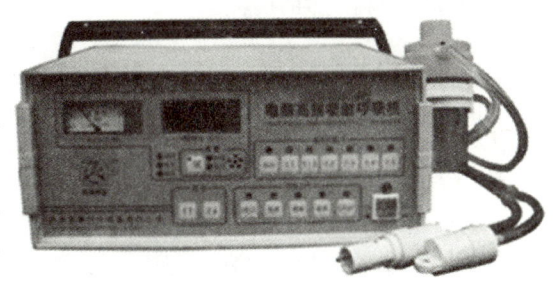

图3-4 高频呼吸机

2) 用药护理:迅速建立两条静脉通道,遵医嘱正确使用药物,观察药物的疗效及不良反应:①吗啡:按医嘱予吗啡3~5mg缓慢静脉注射,可使周围血管扩张降低心脏负荷,同时能使患者镇静。用药后注意观察有无呼吸抑制、心率变化、血压下降等不良反应,对呼吸功能不良、昏迷、严重休克者忌用。②快速利尿剂:给予呋塞米20~40mg静脉注射,10分钟内即可起效,必要时4小时后可重复1次。可迅速利尿,有效的降低心脏的前负荷。③洋地黄药物:可用去乙酰毛花苷,首剂0.4~0.8mg稀释后缓慢静脉注射,2小时后可酌情再给0.2~0.4mg。急性心肌梗死24小时内一般不宜使用该药。④血管扩张剂:可选用硝普钠和硝酸甘油,硝普钠见光易分解,注意要现配现用,避光使用,一般是使用输液泵来严格控制滴数,应用过程中须及时监测给药速度和血压变化。⑤氨茶碱:适用于伴支气管痉挛的患者。一般加入葡萄糖溶液中稀释后缓慢静脉推注,常见不良反应为心律失常、血压下降、肌肉颤动等。⑥严格控制输液的速度和量,以免进一步加重心脏负担,一般输液速度为每分钟20~30滴。

考点:用药护理

(4) 心理护理：抢救时护理人员应保持镇静、神态自若，操作熟练、忙而不乱，使患者产生信任感和安全感。对患者做简要解释，消除患者的紧张、恐惧心理。

4. 护理目标及评价　患者能维持良好的气体交换状态；情绪逐渐稳定，表情安静；无并发症发生。评价是否达到以上护理目标。

（三）健康指导

向患者及家属介绍急性心力衰竭的病因和诱因，嘱患者积极治疗原有心脏疾病。指导患者在静脉输液前主动告知护士自己有心脏病史，以便护士输液时控制输液量和速度。定期复查，观察病情进展情况，如出现频繁咳嗽、气急、咳粉红色泡沫痰时应立即取端坐位并由他人护送就诊。

小结

慢性心力衰竭是以肺循环及体循环淤血为特征的临床综合征，主要表现为心排血量减少不能满足机体新陈代谢的需要。慢性心力衰竭的发病往往有一定的病因和诱因。积极治疗病因，去除诱因是防治心力衰竭的重要措施。护理措施有指导患者适当的休息与活动，控制饮食的摄取（低钠、低热量）、多食水果、蔬菜预防便秘，遵医嘱用药，减轻心脏负荷。

急性心力衰竭是指由于急性心脏病变引起心排血量在短时间内急剧下降，甚至完全丧失了心排血功能，导致组织、器官灌注不足和急性淤血综合征。急性左心衰竭是左心排血量突然减少所致。以急性肺水肿为主要表现，表现为突然端坐呼吸、极度呼吸困难、咳大量粉红色泡沫痰，两肺布满湿啰音、哮鸣音，心率快，心尖部可闻及舒张期奔马律等。抢救时主要是安置坐位、双腿下垂，吸氧，使用吗啡、强心剂、利尿剂、血管扩张剂及平喘药等。

自 测 题

A_1 型题

1. 可引起心室前负荷过重的疾病是（　　）
   A. 高血压　　　　B. 肺动脉高压
   C. 主动脉瓣狭窄　D. 主动脉瓣关闭不全
   E. 甲状腺功能减退

2. 下列关于洋地黄类药物的毒性反应叙述错误的是（　　）
   A. 恶心
   B. 心律失常中以房性期前收缩最多见
   C. 头痛、头晕
   D. 黄绿视
   E. 呕吐

3. 减轻心脏负荷的主要措施是（　　）
   A. 卧床休息　　B. 预防风湿复发
   C. 预防心衰　　D. 防止栓塞发生
   E. 防寒保暖

A_2 型题

4. 患者，女性，60 岁，诊断为右心衰竭，现已卧床 3 周，有骶尾部皮肤破溃，双下肢水肿，体质虚弱、消瘦，对患者进行饮食指导应采取（　　）
   A. 低脂肪、高蛋白、高维生素
   B. 低盐、高蛋白、高维生素
   C. 高热量、低蛋白、低盐
   D. 高脂肪、低蛋白、高维生素
   E. 高热量、高蛋白、高维生素

5. 高血压患者睡眠时突感极度胸闷、气促、大汗淋漓，咳嗽、咳大量粉红色泡沫样痰，端坐呼吸。下列护理措施中错误的是（　　）
   A. 安慰患者，稳定情绪
   B. 患者取坐位，两腿下垂
   C. 乙醇湿化吸氧
   D. 立即建立静脉通道
   E. 静脉滴注给药宜快速

6. 患者，女性，50 岁，既往有慢性阻塞性肺疾病史 20 年，近期因呼吸道感染后出现右心衰竭而入院。该患者查体时可出现（　　）
   A. 交替脉
   B. 阵发性夜间呼吸困难
   C. 颈静脉怒张
   D. 肺部湿啰音
   E. 心尖区舒张期奔马律

7. 患者，男性，58 岁，因慢性心力衰竭入院。入院后遵医嘱服用地高辛，护士给予指导安全用药知识，其中，洋地黄中毒最严重的反应是（　　）
   A. 胃肠道反应　　B. 心律失常
   C. 视力模糊　　　D. 黄视绿视
   E. 头晕、头痛

8. 护士在为患者发放地高辛口服药前，需为患者测量

心率或脉率,当患者心率低于多少时应询问医生,暂停发药。(　　)
A. 90次/分　　　　B. 80次/分
C. 70次/分　　　　D. 60次/分
E. 50次/分

9. 风湿性心脏病二尖瓣狭窄患者,因发生"急性肺水肿"而急诊就诊,医嘱给予乙醇湿化给氧,静脉推注吗啡、呋塞米等药物治疗。其中乙醇湿化给氧的目的是(　　)
A. 消除呼吸道分泌物
B. 兴奋呼吸中枢
C. 扩张支气管
D. 降低肺泡内泡沫的表面张力
E. 稀释痰液

10. 患者,男性,65岁,既往有高血压病史23年,近日出现咳嗽、咳痰,活动后易疲乏,夜间睡眠时常"憋醒",醒后端坐片刻呼吸困难能减轻。该患者已3天未排大便。对该患者的护理措施中错误的是(　　)
A. 食物中适当添加粗纤维食物
B. 嘱患者勿用力排便
C. 可给予生理盐水1000ml灌肠
D. 可给予缓泻剂口服或开塞露纳肛
E. 每天观察患者排便情况

A₃型题

(11~13题共用题干)
患者,女性,45岁,既往有风湿性心脏病二尖瓣狭窄7年余。近日"感冒"后出现乏力,稍微活动就会心慌、憋气,伴食欲减退,肝区胀痛,双下肢轻度水肿,双肺底湿啰音,心率108次/分。

11. 该患者心功能为(　　)
A. Ⅰ级　　　　B. Ⅱ级
C. Ⅲ级　　　　D. Ⅳ级
E. Ⅴ级

12. 该患者首要的护理问题是(　　)
A. 恐惧　　　　B. 活动无耐力
C. 体液过多　　D. 气体交换受损
E. 知识缺乏

13. 护士应如何指导该患者休息(　　)
A. 活动不受限制
B. 从事轻体力活动
C. 增加休息时间,严格限制一般体力活动
D. 卧床休息,限制活动量
E. 严格卧床休息,采取半卧位

(14~16题共用题干)
患者,女性,42岁,既往心脏病史7年。因"急性胃肠炎"急诊输液,输液后出现气促、频繁咳嗽、咳粉红色泡沫痰,查体:心率120次/分,两肺底布满湿啰音。

14. 该患者出现了(　　)
A. 右心衰竭　　B. 心绞痛
C. 高血压危象　D. 急性心肌梗死
E. 急性左心衰竭

15. 该患者出现心衰的可能诱因(　　)
A. 心身过劳　　B. 心律失常
C. 地高辛用量不当　D. 输液速度过快
E. 利尿剂用量不当

16. 该患者最适宜的体位是(　　)
A. 端坐位　　　B. 平卧位
C. 侧卧位　　　D. 俯卧位
E. 头低足高位

第3节　心律失常的护理

情境3-2

一名65岁男性患者,因心悸、气短3年,加重伴晕厥1个月入院。患者比较紧张,碰到医护人员总会诉说:"我近一个月来经常感觉到心慌慌的,呼吸觉得气体总是不够用一样,更严重的还好几次晕倒了!医生我的病是不是很严重啊?能医治得好吗?"由家属口中得知该患者每次晕厥发作的时间持续10~30分钟,发作时伴有抽搐。查体:心率45次/分,心律齐。心电图提示三度房室传导阻滞。

一、疾病概述

(一) 定义

心律失常是指各种原因引起的心脏冲动起源、频率、节律、传导速度或激动次序的异常。正常心脏在心脏内传导系统的作用下,以一定范围的频率有规律的收缩和舒张。心脏的传导系统包括窦房

结、结间速、房室结、希氏束、左右束支及其分支和普肯耶纤维,收缩的冲动起源于窦房结,以一定顺序传导到心房与心室。如果心肌细胞的自律性、兴奋性、传导性改变,就会导致心脏的冲动形成和(或)传导异常而发生心律失常。

考点: 心脏传导系统及冲动的起源

(二) 病因

1. 各种器质性心脏病　几乎所有的心血管疾病都可以合并心律失常,如缺血性心脏病、风湿性心脏病、心肌疾病、肺心病、先天性心脏病、甲亢性心脏病等。

2. 药物和电解质影响　药物如洋地黄毒苷、抗心律失常药物、麻醉药、阿托品等,酸碱平衡失调如血钾改变等。

3. 心外因素影响　如低氧血症、触电、溺水、发热、休克、剧烈运动或过度劳累、情绪紧张或激动、过度饮茶及咖啡、饮酒及吸烟等。

4. 其他　迷走神经张力增高、心脏手术或心导管检查等可引发心律失常。

(三) 诊断及治疗要点

1. 诊断要点　心电图是诊断心律失常的最重要依据。

2. 治疗要点　心律失常的治疗原则是无症状者无需治疗,症状明显的心律失常应采取相应措施。积极治疗原发病,消除各种诱因;根据心律失常的类型应用抗心律失常药物如盐酸普萘洛尔、维拉帕米、胺碘酮、阿托品等,另外可采用非药物治疗如人工心脏起搏治疗、心脏电复律、射频消融术等。

情境3-2 诊断分析

该患者有心悸、气短、晕厥等症状,出现意识丧失和抽搐时,每次发作持续时间10~30分钟,查体:心率45次/分,心律齐。心电图提示三度房室传导阻滞。根据症状及查体结果可诊断为心律失常,三度房室传导阻滞。

链接:妊娠并发室上性心律失常

约有50%的妊娠妇女有房性期前收缩,但多数为良性,无自觉症状或症状较轻,能耐受;出现持续性心律失常较为少见。几乎所有的抗心律失常药均能穿透胎盘屏障,对胎儿造成影响,可能导致胎儿畸形,所以妊娠头3个月内应尽量避免使用抗心律失常药物。对于症状轻、无器质性心脏病的孕妇主要采用劝慰为主,只有在症状难以忍受或引起血流动力学障碍时才使用抗心律失常药。对已怀孕而药物治疗无效的特殊患者,必要时可在妊娠中期进行介入治疗。

二、疾病护理

(一) 护理评估

1. 健康史

(1) 评估心律失常的类型:按照心律失常发生的原理可分为冲动形成异常和冲动传导异常两大类。

1) 冲动形成异常

A. 窦性心律失常:①窦性心动过速;②窦性心动过缓;③窦性心律不齐;④窦性停搏。

B. 异位心律:分为被动性异位心律和主动性异位心律。被动性异位心律又分为:①逸搏(房性、房室交界区性、室性);②逸搏心律(房性、房室交界性、室性);主动性异位心律分为:①期前收缩(房性、房室交界性、室性);②阵发性心动过速(房性、房室交界性、室性);③心房扑动和心房颤动;④心室扑动和心室颤动。

2) 冲动传导异常

A. 生理性:干扰及房室分离。

B. 病理性:①窦房传导阻滞;②房内传导阻滞;③房室传导阻滞;④束支或分支阻滞或室内阻滞。

C. 房室间传导途径异常:预激综合征。

此外,临床上根据心律失常发作时心率的快慢分为快速性和缓慢性心律失常。前者包括期前收缩、心动过速、扑动与颤动等;后者包括窦性缓慢性心律失常、房室传导阻滞等;

(2) 评估引起心律失常的病因和发作时的诱发因素,如咖啡、浓茶、过劳等;

(3) 评估心律失常发作的频繁程度、起止方式、存在的症状及对患者造成的影响等;

(4) 评估患者的诊疗经过。

2. 身体状况

(1) 症状:心律失常的表现取决于其类型、发作持续时间的长短、心室率的快慢、对血流动力学的影响,也与引发心律失常的基础疾病的严重程度有关。

1) 窦性心律失常:窦性心动过速患者可无症状或有心悸;窦性心动过缓病人多数无自觉症状,当心率过慢时心排血量不足,可出现头晕、乏力、胸闷、胸痛甚至猝死等症状。

2) 期前收缩:偶发的期前收缩一般无症状,部分患者可有心悸或心跳漏跳感;频发的期前收缩可因心排血量降低可出现胸闷、乏力、心悸、气短、头晕等症状。

3) 阵发性心动过速:①室上性阵发性心动过速的临床特点为突然发作、突然终止,可持续数秒、数小时甚至数日。患者症状的轻重与发作时心室率的快慢、持续时间的长短和原发病的轻重有关。有些患者发作时表现为心悸、胸闷、乏力,重者头晕、黑矇、晕厥、心绞痛和心力衰竭;②室性阵发性心动过速发作时如果持续时间超过 30 秒,常伴明显血流动力学障碍,引起心、脑、肾血流供应骤然减少而出现的一系列症状如心绞痛、呼吸困难、低血压、晕厥、抽搐、休克甚至猝死等。

4) 扑动与颤动:①心房扑动与颤动。其症状轻重取决于心室率的快慢。心室率不快时多数患者无症状,心室率快多数患者出现心悸、胸闷、头晕、乏力等症状,严重者发生心力衰竭、休克、晕厥及心绞痛。心房纤颤还可诱发脑栓塞、肢体动脉栓塞等。②心室扑动与颤动。一旦发生,患者迅速出现意识丧失、抽搐、呼吸停顿甚至死亡。

考点:心房颤动的临床表现

护考链接

持久性心房颤动最常见的并发症是( ) A. 室性期前收缩 B. 动脉栓塞 C. 肺部感染 D. 感染性心内膜炎 E. 房室传导阻滞

答案:B

5) 房室传导阻滞:①一度房室传导阻滞除原发病症状外,常无其他症状。②二度Ⅰ型房室传导阻滞有心脏停搏感或心悸,二度Ⅱ型房室传导阻滞有乏力、头昏或活动后气急、短暂昏厥感。③三度房室传导阻滞的表现取决于心室率,若心室率过慢导致脑缺血而出现阿-斯综合征。另外也可因组织器官血流灌注不足出现乏力、心绞痛、心力衰竭等。

(2) 体征

1) 窦性心律失常:窦性心动过速时心率大于 100 次/分,特点是逐渐发生、逐渐停止;窦性心动过缓时心率小于 60 次/分,常伴有窦性心律不齐。

2) 期前收缩:听诊时心律不齐,心搏提前出现,第一心音常增强,而第二心音相对减弱或消失,期前收缩后有较长的代偿间歇,桡动脉触诊有脉搏缺如。

3) 阵发性心动过速:阵发性室上性心动过速心律规则,第一心音强度一致;阵发性室性心动过速心律可略不规则,第一心音强度不一致。

4) 扑动与颤动:心房扑动听诊心律可规则亦可不规则。心房颤动时第一心音强弱不等,心室律绝对不规则,出现脉搏短绌,脉率小于心率;心室扑动与心室颤动时患者意识丧失、听诊心音消失、脉搏触不到、血压测不到,继之呼吸停止、发绀、瞳孔散大。

5）房室传导阻滞：一度房室传导阻滞听诊第一心音减弱；二度Ⅰ型听诊有第一心音逐渐减弱和心搏脱漏，二度Ⅱ型听诊第一心音强度不变，有心搏脱漏；三度房室传导阻滞听诊时心率慢而规则，第一心音强弱不等，可听到大炮音。血压偏低，收缩压升高，脉压增大。

3. 心理-社会状况　心律失常发作时患者因心悸、胸闷、乏力、气促等躯体不适而紧张不安，症状加重时恐惧，反复发作时悲观。当患者需要进行电复律、心血管介入治疗及人工心脏起搏时，由于对治疗方法及自我护理缺乏认识而疑虑、信心不足。患者可因病情的持续和可能出现的并发症而过度关注自己的脉搏、心跳，思虑过度、忧伤或情绪低落。

4. 辅助检查

（1）心电图：是诊断心律失常最重要的一项无创性检查技术。

1）窦性心动过速（图3-5）：①窦性P波在Ⅰ、Ⅱ、aVF导联直立，在aVR导联倒置。②PP间期<0.06秒。③成人频率在100~150次/分。

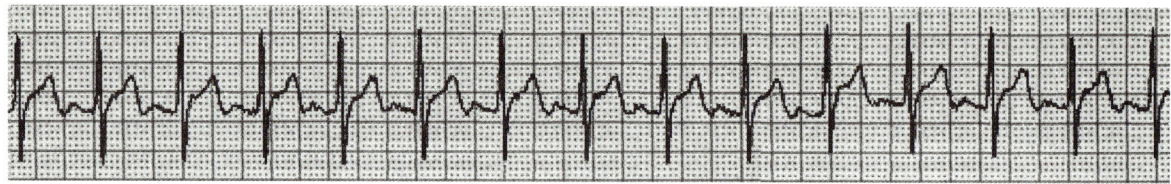

图3-5　窦性心动过速

2）窦性心动过缓（图3-6）：①窦性P波在Ⅰ、Ⅱ、aVF导联直立，在aVR导联倒置。②PP间期>1.0秒。③成人频率在为40~60次/分，常伴窦性心律不齐。

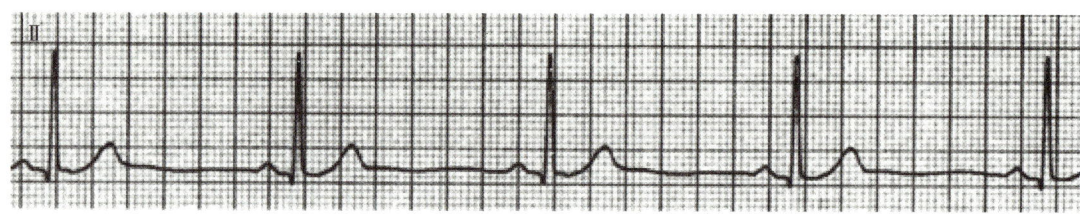

图3-6　窦性心动过缓

3）窦性心律不齐（图3-7）：①窦性P波。②同一导联上最长与最短的PP间期之差>0.12秒。

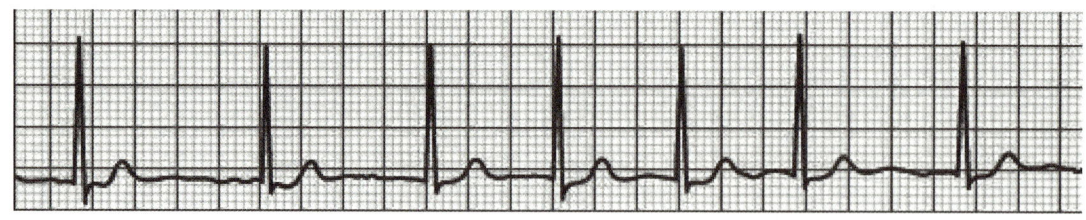

图3-7　窦性心律不齐

4）期前收缩

A. 房性期前收缩（图3-8）：①提前发生的P波，形态与窦性P波不同。②P-R间期>0.12秒。②P波后的QRS波群多数形态正常（无室内差异性传导时）。③期前收缩后代偿间歇多不完全。

B. 房室交界区性期前收缩（图3-9）：①提前出现QRS波群形态正常，当发生室内差异性传导，QRS波群形态可有变化。②提前出现的逆行P'波可位于QRS之前，P-R间期<0.12秒；之中或之后者，R-P间期<0.20秒。③期前收缩后多为完全性代偿间歇。

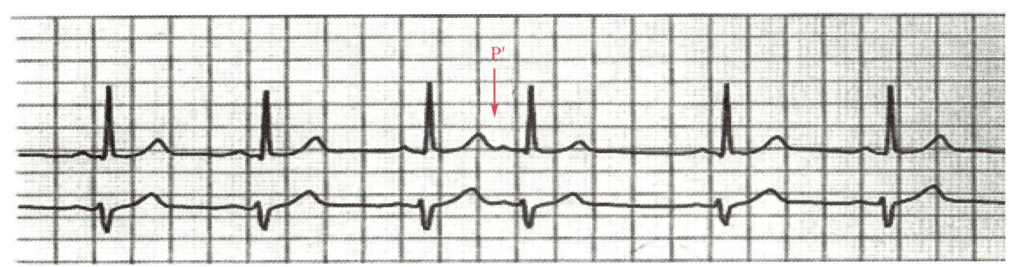

图 3-8 房性期前收缩

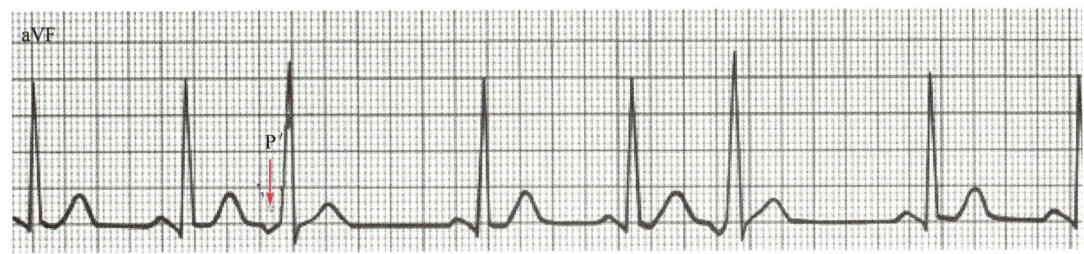

图 3-9 房室交界性期前收缩

C. 室性期前收缩(图 3-10):①提前出现 QRS 波群,其前无 P 波。②提前出现的 QRS 波群宽大畸形,时限>0.12 秒。③ST 段、T 波与 QRS 主波方向相反。④期前收缩后代偿间歇完全。

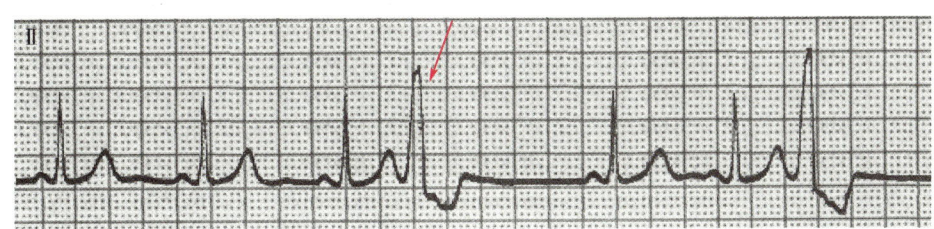

图 3-10 室性期前收缩

5) 阵发性心动过速心电图特点

A. 阵发性室上性心动过速(图 3-11):①连续 3 个或 3 个以上快速均匀的 QRS 波群,形态和时限正常。②心室率 150~250 次/分,节律规则。③P 波不易辨认,常埋于 QRS 波群内或无 P 波。④常伴有继发性 ST-T 改变。

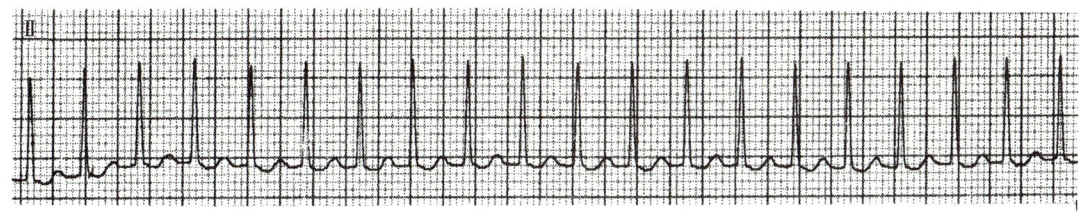

图 3-11 阵发性室上速

B. 阵发性室性心动过速(图 3-12):①3 个或 3 个以上室性期前收缩连续出现。②QRS 波群宽大畸形,时限>0.12 秒,ST-T 改变,T 波与 QRS 主波方向相反。③心室率 140~200 次/分,心律规则或略不规则。④如有 P 波,则与 QRS 波群无固定关系,房室分离;偶尔个别或所有心室激动逆传夺获心房。⑤突发突止,常可见心室夺获(室速发作时少数室上性冲动可下传心室,产生心室夺获,表现为在正常P波之后提前发生一次正常的QRS波群)和室性融合波,是确定室性心动过速诊断的最重要依据。

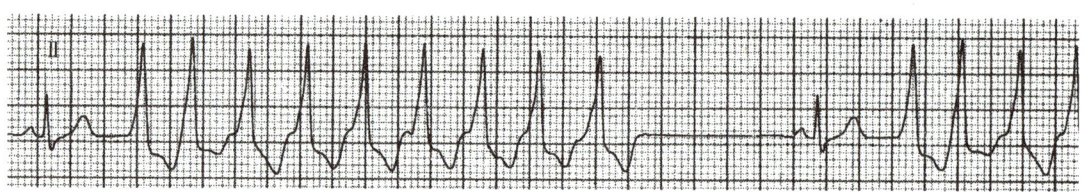

图 3-12　阵发性室性心动过速

6)扑动与颤动心电图特点

A. 心房扑动(图3-13):①P波消失,代之以间隔均匀、形状相识的锯齿状扑动波(F波),频率通常为250~350次/分。②F波与QRS波群以某种固定的比例传导,若比例关系固定时,心室率规则,若比例关系不确定则心室率不规则。③QRS波群正常。

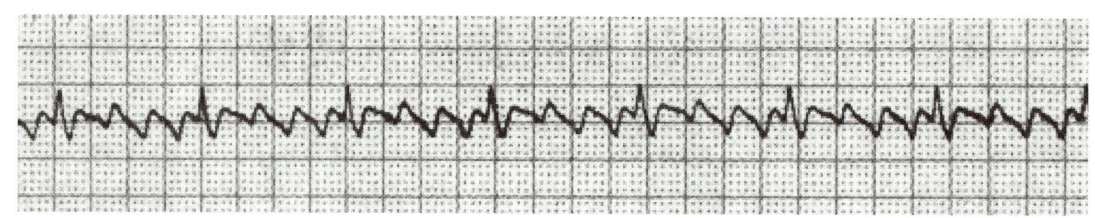

图 3-13　心房扑动

B. 心房颤动(图3-14):①P波消失,代之以大小不等、形态不一、间期不等的心房颤动波(f波),频率为350~600次/分。②心室律不规则,通常在100~160次/分。③QRS形态正常,间隔不等,振幅不等。④R-R间期绝对不等。

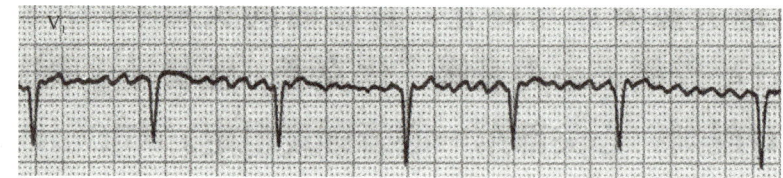

图 3-14　心房颤动

C. 心室扑动(图3-15):P-QRS-T波群消失,代之以匀齐、连续的大波幅的正弦波(室扑波)图形,其频率为150~300次/分。

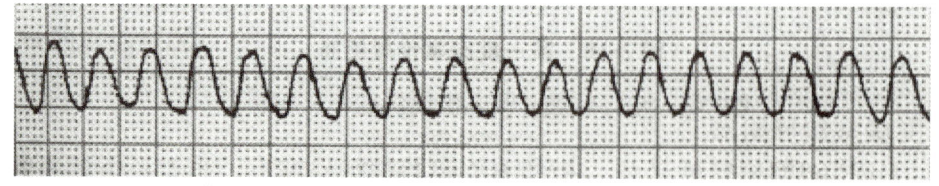

图 3-15　心室扑动

D. 心室颤动(图3-16):P-QRS-T波群消失,代之以形态、频率、振幅绝对不规则的室颤波,其频率为150~500次/分。

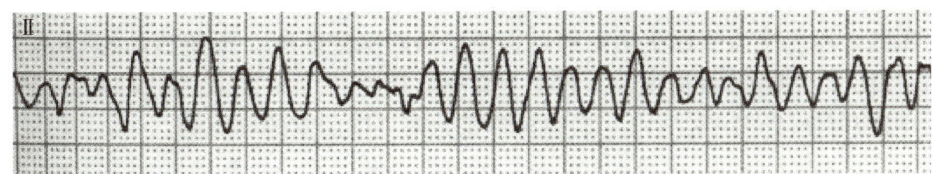

图 3-16 心室颤动

7) 房室传导阻滞心电图特点

A. 一度房室传导阻滞(图 3-17):①每个心房冲动都能传导到心室,即每个 P 波后均有 QRS 波群。②P-R 间期延长,成人>0.20 秒。

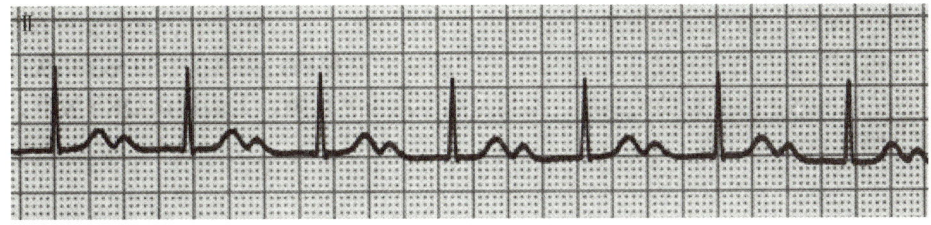

图 3-17 一度房室传导阻滞

B. 二度房室传导阻滞:分为Ⅰ型和Ⅱ型。①Ⅰ型又称莫氏Ⅰ型,或称文氏现象(图 3-18),P-R 间期进行性延长,相邻 R-R 间期进行性缩短,直至 P 波后 QRS 波脱漏,如此周而复始。包含受阻 P 波在内的 R-R 间期小于正常窦性 P-P 间期的两倍;形成房室传导比例为 3∶2 或 5∶4。②Ⅱ型又称莫氏Ⅱ型(图 3-19):P-R 间期恒定不变,可正常也可延长;数个 P 波后就有 1 个 QRS 波群脱落,形成 2∶1 或 3∶1 不同比例的阻滞。

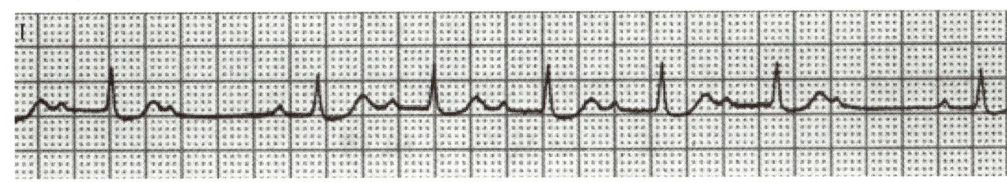

图 3-18 二度Ⅰ型房室传导阻滞

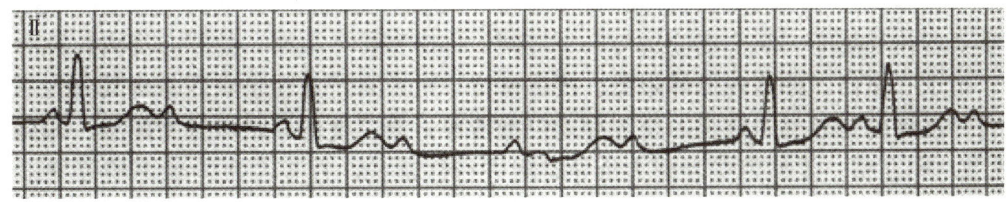

图 3-19 二度Ⅱ型房室传导阻滞

C. 三度房室传导阻滞,又称完全性房室传导阻滞:①心房与心室活动各自独立,P 波来自窦房结或异位心房节律,P-P 间隔相等;QRS 波群来自心室异位心律,R-R 间隔相等,形态随心室起搏点位置而变化。阻滞部位高,QRS 呈室上性(图 3-20);阻滞部位较低,QRS 波群增宽(图 3-21)。②P 波频率(心房率)>QRS 波群频率(心室率),P 波与 QRS 波群无固定关系。

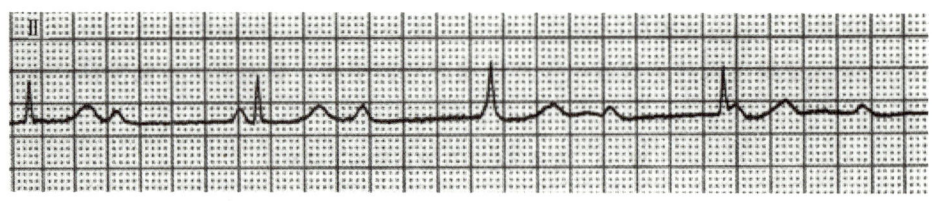

图 3-20　三度房室传导阻滞（阻滞部位高）

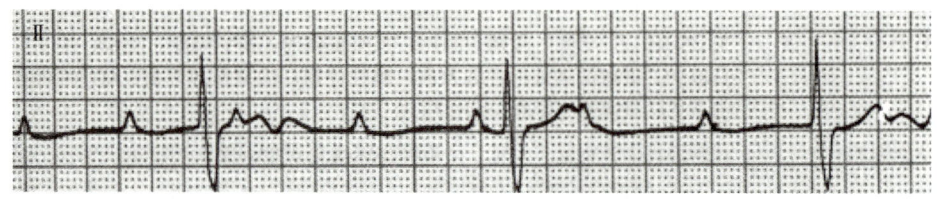

图 3-21　三度房室传导阻滞（阻滞部位低）

（2）其他检查：必要时可做动态心电图、临床电生理检查、影像学检查，对病因判断有一定的价值。

考点：各种心律失常的心电图特征

> **护考链接**
>
> 心电图主要特征为窦性 P 波消失，代之以大小、形态及节律不一的 f 波，R-R 间隔完全不规则，主要见于（　）　A. 房颤　B. 室颤　C. 期前收缩　D. 房室传导阻滞　E. 窦性心律失常
>
> **答案：**A

（二）护理诊断及合作性问题

1. 活动无耐力　与心律失常导致心输出量减少有关。
2. 焦虑　与心律不规则、有停顿感及心律失常反复发作、疗效不佳有关。
3. 有受伤的危险　与心律失常引起的头晕和晕厥有关。
4. 潜在并发症　猝死、脑栓塞、心脏骤停。

> **情境 3-2 护理诊断分析**
>
> 因患者有心悸、气短、晕厥等症状，还有情绪紧张等情绪故存在下列主要护理诊断：活动无耐力（与心律失常导致心排血量减少、组织供血不足有关）；有受伤的危险（与晕厥发作时跌倒有关）；焦虑（与心律不规则、有停顿感及心律失常反复发作、担心预后有关）；潜在并发症（猝死）。

（三）护理措施

1. 一般护理

（1）休息与活动：根据病情合理安排休息和活动，无症状或症状较轻的患者鼓励正常工作和生活，但要避免过度劳累；有明显症状时应嘱患者采取高枕卧位、半卧位等，但尽量避免左侧卧位，因左侧卧位可使患者感觉到心脏的搏动而加重不适感。对阵发性室性心动过速、二度Ⅱ型及三度房室传导阻滞等严重心律失常发作时，患者应绝对卧床休息。

（2）饮食护理：选择低脂、富含维生素、清淡、易消化的食物，少食多餐，保持大便通畅，避免刺激性食物、浓茶、咖啡等。

2. 病情观察　严密观察病情，监测生命体征的变化，并做记录。注意观察患者的神志、皮肤黏膜颜色及温湿度、尿量等有无变化；对晕厥患者详细询问发作的诱因、时间及过程，注意心源性晕厥与排

尿性晕厥、迷走血管性晕厥等的区别。

3. 配合治疗护理

（1）吸氧：对伴有气促、发绀等缺氧症状的患者，遵医嘱给予吸氧，2~4L/min。

（2）持续心电监护：向患者接受心电监护的目的和使用时的注意事项，严密观察心率、心律的变化，如发现频发室性期间收缩（大于5个/分）、阵发性室性心动过速、二度Ⅱ型或三度房室传导阻滞时，应立即报告医生，协助做好抢救。

（3）治疗配合

1）终止阵发性室上性心动过速发作：可首先使用机械刺激迷走神经的方法。①用压舌板刺激咽部，诱发恶心、呕吐反应；②深吸气后屏气，再用力做呼气动作；③进行颈动脉窦按摩，患者取仰卧位，先按摩右侧5~10秒钟，无效再按摩左侧，不能两侧同时进行，按摩的同时听诊心率，当心率减慢，立即停止；④压迫眼球，患者取平卧位，闭眼并眼球向下，用拇指在一侧眶下眼球上方向下向后压迫眼球，每次10秒钟，青光眼或高度近视者禁忌。

考点：终止发作刺激迷走神经的方法。

2）用药护理：遵医嘱给予抗心律失常药物，观察药物的疗效及不良反应：①奎尼丁，是最早应用的抗心律失常药物，由于其有较强的心脏毒性反应，使用前需监测血压、心率与心律，如有血压低于90/60mmHg、心率慢于60次/分或心律不规则时，须暂停给药并与医生联系；②利多卡因，用于室性心律失常，用药过程中应密切观察有无意识模糊、血压降低、头晕、抽搐和呼吸抑制等毒性反应，静脉注射1h之内的总量不得超过300mg；③胺碘酮，是急性心肌缺血、梗死并发室性心动过速的首选药物，常见的不良反应有胃肠道反应、甲状腺功能障碍、眼部碘沉着和肺部纤维化等，所以长期服用该药的患者需定时检查甲状腺功能、肝功能、X线胸片等；④普罗帕酮，易致恶心、口干、头痛等，常饭后服用；⑤维拉帕米，静脉推注用于终止阵发性室上性心动过速，常见的不良反应有低血压、心动过缓和房室阻滞等。

3）诊疗操作的配合：了解如经食管心脏调搏术、心脏电复律和人工心脏起搏等诊疗手段的目的、疗效及操作过程，能向患者解释其检查或治疗的作用及注意事项，使患者积极配合检查及治疗，并做好相应的护理。

4. 心理护理 护士应与患者多沟通，向患者介绍心律失常常见的病因、诱因及其可治性，解除患者的思想顾虑；评估其焦虑的程度，向患者解释焦虑可加重心脏负荷，诱发或加重心律失常，指导患者采取放松技巧，缓解焦虑情绪；鼓励家属多探视患者；在特殊护理操作及特殊治疗前向患者做必要的解释；鼓励患者参加力所能及的活动或适当的娱乐，如读书、看报、听音乐等，以分散注意力；经常巡视病房，了解患者的需要，解决其问题，让患者的情绪稳定，树立战胜疾病的信心。

（四）护理目标评价

患者心悸减轻或消失，活动耐力有所增加；能获得有关心律失常的检查和治疗的知识，心率、心律转为正常，焦虑减轻或消失；无受伤情况发生。评价是否达到以上护理目标。

三、健康指导

（1）向患者及家属介绍心律失常的常见原因、诱因及防治知识；指导患者合理安排休息与活动，注意劳逸结合、生活规律；无器质性心脏病者，应积极参加体育锻炼，调整自主神经功能；有器质性心脏病者，则根据心功能情况适当活动；有晕厥史的患者应避免从事有危险的工作如驾驶、高空作业等，头晕、黑朦时应平卧，以免晕厥发作时摔伤。

（2）指导患者进食低脂、易消化食物，少食多餐，避免饱餐，避免刺激性食物如咖啡、可乐、浓茶、烈酒等，戒烟；心动过缓者应避免屏气、用力的动作，如用力排便等，以免因兴奋迷走神经而加重心动过缓。

（3）遵医嘱按时按量服药，不可随意增减药量或撤换药物，教会患者观察药物疗效和不良反应，有异常时及时就医;教会患者及家属测量脉搏的方法,嘱患者每日至少测量脉搏 1 次,每次应在 1 分钟以上;教会患者及家属心肺复苏技术以备紧急需要时应用;对安装人工心脏起搏器的患者及家属做好相应的指导;定期随访,定期复查心电图,以及早发现病情变化。

情境 3-2 问题回答

患者家属: "护士,我爸爸为什么总是出现晕厥?"
护士: "因为您爸爸患有三度房室传导阻滞,心率只有 45 次/分,太慢了,心脏泵出来的血不能满足大脑的需求,使大脑供血减少而出现晕厥。"
患者家属: "我爸爸总是时不时就晕厥一次,还出现抽搐,我很担心!"
护士: "是啊,如果晕厥时无人在旁边那真是很危险,所以要听医生的建议尽快安装心脏起搏器啊!"
患者家属: "心脏起搏器是什么?"
护士: "心脏起搏器是一种医用电子仪器,通过发放一定形式的电脉冲刺激心脏,使心脏按照我们调整的频率有规律的跳动,用来治疗像您爸爸这样的疾病效果很好!"
患者家属: "哦,我明白了,我和家人商量一下。谢谢你啊!"
护士: "不用谢! 你还有什么问题,可随时问我。"

小结

心律失常是指各种原因引起的心脏冲动起源和传导异常导致心脏活动的频率及节律改变。正常心脏在心脏内传导系统的作用下,以一定范围的频率有规律地收缩和舒张。如果心肌细胞的自律性、兴奋性、传导性改变,就会导致心脏的冲动形成和(或)传导异常而发生心律失常。心律失常的诊断主要依靠心电图检查。心律失常的治疗主要是消除病因或诱因;应用抗心律失常药物及非药物治疗如人工心脏起搏、心脏电复律、心导管消融等。护理措施主要是严密观察心电变化、做好心理护理和用药护理。

自 测 题

A₁型题

1. 最易出现阿-斯综合征的心律失常是(　　)
   A. 心房颤动　　　　B. 室性早搏
   C. 房性心动过速　　D. 心室颤动
   E. 一度房室传导阻滞

2. 心房颤动时的心房率是(　　)
   A. 100~120 次/分　　B. 120~180 次/分
   C. 180~300 次/分　　D. 300~350 次/分
   E. 350~600 次/分

3. 随时有猝死危险的心律失常不包括(　　)
   A. 心室颤动
   B. 心室扑动
   C. 阵发性室性心动过速
   D. 阵发性室上性心动过速
   E. 三度房室传导阻滞

4. 阵发性室性心动过速发作时首选的药物是(　　)
   A. 阿托品　　　　B. 利多卡因
   C. 苯妥英钠　　　D. 维拉帕米
   E. 美西律

5. 可采取兴奋迷走神经的方法终止发作的心律失常是(　　)
   A. 阵发性室上性心动过　B. 阵发性室性心动过速
   C. 心房扑动　　　　D. 心房颤动
   E. 室性期前收缩

6. 用于治疗缓慢性心律失常的药物是(　　)
   A. 维拉帕米　　B. 利多卡因
   C. 胺碘酮　　　D. 阿托品
   E. 普罗帕酮

7. 阵发性室上性心动过速合并心力衰竭患者的首选药物是(　　)
   A. 维拉帕米　　B. 间羟胺
   C. 利多卡因　　D. 洋地黄毒苷
   E. 胺碘酮

8. 阵发性室性心动过速最常见于(　　)
   A. 甲状腺功能亢进　B. 高血压
   C. 急性心肌梗死　　D. 洋地黄中毒
   E. 心肌病

9. 听诊心律绝对规则的是(　　)
   A. 房性期前收缩　B. 室性期前收缩
   C. 室上性心动过速　D. 心房扑动
   E. 心房颤动

10. 第一度房室传导阻滞是指 PR 间期超过(　　)
    A. 0.10 秒　　B. 0.12 秒
    C. 0.16 秒　　D. 0.18 秒

E. 0.20 秒

A₂型题

11. 当护士发现患者发生室颤时,需首先采取的行动是( )
    A. 吸氧　　　　　　　　B. 开放静脉
    C. 进行非同步直流电除颤　D. 气管插管
    E. 颈动脉按摩

12. 监护患者心脏时,见心电图突然出现完全不规则的波浪曲线,而看不到QRS波与T波,对此在以下判断中哪项是错误的( )
    A. 患者发生室颤,为最严重的心律失常
    B. 立即静脉推注利多卡因60mg
    C. 可施行电极除颤
    D. 应立即做胸外心脏按压和口对口人工呼吸
    E. 患者发生猝死,无需再做抢救

13. 男性,33岁,突然心悸,检查心律规则,心率180次/分,未听到杂音,压迫颈动脉窦后心率突降到76次/分,你推断此患者可能是( )
    A. 窦性心动过速
    B. 阵发性室上性心动过速
    C. 阵发性室性心动过速
    D. 阵发性快速房颤
    E. 阵发性快速房扑

14. 患者,男性,56岁。自诉心慌。心电图:提前出现P'波,其形态与窦性P波不同,QRS形态正常,其后有不完全代偿间歇。该患者的心电图诊断为( )
    A. 房性期前收缩　　B. 室性期前收缩
    C. 心房扑动　　　　D. 心房颤动
    E. 房室传导阻滞

15. 患者,男性,50岁,肺癌晚期,住院期间突然出现意识丧失,血压测不清,颈动脉搏动消失。心电图示为心室颤动,此时应首选的治疗措施是( )
    A. 静推利多卡因　　B. 同步直流电复律
    C. 非同步直流电复律　D. 安装起搏器
    E. 应用洋地黄类药物

第4节　心脏瓣膜病患者的护理

情境 3-3

一名38岁女性患者因劳累后心慌气短10年,不能平卧半月,双下肢水肿7天入院。既往有风心病史。生命体征:T 38℃,P 98次/分,R 26次/分,BP 90/60mmHg。患者述说:"我无法躺平,一躺平就憋气的厉害,无法呼吸。"护士体检时发现患者呼吸急促,口唇发绀,颈静脉怒张,肝颈静脉回流征阳性,双肺底湿啰音,心尖部触及舒张期震颤,心脏浊音界向两侧扩大,心律绝对不齐,心率110次/分,脉搏短绌,心尖部可闻及舒张期隆隆样杂音,肝大,双下肢凹陷性水肿。血常规示:白细胞$12×10^9$/L。

一、疾病概述

(一) 定义

心脏瓣膜病是由于先天性畸形、黏液样变性、退行性改变、炎症、缺血性坏死和创伤等原因引起的单个或多个瓣膜结构(包括瓣叶、瓣环、腱索或乳头肌)和(或)功能出现异常,导致瓣口狭窄和(或)关闭不全,从而产生血流动力学显著改变的一组疾病。心脏瓣膜中最常受累的是二尖瓣,其次为主动脉瓣,三尖瓣和肺动脉瓣很少受累。病变可累及1个瓣膜,当累及2个或2个以上瓣膜时称为多瓣膜病,后者以二尖瓣狭窄合并主动脉瓣关闭不全最常见。

(二) 病因及病理生理

1. 病因

(1) 风湿热:是引起心瓣膜病的主要病因,风湿炎症导致的瓣膜损害成为风湿性心脏病,简称风心病。反复的风湿炎症作用在瓣叶,导致瓣叶和腱索出现纤维化、钙化、僵硬和挛缩畸形,从而引起瓣膜的狭窄和痉挛。

(2) 结缔组织病：如系统性红斑狼疮心内膜炎可致二尖瓣狭窄。

(3) 感染性心内膜炎：炎症破坏瓣膜结构，使瓣膜穿孔或断裂。

(4) 先天性畸形：如先天性二尖瓣脱垂、先天性心脏病等导致二尖瓣关闭不全，主动脉瓣先天性二叶瓣畸形等。

(5) 退行性病变：与年龄相关的退行性主动脉瓣狭窄已成为成人最常见的主动脉瓣狭窄的原因。据统计，约2%的65岁以上的老年人患有此病。退行性病变以主动脉瓣狭窄最为常见，其次是二尖瓣病变。

(6) 创伤：胸部穿通或顿挫伤导致瓣叶、瓣膜附属结构及升主动脉根部损伤。

2. 病理生理

(1) 二尖瓣狭窄：正常成人二尖瓣口面积为4～6cm²，当瓣口面积减少至2cm²时为轻度狭窄；减少至1cm²以下时，为重度狭窄。当二尖瓣狭窄时，左心房压升高，一开始，左心房可通过代偿性扩张和心肌肥厚来增强心肌收缩；随着瓣膜口狭窄程度加重，左心房超过代偿极限，使左心房压逐渐升到，导致肺淤血；长期的肺淤血使肺循环压力升高，右心室后负荷增加，导致右心室扩张、肥厚，最终出现心力衰竭。

(2) 二尖瓣关闭不全：当出现二尖瓣关闭不全，左心室收缩时血液从左心室反流入左心房，左心房的容量负荷增加，左心房通过代偿性的扩张和肥厚增加心肌收缩力，将左心房内增多的血液在舒张期又流入左心室，使左心室的容量负荷也增加，左心室也通过代偿增加心肌收缩力，使左心室的每搏量增加，心搏量增加，射血分数维持在正常范围。随着病程的延长，持久而严重的过度容量负荷导致左心房和左心室压力过大而出现失代偿，最终出现肺淤血和左心衰竭。晚期出现肺动脉高压，导致右心衰竭、全心衰竭。

(3) 主动脉瓣狭窄：正常成人主动脉瓣口面积3～4cm²，当瓣膜口面积≤1.0cm²时，左心室收缩期的压力负荷增加，导致左心室进行性室壁向心性肥厚以维持正常收缩期室壁应力和左室排血量。左室肥厚使其顺应性降低，引起左室舒张末期压力进行性升高，从而使左房的后负荷增加，左房代偿性增厚。最终由于室壁应力增高、心肌缺血和纤维化等导致左室功能衰竭。同时舒张期心腔内压力升高，压迫心内膜下血管使冠状动脉灌注减少和脑供血不足的血流动力学改变特点为舒张期左心室不仅要容纳正常从左房流入的血液，还要接受因瓣膜关闭不全从主动脉反流的血液，使左室舒张期容量负荷逐渐增大，左室扩张、肥厚。另一有利代偿机制为运动时外周阻力降低和心率增快伴舒张期缩短，使反流减轻。当代偿到一定限度时，则心室收缩功能降低致左心衰竭。同时主动脉瓣关闭不全，使主动脉舒张压降低，影响冠状动脉和全身动脉供血。

(4) 主动脉瓣关闭不全：主动脉瓣关闭不全时舒张期左心室不仅要容纳正常从左心房流入的血液，还要接受因瓣膜关闭不全从主动脉反流的血液，使左心室舒张期容量负荷增大，左室扩张、肥厚。另一有利代偿机制为运动时外周阻力降低和心率增快伴舒张期缩短，使反流减轻。当代偿到一定限度时，则心室收缩功能降低致左心衰竭。同时主动脉瓣关闭不全，使主动脉舒张压降低，影响冠状动脉和全身动脉供血。

(三) 诊断及治疗要点

1. 诊断要点　结合病史、典型的症状、听诊心脏杂音的类别和超声心动图等辅助检查结果，即可做出诊断。

2. 治疗要点　采用内科治疗、介入和手术治疗方法。内科治疗的原则为防治风湿活动，改善心功能，减轻症状，防治并发症。介入和手术治疗是治疗瓣膜病的有效方法，常用方法有扩瓣术、瓣膜成形术（图3-22）、瓣膜置换术（图3-23）等。

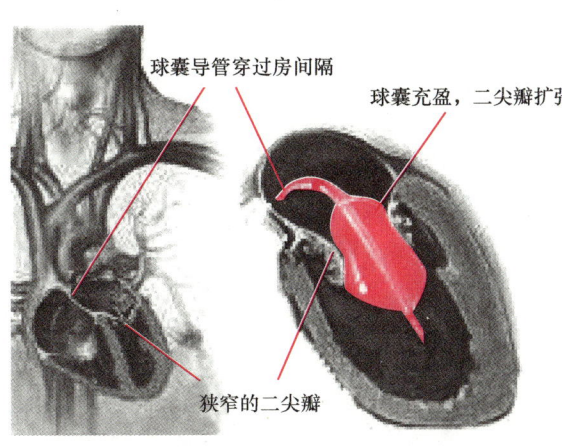
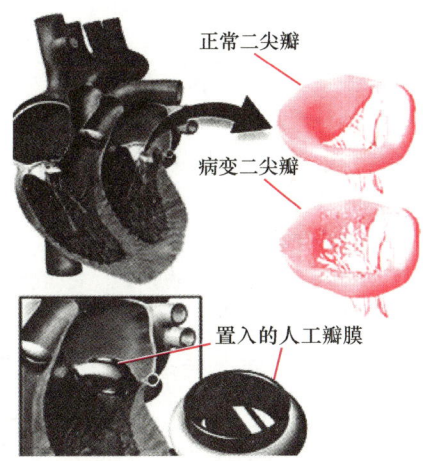

图 3-22 扩瓣术　　　　　图 3-23 二尖瓣置换手术

情境 3-3 诊断分析

患者为风心病二尖瓣狭窄合并心衰、房颤。原因:该患者出现双下肢凹陷性水肿、颈静脉怒张、肝颈静脉回流征等有典型右心衰竭的体征;有心律绝对不齐、脉搏脉搏短绌等典型心房颤动体征;在心尖区闻及舒张期隆隆样杂音说明出现二尖瓣狭窄。因此结合患者典型的症状和体征可确诊风心病二尖瓣狭窄合并心衰、房颤。

二、疾 病 护 理

(一) 护理评估

1. 健康史　评估患者有无风湿热病史和慢性咽、扁桃体炎等反复链球菌感染病史;近期有无呼吸道感染、心律失常、过劳及情绪激动等加重病情的因素存在。

2. 身体状况

(1) 二尖瓣狭窄

1) 症状:一般需要达到中度狭窄(瓣口面积<1.5cm^2)时开始出现临床症状,这时主要表现为肺淤血所致症状。

A. 呼吸困难:为最常见和最早期的症状。开始时呼吸困难发作常以运动、紧张、激动等为诱因,并多先有劳力性呼吸困难,随狭窄程度的加重,出现阵发性夜间呼吸困难甚至端坐呼吸。

B. 咳嗽:常见,多为干咳无痰或泡沫痰,在夜间睡眠时或劳动后出现。并发感染时咳黏液痰或脓痰。

C. 咯血:突然大量咯血是由于支气管静脉扩张破裂引起的;肺梗死时咯胶胨暗红色痰,是二尖瓣狭窄合并心力衰竭的晚期并发症;急性肺水肿时咳粉红色泡沫样痰。

D. 血栓栓塞:是二尖瓣狭窄的严重并发症,发生栓塞者有80%有心房颤动。

2) 体征:①视诊,二尖瓣面容(图3-24);②触诊,心尖区可触及舒张期震颤;③叩诊,心相对浊音界于胸骨左缘第3肋间向左扩大,呈现梨形心;④听诊,心尖区可闻及低调的舒张期隆隆样杂音;第一心音亢进和开瓣音;肺动脉瓣区第二音亢进、分裂等。在体征中最具有诊断意义的是心脏杂音的听诊。

(2) 二尖瓣关闭不全

1) 症状:早期无症状,左心功能失代偿时可出现疲乏无力、

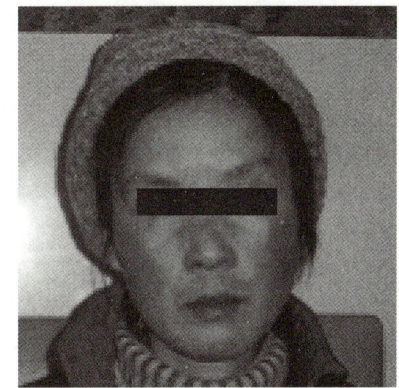

图 3-24 二尖瓣面容

劳累后心悸、呼吸困难等。肺淤血症状出现较晚。

2) 体征：心界向左下扩大，心尖搏动向左下移位。心尖区第一心音减弱，可闻及全收缩期粗糙高调的吹风样杂音，向左腋下、左肩胛下传导。

(3) 主动脉瓣狭窄

1) 症状：轻者多无明显症状。中、重度狭窄可有劳力性呼吸困难、晕厥和心绞痛，为主动脉瓣狭窄常见的三联征表现。

2) 体征：心尖搏动呈抬举性；主动脉瓣可闻及响亮、粗糙的收缩期吹风样杂音，向颈部、心尖区传导，为主动脉瓣狭窄最重要的体征；主动脉瓣区第二音减弱。脉细弱，脉压减小，血压偏低。

(4) 主动脉瓣关闭不全

1) 症状：早期可无症状，或仅有心悸、头部动脉搏动感。病变严重时可出现劳力性呼吸困难等左心衰竭的表现。有时出现体位性头晕及心绞痛。

2) 体征：心尖搏动向左下移位，搏动有力而弥散。胸骨左缘第3、4肋间可闻及舒张期高调叹气样递减型杂音，向心尖部传导，前倾坐位时听诊明显；收缩压升高、舒张压下降，脉压增大，出现水冲脉、股动脉枪击音及毛细血管搏动征等周围血管征。

考点：心脏瓣膜病的症状和体征

护考链接

患者，女性，40岁，既往有风湿性瓣膜病合并二尖瓣狭窄病史。二尖瓣狭窄最早出现的症状是（　　）
A. 咯血　B. 水肿　C. 劳力性呼吸困难　D. 端坐呼吸　E. 咳嗽

答案：C

3. 心理-社会状况　患者因病程长，反复发作，社会支持差，出现并发症，常有焦虑不安、神经过敏、压抑等心理反应。风湿病受社会因素和环境因素影响明显，好发于社会低收入的女性及寒冷潮湿的季节。

4. 辅助检查

(1) X线检查

1) 中、重度二尖瓣狭窄时，左心房增大，肺动脉段突出，心影呈梨形（二尖瓣型心脏）（图3-25），有肺淤血征象。

2) 二尖瓣关闭不全时左心房、左心室增大，肺淤血和肺间质水肿征，肺动脉段突出。

3) 主动脉瓣关闭不全时心影呈靴形（主动脉型），即左心室增大伴升主动脉扩张、迂曲，主动脉弓突出（图3-26）。

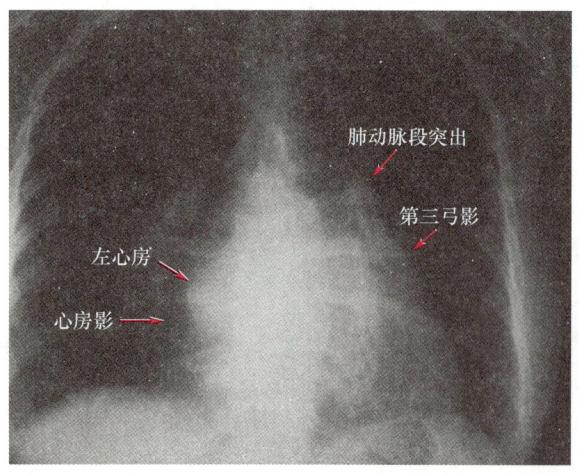

图3-25　二尖瓣型心脏，肺淤血

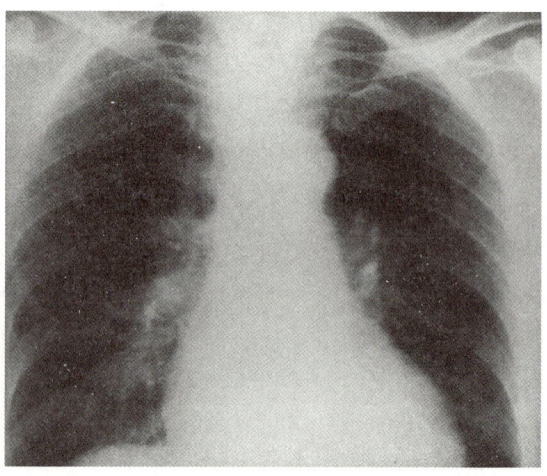

图3-26　主动脉型

4）主动脉瓣狭窄时心影可正常或轻度增大，主动脉根部有狭窄后扩张。

（2）心电图：二尖瓣狭窄时左心房明显扩大后可见宽大而有切迹的P波，称二尖瓣型P波（图3-27），并可见各类心律失常，以房颤最常见；二尖瓣关闭不全、主动脉瓣狭窄和主动脉瓣关闭不全可有左心室肥厚及继发性ST-T改变。

（3）超声心动图：是确诊二尖瓣狭窄最敏感可靠的方法。M型超声心动图示二尖瓣前叶活动曲线双峰消失，呈"城墙样"改变；二尖瓣关闭不全时左心房增大，左心室扩大，脉冲多普勒超声和彩色多普勒血流显像可在左心房内探及明显收缩期高速反流；主动脉瓣狭窄时左室壁增厚，主动脉瓣开放幅度减低。多普勒超声可测出主动脉瓣口面积及跨瓣压差；主动脉瓣关闭不全时左室内径及左室流出道增宽，主动脉根部内经增大，二尖瓣前叶可见舒张期震颤。脉冲多普勒超声和彩色多普勒血流显像可在左心室探及全收缩期高速射流，为最敏感的确定主动脉瓣反流的方法。

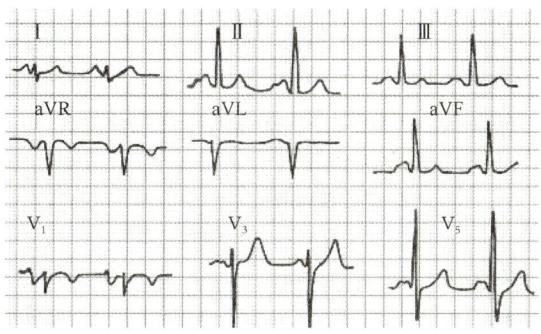

图3-27 二尖瓣型P波

考点：心脏瓣膜病典型的辅助检查结果

护考链接

患者，女性，40岁，既往有风湿性瓣膜病合并二尖瓣狭窄病史。二尖瓣狭窄听诊可闻及（　　）A．心尖部舒张期隆隆样杂音　B．心尖区全收缩期粗糙吹风样杂音　C．胸骨右缘第2肋间响亮、粗糙的收缩期吹风样杂音　D．胸骨左缘第3、4肋间舒张早期叹气样杂音　E．胸骨左缘第2肋间连续性机器样杂音

答案：A

（二）护理诊断及合作性问题

1. 活动无耐力　与心瓣膜病导致心排血量减少有关。
2. 有感染的危险　与长期肺淤血、风湿活动和呼吸道抵抗力下降有关。
3. 知识缺乏　缺乏疾病的预防保健知识。
4. 潜在并发症　肺部感染、充血性心力衰竭、心律失常、栓塞、感染性心内膜炎。

情境3-3 护理诊断分析

因患者有心慌气短、口唇发绀、双下肢水肿、T 38℃等表现，故存在下列主要护理诊断：活动无耐力（与心排出量减少有关）；体液过多（与右心衰竭有关）；体温过高（与风湿活动有关）。

（三）护理措施

1. 一般护理

（1）休息与活动：根据心功能情况合理安排休息与活动，有风湿活动、并发症及心力衰竭者，须卧床休息；呼吸困难患者采取坐位或半卧位；左房内有巨大附壁血栓者应严格卧床休息，防止脱落造成其他部位栓塞；病情允许者应鼓励患者多翻身、进行肢体的主动与被动运动、温水泡脚或下床活动等，防止下肢静脉血栓的形成。

（2）饮食护理：给予高热量、高蛋白、低胆固醇、富含维生素、清淡易消化的饮食，少量多餐，促进机体的恢复。心力衰竭者应限制钠盐摄入，以减轻心脏负担。保持大便通畅。

2. 病情观察

（1）生命体征的观察：注意观察心率、心律、脉搏频率及节律的变化。

（2）风湿活动的观察：观察有无关节疼痛、皮肤环形红斑和皮下结节等风湿活动的表现。

（3）并发症的观察：观察患者有无栓塞、心力衰竭、肺部感染、感染性心内膜炎等并发症的发生。

3. 配合治疗护理

（1）用药护理：遵医嘱使用抗生素、抗风湿、抗心律失常和抗血小板聚集的药物治疗。长期甚至终生应用青霉素，120万U，1次/月；口服抗风湿药物如阿司匹林；积极治疗并发症，如并发心功能不全者应用强心剂、利尿剂和血管扩张剂等；并发感染者，给予足够疗程的抗感染治疗；并发心房纤颤者应控制心室率及抗凝治疗，以防诱发心功能不全或栓塞。观察药物疗效及不良反应。

（2）生活护理：做好口腔与皮肤护理，患者应勤换衣裤、被褥，防止受凉。积极预防和控制感染，纠正心律失常，避免劳累和情绪激动，以免诱发心力衰竭。

（3）手术配合护理：对准备实施扩瓣术、瓣膜成形术、瓣膜置换术及拟行经皮球囊瓣膜成形术的患者，应按医嘱做好术前准备。具体手术时间和手术类型应根据病情选择，病情进展快者应及早进行，进展慢、无症状者定期复查，适时进行。

链接：介入和外科治疗二尖瓣狭窄

介入和外科治疗能扩张瓣膜口，解除二尖瓣机械梗阻，但需掌握好治疗时的适应证、手术方法和手术时间。如果是无症状的轻度二尖瓣狭窄的患者，则不需要进一步处置；如果是无症状的中重度的二尖瓣狭窄患者，主要通过改变他们的生活方式为相对静息方式，可以保持多年不出现任何症状；如果已经出现症状的严重二尖瓣狭窄的患者应采取干预措施，如采用经皮球囊二尖瓣成形术，该方法是缓解单纯二尖瓣狭窄的首选方法。若二尖瓣狭窄患者存在严重瓣叶和瓣下结构钙化、畸形或合并明显的二尖瓣关闭不全或主动脉瓣病变者，则应选择二尖瓣置换术。

4. 心理护理　向患者讲解疾病的发生发展过程、病因及诱因、并发症等，让患者了解瓣膜治疗的长期性和必要性，保持情绪稳定和乐观精神，树立战胜疾病的信心。

考点：护理措施

（四）护理目标及评价

患者活动耐力逐渐增加，生活能够自理；住院期间无感染发生；能说出相关疾病的预防保健知识。评价是否达到以上护理目标。

三、健康指导

（1）向患者及家属介绍本病的病因和病程进展特点，说明本病治疗的长期性、艰苦性，鼓励患者坚定治疗的信心，做好长期与疾病做斗争以控制病情进展的思想准备，适合手术者尽早择期手术治疗以提高生活质量。

（2）指导患者尽可能改善居住环境，保持室内空气流通、温暖、干燥，阳光充足，防止风湿活动。

（3）帮助患者安排好活动与休息，特别是女性患者要注意家务劳动要适量，教育家属分担家务并理解患者、支持患者，减轻劳动负担。

（4）日常生活中适当锻炼，加强营养，提高机体抵抗力。注意防寒保暖，避免上呼吸道感染，避免与呼吸道感染患者接触，预防感染，一旦发生感染，应及时治疗。

（5）在拔牙、内镜检查、导尿术、分娩、人工流产等手术前应向医生说明风湿热的病史，便于预防性地使用抗生素；扁桃体反复发炎者，在风湿活动控制后2～4个月手术摘除扁桃体。

（6）育龄妇女要根据心功能情况在医生指导下控制好妊娠与分娩时机。

（7）向患者解释坚持按医嘱服药的重要性，提供有关药物使用的书面材料，并定期门诊复查。

情境3-3 问题回答

护士： "大姐您好！您今天感觉怎么样？有没有哪里不舒服？"

患者： "我今天感觉好点了，不会总感觉心慌和憋气，我现在能躺平休息，已经很不错了，前段时间只能一直坐着，连睡觉也坐着，好辛苦！今天就感觉舒服很多！太感谢你们医护人员对我照顾！谢谢！"

护士： "您太客气了，照顾您是我们应该做的事！我再帮您检查一下。"
（测量生命体征，肺部听诊，检查双下肢水肿情况……）

护士： "张大姐，您的双下肢还有一点肿，卧床的时候还需要继续在下肢垫个枕头以抬高下肢哦！水肿的肢体感觉稍微迟钝了点，这天有点冷，用热水袋保暖时注意水温不能太高哦。"

患者： "好的，我会的，谢谢护士！"

护士： "那您先好好休息，我就不打扰您了。"

家属： "好的，谢谢！"

小结

心脏瓣膜病是由于先天性畸形、黏液样变性、退行性改变、炎症、缺血性坏死和创伤等原因引起的单个或多个瓣膜结构（包括瓣叶、瓣环、腱索或乳头肌）和（或）功能出现异常，导致瓣口狭窄和（或）关闭不全，从而产生血流动力学显著改变的一组心脏疾病。引起心脏瓣膜病最常见的病因为风湿热，风湿热最常累及二尖瓣，其次是主动脉瓣。如果同时累及2个或2个以上心瓣膜称多瓣膜病，以二尖瓣狭窄合并主动脉瓣关闭不全最常见。各种心瓣膜病都可以导致肺淤血、体循环淤血，治疗时需要控制心力衰竭、预防风湿热反复发作，可进行人工瓣膜置换术，狭窄时还可以行瓣膜成形术。

自 测 题

A₁型题

1. 能引起心脏后负荷加重的瓣膜病为（　　）
   A. 二尖瓣狭窄　　　　B. 二尖瓣关闭不全
   C. 主动脉瓣狭窄　　　D. 主动脉瓣关闭不全
   E. 三尖瓣关闭不全

2. 可引起脉压增大的疾病是（　　）
   A. 二尖瓣狭窄　　　　B. 二尖瓣关闭不全
   C. 主动脉瓣狭窄　　　D. 主动脉瓣关闭不全
   E. 肺动脉瓣狭窄

3. 风湿性心瓣膜病最常受累的瓣膜是（　　）
   A. 二尖瓣　　　　　　B. 主动脉瓣
   C. 肺动脉瓣　　　　　D. 三尖瓣
   E. 二尖瓣联合主动脉瓣

A₂型题

4. 患者，女性，45岁。有风心病二尖瓣狭窄、房颤病史，此次因受凉后呼吸困难不能平卧入院。针对该患者的健康教育不恰当的是（　　）
   A. 避免受凉
   B. 半卧位休息
   C. 适当活动下肢，防止血栓形成
   D. 早期加强锻炼
   E. 遵医嘱坚持药物治疗

5. 患者，女性，25岁。风心病，心功能Ⅲ级。长期服用地高辛片，0.25mg，1次/天，自觉尚好，今来复诊，测心率54次/分，血压90/60mmHg。对此患者的处理应为（　　）
   A. 停用地高辛，观察
   B. 继续用地高辛，原量维持
   C. 继续用地高辛，剂量减半
   D. 继续用地高辛，剂量加倍
   E. 改用苯妥英钠

6. 患儿，女，9岁，患风湿热1年，医生考虑该患儿病变已侵犯心脏，最有可能受累的瓣膜是（　　）
   A. 二尖瓣　　　　　　B. 三尖瓣
   C. 肺动脉瓣　　　　　D. 主动脉瓣
   E. 静脉瓣

7. 患者，女性，37岁，患慢性风湿性心脏瓣膜病，合并二尖瓣狭窄。入院后医生要求护士严密观察心律失常的发生。风心病合并二尖瓣狭窄最常见的心律失常是（　　）
   A. 室性期前收缩　　　B. 房室传导阻滞
   C. 心房颤动　　　　　D. 房性期前收缩
   E. 心室颤动

8. 患者，女性，48岁，患风心病合并二尖瓣狭窄3年，伴心房颤动1年。1天前无明显原因突然出现意识障碍，最可能的原因是（　　）
   A. 发生室颤
   B. 心排出量减少，脑供血不足

C. 心房血栓脱落,脑栓塞
D. 高凝状态,脑血栓形成
E. 发生房颤

9. 患者,女性,46岁。主诉呼吸困难、胸痛伴晕厥1次。拟诊"风湿性心脏病"入院。心脏听诊:心率86次/分。律齐。胸骨右缘第2肋间可闻及粗糙而响亮的吹风样收缩期杂音。考虑该患者的病理解剖诊断是(　　)
   A. 二尖瓣狭窄   B. 二尖瓣关闭不全
   C. 主动脉瓣狭窄   D. 主动脉瓣关闭不全
   E. 肺动脉瓣狭窄

10. 患者,女性,35岁,因风湿性瓣膜病合并二尖瓣狭窄。二尖瓣狭窄最早出现的症状是(　　)
    A. 咯血   B. 水肿
    C. 劳力性呼吸困难   D. 端坐呼吸
    E. 咳嗽

11. 患者,女性,50岁,患风湿性心脏病合并二尖瓣狭窄。与此病发病有密切关系的细菌是(　　)
    A. 乙型溶血型链球菌   B. 金黄色葡萄球菌
    C. 表皮葡萄球菌   D. 革兰阴性杆菌
    E. 大肠埃希菌

12. 一名患风心病合并二尖瓣狭窄8年、伴心房颤动2年的女性患者,昨天无明显原因突然出现意识障碍,最可能的原因是(　　)
    A. 发生室颤
    B. 心排血量减少,脑供血不足
    C. 心房血栓脱落,脑栓塞
    D. 高凝状态,脑血栓形成
    E. 发生房颤

第5节　冠状动脉粥样硬化性心脏病患者的护理

情境3-4

患者,男性,57岁,既往有心绞痛病史7年。1小时前因症状加重来诊,述说:"我1小时前突然出现胸痛,疼痛难忍,自己连续含服硝酸甘油3片没有好转,还感觉到恶心,期间呕吐1次。"入院后体查:血压90/60mmHg,心率110次/分,有室性期前收缩,每分钟2次,心尖部第一心音减弱。心电图示V1～V5导联Q波宽而深,ST段弓背向上抬高。

冠状动脉粥样硬化性心脏病(简称冠心病),是指冠状动脉粥样硬化使血管管腔狭窄或阻塞和(或)因冠状动脉功能性痉挛,导致心肌缺血、缺氧甚至坏死而引起的心脏病,亦称缺血性心脏病。本病多发生在40岁以后,男性发病早于女性,脑力劳动者多于体力劳动者。我国近年发病呈年轻化趋势,已成为威胁人类健康的主要疾病之一。

冠心病的病因至今尚未明确,目前认为主要与以下因素有关。

(1)年龄与性别:冠心病多见于40岁以上的中老年人,女性在绝经期后发病率增加,年龄和性别属不可改变的危险因素。

(2)脂质代谢异常:这是引起动脉粥样硬化最重要的危险因素,总胆固醇、甘油三酯、低密度脂蛋白胆固醇和载脂蛋白的水平与冠心病之间存在密切的关系。

(3)血压:血压增高与本病密切相关,经调查,高血压组并发冠心病者比血压正常组高3～4倍,而且血压升高更容易增加冠心病死亡的危险。

(4)吸烟:吸烟使心率加快,心肌耗氧量增加,并促使外周血管和冠状动脉收缩,同时还可诱发和加重动脉粥样硬化,促使冠心病的发生。

(5)糖尿病和糖耐量异常:糖尿病患者中发病率较非糖尿病者高2倍。

(6)其他:肥胖、体力活动少、饮食不当、遗传、A型性格者等。

1979年WHO将冠心病分为5种类型:隐匿型或无症状性冠心病、心绞痛、心肌梗死、缺血性心肌病、猝死。近年趋向于根据发病特点和治疗原则不同分为2类:慢性冠脉病和急性冠脉综合征。

链接:运动性猝死

运动性猝死多发生于年轻竞技性运动员中,猝死的原因大多为心血管疾病;多数研究者认为35岁以下的运动员中发生猝死与非梗阻性肥厚型心肌病有关,而35岁以上运动员发生猝死则以缺血性心脏病为最常见的原因。

本节重点讨论心绞痛和心肌梗死患者的护理。

一、心 绞 痛

（一）疾病概述

1. 定义　心绞痛是由于冠状动脉供血不足，导致心肌急剧的、暂时的缺血与缺氧引起的以胸痛为主要特征的临床综合征。

2. 病因和病机　心绞痛最基本的病因是冠状动脉粥样硬化，也可见于心瓣膜病、肥厚型心肌病、未控制的高血压、甲状腺功能亢进症和严重贫血患者。由于冠状动脉粥样硬化使管腔狭窄或部分支闭塞导致血流量减少，当心脏负荷突然增加或冠状动脉痉挛时，冠状动脉的供血不能满足心肌代谢的需要，引起心肌急剧的、暂时的缺血、缺氧，在此情况下产生的代谢产物刺激心脏内自主神经的传入纤维末梢而发生心绞痛。常见的诱因有劳累、情绪激动、饱餐、受寒、急性循环衰竭等。

3. 分类　心绞痛可分为稳定型心绞痛和不稳定型心绞痛，以下主要讨论稳定型心绞痛。稳定型心绞痛也称劳力性心绞痛，是由于体力活动引起心肌缺血，导致前胸部及附近部位不适，可伴心功能障碍，但无心肌坏死。不稳定型心绞痛是由于动脉粥样斑块破裂而诱发血小板聚集而形成血栓，使冠脉发生不完全性阻塞所致的一组临床症状。

4. 诊断及治疗要点

（1）诊断要点：结合典型心绞痛发作病史和辅助检查结果不难诊断。

（2）治疗要点：心绞痛发作时应立即休息，选择选择作用快、疗效高的硝酸酯制剂舌下含化，常用药物硝酸甘油和硝酸异山梨酯。缓解期可积极治疗和预防诱发心绞痛发作的危险因素，预防性的使用药物，进行介入治疗和外科手术治疗等。

考点： 心绞痛发作时的治疗要点

护考链接

当患者心绞痛发作时，最有效、作用最快的终止心绞痛的药物是（　　）A. 硝苯地平　B. 硝普钠　C. 硝酸甘油　D. 去乙酰毛花苷　E. 盐酸普萘洛尔

答案： C

（二）疾病护理

1. 护理评估

（1）健康史：询问患者有无高血压、高脂血症、吸烟、糖尿病及肥胖等危险因素；有无劳累、情绪激动、饱餐、受寒、急性循环衰竭等诱因；了解患者的年龄、饮食习惯、生活方式、职业及性格等。

（2）身体状况

1）症状：以发作性胸痛为主要临床表现，典型的疼痛有以下几个特点。

A. 部位：位于胸骨体上段或中段之后方，可波及心前区，范围约手掌大小，界限不很清楚。常放射至左肩、左臂内侧达无名指和小指，或至咽、颈、背、上腹部等。

B. 性质：胸痛为压迫性不适或紧缩、发闷、烧灼感，但无锐痛或刺痛，偶伴濒死恐惧感。发作时，患者常不自觉地停止原来的活动，直至症状缓解。

C. 诱因：发作时常因体力活动或情绪激动而诱发，也可在饱餐、寒冷、吸烟、休克时发病。疼痛发生于体力活动或激动的当时。

D. 持续时间：疼痛出现后常逐渐加重，然后于3~5分钟逐渐消失，很少超过15分钟。可数天、数周发作1次，亦可1日内多次发作。

E. 缓解方式：休息或舌下含服硝酸甘油后1~5分钟内缓解。

考点： 心绞痛的疼痛的典型特点

> **护考链接**
> 心绞痛的常见部位是(　　)　A. 心前区　B. 胸骨体中上段之后　C. 剑突下　D. 左肩　E. 前胸部
> 答案:B

2) 体征:缓解期一般无异常体征。心绞痛发作时常见面色苍白、表情焦虑、皮肤冷或出汗、血压升高、心率增快,有时出现第四心音或第三心音奔马律,可有暂时性心尖区收缩期杂音。

(3) 心理-社会状况:患者因疼痛、活动耐力下降等因素影响工作、学习和生活,产生焦虑、抑郁等心理。

(4) 辅助检查

1) 心电图检查:是发现心肌缺血、诊断心绞痛最常用的检查方法。静息心电图约有半数患者在正常范围,有时可出现非特异性 ST 段和 T 波异常,也可能有陈旧性心肌梗死的改变。心绞痛发作时绝大多数患者可出现暂时性心肌缺血性的 ST 段压低、T 波低平或倒置。运动负荷试验及 24 小时动态心电图检查可明显提高缺血性心电图的检出率,有助于非典型发作患者的诊断,目前已作为常用的心电图检查。

> **链接:运动负荷试验**
> 运动负荷试验时运用运动来增加心脏负荷以激发心肌缺血。常用的运动方式为分级活动平板或踏车,以达到按年龄预计的最大心率为负荷目标,让受检查者迎着转动的平板就地踏步并监测其心电图改变。

2) 放射性核素检查:常用方法为 ^{201}铊心肌显像。所示灌注缺损提示心肌血流供血不足或消失的区域,对心肌缺血诊断极有价值。

3) 冠状动脉造影检查:可显示冠状动脉及其主要分支狭窄的部位和程度,具有确诊价值,并对选择治疗方案及判断预后极为重要。

4) 其他检查:二维超声心动图可探测到缺血区心室壁的运动情况。螺旋 CT 和磁共振显像等可进行冠状动脉三维重建。可用于冠状动脉病变的诊断。

2. 护理诊断及合作性问题

(1) 疼痛胸痛与冠状动脉供血不足导致心肌缺血、缺氧有关。

(2) 活动无耐力:与心肌氧的供需失衡、久病所致虚弱、疲倦有关。

(3) 焦虑:与心绞痛反复发作有关。

(4) 知识缺乏:缺乏疾病相关知识。

(5) 潜在并发症:急性心肌梗死。

3. 护理措施

(1) 一般护理:心绞痛发作时让患者立即停止活动,安静坐下或半卧休息,必要时给予吸氧。缓解期鼓励患者适量活动,以活动时不感胸闷、胸痛为宜,并注意病情变化。饮食宜摄入低盐、低脂、高纤维、丰富维生素、清淡易消化食物,避免刺激性食物,不饮浓茶和咖啡。保持大便通畅,切忌屏气用力排便。

(2) 病情观察:观察疼痛发作有无特殊的诱因,并观察疼痛发作的部位、性质、程度、持续时间及缓解方式等,密切监测生命体征及心电图的变化,发现异常变化应立即报告医师并协助处理。

(3) 配合治疗护理:遵医嘱应用硝酸酯药物,该类药物能扩张冠状动脉,增加冠状动脉血流量,同时能扩张外周血管,减轻心脏负担而缓解心绞痛,是最有效、作用最快终止心绞痛发作的药物。常用药物硝酸甘油和硝酸异山梨酯。用药时注意观察药物疗效及不良反应。硝酸甘油易出现面部潮红、头部胀痛、头昏、心动过速、心悸、血压下降等不良反应。使用硝酸甘油应注意:①告知患者应舌下含化,不要急于咽下;②含药时宜平卧,以防低血压;③若服药后 3~5 分钟仍不缓解,可再服。如果疼痛持续 15~30 分钟仍未缓解,应警惕急性心肌梗死的发生;④遵医嘱静脉滴注硝酸甘油时,要监测血压及心率的变化,注意滴速的调节,并嘱患者及家属切不可擅自调节滴速,以免造成低血压;⑤青光眼、低血压时忌用。

(4) 心理护理:安慰患者,疏导不良情绪,以减少心肌氧耗量。指导患者采用放松技术,缓解焦虑和恐惧。

考点: 心绞痛的护理措施

4. 护理目标及评价　患者心绞痛能缓解或消失,活动耐量逐渐增加,活动后无不适感;情绪稳定,焦虑减轻或消失;能叙说预防心绞痛措施及心绞痛有关知识,如硝酸甘油用法、心绞痛症状、心绞痛诱发因素等。评价是否达到以上护理目标。

(三) 健康指导

1. 疾病知识的指导　①指导患者避免诱发心绞痛的因素及发作时应采取的方法;②指导患者坚持按医嘱服药,自我监测药物的疗效与不良反应;③外出时随身携带硝酸酯类药物以应急;④嘱患者如疼痛比以往频繁、程度加重、服用硝酸甘油不易缓解,伴出冷汗等,应即刻由家属护送到医院就诊,警惕心肌梗死的发生;⑤定期进行心电图、血糖、血脂检查,积极治疗高血压、糖尿病、高脂血症等。

2. 生活方式指导　告诉患者应摄入低脂、低胆固醇、低盐、高纤维素饮食,保持大便通畅,戒烟酒,肥胖者控制体重。告诉患者不要在饱餐后或饥饿时洗澡,洗澡水温不要过冷或过热,时间不宜过长。调整日常生活与工作量,适当参加体力劳动和身体锻炼,减轻精神压力。

二、心 肌 梗 死

(一) 疾病概述

1. 定义　心肌梗死是指因冠状动脉供血急剧减少或中断,使相应的心肌严重而持久地缺血导致心肌坏死。临床上表现为持久的胸骨后剧烈疼痛、心肌酶增高、心电图进行性改变。

2. 病因和病机　本病的基本病因是冠状动脉粥样硬化。当粥样硬化造成患者的一支或多支冠状动脉主支管腔狭窄超过75%,而侧支循环未完全建立时,一旦狭窄部血管粥样斑块增大、破溃、出血、局部血栓形成、栓塞或出现血管持续痉挛,使管腔完全闭塞,或由于休克、脱水或严重心律失常等原因导致心排血量下降,冠状动脉血流量锐减,或重体力活动、情绪过分激动或血压剧升等使心肌耗氧量剧增等等导致心肌严重而持久地缺血达 20~30 分钟以上,即可发生心肌梗死。

考点: 心肌梗死的基本病因

3. 诊断及治疗要点

(1) 诊断要点:主要依靠典型临床表现、特征性心电图改变及血清心肌酶检查。上述三项中具备二项即可确诊。

(2) 治疗要点

1) 解除疼痛:常用药物有哌替啶、吗啡、硝酸甘油或硝酸异山梨酯等。

2) 再灌注心肌:主要方法有溶栓疗法(图 3-28)和介入治疗(PCI)。溶栓疗法应在起病 6 小时内应用,常用药物有尿激酶、链激酶、重组组织型纤溶酶原激活剂。

3) 对症治疗:消除心律失常、控制休克、治疗心力衰竭。

4) 其他治疗:如抗凝疗法,应用 β-受体阻滞剂、钙通道阻滞剂、血管紧张素转换酶抑制剂,极化液疗法等。

> **情境 3-4 诊断分析**
>
> 　　该患者既往有病史 7 年,1 小时前无明显诱因突然出现心前区疼痛,服用硝酸甘油后疼痛不能缓解,伴有恶心、呕吐等症状,入院心电图示 V1~V5 导联 Q 波宽而深,ST 段弓背向上抬高。根据病史、症状及心电图结果可诊断为急性心肌梗死。

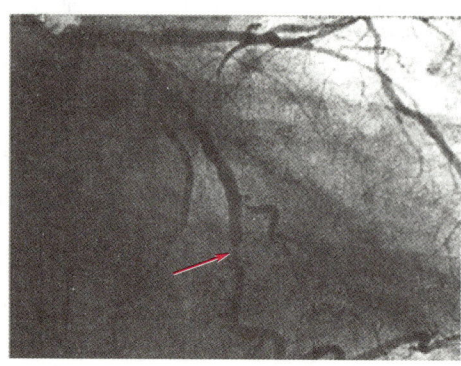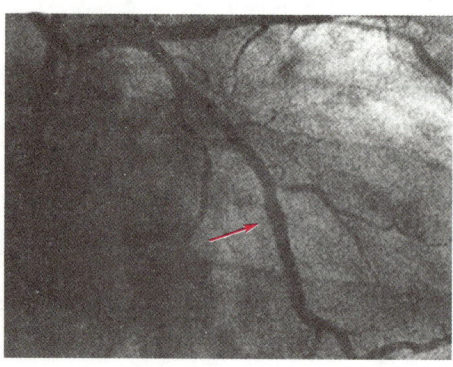

图 3-28 冠脉溶栓前后变化

链接：心肌缺血再灌注损伤

急性心肌梗死冠状动脉开通治疗成功，缺血的心肌再获得血供后损伤反而进一步加重甚至进一步坏死的现象称为心肌缺血再灌注损伤。临床意义是尽管再灌注治疗成功，但梗死范围并未缩小，心功能及预后都很差，是再灌注治疗的难题。

（二）疾病护理

1. 护理评估

（1）健康史：评估患者有无冠心病危险因素及心绞痛发作史；有无休克、出血、脱水、外科手术、严重心律失常及饱餐、重体力活动、情绪激动、用力排便血压突然升高等诱因。

（2）身体状况

1) 先兆表现：多数患者在起病前数日有乏力、胸部不适、活动时心悸、气急、烦躁等前驱症状，心绞痛发作较以往频繁，程度较重，时间较长，硝酸甘油疗效较差，诱发因素不明显。

2) 症状

A. 疼痛：为最早出现、最突出的症状，多发生于清晨，其性质和部位与心绞痛相同，但程度更剧烈且无明显诱因，持续时间较长，可长达数小时或数天，休息和含服硝酸甘油片不能缓解。患者常烦躁不安、出汗、恐惧及濒死感。少数急性心肌梗死患者可无疼痛，一开始即表现为休克或急性心力衰竭。部分患者疼痛位于上腹部，被误诊为急腹症。部分患者疼痛向下颌、颈部、背部放射而被误诊为骨关节痛。

B. 全身症状：一般在疼痛发生后 1~2 天出现，表现为发热、心动过速，体温可升高至 38℃ 左右，很少达 39℃，持续约 1 周，由坏死物质被吸收所引起。

C. 胃肠道症状：疼痛剧烈时常伴恶心、呕吐和上腹胀痛，与迷走神经受坏死心肌刺激和心排血量降低组织灌注不足等有关。肠胀气亦不少见。

D. 心律失常：见于 75%~95% 的患者，以 24 小时内最多见。各种心律失常中以室性心律失常最多，尤其是室性期前收缩。频发的、成对出现的、多源性或落在前一心搏的易损期时（R 波在 T 波上）的室性期前收缩以及短阵室性心动过速常为心室颤动的先兆，心室颤动常是急性心肌梗死的死因。下壁梗死易发生房室传导阻滞。

E. 低血压和休克：发生率约为 20%，主要为心源性休克，多在起病后数小时至数日内发生，因心肌广泛坏死，心排血量急剧下降所致。表现为收缩压低于 80mmHg，面色苍白、皮肤湿冷、脉细而快、大汗淋漓、烦躁不安、尿量减少，严重者可出现昏迷。

F. 心力衰竭：发生率为 32%~48%，主要为急性左心衰竭，可在起病最初几日内发生，或在疼痛、休克好转阶段出现。表现为呼吸困难、咳嗽、烦躁、发绀等，重者出现肺水肿，随后可发生颈静脉怒张、肝大、水肿等右心衰体征。

3) 体征:心脏浊音界可增大。心率增快或减慢;心尖部第一心音减弱,可闻及舒张期奔马律;部分患者在心前区可闻及收缩期杂音或喀喇音,为二尖瓣乳头肌功能失调或断裂所致;部分患者出现心包摩擦音,为反应性纤维性心包炎所致。血压下降,当伴有心律失常、休克、心力衰竭时可出现相应的体征。

4) 并发症:乳头肌功能失调或断裂;心脏破裂;栓塞;心室壁瘤;心肌梗死后综合征。

考点: 心肌梗死的身心状况

> **护考链接**
>
> 患者,男性,60岁,诊断为急性心肌梗死。本病最早、最突出的症状是( ) A. 发热 B. 恶心、呕吐 C. 心源性休克 D. 疼痛 E. 心律失常
>
> **答案:** D

(3) 心理-社会状况:患者因突然发生剧烈胸痛、呼吸困难、入住监护病房而产生恐惧感或濒死感;因活动耐力、处理能力下降而产生焦虑和悲观情绪。

(4) 辅助检查

1) 心电图检查:有定性和定位诊断价值。特征性改变为:①ST段呈弓背向上明显抬高,在面向坏死区周围心肌损伤区的导联上出现;②宽而深的Q波(病理性Q波),在面向透壁心肌坏死区的导联上出现;③T波倒置,在面向损伤区周围心肌缺血区的导联上出现。心肌梗死患者心电图呈动态性改变。

2) 血心肌坏死标记物测定:肌红蛋白、肌钙蛋白、血清心肌酶增高,其中肌酸激酶同工酶CK-MB对诊断心肌梗死有高度的特异性和敏感性。

3) 其他:放射性核素、超声心动图、红细胞沉降率、C反应蛋白检查均可协助诊断。

考点: 心肌梗死的特异性辅助检查结果

> **护考链接**
>
> 患者,男性,60岁,诊断为急性心肌梗死。其心电图的特异性表现是( ) A. 深而宽的Q波 B. S-T段压低 C. T波高耸 D. S-T段抬高 E. T波倒置
>
> **答案:** A

2. 护理诊断与合作性问题

(1) 急性疼痛:胸痛 与心肌缺血坏死有关。

(2) 活动无耐力 与氧的供需失调有关。

(3) 有便秘的危险 与进食少、活动少、不习惯床上排便有关。

(4) 恐惧 与剧烈胸痛伴有濒死感有关。

(5) 潜在并发症 心律失常、心力衰竭和心源性休克。

情境3-4 护理诊断分析

因患者有心前区疼痛,并且疼痛难以忍受,查体出现室性期前收缩,每分钟2次。故存在下列主要护理诊断:急性疼痛(胸痛,与心肌缺血坏死有关);潜在并发症(心律失常)。

3. 护理措施

(1) 一般护理

1) 休息与活动:急性期12小时卧床休息,协助采取舒适体位,保持病室安静、舒适,禁止探视。若无并发症,24小时内应鼓励患者床上肢体活动;若血压正常,第3天可由床边站立逐步过渡到床边步行,在病房内走动;梗死后第4~5天,逐步增加活动,可在室外走廊散步,直至每天3次步行100~150m。协助做好口腔、饮食、卫生、大小便护理等。

2) 饮食护理:在最初2~3日以流质饮食为主,以后随着症状的减轻逐渐过渡到低钠、低脂、低胆固醇清淡饮食,少食多餐。

内科护理

3）吸氧：遵医嘱给予中流量持续吸氧，改善心肌缺血，减轻疼痛。

4）保持大便通畅：进食清淡易消化含纤维素丰富的食物；每日清晨给予蜂蜜20ml加适量温开水同饮；适当腹部按摩（按顺时针方向）以促进肠蠕动；遵医嘱给予通便药物如麻仁丸、果导片等。嘱患者勿用力排便，病情允许时，尽量使用床边坐便器，必要时含服硝酸甘油，使用开塞露。

（2）病情观察：将患者立即送入监护病房，嘱绝对卧床休息，密切监测心电图、血压、呼吸，一般需5~7天，注意尿量、意识状态等改变。备好抢救药物，抢救仪器设备处于备用状态，如心电监护发现异常，必须立即与医生联系，并协助医生抢救。

（3）配合治疗的护理：迅速建立静脉通道，保持输液通畅。心肌梗死6小时内的患者，可遵医嘱给予溶栓治疗。溶栓后可观察下列指标间接判断溶栓是否成功：①胸痛2小时内基本消失；②心电图抬高的ST段于2小时内回降>50%；③2小时内出现再灌注性心律失常；④血清CK-MB酶峰值提前出现（14小时以内），或根据冠状动脉造影直接判断冠脉是否再通。若患者需要进行介入治疗，及时做好术前准备。

（4）心理护理：当患者胸痛剧烈时应有护士陪伴在患者身旁，避免只忙于抢救而忽略患者的感受，允许患者表达出内心的感受，接受患者的行为反应如呻吟、易激怒等。向患者介绍监护室的环境、监护仪的作用等，帮助患者树立战胜疾病的信心。解释不良情绪会增加心脏负荷和心肌耗氧量，不利于病情的控制。医护人员应以一种紧张但有条不紊的方式进行工作，不要表现出慌张而忙乱，以免患者产生不信任感和不安全感，更不要在患者面前讨论其病情。

考点：急性心肌梗死的护理措施

护考链接

患者，男性，60岁，诊断为急性心肌梗死。该患者12小时内应（　　）　A. 绝对卧床休息，限制探视　B. 可在床上活动　C. 可上下楼梯　D. 可坐起在床边活动　E. 可如厕进行大小便

答案：A

情境3-4 护理工作过程

◆ **入院护理工作过程**

接诊患者——送患者到监护病房，嘱患者绝对卧床休息，取舒适体位——给予吸氧、为患者戴腕带——通知医师、护工、膳食科——测体重及生命体征并记录——连接心电监护仪——初步评估患者胸痛的严重程度及疼痛对患者心理的影响——评估辅助检查结果——安慰患者，告知其过度紧张会加重心肌缺血而加重胸痛情况，缓解其紧张焦虑的情绪——办理入院手续——遵医嘱给予溶栓治疗（或遵医嘱给予介入手术术前准备，如备皮、皮试等）——填写住院护理评估单及护理表格——进行入院注意事项告知和安全教育。

◆ **住院护理工作过程**

加强巡视，严密观察生命体征、胸痛缓解情况、尿量和神志的变化——执行医嘱——观察溶栓效果及有无出现再灌注心肌损伤（介入治疗应进行术后护理及观察）——加强口腔、皮肤、呼吸道、尿道等部位基础护理——在最初2~3日以流质饮食为主，以后随着症状的减轻逐渐过渡到低钠、低脂、低胆固醇清淡饮食——心理护理、健康教育——填写护理记录单。

◆ **出院护理工作过程**

执行出院医嘱、撤销单据及卡片、整理出院病历、做好出院登记——征求患者意见和建议——出院宣教、指导患者合理饮食和活动——协助备好出院所带药品，嘱按医嘱用药并注意药物不良反应——通知护工、膳食科——常规清洁床位——填写出院护理记录。

4. 护理目标及评价　患者疼痛程度减轻或消失；进行活动时舒适感逐步增加；能描述预防便秘的措施，无便秘发生；恐惧感减轻或消失，情绪稳定；心律失常能被及时发现和控制，无心力衰竭发生。评价是否达到以上护理目标。

（三）健康指导

1. 休息与活动指导　根据自身情况，选择合适的运动方式，活动应循序渐进，如运动过程中出现

面色苍白,呼吸困难,心悸气紧,脉搏增快,胸闷胸痛等不适症状,应停止活动并及时就诊。

2. **饮食指导** 合理调整饮食,以清淡易消化为宜,多进食新鲜水果、蔬菜和纤维食物,养成良好的饮食习惯,少食用高脂、高胆固醇食物。忌烟、酒、咖啡、浓茶、辛辣等刺激性食物。

3. **生活知识指导** 养成有规律的起居生活习惯,保持稳定情绪。避免各种诱因,建议患者家属积极参与康复指导,帮助患者正确面对疾病,树立战胜疾病的信心和勇气。保持大便通畅,必要时给予药物通便。

4. **用药指导** 按时服药,定期检查。随身携带硝酸甘油片以备急用,如出现异常状况时,应及时就诊。

情境3-4 问题回答

患者:"护士,医生叫我躺在床上,不能下床,为什么呀?"
护士:"李先生,因为您的心肌缺血后出现损伤,卧床休息能减少心肌的耗氧,对您身体的恢复有帮助。"
患者:"那我要一直平躺着不能动吗?"
护士:"不是的。由于您现在正处于急性期,所以12小时内要采取舒适体位卧床休息,每2小时翻身一次。如果没有并发症出现的话就12小时后可以在床上活动肢体,3天后可下床在病室中慢慢活动,如果没有不舒服的话可以慢慢过渡到室外活动。"
患者:"哦!还要那么久啊!"
护士:"是啊,因为您现在生病的器官是心脏,活动量一大,心脏的负担就会加重,愈合就会慢!所以请您一定要配合的卧床休息,以免加重病情。"
患者:"好,为了能更快地恢复健康,您说什么时候能下床我再下床。谢谢你啊!"
护士:"不用谢!你还有什么问题,可随时问我。"

小结

冠状动脉粥样硬化性心脏病是指冠状动脉粥样硬化使血管管腔狭窄或闭塞,和(或)因冠状动脉功能性改变(痉挛)导致心肌缺血、缺氧甚至坏死而引起的心脏病,常有高血脂、高血压、高血糖、吸烟、肥胖等危险因素。心绞痛主要是以发作性胸痛为主要表现,常因体力活动诱发,典型疼痛为胸骨后压榨性疼痛,休息或含服硝酸甘油可缓解,心电图是诊断心绞痛最常用的检查,冠状动脉造影可确诊,对心绞痛的治疗主要是改善心肌的供血和减轻心肌的耗氧量,同时治疗动脉粥样硬化,护理的主要措施是休息和避免诱因。心肌梗死最突出的症状是疼痛,性质和部位与心绞痛相同,但休息和含服硝酸甘油不能缓解,心肌坏死而使血心肌坏死标记物增高,可出现心力失常、心力衰竭、休克等严重并发症,诊断主要依靠典型临床表现、特征性心电图和血清心肌酶检查,治疗原则是尽快恢复心肌的血流灌注以挽救濒死的心肌、防止梗死扩大或缩小心肌缺血范围,保护和维持心脏功能,及时处理各种并发症。护理措施为休息、心电监护、配合治疗的护理等。

自 测 题

A₁型题

1. 典型心绞痛的特点是( )
   A. 持续15分钟左右　B. 发作性胸痛
   C. 无明显诱因　　　D. 休息后不能缓解
   E. 疼痛剧烈,难以忍受

2. 心绞痛胸痛特点不包括( )
   A. 疼痛位于胸骨后　B. 一般持续数分钟
   C. 常有明显诱因　　D. 呈针刺样疼痛
   E. 休息后可缓解

3. 心绞痛的护理错误的是( )
   A. 发作时就地休息
   B. 注意保暖,室温不宜过低
   C. 高热量,室温不宜过低
   D. 少食多餐,不宜过饱
   E. 戒烟

4. 典型心绞痛不发生于( )
   A. 卧床时　　　　　B. 寒冷时
   C. 情绪激动时　　　D. 饱餐时
   E. 吸烟时

A₂型题

5. 患者,男性,55岁,因急性心肌梗死入院,入院2小时患者出现阵发性室性心动过速,预示即将发生( )
   A. 心房颤动　　　　B. 心室颤动
   C. 心搏骤停　　　　D. 不完全性房室传导阻滞
   E. 完全性房室传导阻滞

6. 患者,女性,68岁,离退休。既往有心绞痛发作时。今早起床后发作胸痛,疼痛较以往剧烈,持续时间长,休息和舌下含服硝酸甘油不能缓解,1小时后出冷汗,面色苍白,家属急送医院,途中患者死亡。该病24小时内主要死亡原因为( )
   A. 心脏破裂　　　　　B. 心律失常
   C. 心力衰竭　　　　　D. 心源性休克
   E. 室壁瘤

7. 患者,女性,70岁,因突发胸痛2小时,晕厥30分钟入院,入院诊断"急性心肌梗死"。该患者应绝对卧床休息至少达( )
   A. 12小时　　　　　　B. 48小时
   C. 1周　　　　　　　D. 2周
   E. 3～5周

8. 佟女士,69岁,因"急性心肌梗死"入院,对于该患者病后第1周护理,错误的是( )
   A. 日常生活均由护理人员帮助照料
   B. 半量清淡流食或半流食
   C. 限制亲友探望
   D. 鼓励在床上做伸展四肢活动
   E. 避免不必要的翻身

9. 患者,男性,62岁,诊断为急性心肌梗死而收入院,入院后医生开了医嘱给予中流量吸氧。吸氧的目的是( )
   A. 改善心肌缺氧,减轻疼痛　B. 预防心源性休克
   C. 减少心律失常　　　D. 防止心力衰竭
   E. 促进坏死组织吸收

10. 张先生,冠心病患者,日常活动即心悸、气急。应指导其( )
    A. 绝对卧床休息
    B. 活动不受限制
    C. 活动照常,增加午休
    D. 起床做事活动,增加间歇休息
    E. 限制活动,多卧床休息

11. 王先生,急性心肌梗死发病48小时后,要求到厕所大便,你应该( )
    A. 嘱家人陪同
    B. 肛塞开塞露后,再允许前往
    C. 先给予缓泻药,再允许前往
    D. 如无便秘史,应允许前往
    E. 坚决制止,指导床上使用便盆

12. 谢女士,急性心肌梗死患者,入院第2周,护士帮助他做床上四肢被动活动,主要是为了( )
    A. 增加心排血量
    B. 防止肢体失用性萎缩
    C. 增强抵抗力
    D. 防止下肢静脉血栓形成
    E. 防止便秘

13. 吴先生,患冠心病10年,半月来频繁发作心前区不适,含服硝酸甘油无效,疑为急性心肌梗死,最具诊断意义的检查是( )
    A. 血常规　　　　　　B. 尿常规
    C. 血沉　　　　　　　D. 超声波
    E. 心电图

14. 患者,男性,55岁,因发作性胸痛就诊,入院后诊断为心绞痛。发生心绞痛的主要病因是( )
    A. 血脂过高　　　　　B. 心力衰竭
    C. 冠脉管腔狭窄或痉挛　D. 胆固醇浓度过高
    E. 心动过速

15. 患者,男性,既往有心绞痛史2年,在体育锻炼时心绞痛再次发作,护士指导其服用硝酸甘油的方法是( )
    A. 口服　　　　　　　B. 舌下含服
    C. 皮下注射　　　　　D. 静脉注射
    E. 雾化吸入

16. 患者,男性,60岁,诊断为急性心肌梗死而收入院治疗,发生室性期前收缩应首选的药物是( )
    A. 阿托品　　　　　　B. 洋地黄毒苷
    C. 利多卡因　　　　　D. 地塞米松
    E. 普鲁卡因胺

A₃/A₄型题

(17～19题共用题干)

张女士,60岁,3小时前胸骨后压榨样疼痛发作,伴呕吐、冷汗及濒死感而入院。护理体检:神清,合作,心率112次/分,律齐,交替脉,心电图检查显示有急性广泛性前壁心肌梗死。

17. 该患者存在的最主要护理问题是( )
    A. 活动无耐力　　　　B. 心排血量减少
    C. 体液量过多　　　　D. 潜在心律失常
    E. 潜在感染

18. 对该患者第1周的护理措施正确的是( )
    A. 高热量、高蛋白饮食　B. 协助患者翻身、进食
    C. 协助患者如厕　　　D. 低流量持续吸氧
    E. 指导患者床上活动

19. 在监护过程中护士发现该患者烦躁不安,面色苍白,皮肤湿冷,脉细速,尿量减少,应警惕发生( )
    A. 严重心律失常　　　B. 急性左心衰竭
    C. 心源性休克　　　　D. 并发感染
    E. 紧张、恐惧

第6节 病毒性心肌炎患者的护理

情境 3-5

一名46岁男性患者两周前因"感冒"后出现胸闷,活动后气短、呼吸困难,曾在当地医院就诊,检查发现患者左心室轻度扩大,心电图提示期前收缩,给予治疗,效果不佳,病情严重,出现恶心、呕吐、气短等症状,今日来我院就诊。诉说:"我最近两天全身乏力、头晕、气短加重,总是出很多虚汗。"查体:面色苍白,精神不振,手足发凉,末梢循环较差,血压正常。心电图示:室性期前收缩,心肌缺血。

一、疾病概述

(一)定义

病毒性心肌炎是指由病毒感染引起的、以心肌出现局灶性或弥漫性的变性坏死的一种心肌疾病。近年来,病毒性心肌炎的发病率有所增加,主要发病人群集中在儿童和40岁以下的成年人。

链接

病毒性心肌炎的流行病学研究显示本病发病率最高的年龄组为15岁以下的少年和儿童,是健康儿童和青少年不明原因猝死的原因之一。成年人发病年龄集中在31~35岁,全年均可发病。临床上根据其起病情况、临床经过和转归分为五大类型:①暴发型,起病急,病情发展快,常出现严重心律失常伴广泛的心肌损伤和坏死,死亡率高,多在1~2周内死亡;②心律失常型,多数主要表现为以期前收缩为主的心律失常;③心脏扩大和心力衰竭型;④猝死型,中青年突发的心脏骤停死亡者,多考虑是病毒性心肌炎的可能;⑤无症状型。

(二)病因和病机

病因以柯萨奇病毒、孤儿(Echo)病毒和脊髓灰质炎病毒等肠道病毒感染较为常见,其中柯萨奇B组病毒感染最多见,占30%~50%,为最常见的致病原因。此外,其他多种病毒(肝炎病毒、流感病毒、腺病毒、单纯性疱疹病毒、HIV等)都可能引起心肌炎。

病毒性心肌炎的发病机制包括:①病毒直接作用造成心肌的损害;②病毒介导的免疫损伤,主要由T淋巴细胞、多种细胞因子和NO等介导的心肌损害和微血管损伤。

考点:心肌炎的病因

护考链接

引起心肌炎最常见的病毒是(　) A. 流感病毒　B. 疱疹病毒　C. 脊髓灰质炎病毒　D. Echo病毒　E. 柯萨奇B病毒

答案:E

(三)病理生理

病毒性心肌炎典型病理改变为心肌间质增生、充血及水肿,内有多种炎性细胞浸润等。Fenoglio等根据心内膜活检和病理解剖资料并结合临床将病毒性心肌炎分为3种类型:急性心肌炎、急进性心肌炎和慢性心肌炎。急性心肌炎是心肌炎的急性期,心肌坏死多以单个心肌细胞为单位或呈孤立小灶,可见大量的急性损害灶;急进性心肌炎主要出现许多细胞损害灶和广泛纤维化,也有细胞急性损害区域;慢性心肌炎中正在愈合的细胞损害和急性细胞损害几乎呈均衡关系在炎症病灶内可以看到巨噬细胞、成纤维细胞和胶原纤维。

(四)诊断和治疗要点

1. **诊断要点**　根据病毒感染史、典型的症状和体征、明确的心肌损害症状和心内膜活检等辅助检查的结果,同时排除引起心肌炎的其他病因即可确诊。

2. **治疗要点**　病毒性心肌炎目前尚无特异性治疗,主要包括抗病毒治疗和对症、支持治疗。必要时对高度或完全性房室传导阻滞者可安置临时性心脏起搏器。

> **情境3-5 诊断分析**
>
> 该患者2周前"感冒",说明有病毒感染史;后出现胸闷、活动后气促、呼吸困难等症状,查体时发现左心室轻度扩大,心电图显示室性期前收缩、心肌缺血,这些症状和体征都说明患者出现心肌损害。根据以上症状、体征和辅助检查的结果,可诊断该患者患病毒性心肌炎。

二、疾病护理

(一) 护理评估

1. 健康史 询问患者发病前有无病毒感染史,有无细菌感染或过度劳累等诱因,同时了解患者的诊治情况。

2. 身体状况

(1) 症状:主要表现为病毒感染症状及心脏受累症状。许多患者发病前1~3周出现病毒感染前驱症状,如发热、疲乏无力、肌肉酸痛或恶心、呕吐、腹泻等消化道症状。随后可出现心悸、胸闷、呼吸困难、头晕、乏力等,重者可出现严重心律失常、心力衰竭、心源性休克,甚至发生猝死。

(2) 体征:出现各种心律失常,如房性和室性期前收缩及房室传导阻滞,与发热程度不平行的心动过速。听诊可闻及第三、第四心音或杂音,第一心音减弱。合并心衰可有肺部啰音、奔马律、颈静脉怒张、肝大、水肿等体征。

考点:病毒性心肌炎的症状和体征

> **护考链接**
>
> 下列哪项不是病毒性心肌炎的临床表现( ) A. 胸痛 B. 呼吸困难 C. 室性期前收缩 D. 病理性第三心音 E. 与体温升高相对应的心率加快
>
> 答案:E

3. 心理-社会状况 由于患病的中青年的比例比较大,疾病常影响患者的日常生活、工作和学习,容易让患者产生焦虑、急躁等情绪。有时因病情严重患者也易出现悲观等情绪。

4. 辅助检查

(1) 血液检查:血清心肌酶可增高、C反应蛋白增加、红细胞沉降率增快、外周血白细胞计数增高。

(2) 病原学检查:从咽拭子、粪便、心肌或心内膜中可分离出病毒,血清中抗病毒抗体滴度可明显增高,血清中肝炎病毒可呈阳性或外周血中肠道病毒核酸阳性。

(3) 心电图:病毒性心肌炎患者心电图变化敏感性虽然高,但缺乏特异性。主要出现ST-T改变和各种心律失常,最常见的为期前收缩,尤其是室性期前收缩。

(4) X线检查:轻症患者或仅以心律失常为主的心肌炎患者心影正常,重症或有充血性心力衰竭等并发症患者可出现心影扩大。

(二) 护理诊断及合作性问题

1. 活动无耐力 与心肌受损、心力衰竭或心律失常有关。
2. 焦虑 与担心疾病预后有关。
3. 潜在并发症 心律失常、心力衰竭。

> **情境3-5 护理诊断分析**
>
> 因患者有胸闷、气短、呼吸困难、面色苍白、全身无力、头晕等症状,存在左心室轻度扩大、心电图显示期前收缩等体征,故存在下列主要护理诊断:活动无耐力(与心肌受损、并发心律失常有关);潜在并发症(心律失常、心力衰竭)。

（三）护理措施

1. **一般护理** 急性期患者应卧床休息，休息能减轻心脏的负荷，减少心肌耗氧量，有利于损伤心肌的修复；一般患者卧床休息1个月，出现重症或并发症者应卧床休息3个月以上，直至症状消失，实验室检查恢复正常之后才能逐渐增加活动量。鼓励患者进食高热量、高蛋白、高维生素、清淡易消化食物，提倡少食多餐，多吃新鲜蔬菜和水果，戒烟酒，如伴有心力衰竭的患者应限制钠盐的摄入。

2. **病情观察** 密切观察患者意识、生命体征、尿量、皮肤颜色等变化，观察患者是否出现胸闷、咳嗽、颈静脉怒张、水肿、尿少等心力衰竭表现，是否出现心悸、胸闷、奔马律等心律失常表现，是否出现面色苍白、大汗淋漓、皮肤湿冷、发绀等心源性休克的表现，是否出现神志不清、抽搐、心搏骤停等猝死表现。同时准备好各种抢救仪器、设备及药物，积极配合医生进行抢救。

3. **用药护理** 遵医嘱给予抗心律失常、抗心力衰竭、营养心肌细胞等药物。在心肌炎急性期，应尽早使用抗病毒药物如利巴韦林和干扰素；出现心功能不全者可给予利尿药和血管紧张素转化酶抑制剂进行治疗；出现频发室性期前收缩或有快速性心律失常的患者可选用抗心律失常药。有时可使用改善心肌代谢的药物如三磷腺苷、维生素C、辅酶等。一般情况下不主张早期使用糖皮质激素，但对有房室传导阻滞、难治性心力衰竭、重症患者或对其他治疗效果不佳者可考虑使用。由于心肌受损后容易引起药物中毒及不良反应，使用抗心律失常药可能会诱发新的更严重的心律失常，故应用抗心律失常药物期间应严密观察及监护心律、心率；使用洋地黄类药物亦容易出现中毒反应，使用时需十分慎重，同时密切观察其毒性反应；应用利尿剂时需监测血钾及血镁浓度，适当补钾。

4. **心理护理** 向患者解释本病的病因、发生发展过程、治疗方案及预后，让其了解卧床休息、配合治疗对疾病康复的重要性，使患者安心养病。同时让患者了解体力的恢复需要一段时间，应按活动计划循序渐进安排活动，不要急于求成，以免加重心脏的负担。

考点：病毒性心肌炎的护理措施

（四）护理目标及评价

患者能按活动计划进行活动，活动能力有所提高；病情明显好转，情绪稳定；能自觉避免诱发并发症因素，不发生心律失常和心力衰竭。评价是否达到以上护理目标。

三、健康指导

指导患者出院后需继续休息3~6个月，6个月至1年内避免剧烈运动、重体力劳动及妊娠，注意防寒保暖，预防病毒性感冒，适当锻炼，增强机体抵抗力。教会患者自我监测脉率及其节律，指导患者正确服药及自我观察药物不良反应，如有不适及时到医院就诊。

情境3-5 问题回答

护士："张先生，您好！经过治疗和观察，您这几天病情已经好转，也比较稳定，所以您明天可以出院了，回去要记得好好休息！"

患者："好的，谢谢你们！那我回家后应注意些什么吗？"

护士："您要记得医生开的药要按时吃，不要漏服或补服。而且您回家后还需要继续休息3~6个月！"

患者："啊？那么久啊！为什么需要这么长的时间啊？"

护士："您这次是因为病毒感染后损害了心肌，如果您剧烈活动或从事重体力劳动，会增加心脏的负担，进一步加重心肌的损害，所以您一定要保证充分的休息，身体才能很好的恢复。"

患者："原来这样，好的！那我是要休息3个月还要6个月呢？"

护士："具体休息的时间还需要根据您身体的恢复情况来定。您的药吃完后就要回医院心血管内科门诊复诊，医生会帮您检查，根据您的情况开药和安排休息和活动的时间。"

患者："好的，我明白了，谢谢护士！"

护士："不用客气！那您先好好休息。"

患者："好的。"

小结

病毒性心肌炎是指由病毒感染引起的、以心肌出现局灶性或弥漫性的变性坏死的一种心肌疾病。常见病因以柯萨奇病毒、孤儿（Echo）病毒和脊髓灰质炎病毒等肠道病毒感染为主，其中柯萨奇B组病毒感染最多见，占30%~50%，为最常见的致病原因。病毒性心肌炎症状轻重不一，取决于病变的广泛程度及部位，轻者可无症状，重者可出现心源性休克及猝死。心电图检查可发现心律失常或心肌损伤。进行病原学检查或作心肌活检有助于进一步诊疗，治疗主要是注意休息、抗病毒治疗、促进心肌能量代谢和处理并发症。护理要点为急性期应卧床休息，恢复期可逐渐增加活动量，但不可过于劳累。多进食含维生素C类水果及富于氨基酸的食物。注意气候变化，防止受凉、感冒或上呼吸道感染。服药要遵医嘱，尤其是伴心律失常的患者，不可自行增加或减少药量。长期持续期前收缩患者应避免剧烈活动，注意生活规律，保持良好的精神状态。大多数患者经过适当治疗后痊愈，不遗留任何症状或体征。极少数患者在急性期因严重心律失常、急性心力衰竭和心源性休克而死亡。增强身体素质，防治消化道和呼吸道病毒感染是预防本病的关键。

自 测 题

A₁型题

1. 患儿，女，10岁，因感冒后感心慌、乏力3天入院，诊断为"病毒性心肌炎"。对病毒性心肌炎患者最根本的治疗措施是（ ）
   A. 充分休息
   B. 大量饮水
   C. 应用抗生素
   D. 早期大剂量使用糖皮质激素
   E. 预防接种

2. 一名56岁患者，因面色苍白、食欲下降1周，心悸、乏力3天入院，诊断为病毒性心肌炎。该患者发病前1~3周可能有（ ）
   A. 细菌感染   B. 病毒感染
   C. 霉菌感染   D. 寄生虫感染
   E. 立克次体感染

3. 不符合病毒性心肌炎的体征是（ ）
   A. 第一心音增强
   B. 心率增快与体温升高不相符
   C. 可有舒张期奔马律
   D. 可有心包摩擦音
   E. 心律失常多见

4. 病毒性心肌炎心电图表现错误的是（ ）
   A. ST-T改变   B. R波降低
   C. 病理性Q波   D. 房室传导阻滞
   E. S-T段、T波无改变

5. 急性病毒性心肌炎最有效的治疗措施是（ ）
   A. 大量静脉滴注维生素C
   B. 用抗病毒药物治疗
   C. 完全休息至临床症状消失，心脏大小恢复正常
   D. 静脉滴注心肌营养液
   E. 应用激素

6. 引起病毒性心肌炎最常见的病毒是（ ）
   A. 轮状病毒   B. 脊髓灰质炎病毒
   C. 疱疹病毒   D. 流感病毒
   E. 柯萨奇病毒B

7. 病毒性心肌炎无并发症的患者应卧床休息多长时间后，再全休3个月（ ）
   A. 半个月   B. 1个月
   C. 2个月   D. 3个月
   E. 半年

第7节　原发性高血压患者的护理

情境3-6

一名48岁男教师体检时血压190/120mmHg，听从体检医生意见来诊。述说："我爸爸也有高血压，5年前体检时我一查血压也高，但没现在这么高。当时医生给我开了尼群地平，但后来我觉得没哪里不舒服也就没坚持按时服药了。"医生问："那你平常还有其他疾病吗？有没有吸烟？喝酒？"患者说："我的身体一直都很健康，什么病都没有。吸烟到现在有18年了，每天20支左右，没有喝酒。"入院护理体检：血压180/112mmHg，心率78次/分，第一心音低钝，各瓣膜区未闻及病理性杂音，双肺呼吸音清，未闻及干湿啰音，腹软，无压痛及反跳痛，未闻及血管杂音，双下肢无水肿。心电图：左心室高电压，提示心肌肥厚，V_4~V_6 ST段水平下移0.1~0.2mV，且T波倒置。心脏超声检查：左心室舒张功能减退，左房（LA）38mm，室间隔（IVS）13mm，后壁（PW）11mm，符合高血压左心室肥厚改变。尿常规（-）。血脂血糖均在正常范围内。

一、疾病概述

在我国,高血压的患病率逐年增长,目前我国高血压病人已超过2亿,平均每5个成年人中有1人患高血压。经多年的流行病学研究发现,我国高血压患病率和流行存在地区、城乡和民族差异,北方高于南方,东部高于西部,城市高于农村,高原少数民族地区患病率较高。高血压患病率与年龄呈正比,女性更年期前患病率低于男性,更年期后高于男性。高血压是脑卒中的主要危险因素,积极控制高血压是预防脑卒中的重要措施。

(一)定义

原发性高血压是指以体循环动脉血压升高为主要临床表现的综合征,通常简称为高血压。一般在安静状态下,未使用任何降压药物,三次不同时间测得的收缩压≥140mmHg和(或)舒张压≥90mmHg,并排除继发性高血压的可能即可诊为原发性高血压。高血压是最常见的心血管疾病,常与其他心血管危险因素共存,引起重要脏器如心、脑、肾的损伤,最终导致这些脏器功能的衰竭。继发性高血压是指继发于某些明确疾病的血压升高。原发性高血压占95%,继发性高血压占5%。

> **链接**
> 肾实质性高血压是继发性高血压中最常见的类型,其次为肾血管性高血压;嗜铬细胞瘤的典型表现为阵发性血压升高伴心动过速,面色苍白,也是继发性高血压的常见病因之一;另外,部分药物可能导致血压升高,例如甘草、口服避孕药、类固醇、促红细胞生成素等;原发性醛固酮增多症、库欣综合征和主动脉狭窄等疾病也会引起血压升高。

(二)分级

根据血压升高的水平,又进一步将高血压分为1级、2级、3级(表3-1)。

表3-1 血压水平的定义及分类(中国高血压防治指南,2010)

分类	收缩压(mmHg)		舒张压(mmHg)
正常血压	<120	和	<80
正常高值	120~139	和(或)	80~89
高血压	≥140	和(或)	≥90
1级高血压(轻度)	140~159	和(或)	90~99
2级高血压(中度)	160~179	和(或)	100~109
3级高血压(重度)	≥180	和(或)	≥110
单纯收缩期高血压	≥140	和	<90

注:当收缩压和舒张压分属于不同分级时,以较高的级别作为标准。以上标准适用于成人。

(三)病因和病机

原发性高血压的病因是多因素的,目前一般认为在遗传因素和环境因素共同作用下使正常血压调节机制失代偿所致。其中遗传因素约占40%,环境因素约占60%。高血压的家族聚集性很明显,约60%的高血压患者有高血压家族史,若父母均为高血压,其子女的高血压发病率高达46%;不仅高血压的发病率体现出遗传性,而且在血压升高程度、并发症发生及其他有关因素方面(如肥胖等)也体现出遗传性。环境因素方面主要包括饮食(如高盐、低钾、低钙、高蛋白饮食、饮酒)、精神刺激(如长期精神紧张、环境噪声、焦虑等)、吸烟和其他因素(如肥胖、阻塞性睡眠呼吸暂停综合征、服用避孕药等)。

原发性高血压的发病机制复杂,目前没有完整统一的认识。如果从高血压引起的外周血管阻力增加来分析,高血压的发病机制可以体现为以下几个环节:交感神经系统活动亢进、肾性水钠潴留、肾素-血管紧张素-醛固酮系统激活、细胞膜离子转运异常、胰岛素抵抗和内皮功能受损。长期高血压可促进动脉粥样硬化的形成和发展,最终导致重要脏器如心、脑、肾组织出现缺血和功能异常。

(四)病理生理

心脏和血管是高血压病理生理作用的靶器官。血压长期升高使左心室后负荷过重,左心室肥厚扩大,最终导致充血性心力衰竭。血压长期升高引起全身小动脉病变,导致重要靶器官如心、脑、肾组织缺血。血压长期升高及伴随的危险因素可促进大、中动脉粥样硬化的形成和发展。现在认为血管内皮功能障碍是高血压最早期和最重要的血管损害。

(五)诊断及治疗要点

1. 诊断要点　定期而正确的血压测量是诊断高血压的关键,以非药物状态下、休息15分钟、非同日3次血压测定所得平均值为达到或超过成人高血压诊断标准,并排出由其他疾病导致的继发性高血压可诊断。

2. 治疗要点　高血压患者治疗的主要目的是最大限度地降低心、脑、血管等并发症的发生率和死亡率。治疗时应严密结合高血压分级及危险分层,全面考虑患者的血压水平、存在的心血管危险因素、靶器官的损害及并存的临床表现来确定合理的治疗方案。可采用非药物治疗法和药物治疗法。非药物治疗适用于各级高血压患者。主要措施包括合理膳食,如低盐低脂饮食和增加钾盐摄入、控制体重、适当运动、戒烟限酒、减轻精神压力。药物治疗时常用的降压药物可以归纳为6类:利尿剂、β受体阻滞剂、钙通道阻滞剂、血管紧张素转化酶抑制剂、血管紧张素Ⅱ受体拮抗剂和α受体阻滞剂。

考点: 高血压患者的治疗要点

> **情境3-6 诊断分析**
> 患者48岁,有高血压病5年,发病年龄较轻,入院查体血压180/112mmHg,无其他病史,尿常规(-),血脂血糖均在正常范围内,其父亲有高血压病史。根据这些特点可诊断为原发性高血压。

二、疾病护理

(一)护理评估

1. 健康史　询问患者有无高血压家族史;饮食习惯;有无烟酒嗜好;了解患者的个性特征、职业、人际关系;有无肥胖、心脏疾病、肾脏疾病、糖尿病、高脂血症及痛风等病史和用药情况。

2. 身体状况

(1)一般表现:本病起病缓慢,缺乏特异性的临床表现,约1/5患者无症状,仅在体检时测量血压或出现心、脑、肾等并发症时才被发现。常见症状为头痛、头晕、心悸、乏力、耳鸣等,但不一定与血压水平有关,常在情绪激动、精神紧张、过度劳累或失眠时加剧,休息后多数症状能自行缓解。有些患者可出现视力模糊、鼻出血等症状。体检时体征一般较少,主要出现动脉血压升高,心脏听诊时可闻及主动脉瓣区第二心音亢进和收缩期杂音。

(2)高血压急症和亚急症:高血压急症是指原发性或继发性高血压患者,在某些诱因作用下,血压短时间内(数小时或数天)显著升高(一般超过180/120mmHg),伴有重要脏器如心、脑、肾等靶器官功能不全的表现。高血压急症包括高血压脑病、颅内出血、脑梗死、急性心力衰竭、急性冠脉综合征、主动脉夹层、子痫、急性肾小球肾炎等,而且血压水平的高低与靶器官的损害程度并非呈正比,应在短时间内及时控制血压,使病情缓解,降低靶器官的损害及降低死亡率。高血压亚急症是指血压显著升高但不伴严重临床症状及进行性靶器官损害。患者主要表现为血压明显升高引起的症状,如头痛、胸闷、烦躁不安和鼻出血等。区别高血压急症和亚急症的唯一标准是有无新近发生的、急性、进行性的靶器官损害。

(3) 并发症

1) 高血压危象:在高血压病程中,全身小动脉收缩使血压显著升高,以收缩压升高为主,收缩压达 260mmHg、舒张压达 120mmHg 以上。影响重要脏器血供而产生危急症状,出现头痛、烦躁、眩晕、心悸、气急、恶心、呕吐、视物模糊等症状,以及伴有小动脉痉挛所致的靶器官缺血症状。

2) 高血压脑病:表现为脑小动脉剧烈收缩使血压极度升高,同时伴有严重头痛、呕吐、神志改变,轻者可仅有烦躁、意识模糊,重者可发生抽搐、昏迷。其发生机制可能为过高的血压突破了脑血管的自身调节机制导致脑组织血流灌注过多,引起脑水肿。

3) 其他并发症:长期高血压可引起心、脑、肾、血管等靶器官的损害,导致心力衰竭、脑血管病、慢性肾衰竭、主动脉夹层等并发症。

考点:原发性高血压的身体状况

护考链接

高血压可造成哪些靶器官的损伤(　　) A. 心、肺、肾 B. 心、肝、肾 C. 肝、肺、肾 D. 心、脑、肾 E. 脑、肺、肾

答案:D

(4) 高血压的危险度分层:根据血压水平、心血管危险因素、靶器官损害、伴临床疾患,将患者分为低危、中危、高危和极高危四个层次(表3-2)。分别表示 10 年内发生心血管病事件的概率为<15%、15%~20%、20%~30% 和 >30%。

表3-2 高血压的危险度分层

其他危险因素及病史	血压(mmHg)		
	1级高血压	2级高血压	3级高血压
无	低危	中危	高危
1~2个其他危险因素	中危	中危	极高危
≥3个其他危险因素,或靶器官损害	高危	高危	极高危
伴临床疾患	极高危	极高危	极高危

其中,心血管危险因素:①高血压水平(1~3级);②男性>55岁,女性>65岁;③吸烟;④糖耐量受损(餐后2小时血糖 7.8~11.0mmol/L)和或空腹血糖异常(6.1~6.9mmol/L);⑤血脂异常;⑥早发心血管病家族史(一级亲属发病年龄<50岁);⑦腹型肥胖或肥胖;⑧同型半胱氨酸>10μmol/L。

靶器官损害:①左心室肥厚、颈动脉超声示动脉粥样硬化;②肾小球滤过率降低、血肌酐轻度升高;③微量白蛋白尿;④白蛋白/肌酐≥30mg/g。

伴随的临床疾患:①心脏疾病:心肌梗死史、心绞痛、充血性心力衰竭、冠状动脉血运重建;②脑血管病:缺血性脑卒中、脑出血、短暂性脑缺血发作;③肾脏疾病:肾功能受损、糖尿病肾病;④外周血管疾病;⑤视网膜病变。

3. 心理社会状况　高血压是一种慢性病,病程迁延不愈,需终身用药,且并发症多而严重,给患者带来生活和精神压力,产生紧张、烦躁、焦虑及抑郁等心理。

4. 辅助检查

(1) 实验室检查:常规检查可有蛋白尿、血尿、管型尿、血尿素氮、肌酐增高,血清胆固醇、甘油三酯升高,血糖及血尿酸升高。

（2）影像学检查：X线检查显示主动脉弓迂曲、左心室增大；超声心动图检查可进一步了解心室壁厚度、心腔大小、心脏收缩和舒张功能等。

（3）眼底检查：有助于对高血压严重程度的了解。可见视网膜动脉痉挛、狭窄、眼底出血、渗出、视乳头水肿。

（二）护理诊断与合作性问题

1. 疼痛　头痛与血压升高有关。
2. 有受伤的危险　与头晕、急性低血压反应、视物模糊或意识改变有关。
3. 焦虑　与血压控制不满意，已发生并发症有关。
4. 知识缺乏　与缺乏原发性高血压饮食、药物治疗、保健及预防的知识有关。
5. 潜在并发症　高血压急症。

情境 3-6 护理诊断分析

因患者无明显症状，患高血压病5年一直未规律服药；持续吸烟18年（20支/日）；查体：血压180/112mmHg；心电图：左心室高电压，提示心肌肥厚，$V_4 \sim V_6$ ST段水平下移 0.1～0.2mV，且T波倒置；心脏超声检查：左心室舒张功能减退。故存在下列主要护理诊断：知识缺乏（与缺乏疾病预防、保健知识和高血压用药知识有关）；潜在并发症（高血压急症）。

（三）护理措施

1. 一般护理

（1）休息与活动：根据病情适当安排休息和活动，病情初期症状比较轻时可适当休息，有头晕、眼花等症状时应卧床休息为主，改变体位动作宜慢。保持病室安静，光线柔和，尽量减少探视，护理工作集中进行，动作轻巧，防止过多干扰患者。

（2）饮食护理：给予低盐低脂饮食，每人每天食盐量不超过6g，减少火腿、咸菜等含钠较高的加工食品或含钠盐调味料的使用，少吃或不吃肥肉和动物内脏，多吃新鲜蔬菜及水果，戒烟，限制饮酒。

2. 病情观察　定期监测血压，并严密观察有无高血压脑病、高血压危象等并发症的发生，及时预防抢救。一旦发现血压急剧升高、剧烈头痛、呕吐、大汗、视物模糊、面色及神志改变、肢体运动障碍等症状，立即报告医师并协助处理。

3. 配合治疗护理

（1）高血压急症的护理：①嘱患者绝对卧床休息，抬高床头，做好生活护理；②迅速建立静脉通道，遵医嘱尽快使用适宜的降压药物降压，首选硝普钠，还可以选用硝酸甘油、尼卡地平等，严格控制滴数，以防血压骤降，同时观察药物的不良反应；③保持呼吸道通畅，吸氧；④持续血压监测，密切观察血压变化，应用降压药时以缓慢降压为宜，即开始的24小时内使血压降低20%～25%，48小时内不低于160/100mmHg，防止短时间内血压骤降导致重要脏器的血流灌注不足；⑤安抚患者的情绪，有烦躁、抽搐者可给予地西泮等镇静剂；⑥高血压脑病时可给予脱水剂如甘露醇等。

（2）高血压亚急症的护理：主要观察降压药的疗效及不良反应，应避免过度降压，过度降压会导致患者出现不良反应或低血压，并可能出现靶器官损害。

（3）用药护理：降压药的适用范围：①高危、很高危或3级高血压患者应立即使用降压药物进行治疗；②确诊为2级高血压患者，应考虑开始药物治疗；③1级高血压患者，在采用生活方式干预数周后，血压仍高于140/90mmHg，应开始进行药物治疗。应用降压药物治疗应遵循4个原则：从小剂量开始、优先选择长效制剂、联合用药及个体化。而且应指导患者按医嘱服用降压药物，不可擅自更改剂量，更不能突然停药或漏服、补服上次剂量，以防出现血压骤升或血压过低；用药期间需密切观察药物的疗效及不良反应（表3-3）。

第3章 循环系统疾病患者的护理

表 3-3 常用降压药物

类别	药物	不良反应及禁忌证
利尿剂	氢氯噻嗪	电解质紊乱、血尿酸增高,痛风患者禁用
	螺内酯	高钾血症、头痛、倦怠;加重氮质血症,不宜与血管紧张素转换酶抑制剂合用,肾功能不全者、高血钾患者禁用
β-受体阻滞剂	普萘洛尔	心动过缓、支气管收缩,支气管疾病患者禁用
	美托洛尔	病态窦房结综合征、二度到三度房室传导阻滞禁用,周围血管病患者慎用
钙通道阻滞剂	硝苯地平	头痛、颜面潮红、心率增快、下肢水肿
血管紧张素转换酶抑制剂	卡托普利 依钠普利	刺激性干咳、味觉异常、皮疹和高钾血症等;妊娠、高钾血和双肾肾动脉狭窄患者禁用
血管紧张素Ⅱ受体阻滞剂	氯沙坦 缬沙坦	头晕、皮疹及腹泻等,禁忌证与血管紧张素转换酶抑制剂相同
α-受体阻滞剂	哌唑嗪	眩晕、头痛、嗜睡及体位性低血压等;精神病患者慎用

考点: 原发性高血压药物治疗的常见不良反应

护考链接

原发性高血压患者药物治疗中主要不良反应为颜面潮红、头痛的药物是(　　) A. 利尿剂 B. β受体阻滞剂 C. 钙通道阻滞剂 D. 血管紧张素转换酶抑制剂 E. α受体阻滞剂

答案: C

4. **心理护理** 了解患者性格特征和有无引起精神紧张的心理社会因素,培养积极开朗的性格,解除思想顾虑,做好长期治疗的思想准备。避免情绪激动,紧张,合理安排工作和休息,指导患者使用放松技术如心理训练、音乐治疗、缓慢呼吸等减轻精神压力,保持健康的心理状态。

考点: 原发性高血压的护理措施

护考链接

某原发性高血压患者,吸烟20年,体型肥胖,目前血压160/95mmHg,下列健康教育内容不正确的是(　　) A. 保持情绪稳定 B. 适量运动 C. 高热量、高维生素饮食 D. 戒烟 E. 不用过热的水洗澡

答案: C

(四) 护理目标及评价

患者血压控制在适合的范围,头痛减轻;无意外发生;能自我调节,保持健康的心理状态,减轻精神压力;掌握高血压饮食、保健预防方面的知识,坚持合理用药。评价是否达到以上护理目标。

情境 3-6 护理工作过程

◆ **入院护理工作过程**

接诊患者——送患者到病床,安排舒适体位——为患者戴腕带——通知医师、护工、膳食科——测体重及生命体征并记录——初步评估患者的症状、体征情况,了解心电图、超声心动图辅助检查的结果——办理入院手续——介绍疾病预防和保健相关知识——遵医嘱给予药物治疗,强调药物治疗的必要性——填写住院护理评估单及护理表格——进行入院注意事项告之和安全教育。

◆ **住院护理工作过程**

加强巡视,监测血压的变化——执行医嘱——加强对疾病预防、保健知识和用药知识的指导——给予低盐低脂饮食,避免刺激性食物——心理护理——预防并发症相关知识的健康教育——填写护理记录单。

◆ **出院护理工作过程**

执行出院医嘱、撤销单据及卡片、整理出院病历、做好出院登记——征求患者意见和建议——出院宣教、指导患者戒烟、坚持按医嘱服药,强调按医嘱服药的必要性——指导患者合理饮食——协助备好出院所带药品、再次强调按医嘱用药并注意药物不良反应——通知护工、膳食科——常规清洁床位——填写出院护理记录。

三、健康指导

（1）向患者及家属解释引起原发性高血压的生物、心理、社会因素及高血压对健康的危害，以引起患者足够的重视。坚持长期的饮食、运动、药物治疗，将血压控制在接近正常的水平，以减少对靶器官的进一步损害。

（2）指导患者坚持低盐、低脂、低胆固醇饮食，限制动物脂肪、内脏、鱼籽、软体动物、甲壳类食物，补充适量蛋白质，多吃新鲜蔬菜、水果，防止便秘。每日摄入钠盐 < 6g。肥胖者控制体重，尽量将体重指数（BMI）控制在 < $25kg/m^2$，减少每日总热量摄入，养成良好的饮食习惯，细嚼慢咽，避免过饱，少吃零食等。

（3）改变不良的生活方式，戒烟，限饮酒，劳逸结合，保证充分的睡眠。学会自我心理调节，保持乐观情绪。家属也应给患者以理解、宽容与支持。

（4）根据年龄及病情选择慢跑、快步走、太极拳、气功等运动。当运动中出现头晕、心慌、气急等症状时应就地休息，避免竞技性运动和力量型运动如球类比赛、举重、俯卧撑等。适当运动有利于大脑皮质功能恢复，还能增加患者对生活的信心。

（5）告诉患者及家属有关降压药的名称、剂量、用法、作用与副作用，并提供书面资料。教育患者服药剂量必须遵医嘱执行，不可随意增减药量或突然撤换药物。教会患者或家属定时测量血压并记录，定期门诊复查，一般患者随诊的时间根据心血管的风险分层来定，低危或中危者，每1～3个月随诊1次，高危者，至少每1个月随诊1次。

情境3-6 问题回答

患者： "护士，我没感觉哪里不舒服为什么还需要吃药？"

护士： "彭老师，血压高时血管承受的压力变大，有人对血压高没什么感觉，但血管承受的压力是存在的，如果没有及时把血压降下来，血管有时候会承受不了过大的压力就容易破裂，那时候就会出现脑出血等并发症了。"

患者： "那是不是说明我要经常测量血压，当血压高时我就吃药？"

护士： "不是的，您应该按医生开的药按时按量来吃，这样才能保持血压在正常范围内。如果没有按时按量吃药的话您的血压容易反弹，导致升高的幅度更大，那时候就容易出现意外了。也就是说您测量的血压是正常时是在药物的控制下才正常，如果不吃，下次血压就升高的更厉害，更容易出现其他并发症。"

患者： "哦！原来这样啊！那我知道了，我以后会按时吃药的！"

护士： "彭老师，不只要按时吃药，还要按医生开的剂量来吃哦！"

患者： "好的，我一定会按时按剂量来服药的，不漏服，不补服。"

护士： "好的，那您还有其他需要吗？"

患者： "没有了，谢谢你！"

护士： "不用谢，有事您按床旁铃呼叫我就可以了。"

患者： "好的。"

小结

原发性高血压是一种以动脉血压持续升高为特征的进行性心血管损害的疾病，为最常见的慢性病，是心脑血管病最主要的危险因素。目前认为是在遗传与环境因素作用使正常血压调节机制失代偿所致。临床表现主要是长期高血压导致心、脑、肾、视网膜及血管等靶器官的损害及并发症的发生，高血压水平和危险度分层决定其预后。治疗原则主要是改善生活行为、明确降压药物治疗对象和血压控制目标值。护理要点是指导患者合理安排休息与活动，注意饮食调节，适当运动，控制体重，保持健康的心理状态。注意观察降压药物的疗效和不良反应，坚持合理用药，发生急性并发症应及时处理。大多数患者通过长期合理治疗，高血压是可以控制的，从而可降低高血压患者脑卒中及心脏病风险。

自测题

A_1型题

1. 高血压的诊断标准正确的是（　　）

A. 收缩压≥120mmHg 和（或）舒张压≥75mmHg

B. 收缩压≥135mmHg 和（或）舒张压≥90mmHg

C. 收缩压≥140mmHg 和（或）舒张压≥100mmHg
D. 收缩压≥140mmHg 和（或）舒张压≥90mmHg
E. 收缩压≥150mmHg 和（或）舒张压≥100mmHg

2. 高血压病死亡原因最常见的是（　　）
   A. 心肌梗死　　　　B. 脑血管意外
   C. 肾衰竭　　　　　D. 心功能不全
   E. 心律失常

3. 血压为 180/115mmHg 属于下列哪个类型高血压（　　）
   A. 高血压Ⅰ级　　　B. 高血压Ⅱ级
   C. 高血压Ⅲ级　　　D. 高血压危象
   E. 高血压脑出血

4. 高血压可引起（　　）
   A. 心、脑、肾等器官损害　B. 心、肝、肺等器官损害
   C. 脾、肺、肾等器官损害　D. 肝、肺、肾等器官损害
   E. 心、肝、脾等器官损害

5. 关于高血压降压治疗的原则，下列哪一项是错误的（　　）
   A. 发生高血压急症应迅速降压
   B. 血压控制满意后可立即停药
   C. 单个药物宜从小剂量开始
   D. 联合用药
   E. 尽可能用长效制剂，减少血压波动

A₂型题

6. 患者，女性，45 岁，患高血压 3 年，住院期间，护士为其进行饮食指导，该患者的饮食不需限制（　　）
   A. 高胆固醇饮食　　B. 高脂饮食
   C. 高糖饮食　　　　D. 高钠饮食
   E. 高钙饮食

7. 患者，女性，69 岁，因头痛头晕 4 天入院，入院诊断为"高血压"。护士在护理高血压患者的过程中，下列措施哪项不妥（　　）
   A. 尽快将血压降至正常
   B. 改变体位时动作宜缓慢
   C. 沐浴时水温不宜过高
   D. 头晕、恶心时助其平卧并抬高下肢
   E. 保持大便通畅

8. 患者，男性，45 岁。近半年来出现头痛、头晕伴心悸、多汗、烦躁，1 小时前因情绪激动出现耳鸣、眼花，急查血压 185/115mmHg。按医嘱给予硝普钠静脉泵注。该患者清晨起床后晕倒，片刻后清醒，首先考虑（　　）
   A. 直立性低血压　　B. 心源性休克
   C. 高血压危象　　　D. 高血压脑病
   E. 急性左心衰

9. 张先生，3 天前因高血压急症入院，护士在护理该患者时不正确的是（　　）
   A. 氧气吸入
   B. 立即建立静脉通道
   C. 患者半卧位
   D. 静脉滴注降压药须每小时测血压 1 次
   E. 加床栏予以保护

10. 王女士，66 岁，既往有高血压病史 16 年，坚持遵医嘱服用降压药。应用降压药物有效的治疗必须使血压降到（　　）
    A. 120/80mmHg 以下　B. 130/85mmHg 以下
    C. 140/90mmHg 以下　D. 150/95mmHg 以下
    E. 160/100mmHg 以下

11. 某高血压病患者，吸烟史 20 年，肥胖，目前血压 160/95mmHg，下列健康教育内容哪项错误（　　）
    A. 保持情绪稳定　　B. 适量运动
    C. 高热量、高糖饮食　D. 戒烟
    E. 控制高血压

12. 某高血压患者，突然剧烈头痛，喷射性呕吐，昏迷。诊断为脑出血。正确的护理措施是（　　）
    A. 取去枕平卧位
    B. 补充血容量
    C. 发病 24～48 小时内避免搬动
    D. 8 小时后鼻饲
    E. 头部热敷

13. 患者，高血压病 3 年，入院后给予降压治疗，在用药护理中指导患者改变体位时动作宜缓慢，其目的是（　　）
    A. 避免发生高血压脑病
    B. 避免发生高血压危象
    C. 避免发生急进性高血压
    D. 避免发生直立性低血压
    E. 避免血压升高

14. 男性，35 岁，近半年来血压升高过快，伴心悸、多汗、头痛、烦躁等，上周出现视物模糊征象来诊。查体：血压 222/127mmHg，心率 180 次/分，心浊音界向左下扩大。该患者可能是（　　）
    A. 高血压 1 级（Ⅰ期）　B. 高血压 2 级（Ⅱ期）
    C. 高血压 3 级（Ⅲ期）　D. 高血压危象
    E. 高血压脑病

15. 某高血压患者，同时患有支气管哮喘，他不能使用哪种降压药物（　　）
    A. 呋塞米　　　　　B. 阿替洛尔
    C. 硝苯地平　　　　D. 卡托普利
    E. 哌唑嗪

A₃型题

(16~18题共用题干)

患者,男性,45岁,患高血压病2年,睡眠中突然感到极度胸闷、气急、大汗淋漓、咳嗽、咳痰带血、端坐呼吸,血压200/110mmHg,心率110次/分。

16. 该患者可能发生了(　　)
   A. 高血压性心脏病　　B. 高血压危象
   C. 高血压脑病　　　　D. 急性肺水肿
   E. 肺梗死

17. 针对该患者的情况,护士可立即采取的有效措施是(　　)
   A. 安慰患者　　　　　B. 安置患者端坐位
   C. 6~8L/min 氧气吸入　D. 观察血压变化
   E. 详细作护理记录

18. 针对该患者的护理措施,错误的是(　　)
   A. 静脉滴注给药宜快速
   B. 6~8L/min 乙醇湿化吸氧
   C. 安慰患者,减轻精神压力
   D. 安置患者取端坐位
   E. 建立静脉通路

A₄型题

   A. 心动过缓、支气管哮喘
   B. 高血脂、高尿酸血症
   C. 低钾血症
   D. 面红心悸、下肢水肿
   E. 刺激性干咳、高钾血症、血管神经性水肿

19. 噻嗪类利尿剂的不良反应(　　)
20. β-受体阻滞剂的不良反应(　　)
21. 钙拮抗剂的不良反应(　　)
22. 血管紧张素转换酶抑制剂的不良反应(　　)

第8节　感染性心内膜炎患者的护理

情境3-7

患者,女,42岁,是一名银行工作人员,今年7月21日,她突发高烧,畏寒非常明显,大夏天还要盖几床棉被,还是一个劲的喊冷。她的丈夫给她吃了些退烧的药后,病情依然不见好转。她丈夫急忙送她去医院检查。查体:T 38.6℃,R 20次/分,P 96次/分,BP 110/65mmHg,听诊心脏出现杂音,四肢皮肤有一些瘀斑。辅助检查:血常规示白细胞计数常升高,伴明显核左移;血培养示金黄色葡萄球菌感染。医生说:"幸亏送得及时,否则会出现生命危险!"

一、疾病概述

(一) 定义

感染性心内膜炎(IE)是指由各种病原微生物感染所致的心内膜(心瓣膜、邻近大血管内膜)的炎症,伴有赘生物的形成。赘生物由血小板、纤维素团块、微生物和炎性细胞构成。瓣膜为最常受累部位。根据病程,可将其分为急性和亚急性;根据受累瓣膜类型,又可分为自体瓣膜心内膜炎和人工瓣膜心内膜炎和静脉药瘾者心内膜炎;根据感染途径,分为卫生保健相关性、社区获得性和静脉毒品滥用性。本病以男性多见,男女发病率比例约为2∶1。

(二) 病因和病机

IE感染的病原体主要为细菌、真菌、病毒和立克次体等,其中以链球菌和金黄色葡萄球菌多见。急性感染性心内膜炎主要由金黄色葡萄球菌引起,常发生在正常心瓣膜;亚急性者主要是草绿色链球菌引起,多发生于器质性心脏病和先天性心血管病。

IE发病与以下因素有关:①内膜损伤,各种原因导致血流动力学发生改变,血液湍流,冲击心脏或大血管内膜处导致内膜损伤;近年来,随着冠脉造影等侵入性诊疗手段的增加也增加内膜损伤的机会。②无菌性赘生物形成,内膜损伤,暴露内皮下的基质蛋白,促使组织因子释放,导致纤维蛋白和血小板沉淀形成无菌性赘生物。③细菌入侵,各种细菌经咽峡炎、扁桃体炎等感染或拔牙、各种器械检查等途径侵入血流,附着在无菌性赘生物上即发生感染性心内膜炎(图3-29)。

(三) 病理生理

感染性心内膜炎的基本病理改变是心瓣膜、心内膜及大血管内膜面附着疣状感染性赘生物。赘

生物由血小板、白细胞、红细胞、纤维蛋白、胶原纤维和致病微生物等组成。心脏瓣膜的赘生物可导致瓣膜溃疡、穿孔,若累及腱索和乳头肌,可使腱索缩短断裂,若累及瓣环和心肌,可致心肌脓肿、室间隔穿孔和动脉瘤,大的或多量的赘生物可堵塞瓣膜口或肺动脉,致急性循环障碍。

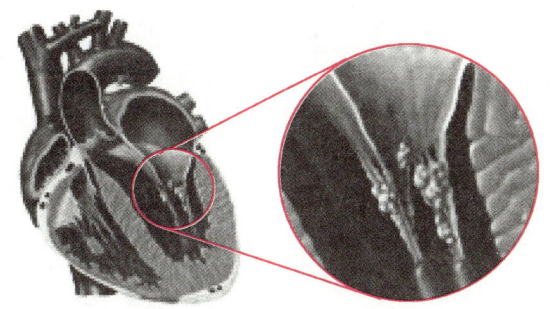

图3-29 感染性心内膜炎

(四)诊断及治疗要点

1. 诊断要点 根据其症状和特异性体征如心脏杂音、周围体征等,并结合辅助检查的结果基本可以确诊。

情境3-7 诊断分析

患者有高烧、畏寒等症状,皮肤上出现瘀斑,出现心脏杂音,血培养有金黄色葡萄球菌,综合其症状和体征,辅助检查的结果可诊断为感染性心内膜炎。

2. 治疗要点

(1)抗生素治疗:为最重要的治疗措施,用药原则为早期、大剂量、长疗程地应用杀菌性抗生素,联合用药,根据血培养和药物敏感试验结果选择用药,同时监测血药浓度,调整药物剂量。本病大多数致病菌对青霉素敏感,可作为首选药物,联合应用氨苄西林、万古霉素或庆大霉素等增强杀菌能力,真菌感染者可选用两性霉素B,疗程6~8周。

(2)手术治疗:当存在严重的心脏并发症或使用抗生素治疗无效者,可选用手术治疗。

考点: 最主要的治疗措施和用药原则

链接

感染性心内膜炎重在预防,在进行侵入性诊疗手段前需预防性的应用抗生素。保持牙齿的清洁卫生非常重要,避免猛烈刷牙或嚼口香糖,因其可能导致牙周病患者出现菌血症,避免用牙签剔牙或用高压水冲洗,以防牙龈损伤;在进行拔牙、牙周手术或清除牙垢时应预防性使用抗生素,并避免在灭菌条件不良的私人诊所进行介入性牙科手术。

二、疾 病 护 理

(一)护理评估

1. 健康史 询问起病的急缓,近期有无出现咽峡炎等感染征兆或有无拔牙以及其他侵入性器械检查病史,近期用药史。

2. 身体状况

(1)症状:最常见的症状为发热,主要与菌血症或败血症有关,急性者呈明显的寒战高热,常突发心力衰竭;亚急性患者持续性低至中度发热,一般<39℃,常伴有食欲缺乏、乏力、头痛、体重减轻等非特异性症状。部分患者可出现脾大、贫血和杵状指。有些出现动脉栓塞,与赘生物脱落有关,可发生于机体的任何部位而出现相应的症状和体征,其中以脑栓塞的发生率最高。

(2)体征:80%~85%的患者出现心脏杂音;部分患者出现周围体征,多为非特异性,可能是微血管炎或微栓塞所致,包括:①瘀点,主要出现在锁骨以上皮肤、口腔黏膜和睑结膜;②指、趾甲下线状出血;③Roth斑,视网膜的卵圆形出血斑,中心呈白色,多见于亚急性IE;④Osler结节(图3-30),指和趾垫出现的豌豆大的红或紫色痛性结节;⑤Janeway损害(图3-30),手掌和足底处直径为1~4mm的无痛性出血红斑,主要出现在急性IE。

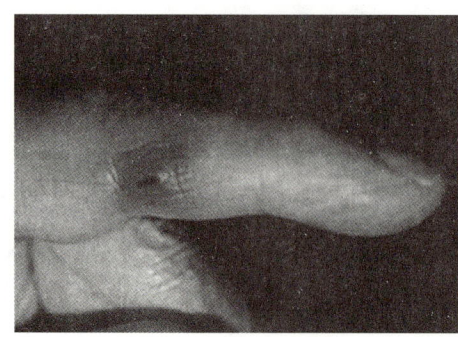 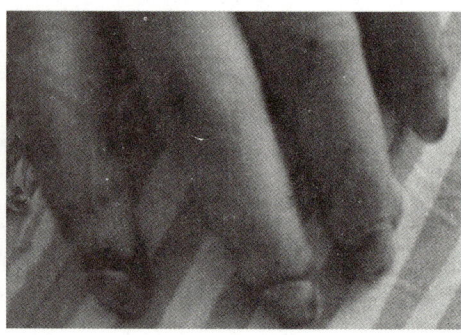

图 3-30 Osler 结节和 Janeway 损害

(3) 并发症

1) 心脏并发症:心力衰竭为最常见的并发症,主要由瓣膜关闭不全引起;其次是急性心肌梗死、心肌脓肿、化脓性心包炎和心肌炎等;

2) 细菌性动脉瘤:多见于亚急性者。受累动脉依次为近端主动脉、脑、内脏和四肢;

3) 迁移性脓肿:多见于急性患者,常发生于肝、脾、骨髓和神经系统;

4) 神经系统并发症:患者可出现脑栓塞、脑细菌性动脉瘤、脑出血和中毒性脑病等;

5) 肾脏并发症:大多数患者有肾损害,包括肾动脉栓塞和肾梗死、肾小球肾炎和肾脓肿等。

3. 心理-社会状况　评估患者是否存在焦虑、恐惧、悲观等情绪反应及严重程度。

4. 辅助检查

(1) 血常规:急性者白细胞计数常升高,伴明显核左移。亚急性者白细胞计数正常或轻度升高,正常色素型正常细胞性贫血常见。红细胞沉降率几乎均升高。

(2) 尿常规:可见镜下血尿和轻度蛋白尿。

(3) 血培养:是诊断本病最重要的方法。近期未接受过抗生素治疗的患者阳性率可达95%以上,药敏试验可为治疗提供依据。

(4) 免疫学检查:可有高丙种球蛋白血症,循环中免疫复合物、C 反应蛋白和类风湿因子呈阳性。

(5) 影像学检查:超声心动图可明确心脏基础病变及心内并发症,判断预后及指导治疗。心电图可见各种心律失常和急性心肌梗死等。X 线检查可了解肺部表现和心脏外形。

考点:感染性心内膜炎的临床表现

(二) 护理诊断与合作性问题

1. 体温过高　与感染有关。
2. 营养失调:低于机体需要量　与食欲下降,长期发热导致机体消耗过多有关。
3. 潜在并发症　心力衰竭、栓塞。

情境 3-7 护理诊断分析

因患者有高热、心脏杂音等症状和体征。故存在下列主要护理诊断:体温过高(与感染有关);潜在并发症(心力衰竭、栓塞)。

(三) 护理措施

1. 一般护理

(1) 休息:急性者应卧床休息,亚急性者可适当活动。有心力衰竭者协助半坐卧位。病室温度和湿度适宜,保持安静,以免影响患者休息。

(2) 饮食护理:指导进食高热量、高蛋白、高维生素、清淡易消化的半流质或软食,鼓励患者多饮水,有心力衰竭者应适当限制钠盐的摄入。

2. 病情观察　监测体温变化,每4~6小时测量体温1次,并准确绘制体温曲线来判断病情进展及治疗效果。观察皮肤黏膜有无瘀点、Osler结节、Janeway损害等。同时观察患者的神志、肢体活动、皮肤温度和瞳孔等变化,一旦出现栓塞可疑征象,及时报告医生并协助处理。

3. 配合治疗护理

(1) 用药护理:遵医嘱给予抗生素治疗,观察药物的疗效及不良反应。严格按时间按剂量给药,现配现用,以确保维持有效的血药浓度。注意保护静脉,可选用静脉留置针。

(2) 正确采集血培养标本:未经治疗的亚急性患者,应在第1天间隔1小时采血1次,共3次,如次日未见细菌生长者重复采血3次后开始应用抗生素治疗;已用过抗生素的患者,应停药2~7天后采血;急性患者在入院后立即安排采血,每隔1小时采血1次,共采3次后,按医嘱开始治疗。每次采血10~20ml,同时做需氧和厌氧培养。本病为持续性菌血症,无需在体温升高时才采血。

4. 心理护理　向患者解释本病的病因、发生发展过程、治疗方案及预后,使其了解本病的疗程较长,需要坚持治疗才能完全治愈和减少并发症,并避免情绪激动,防止赘生物脱落。

考点: 感染性心内膜炎的饮食护理、正确采取血标本措施

(四) 护理目标及评价

患者体温下降或恢复正常;经过治疗后患者食欲恢复,饮食正常,体重慢慢恢复。评价是否达到以上护理目标。

三、健康指导

嘱患者注意保暖,合理安排休息,避免感冒;不要挤压痤疮、疖或痈等感染病灶,减少病原微生物入侵的机会;进行侵入性诊治手术或其他外科手术前应预防性使用抗生素;自我监测体温变化及栓塞征象,定期门诊随诊。

情境3-7 问题回答

患者: "护士,我今天为什么要抽那么多次血?怎么不一次性抽完呢?"

护士: "李大姐,因为给您抽血的项目是血培养,为了培养出您血中感染的细菌类型,必须要间隔一定的时间抽血一次才能提高查出细菌的阳性率。只要查出相应的细菌类型,就能更好的选择相应的抗生素进行治疗。"

患者: "哦,原来这样!那接下来还要再抽血吗?"

护士: "您已经抽了3次血培养了,不需要再抽血了哦!"

患者: "那就好。护士,我这个很难治吗?为什么我在家吃了那么多的药烧总降不下来?是不是很严重啊?"

护士: "李大姐,您放心,这个病是能治好的,不过需要您的配合才行啊,因为疗程比较长,抗生素使用至少要用4周。这期间还需要好好的休息,安心养病。"

患者: "哦,我明白了,我会积极配合医生治疗的。谢谢你啊!"

护士: "不用谢!你还有什么问题,可随时问我。"

小结

感染性心内膜炎(infective endocarditis,IE)是指由各种病原微生物感染所致的心内膜(心瓣膜、邻近大血管内膜)的炎症,伴有赘生物的形成。赘生物由血小板、纤维素团块、微生物和炎性细胞构成。瓣膜为最常受累部位。IE感染的病原体主要为细菌、真菌、病毒和立克次体等,其中以链球菌和金黄色葡萄球菌多见。急性感染性心内膜炎主要由金黄色葡萄球菌引起,常发生在正常心瓣膜;亚急性者主要是草绿色链球菌引起,多发生于器质性心脏病和先天性心血管病。IE最常见的症状为发热,部分患者可出现脾大、贫血和杵状指。有些出现动脉栓塞,与赘生物脱落有关。80%~85%的患者出现心脏杂音。抗生素治疗为最重要的治疗措施,用药原则为早期、大剂量、长疗程地应用杀菌性抗生素,联合用药,根据血培养和药物敏感试验结果选择用药,同时监测血药浓度,调整药物剂量。护理重点是用药护理、正确采取血培养标本和健康宣教。

自 测 题

A₁型题

1. 感染性心内膜炎最常见的症状为( )
   A. 脾大　　　　　B. 发热
   C. 贫血　　　　　D. 杵状指
   E. 乏力

2. 心内膜赘生物脱落引起的周围动脉栓塞,最多见的是( )
   A. 肢体动脉栓塞　　B. 肠系膜动脉栓塞
   C. 肺动脉栓塞　　　D. 肾动脉栓塞
   E. 脑动脉栓塞

A₂型题

3. 患者,女性,28岁,患有风湿性心脏病二尖瓣狭窄,来院拔牙,为防止出现感染性心内膜炎,正确的做法是( )
   A. 术前休息1天,术后给予青霉素肌内注射3天
   B. 术前1天开始肌内注射青霉素至术后3天停药
   C. 术后口服阿莫西林
   D. 术后给予庆大霉素肌内注射3天
   E. 术后给予青霉素静脉滴注3天

4. 廖女士,40岁,有先天性心脏病,3个月前拔牙后持续发热至今,查体:T 38℃,指甲下线状出血,心尖区可闻及全收缩期杂音,脾肋下可触及。最有助于确诊的检查是( )
   A. 腹部B超　　　　B. 血常规
   C. 血培养　　　　　D. 血清铁
   E. 尿蛋白

A₃型题

(5~8题共用题干)

患者,女性,45岁,因高烧持续不退、食欲下降1周入院,入院诊断为:"感染性心内膜炎。"

5. 该患者入院需抽血查血培养,每次采血量为( )
   A. 5ml　　　　　B. 15ml
   C. 25ml　　　　D. 35ml
   E. 45ml

6. 一般需采血培养的时间间隔为( )
   A. 1小时　　　　B. 2小时
   C. 3小时　　　　D. 4小时
   E. 5小时

7. 需要采血标本的次数为( )
   A. 1次　　　　　B. 2次
   C. 3次　　　　　D. 4次
   E. 5次

8. 对该患者的护理措施错误的是( )
   A. 定时监测生命体征
   B. 观察心脏杂音的部位、强度和性质
   C. 指导进食高热量、高蛋白、高维生素、富含粗纤维食物
   D. 保持口腔、皮肤的清洁
   E. 遵医嘱应用抗生素

第9节　心肌疾病患者的护理

情境3-8

一名55岁的李先生来诊诉说:"我平常身强力壮,无高血压无心脏病,平常就有喝酒习惯,我这次喝酒后不知为什么就感觉特别气急、全身乏力、胸闷明显,感觉有点喘不过气来"。医生查体:呼吸急促,心率110次/分,心律不齐,出现第三、四心音心脏彩超显示左房、左室、右房、右室均明显扩大。

一、疾病概述

(一) 定义

心肌病是指各种原因导致的心肌病变并伴有心功能异常的一组疾病。2008年欧洲心脏病学会根据心脏结构和功能表现把心肌病分为扩张型心肌病、肥厚型心肌病、限制型心肌病、致心律失常型右室心肌病及未定型心肌病。本节重点阐述扩张型心肌病和肥厚型心肌病。扩张型心肌病是一类以左心室或双侧心腔扩大,伴有心肌收缩功能减退为特点的心肌病,常并发心律失常、心力衰竭,病死率高,多发生在20~40岁之间,男性患者多见。肥厚型心肌病是一类以心室非对称性肥厚为特点的原发性心肌病。根据左心室流出道有无梗阻肥厚型心肌病可分为梗阻型和非梗阻型两种类型。

（二）病因和病机

扩张型心肌病的病因与发病机制不明确，可能与病毒感染、自身免疫和遗传等多种因素有关。另外，中毒（我国常见乙醇中毒）、内分泌和代谢异常等因素也可以引起该病。

肥厚型心肌病有明显的家族性发病倾向，多为家族性常染色体显性遗传。另外，多数研究认为儿茶酚胺代谢异常、细胞内钙调节机制异常、高血压、高强度运动等可作为本病的促发因素。

考点： 心肌病的病因

（三）病理生理

扩张型心肌病以心腔扩大为主。肉眼可见心室扩张，心室壁变薄，形成纤维瘢痕，并伴有附壁血栓。电镜下可见非特异性心肌细胞肥大、变性、不同程度纤维化等。

肥厚性心肌病以心室肥厚为主，尤其是室间隔肥厚。由于心室壁肥厚，导致心室流出道狭窄，心室收缩时承受的负荷加重，心室收缩和舒张功能下降，小血管发生病变，导致心肌缺血，从而出现胸闷、气短等症状。

（四）诊断及治疗要点

通过询问病史及家族史（猝死和心肌肥厚等）、患者的临床表现及超声心动图等辅助检查的结果可诊断心肌病。

扩张型心肌病目前的治疗原则为纠正心力衰竭、控制各种心律失常，预防栓塞和猝死。同时应用营养心肌等药物。对长期严重心力衰竭、内科治疗无效患者可考虑行心脏移植术。肥厚型心肌病治疗原则为减慢心率、降低心肌收缩力及减轻流出道梗阻，常用的药物为β受体阻滞剂及钙通道阻滞剂。对重症梗阻性肥厚型心肌病患者可作无水乙醇化学消融术或植物 DDD 型起搏器；目前治疗的有效方案为外科手术切除最肥厚部分心肌。

> **情境 3-8 诊断分析**
>
> 该患者有酗酒史，本次喝酒后出现明显的胸闷、气急、乏力、呼吸困难等症状，有心律不齐和心脏第三、四心音体征，心脏彩超显示左房、左室、右房、右室均明显扩大。根据病史、症状、体征及心脏彩超结果诊断为扩张型心肌病。

二、疾 病 护 理

（一）护理评估

1. **健康史** 询问是否有家族病史，有无病毒或其他病原微生物感染病史，是否存在嗜酒行为，有无系统性红斑狼疮、嗜铬细胞瘤或围生期等病史，了解患者诊疗的经过。

2. **身体状况** 本病起病缓慢，早期多数症状轻或无症状。

（1）症状：扩张型心肌病患者早期可出现活动后感疲乏无力，随着病情的发展，可出现夜间阵发性呼吸困难、端坐呼吸、咳嗽、咯血，部分患者出现急性肺水肿，并发心力衰竭和各种心律失常，可发生栓塞和猝死。部分患者以心律失常为首发症状。

肥厚型心肌病患者最常见的症状为劳力性呼吸困难和乏力，部分患者出现劳力性胸痛、心悸，活动后乏力、头晕、甚至发生晕厥和猝死。

（2）体征：扩张型心肌病患者早期最重要的体征为出现明显的第三、第四心音，可有心脏扩大、奔马律、肺部湿啰音及颈静脉怒张等肺循环和体循环淤血的表现。

肥厚型心肌病患者查体时可见心脏轻度扩大，可闻及收缩期杂音。梗阻型患者可在胸骨左缘第3、4 肋间闻及喷射样收缩期杂音。对称性心肌肥厚型心肌病患者可无杂音。

考点： 心肌病的临床表现

（3）心理-社会状况：评估是否存在因病情反复发作影响日常生活而出现焦虑、抑郁情绪，因病情迁延而出现悲观、恐惧和绝望心理。

（4）辅助检查

1) X线检查：扩张型心肌病患者心影明显增大，呈肺淤血征；肥厚型心肌病患者心影可以正常，伴心力衰竭时心影明显增大。

2) 心电图：扩张型心肌病可见多种心律失常、ST-T改变、R波减低，部分出现病理性Q波；肥厚型心肌病常见左心室肥大，伴ST-T改变、病理性Q波、室内差异性阻滞和其他各种心律失常。

3) 超声心动图：扩张型心肌病可见各心腔扩大，以左心室扩大最显著，心室壁变薄、室壁运动减弱，二尖瓣或三尖瓣关闭不全；肥厚型心肌病可见心室壁及室间隔非对称性肥厚，左心室腔缩小，流出道狭窄，左心室舒张功能障碍。

> **链接**
>
> 　　心内膜心肌活检（EMB）是一项利用特殊设备通过外周血管进入心室钳取心内膜或心内膜下心肌组织进行病理学检查的诊断方法。最初主要用于对各种心肌疾病进行鉴别诊断，之后广泛应用在心脏移植术后排斥反应和药物所致心肌损害的监测。目前心内膜心肌活检应用最多时是用50cm一次性右室EMB活检钳通过右颈内静脉进入右心室，在心室室间隔处取活检，如需进入左心室则可采用经皮股动脉穿刺后逆行由主动脉瓣进入左心室取活检。

（二）护理诊断与合作性问题

1. **气体交换受损**　与心力衰竭有关。
2. **活动无耐力**　与心肌病变导致心脏收缩能力减弱、心排出量减少有关。
3. **潜在并发症**　心律失常、栓塞、猝死。
4. **疼痛：胸痛**　与肥厚心肌耗氧量增加、冠状动脉供血相对不足有关。

> **情境3-8 护理诊断分析**
>
> 　　该患者出现胸闷、气急、乏力、呼吸困难等症状，有酗酒史，故存在下列主要护理诊断：气体交换受损（与心力衰竭有关）；活动无耐力（与心肌病变导致心脏收缩力减弱有关有关）；潜在并发症（猝死）；知识缺乏（缺乏疾病相关知识）。

（三）护理措施

1. **一般护理**

（1）休息与活动：心肌病患者应嘱多休息，限制体力活动，减轻心脏负荷、减慢心率、增强心肌收缩力，改善心功能。若伴心力衰竭者应嘱绝对卧床休息，取半坐卧位。肥厚型心肌病患者应避免剧烈运动、屏气及持重，以免发生晕厥及猝死。

（2）饮食护理：指导患者进食高蛋白、高维生素、清淡、易消化饮食，多吃新鲜水果及蔬菜，少食多餐。

2. **病情观察**　密切观察患者病情变化，必要时进行持续心电监护，监测心律、心率、呼吸及血压，观察有无心力衰竭、心律失常及栓塞征象。肥厚型心肌病患者应注意有无晕厥发生。

3. **用药护理**　遵医嘱应用抗心力衰竭、抗心律失常和营养心肌等药物，观察药物疗效及不良反应。用药时需注意：扩张型心肌病患者对洋地黄毒苷耐受性差，用药期间要观察有无洋地黄中毒反应；应用β-受体阻滞剂或钙通道阻滞剂时应注意观察有无心动过缓等不良反应；应用抗心律失常药物时应密切观察心率、心律变化，注意有无不良反应发生；梗阻性肥厚型心肌病患者心绞痛发作时不宜用硝酸酯类药物，因其可减少静脉回心血量，加重流出道梗阻，导致胸痛症状加重。

4. **心理护理**　向患者介绍本病药物治疗和手术治疗的重要性，鼓励患者表达自己的感受，树立战胜疾病的信心。

考点：心肌病患者的护理

（四）护理目标及评价

患者胸闷、气短等症状减轻或消失；活动耐力有所增强；住院期间无并发症发生；疼痛减轻或消失。评价是否达到以上护理目标。

三、健康指导

扩张型心肌病患者应避免劳累、病毒感染及酗酒；肥厚型心肌病患者应避免突然屏气、提起重物、情绪激动、站立等，预防晕厥或猝死。有晕厥史者，避免单独外出，以免发生意外。遵医嘱服药，教会患者及家属观察药物疗效及不良反应，嘱患者定期门诊随访。

情境3-8 问题回答

护士： "王先生，您今天感觉怎么样？好点了吗？"
患者： "胸闷、气急好点了，气顺了点，不会再感觉喘不过气来了。"
护士： "那就好。您还需要注意不能再喝酒了。"
患者： "为什么不能再喝？我一直很奇怪，平常一直有喝都没事，怎么这次也跟平时一样喝了点，就出现胸闷、气急了。"
护士： "您患的是扩张型心肌病，这个疾病目前发病的机制还不是很明确，但有一点可以肯定的就是酗酒对心脏有负面影响，所以您一定要吸取这次的经验，不能再喝酒了。"
患者： "哦，我明白了，我会尽量戒酒的。"
护士： "酒一定要戒掉哦，一丁点都碰不得，现在心脏已经明显受到损害，以后可能一丁点酒就可以出现心力衰竭、心律失常甚至猝死，所以您一定要戒酒才行啊。"
患者： "呀！那么严重，还会猝死啊！"
护士： "是啊！所以您从现在开始一点酒都碰不得！平常还要多注意休息，避免劳累，同时应注意保暖，室内注意通风，防止出现病毒感染。"
患者： "好，我知道了，我一定会注意的！谢谢你啊！"
护士： "不用谢！你还有什么问题，可随时问我。"

小结

心肌病是指各种原因导致的心肌病变并伴有心功能异常的一组疾病。扩张型心肌病多发生在20~40岁之间的男性患者，常并发心律失常、心力衰竭，病死率高。肥厚型心肌病根据左心室流出道有无梗阻肥厚型心肌病可分为梗阻型和非梗阻型两种类型。扩张型心肌病目前的治疗原则为纠正心力衰竭、控制各种心律失常，预防栓塞和猝死。同时应用营养心肌等药物。护理重点是病情观察和指导患者进行合理的休息和活动。

自测题

A₂型题

1. 张先生，50岁，因活动后感疲乏无力1年，近3个月来夜间睡觉时常出现呼吸困难而来院就诊，诊断为"扩张型心肌病"。关于扩张型心肌病的临床表现除下列哪项外都是其表现（　　）
   A. 充血性心力衰竭　　B. 心律失常
   C. 心绞痛　　　　　　D. 栓塞
   E. 猝死

2. 患者，男，50岁，因出现全身乏力，呼吸困难，活动后加重7天来院就诊，诊断为"肥厚型心肌病"。下列除哪项外是肥厚型心肌病常见的临床表现（　　）
   A. 胸痛
   B. 卧位心绞痛
   C. 起立或走动时晕厥
   D. 劳累时呼吸困难
   E. 胸骨左第3肋至第4肋间收缩期喷射样杂音

3. 患者，男性，30岁，平素体健，运动时突然出现晕厥。超声心动图显示室间隔厚度≥15mm。右心室壁肥厚。该患者最可能的诊断是（　　）
   A. 冠心病　　　　　　B. 急性心肌梗死
   C. 肥厚型心肌病　　　D. 扩张型心肌病
   E. 急性病毒性心肌病

第10节 急性心包炎患者的护理

情景 3-9

一名18岁的男患者因低热1个月、气促10天入院，述说："我已经发烧1个月了，发烧前曾出现轻度胸痛1周，当时因为不是特别不舒服，就没在意了。近10天来稍活动就感觉气喘，休息的时候还感觉有点胸闷，喘不过气。"护理体检：心脏扩大，心音弱，心率105次/分，律齐，无杂音，双肺呼吸音清。肝肋下3cm，X线显示心影向两侧扩大，超声心动图示心包中等量积液。

一、疾病概述

（一）定义

心包炎是指心包脏层和壁层的炎性病变，可由多种因素如感染、肿瘤、自身免疫性疾病、尿毒症等所致。临床上按病程进展可分为急性心包炎、慢性心包积液、粘连性心包炎、亚急性渗出性缩窄性心包炎及慢性缩窄性心包炎等，以急性心包炎和慢性缩窄性心包炎最为常见。本节课重点介绍急性心包炎。

链接

几种常见的心包炎：①结核性心包炎，有结核病的一般表现，如长期低热、盗汗及疲乏无力等，同时伴有心包积液的症状和体征；②肿瘤性心包炎，通常无症状，少部分患者出现心包摩擦音和胸痛，晚期心包积液量大，多有心脏压塞征；③病毒性心包炎，起病前多有上呼吸道感染症状，出现高热、剧烈胸痛等表现，心包积液量少或中量，伴有典型心电图改变；④尿毒症性心包炎，多见于肾衰竭尿毒症期进行血液透析或腹膜透析者，常出现发热、胸痛，伴心包摩擦音；⑤自身免疫相关性心包炎，可有心包积液征伴心肌损害。

（二）病因和病机

急性心包炎为心包膜脏层和壁层的急性炎症，可单独存在，也可以是某种全身性疾病累及心包的表现。最常见的病因为病毒感染，也可由细菌、真菌、寄生虫等感染或由自身免疫疾病、代谢性疾病或心肌梗死等所致。各种病因导致心包出现急性炎症反应时，心包脏层和壁层出现炎性渗出液，并随病程进展逐渐增多，大量渗出液使心包腔内压力迅速上升，导致心室舒张期充盈受限，外周静脉压升高，导致心排血量下降，血压下降，从而出现一系列急性心脏压塞的临床表现。

（三）病理生理

在急性心包炎的早期，心包的脏层和壁层表现有纤维蛋白和白细胞渗出，无明显的液体积聚，故称纤维蛋白性心包炎；病程继续发展，心包腔中液体增多，转变为渗出性心包炎。液体在短期内大量积聚可引起心包压塞。若心包积液吸收良好，则无任何后遗症，若吸收不好，发生心包的脏层和壁层粘连、增厚，则形成缩窄性心包炎。

（四）诊断及治疗要点

根据典型的症状和体征，如呼吸困难、颈静脉怒张、奇脉、心音遥远等应考虑为急性心包炎，结合超声心动图见心包积液即可确诊。

治疗时急性心包炎主要根据病因选用抗生素、抗结核药物或化疗药物治疗，并给予对症治疗，如呼吸困难患者取半卧位，给予吸氧，疼痛患者应用非甾体类消炎药物进行止痛，出现心脏压塞或大量心包积液压迫邻近组织器官者可行心包穿刺术，必要时行心包切开引流或心包切除术等。

情境3-9诊断分析

该患者持续低热，有胸痛、气促等症状，体检时发现心音弱，心脏扩大，肝肋下3cm；X线显示心影向两侧扩大，超声心动图示心包中等量积液。根据这些典型的症状、体征和辅助检查的结果，可诊断为急性心包炎。

二、疾病护理

（一）护理评估

1. 健康史　询问有无病毒或细菌等微生物感染的病史，有无风湿热、系统性红斑狼疮、尿毒症或急性心肌梗死等病史，了解患者诊疗的经过。

2. 身体状况

（1）症状：急性心包炎最常见的症状为心前区疼痛，常在深呼吸、咳嗽时加重，并可放射至颈部、左肩、左臂、上腹部。当出现心包积液时最突出的症状为呼吸困难，常伴随面色苍白、呼吸急促、大汗淋漓等表现。

（2）体征：急性心包炎早期特异性体征为心前区闻及心包摩擦音，当心包积液增多时，摩擦音消失，体检时心尖搏动弱，心脏浊音界扩大，当出现大量心包积液时可出现心脏压塞征象，表现为明显心动过速、低血压或休克、颈静脉怒张、奇脉等，大量心包积液可使心脏向后移位，可有邻近组织受压征象。

考点：急性心包炎的临床表现

3. 心理-社会状况　评估是否存在因疼痛、呼吸困难影响日常生活而出现焦虑情绪，因病情迁延而出现悲观、绝望心理。

4. 辅助检查

（1）实验室检查：取决于原发病，感染者常伴白细胞计数增加，血沉增快。

（2）X线检查：急性心包炎早期可无异常发现，当成人心包渗液超过250ml时，心影增大而肺部无明显充血现象，当出现大量积液时心影可呈"烧瓶形"或"球形"，心脏搏动减弱或消失（图3-31）。

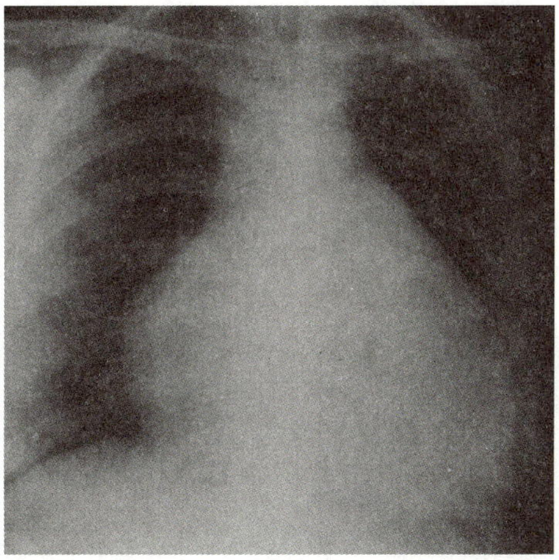

（3）心电图：急性心包炎早期除 aVR 导联外，皆呈 S-T 段抬高呈弓背向下型，之后 ST 段回到基线，出现 T 波低平、倒置，持续数周或数月后 T 波逐渐恢复正常。

（4）超声心动图：是诊断心包积液简单易行的方法。急性心包炎出现心包积液时常见液体暗区。

（5）心包穿刺：抽取积液进行常规涂片、细菌培养或查找肿瘤细胞等，可明确致病原因，协助诊断，同时可缓解压迫症状。

图 3-31　大量心包积液

考点：急性心包炎的辅助检查

（二）护理诊断与合作性问题

1. 气体交换受损　与肺淤血、肺或支气管受压有关。
2. 疼痛：胸痛　与心包炎症有关。
3. 体液过多　与渗出性、缩窄性心包炎有关。
4. 活动无耐力　与心排血量减少有关。

情境 3-9 护理诊断分析

该患者出现低热，有胸痛、气促等症状，超声心动图示心包中等量积液。故存在以下护理诊断：气体交换受损（与肺淤血、肺或支气管受压有关）；疼痛（胸痛与心包炎症有关）；体液过多（与渗出性心包炎有关）；活动无耐力（与心排血量减少有关）。

（三）护理措施

1. 一般护理

（1）休息和活动：帮助患者采取舒适卧位，呼吸困难患者取半卧位或坐位，出现心脏压塞征患者取前倾坐位。疼痛患者卧床休息，嘱勿用力咳嗽、深呼吸或突然改变体位。根据病情合理给氧。

（2）饮食护理：指导进食高热量、高蛋白、高维生素、清淡、易消化饮食，少食多餐，避免饱餐和保持大便通畅。

2. 病情观察 监测生命特征，密切观察病情变化、胸痛的部位、性质及呼吸困难的程度，观察是否出现心脏压塞的表现。

3. 配合治疗护理

（1）用药护理：遵医嘱给予抗生素、抗结核药物、化疗药物治疗，疼痛者遵医嘱应用镇痛药，首选非甾体类抗炎药，如布洛芬，观察药物的疗效及不良反应。如疼痛剧烈者可应用吗啡类药物。

（2）心包穿刺术的配合及护理

1）术前护理：向患者解释操作的目的及注意事项，让患者了解手术的意义及必要性；备齐物品和抢救药品，协助患者行心脏超声检查，明确积液量及穿刺部位，并做好标记（图3-32）；建立静脉通道，进行心电、血压监测；术前可遵医嘱用少量镇静剂。

2）术中护理：嘱患者勿剧烈咳嗽或深呼吸，严格无菌操作，抽液过程中要注意随时夹闭胶管，防止空气进入心包腔；抽液速度宜慢，每次抽液量不超过300ml，一般首次抽液<100ml，若抽出新鲜血，应立即停止抽液，观察有无心脏压塞症状；记录抽液量和性质，并按要求送检；密切观察患者的反应，如出现面色苍白、头晕、生命体征及心电图出现变化，及时报告医生并协助抢救。

3）术后护理：术后拔除穿刺针后，穿刺部位覆盖无菌纱布，用胶布固定，给予心电监护2小时，严密监测生命体征、心电图变化；遵医嘱应用抗生素；心包引流者做好引流管护理，注意穿刺部位有无渗血渗液。

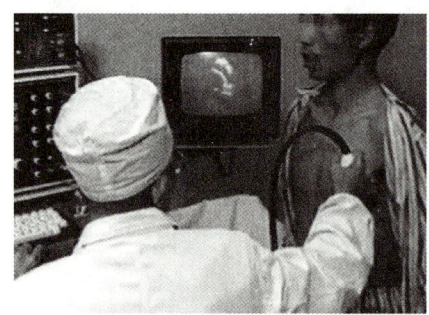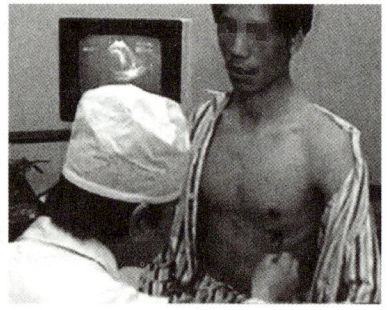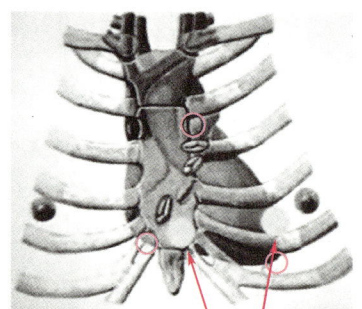

图3-32 心包穿刺点的超声检查定位

4. 心理护理 向患者介绍本病药物治疗和手术治疗的重要性，鼓励患者表达自己的感受，树立战胜疾病的信心。

考点： 急性心包炎的护理治疗配合

（四）护理目标及评价

患者呼吸困难、胸闷、气短等症状减轻或缓解；疼痛减轻或缓解；心包积液减少或消失；活动耐力有所增加。评价是否达到以上护理目标。

三、健康指导

告知患者坚持足够疗程的药物治疗的重要性，不要擅自停药，注意观察药物的不良反应，定期检查肝肾功能。对缩窄性心包炎患者心包切除术后应继续休息半年左右。

情境3-9 问题回答

患者："护士,医生说要进行心包穿刺抽液,感觉很恐怖的样子!"

护士："小陈,你不要太紧张,其实心包穿刺术的操作还是比较简单的。我们首先会给你查心脏B超,标记穿刺部位,然后才把穿刺针送进去,把心包中的液体抽出来,这样你的呼吸困难情况就会减轻许多的!"

患者："我觉得很恐怖,那么长的针就要刺到我的心脏里面!哇!光想就觉得好痛!"

护士："小李,针不会刺到心脏里面去的。心包是包在心脏外面的一层膜,现在你的心包中有很多液体,这些液体厚厚的覆盖在心脏表面,挤压着心脏,所以你才会感觉喘不过气。这次进行心包穿刺,也只是穿刺到心包中,把心包中挤压着心脏的液体抽出来,不会刺到心脏的肌肉组织的,放心。"

患者："哦!原来这样!我还以为会刺破心脏!我还在想是不是要把心脏中的血液给抽出来呢!原来只是刺到心脏外面的一层膜就可以了!"

护士："是啊,穿刺前还会给你局部麻醉,所以不会特别痛的。"

患者："那我就放心了。谢谢你啊,护士姐姐!"

护士："不用谢!你还有什么问题,可随时问我。"

小结

急性心包炎为心包膜脏层和壁层的急性炎症,可单独存在,也可以是某种全身性疾病累及心包的表现。最常见的病因为病毒感染。急性心包炎最常见的症状为心前区疼痛,常在深呼吸、咳嗽时加重,并可放射至颈部、左肩、左臂、上腹部。治疗时针对病因应用抗生素、抗结核药物或化疗药物治疗,并给予对症治疗。护理重点观察病情、合理安排休息和活动、使用药物治疗注意药物的不良反应和心包穿刺术的护理配合等。

自 测 题

A_1/A_2型题

1. 急性心包炎的常见病因为(　　)
   A. 化脓性　　　　B. 结核性
   C. 风湿性　　　　D. 病毒性
   E. 尿毒症性

2. 急性心包炎早期最常见的症状为(　　)
   A. 呼吸困难　　　B. 心前区疼痛
   C. 心包摩擦音　　D. 食欲减退
   E. 颈静脉怒张

3. 患者,男,50岁,活动后出现气促,查体:颈静脉怒张,心音遥远、肝大、下肢水肿,X线:心脏向两侧扩大,肺野清晰。最可能的诊断是(　　)
   A. 充血性心肌病
   B. 病毒性心肌炎
   C. 风湿性二尖瓣狭窄并关闭不全
   D. 心包积液　　E. 肺心病

实践3　循环系统常见诊疗技术及护理

【目的和要求】

1. 了解循环系统常用诊疗技术。
2. 掌握循环系统常用诊疗技术的术前准备、术中配合及术后护理。

【内容】

一、心脏起搏

心脏起搏是通过心脏起搏器发放一定形式的电脉冲刺激心脏,引起心脏兴奋收缩,从而替代正常心脏起搏点,控制心脏按脉冲电流的频率有效地搏动。时治疗心律失常介入治疗的重要方法之一。

（一）适应证

1. 临时性起搏

（1）治疗性:有威胁生命的心律失常时,如阿-斯综合征、各种疾病导致的缓慢心律失常、心脏手术引起的房室传导阻滞、抗快速心律失常等。

（2）诊断性:如判断预激综合征类型、房室结功能、窦房结功能等。

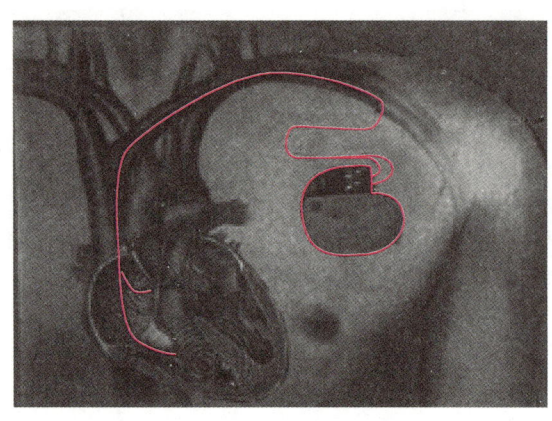

图3-33 永久性起搏器

(3) 预防性:某些心脏病患者实施大手术、心血管造影、心律转复治疗、安置永久起搏器前可安置临时起搏器保护。

2. 永久性起搏器(图3-33)

(1) 病态窦房结综合征。

(2) 慢性完全性房室传导阻滞。

(3) 病因不可纠治的持续的心动过缓。

(二) 禁忌证

无绝对禁忌证。

(三) 操作前准备

1. 患者准备　①解释安置起搏器的目的和意义,告知配合的方法,家属签字。②停用抗凝药3天。③手术部位备皮:临时起搏器备皮方位为会阴及双侧腹股沟,永久性起搏器为左上胸部(包括颈部及腋下)。④查血常规、出凝血时间、血小板计数等。做普鲁卡因、青霉素皮试。完善各项检查。⑤如12导联心电图、超声心动图、X线检查等。⑥术前排空大小便,禁食6~8小时。⑦常规使用镇静剂。

2. 环境准备　环境清洁、无尘,室温不低于20℃。

3. 用物准备　心电监护仪、除颤仪、吸痰器、氧气、心导管检查器械包、急救药品、测量生命体征设备等。

4. 护士准备　衣帽整齐,修剪指甲,洗手,戴口罩。

(四) 操作过程与护理配合

(1) 患者取平卧位,开放静脉通道,给予氧气吸入,连接多功能监测仪,观察并记录术前生命体征。

(2) 协助医生在手术区消毒、铺巾、麻醉;术中配合医生进行导线、电极的安置,进行起搏阈值的调试;术后整理用物,垃圾分类处理,可回收物品打包送供应室消毒。

(3) 术中密切观察患者神志、面色、脉搏、呼吸、血压、心电图变化情况。

(五) 操作后护理

1. 休息　平卧位或左侧卧位24~48小时,避免右侧卧位。休息3~5天,术侧上肢制动72小时,术后第4天活动术侧肩部,防止肩关节僵硬。术后4周内头、颈、右上肢应少活动,术后6~8周可逐步恢复正常运动。安置临时起搏器者应一直卧床,避免术侧肢体过度活动、外展。

2. 防止出血　伤口局部沙袋压迫6~12小时。

3. 病情观察　观察患者神志、生命体征,持续心电监护24小时,注意心率与起搏频率是否一致,患者有无不适。密切观察有无并发症发生及有无导管电极移位或起搏器故障,若有应及时通知医师协助处理。记录12导联心电图。

4. 预防性抗生素治疗3天。

5. 伤口护理　定期更换敷料,7天后拆线。

(六) 注意事项

(1) 避免剧烈运动,特别是安装起搏器的一侧肢体。

(2) 起搏器故障应急:告诉患者及家属简单排除故障、应急的方法。

(3) 避免干扰环境:避开强磁场和高压电,如MRI、激光、理疗、手机不要靠近起搏器(即衬衫口袋内、起搏器同侧耳朵)等,出现不适,立即离开现场。外出随身携带"心脏起搏器卡"。若发现电器设备干扰了起搏器,应立即离开电器,也可关闭电源。

(4) 指导自查。告诉患者起搏器设置频率、使用年限。教会患者自数脉搏,若脉搏与设置频率不一致时,立即就诊。若有头晕、乏力、胸痛等不适,提示起搏器发生故障,也要立即就诊。

(5) 定期复查。出院后半年内每1~3个月随访1次,病情稳定后每半年随访1次。

二、心脏电复律

心脏电复律是指在短时间内经胸壁向心脏通以高压强电流,使心肌瞬间同时出击,消除异位性快速心律失常,使之转复为窦性心律的方法(图3-34)。

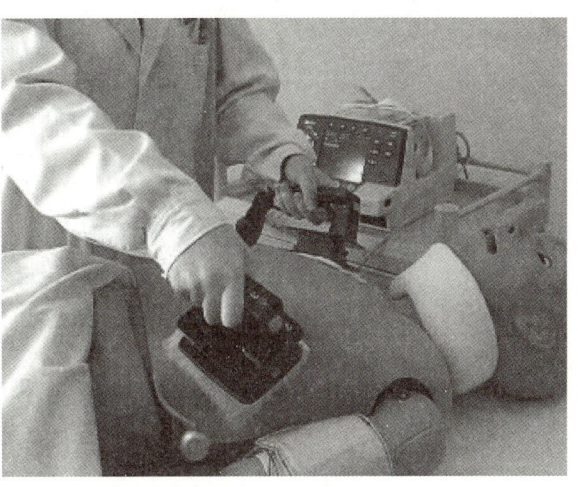

图 3-34 心脏电复律

(一) 适应证

1. 非同步电复律　仅适用于室颤、室扑。
2. 同步电复律　适用于房颤、房扑、室上速、室速。

(二) 禁忌证

(1) 病史长,心脏明显增大及有新鲜血栓形成。
(2) 洋地黄中毒所致心律失常,低钾血症。
(3) 伴高度房室传导阻滞的心房颤动及扑动,病态窦房结综合征。

(三) 操作前准备

1. 患者准备　①向择期复律患者及家属说明实施复律的目的、过程及意义,取得患者的合作;②遵医嘱术前完善各项术前检查,停用洋地黄类药物24~48小时,给予改善心功能、纠正低钾血症及酸中毒的药物;③复律前1~2日口服奎尼丁,预防转复后复发,服药前做心电图,观察QRS波时限及QT间期变化;④复律术当日晨禁食,排空膀胱。

2. 环境准备　环境清洁、无尘,室温不低于20℃。注意遮挡。

3. 用物准备　电复律器、心电图机、示波器、抢救车、抢救药(如抗心律失常药)、气管插管、呼吸机、氧气、临时起搏器等。

4. 护士准备　衣帽整齐,修剪指甲,洗手,戴口罩。

(四) 操作过程与护理配合

1. 安置体位　平卧于绝缘的硬板床上,松开衣领,取下义齿。非操作人员远离床边。
2. 建立静脉通道,给予氧气吸入,连接心电及血压监测仪,测量血压,观察心律。
3. 清洁电击处皮肤。
4. 配合麻醉　给予地西泮0.3~0.5mg,直到患者处于嗜睡状。注意患者呼吸。
5. 安置电极板　两电极板涂满导电糊或包生理盐水浸湿纱布,置于胸骨偏右及心尖部。用力按紧,以减少阻抗。
6. 充电　房扑小于50~100J,房颤100~200J,室上性心动过速50~100J,室颤200~300J。
7. 放电　嘱任何人避免接触患者及病床,两电极板同时放电。同步电复律打开"同步"按钮放电。非同步电复律打开"非同步"按钮放电。当患者躯干和四肢抽动一下后,立即移去电极板。
8. 观察心电图　若仍未复律,室颤患者间隔3~5分钟,再重复上述过程;同步电复律,可根据情况增加电功率,再次电复律。

（五）操作后护理

1. 休息　绝对卧床休息 1~2 天。
2. 饮食　清醒后 2 小时内暂不进食，之后进食高热量、高维生素、易消化饮食，保持大便通畅。
3. 监护　进行心电监护，做好记录。
4. 病情观察及处理　电极板接触皮肤若灼伤，酌情处理。观察有无栓塞、肺水肿、呼吸道感染等并发症，发现异常，及时通知医师并协助处理。
5. 服药　复律成功后，应指导患者坚持用药物来维持疗效，以免影响复律效果。遵医嘱，服用奎尼丁、洋地黄毒苷或其他抗心律失常药物。

（六）注意事项

电复律较药物复律快、成功率高，但并无维持窦性心律的作用，故告诉患者只有坚持用药才能维持复律疗效，防止复发。

三、冠状动脉造影术

冠状动脉造影术是将心导管经皮从股动脉或桡动脉穿刺送入左、右冠状动脉开口部进行造影的操作技术。是目前诊断冠心病最为可靠的方法，有助于提供最佳的治疗方案。常用造影剂为 76% 泛影葡胺、碘海醇等。

（一）适应证

（1）药物治疗心绞痛仍较重者，明确动脉病变情况以及考虑介入性治疗或旁路移植手术。
（2）胸痛似心绞痛而不能确诊者。
（3）中老年患者心脏增大、心力衰竭、心律失常，疑有冠心病而无创性检查未能确诊者。

（二）禁忌证

有感染性疾病、严重出血性疾病、心腔内栓塞、严重心功能不全、外周动脉血栓性脉管炎、造影剂过敏等患者禁忌使用。严重的心动过缓者应在临时心脏起搏器保护下手术。

（三）操作前准备

1. 患者准备　解释冠状动脉血管造影目的、可能发生的反应。家属签字同意；查出凝血时间及 BPC 计数；做普鲁卡因和碘过敏试验；查肝肾功能、血尿常规、电解质、心电图，穿刺部位备皮。嘱患者术前禁食、禁水 4~6 小时，术前 30 分钟排大小便。
2. 环境准备　环境清洁、无尘，室温不低于 20℃。
3. 用物准备　消毒皮肤物品、冠状动脉造影包/穿刺包、造影剂、麻醉剂、生理盐水、肝素、无菌手套、沙袋及抢救药物。
4. 护士准备　衣帽整齐，修剪指甲，洗手，戴口罩。

（四）操作过程与护理配合

（1）常规消毒穿刺点。
（2）穿刺或插管：将心导管经皮穿刺插入股动脉、肱动脉或桡动脉，推送至主动脉根部，使导管顶端进入左右冠状动脉开口（图 3-35）。
（3）注入造影剂，显示冠状动脉的情况（图 3-36、图 3-37）。
（4）拔出穿刺针或插管。
（5）盖纱布、加压包扎：若动脉插管需用沙袋压迫穿刺处。

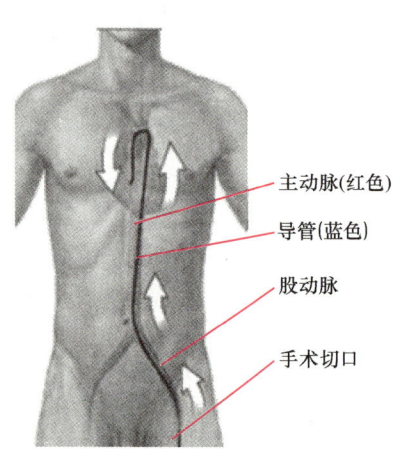

图 3-35　股动脉穿刺导丝的走向

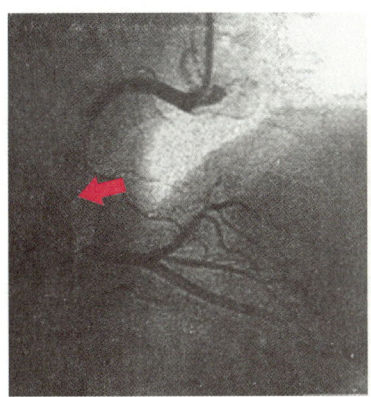 

图 3-36 正常的左右冠状动脉显影

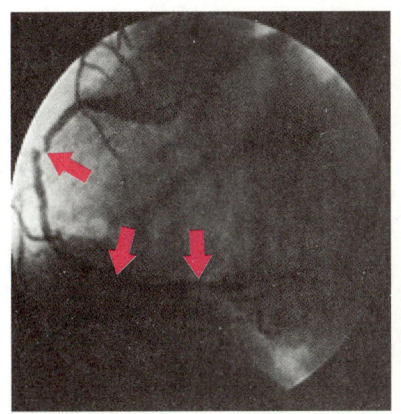 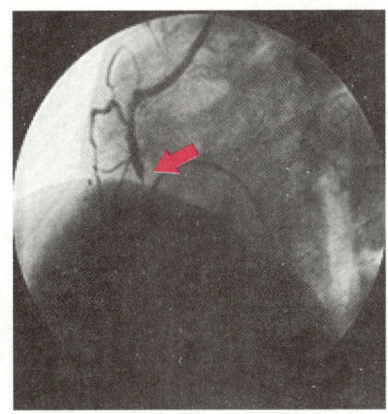 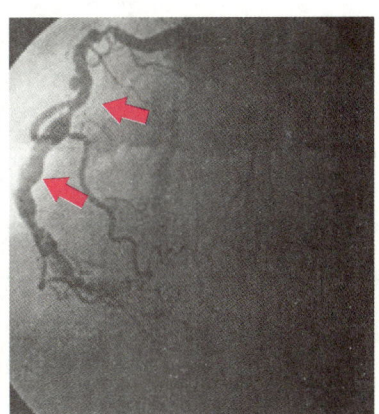

图 3-37 异常的冠脉显影

（五）操作后护理

（1）预防出血：术后动脉穿刺部位按压 15 分钟，沙袋加压包扎 6 小时以彻底压迫止血。注意观察穿刺部位有无出血、血肿及足背动脉搏动情况。监测出凝血时间。术后平卧 24 小时，避免手术侧下肢弯曲。

（2）病情观察：观察心率、血压及心电图变化情况。

四、冠状动脉球囊扩张术（PTCA）

冠状动脉球囊扩张术是在冠状动脉造影明确狭窄部位的基础上，将带球囊导管置入该狭窄部位。造影剂注入球囊，借助球囊扩张的机械压力将狭窄的冠状动脉扩张，然后回抽造影剂，逐渐减压，将球囊和导管一并退出。PTCA 是使狭窄冠状动脉扩张，使相应心肌供血改善，缓解症状，改善心功能的一种冠状动脉介入治疗。

（一）适应证

（1）冠状动脉狭窄程度≥75%，伴或不伴有劳力性心绞痛。

（2）不稳定性心绞痛经积极的药物治疗症状仍不能控制，有发生急性心肌梗死危险。

（3）急性心肌梗死发病时间<6~12 小时。

（4）PTCA 或支架植入术后再狭窄。

（5）冠状动脉旁路移植血管狭窄病变。

（二）禁忌证

(1) 冠状动脉硬化或钙化。

(2) 多支广泛性弥漫性病变。

(3) 无侧支循环保护的左冠状动脉主干病变。

(4) 狭窄程度<50%或仅有痉挛。

（三）操作前准备

1. 患者准备　解释手术目的，家属签字同意；做普鲁卡因和碘过敏试验。查出凝血时间及BPC计数。查肝肾功能、血尿常规、电解质、心电图、X线、冠状动脉造影，备皮，配血。术前晚用镇静剂。术晨禁食、禁水，给予镇静、抗凝、扩血管药物。

2. 环境准备　环境清洁、无尘，室温不低于20℃。

3. 用物准备　消毒皮肤物品、PTCA穿刺包、造影剂、麻醉剂、生理盐水、肝素、无菌手套、沙袋、抢救药物、心电监护仪、除颤仪。

4. 护士准备　衣帽整齐，修剪指甲，洗手，戴口罩。

（四）操作过程与护理配合

(1) 患者平卧连接心电监护仪。

(2) 常规消毒穿刺点。

(3) 局麻。

(4) 穿刺或插管：将导管鞘插入股动脉，静注肝素5000U。在导管鞘插入导引管推送至欲扩张的冠状动脉口，行冠状动脉造影，插入导引钢丝。术中每隔1小时补充肝素2000U。

(5) 放球囊：将球囊沿导引钢丝送至欲扩张处。

(6) 扩张球囊：向球囊内注入造影剂，持续30~120秒，可重复多次，直到扩张结果满意(图3-38)。

(7) 回抽造影剂。

(8) 退出导引钢丝和球囊：保留导管鞘，并在皮肤入口处缝一针，使导管鞘固定。

(9) 盖纱布、固定。

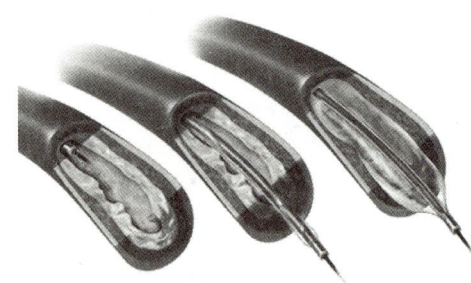

图3-38　球囊扩张

（五）操作后护理

1. 术前用药　术前必须服用抗血小板聚集药3天，如肠溶阿司匹林等。睡前服地西泮。

2. 病情观察　术后持续心电监护24小时。观察患者心悸、血压、心律等情况。

3. 使用肝素　肝素持续静脉滴注3~5天，每天检查出凝血时间。

4. 拔除导管鞘　一般于术后4小时左右拔除导管鞘。拔出导管鞘后，局部压迫止血15分钟，直至局部出血停止，沙袋加压包扎4小时。拔出导管鞘后，患者仍需平卧4小时，24小时后若无并发症，患者可下地活动。注意观察足背动脉搏动情况。

五、冠状动脉支架术

冠状动脉支架术是在PTCA的基础上，为了减少和防止冠状动脉后期再闭塞和狭窄，在血管病变部位植入金属支架以保持血管通畅。

（一）适应证

(1) PTCA疗效不佳或再狭窄。

(2) 血管直径>2.5mm。

（二）禁忌证

（1）有出血倾向。

（2）血管直径≤2.0mm，主要分叉血管严重迂曲钙化。

（三）操作前准备

1. 患者准备　与PTCA相似。

2. 环境准备　与PTCA相似。

3. 用物准备　冠状动脉支架，其余与PTCA相似。

4. 护士准备　与PTCA相似。

（四）操作过程与护理配合

与PTCA相似。支架植入方法为：先用球囊预扩张，然后再做支架植入；或者直接将带有球囊的支架送至未行预扩张的血管病变处（图3-39）。

（五）操作后护理

1. 术前用药　同PTCA，为防止支架内血栓形成，抗凝治疗要彻底。

2. 术后继续抗凝　术后服用阿司匹林和氯吡格雷6~12个月。终身服用抗血小板集聚药物。监测血小板、出凝血情况。

3. 注意防止穿刺部位出血　同PTCA护理。

4. 半年后复查冠脉造影，以便了解血管再通情况。

5. 观察病情变化　同PTCA护理。注意足背动脉搏动情况。

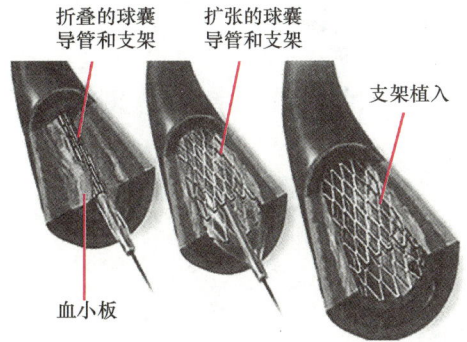

图3-39　支架植入

【方法】

示教、练习。

【考核方式与成绩评定】

实践指导教师根据学生实践表现、实践报告、实践技能考核成绩作出综合评定。

实践4　循环系统常见病的护理措施

【目的和要求】

1. 学会输液泵、心电监护仪的使用、心电图检查和中心静脉压测定的方法；

2. 掌握输液泵、心电监护仪的使用、心电图检查和中心静脉压测定的护理。

【内容】

一、心电监护仪的使用

心电监护仪（图3-40）是医院实用的精密医学仪器，能同时监护患者的动态心电图形、呼吸、体温、血压、血氧饱和度、脉率等生理参数。

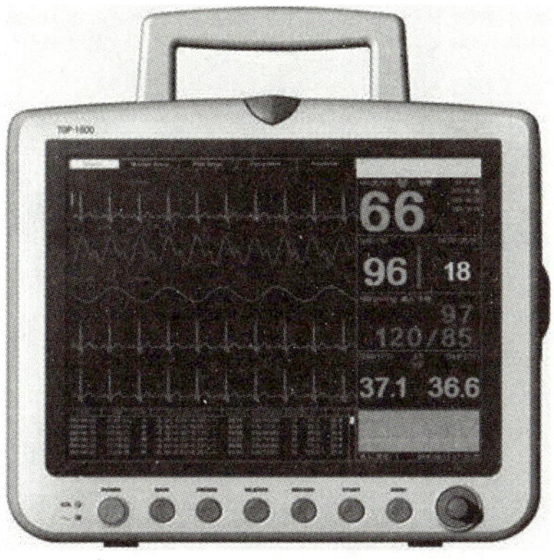

图3-40　心电监护仪

（一）适应证

用于各种危重病的生命体征监护，或单一使用于心电、血压的监护，以便及时了解病情，如手术中、手术后、外伤护理、冠心病、危重患者、新生儿、早产儿、分娩室等。

（二）操作前准备

(1) 患者准备：说明监护目的，清洁皮肤，协助患者取平卧位，放松，保暖。

(2) 环境准备：安静、整洁、温度适宜。

(3) 用物准备：①心电监护仪一台；②治疗盘内有电极粘贴纸5个；③持物钳子、弯盘、生理盐水棉球、生理盐水纱布、记录单、接线板。

(4) 护士准备：①核对确认患者；②自我介绍；③评估患者；④做好操作前解释；⑤洗手，戴口罩。

（三）操作流程

(1) 携物至床边接地线。

(2) 接电源及监护插座。

(3) 开机、选导联、选监护模式。

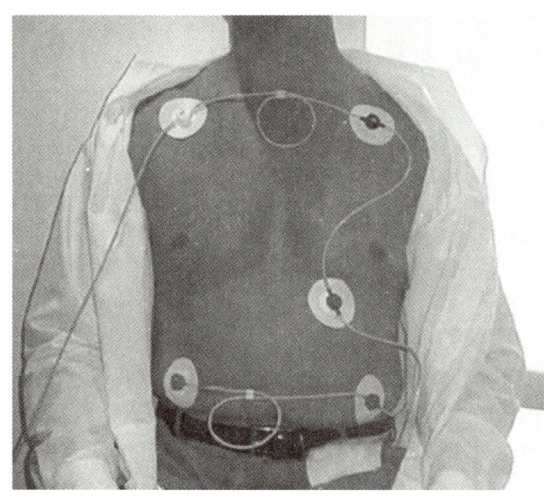

图3-41 电极片的位置

(4) 检查仪器工作是否正常、解释仪器前几个按钮的用途。

(5) 夹血氧探头。

(6) 用生理盐水棉球擦电极粘贴部位。

(7) 接导连线，粘贴电极纸。RA-右锁骨中线下缘靠近右肩；LA-左锁骨中线下缘靠近左肩；RL-右季肋部；LL-左季肋部；V-胸壁上（图3-41）。

(8) 连接血压袖带。

(9) 体温探头夹紧于患者腋下。

(10) 调节报警参数：心率、血压、脉搏、呼吸、血氧，说出它们的正常值和报警范围。

(11) 监护仪使用完毕后，关机，把各输出电缆从患者身上取下，整理好患者体位，保持床单整齐，并向患者致谢。同时记录，整理用物，推回原位放置。

（四）注意事项

(1) 仪器须放在平台上，四周通风，保持干燥，避免潮湿。

(2) 使用前需检查仪器及各输出电缆线是否有断裂、破损，如仪器表面潮湿，先用干布擦干后再用。

(3) 心电电极贴放部位要准确。

(4) 当仪器监护于患者身上时交代患者及家属不要把东西放在仪器上面及其周围，不能自行随意取下心电、血压、血氧监测电缆线，以免发生意外。

二、中心静脉压的测定

中心静脉压（CVP）是上、下腔静脉进入右心房处的压力，通过上、下腔静脉或右心房内置管测得，是临床观察血流动力学的主要指标之一，它受右心泵血功能、循环血容量及体循环静脉系统血管紧张度等因素影响。测定CVP对了解有效循环血容量和右心功能有重要意义。CVP正常值为50~120mmH$_2$O，CVP为20~50mmH$_2$O时表示血容量不足，应迅速补充血容量。若在补充血容量后患者仍处于休克状态，而CVP>100mmH$_2$O，则表示容量血管过度收缩或有心力衰竭的可能，应控制输液速度或采取其他相应措施。CVP>150~200mmH$_2$O，表示有明显的心力衰竭，且有急性肺水肿的危险，应暂停输液或严格控制输液速度，并给予速效洋地黄制剂、利尿剂、血管扩张剂。

(一) 适应证

①急性心力衰竭;②大量输液或心脏病患者输液时;③危重患者或体外循环手术时。

(二) 操作前准备

(1) 患者的准备:解释目的、操作过程及如何配合。

(2) 环境准备:环境清洁、无尘,室温不低于 20℃。

(3) 用物准备:中心静脉留置管、测压管、延长管、输液装置、三通开关、测压板(图 3-42)。

(4) 护士准备:洗手,戴口罩、帽子。

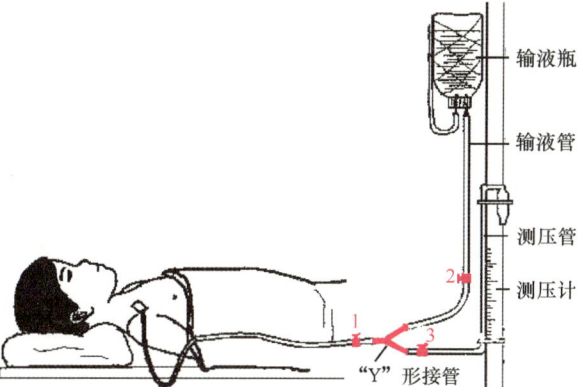

图 3-42 中心静脉压测定

(三) 操作流程

(1) 患者平卧,穿刺侧肩背垫一小枕,头低肩高,头转向穿刺对侧。

(2) 放置测压板。

(3) 用生理盐水冲洗三通开关,排除三通开关内气体。

(4) 消毒,戴无菌手套、铺洞巾。

(5) 穿刺:穿刺针与皮肤呈 30°角,朝同侧乳头方向进针。进针时靠内侧,以免损伤颈动脉。见回血,经导入针送入导引钢丝,钢丝进入后退出穿刺针。

(6) 插入扩张器,扩张皮肤、皮下组织。

(7) 皮肤缝针用以固定导管,贴切口膜。

(8) 调整测压板:零点测压器指针对准右心房(右腋中线第四肋间水平),移动测压板,使测压板零点对准零点测压器指针。

(9) 测压延长管与三通开关相连。转动三通开关,使测压管内液面高度比估计值高 2~4cm。

(10) 测压:转动三通开关,使测压管与心房相通,当测压管内液面不再下降,液面所对应的值即为中心静脉压值。

(11) 整理用物、记录。

(四) 术后护理

(1) 每次测压倒流入测量管内的血液需冲洗干净,以保持静脉导管通畅。若导管阻塞无血液流出。应用输液瓶内液体冲洗导管或变动其位置;若仍不通畅,则用肝素或枸橼酸钠冲洗。

(2) 注意无菌操作,应每天消毒,并更换无菌敷贴。

(3) 准确记录中心静脉压测量值。

(4) 测压管留置时间,一般不超过 5 天,时间过长易发生静脉炎或血栓性静脉炎,故留置 3 天以上时,需用抗凝剂冲洗,以防血栓形成。测压管处不得输入血管活性药物。

(5) 导管固定牢固,防止滑脱。

(6) 三通管、延长管、输液管 24 小时更换 1 次。

【方法】

示教、练习。

【考核方式与成绩评定】

实践指导教师根据学生实践表现、实践报告、实践技能考核成绩作出综合评定。

(陈梓珊)

第4章 消化系统疾病患者的护理

第1节 概 述

本节主要学习消化系统的结构组成、功能。学习消化系统疾病特点、护理要点和常见症状体征的护理。

一、消化系统的结构组成和功能

消化系统主要由食管、胃、肠、肝、胆囊、胰腺及腹膜、肠系膜等组成。消化系统疾病是指上述脏器发生的器质性和功能性疾病。

（一）结构组成

1. 食管　位于咽和胃之间，是两者相连的通道。
2. 胃　由贲门区、胃底、胃体和幽门区四个部分组成。胃壁由内而外有四层，分别为黏膜层、黏膜下层、肌层、浆膜层。
3. 肠　分为小肠和大肠，小肠由十二指肠、空肠、回肠组成；大肠由盲肠、结肠（包括升结肠、横结肠、降结肠、乙状结肠）、直肠组成。
4. 肝　是人体内最大的消化腺，有门静脉和肝动脉双重血液供应。
5. 胆道　包括胆囊和胆管，胆道系统开始于肝细胞的毛细胆管，毛细胆管集合成小叶间胆管，然后汇合成左右肝管，自肝门出肝后汇合成胆总管，开口于十二指肠降部。
6. 胰腺　位于腹膜后，分头、体、尾三部分。
7. 门静脉侧支循环　当门静脉阻塞时，可导致门静脉系统与腔静脉之间建立门-体侧支循环，重要的有三支，为食管和胃底静脉曲张、腹壁静脉曲张、痔静脉曲张。

（二）主要的功能

1. 基本生理功能是摄取、转运和消化食物、吸收营养（最重要）和排泄废物。
2. 分泌多种激素，调节机体生理功能。例如，胃壁主要的5种细胞，主细胞分泌胃蛋白酶原；壁细胞分泌盐酸和内因子；黏液细胞分泌碱性黏液；胃窦部的G细胞分泌促胃泌素，促进壁细胞分泌胃酸；D细胞分泌生长抑素，抑制胃酸分泌、减少内脏器官血流量及胰腺的内分泌和外分泌等。

> **护考链接**
> 胃壁腺体中，分泌盐酸的细胞是（　）　A. 壁细胞　B. G细胞　C. 黏液细胞　D. D细胞　E. 主细胞
> 答案：A

3. 参与机体免疫反应，有一定清除有害物质和致病微生物的能力。

二、疾病特点和护理要点

（一）疾病特点

（1）包含器官多，且与外界相通，发病率较高。
（2）病因非常复杂，可有一种或多种病因。

(3) 多数呈慢性病程,易造成消化功能障碍。
(4) 急性变化如出血、穿孔、肝衰、急性胰腺炎等可致死。
(5) 与其他系统、器官密切联系,其他系统疾病也可引起消化系统病变等。

(二) 护理要点

(1) 因发病与精神密切相关,故强调整体,关注心理护理。
(2) 发病与饮食密切相关,故饮食护理也为重点之一。
(3) 许多药物对胃肠道、肝有损害,应注意药物适应证、不良反应和禁忌证。
(4) 密切观察病情,防治并发症。
(5) 强化健康教育。

三、消化系统疾病患者常见症状体征的护理

恶心与呕吐

恶心为上腹部不适、紧迫欲吐的感觉,并伴迷走神经兴奋的症状,如皮肤苍白、出汗、流涎、血压降低及心动过缓等,常为呕吐先兆。但也可仅有恶心而无呕吐,或仅有呕吐而无恶心。呕吐是胃或部分小肠的内容物,经食管、口腔而排出体外的现象。

(一) 护理评估

1. 健康史　了解有无引起呕吐的以上原因存在。并询问恶心呕吐发生的时间:如晨间呕吐常见于慢性胃炎、妊娠、早期尿毒症、鼻窦炎等;傍晚或夜间呕吐常见于幽门梗阻;停经后呕吐常见于早期妊娠;服药后不久呕吐常见于药物反应或中毒;不洁饮食后呕吐常见于急性胃炎、食物中毒。询问与进食的关系:如无关多为中枢性呕吐;有关多为胃源性呕吐;食后不久即吐常见于胃十二指肠炎,食后6小时以上呕吐常见于幽门、肠道梗阻。

2. 身体状况

(1) 恶心:恶心常为呕吐的前驱症状,但也可仅有恶心无呕吐或有呕吐无恶心的情况。恶心患者可有上腹不适并伴有面色苍白、流涎、出汗、血压降低、心动过缓等迷走神经兴奋的表现。

(2) 呕吐:①中枢性呕吐,无恶心,呈喷射状,顽固性,呕后不感轻松,常伴剧烈头痛。密切观察瞳孔、神志、生命体征等;②胃源性呕吐,伴恶心,吐后轻松感,可暂缓解(表4-1)。

(3) 呕吐物性质

1) 量:量大见于幽门梗阻、急性胃肠炎;量小见于神经性呕吐。

2) 气味:带发酵腐败气味常见于幽门梗阻、胃潴留;粪臭味常见于低位小肠梗阻;苦味常见于十二指肠壅滞症。

3) 内容物:①胆汁,梗阻平面多在十二指肠乳头以下;②鲜血,食管静脉曲张破裂。

4) 颜色:①咖啡样,溃疡病;②绿色,十二指肠梗阻;③棕黑色,急性胃扩张。

表4-1　胃、肠源性呕吐与中枢性呕吐的鉴别

鉴别点	胃、肠源性呕吐	中枢性呕吐
病因	胃肠疾病	颅内疾病
与进食关系	有关	无关
恶心	有	无
呕吐状态	常缓慢呕出	喷射状
吐后感觉	吐后轻松感	吐后不感轻松
持续时间	吐后可暂缓解	顽固性
伴随症状	常伴腹痛、腹泻	常伴头痛

5) 伴随症状:①伴腹痛、腹泻:急性胃肠炎、细菌性食物中毒、霍乱、急性中毒等;②伴右上腹痛、发热、寒战、黄疸:胆囊炎、胆石症;③伴头痛、喷射性呕吐:颅内压增高、青光眼;④伴眩晕、眼球震颤者:前庭器官疾病;⑤用某些药物后:如抗癌药等,为不良反应;已婚育龄妇女,在早晨呕吐应注意早孕。

3. 心理-社会状况　反复恶心呕吐,可使患者烦躁不安,甚而产生焦虑和恐惧心理。

4. 辅助检查　呕吐物及粪便检查、血液检查、钡餐检查、胃镜检查等。呕吐量大者还要做血气

分析。

考点：恶心呕吐的病史评估

(二) 护理诊断及合作性问题

1. 有体液不足的危险　与大量呕吐导致失水有关。
2. 活动无耐力　与频繁呕吐导致失水、电解质丢失有关。
3. 焦虑　与频繁呕吐、不能进食有关。
4. 有窒息的危险　与呕吐物吸入有关。
5. 潜在并发症　电解质紊乱。

(三) 护理措施

1. 一般护理　患者呕吐时帮助采取合适的体位，病情轻者可取坐位，病情重及体力差者应协助患者坐起或侧卧，头偏向一侧，以免误吸，并嘱患者坐起时应动作缓慢，以免发生直立性低血压而出现头晕、心悸等不适；吐后给予漱口，更换污染衣物被褥，开窗通风以去除异味；呕吐停止后酌情给予清淡易消化饮食少量多餐，逐渐增加进食量。

2. 病情观察　观察患者呕吐的特点，记录呕吐的次数，呕吐物的性质和量、颜色、气味；观察患者有无失水征象，准确测量和记录每日的出入量、尿比重、体重；依失水程度不同，患者可出现软弱无力、口渴、皮肤黏膜干燥、弹性减低，尿量减少、尿比重增高，并可有烦躁、神志不清以至昏迷等表现；持续性呕吐可致大量胃液丢失，发生代谢性碱中毒，要定时测量和记录生命体征直至稳定，动态观察实验室检查结果，如血清电解质、酸碱平衡状态。

3. 配合治疗护理　积极补充水分和电解质。口服补液时，应少量多次饮用，以免引起恶心、呕吐；剧烈呕吐不能进食或严重水、电解质失衡时，遵照医嘱静脉输液给予纠正；必要时遵医嘱应用止吐药及其他治疗。

4. 心理护理　要安慰体贴患者，通过与患者及家属交流，了解其心理状态；缓解患者焦虑，耐心解答患者及家属提出的问题，向患者解释精神紧张不利于呕吐的缓解，特别是有的呕吐与精神因素有关，紧张、焦虑还会影响食欲和消化功能，而治病的信心及情绪稳定则有利于症状的缓解。

5. 健康指导　向患者及家属讲解产生恶心和呕吐的原因，尽量避免诱发因素；指导患者学会减轻焦虑的放松技术，如深呼吸、转移注意力等方法，减少呕吐的发生。①深呼吸法：用鼻吸气，然后张口慢慢呼气，反复进行；②转移注意力：通过与患者交谈，或倾听轻快的音乐，或阅读喜爱的文章等方法转移患者注意力。指导患者用药，避免发生用药的不良反应。

(四) 护理目标及评价

患者生命体征稳定在正常范围，无口渴、尿少、皮肤干燥、弹性减退等失水表现，血生化指标及其引起的不适减轻或消失，逐步耐受及增加进食量；活动耐量增加，活动后无头晕心悸、气促或直立性低血压出现；能认识自己的焦虑状态并运用适当的应对技术。经治疗和护理评价患者是否达到以上护理目标。

腹　　痛

腹痛是指各种原因所致的不同性质的疼痛和腹部不适感。是一个非常常见的临床主观症状，多发生于消化系统疾病，亦见于全身性疾病和腹外器官疾病，需要鉴别的疾病涉及内科、外科、妇产科等各科。腹痛在临床上一般按起病急缓、病程长短分为急性与慢性腹痛。

(一) 护理评估

1. 健康史　询问患者有无腹部脏器、腹外脏器及全身性疾病病史，有无精神紧张、焦虑等不良心理反应情况；询问腹痛发生的原因或诱因，腹痛的部位、性质和程度，腹痛的时间，特别是与进食、活动、体位的关系。腹痛发生时的伴随症状及有无缓解的方法及效果等。

2. 身体状况 评估患者的生命体征、神态、神志、营养状况。评估腹痛的特征:腹痛可表现为隐痛、钝痛、灼痛、胀痛、刀割样痛、钻痛或绞痛等,可为持续性或阵发性疼痛,其部位、性质和程度常与疾病有关。评估腹痛的伴随症状:如伴发热、黄疸者见于急性胆囊炎、肝外胆管结石等;伴休克及贫血可见于腹腔脏器破裂,无贫血者见于胃肠穿孔、绞窄性肠梗阻;伴呕吐量大者见于胃肠道梗阻;伴腹泻者见于肠道炎症、溃疡或肿瘤;伴血尿者见于泌尿系统结石等。

3. 心理-社会状况 患者有无因疼痛或其他因素而产生的精神紧张、焦虑不安等。

4. 辅助检查 根据病种不同进行相应的实验室检查,如血、尿、粪便常规检查;粪潜血试验,血尿淀粉酶测定等。必要时需作 X 线钡餐检查、消化道内镜检查等。

(二) 护理诊断及合作性问题

1. 疼痛:腹痛 与胃肠道炎症、溃疡、肿痛有关。
2. 焦虑 与剧烈、持续腹痛有关。
3. 知识缺乏 缺乏腹痛相关知识的了解,与健康教育不到位有关。

(三) 护理措施

1. 一般护理 起病急、疼痛明显者给予卧位休息,慢性腹痛患者,保证充足的睡眠,注意劳逸结合;保持病房环境安静、舒适、温、湿度适宜;按医嘱选择禁食、流质、半流质饮食。

2. 病情观察 严密观察患者腹痛的部位、性质及程度,并做好记录。注意观察患者的生命体征及腹痛性质的变化,如果疼痛性质突然发生改变,且经一般对症处理疼痛不仅不能减轻,反而加重,需警惕某些并发症的出现,如溃疡穿孔、弥漫性腹膜炎等。应立即请医师进行必要的检查,严禁随意使用镇痛药物,以免掩盖症状,延误病情。

3. 配合治疗护理 按照医嘱使用止痛药,并注意加强观察,防止不良反应、耐药性和成瘾性产生;教会患者非药物性缓解疼痛的方法,常用方法包括以下几种。

(1) 指导式想象:利用一个人对某特定事物的想象而达到特定正向效果,如回忆一些有趣的往事可转移注意力,从而减轻疼痛。

(2) 局部热疗法:除急腹症外,对疼痛局部可应用热水袋进行热敷,从而解除痉挛而达到止痛效果。

(3) 气功疗法:指导患者通过自我意识,集中注意力,使全身各部分肌肉放松,进而增强对疼痛的耐受力。

(4) 其他:指导患者应用深呼吸法和转移注意力有助于其减轻疼痛;针灸止痛;根据不同疾病,不同疼痛部位采取不同穴位针疗。

4. 心理护理 关心体贴患者,尽量满足患者合理的需求,缓解患者的焦虑、紧张情绪,以利患者增加对疼痛的耐受性。

5. 健康指导 给患者及家属解释引起腹痛的可能原因和诱因,说明积极治疗原发病和预防诱因的重要性。指导患者遵循卫生饮食原则,并学会运用缓解疼痛的方法。指导慢性腹痛患者定期门诊复查,并按医嘱指导用药。

(四) 护理目标及评价

患者腹痛症状消失,焦虑缓解,对腹痛的有关知识有所了解,并学会运用缓解腹痛的方法。评价患者的疼痛是否减轻或消失,是否达到以上护理目标。

腹 泻

腹泻是指排便的次数增多,粪质稀薄并带有黏液、脓血或未消化的食物。是由于肠蠕动加速、肠分泌物增多和吸收障碍所致。

(一) 护理评估

1. 健康史　询问患者有无肠道感染病史,有无服药、中毒病史,有无变态反应性肠炎、全身疾病及不洁饮食史。注意询问腹泻发生的时间、起病原因或诱因、病程长短;粪便的性状、次数和量、气味和颜色;有无腹痛及疼痛的部位,有无里急后重、恶心与呕吐,发热等伴随症状;有无口渴、疲乏无力等失水表现。

2. 身体状况　急性严重腹泻时,应注意评估患者的生命体征、神志、尿量、皮肤弹性等,注意患者有无水、电解质紊乱、酸碱失衡、血容量减少。慢性腹泻时应注意患者的营养状况,有无消瘦、贫血的体征;评估患者有无腹胀、腹部包块、压痛,肠鸣音有无异常;有无因排便频繁及粪便刺激,引起肛周皮肤糜烂。腹泻伴糊状或水样粪便提示小肠病变,可含有未完全消化的食物成分,大量水泻易导致脱水和电解质丢失,部分慢性腹泻患者可发生营养不良。大肠病变引起的腹泻,粪便可含脓、血、黏液,病变累及直肠时可伴里急后重。

3. 心理-社会状况　注意评估患者有无自卑、忧虑、紧张等心理反应,了解患者的腹泻是否与其心理精神反应有关。

4. 辅助检查　正确采集新鲜粪便标本作显微镜检查,必要时做细菌学检查;急性腹泻者注意监测血清电解质、酸碱平衡状况。

考点:腹泻的护理评估

(二) 护理诊断及合作性问题

1. 腹泻　与肠道疾病或全身性疾病有关。
2. 营养失调:低于机体需要量　与严重腹泻导致水、电解质紊乱有关。
3. 有体液不足的危险　与大量腹泻引起失水有关。

(三) 护理措施

1. 一般护理　起病急,全身症状明显者应卧床休息。慢性和轻症者可适当活动;注意腹部及脚部保暖,注意饮食卫生,避免进食生冷及刺激性食物,以少渣、易消化食物为主。急性腹泻应酌情给予禁食、流质、半流质或软食。

2. 病情观察　注意观察患者生命体征、神志、皮肤弹性及尿量的变化;注意监测患者的伴随症状和血液生化指标的变化;准确记录患者排便次数、粪便性状、颜色和量;记录患者每天的出入量。

3. 配合治疗护理　按医嘱用药,注意药物的不良反应,若有细菌感染,要在合理使用抗生素的前提下,配合用止泻药;根据患者脱水情况及时补充水分和电解质及营养物质等,静脉补液时注意调节输液速度;加强肛周皮肤的护理,排便后用温水清洗肛周,保持清洁干燥,局部使用无菌凡士林或抗生素软膏,避免因排便频繁,粪便刺激使肛周皮肤损伤引起糜烂及感染。

4. 心理护理　注意了解患者的心理状况并给予细致的护理。通过给患者解释精神紧张、情绪变化会影响肠道运动引起腹泻,使患者避免精神刺激,减轻焦虑和恐惧心理,提高患者配合检查和治疗的认识,稳定患者的情绪。

5. 健康指导　指导患者了解腹泻的有关知识;指导患者学会减轻腹泻的方法,如怎样休息和适当活动、如何保暖等。

考点:腹泻的护理措施

(四) 护理目标及评价

病人的腹泻及其不适减轻或消失,能保证机体所需水分、电解质和营养素的摄入,生命体征、尿量、血生化指标在正常范围。评价病人是否达到以上目标。

上消化道出血

上消化道出血是指屈氏韧带以上的消化道,包括食管、胃、十二指肠和胰腺、胆道病变所引起的出血,以及胃空肠吻合术后的空肠病变所致的出血。上消化道大量出血:一般指在数小时内失血>1000ml或循环血容量的20%。主要表现为呕血和黑便,常伴循环血容量的减少而引起的周围循环衰竭,重者出现休克,若抢救不及时可危及生命,是常见的临床急症。

（一）护理评估

1. 健康史　主要是病因的评估。注意询问患者有无消化性溃疡、肝硬化、胃癌、胰腺疾病病史;有无服用损害胃黏膜的药物;有无全身性疾病病史及出血史;近期有无重大创伤、休克、严重的心力衰竭等病史。

2. 身体状况

(1) 呕血与黑便:是消化道出血的特征性表现。呕血一定有黑便,但黑便不一定有呕血,与其出血量的大小及部位有关。呕血的颜色取决于出血的量和速度。少而缓慢的出血,因血液在胃内停留较久,经胃酸作用变成正铁血红蛋白,呕出的血液常呈暗褐色或咖啡色,而出血量大未经胃酸作用则呈鲜红色。出现呕血,说明胃内储积血量至少达到250~300ml;出血量较小时粪便外观可无异常,出血量达到5ml大便潜血试验即呈阳性;出血量达50~70ml时,血红蛋白的铁质在肠道经硫化物作用,形成黑色硫化亚铁,随大便排出形成黑便;出血量较多时则呈柏油样便;当出血量大,血液在肠内推进快,粪便可呈暗红色甚至鲜红色,类似下消化道出血,相反,空肠、回肠出血量若不大,在肠内停留时间较久,也可表现为黑便,而被误认为上消化道出血。

(2) 失血性周围循环衰竭:其程度轻重因出血和失血速度而异。早期可出现头昏、心悸、乏力、出汗、口渴、晕厥,心率加快、血压偏低等;出现失血性休克时可表现为烦躁不安、神志不清、面色苍白、四肢湿冷、口唇发绀、呼吸急促、尿量减少、血压下降(收缩压<80mmHg、脉压变小<25~30mmHg)及心率加快(>120次/分);若补充血容量后仍少尿或无尿,应考虑急性肾衰竭;老年人因器官功能储备低下,且常有脑动脉硬化、高血压、冠心病、COPD等基础病变,即使出血量不大,也可引起多器官功能衰竭,增加死亡率。

(3) 发热:在出血后24小时出现低热,T<38.5℃,可持续3~5天。若发热超过38.5℃,时间超过1周,考虑感染因素。

(4) 氮质血症:分为肠源性氮质血症、肾前性和肾性氮质血症。

1) 肠源性氮质血症:上消化道大出血后,肠道中血液的蛋白质消化产物被吸收,引起血尿素氮增高,血尿素氮在出血后数小时上升,24~48小时达高峰,3~4天恢复正常;若血尿素氮持续增高>3~4天,无脱水及肾功能异常,提示上消化道继续出血或再出血;若无活动性出血证据,血容量补足的情况下,尿少提示肾衰竭。

2) 肾前性氮质血症:出血导致周围循环衰竭,使肾血流量和肾小球滤过率减少,以致氮质潴留,是血尿素氮升高的肾前性因素。

3) 肾性氮质血症:如无活动性出血的证据,且血容量已基本补足而尿量仍少,血尿素氮不能降至正常,则应考虑是否因严重而持久的休克造成急性肾衰竭,或失血加重了原有肾病的肾损害而发生肾衰竭。

考点: 上消化道大出血的身体状况

3. 心理-社会状况　患者常有恐惧、焦虑等情绪反应;反复出血的患者可因工作能力下降、经济压力过重产生悲观情绪。

4. 辅助检查

(1) 化验:血常规、血尿素氮、肝功等检查。血象改变:上消化道大出血后,均有急性失血性贫血。早期:血象无变化,经3~4小时后,因组织液渗入血管内,血液稀释导致贫血;出血24小时内:网织红细胞即见升高,出血停止后逐渐降至正常,如出血不止则持续升高。WBC:在出血2~5小时升高,可达$(10~20)\times10^9$/L,血止后2~3天恢复正常;肝硬化脾功能亢进WBC不升高。粪潜血试验:出血量达5ml以上可出现阳性,是上消化道出血早期简便有效的诊断方法。

（2）内镜检查:上消化道出血病因检查首选纤维胃镜。在出血后24~48小时内胃镜检查可直接观察出血的部位,同时对出血部位直接止血。

（3）X线钡剂:在出血停止后,且病情稳定数天后进行。

（4）其他:选择性动脉造影,如腹腔动脉、肠系膜上动脉造影帮助确定出血部位,适用于内镜及X线钡剂没能确诊而又反复出血者。

（二）护理诊断与合作性问题

1. 组织灌注不足　与大量失血、血容量不足有关。
2. 恐惧　与突然大量出血有关。
3. 有窒息的危险　与血块吸入有关。
4. 潜在并发症　失血性休克。
5. 活动无耐力　与失血后贫血、急性期禁食等因素有关。

（三）护理措施

1. 一般护理　呕血时指导患者采取半卧位或侧卧位,有意识障碍的患者应取去枕平卧位,头偏向一侧,呕血停止后帮助漱口,清洁口腔。保持环境安静,避免噪声和强光刺激。注意保暖,保持衣被床单整洁舒适。严重呕血或呕血伴有剧烈呕吐者,应暂时禁食8~24小时,伴小量出血,一般不需禁食,可摄少量温热的流质食物如牛奶,然后过渡到软食。

2. 病情观察　观察呕血、黑便的量及性状、次数、伴随症状、意识状态、诱发因素等,及时做好记录。注意观察并发症的发生,如果患者上消化道出血伴休克时注意首要的护理措施是立即建立静脉输液途经,并让患者去枕平卧,改善脑供血。

3. 配合治疗护理　按医嘱迅速配合采取各种止血措施,同时做好配血、备血及输血准备。消化性溃疡出血,可用去甲肾上腺素加生理盐水分次口服、凝血酶溶液口服、冰盐水洗胃等方法止血;食管及胃底静脉出血者,需要应用双气囊三腔管压迫止血;急性胃出血者需协助进行纤维胃镜直视下止血。输液、输血时,注意调节输入的量和速度,避免输血、输液量过多而引起急性肺水肿或诱发再次出血。

4. 心理护理　呕血时因混有胃液,所以呕出物看起来较实际出血为多,应尽快予以清理,被污衣被褥及时撤换,以免加重患者的不安情绪及忧虑。安慰患者,说明情绪安定有助于止血,而精神紧张可导致反射性血管扩张、血流加速,加重出血。

5. 健康指导　指导患者及家属了解上消化道出血的病因、诱因、预防和治疗的基本知识,尽量避免再次出血;指导患者如何早期发现呕血和便血的先兆,以便能得到早期处理;指导患者保持乐观情绪,合理安排休息与活动,劳逸结合,保证身心休息;指导患者注意饮食卫生,避免进食刺激性食物,戒除各种不良嗜好;对慢性出血患者,指导用药,并嘱定期门诊随诊。

（四）护理目标及评价

患者呕血、黑便次数及量减少或停止;周围组织的灌注保持良好,尿量保持在30ml/h;情绪稳定,活动耐力增加;无窒息和潜在并发症发生。评价患者是否达到以上目标。

小结

本节主要复习消化系统的结构组成及功能,简述消化系统疾病特点和护理要点,并重点讲解了恶心呕吐、腹痛、腹泻和上消化道出血等消化系统常见症状和体征的概念、护理评估、护理诊断与合作性问题、护理措施和护理目标及评价等内容。重点要求掌握恶心呕吐的病史评估、腹泻的护理措施、上消化道出血的定义、临床表现及病情观察。

第2节 胃炎患者的护理

胃炎是最常见的消化道疾病之一,是指不同病因所致的胃黏膜炎性病变。临床上一般按发病的缓急和病程的长短,将胃炎分为急性和慢性两大类型。

> **情境 4-1**
> 患者,女,45岁,今来医院就诊,主诉"早上起床解大便时,发现大便呈黑色,大约140g,同时感到肚子不舒服;中午还出现肚子痛,呕吐了一次,吐出来的东西颜色有点像洋尘水,大约有一茶杯"。护士询问病史得知该患者有类风湿关节炎长期服用阿司匹林病史。身体评估:表情焦虑,体温37.7℃,上腹部明显压痛,但无反跳痛及肌紧张,肠鸣音亢进。生命体征无异常。胃镜检查见胃窦部黏膜有糜烂、出血和浅表溃疡。初步诊断为急性胃炎。

急性胃炎患者的护理
一、疾病概要

(一)概述

由不同病因引起的胃黏膜急性炎症为急性胃炎。可局限于胃窦、胃体或弥漫分布于全胃,主要病理改变是胃黏膜充血、水肿、糜烂和出血。主要的临床表现是突发呕血和(或)黑便,临床分类为单纯性、糜烂性、腐蚀性和化脓性四种类型,以单纯性最常见。

(二)病因及发病机制

1. **细菌感染** 由于胃酸的强力抑菌作用,除幽门螺杆菌(HP)外的细菌很难在胃内存活而感染胃黏膜,但在机体抵抗力下降时,可发生各种细菌、真菌、病毒所引起的急性感染性胃炎。

2. **急性应激性** 可由严重疾病、大手术、大面积烧伤、休克、精神心理因素等所致。其病机认为主要是应激时的生理性代偿功能不足以维持胃黏膜微循环正常运行而使胃黏膜缺血缺氧,黏液分泌减少,前列腺素合成不足,黏膜屏障破坏,胃酸弥散入黏膜面引起胃黏膜糜烂和出血。可伴有一过性的溃疡形成。

3. **药物** 最常见的是非甾体类抗炎药(NSAID),如阿司匹林、吲哚美辛等。其次为铁剂、氯化钾口服液和乙醇等。以上因素可导致黏膜发生出血、糜烂。

4. **胆汁反流** 反流的胆汁可破坏胃黏膜,产生多发性糜烂。

(三)诊断及治疗要点

1. **诊断要点** 消化道临床表现不明显,常突发呕血和(或)黑便,确诊可做急诊胃镜检查。

> **情境 4-1 诊断分析**
> 患者有类风湿关节炎长期服用阿司匹林病史。有消化道症状:腹痛、呕吐、黑便,有上腹部明显压痛,肠鸣音亢进体征。胃镜检查见胃窦部黏膜有糜烂、出血和浅表溃疡。根据以上病史、症状及胃镜检查结果,该患者诊断为急性胃炎。

> **链接:关于急性胃炎的鉴别诊断**
> 根据病史、临床表现诊断不难,急性单纯性胃炎,应注意与早期急性阑尾炎、急性胆囊炎、急性胰腺炎等相鉴别;急性腐蚀性胃炎,由于各种腐蚀剂中毒的处理不同,鉴别诊断十分重要,要问清病史、检查唇与口腔黏膜痂的色泽,呕吐物的色、味及酸碱反应,收集剩下的腐蚀剂作化学分析,对鉴定其性质非常可靠,为避免食管、胃穿孔,急性期内禁忌X线钡餐及胃镜检查。急性糜烂性胃炎确诊需靠急诊内镜检查,超过48小时病变可能不复存在。

2. **治疗要点** 针对病因和原发疾病采取防治措施。药物引起者,应立即停止用药,并服用抑酸

剂如 H_2 受体拮抗剂以抑制胃酸分泌,同时选服硫糖铝和米索前列醇等药物保护胃黏膜;有急性应激者在积极治疗原发病的同时,可使用抑制胃酸分泌的药物,以预防急性胃黏膜损害的发生。若发生大出血时,应积极进行处理。

二、疾 病 护 理

（一）护理评估

1. 健康史　了解有无细菌感染的病史,特别是 HP 感染史;有无应激状况的发生和服药及胆汁反流等情况。

2. 身体状况

1）症状:轻者多无明显症状,少数有上腹部饱满、疼痛、恶心和呕吐的表现。由致病菌引起者多伴有腹泻、稀水样便,称急性胃肠炎;由应激引起的急性糜烂出血性胃炎患者多以突发的呕血和(或)黑便首发症状。胃出血一般为少量、间歇性,可自行停止,也可发生大量出血。

2）体征:常见上腹部有不同程度的压痛。

3）心理-社会状况:患者常有恐惧、焦虑等情绪反应;反复出血的病人可因工作能力下降、经济压力过重产生悲观情绪。

4）辅助检查:①粪便检查,若有胃黏膜糜烂,粪便潜血试验阳性。②纤维胃镜检查,一般应在大出血后 24～48 小时内进行,因病变(特别是 NSAID 或乙醇引起者)可在短期内消失。镜下可见胃黏膜多发性糜烂、出血、水肿和浅表溃疡,表面附有黏液和炎性渗出物。

考点: 确诊的检查项目

（二）护理诊断及合作性问题

1. 上腹部饱满、疼痛、恶心和呕吐　与胃部急性炎症有关。

2. 知识缺乏:缺乏有关引起胃炎的病因及防治知识　与健康教育不到位有关。

3. 潜在并发症　上消化道大出血。

情境 4-1 护理诊断分析

因患者有长期服用阿司匹林病史。有腹痛、呕吐、黑便症状及上腹部明显压痛、表情焦虑等体征。故存在下列主要护理诊断:疼痛(与胃部急性炎症有关);黑便(与胃窦部黏膜糜烂、出血有关);焦虑(与消化道出血有关);知识缺乏(与缺乏引起急性胃炎病因及防治知识的健康教育不到位有关);潜在并发症(上消化道大出血)。

（三）护理措施

1. 一般护理

1）急性应激造成者,应卧床休息,其他患者应注意休息,减少活动,避免紧张劳累,保证充足的睡眠。

2）注意饮食卫生,一般进少渣、温凉、半流质饮食,少量多餐,每日 5～7 次,定时、有规律,不可暴饮暴食;急性大出血或呕吐频繁时应禁食;如仅少量出血可给牛奶、米汤等流质饮食以中和胃酸,有利于胃黏膜的修复。

2. 病情观察　观察患者腹部不适、呕吐及呕吐物的颜色、量等情况,观察粪便的颜色,必要时做粪便潜血试验,及早发现病情变化。如发现大出血征象,应及时报告医生并积极配合治疗。

3. 配合治疗护理　指导患者正确服用各种药物,禁用或慎用对胃黏膜有刺激的药物,如阿司匹林、甲硝唑等,必须服用可饭后服,以减轻对胃黏膜的刺激;对发生上消化道出血的患者,立即建立静脉通道,遵医嘱补液,必要时配血、输血,并根据病情调整输液量及输液速度,保证患者水、电解质及酸碱平衡。

4. 心理护理　做好心理疏导,解除紧张情绪,保持轻松愉快的心情,以利康复。

（四）护理目标及评价

患者腹痛症状减轻或消失；病情明显好转，情绪稳定；无潜在并发症发生，并获得本病的相关知识。评价是否达到所拟定的护理目标。

三、健康指导

（1）与患者沟通，讲解有关本病的病因和防治知识及自我护理方法，使患者能正确认识疾病，积极配合治疗；

（2）帮助患者寻找并及时去除病因，控制病情的进展，并根据患者的病因和具体的病情进行指导。

考点：急性胃炎的护理措施

情境 4-1 问题回答

患者："护士，我为什么呕吐的东西像洋尘水样？"

护士："阿姨，因为您患有类风湿关节炎长期服用阿司匹林，引起了您的胃黏膜糜烂、出血。血量不多，在胃内停留时间长，因血红蛋白与胃酸作用形成酸化正铁血红蛋白，所以呕吐的东西就呈咖啡色，就像洋尘水样。如果出血量多，在胃内停留时间短，吐出的东西就呈鲜红色了，所以，您不必紧张，也不用担心，好吗？"

患者："哦，我知道了，那我出院后要注意些什么呢？"

护士："阿姨，急性胃炎可由多种原因引起，其中药物因素中最常见的是长期服用非甾体类抗炎药，您这次得病可能是因为有风湿病，长期服用阿司匹林而得的。所以出院后您一定要慎用这类药物，另外，您还要注意避免其他不利的因素，要注意饮食卫生，进食要有规律，避免过冷、过热、辛辣等刺激性食物及浓茶、咖啡等刺激性饮料。戒烟，保持轻松愉快心情。"

患者："护士，谢谢您，经你一说，我明白了，出院后我会按你说的做，谢谢啊！"

护士："不用谢！您还有什么问题，可随时问我。"

慢性胃炎患者的护理

情境 4-2

男性患者，35岁，今来就诊，主诉"最近2年多来，常常反复出现肚脐以上的肚皮疼痛，疼痛时还吐酸水，打嗝，不想吃东西，到医院开点胃痛药吃后就好了，但管不了多长时间又发了。这2天感到更痛了，大便颜色变黑了"。护士询问病史了解到患者平时嗜酒和咖啡。查体：消瘦，粪潜血试验（+），胃镜见胃黏膜呈颗粒状，黏膜血管显露，色泽灰暗，皱襞细小，幽门螺杆菌检测为阳性。初步诊断为慢性胃炎。

一、疾病概要

（一）概述

慢性胃炎系胃黏膜的慢性炎症性病变，发病率在胃疾病中为首位。是胃部常见疾病之一，可分为浅表性、萎缩性和特殊类型三大类。若按病变的解剖部位分为慢性胃窦炎（又称B型胃炎）和慢性胃体炎（又称A型胃炎）。其临床特点为病程迁延，多无明显症状。部分患者可有消化不良表现，多数有上腹部隐痛、胞胀不适、反酸、嗳气、食欲缺乏、恶心、呕吐，少数患者有呕血与黑便。

（二）病因及发病机制

幽门螺杆菌感染是慢性胃炎的主要病因；其他病因可见于自身免疫、十二指肠液反流、饮酒、浓茶、咖啡，食用过冷、过热、过于粗糙的食物等损伤胃黏膜；胃黏膜营养因子减少、慢性右心衰竭、肝硬化门静脉高压、尿毒症时使胃黏膜易于受损以及服用大量非甾体类抗炎药，可破坏胃黏膜屏障等而诱发。

链接：关于胃窦为主的浅表性胃炎（B型）有四种说法

①所有浅表性胃炎患者均有HP感染；②感染控制，胃炎也就愈合；③误用或自愿服用HP可引起胃炎；④HP感染或浅表性胃炎的流行病学和地理发病模式是相同的。

（三）诊断及治疗要点

1. 诊断要点　患者有反复上腹部痛及消化不良表现，确诊有赖于胃镜及胃黏膜活组织病理学检查，胃镜检查是最可靠的确诊方法。HP 检测有助于病因诊断。

2. 治疗要点　主要是对因治疗和对症处理，对重度异型增生，可给予预防性手术治疗。

> **情境 4-2 诊断分析**
> 患者反复上腹部疼痛，反酸、嗳气、食欲缺乏，病程迁延，胃镜见胃黏膜呈颗粒状，黏膜血管显露，色泽灰暗，皱襞细小。符合慢性胃炎的诊断，幽门螺杆菌检测为阳性，提示发病与幽门螺杆菌感染有关。

二、疾 病 护 理

（一）护理评估

1. 健康史　注意询问患者有无幽门螺杆菌感染的病史；有无长期摄食粗糙或刺激性食物、酗酒、饮浓茶、咖啡及是否经常服用大量非甾体类抗炎药；有无慢性右心衰竭、肝硬化门静脉高压、尿毒症及自身免疫性疾病史。

2. 身体状况　慢性胃炎病程迁延，大多没有明显症状。有症状者主要表现为消化不良，如上腹饱胀不适，或无规律性上腹隐痛，嗳气、反酸、恶心呕吐等。症状一般与进食或食物种类有关。A 型胃炎可表现为厌食、体重减轻、贫血、舌炎、舌萎缩、周围神经病变。胃黏膜有糜烂的患者可有上消化道出血。自身免疫性胃炎患者可出现明显畏食、贫血和体重减轻。少数慢性萎缩性胃炎经长期演变可发展为胃癌。

3. 心理-社会状况　患者可因慢性胃炎反复发作，病程呈慢性经过，时轻时重，且有癌变的可能而产生心理反应，如焦虑、恐惧等。

4. 辅助检查　①胃镜及胃黏膜活组织检查：是诊断慢性胃炎最可靠的方法。通过胃镜在直视下观察胃黏膜病损，通过活检进一步明确病变类型，并可检测幽门螺杆菌。②幽门螺杆菌检测。③胃液分析：A 型胃炎患者胃酸明显减少或缺乏，B 型胃炎患者大致正常。④血清学检查：A 型胃炎血清胃泌素水平常明显升高，血中可测得抗壁细胞抗体和抗内因子抗体，B 型胃炎视 G 细胞破坏程度，血清胃泌素水平可降低或正常。血清中可存在抗壁细胞抗体，滴度低。

（二）护理诊断与合作性问题

1. 疼痛　与胃黏膜炎性病变、胃酸刺激或平滑肌痉挛有关。
2. 营养失调：低于机体需要量　与畏食、消化吸收不良有关。
3. 焦虑、恐惧　与病程迁延，反复发作及害怕癌变有关。
4. 不良的饮食和行为习惯　与相关健康知识缺乏有关。

（三）护理措施

1. 一般护理　慢性胃炎急性发作，或伴有消化道出血时应卧床休息，注意腹部保暖，缓解腹部不适；部分腹痛较严重的患者增加休息及配合使用解痉制酸药物以缓解疼痛；病情缓解，可进行适当活动，注意劳逸结合；饮食以富有营养、易于消化、少量多餐为基本原则，避免吃生硬煎炸、油腻等不易消化及辛辣等刺激性食物，忌暴饮暴食、饮烈性酒、吸烟等，以消除可能的致病因素。

2. 病情观察　观察患者一般情况；观察患者腹痛的部位、性质，呕吐物和粪便的量、色及性状；观察用药反应等。

3. 配合治疗护理　①遵医嘱应用抗菌药物根除幽门螺杆菌感染。②对有胃酸缺乏的患者配合给予 1% 稀盐酸、胃蛋白酶合剂，注意服用时宜用吸管送至舌根部咽下，避免接触牙齿，服后用温开水漱口。③高胃酸的患者配合给予制酸剂如氢氧化铝凝胶、雷尼替丁等以缓解疼痛。④有胆汁反流的患者服用硫糖铝，硫糖铝在餐前 1 小时与睡前服用效果最好，服药时将药片嚼碎或研成粉末服用。如患者需同时使用制酸药,制酸药应在硫糖铝服前0.5小时或服后1小时给予;可配合使用甲氧氯普胺及多潘立酮刺激胃窦蠕动,促进胃排空,应在饭前服用,不宜与阿托品等解痉剂合用。⑤慢性胃炎患者应避免口服泼尼松等药;注意观察药物疗效及不良反应,并嘱患者按疗程坚持治疗。

4. **心理护理** 减轻患者的心理负担和躯体的不适感,如部分患者常因反复发作而担心自己患胃癌,应细心加以解释,并向患者说明焦虑等情绪会诱发和加重病情。让患者知道经过治疗是可以逆转的。帮助患者树立信心,消除焦虑、恐惧心理,配合治疗。

(四) 护理目标及评价

患者腹痛减轻或消失,无焦虑、恐惧心理存在;对本病的相关病因及基本的对应措施有所了解,无不良饮食和行为习惯,能合理摄取营养,体重增加。评价是否达到以上护理目标。

三、健康指导

1. **饮食卫生指导** 指导患者注意饮食卫生,纠正不良的饮食行为,养成细嚼慢咽习惯。胃酸低的患者可给刺激胃酸分泌的食物如浓肉汤、鸡汤。注意控制饮食中的粗纤维含量,进餐定时定量,避免吃生硬煎炸、油腻等不易消化和辛辣等刺激性食物,忌暴饮暴食、饮烈性酒、吸烟及餐后从事重体力活动;

2. **心理健康指导** 指导患者保持良好的心态,解除思想顾虑,促进疾病康复;教会患者自我护理的方法。

3. 指导患者避免使用对胃黏膜有刺激的药物,如阿司匹林,不要常规应用抗生素。指导患者定期复诊。

> **小结**
>
> 胃炎是指不同病因所致的胃黏膜炎性病变。急性胃炎是由各种原因所致的急性胃黏膜充血、水肿糜烂和出血,临床表现无特异性,可有上腹痛、呕吐、黑便症状及上腹部压痛,肠鸣音亢进体征。潜在并发症主要是上消化道大量出血。急诊胃镜检查是确诊的重要依据。治疗、护理主要是去除诱因,保护胃黏膜,防治并发症的发生。慢性胃炎系胃黏膜的慢性炎症性病变。可分为浅表性、萎缩性和特殊类型三大类,主要病因为幽门螺杆菌感染。病程迁延,不同类型症状各异,主要表现为上腹饱胀不适或无规律性上腹部隐痛、嗳气、反酸、食欲缺乏、恶心、呕吐等。症状一般与进食或食物种类有关。胃镜和活组织检查是诊断慢性胃炎的最可靠的方法。主要护理措施是根除幽门螺杆菌感染、对因对症治疗和健康指导。

自测题

A₁型题

1. 胃壁主要有5种细胞,其中主细胞可分泌( )
   A. 盐酸和内因子   B. 胃蛋白酶原
   C. 碱性黏液   D. 促胃泌素
   E. 生长抑素

2. 慢性胃炎最主要病因是( )
   A. 幽门螺杆菌感染   B. 自身免疫
   C. 十二指肠液反流   D. 饮酒、浓茶、咖啡
   E. 食用过冷、过热、过于粗糙的食物等

3. 慢性胃炎的临床表现一般不包括( )
   A. 餐后腹胀   B. 规律性上腹痛
   C. 恶心、呕吐 D. 食欲缺乏
   E. 反酸、嗳气

4. 慢性胃炎的健康教育中不正确的是( )
   A. 常规应用抗生素   B. 注意饮食卫生
   C. 戒烟、戒酒   D. 预防消化道感染
   E. 避免使用对消化道有刺激的药物

A₂型题

5. 患者,女性,40岁,近日来无规律性上腹隐痛,食欲减退,餐后饱胀、反酸等,拟诊慢性胃炎,请问还须作哪项检查可以确诊( )
   A. 血清抗壁细胞抗体测定
   B. 胃液分析
   C. 血清抗体和内因子抗体测定
   D. 纤维胃镜检查
   E. 血清胃泌素测定

6. 一位30岁女患者,近日常感上腹隐痛,餐后饱胀,食欲缺乏,胃镜检查提示慢性胃炎。医嘱口服1%稀盐酸。对于该患者实行的护理措施不正确的是( )
   A. 应给予易消化有营养食物
   B. 定时就餐

C. 稀盐酸须直接口服,不可稀释
D. 注意饮食卫生
E. 忌暴饮暴食、吸烟酗酒

7. 青年男性,26岁。近日来出现上腹部隐痛,食欲减退,餐后饱胀、嗳气等,初步诊断为慢性胃炎,对该患者进行健康指导,下列不妥的是(　　)

A. 养成细嚼慢咽进食习惯
B. 胃酸低的患者可喝肉汤、鸡汤
C. 控制饮食中的粗纤维含量
D. 忌暴饮暴食、饮烈性酒、吸烟
E. 腹痛时口服阿司匹林

第3节 消化性溃疡患者的护理

情境4-3

女性患者,54岁,反复中上腹疼痛5年余,既往有风湿病,长期服用NSAID类药物。近日症状加重前来诊治,述说:"近日腹部呈烧灼样疼痛,晚上常常痛醒来,吃点东西疼痛才会缓解,有时还有点冒酸水,打嗝,不想吃饭。这几天,发现大便颜色变黑,今天还呕吐一次,吐出的东西像洋尘水样、咖啡色样"。入院后查体:R、P、BP无异常,营养中等,神志清楚,肝脾未触及。上腹部有局限性轻压痛;辅助检查:纤维胃镜见十二指肠球部黏膜充血水肿,前壁近大弯处有一椭圆形溃疡,边缘光滑,表面覆盖厚白苔,周围黏膜明显水肿。

一、疾病概要

(一) 概述

消化性溃疡是指发生于胃和十二指肠的慢性溃疡,故又称胃溃疡(GU)和十二指肠溃疡(DU)。溃疡形成与胃酸、胃蛋白酶的消化作用和幽门螺杆菌感染(HP)等有关,其临床特点为慢性过程,周期发作,中上腹节律性疼痛。GU多见于中老年,DU多见于青壮年,临床上DU比GU为多见,男性患病多于女性。初秋至次年早春是好发季节。

(二) 病因及发病机制

本病的病因及发病机制尚未完全阐明,研究认为引起消化性溃疡的主要环节是胃酸分泌过多、HP感染和胃黏膜保护作用减弱等因素,还有药物因素、胃排空延缓和胆汁反流、遗传因素、环境因素、精神因素等都与消化性溃疡的发生有关。

1. **幽门螺杆菌感染** 是消化性溃疡的主要原因。其病机有三种学说:

(1) 幽门螺杆菌-胃泌素-胃酸学说:HP感染的DU患者空腹或餐后可引起高胃泌素血症,胃窦黏膜中D细胞(位于胃体部和胃窦部释放生长抑素)数量减少,影响生长抑素产生,使后者对G细胞释放胃泌素的抑制作用减弱;成功根除HP感染后部分患者血清胃泌素及胃酸水平恢复正常。认为:HP感染通过炎症细胞因子作用于G、D细胞和壁细胞,导致胃酸增加,从而使十二指肠的酸负荷增加。

(2) 十二指肠胃上皮化生学说:十二指肠黏膜发生胃上皮化生,HP在十二指肠黏膜定植导致十二指肠炎使黏膜屏障被破坏而引起DU。

(3) 十二指肠分泌碳酸氢盐明显减少,根除幽门螺杆菌后碳酸氢盐分泌可恢复正常。

2. **胃酸和胃蛋白酶** 消化性溃疡的最终形成是由于胃酸-胃蛋白酶自身消化所致。无酸即无溃疡。胃蛋白酶的活性取决于胃液pH,当胃液pH>4时,胃蛋白酶失活。因此,胃酸的存在是溃疡发生的决定因素。

3. **非甾体抗炎药(NSAID)** 长期服用NSAID主要是通过抑制前列腺素的合成,削弱后者对胃黏膜的保护作用。溃疡的发生除与NSAID的种类剂量大小和疗程长短有关外,还与年龄、HP感染、吸烟、同时服用糖皮质激素等因素有关。

4. **胃、十二指肠运动异常** 部分DU溃疡患者的胃排空比正常人快,特别是液体排空快,使十二指肠球部酸性负荷大,黏膜易遭损伤;GU 存在胃运动障碍,表现为胃排空慢和十二指肠-胃反流,使胃黏膜易遭受损害。DU 可引起空腹和夜间胃酸分泌增高,胃酸分泌过多在 DU 的发病机制中起主要作用。

5. 精神和遗传因素　精神紧张、情绪压力、竞争型的性格倾向都可成为溃疡的促发或加重因素。遭受重大的创伤、手术等应激性因素可诱发溃疡。另外,消化性溃疡有家庭群集现象,"O"型血发病率高。

6. 不良的饮食生活习惯　嗜烟酒、饮食不规律、暴饮暴食或喜食酸辣等刺激性食物均可引起胃肠黏膜损害,容易发生溃疡。

链接:幽门螺旋杆菌和消化性溃疡的关系

近年来有证据表明:90% 以上 DU 和 75% 以上的 GU 患者的溃疡与 HP 感染有关;大量病例表明:HP 感染的成功治愈预示着溃疡复发率显著降低。现已公认 Hp 是 DU 和 GU 发展过程中一个决定性因素,这种学说现仍有争议的原因是:HP 是世界上最普遍的感染,而受感染的人只有一小部分发展成溃疡,溃疡素质在那些注定要患溃疡的人和有 HP 感染却没有溃疡的人时起的作用还不确定。

(三) 诊断及治疗要点

根据慢性病程,周期性、节律性反复发作的慢性上腹疼痛,进食或服用碱性药物可获得缓解,可初步诊断为消化性溃疡,确诊有赖于 X 线钡餐检查和(或)胃镜检查。治疗原则主要是消除病因,控制症状,促进溃疡愈合,预防复发和避免并发症。

情境 4-3 诊断分析

该患者既往有风湿病,长期服用 NSAID 类药物史;有典型的 DU 症状,如反复中上腹疼痛 5 年余,符合慢性、周期性特点;疼痛呈烧灼感,常有午夜痛,进食后疼痛缓解,符合节律性特点;纤维胃镜检查符合 DU 表现。根据病史、症状及胃镜检查结果可初步诊断为十二指肠溃疡。患者大便呈黑色,呕吐物呈咖啡色样,可进一步做大便 OB 试验确定是否存在潜在并发症:上消化道出血;进一步做幽门螺旋杆菌检测有助病因诊断;密切观察病情,有助病情程度及病情变化的判断。

二、疾病护理

(一) 护理评估

1. 健康史　询问有关疾病的诱因和病因。询问疼痛发作的过程,了解患者的心理状况和家族史。

2. 身体状况

(1) 症状:上腹痛为最主要症状,腹痛的部位多位于上腹正中,胃溃疡可能偏左,十二指肠溃疡常偏右,疼痛多为钝痛或灼痛、饥饿痛,也可呈刺痛、钝痛或剧痛。一般持续 1~2 小时或更长。疼痛有典型的节律性,节律性疼痛是溃疡病活动期的特征,DU 表现为疼痛在两餐之间发生(饥饿痛),持续不减至下餐进食或服用制酸药后缓解,一般餐后 3~4 小时开始,进餐后缓解,呈现"进食—缓解—疼痛节律";GU 表现为餐后 0.5~2 小时疼痛,至下一餐前疼痛消失,下次进餐后再复出现上述节律,呈现"进食—疼痛—缓解"的节律。还可出现其他胃肠道症状,如上腹饱胀、嗳气、反酸、恶心呕吐等,食欲多正常,GU 患者偶可因进食疼痛而畏食,至体重减轻,全身症状可有失眠、多汗等(表 4-2)。

(2) 体征:无特异性,发作期上腹部可有局限性轻压痛,缓解期无明显体征。

表 4-2　胃溃疡和十二指肠溃疡疼痛的鉴别表

鉴别点	胃溃疡(GU)	十二指肠溃疡(DU)
疼痛时间	进食后 0.5~2 小时内出现至下次进餐前消失,较少发生夜间痛	进食后 3~4 小时,至下次进餐后缓解,常有午夜疼痛
疼痛部位	剑突下正中或偏左	上腹正中或偏右

续表

鉴别点	胃溃疡（GU）	十二指肠溃疡（DU）
疼痛性质	烧灼感或痉挛感	饥饿感或烧灼感
疼痛规律	进食-疼痛-缓解	疼痛-进食-缓解

考点： 胃溃疡和十二指肠溃疡典型节律性及二者的异同点

■ **护考链接**

十二指肠溃疡患者腹痛的规律为（　　）　A. 进餐前腹痛明显　B. 餐后腹痛立即明显　C. 餐后0.5～1小时腹痛明显　D. 餐后2小时腹痛明显　E. 空腹时腹痛明显

点评： 十二指肠溃疡腹痛节律表现为疼痛在两餐之间发生（饥饿痛），持续不减至下餐进食或服用制酸药后缓解，一般餐后3～4小时开始，进餐后缓解，呈现"进食—缓解—疼痛节律"。所以答案为A进餐前腹痛明显。

女性患者，46岁，胃镜检查确诊为胃溃疡活动期，其疼痛特点最可能的是（　　）　A. 空腹时腹痛明显　B. 餐后1/2～1小时腹痛明显　C. 餐后立即明显　D. 进餐时腹痛明显　E. 夜间腹痛明显

点评： 胃溃疡腹痛表现为餐后0.5～2小时疼痛，至下一餐前疼痛消失，下次进餐后再复出现上述节律，呈现"进食—疼痛—缓解"的节律。所以答案为B餐后1/2～1小时腹痛明显。

3. 并发症

（1）出血：是消化性溃疡最常见的并发症，在上消化道出血的各种病因中溃疡病出血居首位，占50%左右。上消化道大出血后，血中尿素氮升高，若临床上无明显脱水或肾功能不全证据，而尿素氮继续升高或持续超过3～4天者，提示上消化道继续出血或有再出血。

（2）穿孔：在临床上可分为急性、亚急性和慢性三种类型。急性最常见，主要表现为突然发生持续性剧烈腹痛，患者常呈仰卧、双腿卷曲体位，腹肌呈板样强直，有压痛及反跳痛，肠鸣音减弱或消失；半数以上有气腹征，即肝浊音界缩小或消失，肝浊音界消失是提示消化性溃疡急性穿孔最有价值的体征，腹部×线透视发现膈下有游离气体；部分患者可出现休克。GU穿孔，尤其是餐后发生者，其临床表现常较DU穿孔为重。急性穿孔应尽快做出诊断，并在穿孔后8小时内及时手术。慢性穿孔，临床表现为腹痛节律性消失，出现持续性疼痛，程度也较以往加重，内科治疗往往无效。亚急性穿孔临床表现与急性穿孔相似，但程度较轻，可出现肠粘连或肠梗阻征象，并于短期内即可见好转。

（3）幽门梗阻：可分为暂时的功能性梗阻和永久的器质性梗阻。梗阻时主要为胃潴留，上腹饱胀不适，疼痛于餐后加重，伴恶心、呕吐，呕吐物为酸臭宿食，大量呕吐后症状可暂缓解，体检有胃蠕动波，空腹时胃有振水音，严重时则伴有脱水、营养不良、电解质与酸碱平衡失调。

（4）癌变：慢性GU患者，45岁以上，溃疡顽固不愈应警惕癌变，消化性溃疡患者出现癌变时，其疼痛节律会改变或消失，须进一步检查，定期随访以发现早期胃癌。DU不引起癌变。

考点： 消化性溃疡的并发症

4. 心理-社会状况　因消化性溃疡反复发作性疼痛的特点，使患者产生紧张、焦虑心理，若并发出血、穿孔等并发症时，患者可产生恐惧心理，其紧张、恐惧心理因素又可诱发和加重病情。

5. 辅助检查　①胃镜及胃黏膜活组织检查：是确诊消化性溃疡首选方法，胃镜检查可取黏膜活检，不仅可确定溃疡性质、鉴别良性恶性溃疡（胃的良恶性溃疡必须由活体组织检查来确定），还能检测HP及有无伴随溃疡的胃炎和十二指肠炎。消化性溃疡经胃镜检查仍有5%～10%被漏诊，而X线钡餐检查和胃镜检查配合应用，诊断准确率可达96%～99%，因此该两种方法应相互补充。患者有上消化道出血，需做紧急胃镜检查应在出血后24～48小时内进行。②X线钡餐检查：X线钡餐检查是常用的诊断溃疡病方法。直接征象为龛影，可确诊溃疡存在。间接征象有十二指肠壶腹部激惹和变形、

溃疡局部有压痛、黏膜集中、溃疡对侧有痉挛性切迹等,间接征象对本病的诊断有参考价值,但不能依此确诊本病。活动性消化道出血患者禁做钡餐检查。③HP 检查:现已列为常规检查,检测方法分为侵入性和非侵入性两大类,侵入性需通过胃镜检查取胃黏膜活组织进行检测,包括快速尿素酶试验、组织学检查和 HP 培养,非侵入性主要有^{13}C 或^{14}C 尿素呼气试验,粪便抗原检测及血清学检查。注意,如果近期应用过抗生素、质子泵抑制剂、铋剂等药,因有暂时抑制 HP 作用,会使除血清学检查以外的上述检查呈假阴性。HP 检查对治疗有指导意义。④大便潜血试验:阳性提示溃疡有活动性,胃溃疡如果大便隐血持续阳性,提示有癌变可能。作大便潜血试验前 3 天不要进食瘦肉、大量绿色蔬菜、动物血及动物内脏。⑤胃液分析:GU 患者胃酸分泌正常或稍低于正常,DU 则多增高。GU 血清胃泌素慢性增高。

考点:确诊的检查项目

(二) 护理诊断与合作性问题

1. 疼痛　与胃肠黏膜炎症、溃疡及其并发症,或手术创伤有关。
2. 营养失调:低于机体需要量　与溃疡疼痛导致摄食量减少,消化吸收障碍有关。
3. 焦虑及知识缺乏　与溃疡反复发作及患者缺乏本病的相关知识有关。
4. 潜在并发症　上消化道出血、幽门梗阻。

情境 4-3 护理诊断分析

因患者有上腹部疼痛,呈烧灼感,常有午夜痛,伴反酸、嗳气、食欲减退。故存下列主要护理诊断:疼痛(与溃疡有关);营养失调(低于机体需要量与食欲减退、消化吸收障碍有关);潜在并发症(上消化道出血)。

(三) 护理措施

1. 一般护理　①休息:溃疡活动期和病情较重者嘱卧床休息,避免过度劳累和不良的精神刺激,一般休息 4~6 周;缓解期,应适当活动,劳逸结合。②饮食护理:进食应定时、定量、少量多餐,避免胃窦部过度扩张,进餐时要细嚼慢咽、心情舒畅;选择营养丰富、易消化、低脂、适量蛋白质和面食为主的食物;避免辛辣、过咸食物及浓茶、咖啡等刺激食物和饮料,忌烟酒;少量出血或大出血停止后 24 小时,可进少量温凉流质饮食;症状缓解后及时恢复正常餐次。

2. 病情观察　①观察腹痛的规律和特点,按其特点遵医嘱缓解疼痛;②观察病情变化,监测生命体征及腹部体征,如果发现患者上消化道大量出血,应立即通知医生,积极配合抢救,可迅速建立静脉通道,冰盐水洗胃,暂禁食,注意观察粪便颜色和量等;③对突发性腹部剧痛,应注意观察是否发生了穿孔,并及时纠正可能发生的并发症;④注意监测电解质、酸碱变化,对有呕吐的患者,要观察呕吐量、性质、气味,准确记录出入液量。

3. 配合治疗护理　①抑制胃酸分泌药物:常用的药物有西咪替丁、雷尼替丁、法莫替丁等,服药时间宜在餐中、餐后(1~2 小时)或夜间睡前服用,如需同时服用抗酸药,二种药应间隔 1 小时以上,注意肾功能,哺乳期间禁用。西咪替丁对雄激素具有亲和力,使男性乳房发育、阳痿及性功能紊乱,长期服用有乏力、腹泻、粒细胞减少、皮疹等不良反应。静脉给药应注意控制速度,速度过快可引起低血压和心律失常。质子泵阻滞剂(PPI)奥美拉唑(洛赛克)可引起头晕,应嘱患者在服药期间避免开车和做需要注意力高度集中的工作。②保护胃黏膜药:主要有三种,即硫糖铝、枸橼酸铋钾和前列腺素类药物,如米索前列醇。硫糖铝:宜在进餐前 1 小时服药,主要不良反应为便秘;枸橼酸铋钾:为避免铋在体内积蓄,不易长期服用;米索前列醇:主要不良反应为腹泻,因可引起子宫收缩,故孕妇忌用。③抗生素:对有幽门螺杆菌感染的患者可应用克拉霉素、阿莫西林、甲硝唑等抗生素。目前,临床上常用三联疗法治疗幽门螺杆菌感染,即三种抗生素中选用两种、PPI 或胶体铋剂中选择一种。④碱性抗酸药:氢氧化铝凝胶应在餐后 1 小时和睡前服用,片剂应嚼服,乳剂服时应摇匀;长期服用可引起便秘、代谢性碱中毒与钠潴留,为防止便秘,可与氢氧化镁交替服用。注意:不宜与酸性饮料和食物同

内科护理

服;避免与奶制品同服,因两者相互作用可形成络合物;在密闭凉处保存,但不得冷冻。

4. **心理护理** 了解患者及家属的心理状态,向患者说明紧张焦虑等不良的心理反应可增加胃酸分泌,诱发和加重溃疡,帮助患者缓解其焦虑紧张的情绪,促进溃疡的愈合。

考点:护理措施

情境4-3 护理工作过程

入院护理工作过程:接诊患者——送患者到病床,嘱患者取舒适体位——为患者戴腕带——通知医师、护工、膳食科——测体重及生命体征并记录——初步评估患者是否存在不当饮食、用药等可使病情加重的诱因及腹部症状、体征情况,了解胃镜、OB试验等辅助检查结果——安慰患者——办理入院手续——遵医嘱给予治疗——填写住院护理评估单及护理表格——进行入院注意事项告之和安全教育。

住院护理工作过程:加强巡视,观察生命体征、腹痛特点(节律性)、伴随症状及大便情况(潜在并发症-消化道出血)——执行医嘱——加强口腔、皮肤、呼吸道、尿道等部位基础护理——给予营养丰富、易消化食物,避免刺激性食物——心理护理、健康教育——填写护理记录单。

出院护理工作过程:执行出院医嘱、撤销单据及卡片、整理出院病历、做好出院登记——征求患者意见和建议——出院宣教、指导患者合理饮食和活动指——协助备好出院所带药品,嘱按医嘱用药并注意药物不良反应,特别是慎用对胃肠刺激性大的药物,如NSAID等——通知护工、膳食科——常规清洁床单位——填写出院护理记录。

(四)护理目标及评价

患者腹痛等不适症状明显减轻。食欲好转,进食营养、有益健康的食物;体重不再减轻、营养状况改善。住院期间无并发症发生。对本病的相关知识有所了解,并知道可能导致本病复发和加重的因素及主要的应对措施。评价是否达到以上护理目标。

三、健康指导

(1)指导患者保持规律生活,注意饮食卫生,避免暴饮暴食和食用刺激性食物,饮食宜少吃多餐;对嗜烟酒者,指导制定可行的戒烟酒计划,并督促执行;指导患者保持乐观情绪,工作劳逸结合,避免高度紧张。

(2)指导患者按医嘱正确服药,嘱患者慎用或勿用易致溃疡的药物,如阿司匹林、咖啡因、糖皮质激素、利血平等,教会患者观察药效和不良反应,不擅自停药和减量,防止溃疡复发。

(3)指导患者了解消化性溃疡及其并发症的相关知识和识别方法,若上腹疼痛节律发生改变并加剧,或者出现呕血、黑便时,应立即就医。指导患者定期复查。

情境4-3 问题回答

患者:"护士,我为什么感到饥饿时腹部就会疼痛?有时晚上会痛醒来?"

护士:"李阿姨,因为您患有十二指肠溃疡。十二指肠溃疡有'疼痛-进食-缓解'的特点,称为'空腹痛、饥饿痛',所以您饿的时候就会出现腹痛,晚上痛醒来也是因为这个原因。一般进餐前腹痛最明显,进食后疼痛会缓解。"

患者:"我为什么会得这个病呢?"

护士:"李阿姨,这个病是由多种原因引起的,主要病因是幽门螺杆菌感染,长期服用非甾体抗炎药也会引起,您可能是因为有风湿病,长期服用抗风湿的药,而得这个病。另外,饮食不当、长期精神紧张也与溃疡形成有关,您要注意避免这些不利的因素啊!"

患者:"护士,我这个病能治好吗?不治疗会有什么后果?"

护士:"您这个病是能治好的。主要的治疗措施是减少胃酸刺激,保护胃粘膜,去除病因。只要你按医生的要求规范治疗,一定会治好的。如果不治疗或者不规范治疗,继续发展会出现并发症,如消化道出血、穿孔等。"

患者:"哦,我明白了,我会积极配合医生治疗的。谢谢你啊!"

护士:"不用谢!你还有什么问题,可随时问我。"

第4章 消化系统疾病患者的护理

小结

消化性溃疡主要指胃和十二指肠的慢性溃疡。与 HP 感染和服用 NSAID 密切相关。是黏膜侵袭因素和防御因素失衡的结果。胃溃疡好发于胃小弯，十二指肠溃疡好发于十二指肠球部。临床表现主要是慢性、周期性、节律性上腹部疼痛。胃镜检查是确诊的依据。HP 感染治疗用三联疗法。无 HP 感染用抑酸、胃黏膜保护剂等治疗。护理重点是病情观察、饮食、用药护理及并发症护理。

自测题

A_1 型题

1. 引起空腹和夜间胃酸分泌增高的疾病是（　　）
   A. 十二指肠溃疡　　B. 胃癌
   C. 萎缩性胃炎　　　D. 胃溃疡
   E. 浅表性胃炎

2. 消化性溃疡疼痛的周期性发作多在（　　）
   A. 夏秋之交　　　　B. 初秋至次年早春
   C. 早春至夏初　　　D. 秋冬之交
   E. 冬季

3. 十二指肠溃疡疼痛的特点是（　　）
   A. 餐后 3~4 小时开始，进餐后缓解
   B. 餐后即痛，持续 2 小时后缓解
   C. 餐后 2 小时开始，持续 2 小时后缓解
   D. 餐后 1 小时开始，持续 2 小时后缓解
   E. 无规律性

4. 消化性溃疡患者在何种条件下疼痛节律会改变或消失（　　）
   A. 饮酒时　　　　　B. 受凉时
   C. 癌变时　　　　　D. 疲劳时
   E. 焦虑时

5. 提示消化性溃疡急性穿孔最有价值的体征是（　　）
   A. 腹肌紧张　　　　B. 上腹痛加剧
   C. 休克征象　　　　D. 肝浊音界消失
   E. 疼痛节律消失

6. 与消化性溃疡无关的是（　　）
   A. 急性弥漫性腹膜炎　B. 低钾性碱中毒
   C. 腹泻　　　　　　D. 失血性休克
   E. 消瘦

7. 作大便潜血试验前 3 天可进食（　　）
   A. 瘦肉　　　　　　B. 大量绿色蔬菜
   C. 动物血　　　　　D. 动物内脏
   E. 牛奶

8. 消化性溃疡患者服用制酸剂宜在（　　）
   A. 餐后 1~2 小时　　B. 餐前 1~2 小时
   C. 两餐之间　　　　D. 每日清晨 1 次
   E. 进餐时与食物同服

9. 消化性溃疡患者饮食宜少量多餐，其意义是（　　）
   A. 中和胃酸　　　　B. 避免胃窦部过度扩张
   C. 减轻腹痛　　　　D. 促进消化
   E. 减少对胃的刺激

10. 消化性溃疡患者主食应以何为主（　　）
    A. 杂粮　　　　　　B. 牛奶
    C. 普通饮食　　　　D. 稀饭
    E. 面食

11. 消化性溃疡大出血患者护理措施不包括（　　）
    A. 应用双气囊三腔管止血
    B. 迅速建立静脉通道
    C. 冰盐水洗胃
    D. 暂禁食
    E. 注意观察粪便颜色和量

12. 紧急胃镜检查应在上消化道出血后（　　）
    A. >72 小时　　　　B. <24 小时
    C. 24~48 小时　　　D. 48~72 小时
    E. 出血停止

13. 消化性溃疡最有价值的检查是（　　）
    A. 胃镜　　　　　　B. 胃液分析
    C. X 线造影　　　　D. 粪便潜血试验
    E. 尿液镜检

A_2 型题

14. 某十二指肠溃疡患者，典型夜间腹痛 2 年，近 1 个月疼痛节律性消失，变为餐后腹痛伴呕吐，吐出大量隔夜宿食，应考虑并发（　　）
    A. 急性穿孔　　　　B. 大出血
    C. 溃疡癌变　　　　D. 慢性穿孔
    E. 幽门梗阻

15. 上消化道大出血的患者，血压 75/45mmHg，脉搏 130 次/分，面色苍白，神志恍惚，四肢厥冷，无尿，估计出血量约（　　）
    A. 1500ml 以上　　　B. 300ml 以下
    C. 300~500ml　　　 D. 500~1000ml
    E. 1000~1500ml

A_3 型题

(16~18 题共用题干)

患者，男性，30 岁，因黑色稀便 3 天入院。近 3 天每天解黑色稀便 2 次，每次约 200g，病前有多年上腹部隐痛史，常有夜间痛、饥饿痛，进食可缓解。查：贫血

貌,皮肤无黄染,肝脾肋下未触及。
16. 为了明确诊断,首先应进行哪项检查( )
   A. X线钡餐检查　　B. 血常规检查
   C. 胃镜检查　　　　D. 胃液分析
   E. 选择性动脉造影
17. 入院第2天,患者突然出现呕血,呕出暗红色血液800ml,此时,应采取的首要护理措施是( )
   A. 卧床休息,安慰患者
   B. 监测生命体征
   C. 开放静脉通道,补充血容量
   D. 给氧
   E. 血红蛋白测定
18. 此患者目前的主要护理诊断是( )
   A. 营养失调:低于机体需要量
   B. 组织灌注不足
   C. 有受伤的危险
   D. 活动无耐力
   E. 有水电解质失调的危险

A₄型题
(19~22题共用题干)
   患者,女,56岁,有7年十二指肠溃疡病史,晨起突然排出大量柏油样黑便,并出现恶心、头晕、心悸、无力4小时,急诊入院。查体:体温36.5℃,血压80/50mmHg,脉搏112次/分,患者面色苍白、出冷汗、四肢湿冷,上腹部轻度压痛,肠鸣音亢进。初步诊断为十二指肠溃疡大出血。
19. 初步诊断为十二指肠溃疡大出血的主要依据是( )
   A. 恶心、上腹部轻度压痛
   B. 头晕、心悸、无力
   C. 面色苍白、出冷汗、四肢湿冷

   D. 排出大量柏油样黑便
   E. 血压下降、脉搏细速
20. 十二指肠溃疡大出血的主要部位是( )
   A. 十二指肠与空肠交界处
   B. 十二指肠水平部
   C. 十二指肠球部
   D. 十二指肠降部
   E. 十二指肠升部
21. 初步估计该患者的出血量为( )
   A. 300ml　　　　B. 400ml
   C. 500ml　　　　D. 800ml
   E. 1000ml
22. 目前患者最主要的护理问题是( )
   A. 体液不足　　　B. 疼痛
   C. 焦虑、恐惧　　D. 营养障碍
   E. 有感染的危险

(23、24题共用题干)
   患者,男,54岁,有胃溃疡病史8年余。近1个月来,上腹部饱胀不适,反复呕吐带酸臭味的宿食,呕吐后症状缓解。查体:皮肤干燥、弹性差,唇干;上腹部膨隆,可见胃型和蠕动波,振水声(+)。诊断为胃溃疡。
23. 胃溃疡好发部位是( )
   A. 幽门部　　　　B. 贲门
   C. 胃大弯　　　　D. 胃小弯近幽门部
   E. 胃底
24. 考虑患者胃溃疡合并了( )
   A. 合并十二指肠溃疡　B. 肠梗阻
   C. 胃溃疡穿孔　　　　D. 瘢痕性幽门梗阻
   E. 肠梗阻

第4节　肝硬化患者的护理

情境4-4

   患者,王某某,男性,56岁,乏力、食欲缺乏2月余,半月来腹胀、少尿、精神紧张,担心癌变前来就诊。既往有乙型肝炎病史十多年,肝功能复异常。体格检查:面色灰暗,巩膜黄染,肝掌(+),颈部及胸部有蜘蛛痣。腹部膨隆,腹壁静脉曲张,脾大,肋下2cm 移动性浊音(+),双下肢水肿。实验室检查:血红蛋白75 g/L,白细胞3.8×10⁹/L,血小板90×10⁹/L;肝功能:ALT>40U/L,白蛋白36g/L,球蛋白40g/L。初步诊断为:肝硬化(肝功能失代偿期)。

一、疾病概要

(一) 定义

   肝硬化是由多种病因引起的慢性、弥漫性、进行性肝病。是在肝细胞广泛变性和坏死的基础上,肝脏纤维结缔组织弥漫性增生,形成假小叶,导致肝脏正常结构被破坏,生理功能逐渐下降,晚期出现肝功能衰竭、门静脉压增高、腹水。

(二) 病因和病机

1. **病毒性肝炎** 病毒性肝炎是我国引起肝硬化的最常见的原因。其中乙型、丙型、丁型肝炎易形成肝硬化,甲型、戊型肝炎一般不发展为肝硬化。

2. **慢性酒精中毒** 酒精中毒是国外引起肝硬化最常见的原因。长期大量饮酒,酒精的中间代谢产物乙醇对肝脏产生直接损害。

3. **胆汁淤积** 肝外、肝内胆管阻塞、胆汁淤积,导致肝细胞缺血、坏死、纤维组织增生而形成肝硬化。

4. **药物及化学毒物** 长期服用异烟肼、四环素、双醋酚汀、甲基多巴、辛可芬等可引起肝硬化。长期接触四氯化碳、磷、砷、三氯甲烷等可引起肝硬化。

5. **其他** 营养不良、循环障碍、血吸虫病、免疫紊乱等。

考点:肝硬化的病因

(三) 病理生理

在致病因素作用下,肝细胞广泛地变性坏死、肝小叶纤维支架塌陷,再生肝细胞不沿原支架排列,形成不规则肝细胞团,肝细胞团周围弥漫性纤维结缔组织增生,形成假小叶。早期肝脏体积增大,质地变硬,表面满布大小不等的结节。晚期因纤维化,肝脏体积可缩小。假小叶形成使肝内血管床缩小、血管扭曲、闭塞,造成肝内血液循环紊乱,门静脉血流受阻,门静脉压增高。门静脉压增高导致侧支循环开放,引起食管下段胃底、腹壁脐周、直肠肛门静脉曲张。肝硬化者,肝细胞功能下降,血浆白蛋白合成减少,肝间质细胞增生,球蛋白合成增多,白球比例倒置。胆色素代谢障碍,出现黄疸。肝对雌激素、血管升压素、醛固酮的灭能作用减弱,出现蜘蛛痣。凝血因子合成减少,导致出血倾向。

(四) 诊断及治疗要点

1. **诊断要点** 根据典型的临床表现和影像学检查可作出诊断。

2. **治疗要点** 应采取综合性治疗措施。根据病情,适当安排休息和活动。饮食一般以高热量、高蛋白、适量脂肪、维生素丰富而易于消化吸收的食物为宜。有腹水者少盐,避免进食粗糙食物。目前无特效药治疗,对症处理,支持治疗为主。

情境案例4-4 诊断分析

该患者既往有乙型肝炎病史,有食欲缺乏、乏力、消瘦、肝病面容、腹胀、少尿巩膜黄染、肝掌、蜘蛛痣。腹部膨隆,腹壁静脉曲张,脾大,移动性浊音(+),双下肢水肿等症状及体征,符合肝硬化的诊断。进一步做肝功能检查或影像学检查或肝穿刺活体组织检查将有助于进一步明确诊断。

二、疾 病 护 理

(一) 护理评估

1. **健康史** 了解患者有无病毒性肝炎尤其是乙型、丙型和丁型肝炎感染史;有无输血史;是否长期大量饮酒;是否长期服用异烟肼、四环素、双醋酚汀、甲基多巴、辛可芬等药物;是否长期接触四氯化碳、磷、砷、三氯甲烷等化学物品;有无慢性心力衰竭等循环障碍性疾病;有无胆汁淤积、免疫紊乱、血吸虫感染等病史。

2. **身体状况** 临床表现可分为肝功能代偿期和肝功能失代偿期。

(1) 肝功能代偿期:此期症状较轻,常缺乏特异性。以疲倦乏力、食欲减退、消化不良为主。常因劳累或伴发病加重,经休息或适当治疗可缓解。

(2) 肝功能失代偿期：主要表现为肝功能减退和门静脉压增高。

1) 肝功能减退的表现：①全身表现，消瘦乏力、精神不振、皮肤干枯、面色灰暗、水肿，可有不规则发热。②消化道症状，食欲明显减退，上腹饱胀不适、恶心、呕吐、腹泻，晚期可出现中毒性肠麻痹。半数以上患者有轻度黄疸，少数有中度或重度黄疸。③出血倾向，患者常有鼻出血、齿龈出血、皮肤出血、胃肠道出血。④内分泌失调，肝功能减退对雌激素的灭活作用下降，导致雌激素、醛固酮升高，男性患者出现性欲减退、睾丸萎缩、毛发脱落、乳房发育等。女性患者出现月经不调、闭经等。患者可在面部、颈、上胸、背部、两肩、上肢出现蜘蛛痣。患者可出现肝掌、皮肤色素沉着等。

2) 门静脉压增高的表现：①腹水，是肝硬化失代偿期最突出的表现，是由水钠潴留，门静脉压增高导致。②脾大，脾脏多为中度肿大，晚期脾大可导致白细胞、红细胞、血小板减少，称为脾亢。③侧支循环的建立与开放，食管下段胃底静脉曲张，曲张静脉破裂时可导致上消化道大出血；腹壁脐周静脉曲张，曲张静脉血流方向，脐以上向上，脐以下向下。痔静脉曲张，排便时可出现便后滴血。

考点：肝硬化的护理评估

护考链接

患者，男，60岁，肝硬化病史10年。为了避免诱发食管、胃底静脉曲张破裂出血，下列护理不正确的是：(　　) A. 避免进粗糙食物　B. 避免食刺激性强的食物　C. 避免饮酒　D. 避免食用带鱼刺的鱼　E. 勿进软食

点评：肝硬化患者食管下段、胃底静脉曲张，因饮食不当可导致上消化道大出血。

3. 并发症

(1) 上消化道出血：是本病最常见的并发症。

(2) 感染：患者易并发肺炎、败血症、胆道感染、自发性腹膜炎等。

(3) 肝性脑病：是本病最严重的并发症。

(4) 原发性肝癌：在肝硬化的基础上发展为肝癌。

(5) 肝肾综合征：肝硬化合并大量腹水，患者出现自发性少尿，氮质血症等，但肾脏无明显器质性损害，故又称功能性肾衰竭。

(二) 心理-社会状态

肝硬化是慢性疾病，因病程长，疗效不佳，预后不良，患者易产生焦虑、紧张、抑郁等心理，因需长期治疗，家庭经济负担逐渐加重，常使患者及家属出现悲观失望等不良情绪。

(三) 辅助检查

1. 血常规　代偿期大都正常，失代偿期可出现贫血，感染时白细胞增多，脾功能亢进时，红细胞、白细胞、血小板全部下降。

2. 肝功能检查　失代偿期转氨酶增高，清白蛋白降低，球蛋白升高，白/球比例倒置。凝血酶原时间延长。

3. 腹水检查　一般为漏出液。

4. 影像学检查　超声、CT、MRI 检查可显示肝、脾的形态及腹水的征象。

(四) 护理诊断及合作性问题

1. 营养失调：低于机体需要量　与食欲减退、消化吸收障碍有关。

2. 体液过多　与水钠潴留有关。

3. 活动无耐力　与肝功能减退、大量腹水有关。

4. 有皮肤完整性受损的危险　与营养不良、水肿、皮肤干燥、瘙痒及长期卧床有关。

5. 潜在并发症　上消化道出血、肝性脑病。

(五) 护理目标

(1) 患者能说出营养不良的原因,遵循饮食计划,营养状况改善。

(2) 腹水和水肿减轻。

(3) 能遵循休息和活动计划,活动耐力和生活自理能力增强。

(4) 无皮肤破损或感染。

(5) 无并发症发生。

(六) 护理措施

1. 一般护理

(1) 休息与活动:应视病情安排适当的活动。代偿期患者适当减少活动量,可参加轻体力劳动;失代偿期患者应以卧床休息为主,可适当活动,活动量以不感到疲劳、不加重症状为宜。

(2) 饮食护理

1) 饮食原则:给予高热量、高蛋白、适量脂肪、高维生素易消化的饮食,并根据病情及时调整,戒烟忌酒,避免进食刺激性强、粗纤维多和较硬的食物。必要时遵医嘱静脉补充足够的营养,如高渗葡萄糖液、复方氨基酸、白蛋白等。

2) 食物选择:热量以糖类为主,蛋白质(肝性脑病除外)$1～1.5g/(kg \cdot d)$,以豆制品、鸡蛋、牛奶、鱼、鸡肉及瘦猪肉为主,以利于肝细胞修复和维持血浆清蛋白正常水平。肝功能显著损害或有肝性脑病先兆时,应限制或禁食蛋白质并应选择植物蛋白,如豆制品,因其含蛋氨酸和产氨氨基酸较少。多食新鲜蔬菜和水果。

(3) 皮肤护理:黄疸患者皮肤瘙痒时,协助患者温水擦浴,外用炉甘石洗剂止痒,嘱患者不要抓皮肤,以免引起皮肤破损、出血和感染。

2. 病情观察　准确记录24小时出入液量,定期测量腹围和体重,以观察腹水消长情况;密切监测血清电解质和酸碱度的变化;注意有无呕血和黑便;有无精神异常;有无腹痛、腹胀、发热及短期内腹水迅速增长;有无少尿、无尿等变化;及早发现上消化道出血、肝性脑病、自发性腹膜炎及肝肾综合征。如发现异常,应立即报告医师,协助处理。

3. 腹水处理

(1) 体位:轻度腹水应取平卧位,并抬高下肢,以增加肝、肾血流量,改善肝细胞营养,提高肾小球滤过率,减轻水肿。大量腹水者可半卧位,以使膈肌下降,有利于呼吸,减轻呼吸困难和心悸。

(2) 限制水钠摄入:遵医嘱给予低盐或无盐饮食,钠限制在每日500～800mg(氯化钠1.2～2.0g);进水量限制在每日1000ml左右,如有显著低钠血症,则应限制在每日500ml以内。少食咸肉、酱菜等食品,可适量添加柠檬汁,食醋等,以改善口味,增进食欲。腹水减退后,仍需限制钠的摄入,防止腹水再次出现。

(3) 用药护理:主要使用螺内酯和呋塞米。使用利尿剂时应注意维持水、电解质和酸碱平衡,利尿速度不宜过快,以每日体重减轻不超过0.5kg为宜。

(4) 协助腹腔穿刺放腹水或腹水浓缩回输:对大量腹水引起呼吸困难、心悸,且利尿效果不佳者可酌情放腹水或腹水浓缩回输,后者可避免蛋白质丢失。

4. 心理护理　加强与患者的沟通,鼓励患者说出其内心感受,与患者一起讨论其面对的问题,给予患者真诚的安慰和支持。

情境 4-3 护理工作过程

入院护理工作过程:接诊患者——送患者到病床,嘱患者取舒适体位——为患者戴腕带——通知医师、护工、膳食科——测体重及生命体征并记录——初步评估病史,特别是与肝病有关的病史——了解辅助检查结果——安慰患者——协助办理入院手续——执行医嘱——填写住院护理评估单及护理表格——告诉患者有关入院后的注意事项,如:怎样配合次日晨空腹抽血检查、二便标本留取、尿量的记录,如何注意休息、避免并发症发生等入院告之及安全教育。

住院护理工作过程:加强巡视,密切观察生命体征、记录24小时出入量、测腹围、体重、电解质——注意有无并发症——执行医嘱——观察药效及药物不良反应——加强口腔、皮肤、心理护理——控制水钠摄入,给予高蛋白饮食——加强健康教育——根据病情填写护理记录单。

出院护理工作过程:执行出院医嘱、撤销单据及卡片、整理出院病历、做好出院登记——做好出院指导,如指导患者如何避免并发症;如何控制水钠摄入及高蛋白饮食,并认识其重要性,强调饮食卫生,避免进食粗糙、坚硬、生冷食物,并解释其原因——指导患者定期复查肝功能——听取患者的意见和建议——协助备好出院所带药品,嘱按医嘱用药并注意药物不良反应——协助办理出院手续——通知护工、膳食科——常规清洁床位——完成出院护理记录的填写。

三、健康指导

1. 疾病知识指导　向患者讲解本病的原因、临床表现、治疗护理措施,使患者了解本病相关知识,主动避免病因和诱因,并指导患者及家属识别病情变化,及时发现并发症,如肝性脑病早期的性格、行为改变;呕血、黑便可能是消化道出血等。发现异常及时就诊。

2. 生活指导　指导患者注意饮食卫生,说明饮食治疗的意义和原则,并强调高蛋白饮食的重要性;指导患者控制水钠摄入、增加食欲技巧;嘱患者戒烟、酒等。

3. 治疗指导　告之患者常用药物的不良反应和注意事项,特别是对肝脏有害的药物,嘱患者切记不要滥用药物,以免增加肝脏负担,加重肝功能损害;帮助患者认识定期复查的重要性,指导患者定期门诊复查肝功能。

考点: 肝硬化的护理措施

情境 4-4 问题回答

患者: "护士,我的肚子为什么这样胀?睡觉时会感到呼吸困难和心慌,能帮我解决腹胀难受的情况吗?"

护士: "王伯伯,您腹胀是因为您得了肝硬化,肚子里有大量腹水所致,您睡觉时感到呼吸困难、心慌是由于腹水使横膈抬高所致,特别是平卧位时。所以请您取半卧位或坐位,使膈肌下降,有利于改善呼吸困难和心慌症状,您会感觉舒服一些。另外,您要注意低盐饮食,不要吃腌制品、咸菜等,每天吃盐量和饮水量都要合理控制。现在我们正按医嘱给您进行治疗,给您口服利尿剂,静脉输入白蛋白来减少您肚子里的腹水,减轻您的腹胀感。医生一会儿还会来给您做腹腔穿刺放液,进一步帮助您减轻腹胀感,请您积极配合治疗,好吗?"

患者: "哦,我知道了,谢谢!我会好好配合的,那我现在能吃什么呢?"

护士: "您现在可以进食柔软、易消化的食物,但要注意少吃多餐。目前您没有并发肝性脑病,还可以吃一些肉类、蛋类食物,但不能抽烟、饮酒,不能用力咳嗽、排便、打喷嚏,尽量避免进食刺激性食物。"

患者: "护士,我这个病能治好吗?不治疗会有什么后果?"

护士: "您这个病是能治好的。主要的治疗措施是减少胃酸刺激,保护胃粘膜,去除病因。只要你按医生的要求规范治疗,一定会治好的。如果不治疗或者不规范治疗,继续发展会出现并发症,如消化道出血、穿孔等。"

老师: "肝硬化患者常见的并发症有哪些?应该从哪些方面进行观察?"

学生: "常见并发症有上消化道出血、肝性脑病、感染。要注意了解患者的饮食情况及病情变化,注意观察患者有无呕血、黑便等上消化道出血情况;有无神志改变及精神行为异常现象等肝性脑病情况;有无发热、腹痛、腹膜刺激征等腹水感染情况等。"

四、护理评价

患者能否遵循饮食计划,营养状况是否改善;腹水和水肿是否减轻;能否遵循休息和活动计划,活动耐力和生活自理能力是否增强;有无皮肤破损或感染;有无并发症发生。

小结

肝硬化主要是由病毒性肝炎、慢性酒精中毒、胆汁淤积、药物及化学毒物等原因引起的慢性肝病，以肝功能减退和门静脉压增高为主要表现，目前无特效药治疗，以支持治疗、对症处理为主。

自 测 题

A_1型题

1. 肝硬化最危重的并发症是（　　）
   A. 肝性脑病　　　B. 原发性肝癌
   C. 肝肾综合征　　D. 自发性腹膜炎
   E. 上消化道大出血
2. 肝硬化患者最突出的表现是（　　）
   A. 消化道症状　　B. 出血倾向
   C. 腹水　　　　　D. 脾功能亢进
   E. 电解质紊乱
3. 诱发食道下段和胃底静脉曲张破裂出血的最主要因素是（　　）
   A. 精神紧张和忧虑　B. 粗糙食物
   C. 咳嗽　　　　　　D. 便秘
   E. 腹水回输
4. 肝硬化腹水患者首选的利尿剂是（　　）
   A. 甘露醇　　B. 依他尼酸钠　　C. 呋塞米
   D. 螺内酯　　E. 氢氧噻嗪
5. 肝硬化腹水产生的机制为（　　）
   A. 脾功能亢进　　　B. 血清蛋白增多
   C. 门静脉压力增高　D. 醛固酮分泌减少
   E. 肾小球滤过增加
6. 肝硬化伴大量腹水取半卧位的原因是（　　）
   A. 有利于腹水消退　B. 增加回心血量
   C. 减轻心脏负荷　　D. 减轻呼吸困难
   E. 降低腹内压力
7. 我国引起肝硬化最常见的原因是（　　）
   A. 腹肌广泛性紧张　B. 酒精中毒
   C. 营养障碍　　　　D. 血吸虫感染
   E. 病毒性肝炎

A_2型题

8. 患者，男性，50岁，右上腹胀痛不适5年，食欲差、乏力。体检：颈、胸部有蜘蛛痣，为进一步诊断作辅助检查，下列哪项不可能出现（　　）
   A. 白/球蛋白升高
   B. 转氨酶升高
   C. 腹水呈漏出液
   D. B超示脾静脉和门静脉增宽
   E. X线吞钡检查示胃底静脉曲张
9. 患者，男性，56岁，肝硬化10余年伴大量腹水，近日出现意识障碍，血氨增高，肝肾功能减退，下列治疗哪项不妥（　　）
   A. 肥皂水灌肠
   B. 精氨酸静脉滴注
   C. 口服乳果糖、降低肠腔pH，减少氨的形成和吸收
   D. 静脉注射支链氨基酸补充能量，降低血氨
   E. 忌用对肝、肾功能损害的药物

A_3型题

(10、11题共用题干)

患者，男性，56岁，肝硬化五年余，常有上腹部不适，食欲缺乏，乏力，今早餐后突然呕褐色血液和胃内容物一次，量约300ml，来院急诊。

10. 患者首选治疗措施（　　）
    A. 保肝治疗
    B. 静脉滴注垂体后叶素
    C. 采用双气囊三腔管压迫止血
    D. 口服去甲肾上腺素冰盐水
    E. 输新鲜血
11. 患者止血后，为清除肠道积血，减少氨生成，预防肝性脑病，应采取的措施是（　　）
    A. 肥皂水灌肠　　　　B. 缓泻剂
    C. 生理盐水或新霉素溶液灌肠
    D. 食粗纤维食物　　　E. 开塞露

（钟　华）

第5节　肝性脑病患者的护理

情境 4-5

李某，男，64岁，慢性肝炎病史10年，肝硬化5年。近日出现大部分时间昏睡前来就诊。王医生查体：消瘦，昏睡，可唤醒，有扑翼样震颤，肌张力增加。实验室赵医生检查：脑电图异常。

一、疾病概要

(一) 概述

肝性脑病是由严重肝病引起的、以代谢紊乱为基础、中枢神经系统功能失调为主的临床综合征,其主要表现为行为举止异常和不同程度的意识障碍。

(二) 病因和病机

肝硬化是引起肝性脑病最常见的病因,特别是各型肝炎后肝硬化,部分可由改善门静脉高压的门体分流手术引起,重症肝炎、原发性肝癌等也可引起。

肝性脑病的发病机制迄今尚未完全明了。一般认为本病产生是由于肝细胞功能衰竭和门-腔静脉侧支循环形成,使来自肠道的许多毒性产物未被肝解毒或清除经侧支循环进入体循环,透过大脑屏障,引起脑功能紊乱。主要的学说有:①氨中毒学说。肝功能衰竭时,肝脏将氨合成尿素的能力减退;门体分流存在时,肠道的氨未经肝解毒而直接进入体循环,使血氨增高。氨对大脑的毒性作用主要是干扰脑的能量代谢及直接干扰神经传导。②假神经递质学说。肝衰竭时β-多巴胺和苯乙醇胺增多,其化学结构与正常兴奋性神经递质去甲肾上腺素相似,但不能传递神经冲动,称为假神经递质。当假神经递质被脑细胞摄取并取代了突触中的正常递质,则发生神经传导障碍。③γ-氨基丁酸/苯二氮(GABA/BZ)复合体学说。GABA是抑制性神经递质,在门体分流和肝衰竭时,可绕过肝进入体循环,透过血脑屏障,激活GABA受体造成大脑功能紊乱。④氨基酸代谢不平衡学说。肝衰竭时,芳香族氨基酸如酪氨酸、苯丙氨酸增多而支链氨基酸如缬氨酸、亮氨酸减少,可使芳香族氨基酸更多地进入脑组织形成假神经递质,从而抑制神经冲动的传导。

(三) 诊断及治疗要点

1. **诊断要点** 有肝炎、肝硬化病史,有诱发因素,主要临床表现为精神神经系统功能紊乱、意识障碍,脑电图异常。

2. **治疗要点** 本病常采用综合治疗措施:①去除诱因,减少肠内氨的生成和吸收。限制蛋白质摄入量,减少氨的生成;灌肠或导泻,以清除肠内积食、积血;口服抗生素抑制肠道细菌生长,首选新霉素;长期治疗者可选用乳果糖口服。促进氨的代谢清除,纠正氨基酸代谢紊乱:可用降氨药物L-门冬氨酸、谷氨酸钾和谷氨酸钠、精氨酸等;口服或静脉输注以支链氨基酸为主的氨基酸混合液等。②对症治疗。包括防治脑水肿,纠正水、电解质和酸碱平衡紊乱等。

> **情境4-5 诊断分析**
> 该患者既往有慢性肝炎、肝硬化病史;有典型的肝性脑病的症状体征,如昏睡、可唤醒、有扑翼样震颤、肌张力增加。辅助检查:脑电图异常。根据病史、症状体征及脑电图检查结果可初步诊断为肝性脑病。进一步可做血氨检测。

二、疾病护理

(一) 护理评估

1. **健康史** 了解肝炎后肝硬化病史、门体分流手术、高蛋白饮食、上消化道出血、大量放腹水、感染、麻醉、止痛、安眠、镇静药等情况。

2. **身体状况** 根据精神神经系统表现、意识障碍程度和脑电图异常,可将肝性脑病的临床经过分为四期。

一期(前驱期):轻度性格改变及行为异常。如欣快激动或淡漠少言,衣冠不整或随地便溺,应答尚准确。可出现扑翼样震颤(嘱患者两臂平伸,肘关节固定,手掌向背侧伸展,手指分开时,可见到手向外侧偏斜,掌指关节、腕关节、甚至肘与肩关节的急促而不规则的扑击样抖动。若紧握患者手一分钟,能感到病人抖动)。脑电图可正常或轻度变化。

二期(昏迷前期):以意识错乱、睡眠障碍及行为异常为主。定向力和理解力均减退,对时间、地点和人物的概念混乱,不能完成简单的计算和构图如搭积木、用火柴棍摆五角星等,言语不清、书写障碍。睡眠时间倒错,行为异常,甚至出现幻觉、躁狂等严重精神症状。患者明显的体征有扑翼样震颤、腱反射亢进、肌张力增高、病理反射阳性。脑电图特异性异常。

三期(昏睡期):以昏睡和精神错乱为主。呈昏睡状态,可唤醒,但常有神志不清和幻觉。扑翼样震颤仍可引出,肌张力明显增高,病理反射阳性。脑电图明显异常。

四期(昏迷期):意识完全丧失,不能唤醒。不能引出扑翼样震颤。脑电图明显异常。

3. 心理-社会状况　本病病情逐渐加重,患者可出现焦虑、抑郁、紧张、恐惧心理;昏迷后,家属会出现紧张、恐惧心理。肝性脑病会出现精神症状,注意精神症状与心理问题的鉴别。

4. 辅助检查

(1) 血氨:慢性肝性脑病尤其是门体分流性脑病血氨多增高;急性肝衰竭所致的脑病,血氨多数正常。

(2) 脑电图检查:典型改变为节律变慢,二至三期患者出现普遍性每秒4~7次δ波或三相波;昏迷时表现为高波幅的δ波,每秒少于4次。

(二) 护理诊断与合作性问题

1. 意识障碍　与血氨升高,干扰脑细胞能量代谢引起大脑功能紊乱有关。
2. 营养失调:低于机体需要量　与肝功能衰竭、消化吸收障碍、限制蛋白质摄入有关。

情境4-5 护理诊断分析

因患者有消瘦、昏睡。故存在下列主要护理诊断:意识障碍(与血氨升高,干扰脑细胞能量代谢引起大脑功能紊乱有关);营养失调(低于机体需要量,与肝功能衰竭、消化吸收障碍、限制蛋白质摄入有关)。

(三) 护理措施

1. 一般护理

(1) 休息与环境:将患者安置于重症监护病房,绝对卧床休息,专人护理,保持室内空气新鲜,环境安静,限制探视。

(2) 饮食护理:①暂停蛋白质摄入。因食物中的蛋白质可被肠菌的氨基酸氧化酶分解产氨,经肠道吸收后进入脑组织可加重病情。等患者神志清醒后,可逐步增加蛋白质的摄入,每日20g,然后每3~5日增加10g,逐渐增加至每日40~50g,以植物蛋白为主。植物蛋白富含支链氨酸和非吸收纤维,后者可促进肠蠕动,被细菌分解后还可降低结肠的pH,可以加速毒物排出和减少氨的吸收。②供给足够的热量,主食以糖类为主。可肠道给蜂蜜、葡萄糖及果汁等。③多食新鲜蔬菜和水果,补充维生素。禁用维生素B_6,因其可影响多巴胺进入脑组织,减少正常神经递质。④减少脂肪摄入。因脂肪能延缓胃排空,尽量少用。

2. 病情观察　观察肝性脑病早期征象,观察生命体征及瞳孔变化,定时或按需测肝肾功能、电解质及血氨,监测凝血因子和血糖的变化。观察原发肝病的症状、体征及有无上消化道出血、感染等迹象,一旦发现及时报告医师并配合处理。

3. 配合治疗护理

(1) 去除和避免诱发因素:①预防上消化道出血。因消化道出血可使肠道产氨增多,使血氨升高,故出血停止后应灌肠和导泻,清除肠道积血。②预防感染。因感染可使组织分解代谢提高,产氨增多。③避免快速利尿和大量放腹水。因利尿和放腹水使循环血容量减少、大量蛋白丢失及水电解质紊乱而加重肝脏损害。④保持大便通畅。可采用灌肠和导泻的方法,灌肠时应使用生理盐水或弱酸性溶液(生理盐水1000~2000ml加食醋100ml),禁用碱性溶液如肥皂水灌肠。肠内保持偏酸环境,有利于血中氨逸入肠腔随粪便排出。也可用25%硫酸镁口服或鼻饲导泻。⑤避免使用麻醉、止痛、安眠、镇静药。因其直接抑制大脑呼吸中枢,造成脑细胞缺氧,从而降低脑对氨的耐受性。必要时可用地西泮。⑥防止大量输液,以免血液稀释、血钠过低而加重昏迷。

（2）用药护理：遵医嘱用降氨药物，并观察药物的疗效和不良反应。L-门冬氨酸：使用时应检查肾功能，严重肾衰竭者慎用或禁用。静脉注射时应控制速度，避免出现恶心、呕吐等消化道不良反应。谷氨酸钾或谷氨酸钠：为碱性制剂，血 pH 偏高者不宜使用。精氨酸：为酸性制剂，不宜和碱性药物配伍。静脉输液速度不宜过快，注意观察有无流涎、呕吐及面色潮红等不良反应。新霉素：长期服用可出现听力或肾功能损害，使用不宜超过 1 个月。大量输注葡萄糖时要警惕低钾血症、心力衰竭和脑水肿等。

4. 心理护理　对清醒的患者应告知肝性脑病发生的原因，提供情感支持。肝性脑病患者大多有长期慢性肝病史，家庭成员负担重，常出现照顾者角色紧张。肝性脑病发生时，应主动与照顾者交谈，提供必要的信息，精神上给予支持和安慰。

（四）护理目标及评价

患者意识好转，生命体征平稳；患者能遵循饮食计划，营养状况好转；照顾者主动参与制订和实施照顾计划，患者得到有效的照顾；患者获得预防肝性脑病发生的有关知识。

三、健康教育

1. 疾病知识指导　向患者和家属介绍肝性脑病的有关防治知识，防止各种诱发因素。
2. 生活指导　多食新鲜蔬菜和水果，补充维生素，减少脂肪摄入。
3. 用药指导　指导患者按医嘱用药，告知药物的主要不良反应，定期随访复诊。

情境 4-5 问题回答

家属："护士，李某他为什么会昏睡？"
护士："阿姨，因为他患了肝性脑病。肝性脑病主要是在慢性肝炎、肝硬化的基础上，在高蛋白饮食、上消化道出血、大量放腹水、感染、麻醉、止痛、安眠、镇静药的使用等其中一项或几项诱因出现时，就会出现意识障碍等肝性脑病的表现。昏睡是意识障碍的一种表现。"
家属："护士，他能醒吗？"
护士："只要按医生的要求规范治疗，患者就有可能醒。"
家属："哦，我知道了。谢谢你啊！"
护士："不用谢！你还有什么问题，可随时问我。"

小结

肝炎后肝硬化是引起肝性脑病最常见的病因，门体分流手术、高蛋白饮食、上消化道出血、大量放腹水、感染、麻醉、止痛、安眠、镇静药等是肝性脑病的诱发因素。根据精神神经系统表现、意识障碍程度和脑电图异常，可将肝性脑病的临床经过分为四期。一期：轻度性格改变及行为异常。二期：以意识错乱、睡眠障碍及行为异常为主。三期：以昏睡和精神错乱为主。四期：意识完全丧失，不能唤醒，不能引出扑翼样震颤。实验室检查血氨增高、脑电图异常。

自 测 题

A_1 型题

1. 最易导致肝病患者并发肝性脑病的因素是（　　）
   A. 进食高氮的食物
   B. 门-体静脉分流存在
   C. 糖和水电解质紊乱
   D. 脑水肿和继发感染
   E. 休克和贫血

2. 肝性脑病先兆的主要特征为（　　）
   A. 意识模糊　　B. 精神失常
   C. 性格行为异常　D. 呼吸时有肝臭
   E. 腱反射亢进

3. 下列哪种疾病可导致肝性脑病（　　）
   A. 胃炎　　　　B. 胃癌
   C. 肝硬化　　　D. 肝囊肿
   E. 脾肿大

A_2 型题

4. 患者，男性，55 岁。患肝病，有嗜睡现象，于今晨测体温时，呼之不应，但压迫眶上神经有痛苦表情，应判断为（　　）
   A. 昏迷　　　　B. 嗜睡
   C. 浅昏迷　　　D. 深昏迷
   E. 意识模糊

5. 患者,男性,56 岁。肝硬化病史 5 年,今日饮酒后突然大量呕血,伴神志恍惚、四肢湿冷、血压下降。该患者最易出现的并发症为( )
   A. 自发性腹膜炎　　B. 心力衰竭
   C. 肾衰竭　　　　　D. 肝性脑病
   E. 水、电解质紊乱

6. 患者,男性,50 岁,因肝硬化腹水入院。住院期间患者突然出现淡漠少言,神情恍惚,衣冠不整,吐词不清。此时应警惕患者可能出现了( )
   A. 肝癌　　　　　　B. 继发感染
   C. 肝性脑病　　　　D. 肝肾综合征
   E. 上消化道出血

7. 患者,女性,54 岁。患肝硬化 8 年,近日出现大部分时间昏睡,可唤醒,有扑翼样震颤,肌张力增加,脑电图异常,锥体束征阳性。此时该患者处于并发症的( )
   A. 前驱期　　　　　B. 昏迷前期
   C. 昏睡期　　　　　D. 浅昏迷期
   E. 深昏迷期

8. 患者,男性,56 岁,肝硬化病史 2 年。因上消化道大量出血急诊入院,后并发肝性脑病,出血后 3 天未排大便。应首选的措施是( )
   A. 清水灌肠　　　　B. 开塞露
   C. 肥皂水灌肠　　　D. 口服番泻叶
   E. 25%硫酸镁导泻、乳果糖口服

第 6 节　溃疡性结肠炎患者的护理

情境 4-6

李某,女,46 岁,间断发作下腹部疼痛伴腹泻 2 年。近日症状加重前来就诊,王医生询问,其疼痛为左下腹阵痛,每天排便 3～4 次,为脓血便,常有里急后重,排便后疼痛缓解。查体:消瘦,神志清楚,肝脾未触及。护士测量生命体征:T 37.9℃、P 80 次/分、R 18 次/分、BP 120/84mmHg。实验室医生进行肠镜检查:降结肠有充血水肿,多处溃疡。

一、疾病概要

(一) 概述

溃疡性结肠炎是病因未明的慢性炎症性疾病,病变主要位于直肠和乙状结肠。临床特点以腹痛、腹泻为主要表现,慢性病程,发作与缓解交替。发病人群多集中在 30～50 岁,男女发病率无明显差异。

(二) 病因病机及病理

1. **病因不明**　可能与下列因素有关:①环境因素,如饮食、吸烟、精神因素、过敏等。临床上患者因紧张、劳累而诱发病情发作,且患者常有精神抑郁和焦虑的表现。②感染因素,感染为继发或为本病的诱发因素。③免疫因素,现多认为本病为一种自身免疫炎症性疾病。④遗传倾向,有 5%～15%的患者有家族史。

2. **病理生理**　病变主要集中在黏膜层或黏膜下层,活动期肠黏膜弥漫性炎症、水肿、充血与灶性出血,黏膜面呈弥漫性细颗粒状,组织变脆,触之易出血,常有密集细小的溃疡,肉眼观察呈磨砂玻璃样,并可形成沿肠纵轴的椭圆浅表溃疡,有的融成较大不规则溃疡,黏膜面覆有脓血黏液。缓解期黏膜充血、水肿消退,腺管上皮渐恢复,由于反复发作及持续慢性炎症,间质有多量淋巴细胞、浆细胞浸润,纤维组织增生,基底膜增厚,腺管基底和黏膜肌层形成较大断裂。腺管上皮再生,杯状细胞增多。腺管萎缩、变短、不规则,黏膜面积缩小,部分上皮再生、纤维组织增生、假息肉样突起形成和黏膜桥。息肉呈多发或密集分布,重者肠壁满布息肉,大小基本一致,也有大小不一者,呈亚蒂或无蒂。有时溃疡愈合形成瘢痕、使肌层纤维化、挛缩、晚期肠管狭窄、缩短。

(三) 诊断及治疗要点

1. **诊断要点**　根据临床表现腹痛、腹泻、脓血便、里急后重,腹痛的特点疼痛—排便—便后疼痛缓解及实验室肠镜检查的结果作出诊断。

2. 治疗要点 治疗目的在于控制急性发作,缓解病情,减少复发,防治并发症。措施以药物治疗为主,并发大出血、肠穿孔、中毒性巨结肠、结肠癌或经内科治疗无效者可选择手术治疗。

> **情境4-6 诊断分析**
>
> 该患者有典型的溃疡性结肠炎症状,间断发作性下腹部疼痛伴腹泻2年,符合慢性、间断性特点;疼痛为左下腹阵痛,每天排便3~4次,为脓血便,常有里急后重,排便后疼痛缓解,符合疼痛-排便-便后缓解的特点;肠镜检查有充血水肿,多处溃疡的表现。根据病史、症状及肠镜检查结果可初步诊断为溃疡性结肠炎。

二、疾 病 护 理

（一）护理评估

1. 健康史 了解有无家族遗传史,了解饮食、吸烟、精神紧张、过敏等因素,了解有无肠道感染史。

2. 身体状况

（1）全身表现:患者呈慢性病容,中、重度患者活动期有低热或中等度发热,有并发症或急性暴发型常伴有高热。重症患者可出现消瘦、贫血、低清蛋白血症、水和电解质平衡紊乱等。也可有结节性红斑、外周关节炎、口腔黏膜溃疡、虹膜睫状体炎等自身免疫性疾病的表现。

（2）消化系统的表现:主要表现为腹泻、腹痛。腹泻:为最主要的症状,黏液脓血便是本病活动期的重要表现。轻者每天排便2~4次,粪便呈糊状,可混有黏液、脓血;重者腹泻每天可达10次以上,大量脓血,甚至呈血水样粪便。病变限于直肠和乙状结肠的患者,偶有腹泻与便秘交替的现象。腹痛:轻者或缓解期患者多无腹痛或仅有腹部不适,活动期有轻或中度腹痛,为左下腹或下腹的阵痛,也可累及全腹,有疼痛-便意-便后缓解的规律,大多伴有里急后重。若伴有中毒性巨结肠或腹膜炎,则腹痛持续且剧烈。其他表现:可有腹胀、食欲缺乏、恶心、呕吐等,左下腹可有压痛。

（3）并发症:可并发中毒性巨结肠、急性肠穿孔、大出血、直肠结肠癌变等。

3. 心理-社会状况 因溃疡性结肠炎出现黏液脓血便,患者会产生紧张、焦虑心理,若出现急性肠穿孔、大出血、直肠结肠癌变等并发症时,患者可产生恐惧心理。

4. 辅助检查

（1）结肠镜检查:是确诊本病的检查方法。镜下可见病变黏膜粗糙呈颗粒状,质脆易出血,有多发性浅溃疡,散在分布,也可融合,表面附有脓性分泌物,也可见假息肉形成。

（2）血液检查:可有红细胞和血红蛋白减少。急性期白细胞增多,血沉增快。

（3）粪便检查:粪便肉眼检查有黏液和脓血,显微镜检查可见多量红细胞和脓细胞,急性发作期可见巨噬细胞。

（4）其他:可用X线钡剂造影或做血清免疫学检查。

（二）护理诊断与合作性问题

1. 排便方式改变 腹泻与炎症致肠黏膜对水钠吸收障碍等有关。
2. 舒适改变:腹痛 与肠道炎症、溃疡有关。
3. 营养失调:低于机体需要量 与长期腹泻及吸收障碍有关。

> **情境4-6 护理诊断分析**
>
> 因患者有消瘦、左下腹阵痛,腹泻,每天排便3~4次,为脓血便,常有里急后重,排便后疼痛缓解。故存在下列主要护理诊断:排便方式改变,腹泻(与炎症致肠黏膜对水钠吸收障碍等有关);舒适改变(腹痛与肠道炎症、溃疡有关);营养失调(低于机体需要量与长期腹泻及吸收障碍有关)。

（三）护理措施

1. 一般护理

（1）休息与活动：急性发作期应卧床休息，保持心情平静。病情好转后，逐渐增加活动量。

（2）饮食护理：以高热量、高蛋白、富含维生素、少纤维素为原则，避免食用冷饮、水果、多纤维素的蔬菜及其他刺激性的食物。急性发作期患者应进流质或半流质饮食，病情严重者应禁食，按医嘱给予静脉高营养，以改善全身状况。

2. 病情观察　注意监测患者的体温、脉搏、心率、血压的变化，同时观察患者的皮肤弹性、有无脱水表现。还应注意观察腹泻、腹部压痛。

3. 用药护理

（1）氨基水杨酸制剂：柳氮磺吡啶（SASP）为治疗本病首选药。用药方法为急性期 4~6g/d，分 4 次餐后口服，缓解后改为 1~2g/d，分次口服，持续用药 1 年或数年，以减少复发。其主要不良反应为恶心、呕吐、皮疹、白细胞减少、关节痛等。

（2）糖皮质激素：是重型及暴发型患者的首选药物，也适用于氨基水杨酸制剂疗效不佳的轻、中型患者。常用氢化可的松 200~300mg/d 或地塞米松 5~15mg/d 静脉滴注，一般 1 周左右病情控制，可改为泼尼松 30~60mg/d 口服，病情好转后逐渐停药，防止反跳现象。

（3）免疫抑制剂：硫唑嘌呤可试用于对糖皮质激素治疗效果不佳的慢性活动性患者。

（4）抗感染治疗：合并感染者静脉途径给予广谱抗生素，如甲硝唑、喹诺酮类药物等。

4. 心理护理　多与患者沟通，了解患者是否存在焦虑、紧张等心理反应；帮助患者缓解焦虑紧张的情绪，教会患者自我放松的方法。

（四）护理目标及评价

患者腹泻次数减少，腹痛消失，患者能说出营养不良的原因，遵循饮食计划，营养状况改善，患者对本病的知识有所了解。

三、健 康 教 育

1. **疾病知识指导**　向患者讲解疾病的相关知识，告诉患者及家属，本病轻型预后较好，教育患者及家属正确对待疾病，保持良好的心理状态，树立战胜疾病的信心。

2. **生活指导**　培养良好的生活习惯，合理休息，注意劳逸结合，保证每日摄取足够的营养，避免食用生、冷、辛辣刺激性食物及多纤维素的蔬菜，忌食牛乳和乳制品。

3. **用药指导**　患者出院后仍需坚持服药，服药期间应大量饮水，注意药物的不良反应，不要随意更换药物或停药。

情境 4-6 问题回答

患者："护士，我为什么感到左下腹阵痛？排便后疼痛缓解？"

护士："李阿姨，因为您患有溃疡性结肠炎。溃疡性结肠炎主要症状是腹泻、腹痛。腹泻为最主要的症状，大便多为黏液脓血便。轻者每天排便 2~4 次，重者腹泻每天可达 10 次以上。腹痛多为左下腹或下腹的阵痛，也可累及全腹，有疼痛-便意-便后疼痛缓解的规律。"

患者："我为什么会得这个病呢？"

护士："李阿姨，这个病是由多种原因引起的，主要病因有环境因素如饮食、吸烟、精神因素、过敏等，感染因素，免疫因素，遗传倾向，有 5%~15% 的患者有家族史。你要注意饮食、减少吸烟、避免紧张、劳累、过敏等诱发因素。"

患者："护士，我这个病不治疗会有什么后果？"

护士："李阿姨，这个病如果不治疗，继续发展会出现并发症，如中毒性巨结肠、急性肠穿孔、大出血、直肠结肠癌变等。"

患者："哦，我明白了，我会积极配合医生治疗的。谢谢你啊！"

护士："不用谢！你还有什么问题，可随时问我。"

小结

溃疡性结肠炎是病因未明的慢性炎症性疾病,病变主要位于直肠和乙状结肠,主要表现为腹痛、腹泻,结肠镜检查是确诊本病的检查方法,柳氮磺吡啶为治疗本病的首选药,常见的并发症为肠出血、肠穿孔、中毒性巨结肠、结肠癌等。饮食以高热量、高蛋白、富含维生素、少纤维素为原则,避免食用冷饮、水果、多纤维素的蔬菜及其他刺激性的食物。急性发作期患者应进流质或半流质饮食,病情严重者应禁食,按医嘱给予静脉高营养,以改善全身状况。

自测题

A_1型题

1. 溃疡性结肠炎患者的大便性状是(　　)
   A. 黏液便　　　　　B. 果酱样便
   C. 脓血便　　　　　D. 柏油便
   E. 蛋花汤样便

2. 溃疡性结肠炎疼痛的规律(　　)
   A. 进食—疼痛—缓解　B. 进食—缓解—疼痛
   C. 疼痛—进食—缓解　D. 疼痛—缓解—进食
   E. 疼痛—排便—疼痛缓解

A_2型题

3. 患者,男性,18岁,腹泻近1月,每天3~4次,有黏液,常有里急后重,伴腹部疼痛,便后疼痛减轻。查体:左下腹轻压痛,余无特殊。进一步确诊有重要价值的检查是(　　)
   A. 大便隐血试验　　　B. 血液检查
   C. X线钡剂灌肠　　　D. 结肠镜检查
   E. 药物治疗

4. 患者,女,45岁,间断发作性下腹部疼痛伴腹泻近3年,每天排便4~5次,常有里急后重感,并且排便后疼痛能够缓解。下列检查中与本病无关的是(　　)
   A. 血液检查　　　　　B. 粪便检查
   C. X线钡剂灌肠　　　D. B超检查
   E. 结肠镜检

5. 患者,女,41岁,诊断为"溃疡性结肠炎"收住入院,每天腹泻5~6次,有少量脓血便,对此类患者饮食护理应注意(　　)
   A. 给予易消化、富含纤维素饮食
   B. 低蛋白饮食
   C. 进食无渣流质或半流质饮食
   D. 多进食新鲜水果
   E. 多吃蔬菜

实践5　消化系统常用诊疗技术及护理

一、纤维胃镜检查

【目的和要求】

1. 了解纤维胃镜检查技术。
2. 掌握纤维胃镜检查技术的术前准备及术后护理。

【内容】

纤维胃镜检查是将带冷光源的内镜经口、咽、食管插入患者的胃、十二指肠内,检查炎症、溃疡或肿瘤,并对急性胃出血者行内镜直视下止血、摘除息肉等,以协助诊断和治疗的一项技术。

【适应证】

适应证比较广泛,一般来说所有诊断不明的食管、胃、十二指肠疾病,均可行此项检查。

【禁忌证】

禁忌证包括:①严重心、肺疾病,如严重心律失常、心力衰竭、呼吸衰竭及支气管哮喘发作、休克、昏迷等危重状态;②严重咽喉部疾病、主动脉瘤、急性食管、胃、十二指肠穿孔,腐蚀性食管炎的急性期;③神志不清、精神失常不能配合检查者。

【操作前准备】

1. **患者准备**　①术前向患者及其家属说明检查的目的、方法、如何配合,以消除紧张情绪。②仔细询问病史,了解有无麻醉药过敏史,有无肝炎病史等,并进行体格检查。③检查前禁食8小时,有胃排空延缓者,需禁食更长时间,有幽门梗阻者应先抽尽胃内容物,必要时洗胃。④术前30分钟遵医嘱肌内注射或静脉注射地西泮 5~10mg,山莨菪碱 10mg 或阿托品 0.5mg,以镇静、减少胃蠕动和胃液分泌。

2. 环境准备　检查室清洁、安静、温度适宜。

3. 用物准备　纤维胃镜检查用物,急救药品和器械、止血药物等。

【操作过程与护理配合】

1. 咽喉麻醉　检查前 5~10 分钟用 2% 利多卡因咽喉喷雾 2~3 次或含服 2% 利多卡因胶浆 10ml 于咽喉部,片刻后咽下。

2. 安置体位　协助患者取左侧卧位,双腿屈曲,头垫低枕,使颈部松弛,松开领口及腰带。患者口边置弯盘,嘱患者咬紧牙垫。

3. 协助插镜　协助医师将润滑油涂于胃镜弯曲部,配合医师将内镜从患者口腔缓缓插入。插入过程中,密切观察患者的反应,当胃镜插入 14~16cm 到达咽喉部时,嘱患者做吞咽动作,不可将唾液咽下以免呛咳,让唾液流入弯盘或用吸管吸出。如患者出现恶心不适,嘱患者深呼吸,肌肉放松。检查过程中随时观察患者面色、脉搏、呼吸等,如发生心脏停搏、心肌梗死、心绞痛等,应立即停止检查并及时抢救。

4. 协助拔管　协助医师拔管,擦净患者口鼻部,扶持患者下检查台。

5. 其他　清理用物,标本送检

【操作后护理】

1. 饮食护理　术后因患者咽喉部麻醉作用尚未消退,嘱其不要吞咽唾液,以免呛咳。麻醉作用消失后,可先饮少量水,如无呛咳可进流质、半流质饮食。行活体组织检查的患者应进温凉饮食。

2. 咽喉部护理　术后少数患者出现咽痛、咽喉部异物感,嘱患者漱口,以免咽喉部黏膜感染。

3. 腹部护理　若患者出现腹胀、腹痛,多为术中注入胃内的气体进入小肠所致,可进行腹部按摩,促进排气。

4. 并发症观察与护理　检查后数日内应密切观察患者有无消化道出血、感染等并发症,一旦发现及时协助医师进行处理。

5. 其他　彻底消毒内镜及有关器械,避免交叉感染。

【方法】

示教、练习。

【考核方式与成绩评定】

总分值:100 分。实践指导教师根据学生实践表现、实践报告、实践技能考核成绩作出综合评定。

操作评分:

序号	项目	分值	内容
1	环境准备	4	环境清洁,温度适宜
2	护士准备	4	衣帽整齐,符合要求;修剪指甲;洗手
3	用物准备	4	备齐用物,摆放合理。
4	患者准备	10	核对患者床号、姓名;了解病情、意识状态、合作程度;进行解释
5	操作正确	5	咽喉麻醉
		15	安置体位
		15	协助插镜
		10	协助拔管
		5	标本送检
6	整理用物	4	物品分类处理
7	洗手	4	按六步洗手法洗手
8	记录	4	实验过程记录
9	健康指导	6	交代患者注意事项
10	总体评价	10	操作中体现对患者的关心;操作熟练;动作轻柔

二、纤维结肠镜检查

【目的和要求】

1. 了解纤维结肠镜检查技术。
2. 掌握纤维结肠镜检查技术的术前准备及术后护理。

【内容】

纤维结肠镜检查是将纤维结肠镜通过肛门插入肠道,以协助诊断肠病,并可行肠道息肉摘除、异物钳取等治疗。

【适应证】

1. 各种肠道疾病需明确诊断者。
2. 需作止血及结肠息肉摘除等治疗者。
3. 结肠肿瘤普查。

【禁忌证】

1. 严重心肺功能不全、休克及精神病患者。
2. 急性弥漫性腹膜炎、腹腔脏器穿孔、腹内广泛粘连及大量腹水者,急性重度结肠炎,如急性细菌性痢疾、急性重度溃疡性结肠炎等。
3. 肛门、直肠严重狭窄者。

【操作前准备】

1. 患者准备　①向患者及其家属讲解检查的目的、方法、注意事项,解除其顾虑。②嘱患者检查前一日进流质饮食,检查日晨禁食。③做好肠道准备。肠道清洁有多种方法,现多用20%甘露醇500ml和5%葡萄糖生理盐水1000ml混合液于检查前4小时口服。也可口服含氯化钠的清肠液3000~4000ml;或口服主要含磷酸缓冲液的清肠液,饮水量不足1000ml就可达到同样的清肠效果。④遵医嘱术前30分钟肌内注射地西泮5~10mg、阿托品0.5mg或山莨菪碱10mg。
2. 环境准备　检查室清洁、安静、温度适宜。
3. 用物准备　纤维结肠镜检查用物、急救药品和器械。

【操作过程与护理配合】

1. 安置体位　协助患者穿上检查衣裤后取左侧卧位,双腿屈曲,嘱患者尽量在检查中保持正确姿势。
2. 协助进境　术前先作直肠检查,了解有无肿瘤、狭窄、痔、肛裂等,并扩张肛门。助手将镜前端涂上润滑剂(一般用硅油,不可用液体石蜡)后,嘱患者张口呼吸,放松肛门括约肌,以右手示指按物镜头,使镜头划入肛门,遵循循腔进镜、配合滑进、少量注气、适当钩位、去弯取直、防袢及解袢等插镜原则逐渐缓慢插入肠镜。根据内镜观察到的情况可摄像、取活体组织行细胞学等检查。
3. 术中观察　检查过程中应密切观察患者反应,如患者出现腹胀不适,可嘱其做缓慢深呼吸;如出现面色、呼吸、脉搏改变应停止插镜,同时建立静脉通道以备抢救及术中用药。
4. 协助退镜　检查结束退镜时,再次观察病变部位,尽量抽气以减轻腹胀。
5. 其他　清理用物,及时送检标本。

【操作后护理】

1. 一般护理　术后嘱患者稍事休息,观察15~30分钟再离去。嘱患者注意卧床休息,做好肛门清洁。术后3日内进少渣饮食。如行息肉摘除、止血治疗者,再给予抗生素治疗、半流质饮食,适当休息3~4日。
2. 并发症观察与护理　注意观察患者腹胀、腹痛及排便情况。腹胀明显者,可行内镜下排气;观察粪便颜色,必要时行粪便隐血试验,腹痛明显或排血便者应留院继续观察。如发现剧烈腹胀、腹痛、面色苍白、心率加快、血压下降、排便次数增多呈黑色,提示并发肠出血、肠穿孔,应及时报告医师,协助处理。
3. 其他　作好内镜的清洗消毒工作,避免交叉感染,妥善保管。

【方法】

示教、练习。

【考核方式与成绩评定】

总分值:100分。实践指导教师根据学生实践表现、实践报告、实践技能考核成绩作出综合评定。操作评分:

序号	项目	分值	内容
1	环境准备	4	环境清洁,温度适宜
2	护士准备	4	衣帽整齐,符合要求;修剪指甲;洗手
3	用物准备	4	备齐用物,摆放合理
4	患者准备	10	核对患者床号、姓名;了解病情、意识状态、合作程度;进行解释
5	操作正确	10	安置体位
		10	协助进境
		10	术中观察
		10	协助退镜
		8	送检标本
6	整理用物	4	物品分类处理
7	洗手	4	六步洗手法洗手
8	操作后护理	4	一般护理
		4	并发症观察
9	记录	4	实验过程记录
10	总体评价	10	操作中体现对患者的关心;操作熟练;动作轻柔

三、双气囊三腔管的使用

【目的和要求】

1. 了解双气囊三腔管的使用方法。
2. 掌握双气囊三腔管的使用时的术前准备及术后护理。

【内容】

双气囊三腔管压迫止血术是指利用双气囊三腔管的气囊压力直接压迫胃底和食管下段曲张静脉予以止血的技术。

【适应证】

门静脉高压所致的食管下端、胃底静脉曲张破裂出血。

【禁忌证】

其他原因引起的上消化道出血。

【操作前准备】

1. 患者准备 ①向患者及其家属详细讲解操作的目的、方法、注意事项,解除其顾虑。②术前12小时应禁食。③术前取下活动义齿,以免误咽。

2. 环境准备 清洁、安静、温度适宜。

3. 用物准备 双气囊三腔管压迫止血术用物、急救药品和器械。使用前检查双气囊三腔管的性能,如气囊是否漏气、气囊膨胀是否均匀、管道是否通畅等。方法:用50ml注射器向胃气囊注气200~300ml,压力为40~45mmHg;食管气囊注气100~150ml,压力为30~40mmHg,用弹簧夹夹住管口后仔细检查气囊有无变形、损坏或漏气。抽出气体,并分别标记三个腔道。检查漏气有三种方法:①放入水中,察看有无气泡逸出;②抽出气量少于注入气量;③将气囊放在耳边倾听有无漏气声。

【操作过程与护理配合】

1. 安置体位　安置患者于半卧位或平卧位,头偏向一侧、颌下铺治疗巾。
2. 清洁鼻腔　用湿棉签清洁患者插管侧鼻腔。
3. 协助插管　将三腔管前端及气囊外面涂上液状石蜡,然后由患者鼻孔慢慢插入,管端到达咽喉部时嘱患者做吞咽动作。当三腔管插入50~65cm时,抽胃液证实已达胃内,可暂做固定。
4. 协助充气、牵引　先向胃气囊内注气200~300ml,压力维持在40~45mmHg,末端即刻用弹簧夹夹住,然后反折以细沙绳扎紧,将三腔管轻轻往外拉,至有阻力感为止,表示胃气囊已压在胃底部。再在距三腔管尾端10~20cm处用蜡绳扎住,穿过牵引架上的滑轮吊以牵引物进行持续牵引,牵引角度呈40°左右,牵引物离地面30cm左右。如仍有出血,再向食管气囊注气100~150ml,压力维持在30~40mmHg,以压迫食管静脉,同样将该管末端反折夹紧。
5. 整理　压迫止血处理妥当后整理床单位及用物。
6. 协助拔管　出血停止后,放松牵引,放出囊内气体,保留管道继续观察24小时,不再出血可考虑拔管,对昏迷患者也可继续留置管道用于注入流质食物或药液。拔管前口服液状石蜡20~30ml,使黏膜与管外壁润滑后,再缓慢拔出三腔管。气囊压迫一般以3~4日为限,继续出血者可适当延长。

【操作后护理】

1. 止血期观察与护理　压迫止血期间应经常抽吸胃内容物,并观察胃内容物的颜色、量,如见新鲜血液,说明止血效果不好,应检查牵引松紧或气囊压力,并给予适当调整;若患者出现恶心、胸骨下不适,应检查是否为胃气囊进入食管下端挤压心脏所致,应给予适当调整;若提拉不慎或患者用力咳嗽,可将胃气囊拉出而阻塞咽喉部,引起呼吸困难或窒息,此时应立即将气囊口打开,或剪除三腔管结扎处,放出气体。
2. 监测囊内压　压迫止血期间每4~6小时监测1次囊内压,囊内压降低时应抽尽囊内气体,重新注气。
3. 定时放气　三腔管放置12~24小时后,食管气囊应放气15~30分钟,同时放松牵引,并将三腔管向胃内送少许,以解除胃底的压力,然后再充气牵引,避免局部黏膜因受压过久而发生糜烂、坏死。
4. 鼻饲流质　出血停止后,定时从胃管内注入流质饮食,必须确认为胃腔后再注入,以免误入气囊发生意外。
5. 口、鼻腔清洁　保持患者口、鼻腔清洁,嘱患者不要将唾液、痰液咽下,以免误入气管引起吸入性肺炎,每日两次向鼻腔滴入少量液状石蜡,以免三腔管黏附于鼻黏膜。

【注意事项】

1. 操作前应仔细检查双气囊三腔管的性能。
2. 三腔管牵引方向应顺身体纵轴,与鼻唇呈40°左右,以防该处鼻腔黏膜和唇部皮肤过度受压而产生糜烂、坏死。
3. 拔管前放气留管观察24小时,如仍无出血,即可拔管。

【方法】

示教、练习。

【考核方式与成绩评定】

总分值:100分。实践指导教师根据学生实践表现、实践报告、实践技能考核成绩作出综合评定。
操作评分:

序号	项目	分值	内容
1	环境准备	4	环境清洁,温度适宜
2	护士准备	4	衣帽整齐,符合要求;修剪指甲;洗手
3	用物准备	4	备齐用物,摆放合理
4	患者准备	10	核对患者床号、姓名;了解患者的病情、意识状态、合作程度

续表

序号	项目	分值	内容
5	操作正确	10	安置体位
		5	清洁鼻腔
		15	协助插管
		15	协助充气、牵引
		5	协助拔管
6	整理用物	4	物品分类处理
7	洗手	4	六步洗手法洗手
8	记录	4	实验过程记录
9	健康指导	4	交代患者注意事项
10	总体评价	12	操作中体现对患者的关心；操作熟练；动作轻柔

四、腹腔穿刺术

【目的和要求】

1. 了解腹腔穿刺术的操作方法。
2. 掌握腹腔穿刺术的术前准备及术后护理。

【内容】

腹腔穿刺术是用腹腔穿刺针经皮肤刺入腹腔引出腹水或注入药物的一项诊疗技术。主要用于判断腹水的性质和病原，以协助诊断疾病；排出腹水，减轻腹水所致的呼吸、循环压迫症状；腹腔内给药；抽取腹水，浓缩后进行腹水回输。

【适应证】

1. 腹水原因不明，抽液检查协助诊断；人工气腹，协助 X 线诊断或治疗。
2. 大量腹水者放腹水，以缓解症状，施行腹水浓缩回输术。
3. 腹腔灌洗，腹腔内注入药物以配合治疗。

【禁忌证】

1. 广泛性腹膜粘连、卵巢囊肿、棘球蚴病。
2. 肝性脑病先兆。
3. 大量腹水伴有严重电解质紊乱。
4. 妊娠。

【操作前准备】

1. 患者准备　做普鲁卡因过敏试验，洗净腹部皮肤，放腹水者测腹围。
2. 环境准备　清洁、安静、温度适宜。
3. 用物准备　腹腔穿刺用物、急救药品和器械。

【操作过程与护理配合】

1. 安置体位　一般坐在靠背椅上，体弱者在床上取半卧位、平卧位或侧卧位，暴露腹部。放腹水者，腹下部置橡胶单和治疗巾。
2. 选择穿刺点　①左下腹部脐与髂前上棘连线中外 1/3 的交界点，此处不易损伤腹壁动脉。②脐与耻骨联合连线的中点上方 1.0cm 稍偏右或左 1.0~1.5cm，此处无重要器官且易愈合。
3. 消毒、铺孔巾、局部麻醉　常规消毒穿刺部位皮肤，打开腹腔穿刺包，戴手套、铺洞巾。打开 1% 普鲁卡因溶液或 2% 利多卡因，并抽吸，在穿刺点自皮肤至腹膜壁层做局部麻醉。
4. 协助穿刺、放液、腹腔内注药　术者左手固定穿刺部位皮肤，右手持针垂直刺入腹壁，待进入腹腔后,用注射器抽取腹水标本。诊断性穿刺时,可直接用 20ml 或 50ml 注射器进行穿刺。如为腹腔内注药,待抽到腹水时即可将药液注入腹腔。大量放液时,可用 8 号或 9 号针头,并于针栓处接乳胶管,再用输液夹调整速度,引腹水于容器中。术中观察患者有无穿刺反应,若出现头晕、恶心、心悸、面色苍白等立即停止放液,并作相应的处理。大量放液后,术后以多头腹带束腹,以防腹内压骤降、内脏血管扩张引起血压下降或休克。

5. 拔针　术毕,拔出针头,针孔处用 2% 碘酊消毒后覆盖无菌纱布,以手指压迫数分钟,再用胶布固定。

6. 整理、记录、送检标本　护理患者休息后清理用物,并作初步消毒处理;及时送检标本;记录放液量及性质。

【操作后护理】

1. 一般护理　术后嘱患者平卧 8～12 小时,或卧向对侧,使穿刺针孔位于上方以免腹水继续漏出。如有腹水漏出时,可用蝶形胶布粘贴,及时更换浸湿的敷料、腹带。

2. 并发症观察与护理　密切观察血压、神志、尿量及其他不良反应。对肝硬化放腹水患者应警惕诱发肝性脑病。

【注意事项】

1. 严格无菌操作,防止继发腹腔感染。
2. 放液时若引流不畅,可稍变动患者的体位或将穿刺针稍作移动。
3. 放液速度不宜过快,放液量不宜过多,初次放腹水者不宜超过 3000ml。

【实训方法】

示教、练习。

【考核方式与成绩评定】

总分值:100 分。实践指导教师根据学生实践表现、实践报告、实践技能考核成绩作出综合评定。

操作评分:

序号	项目	分值	内容
1	环境准备	4	环境清洁,温度适宜,必要时屏风遮挡
2	护士准备	4	衣帽整齐,符合要求;修剪指甲;洗手
3	用物准备	4	备齐用物,摆放合理
4	患者准备	10	核对患者床号、姓名;了解患者的病情、意识状态、合作程度
5	操作正确	5	安置体位
		10	选择穿刺点
		15	消毒、铺孔巾、局部麻醉
		15	协助穿刺、放液、腹腔内注药
		5	拔针
6	整理用物	4	物品分类处理
7	洗手	4	六步洗手法洗手
8	记录	4	实验过程记录
9	健康指导	4	交代患者注意事项
10	总体评价	12	操作中体现对患者的关心;操作熟练;动作轻柔

自 测 题

A_1 型题

1. 消化性溃疡最有价值的检查是(　　)

A. 胃镜　　B. 胃液分析　　C. X 线造影　　D. 粪便隐血试验

E. 尿液镜检
2. 大量腹水患者最宜采取的体位是( )
   A. 平卧位　　　　　B. 半卧位
   C. 坐位　　　　　　D. 侧卧位
   E. 高枕卧位
3. 对顽固性腹水的治疗,较好的方法是( )
   A. 应用利尿剂　　　B. 甘露醇导泻
   C. 腹腔穿刺放腹水　D. 定期输新鲜血
   E. 腹水浓缩回输
4. 使用双气囊三腔管错误的护理方法是( )
   A. 插管前检查气囊是否漏气
   B. 插管至 65cm 时抽胃液
   C. 先向食管囊注气
   D. 胃囊内注气压力为 50mmHg
   E. 管外端连接 0.5kg 沙袋
5. 紧急胃镜检查应在上消化道出血后( )
   A. <24 小时　　　　B. 24~48 小时
   C. 48~72 小时　　　D. >72 小时
   E. 出血停止
6. 置双气管三腔管注意事项中错误的是( )
   A. 插管后,先向胃气囊注气
   B. 经常抽吸胃内容物
   C. 唾液、痰液不宜下咽
   D. 置管 48~72 小时后,如无出血即可拔管
   E. 拔管前宜吞服适量液状石蜡
7. 为腹水患者行腹腔穿刺术时,放液量不宜过多,一次性放液量不应超过( )
   A. 1000ml　　　　　B. 1500ml
   C. 2000ml　　　　　D. 2500ml
   E. 3000ml
8. 腹腔穿刺大量放液后应注意下列哪项( )
   A. 取平卧位　　　　B. 大量饮水
   C. 快速补液　　　　D. 观察尿量
   E. 束紧腹带
9. 纤维结肠镜检查的护理正确的是( )
   A. 术晨流质　　　　B. 术晨半流质
   C. 术晨禁食　　　　D. 术晨软食
   E. 术晨多饮水

A$_2$型题

10. 患者,女性,40 岁,近日来无规律性上腹隐痛,食欲减退,餐后饱胀、反酸等,拟诊慢性胃炎,请问还须作哪项检查可以确诊( )
    A. 纤维胃镜检查
    B. 胃液分析
    C. 血清抗体和内因子抗体测定
    D. 血清抗壁细胞抗体测定
    E. 血清胃泌素测定

A$_3$型题

(11、12 题共用题干)

患者,男性,58 岁,肝炎 20 年余,常有上腹部不适、食欲缺乏,有腹水,今中餐后突然呕鲜血,量约 400ml,来院急诊。

11. 患者首选治疗措施( )
    A. 酚磺乙胺止血
    B. 静滴垂体后叶素
    C. 双气囊三腔管压迫止血
    D. 口服冰盐水
    E. 输新鲜血
12. 为了解腹水的性质,应采取( )
    A. 诊断性腹水穿刺　B. 腹水回输术
    C. 束腹带　　　　　D. 半卧位
    E. 腹腔灌洗术

(陆红梅)

第 5 章 泌尿系统疾病患者的护理

第 1 节 概 述

泌尿系统是人体排出机体代谢产物、维持内环境稳定的重要系统之一。本节主要学习泌尿系统的结构组成、功能，泌尿系统疾病的特点、护理要点和常见症状体征的护理。

一、泌尿系统的结构与功能

（一）结构组成

泌尿系统由肾脏、输尿管、膀胱、尿道及有关的血管和神经等组成。

1. 肾 是人体重要的生命器官。从解剖学来分，肾实质分为皮质和髓质。从组织学来分，每个肾脏约有 100 万个肾单位，肾单位是肾脏结构和功能的基本单位，由肾小体和肾小管组成；肾小体由肾小球和肾小囊构成。

2. 输尿管 起于肾盂，止于并开口于膀胱，全长 25～30cm。输尿管全长粗细不等，在起始部、跨越髂血管处、膀胱壁内有 3 处狭窄。

3. 膀胱 是储存尿液的肌性囊状器官，伸缩性较强，成人容量一般为 300～500ml。

4. 尿道 男性尿道起始于膀胱的尿道内口，成年男性平均尿道长 18cm，有尿道内口、尿道膜部、尿道外口 3 处狭窄；女性尿道起于尿道内口，以尿道外口开口于阴道前庭，长 3～5cm。由于女性尿道宽、短、直，且临近肛门，易发生尿路逆行感染。

（二）主要功能

肾脏的生理功能：血液经肾小球滤过膜，过滤出原尿，再经肾小管的重吸收等一系列过程，最终形成含有多种代谢产物的尿液，以排泄出体外并调节水、电解质和酸碱平衡，维持机体内环境的稳定。

（1）肾小球的滤过功能：正常成人双肾血流量约为 1L/min，血液流经肾小球时，除血细胞和大分子蛋白质的血浆成分外均可通过肾小球滤过膜进入肾小囊，形成与血浆等渗的原尿，即肾小球滤过液。

（2）肾小管的功能

1）重吸收功能：原尿经肾小管，大部分的葡萄糖、氨基酸、蛋白质、钾、钙、钠、维生素、水等绝大部分物质被近端肾小管重吸收进入血液循环，一些代谢废物、毒物、药物等则不被重吸收而排出体外。

2）浓缩与稀释功能：肾脏对水具有很强的调节功能。体内水过多时，肾脏增加机体的排水量；体内缺水时，肾小管对水的重吸收增加，减少排水量。

3）内分泌功能：肾脏具有重要的内分泌功能，其分泌的激素可分为参与肾生理功能的血管活性激素，如肾素、前列腺素、激肽释放酶等；以及主要作用于全身的非血管活性激素，如 1α 羟化酶、促红细胞生成素等。

二、疾病特点和护理要点

（一）疾病特点

（1）病因复杂，症状与体征明显。

（2）诊断与实验室检查密切相关。

(3) 多数呈进展性,如慢性肾炎、肾衰竭,预后不良。

(4) 除尿感外,大多需要长期进行饮食调控,治疗的目的在于延缓肾损害进程。

(二) 护理要点

泌尿系统疾病病因、表现及病程各异。常见的有:①感染,如膀胱炎、急性肾盂肾炎等。②变态反应,如过敏性紫癜、红斑狼疮性肾小球肾炎等。③药物或毒物,如氨基糖苷类抗生素、肿瘤化疗药、抗癫痫药等引起的肾损害。④其他,肾结石、肾肿瘤、肾动静脉血栓、泌尿系创伤等。

泌尿系统疾病的常见症状和体征主要有尿异常、肾源性水肿、肾性高血压及膀胱刺激征。

三、泌尿系统疾病患者常见症状体征的护理

肾源性水肿

肾源性水肿是指由肾脏疾病导致过多的体液积聚在人体组织间隙使组织肿胀,是肾小球疾病最常见的临床表现。由肾小球疾病引起的水肿按发病机制可分为肾炎性水肿和肾病性水肿(表5-1)。

表5-1 肾炎性水肿和肾病性水肿的区别

	肾炎性水肿	肾病性水肿
原因	肾小球炎症导致滤过膜受损,滤过率下降,但肾小管重吸收功能正常,导致"球-管失衡"和肾小球滤过分数(肾小球率过滤/肾血浆流量)下降;毛细血管通透性增高进一步加重水肿	长期大量蛋白尿导致血浆蛋白过低,血浆胶体渗透压降低,液体从血管内进入组织间隙;继发性有效血容量减少可激活肾素-血管紧张素-醛固酮系统,抗利尿激素分泌增多,加重水肿
特点	常为全身性,非凹陷性,指压不明显,晨起重	常波及全身,可伴胸腔积液和腹水,呈体位性、凹陷性
起始部位	组织疏松处开始,如眼睑、颜面部	多从下肢开始

(一) 护理评估

1. **健康史** 询问患者水肿发生可能的病因和诱因,水肿的起始部位、性质、范围、程度及进展情况;有无伴随症状,如头晕、乏力、心悸、腹胀、尿量减少等;输液量、饮水量、钠盐摄入量,水肿的诊疗经过、用药情况及疗效;既往史、过敏史等。

2. **身体状况** 评估患者的生命体征、体重、尿量、腹围等的改变,如有无出现高血压、少尿、体重增加;全身皮肤检查,如有无眼睑水肿、下肢水肿、外阴水肿等;心肺检查有无啰音、胸腔积液征;腹部是否膨隆、叩诊有无移动性浊音。患者可因为水肿而产生焦虑、紧张等心理。

3. **辅助检查** 尿液检查、血液生化检查、肾功能检查、影像学检查及肾组织活检等有助于评估与诊断。

(二) 护理诊断及合作性问题

1. **体液过多** 与肾小球滤过功能下降导致水钠潴留、大量蛋白尿导致低蛋白血症有关。

2. **有皮肤完整性受损的危险** 与水肿、抵抗力下降有关。

(三) 护理措施

1. **一般护理** 嘱患者多休息,以减轻肾脏负担、加强利尿作用。经常变换体位,协助患者翻身,支撑、按摩受压部位。颜面部水肿者将枕头垫高一些,有胸腔积液者宜取半卧位,阴囊水肿者可用吊带将阴囊托起。下肢水肿者休息时抬高下肢,促进静脉回流以减轻水肿。

2. **调节饮食** ①保持水平衡:轻度水肿者,非口渴不额外饮水,但不宜过分限水;中重度水肿者,限制进液量,每日液体入量可按前一天尿量加500ml计算。②限制钠盐:轻度水肿者,低盐饮食,每日2~3g,禁食腌制品;中重度水肿患者,应无盐低钠饮食。尿少时还应限制钾、磷的摄入。③蛋白质的摄入:应以肾功能而定。肾功能正常的低蛋白血症者,可给予正常量的优质蛋白饮食,1g/(kg·d);肾功能不全者应摄入充足热量、优质低蛋白饮食,0.6~0.8g/(kg·d)。④热量:补充足够热量以免引起负氮平衡,尤其低蛋白饮食的病人,每日摄入热量应不低于30kcal/(kg·d)。同时还应注意补充各种维生素。

3. **病情观察** 定期给患者测量体重、腹围;严密观察生命体征尤其是血压的变化;观察水肿消长情况;准确记录患者24小时液体出入量;观察皮肤有无红肿、破损和化脓等。

> **链接:出入量的概念**
> 出入量中入量包括饮水量、补液量、食物含水量等;出量则包括尿量、呕吐物、粪便、透析的超滤液量等。

4. **配合治疗护理** 遵医嘱用药,密切观察疗效及副作用。长期使用利尿剂可出现低钾、低氯血症,应监测血清电解质和酸碱平衡,大剂量使用强效利尿剂可导致有效血容量不足,出现恶心、无力等症状;此外,呋塞米等强效利尿剂具有耳毒性,长期使用可能导致听力损害,应避免与链霉素等氨基糖苷类抗生素同时使用;严重水肿者应避免肌内注射,静脉穿刺拔针后,以无菌干棉球按压穿刺部位,防止针眼渗液发生感染,严格无菌操作。

5. **心理护理** 做好心理疏导,向患者说明水肿轻重与肾脏疾病的严重程度不成正比,解除紧张情绪,以利康复。

6. **健康指导** 讲解有关本病的病因和防治知识及自我护理方法。嘱患者保持皮肤黏膜的清洁干燥,避免抓挠;穿着宽松的衣服;洗澡时勿过分用力;防烫伤、跌伤以保护水肿部位的皮肤。解释限制水和钠盐对水肿消退的重要性,使患者能正确认识疾病,积极配合治疗。

> **护考链接**
> 下列关于水肿患者的护理,哪项不正确?( ) A. 每日输液量为尿量加500ml B. 限制水钠摄入,轻度水肿者每日摄入钠≤2g C. 严重水肿者不宜肌内注射 D. 少尿患者应限制钾的摄入 E. 若使用强效利尿剂应注意监测听力
> 答案:A

(四)护理目标及评价

患者水肿消退;无皮肤破损发生。

肾性高血压

肾性高血压是指由于肾实质性疾病或肾动脉狭窄及阻塞所致的血压升高,是继发性高血压常见原因之一。按病因可分为肾血管性高血压和肾实质性高血压,前者少见,占5%~15%,主要由肾动脉狭窄或阻塞所致;后者多见,主要由急慢性肾小球肾炎、慢性肾衰竭等肾实质性疾病引起。按发病机制又可分为容量依赖型高血压和肾素依赖型高血压,前者占80%,为水钠潴留所致,用利尿剂或限制水钠摄入可明显降低血压;后者是由于肾素-血管紧张素-醛固酮系统被激活引起,应用血管紧张素转换酶抑制剂、钙通道阻滞剂可使血压下降;部分患者两种因素同时存在。

(一)护理评估

1. **健康史** 详细询问患者有无急慢性肾小球肾炎、慢性肾盂肾炎、慢性肾衰竭、肾动脉狭窄等肾脏疾病;有无原发性高血压病史。

2. **身体状况** 肾性高血压的严重程度与原发疾病的性质有关。急性肾小球肾炎引起者,多为一过性轻、中度高血压;慢性肾小球肾炎所致者,多是舒张压持续性中度以上升高;肾血管性高血压患者,高血压程度较重,易进展为急进性高血压;个别慢性肾衰竭患者可表现为恶性高血压。需重点评估血压变化情况和有无因血压升高引起的重要器官如心、脑损害的表现。

3. **心理-社会评估** 由于病程长、反复迁延不愈,患者常出现焦虑、害怕、绝望等心理。

4. **辅助检查** 尿常规检查、血常规检查、肾功能检查和影像学检查等有助于诊断。

(二)护理诊断及合作性问题

1. 疼痛:头痛 与血压增高有关。

2. 潜在并发症 高血压脑病。

（三）护理措施

1. **一般护理** 为患者提供安静舒适的休息环境,减少体力活动,多卧床休息。重度高血压者应绝对卧床休息。给予易消化、热量充足和富含维生素的饮食。有明显水肿、高血压者要限制水和钠盐的摄入;有氮质血症者应限制蛋白质的摄入。

2. **病情观察** 每日为患者测血压并记录。密切观察有无发生心脑血管并发症的先兆,一旦发现异常,立即报告医生并配合治疗和护理。

3. **配合治疗护理** 遵医嘱给予降压、利尿药,密切观察药物疗效及副作用。降压切勿过快过低,以免影响肾血流灌注;用药过程中密切监测血压。指导患者改变体位时动作要慢,防止发生直立性低血压。

4. **心理护理** 向患者解释病情,减轻患者思想负担,提高患者治疗的依从性与信心,以利康复。

5. **健康指导** 向患者讲解有关血压升高的病因和防治知识,调动患者参与控制血压的主动性。与患者及家属一起制订活动计划,循序渐进,活动量由小逐渐增加,以活动后感到身心舒适为宜。活动中如出现心慌、气急、心前区不适等现象,应立即停止活动。保持大便通畅,防止便秘诱发血压升高。指导患者正确应对疾病变化,保持良好的心态。

（四）护理目标及评价

患者血压平稳,头痛减轻或消失;无并发症发生,或发生后能及时发现并处理。

尿 异 常

尿异常包括尿量异常和尿质异常。

（一）尿量异常

正常成人每日尿量为 1000～2000ml,平均 1500ml。夜间排尿 0～2 次,尿量为 300～400ml,相当于全日总尿量的 1/4～1/3。尿量的多少取决于肾小球滤过率和肾小管重吸收量。

1. **少尿或无尿** 每日尿量少于 400ml 或每小时尿量少于 17ml 称为少尿,每日尿量少于 100ml 称为无尿。少尿、无尿可分别由肾前性(如血容量不足、心排血量减少)、肾性(如急慢性肾衰竭)、肾后性(如尿路梗阻)3 类因素引起。

2. **多尿** 每日尿量超过 2500ml 则称为多尿。多尿分为肾性和非肾性 2 类,前者见于多种原因引起的肾小管功能不全,如慢性肾盂肾炎、肾动脉硬化等;后者见于尿崩症、糖尿病等。

3. **夜尿增多** 夜间尿量超过白天尿量或超过 750ml 称为夜尿增多。持续的夜尿增多且尿比重低而固定,常提示肾小管浓缩功能减退。

（二）尿质异常

1. **蛋白尿** 每日尿蛋白含量持续超过 150ml,蛋白质定性试验呈阳性反应,称为蛋白尿。若每日持续超过 3.5g,称为大量蛋白尿。

2. **血尿** 新鲜尿离心沉渣每高倍视野红细胞计数超过 3 个或 1 小时尿红细胞计数超过 10 万,可诊断为镜下血尿;尿外观呈血样或洗肉水样,称为肉眼血尿。血尿可由各种泌尿系统疾病引起,如肾小球肾炎、泌尿系结石、肿瘤、畸形等;也可由全身性疾病引起,如风湿病、血液病等。另外,剧烈运动、第一次导尿过多、肾下垂后也可能出现功能性血尿。

> **链接:肾小球源性血尿和非肾小球源性血尿**
>
> 新鲜尿沉渣显微镜检查示:肾小球源性血尿尿中红细胞大小形态不一,出现畸形红细胞,常伴有红细胞管型、蛋白尿等。非肾小球源性血尿系来自肾小球以外的病变,如尿路感染、结石、肿瘤、畸形等,红细胞大小形态均一。
>
> 临床常见尿液红色的非血尿情况:食用过多人工色素、服用药物(如利福平)、容器颜色误差。

3. **白细胞尿、脓尿、菌尿** 新鲜尿离心沉渣每高倍视野白细胞计数超过 5 个或 1 小时新鲜尿液白细胞计数超过 40 万,称为白细胞尿或脓尿;菌尿是指中段尿涂片镜检每高倍视野均可见细菌,或培养

菌落计数超过 10^5 个/ml。见于泌尿系统感染。

4. **管型尿** 尿中管型由蛋白质、细胞或其碎片在肾小管内聚集而成，可分为细胞管型、透明管型、颗粒管型、蜡样管型等。正常人尿中偶见透明和颗粒管型。若 12 小时尿沉渣计数管型超过 5000 个，或镜检出现其他类型管型时，称为管型尿。见于肾小球或肾小管病变等。

考点： 多尿、少尿、无尿的定量，蛋白尿、血尿、白细胞尿等的定义

（三）护理评估

1. **健康史** 询问患者每日的尿量和夜尿量；有无明确的病因和诱因，如肾小球肾炎、泌尿系结石、泌尿系感染、泌尿系肿瘤、肾血管病变及风湿病、高血压、糖尿病等；有无剧烈运动、发热及饮酒、饮水过多等。病后做过哪些检查，用过何药，疗效如何等。

2. **身体状况**

（1）少尿、无尿和多尿：患者尿量减少或尿量增加，还有原发病的表现和伴随症状。如少尿和无尿可出现高钾血症、低钠血症及代谢性酸中毒，并常伴有水肿、高血压；注意有无高血钾引起的心律失常。多尿可引起低钾血症、高钠血症及脱水。

（2）蛋白尿和管型尿：常伴有水肿、血尿、尿路刺激征、高血压、肾区疼痛、贫血及肾功能减退等。

（3）血尿：肉眼血尿根据出血量多少呈不同颜色。

（4）白细胞尿、脓尿和菌尿：常伴有尿频、尿急、尿痛等膀胱刺激症状。

3. **辅助检查** 尿常规检查、肾功能检查、血常规检查、血生化检查和影像学检查等有助于评估与诊断。

（四）护理诊断及合作性问题

1. **体液过多** 与肾小球滤过率下降和尿量减少有关。
2. **有体液不足的危险** 与肾衰竭和尿量过多有关。
3. **潜在并发症** 水、电解质代谢紊乱和酸碱平衡失调。

（五）护理措施

1. **一般护理** 为患者提供良好的休息环境，应增加卧床休息时间，严重者应绝对卧床休息。对自理能力下降的患者，应协助其生活护理。多尿者应多饮水以补充足够的水分；少尿者则控制饮水量，伴有水肿时限制钠盐的摄入。根据血钾测定结果调整饮食。有氮质血症者限制蛋白质的摄入量，但应提供足够的热量，以免发生负氮平衡。

2. **病情观察** 密切观察生命体征的变化；准确记录 24 小时出入量；注意有无出现血钾、血钠异常和代谢性酸中毒等电解质和酸碱平衡紊乱的征象，一旦发现及时报告医生并配合治疗。

3. **配合治疗护理** 严格遵医嘱用药，同时观察药物疗效及副作用。配合医生及时正确采集血标本或留取尿标本。

4. **心理护理** 向患者解释病情，消除或缓解患者的焦虑和不安，增强治疗信心；叮嘱家属给患者以理解和支持。

5. **健康指导** 向患者介绍尿液异常的原因，教会观察尿量变化和留取尿标本的方法；与患者和家属一起制订合理的饮食计划；说明各项检查和治疗的目的，使其能积极配合诊治与护理。

（六）护理目标及评价

患者尿液异常症状减轻或消退；无水、电解质紊乱和酸碱平衡失调发生。

膀胱刺激征

膀胱刺激征，又称尿路刺激征，是指膀胱颈和膀胱三角区受炎症或机械刺激而引起的尿频、尿急及尿痛，可伴有排尿不尽感和下腹坠痛，常见于尿路感染、结石、肿瘤等。尿频是指尿意频繁，而每次尿量不多；尿急是指一有尿意即要排尿，并常伴有尿失禁；尿痛是指排尿时会阴或下腹部有疼痛感。

考点： 膀胱刺激征的定义

（一）护理评估

1. **健康史** 了解患者的排尿情况；发病时间、起病缓急；可能的病因或诱因，如有无尿路感染史、尿道畸形、结石、膀胱肿瘤、前列腺增生、妇科炎症、留置导尿管、进行尿路器械检查等；询问患者的治疗经过，尤其是用过哪些抗生素，疗效如何；有无过敏史和家族史。

2. **身体状况** 尿路感染可出现膀胱刺激征并伴有发热、脓尿等症状；膀胱结石或肿瘤时，可出现尿频、尿急、尿痛伴血尿、排尿障碍等；精神因素或排尿反射异常时，表现为白天尿频而夜间排尿次数不增加，尿急不伴有尿痛。尿失禁的患者皮肤长期受尿液刺激，易发生皮肤损害和压疮。

3. **心理-社会状况** 由于病情反复发作，患者易出现焦虑、紧张、自卑等心理反应。

4. **辅助检查** 尿液检查、尿细菌学检查可了解有无脓尿、血尿、菌尿，24小时尿量和尿蛋白、尿比重有无异常，肾功能检查和影像学检查等可帮助明确病因。

（二）护理诊断及合作性问题

排尿异常，如尿频、尿急、尿痛，与尿路感染或理化因素刺激有关。

（三）护理措施

1. **一般护理** 保证患者身心的休息。急性发作期应卧床休息，宜取屈曲位。放松心情，以免紧张加重尿频。指导患者从事一些感兴趣的活动，分散注意力，如阅读、下棋、看电视等。各种治疗护理操作宜集中进行，尽量少打扰患者。在无禁忌证的情况下，鼓励患者多饮水、勤排尿，以冲洗尿路，减少细菌在尿路停留的时间，每日摄水量不低于2000ml，保证每日尿量在1500ml以上。告知患者憋尿会使病情加重。

2. **病情观察** 监测患者体温变化，每天排尿的量、次数、颜色，对尿痛者可进行膀胱区热敷或按摩，如有高热不退、疼痛加剧，应及时通知医生。

3. **配合治疗护理** 督促患者遵医嘱按时、按量、按疗程服药，不可随意停药，以达到彻底治愈的目的。正确留取尿标本，取晨起首次中段尿，严格无菌操作。教会患者正确清洁会阴部的方法，女性月经期间增加会阴清洗次数。

4. **心理护理** 过分紧张可加重尿频，应让患者尽量放松心情；尿失禁患者易产生自卑感，护士应积极主动与患者交流沟通，帮助患者消除困惑、逐渐建立信心。

5. **健康指导** 嘱患者应多注意个人卫生，尤其是会阴部的清洁。积极参加体育活动，加强营养，以增强机体的抵抗力。向患者解释多饮水、勤排尿的必要性。

考点：膀胱刺激征患者的护理

（四）护理目标及评价

患者膀胱刺激征得到缓解或消失。

护考链接

出现了膀胱刺激征的患者，下列哪项措施正确？（　　） A. 少饮水，以减少排尿次数　B. 留取尿标本前应多饮水，稀释尿液　C. 尿痛的患者可按摩或热敷膀胱区　D. 留取尿标本时用清洁干燥的容器　E. 急性发作期卧床休息，最好取半卧位

答案：C

肾 区 痛

肾区痛是肾盂、输尿管内张力增高或包膜受牵拉所致，表现为肾区胀痛或隐痛、肾区压痛和叩击痛阳性。多见于肾脏或附近组织炎症、肾肿瘤等。

肾绞痛是一种特殊的肾区痛，主要由输尿管内结石、血块等移行所致。特点为突然发作的疼痛，可向下腹外阴及大腿内侧部位放射。

小结

泌尿系统疾病常见的症状和体征有水肿、高血压、尿异常和膀胱刺激征。肾性水肿是肾小球疾病最常见的症状。每日尿量超过2500ml称为多尿;每日尿量少于400ml称为少尿,少于100ml称为无尿或尿闭;新鲜尿沉渣每高倍视野RBC计数超过3个或1小时尿红细胞计数超过10万,可诊断为镜下血尿。新鲜离心尿液每高倍视野WBC计数超过5个或1小时新鲜尿液白细胞计数超过40万,称为白细胞尿或脓尿。膀胱刺激征包括尿频、尿急、尿痛。

自 测 题

A₁型题

1. 正常成人24小时尿量为( )
   A. 400~800ml B. 800~1200ml
   C. 1000~2000ml D. 1500~2500ml
   E. >2500ml

2. 少尿是指( )
   A. 每小时尿量少于17ml或24小时尿量少于200ml
   B. 每小时尿量少于50ml
   C. 24小时尿量少于800ml
   D. 每小时尿量少于17ml或24小时尿量少于400ml
   E. 24小时尿量少于100ml

3. 下列哪种情况可诊断为镜下血尿( )
   A. 新鲜尿离心沉渣每高倍视野RBC>5个
   B. 24小时尿红细胞计数>10万
   C. 24小时尿红细胞计数>50万
   D. 1小时尿红细胞计数>5万
   E. 1小时尿红细胞计数>10万

4. 下列关于尿液异常的叙述不正确的是( )
   A. 新鲜离心尿液每高倍视野WBC>5个称为脓尿
   B. 菌尿一般只见于泌尿系统感染
   C. 蛋白尿以肾小管性蛋白尿多见
   D. 正常人尿中可见少量管型
   E. 大量蛋白尿是指每日尿蛋白含量持续超过50mg/kg体重

5. 膀胱刺激征是指( )
   A. 发热、尿频、尿痛
   B. 尿频、尿急、腰痛
   C. 尿痛、尿频、尿不尽
   D. 发热、腰痛、尿频
   E. 尿频、尿急、尿痛

6. 关于肾炎性水肿的表述不正确的是( )
   A. 可出现胸腔、腹腔积液
   B. 首发以晨起眼睑、面部水肿多见
   C. 早期水肿可时有时无
   D. 最早从双下肢开始,体位性、凹陷性
   E. 主要机制是肾小球滤过率下降

7. 护理少尿与无尿患者,下列措施中最重要的是( )
   A. 卧床休息
   B. 预防感染
   C. 保证饮食总热量
   D. 严格控制水、钾摄入
   E. 限制蛋白质的摄入

第2节 尿路感染患者的护理

情境5-1

患者,女性,28岁。突发寒战、发热,伴左侧腰痛。主诉"刚结婚2个月,这3天来小便的时候会痛,总感觉想小便,每次需要小便的时候还很着急"。查体:T 38.8℃,肾区叩痛。查血常规:WBC 13.2×10⁹/L,中性粒细胞85%;尿常规:WBC满视野,RBC 5~10个/HP,可见管型,尿蛋白(+);尿培养大肠埃希菌(+);泌尿系B超及IVP未见异常。

一、疾病概要

(一)概述

尿路感染(UTI)简称尿感,是由各种病原微生物感染所引起的尿路急、慢性炎症。多见于老年人、育龄女性、女婴及免疫功能低下者。其中,老年人发生率可高达10%,未婚少女发生率为2%,

已婚女性发生率为5%,孕妇菌尿发生率约为7%,且多为无症状性菌尿。尿感可分为上尿路感染和下尿路感染。上尿路感染主要是肾盂肾炎,下尿路感染主要是膀胱炎。本病为细菌直接引起的感染性肾脏病变。

(二)病因及发病机制

1. **病因** 引起本病的致病菌以大肠埃希菌多见,占70%以上,其次依次为副大肠杆菌、变形杆菌、克雷白杆菌、产气杆菌、沙雷杆菌、产碱杆菌、粪链球菌、铜绿假单胞菌和葡萄球菌,偶见真菌、厌氧菌、病毒和原虫感染。

2. **感染途径** ①上行感染:最常见,约占感染途径的90%。正常情况下尿道口周围有少量细菌寄居,一般不引起感染。但机体抵抗力下降、尿道黏膜有损伤或入侵细菌毒力大、致病力强时,细菌沿尿道上行至膀胱、输尿管及肾脏引起感染。②血行感染:较少见,体内感染病灶中的细菌侵入血流,经血循环到达肾脏引起。多发生于原有严重尿路梗阻或机体免疫力极差者,金黄色葡萄球菌为最主要致病菌。③淋巴道感染:少见,致病菌从邻近器官的病灶经淋巴管感染。④直接感染:十分罕见,外伤或肾脏邻近器官发生感染时细菌直接蔓延所致。

考点: 尿路感染的感染途径、常见致病菌

3. **易感因素** 部分易感因素造成了尿路感染的发生:①尿流不畅和尿液反流,是最主要的易感因素。上行细菌不能被及时冲刷出尿道,在局部停留、生长和繁殖发生感染。以尿路结石多见。其他如尿路狭窄、膀胱癌、妊娠或前列腺增生等。②女性,由于女性的尿路较男性更短而直,且尿道口离肛门近而常被细菌污染,故受感染机会增高。③尿道器械性检查或治疗,如导尿、膀胱镜检查、尿道扩张术等。④机体抵抗力低下,糖尿病、长期使用免疫抑制剂、长期卧床的严重慢性病等。⑤尿道口周围或盆腔炎症,妇科炎症、细菌性前列腺炎等。

> **链接**
> 正常情况下,机体具有一定防御能力。由于尿液的冲刷作用、尿液的pH低及高浓度尿素、尿路黏膜分泌的IgG和IgA可抵御细菌入侵,细菌虽可进入膀胱,但并不引起尿路感染的发生。

(三)病理生理

尿路感染的病理生理改变是病原菌的致病因子和宿主的防御系统相互作用的复杂过程。对大肠埃希菌感染的发病机制研究得最为充分。引起尿路感染的大肠埃希菌属于一些特定的O:K:H血清型,拥有黏附作用的鞭毛。P鞭毛可特异性地介导大肠埃希菌与尿路上皮的连接。因此,具有P鞭毛的大肠埃希菌常常是急性肾盂肾炎的致病菌(约占90%)。无症状性菌尿的患者则较少(30%)。近来发现一种I型鞭毛及其特异受体。I型鞭毛促进大肠埃希菌在膀胱或上尿路中的滞留,从而增加细菌的致病力。

(四)诊断及治疗要点

1. **诊断要点** 尿路感染的诊断不能单纯依靠临床症状和体征,而应依靠实验室检查结果,特别是尿细菌学检查,如有真性细菌尿,均应诊断为尿路感染。

2. **治疗要点** 去除易感因素,合理使用抗生素,根据药敏试验选择药物。常用磺胺类、氟喹酮类、氨基糖苷类和第三代头孢菌素类药物。急性膀胱炎多用3天疗法,急性肾盂肾炎多采用口服有效抗菌药物14天,有明显毒血症状者采用肌内注射或静脉用药。对于无症状细菌尿的患者一般不予治疗,但妊娠妇女则必须治疗,选用肾毒性较小的抗菌药物,如青霉素,头孢类抗生素。

> **情境5-1 诊断分析**
> 急性肾盂肾炎为女性常见疾病,临床表现有腰部疼痛伴叩击痛,尿显微镜显示有白(脓)细胞、红细胞,部分患者可见脓尿或血尿。该患者有全身感染表现,尿液检查见大肠埃希菌感染。若为膀胱炎则无腰痛,有白细胞管型提示感染部位在肾脏,慢性肾盂肾炎静脉肾盂造影(IVP)可出现肾盂增厚等炎症浸润现象。

二、疾病护理

（一）护理评估

1. 健康史　询问患者目前主要的不适，有无尿频、尿急、尿痛、肉眼血尿、尿量异常、腰痛、水肿等；有无感染、尿路结石、膀胱肿瘤、前列腺增生、尿道畸形、外伤等；有无留置导尿管、膀胱镜检查及尿道扩张等；询问患者的月经生育史，性生活情况，既往有无类似发作史及诊疗情况，有无药物过敏史。

2. 身体状况

（1）症状

1）膀胱炎：约占尿感的60%，主要表现为尿频、尿急、尿痛，伴有下腹部不适，常伴有肉眼血尿。一般无全身感染症状。

2）急性肾盂肾炎：①全身表现，起病急，常有寒战、高热、乏力、头痛、食欲减退、恶心呕吐等。如高热不退，提示可能并存尿路梗阻、肾周脓肿或败血症等。②泌尿系统表现，尿频、尿急、尿痛、血尿、脓尿、下腹部不适、腰痛、输尿管点压痛及肾区压痛或叩痛等。急性肾盂肾炎反复发作，迁延不愈，病程超过半年即转为慢性肾盂肾炎。

3）无症状性细菌尿：又称隐匿型尿感，即患者尿液检查提示有真性菌尿而无尿感症状，多见于老年人和孕妇，60岁以上的妇女发生率可达10%～12%，孕妇发生率约为7%，部分患者以后会发生急性肾盂肾炎。

（2）体征：肋脊角压痛和（或）叩击痛，腹部上、中输尿管点和耻骨上膀胱区压痛。

3. 心理-社会状况　由于病情易复发和重新感染，出现膀胱刺激症状，患者常出现烦躁、紧张及焦虑等心理反应。

考点：膀胱炎、急性肾盂肾炎的临床表现

4. 辅助检查

（1）尿常规：镜检尿白细胞明显增多，出现白细胞管型提示肾盂肾炎；红细胞也常增多，少数可见肉眼血尿。尿蛋白常为阴性或微量。

（2）尿细菌学检查：是诊断尿路感染的主要依据。取新鲜清洁中段尿做细菌定量培养。根据国际细菌尿研究协会的建议，诊断真性菌尿的标准是菌落计数≥10^5/ml，为真性菌尿（排除假阳性）；如无尿路感染症状，需做2次中段尿细菌定量检查，培养菌落计数≥10^5/ml，且为同一菌种；如菌落计数<10^4/ml为污染，10^4～10^5/ml为可疑阳性，需复查或结合病情判断。

（3）血常规：急性期白细胞计数增多，中性粒细胞比例升高。

（4）影像学检查：尿路感染急性期不宜作静脉肾盂造影检查（IVP），可做B超检查排除梗阻和结石。IVP的目的是寻找能用外科手术纠正的易感因素。女性IVP的指征为：①再发尿路感染；②疑为复杂性尿路感染；③有肾盂肾炎的临床证据；④变形杆菌等少见细菌的感染；⑤妊娠期曾有无症状细菌尿或尿感者；⑥感染持续存在，对治疗反应差者。男性首次尿感应作IVP。

护考链接

患者，女性，31岁，高热伴寒战，腰痛、尿频、尿急，查体肾区有明显叩击痛，尿蛋白（+++），RBC 5个/HP，白细胞脓球（+++），尿培养见大肠埃希菌。考虑该患者为（　）　A. 尿道炎　B. 肾结核　C. 肾挫伤　D. 肾结石　E. 急性肾盂肾炎

点评：该患者出现全身感染症状，起病急，尿培养见大肠埃希菌，符合尿路感染的诊断标准，下尿路感染者无肾区叩痛，故为上尿路感染，首先考虑急性肾盂肾炎。故选E。

（二）护理诊断及合作性问题

1. 排尿异常：尿频、尿急、尿痛　与尿路感染所致的膀胱刺激征有关。

2. 体温过高　与急性肾盂肾炎有关。

3. 焦虑　与病程长和病情反复发作有关。
4. 知识缺乏：缺乏有关饮食、用药的知识。

情境5-1 护理诊断分析

患者最主要的护理问题是由于感染引起的尿路刺激征、全身感染症状，故存在排尿异常和体温过高的护理诊断；此外，由于急性感染症状明显，以及对疾病、自我护理等相关知识的缺乏，还可存在焦虑和知识缺乏的护理诊断。

（三）护理措施

1. 一般护理

（1）急性发作期应加强休息，放松心情，防止紧张加重尿频，提供安静舒适的休息环境，为尿频的患者提供床旁小便器，使用屏风遮挡，注意保护患者隐私；恢复期可适当活动，劳逸结合，不宜从事重体力劳动。

（2）给予患者高蛋白、高维生素、易消化的清淡饮食，高热者给予流质或半流质饮食；无禁忌证情况下，应鼓励患者多饮水、勤排尿，以冲洗尿路，减少细菌在尿路停留时间，每日摄水量不低于2000ml，保持尿量大于1500ml。

2. 病情观察　密切观察生命体征，尤其是体温的变化。若高热持续不退或体温继续升高、伴有腰痛加剧，常提示肾周脓肿和肾乳头坏死等并发症，应及时报告医师并协助处理。

3. 配合治疗护理

（1）用药护理：严格遵医嘱用药，密切观察疗效及副作用，向患者解释药物的作用及注意事项；指导患者按时、按量、按疗程服药。口服磺胺类药物期间，应多饮水，同时服用碳酸氢钠，以增强疗效，减少磺胺结晶的形成，并能碱化尿液减轻尿路刺激征；氟喹酮类药物可引起轻度消化道反应、皮肤瘙痒，宜饭后服用。

（2）尿细菌学检查的护理：向患者解释检查的意义和方法。做尿细菌定量培养时需注意：①取清晨第一次（尿液在膀胱内停留6~8小时以上）的清洁、新鲜的中段尿送检。②留取尿标本时，应严格执行无菌操作，充分清洗会阴部，消毒尿道口。尿标本中勿混入消毒药液，女性病人留尿时，注意避开月经期，防止阴道分泌物及经血混入，影响检查结果。③在应用抗生素之前或停用抗生素5日后留取尿标本。④在1小时内做细菌培养，或冷藏保存。

4. 心理护理　向患者解释疾病的特点和规律，耐心解答患者提出的有关问题，引导患者进行自我心理调整，解除紧张、焦虑和恐惧，鼓励患者树立战胜疾病的信心，积极配合治疗。

情境5-1 护理工作过程

入院护理工作过程：接诊——送患者到病床，嘱患者取舒适体位（屈曲侧卧位）——为患者戴腕带——通知医师、护工——测生命体征及体重并记录——初步评估患者是否存在药物过敏史，了解尿常规、血生化等辅助检查结果——安慰患者——办理入院手续——遵医嘱给予治疗——填写住院护理评估单及护理表格——进行入院注意事项告之和安全教育。

住院护理工作过程：加强巡视，观察生命体征（尤其是体温）、伴随症状及小便情况——执行医嘱（予抗生素等治疗）——嘱患者注意尿道及会阴部的清洁——嘱多饮水，勤排尿，给予营养丰富、易消化食物——心理护理、健康教育——填写护理记录单。

出院护理工作过程：执行出院医嘱、撤销单据及卡片、整理出院病历、做好出院登记——征求患者意见和建议——出院宣教，指导患者注意个人卫生，多饮水（>2000ml/d）——协助备好出院所带药品，嘱按医嘱用药并严格遵医嘱定期复查——通知护工、膳食科——常规清洁床位——填写出院护理记录。

（四）护理目标及评价

患者排尿异常消失；体温正常；情绪稳定，能积极配合治疗；能自述尿路感染的治疗和自我保健知识。

三、健 康 指 导

（1）向患者及其家属讲解引起和加重尿路感染的相关因素。积极治疗并消除易感因素，如尽量避免尿路器械检查；与性生活有关的反复发作者，性生活前夫妻双方均应清洗外阴，性生活后女方应立即排尿或清洗外阴；有膀胱-输尿管反流者，养成"二次排尿"的习惯。

（2）多饮水、勤排尿（每2~3小时排尿1次）是最简便而有效的预防尿路感染的措施。

（3）指导患者保持良好的生活习惯，注意个人卫生，尤其是女性月经期、妊娠期、产褥期，注意会阴部及肛周皮肤的清洁，不憋尿；女婴应特别注意尿布及会阴部卫生。

（4）劳逸结合，适度活动，营养均衡，增强机体抵抗力。

（5）严格遵医嘱用药，不随意停药减量，定期复查，出现症状及时就诊。

情境5-1 问题回答

入院第2天，患者尿路刺激症状缓解，但感到明显焦虑。

患者："护士，为什么我会发生急性肾盂肾炎呢？"

护士："急性肾盂肾炎属于上尿路感染，是女性常见的疾病，尤其是已婚女性。最常见的致病菌是大肠埃希菌。"

患者："尿路感染会不会影响到我以后的生育？"

护士："如果你们准备要宝宝，在怀孕之前最好来做一个尿液检查，查查是否存在无症状性菌尿，这样更有利于优生。孕早期就开始预防性治疗，性交后立即排尿，并服用一次常用量抗生素，如头孢立新和呋喃妥因，能有效防止尿路感染，且对母体和胎儿没有影响。"

患者："我听说尿路感染容易复发，怎样才能预防尿路感染呢？"

护士："平时多饮水，勤排尿，这是预防尿路感染最有效的方法，注意保持会阴部的清洁，增强体质。"

……

（患者：症状消失，静脉给药2周后办理出院，予带口服药和复查的指导。）

护士："出院以后记得按时按量服药，停药1周后接中段尿复查一次尿培养，1个月后需要再复查一次。"

患者："护士，我都没有症状了，怎么还要再查尿培养两次？"

护士："这是为了及时检查是否发生再发性尿路感染，由原致病菌引起的感染称为复发，常在停药1个月内发生；由另一致病菌侵入感染称为重新感染，一般在停药1月后发生。疗程结束后1周及1个月后复查尿菌阴性才叫做治愈。"

小结

尿路感染最常见的感染途径是上行感染，上尿路感染一般为急性肾盂肾炎，下尿路感染为膀胱炎，以大肠埃希菌为最常见致病菌，护理的重点在于控制感染，减轻尿路刺激症状，多饮水、勤排尿是预防尿路感染的最佳方法。服用磺胺类药物时要多饮水，以增强疗效、减少磺胺结晶的形成，停止服用抗菌药物后1周、1月复查尿培养转阴后可认为治愈（女性患者留尿做尿液检查时，注意避开月经期）。

自 测 题

A₁型题

1. 急性肾盂肾炎最主要的感染途径是（ ）
   A. 血行感染　　　　B. 直接感染
   C. 淋巴道感染　　　D. 上行感染
   E. 院内感染

2. 急性肾盂肾炎最常见的致病菌是（ ）
   A. 变形杆菌　　　　B. 副大肠杆菌
   C. 大肠埃希菌　　　D. 葡萄球菌
   E. 真菌

3. 急性肾盂肾炎的临床特点不包括（ ）
   A. 起病急骤
   B. 有感染所致的全身症状
   C. 有明显的尿路刺激症状
   D. 中段尿细菌培养易获阳性
   E. 双下肢水肿

4. 尿常规检查中对急性肾盂肾炎诊断最具有价值的是（ ）
   A. 红细胞管型　　　B. 颗粒管型
   C. 蜡样管型　　　　D. 透明管型
   E. 白细胞管型

5. 下列哪项护理措施不能减轻膀胱刺激征（　　）
   A. 药敏试验结果前使用磺胺类药物
   B. 勤排尿，保持外阴清洁
   C. 口服碳酸氢钠，碱化尿液
   D. 会阴部冷敷
   E. 多饮水

A₂型题

6. 患者，女，33岁，诊断为膀胱炎，为预防尿感的复发，护士告诉其应采取的措施不正确的是（　　）
   A. 勤换内裤，清洗外阴
   B. 避免过度劳累
   C. 穿紧身裤
   D. 少憋尿
   E. 多饮水

7. 患者，女，32岁，因双侧腰部酸痛、尿频、尿急、尿痛伴发热3天就诊。体温39.3℃，双肾叩击痛，尿液检查：蛋白（−）、WBC（++）、RBC满视野，应考虑（　　）
   A. 急性肾炎　　　　B. 急性膀胱炎
   C. 慢性肾盂肾炎　　D. 肾结核
   E. 急性肾盂肾炎

A₃型题

（8~10题共用题干）
患者，女，26岁，近2天来发热、腰痛，伴尿急、尿频、尿痛，尿镜检白细胞增多，达25个/HP。

8. 考虑该患者可能患有（　　）
   A. 急性肾炎　　　　B. 慢性肾炎
   C. 急性肾盂肾炎　　D. 急进性肾炎
   E. 肾病综合征

9. 本病病因是（　　）
   A. 细菌感染　　　　B. 营养过剩
   C. 过敏　　　　　　D. 免疫缺陷
   E. 遗传因素

10. 该病最有效的预防措施是（　　）
    A. 每周清洗会阴部　B. 体育锻炼
    C. 加强营养　　　　D. 常服抗生素
    E. 多饮水、勤排尿，以冲刷尿道

（11~13题共用题干）
患者，女，28岁。因高热寒战2天，伴腰痛、尿频、尿急来院门诊，诊断为急性肾盂肾炎。

11. 为患者做中段尿细菌培养，指导采集标本的正确做法是（　　）
    A. 留取标本前用消毒剂清洗外阴
    B. 留取中段尿于清洁容器内
    C. 为提高阳性率，应留取晨尿
    D. 留取标本前应多饮水
    E. 如已使用抗生素，宜停药3天后留取尿液

12. 中段尿培养有临床意义的是细菌数大于（　　）
    A. 10^3/ml　　　　B. 10^4/ml
    C. 10^5/ml　　　　D. 10^6/ml
    E. 10^7/ml

13. 该患者临床治愈的标准为（　　）
    A. 临床症状消失
    B. 临床症状消失、尿常规转阴
    C. 临床症状消失、尿培养1次转阴
    D. 临床症状消失、每周复查1次尿常规和尿培养连续2~3次均转阴
    E. 6周后复查尿培养阴性

第3节　慢性肾小球肾炎患者的护理

情境5-2

患者，男性，35岁，发作性腰痛伴尿频、尿急4年，因发热伴尿痛、腰痛2天入院。主诉："腰痛时有时无，有时候小便还会有血，尿液看起来也不清，是浑浊的。"入院后查体：T 38℃，BP 144/92mmHg，眼睑轻度水肿，尿常规：尿蛋白（+）、WBC（+++）、RBC（+）。肾脏B超：右肾11cm×5cm×3.5cm，左肾9cm×4cm×2.5cm，腹部平片示：左肾区钙化灶。

一、疾病概要

（一）概述

慢性肾小球肾炎（CGN）简称慢性肾炎，是指一组以血尿、蛋白尿、高血压和水肿为临床表现的肾小球疾病，其特点是起病隐匿，病情迁延，病变进展缓慢持续，最终可发展成慢性肾衰。本病可发生于任何年龄，以中青年居多，男性多于女性。

（二）病因及发病机制

本病由各种原发性肾小球疾病迁延不愈发展而成，仅少数患者是由急性肾炎发展而来，绝大多数患者病因不明。起病即属慢性肾炎，与急性肾炎无关。根据病理类型不同，病因及发病机制也不尽相同。一般认为本病的起始因素为免疫介导性炎症。另外，高血压引起肾小动脉硬化性损伤，肾小球内高压、高灌注、高过滤等因素可促进肾小球硬化；疾病过程中出现大量蛋白尿、脂质代谢异常也会加重肾小管和肾小球的慢性损伤。

慢性肾炎常见的病理类型有系膜增生性肾炎、系膜毛细血管性肾炎、膜性肾病及局灶性阶段性肾小球硬化等。

（三）诊断及治疗要点

1. 诊断要点　凡蛋白尿持续1年以上，伴血尿、水肿、高血压和肾功能不全，在排除继发性肾炎、慢性肾盂肾炎及遗传性肾炎的基础上，即可诊断为慢性肾炎。

2. 治疗要点　慢性肾炎的治疗以防止和延缓肾功能的进行性衰退，改善症状为目标。主要措施有：给予优质低蛋白质、低磷饮食，有明显水肿和高血压时应限制食物中盐的摄入量；控制高血压，首选血管紧张素转换酶抑制剂（ACEI，如贝那普利）和血管紧张素Ⅱ受体拮抗剂（ARB，如氯沙坦）；应用血小板解聚药；避免加重肾损害的因素（如劳累、感染、妊娠及应用肾毒性药物等）。

> **情境5-2 诊断分析**
> 慢性肾炎多起病隐匿，以血尿、蛋白尿、高血压和水肿为临床表现，部分患者可出现肉眼血尿。该患者B超显示左肾明显缩小，左肾区钙化灶可能是炎症钙化所致。通过蛋白尿持续1年以上，伴血尿、高血压、水肿和肾功能不全，排除继发性肾炎、遗传性肾炎和慢性肾盂肾炎，即可诊断。

二、疾病护理

（一）护理评估

1. 健康史　询问患者发病时间、起病急缓，有无明显的病因和诱因，如有无呼吸道感染、皮肤感染等病史；是否因感染、劳累、妊娠、应用肾毒性药物及高蛋白、高磷高脂饮食等诱发或加重；既往有无类似病史、诊疗经过及用药情况；有无家族史及过敏史。

2. 身体状况

（1）症状：多数起病缓慢、隐匿。可有一个相当长的无症状尿异常期。常以水肿或高血压为首发症状，早期水肿时有时无。蛋白尿和血尿出现较早，后期出现贫血和肾功能损害，最后发展为慢性肾衰而出现相应的临床表现。

1）水肿，多为眼睑肿和（或）下肢轻中度凹陷性水肿，一般无体腔积液，水肿是由水钠潴留和低蛋白血症引起。

2）高血压，多数患者有高血压，肾衰竭时90%患者有高血压。与水钠潴留、血中肾素和血管紧张素的增加有关。

3）蛋白尿，本病的必有表现，尿蛋白定量在1~3g/d。

4）血尿，多为镜下血尿，偶有肉眼血尿。

5）肾功能损害，呈慢性进行性损害。已有肾功能不全的患者遇应急状态时（劳累、感染、血压增高、肾毒性药物应用等），肾功能可急剧恶化。

6）其他，慢性肾衰患者常出现贫血，中度以上贫血时表明肾功能损害已比较严重。长期高血压者可出现心脑血管的并发症。

(2) 体征：水肿时有时无，晚期水肿持续存在，多在眼睑和双下肢。

考点：慢性肾炎的临床表现

3. 心理-社会状况　因本病病程迁延，病变进展缓慢，反复发作，加上长期服药，预后不良，患者常产生焦虑、恐惧和悲观的情绪。如有经济负担，会进一步加重患者和家属的心理负担。

4. 辅助检查

(1) 尿液检查：尿蛋白+～+++，24小时尿蛋白定量1～3g；尿沉渣镜检可见多形性红细胞及红细胞管型；尿比重偏低。

(2) 血液检查：早期正常或轻度贫血，晚期可有红细胞计数和血红蛋白明显下降。

(3) 肾功能检查：肾功能不全者内生肌酐清除率下降，血肌酐和血尿素氮升高。

(4) B超检查：晚期可见双肾缩小，皮质变薄。

(5) 肾组织活检：可确定慢性肾炎的病理类型。

(二) 护理诊断及合作性问题

1. 体液过多　与肾小球滤过率降低、水钠潴留及低蛋白血症等有关。
2. 营养失调：低于机体需要量　与长期蛋白尿导致蛋白丢失及限制蛋白饮食、代谢紊乱有关。
3. 焦虑　与疾病迁延反复、预后不良有关。
4. 潜在并发症　慢性肾衰竭。

情境5-2 护理诊断分析

患者的主要症状与体征为水肿，故提出体液过多的护理诊断，蛋白尿导致体内蛋白丢失，营养失调，疾病预后不良，可能以肾衰为结果，故还提出营养失调、焦虑、潜在并发慢性肾衰的护理诊断。此外，还可结合患者的其他情况提出相应的护理措施。

(三) 护理措施

1. 一般护理

(1) 慢性肾炎患者在保证充分休息和睡眠的基础上，应有适度的活动。对水肿明显、血尿、大量蛋白尿及高血压或合并感染、心衰、肾衰及急性发作期患者，应限制活动，卧床休息。

(2) 给予患者优质低蛋白、低磷、低盐、高热量、高维生素饮食。因摄入蛋白过多可使肾功能进一步恶化，向患者及家属解释低蛋白低磷饮食的重要性，蛋白质摄入量为0.6～0.8g/(kg·d)，其中50%以上应为优质蛋白质；低蛋白饮食时，适当增加碳水化合物的比例，以满足机体生理代谢所需要的热量，避免因热量不足发生负氮平衡；有明显水肿和高血压者限制水和钠的摄入，水按"量出为入"的原则补充，钠盐每日摄入量应少于3g。同时注意补充多种维生素及锌元素，锌有增强食欲的作用。

考点：慢性肾炎的饮食要求

链接：什么是优质蛋白质？

优质蛋白质是指富含必需氨基酸的动物性蛋白质。瘦猪肉、牛肉、鸡肉、鱼、鸡蛋、奶类制品等食物中的必需氨基酸含量高，为优质蛋白质食物，作为蛋白质的主要来源。而植物蛋白多为非必需氨基酸，故肾病患者不提倡食用。

链接：哪些食物含磷量高？

高磷食物多见于干货、内脏、各类奶制品、海产品、根茎类。如葡萄干、蛋黄、牛奶、奶酪、冰淇淋、麦片、海带、花生、杏仁、可乐、巧克力和豆制品等。

2. 病情观察　密切观察患者的血压；准确记录24小时出入量，特别是尿量；观察水肿的消长情况;注意有无出现胸、腹腔积液的征象;监测肾功能,及时发现肾衰竭。

3. **对症护理** 遵医嘱使用利尿剂、降压药、糖皮质激素或其他免疫抑制剂等,熟悉这些药物的作用、用量、用法、不良反应,并向患者交代清楚,不可擅自改变药物剂量和停药,以确保疗效。使用利尿剂应注意患者有无电解质、酸碱平衡紊乱;首选对肾脏有保护作用的 ACEI 类和 ARB 类药物来控制高血压。服用降压药时,嘱患者起床后稍坐几分钟,再缓慢站起,防止发生直立性低血压;应用血小板解聚药(如双嘧达莫、阿司匹林)时,注意观察患者有无出血倾向,定期监测出凝血时间等;应用激素或免疫抑制剂时,适当进行保护性隔离,注意观察患者有无继发感染、上消化道出血、水钠潴留、血压升高、肝功能损害及骨质疏松等。

4. **心理护理** 不良心理可造成肾血流量减少,加速肾功能减退,应主动与患者沟通,及时发现并缓解患者的不良情绪,对患者提出的问题给予耐心解答,帮助患者调整心态,积极乐观地配合治疗与护理。

护考链接

慢性肾小球肾炎治疗中可降压、延缓肾功能减退的措施是(　　) A. 低蛋白、低磷饮食 B. 血管紧张素转换酶抑制剂 C. 利尿药 D. 抗血小板药物 E. 卧床休息

答案:B

情境5-2 护理工作过程

入院护理工作过程:接诊——送患者到病床——为患者戴腕带,换病服——通知医师、护工——测量并记录生命体征及体重——评估患者的水肿及血尿情况,是否存在药物过敏史,了解尿常规、血生化等辅助检查结果——安慰患者——办理入院手续——填写住院护理评估单及护理表格——进行入院注意事项告之和安全教育。

住院护理工作过程:加强巡视,观察生命体征(尤其是体温)、伴随症状及小便情况——协助医生进行肾穿刺——记录24小时出入量——协助完善相关影像学、生化、免疫学检查——遵医嘱给予药物治疗——嘱患者注意饮食禁忌,根据病情调整蛋白质摄入量,予营养丰富、易消化食物——皮肤护理——心理护理、健康教育——填写护理记录单。

出院护理工作过程:执行出院医嘱、撤销单据及卡片、整理出院病历、做好出院登记——征求患者意见和建议——出院宣教、指导患者注意预防感染,适当进行保护性隔离——协助备好出院所带药品,嘱按医嘱用药并严格遵医嘱定期复查——通知护工、膳食科——常规清洁床位——填写出院护理记录。

(四)护理目标与评价

患者水肿减轻或消失;食欲有所改善,营养状况好转;积极配合治疗;肾功能减退得到缓解,发生慢性肾衰竭能被及时发现和处理。

三、健 康 指 导

(1)向患者及家属讲解慢性肾炎治疗的关键在于防止或延缓肾功能进行性减退,应注意避免感染、劳累、妊娠、使用肾毒性药物等不良诱因。

(2)教会患者及家属如何控制饮水量、蛋白质摄入量、自我监测血压、记录液体出入量等。

(3)指导患者生活规律,保证休息,合理饮食。保证充足的热量和多种维生素;勿食高磷、高钠的食物。

(4)指导患者遵医嘱服药,学会观察药效及不良反应,不使用肾毒性药物,如氨基糖苷类抗生素、磺胺类、两性霉素等。

(5)保持良好乐观的心态。定期复查,发现异常及时就诊。

考点:肾炎患者的健康指导

情境 5-2 问题回答

入院后第3天早上,医生拟为患者行肾穿刺活检术,护士前去与患者进行沟通,以取得合作。

护士:"杨先生,您好,今早医生为您安排了肾穿刺活检术,就是在您的左肾上取下一小部分活体组织,送病理室检查。您是否愿意配合?"

患者:"啊,为什么要做肾穿刺?有什么意义?"

护士:"肾穿刺除了可以明确诊断,还可以进一步探讨肾实质疾病的临床分型与病理分型的关系、指导治疗,如果是动态活体检验还可以有助于判断预后。医生会为您打麻药的。肾穿刺在B超引导下进行,穿刺定位是比较安全的。并且我们会先为您静脉采血做交叉配血试验、监测您的出凝血时间,做好完善的准备。"

患者:"那我需要做哪些准备配合穿刺?"

护士:"穿刺时您需要配合医生屏气,穿刺后多饮水有助于预防血块堵塞尿路,但您要先学会床上排尿,因为穿刺后需要卧床24小时,前6小时需要绝对平卧,不能翻身。请不必紧张,这只是一个小操作。"

……

护士查房,患者母亲问护士:"小刘护士,最近我给儿子做的食物都是猪肉鸡肉的,味道清淡,明天我想给他炒点蛤蜊和海带汤换换行不?"

护士:"换换其他口味增强食欲是很好的,但海产品最好少吃,含磷比较高,还有动物内脏、干货、根茎类、蛋黄等含磷也比较高。补充热量的同时注意补充多种维生素和锌,锌有刺激食欲的作用呢。"

家属:"哦,这样啊。"

……

患者出院,护士为其做出院指导。

护士:"出院后要注意休息,适当活动,最好不要去人多密集的地方,以防发生感染,如有感染,不要随意使用磺胺类药物和氨基糖苷类抗生素,比如庆大霉素、链霉素等,应立即就医,劳累、感染、高脂高蛋白高磷饮食都会加重肾损害,严重者会引起肾衰。"

患者:"为了避免感染,我去接种一些疫苗吧。"

护士:"不行的,预防接种同样会加速肾功能恶化。"

患者:"哦!医生让我定期复查,要复查的具体有哪些项目呢?"

护士:"慢性肾病病程长,因此需要定期随访以观察病情发展,复查的内容包括肾功能、血压、水肿等。你们回家后也可以自行检测体重变化,观察有无口唇指甲发白的贫血症状。对了,长期服用ACEI类药物可能引起血钾升高,主要表现有倦怠无力、四肢厥冷、动作迟钝、嗜睡、心率减慢等,一旦发生这些情况,要立即就医。"

小结

慢性肾小球肾炎是一组病情迁延、病变进展缓慢的原发性肾小球病,起始因素为免疫介导性炎症。主要临床表现为蛋白尿、血尿、水肿、高血压及肾功能损害。主要护理措施有卧床休息、优质蛋白低磷饮食、防治感染、使用激素和免疫抑制剂及心理疏导,目的是延缓肾功能恶化的进程。

自测题

A₁型题

1. 慢性肾小球肾炎必有的临床表现是（　　）
   A. 水肿　　B. 高血压
   C. 蛋白尿　　D. 血尿
   E. 贫血

2. 慢性肾炎的治疗原则是（　　）
   A. 以消除蛋白尿、血尿为目标
   B. 激素治疗为主
   C. 防止和延缓肾功能减退,改善症状
   D. 休息、饮食治疗为主
   E. 尽早透析治疗

3. 慢性肾炎患者24小时尿蛋白定量常为（　　）
   A. <1g/d　　B. >150mg/d
   C. <2g/d　　D. 1～2g/d
   E. 1～3g/d

4. 慢性肾炎除下列哪一药物,均应慎用（　　）
   A. 青霉素　　B. 两性霉素B
   C. 庆大霉素　　D. 磺胺类
   E. 链霉素

A₂型题

5. 患者,男,43岁,诊断为慢性肾炎,护士在向其进行饮食指导时最应注意告知患者（　　）
   A. 低钙饮食
   B. 植物蛋白为主

C. 增加碳水化合物和脂肪的比例
D. 低蛋白低磷饮食
E. 低盐饮食

6. 患者，男，39岁。既往有肾小球肾炎病史。近2月来双下肢水肿，血压升高，来院复查诊断为慢性肾炎急性发作。为迅速缓解症状，最佳措施是（ ）
   A. 卧床休息，抬高下肢
   B. 激素治疗
   C. 抗生素治疗
   D. 降压利尿
   E. 应用免疫抑制剂

7. 患者，男性，37岁。因血尿伴水肿1月余就诊，测血压142/96mmHg，诊断为慢性肾小球肾炎。下列治疗中错误的是（ ）
   A. 使用利尿剂
   B. 应用ACEI或ARB类药物
   C. 低蛋白低磷饮食
   D. 使用双嘧达莫抗血小板药物
   E. 应用糖皮质激素

A₃型题

(8~11题共用题干)

患者，女性，28岁，因反复出现蛋白尿（+~+++）、镜下血尿、轻度水肿入院。查血压172/98mmHg，肾功能检查血肌酐持续升高。

8. 该患者的最可能的医疗诊断是（ ）
   A. 急进性肾衰竭
   B. 慢性肾小球肾炎
   C. 膀胱炎
   D. 急性肾盂肾炎
   E. 急进性肾小球肾炎

9. 该病发病的起始因素是（ ）
   A. 免疫介导炎症 B. 链球菌感染
   C. 代谢产物潴留 D. 感染后毒素作用
   E. 病毒感染

10. 可确定该患者所患疾病病理类型的检查是（ ）
    A. 免疫学检查 B. 肾功能检查
    C. 尿常规   D. 病原学检查
    E. 肾组织活检

11. 下列对该患者健康教育的内容中，错误的是（ ）
    A. 避免劳累、受凉
    B. 皮肤瘙痒时用肥皂洗涤，去除尿素、污垢等
    C. 按时测血压，调整降压药量
    D. 禁用肾毒性药物
    E. 育龄期注意避孕

第4节 慢性肾衰竭患者的护理

情境5-3

患者，男性，42岁。患者自诉："3年前就莫名其妙地出现眼睑水肿，没有乏力、腰痛、排尿也正常，在村诊所测得BP 158/92mmHg，也没想到要治。之后水肿间断出现，这一年来每天晚上起床小便3次，最近一个月觉得乏力、厌食恶心，但肚子不痛，也无腹泻。吃了健胃消食片也没效果。"入院查体：T 36.5℃，P 85次/分，R 18次/分，BP 162/98mmHg，慢性病容，贫血貌，双眼水肿明显。查血常规：Hb 83g/L，尿常规 RBC（++），蛋白（++）；血生化：Cr 550μmol/L，HCO_3^- 18mmol/L，血磷 2.21mmol/L（参考值：0.81~1.45mmol/L）。B超示双肾缩小，皮质回声增强，皮髓质分界不清。

一、疾病概要

（一）概述

慢性肾衰竭（CRF）简称肾衰，是在各种慢性肾脏病的基础上，缓慢地出现肾功能进行性减退，最终导致以代谢产物潴留、水、电解质和酸碱平衡紊乱为特征的临床综合征。为各种原发性和继发性慢性肾病持续发展的共同转归。

（二）病因及发病机制

慢性肾衰竭的常见病因在我国依次为：肾小球肾炎、糖尿病肾病、高血压肾病、多囊肾及梗阻性肾病等；国外则是：糖尿病肾病、高血压肾病、肾小球肾炎和多囊肾等。慢性肾衰竭的常见诱因有：感染、血容量不足、尿路梗阻、高血压、肾毒性物质、心衰、手术及创伤、水电解质平衡失调、高蛋白饮食等。发病机制尚未完全明了，有以下主要学说：健存肾单位学说、矫枉失衡学说、肾小球高压力、高灌注、高

滤过学说,肾小管高代谢学说等。此外,血管紧张素Ⅱ、蛋白尿、肾内凝血异常和遗传因素在慢性肾衰竭进行性恶化中起重要作用。

根据肾损害的程度,将慢性肾衰竭分为4期:肾储备能力下降期、氮质血症期、肾衰竭期和尿毒症期(表5-2)。

表5-2 慢性肾衰竭分期

表现	肾储备能力下降期	氮质血症期	肾衰竭期	尿毒症期
CFR占正常的%	50%~80%	25%~50%	10%~25%	10%以下
内生肌酐清除率(ml/min)	80~50	50~25	25~10	<10
血肌酐(μmol/L)	正常	高于正常<450	450~707	>707
临床症状	无症状	通常无明显症状,可有轻度贫血,多尿和夜尿	贫血明显,夜尿增多,水、电解质紊乱,有轻度胃肠道、心血管和中枢神经系统症状	肾衰竭晚期,临床表现和血生化异常十分显著

(三)诊断及治疗要点

1. 诊断要点 根据肾衰竭的临床表现,内生肌酐清除率下降,血肌酐、血尿素氮升高,B超等示双肾缩小,即可初步诊断为慢性肾衰竭。随后应进一步查明原发病。

2. 治疗要点 治疗原发病和纠正加重慢性肾衰的因素,以防肾功能进一步恶化,保护和预防肾脏免受其他外来因素损害,如个体化制订低盐低蛋白饮食,应用必需氨基酸,控制高血压和肾小球内高压力,避免使用肾毒性药物等;根据病情所处阶段合理确定治疗措施,尿毒症晚期则须进行透析或肾移植等替代治疗。此外,出现并发症患者应积极处理,减轻症状。

> **情境5-3 诊断分析**
> 患者间断出现眼睑水肿,血压升高3年,夜尿增多,厌食乏力进行性加重,慢性病程,起病较隐匿。皮肤有氨味,实验室检查尿蛋白和隐血均为阳性,血磷升高,表示可能有肾脏损害,血清肌酐值达到肾衰竭期参考值,B超显示双肾缩小,均支持诊断肾衰。高血压、贫血、代酸、高磷血症是由肾脏的基础疾病所引起。

二、疾 病 护 理

(一)护理评估

1. 健康史 详细询问患者的患病及诊疗经过,是否有多年的慢性肾病史,如肾小球肾炎、慢性肾盂肾炎、肾结核、尿路梗阻、尿路结石、肾小动脉硬化症、重金属中毒性肾病、糖尿病肾病、狼疮性肾炎及多发性骨髓瘤等,病程中出现了哪些症状、有何特点;有无感染、血容量不足、肾毒性物质、心力衰竭、手术及创伤、水、电解质平衡失调及高蛋白饮食等诱因;询问患者的用药情况;有无过敏史及家族史。

2. 身体状况

(1)症状:慢性肾衰竭的病变十分复杂,可累及人体各个脏器,各系统出现代谢紊乱,症状轻重不一。

1)消化系统。食欲减退是本病最早、最常见的表现。另外,恶心、呕吐、口臭、口腔溃疡、消化道出血也很常见,患者口中常有尿味。

2)心血管系统。大部分患者存在不同程度的高血压,多由水钠潴留引起,也与血浆肾素活性增高有关。高血压、高血脂及尿毒症毒素等的综合作用,患者可有毒症性心肌病,出现心衰、心律失常。晚期或透析患者可有心包炎和动脉粥样硬化,患者常有高甘油三酯血症及轻度胆固醇升高,其动脉粥样硬化发展迅速。心血管并发症是导致慢性肾衰竭患者死亡的最常见原因。

3）血液系统。①贫血，肾衰患者常有不同程度的贫血，为正常色素性正细胞贫血。主要因为受损的肾脏产生、分泌促红细胞生成素（EPO）减少。②出血倾向，可表现为皮下瘀斑、鼻出血及月经过多等。与外周血小板破坏增多、出血时间延长、血小板聚集和黏附能力下降等有关。③白细胞异常，中性粒细胞趋化、吞噬和杀菌的能力减弱，易发生感染。部分患者白细胞计数减少。

4）呼吸系统。水钠潴留和心衰可出现肺水肿，代谢产物潴留可引起尿毒症性支气管炎、肺炎、胸膜炎等，酸中毒时呼吸深而长。

5）神经系统。早期常有疲乏、失眠、注意力不集中等精神症状，后期出现抑郁、记忆力下降、性格改变、谵妄、幻觉及昏迷等。晚期患者常有周围神经病变，出现肢体麻木、深腱反射消失及肌无力等，下肢受累多见。

6）皮肤症状。皮肤瘙痒是常见症状，与尿素霜沉积有关，患者面色萎黄，轻度水肿，呈"尿毒症"面容和贫血貌。

7）肾性骨营养不良。又称肾性骨病，可出现纤维囊性骨炎、尿毒症骨软化症、骨质疏松症，最终导致肾性骨硬化。肾性骨病的发生与活性维生素 D_3 不足、继发性甲状旁腺功能亢进、营养不良等有关。

8）内分泌失调。患者常有性功能障碍，女性可出现闭经、不孕等，男性患者常有阳痿现象。

9）继发感染。是主要死亡原因之一，以肺部感染和尿路感染常见。与机体免疫功能低下、白细胞功能异常等有关。

10）代谢紊乱。可有脂代谢异常、糖耐量异常、氨基酸代谢紊乱出现负氮平衡等；还引起水、电解质和酸碱平衡失调，如高钠或低钠血症、高钾或低钾血症、水肿或脱水、低钙高磷血症、代谢性酸中毒等。

(2) 体征：慢性肾衰竭患者的体征通常为全身性的，可出现水肿、高血压、贫血面容、皮肤瘀斑或尿素霜；心率增快、肺底湿啰音、肝大、颈静脉怒张等心力衰竭征象；神经反射异常；肾区叩击痛等。

> **护考链接**
> 尿毒症引起贫血的原因主要是（　　） A. 红细胞破坏多、寿命缩短　B. 铁、叶酸缺乏　C. 严重呕血　D. 肾分泌红细胞生成素减少　E. 代谢产物抑制骨髓造血
> 答案：D

3. 心理-社会状况　慢性肾衰竭患者因预后不佳，治疗费用昂贵，患者及家属心理压力和经济压力都很大，尤其是需要进行长期透析或做肾移植手术时，可出现抑郁、恐惧、悲观和绝望等不良情绪。

4. 辅助检查
(1) 血常规：RBC 计数下降，Hb 浓度降低，WBC 计数升高或降低。
(2) 尿液检查：尿比重降低而固定，尿沉渣中可检出红细胞、白细胞、颗粒管型、蜡样管型等。
(3) 肾功能检查：内生肌酐清除率降低，血肌酐增高，血尿素氮增高。
(4) 影像学检查：B 超或 X 线平片可见双肾缩小。

考点： 慢性肾衰竭的主要临床表现

（二）护理诊断及合作性问题

1. 营养失调：低于机体需要量　与长期限制蛋白质摄入、消化代谢功能紊乱有关。
2. 活动无耐力　与心脏病变、贫血、水、电解质和酸碱平衡失调有关。
3. 有皮肤完整性受损的危险　与水肿、皮肤瘙痒、凝血障碍及机体抵抗力低下有关。
4. 潜在并发症　水、电解质、酸碱平衡失调。
5. 有感染的危险　与机体免疫功能低下、白细胞功能异常及透析有关。

情境 5-3 护理诊断分析

慢性肾衰竭患者由于疾病的慢性消耗,且需要限制蛋白质摄入,可出现营养失调的情况,患者多伴有贫血症状,加上水、电解质平衡紊乱等,活动耐力下降,尿素霜沉积引起皮肤瘙痒,水肿患者可能会挠破皮肤,加之抵抗力低下,故有引起感染的危险。

(三) 护理措施

1. 一般护理

(1) 患者应加强休息,避免劳累。症状不明显、病情稳定者,可适当活动。观察患者活动时有无疲劳感、呼吸困难、头晕、胸痛等;活动后心率、血压的改变,如心率比活动前增加 20 次/分以上,活动停止 3 分钟后心率没有恢复到活动前水平,提示活动量过大。病情较重、心衰者应绝对卧床休息,做好生活护理,定时为患者翻身、做肢体被动活动,防止压疮或肌肉失用性萎缩。有计划地集中进行护理操作,尽量少干扰患者。

(2) 改善患者的食欲,加强营养。适当活动,尽量使食物色、香、味俱全,提供整洁、舒适的进食环境,建议少量多餐。慢性肾衰竭患者胃肠道症状明显,口中常有尿味,应加强口腔护理。饮食原则是给予优质蛋白、低磷、高热量、富含多种维生素的易消化饮食,水肿严重者应限制水和钠的摄入。

1) 蛋白质:根据内生肌酐清除率和肾小球滤过率来严格控制蛋白质的摄入量,以降低血 BUN,减轻尿毒症症状,还有利于降低血磷、减轻酸中毒。①当肾小球滤过率(GFR)低于 50ml/min 时,应限制蛋白质的摄入,以优质蛋白质为主,如鸡蛋、鱼、牛奶和瘦肉等动物蛋白,尽量少摄入植物蛋白。蛋白质的摄入量控制在 0.6~0.8g/(kg·d),以能维持患者氮平衡为宜。②GFR 在 50~20ml/min 者,可给予 40g/d 或 0.7g/(kg·d) 的优质蛋白质。③GFR 在 10~20ml/min 者,可给予 35g/d 或 0.6g/(kg·d) 的优质蛋白质。④GFR 在 5~10ml/min 者,可给予 25g/d 或 0.4g/(kg·d) 的优质蛋白质。⑤GFR<5ml/min 时,优质蛋白的摄入量应限制在 20g/d 或 0.3g/(kg·d) 以下,此时患者需静脉输入必需氨基酸。米、面里面的蛋白质也尽量去除,如采用麦淀粉做主食。

2) 热量:供给患者充足的热量,减少体内蛋白质消耗。每天供应热量为 126kJ/kg(30kcal/kg),主要由碳水化合物和植物性脂肪供给。

3) 维生素:食物应富含 B 族维生素、维生素 C 和叶酸。

4) 必需氨基酸疗法:必需氨基酸(EAA)疗法主要用于低蛋白饮食的肾衰竭患者和蛋白质营养不良难以解决的患者,以 8 种必需氨基酸配合低蛋白高热量的饮食治疗尿毒症,使患者达到正氮平衡。成人用量为 0.1~0.2g/kg,口服为宜。静脉输注时应减慢滴速,防止发生恶心呕吐。

5) 其他:限制含磷高的食物,有高钾血症时,限制含钾高的食物;低钙血症者,应食富含钙的食物,适当补充钙片;水肿者,限制水和钠盐的摄入。透析患者应改为透析饮食。

(3) 保护水肿部位的皮肤;皮肤瘙痒时遵医嘱应用止痒剂,嘱患者切勿用力搔抓,以免造成皮肤破溃感染。忌用肥皂和刺激性液体擦拭。指导患者早晚刷牙,经常漱口;做好尿道护理,各种操作严格遵守无菌原则。

考点:慢性肾衰竭患者的护理要点

2. 病情观察 严密监测患者生命体征、意识状态、体重;准确记录 24 小时出入液量;观察有无液体量过多的表现,如短期内体重迅速增加、血压升高、意识改变及心率加快、水肿加重等;有无电解质代谢紊乱和代谢性酸中毒表现;有无感染的征象。

3. 配合治疗护理 遵医嘱用药,密切观察药物疗效及不良反应。使用促红细胞生成素纠正贫血时,观察患者用药后有无头疼、高血压、癫痫发作等不良反应,定期复查血常规;使用骨化三醇治疗肾性骨病时,要监测血钙、血磷浓度;抗感染治疗时根据药敏试验选择无肾毒性或肾毒性较低的药物,并按GFR来调整药物剂量,常选用青霉素类、头孢类等;糖尿病肾衰竭患者随着GFR不断下降,必须调整胰岛素用量,一般应逐渐减量。

4. 心理护理 护士应具有同情心,向患者及其家属解释疾病有关知识,耐心解答患者的疑虑,做好心理疏导,鼓励患者保持乐观的情绪,正确面对疾病,树立信心,积极配合治疗和护理。

链接:血管通路的分类

血管通路,又称血液通路。建立一条良好的血管通路是肾衰竭的患者顺利进行血液透析的基本保证。血液通路分为临时性和永久性2类。作为抢救生命的手段,临时血管通路要求时间短;对于慢性肾衰竭患者,维持透析的血管通路需重复使用,能长期维持,尽量不限制患者的日常生活。永久性血液通路包含动-静脉外瘘和动-静脉内瘘。外瘘管术后可立即使用,内瘘管需待术后2~6周,静脉管壁动脉化后方可使用。

情境5-3 护理工作过程

入院护理工作过程:接诊——送患者到病床,协助患者取舒适体位,换病服——为患者戴腕带——通知医师、护工——测生命体征及体重并记录——初步评估患者营养状况,了解尿常规、血生化等辅助检查结果——安慰患者——办理入院手续——填写住院护理评估单及护理表格——进行入院注意事项告之和安全教育。

住院护理工作过程:加强巡视,观察生命体征、伴随症状——执行医嘱(建立内瘘管等治疗)——嘱患者加强休息——给予优质蛋白高热量低盐饮食,限制磷的摄入,补充钙和维生素——给予保肾药物对症支持治疗、纠正水电解质酸碱失调——记录血液透析护理过程,评估血液透析后病情——心理护理、健康教育——填写护理记录单。

出院护理工作过程:执行出院医嘱、撤销单据及卡片、整理出院病历、做好出院登记——征求患者意见和建议——出院宣教、指导患者注意预防感染——协助备好出院所带药品,指导定期血液透析,复查各项指标——通知护工、膳食科——常规清洁床单位——填写出院护理记录。

(四) 护理目标及评价

患者食欲改善,营养状况好转;活动耐力增强;水肿逐渐消退或得到控制,皮肤无受损;无感染、酸中毒等并发症发生,或发生后及时发现并处理。

三、健 康 指 导

(1) 向患者及家属讲解与疾病有关的基本知识,坚持积极治疗,消除或避免加重病情的各种因素,以延缓病情,提高生活质量。

(2) 强调合理饮食对本病的重要性,严格遵循治疗性饮食的原则,尤其是调整蛋白质的性质和量,限制水钠摄入。加强休息,注意劳逸结合,根据病情和活动耐力适当运动,避免劳累。

(3) 遵医嘱用药,避免使用具有肾毒性或肾毒性强的药物,如氨基糖苷类抗生素、磺胺类等。

(4) 指导患者注意个人卫生,保持口腔、皮肤、会阴部的清洁,若皮肤发痒,勿用力揉搓或抓挠,以免皮肤破损发生感染;注意保暖,避免受凉。

(5) 定期复查肾功能、血清电解质等,记录每日尿量、血压、体重。

(6) 内瘘管的护理:①术前有计划地保护一侧上肢静脉,避免穿刺。②术后观察血管是否通畅,手术部位有无出血,保护术肢清洁干燥,以防感染。③避免术肢受压,不戴手表、测血压,不在内瘘管抽血、注射等。④术后早期功能锻炼,促进瘘管形成。⑤熟练掌握内瘘穿刺技术,透析结束拔针后至少按压10分钟,彻底止血。⑥教会患者判断内瘘管是否通畅,扪及吻合口静脉端有震颤说明通畅。⑦保护内瘘,勿持重物、避免碰撞伤等。

(7) 腹膜透析者,保护好腹膜透析管道。

考点:慢性肾衰竭患者的健康指导

情境 5-3 问题回答

患者："护士，医生告诉我我得的是慢性肾衰竭，是不是人们常说的尿毒症？"

护士："慢性肾衰竭是由于各种原因引起的肾功能缓慢减退而至衰竭，肾衰竭根据临床进展分为4个阶段，肾脏储备能力丧失期、氮质血症期、肾衰竭期、尿毒症期。尿毒症属于肾衰竭的晚期，肾衰竭不等于尿毒症。"

患者："我听说肾衰竭是很严重的，是不是治不好了？"

护士："您的病情是一个慢性转化的疾病，所以治疗也是需要逐步开展的。首先我们要采取措施控制您的病情，减缓肾衰竭的速度，您也要配合我们的治疗，用积极的态度去面对！"

患者："有什么办法可以治疗我的病？"

护士："您现在处于肾衰竭期，治疗肾衰竭主要依靠透析，有血液透析、腹膜透析和结肠透析，住院期间医生将会根据您的具体情况为您制订血液透析液，就是将您的血液和透析液同时引进透析器，利用透析器（人工肾）的半透膜，将血中蓄积的过多毒素和过多的水分清出体外，并补充碱基以纠正酸中毒，调整电解质紊乱，替代肾脏的排泄功能。"

患者："那我什么时候可以透析？"

护士："要根据您的病情做进一步的检查，最好做好自我保护，避免发生感染、贫血等加快肾衰竭的速度。"

患者："现在我有贫血的情况，也是肾衰竭引起的吗？"

护士："是的，贫血主要由于肾脏促红细胞生成素的减少导致。您现在出现的夜尿频多、水肿、厌食恶心等都是肾衰竭的临床表现。"

家属："我想多做点有营养的饭菜给我爱人补补，肾衰竭在饮食上有什么讲究吗？"

护士："肾衰竭的患者对糖和脂肪的摄取没有特殊要求，但是要减少蛋白质的摄入，降低血尿素氮，以优质蛋白质也就是动物蛋白为主，维持机体氮平衡。由于钙磷代谢异常，大量钙丢失，磷不能排出，所以要适当补钙，限制磷的摄入，含磷多的食物有乳类、海鲜、肉、干酵母、蛋黄、肝、花生仁等。为了防止发生高钾血症，也尽量少吃香蕉、橘子等含钾高的食物。此外，还要适当限制水和盐的摄入，减轻水肿。"

……

患者出院，定期到医院透析并复诊。

家属："对于肾衰竭需要注意观察那些病情变化呢？"

护士："如果您爱人出现水肿加重、呼吸有氨味或者有出血倾向、神智改变等，要赶紧来找医生；出现皮肤瘙痒不要用力抓，以免皮肤破损造成感染。此外，一定要根据医嘱按时透析。"

小结

慢性肾衰竭是在各种慢性肾脏病的基础上，缓慢地出现肾功能持续性减退，导致以代谢产物潴留、水、电解质和酸碱平衡紊乱为特征的临床综合征。见于各种慢性肾病的终末期，病程迁延，死亡率高。治疗主要在于积极防治对肾脏损害的因素，保护肾功能。血液透析、腹膜透析可替代部分肾功能，以减轻症状，维持生命。目前肾移植是肾衰竭的最佳治疗手段。护理重点有严格遵循治疗性饮食原则、保护皮肤完整性、注意休息、观察病情、预防感染、合理用药、给予心理支持和健康指导。

自测题

A₁型题

1. 慢性肾衰竭最常见的病因是（ ）
   A. 原发性肾小球肾炎　B. 高血压及肾动脉硬化
   C. 慢性肾盂肾炎　　　D. 肾结核
   E. 糖尿病

2. 慢性肾衰竭必会出现的症状是（ ）
   A. 高血压　　　B. 高血钾
   C. 酸中毒　　　D. 动脉粥样硬化
   E. 贫血

3. 慢性肾衰竭临床表现最早最突出的症状是（ ）
   A. 急性左心衰竭
   B. 水肿、少尿
   C. 代谢性酸中毒呼吸深而长
   D. 贫血、乏力
   E. 食欲缺乏、恶心、呕吐等

4. 慢性肾衰竭患者发生水、电解质、酸碱失衡的类型不包括（ ）
   A. 高钾血症　B. 高钙血症　C. 高钠血症
   D. 水钠潴留　E. 高磷血症

5. 慢性肾衰竭患者心血管系统出现的表现不包括（ ）

A. 高血压　　B. 心肌炎　　C. 动脉粥样硬化
D. 心包炎　　E. 心衰

A_2型题

6. 患者,男,46 岁,诊断为慢性肾衰竭,出现严重电解质失调,其中危害最严重的是(　　)
   A. 高镁血症　　B. 低钠血症
   C. 高钾血症　　D. 高磷血症
   E. 低钙血症

7. 患者,女性,45 岁,慢性肾功能不全 5 年,查尿蛋白(+++)、血肌酐 410mmol/L、尿比重 1.012,其中尿常规检查,对诊断最有意义的是(　　)
   A. 白细胞管型　　B. 蜡样管型
   C. 红细胞管型　　D. 颗粒管型
   E. 透明管型

8. 患者,男性,47 岁,发现慢性肾衰 2 年余,其饮食护理正确的是(　　)
   A. 低钙饮食　　B. 高钾血症应限制含钾食物
   C. 低热量饮食　　D. 低生物效价蛋白饮食
   E. 高磷饮食

9. 患者,男性,36 岁,有慢性肾炎病史。厌食、恶心、呕吐伴乏力 3 个月,内生肌酐清除率 20ml/mim,血肌酐 516μmol/L,尿素氮 30mmol/L,诊断为慢性肾衰竭。下列处理措施中错误的是(　　)
   A. 限制含磷多的食物
   B. 优质低蛋白饮食
   C. 保证足量的热量供给
   D. 尿量超过 1000ml,一般无需限钾
   E. 每日液体入量为前一天出量

A_3/A_4型题

(10~12 题共用题干)

患者,女性,58 岁,既往有慢性肾炎病史 12 年,伴高血压 5 年。近 2 个月来出现食欲缺乏、恶心、呕吐、精神萎靡、失眠,皮肤干燥瘙痒,肾功能检查:尿素氮 36.5mmol/L,肌酐 780μmol/L,电解质示血钾轻度升高。

10. 该患者出现皮肤瘙痒的主要原因是(　　)
    A. 体内毒素潴留　　B. 钙沉着于皮肤
    C. 继发细菌感染　　D. 尿素霜刺激皮肤
    E. 皮肤过干

11. 该患者出现食欲缺乏、恶心、呕吐的原因主要是(　　)
    A. 水钠潴留　　B. 体内毒素刺激胃肠黏膜
    C. 糖代谢紊乱　　D. 贫血
    E. 高钾血症

12. 针对患者的护理措施,错误的是(　　)
    A. 观察体重、尿量变化
    B. 若严重贫血,可输入库血
    C. 卧床休息以减轻肾脏负担
    D. 注意口腔护理和饮食调节
    E. 视病情限制水量

实践 6　泌尿系统常见诊疗技术及护理

【目的和要求】
1. 了解透析的原理和方法。
2. 掌握透析的适应证和护理。

一、血液透析的护理

血液透析简称血透,是利用半透膜原理,将患者血液与透析液同时引入装有半透膜的透析器,通过弥散、对流、吸附清除血液中的有害物质;通过超滤和渗透清除体内潴留过多的水分;同时补充机体需要的物质,纠正体内电解质紊乱,维持酸碱平衡。目前主张当肌酐清除率降低到 10ml/min 左右时,开始维持血液透析。透析装置主要包括透析器(又叫"人工肾")、透析液、透析机和供水系统等。

(一)适应证

1. 急性肾衰竭　明显尿毒症综合征,包括心包炎、肺水肿、严重脑病、高钾血症、严重代谢性酸中毒、容量负荷过重且对利尿治疗无效者;无尿 2 天以上者。

2. 慢性肾衰竭　①当内生肌酐清除率下降接近 5~10ml/min,血肌酐高于 707μmol/L,出现严重代谢性酸中毒,CO_2结合力<13mmol/L,高度水肿或伴有肺水肿、心包炎、水钠潴留性高血压,明显贫血时,应开始透析。②可逆性慢性肾衰竭,透析有助于过渡病情急性加重期。③肾移植前准备、肾移植后急性排异反应导致肾衰竭或慢性排异反应移植肾失去功能时,均需透析维持。

3. 急性药物或毒物中毒　凡分子质量小、水溶性高、与组织蛋白结合率低、能通过透析膜析出的

毒物所致的中毒,应争取在8~16小时采取透析治疗。如巴比妥类、地西泮、氯丙嗪等安眠药,洋地黄类药物;海洛因;有机磷、汞等金属;某些造影剂等。

4. 其他疾病　严重水电解质紊乱及酸碱失衡,常规治疗难以纠正者。

(二) 禁忌证

血液透析无绝对禁忌证,相对禁忌证有:严重休克或低血压、严重贫血、恶性肿瘤晚期、心功能不全、严重出血或感染、极度衰竭患者,以及精神病不合作者。

(三) 用物准备

血液透析设备及用物、急救药品和器械。

(四) 操作方法

1. 解释、准备　向患者及家属说明血液透析的目的及操作过程,以消除顾虑,取得患者的合作。掌握熟悉动静脉内、外瘘的护理。监测生命体征。

2. 安置体位　因一次透析约需7小时,应采取舒适卧位,定时帮助患者翻身,防止压疮。

3. 操作过程　①将动静脉瘘打开接上透析器,将血液和透析液分别引入透析器中由半透膜隔开的血液和透析液区,让两者紧贴半透膜发生弥散和渗透。②透析开始时血液速度由慢到快,约需15分钟左右才能使血流量达到200ml/min以上。③血流量稳定后设定好各种报警阈值。

4. 注意观察　严密观察患者的意识状态及生命体征,密切观察血流量、静脉压及透析液颜色等。如发生分层、凝血,提示肝素用量不足,一般加大肝素剂量即可;透析液颜色变红说明发生了破膜,应立即停止透析并更换装置。准确记录透析时间、脱水量、肝素用量等。

5. 透析温度、压力和流速　透析液温度维持在38~40℃;控制静脉压及透析液压不超过300mmHg;透析液流速500~600ml/min;血液流速100~300ml/min。

6. 操作后护理　透析结束后,对动-静脉内瘘或外瘘进行适当处理,消毒皮肤并包裹,对透析器进行清洁;测量生命体征、体重,并与透析前比较。留取血标本做血肌酐、尿素氮、血钠、血氯、血磷、血钾、血钙及CO_2结合力检查,了解透析效果。

(五) 并发症观察和护理

1. 症状性低血压　是常见并发症之一。表现为恶心、呕吐、胸闷、面色苍白、出汗、意识障碍等。可能与超滤水分过多过快、血容量不足、心源性休克、过敏反应、乙酸盐对心肌及外周血管张力的抑制等有关。处理:①立即减慢血流速度,抬高床头并给予吸氧。②通过透析管道补充生理盐水或林格液、清蛋白、血浆或鲜血,症状重者加大补液量。③必要时加用升压药,若血压不能上升,症状无缓解,应停止透析。④对醋酸盐溶液不能耐受者改为碳酸氢盐透析液。

2. 失衡综合征　可发生在透析结束前或透析后。易发生在严重高尿素氮血症患者开始透析时。表现为头痛、恶心、呕吐、血压升高、抽搐、昏迷等。处理时应注意最初几次透析时间应短,不超过4小时,脱水速率不宜过快。发生失衡综合征时遵医嘱静注高渗糖、高渗钠,应用镇静剂等。

3. 致热源反应　常于透析后1小时左右发生,表现为畏寒不适、发热、头晕、头痛、恶心、呕吐,系内毒素进入体内所致。预防及处理措施:①严格无菌操作,做好透析前后器械及透析器的消毒。②出现致热原反应时,立即停止透析,并遵医嘱应用异丙嗪25mg肌内注射、地塞米松2~5ml静注等。

4. 出血　多由于肝素应用、血小板功能不良及高血压等所致。可表现为牙龈出血、消化道出血、甚至颅内出血。一旦发生危及生命的出血,应立即协助医师处理。

二、腹膜透析的护理

腹膜透析简称腹透,是利用人体内腹膜作为自然半透膜,将适量透析液引入腹腔并停留一段时间,使腹膜毛细血管内血液和腹膜透析液之间进行水和溶质交换的过程。以达到清除体内代谢废物或其他毒性物质,纠正水、电解质紊乱和代谢性酸中毒的治疗目的。腹膜透析方法有持续循环式腹膜透析(CCPD)、间歇性腹膜透析(IPD)、持续性不卧床性腹膜透析(CAPD)和夜间间歇性腹膜透析(NIPD)等。下面重点介绍 CAPD。

(一) 适应证

腹膜透析的适应同血液透析。年龄大于 65 岁的老年人、儿童、糖尿病患者、心血管疾病或心功能不全者、反复血管造瘘失败者更适合腹膜透析。

(二) 禁忌证

1. 绝对禁忌证　腹膜有缺陷者。
2. 相对禁忌证　腹部大手术 3 日内、全身性血管疾病、腹腔巨大肿瘤、椎间盘疾病、妊娠晚期、肠梗阻、肠麻痹、横隔有裂孔及不合作者。

(三) 用物准备

准备好手术器械、透析硅胶管、透析液及相关用药。透析液要用干燥恒温箱干加热至 37℃。

(四) 操作方法

1. 解释、准备　向患者说明腹膜透析的方法、目的、意义及注意事项,以消除顾虑,取得患者的合作。评估患者的总体健康状况。备皮,做普鲁卡因皮试。术前禁食,排空膀胱。
2. 腹腔插管　在成人脐下中上 1/3 交界处,通过手术将透析硅胶管的一端放入腹腔最低处的膀胱直肠凹陷内,另一端通过皮下隧道引出,以备透析用。插管后 1~2 周需进行消毒隔离,防止感染,并保持透析管通畅。
3. 操作过程　打开透析管接头,碘伏消毒后与透析袋连接,抬高透析袋,使透析液在 5~10 分钟内流入腹腔,随后夹闭引流管口,0.5~1 小时后将透析袋放在低于腹腔的位置,将腹腔内透析液引流入透析袋,更换透析袋,如此反复多次,每日可灌入腹膜透析液 10 000~12 000ml。
4. 观察护理　①连接各种管道前要严格消毒和无菌操作。②监测并记录患者的生命体征、体重及透析液每一次进出腹腔的时间、液量和颜色。③定期进行电解质及糖的检查,若出现脱水或水潴留、高钠、高糖、低钾、高钾等并发症症状,及时报告医师处理。

(五) 并发症观察和护理

1. 引流不畅或透析管堵塞　主要为单向阻滞,即液体可进入,但流出不畅,发生双向阻滞者较少。其发生与纤维蛋白、大网膜或血块堵塞、透析管移位、受压、扭曲、腹膜粘连等有关。

处理:①鼓励患者走动,变换体位。②腹部按摩,排空膀胱,使用泻药增强肠蠕动。③腹膜透析管内注入肝素、尿激酶、生理盐水,溶解堵塞的纤维块。④调整透析管的位置或重新置管。

2. 腹痛　与透析液灌注或排出过快、透析管位置不适、高渗透析液、温度过低、透析液酸碱度不当、腹膜炎等有关。

处理:①适当调整透析管的位置及透析液的流速、酸碱度和渗透压,操作前可将透析液加温至 37℃。②如有腹膜炎,可用 1000ml 透析液连续冲洗腹腔 3~5 次;暂时改为 IPD,腹膜透析液中加入肝素及抗生素,也可全身应用抗生素。若经过 2~4 周后感染仍无法控制,应考虑拔除透析管。

3. 其他并发症　如脱水、低血压、腹腔出血、肠粘连、腹膜后硬化等,遵医嘱给予相应处理。

> **链接:血液滤过**
>
> 　　血液滤过是通过机器(泵)或患者自身的血压,使血液流经体外回路中的一个滤器,在滤过压的作用下滤出大量液体和溶质(即超滤液);同时补充与血浆液体成分相似的电解质溶液(即置换液),以达到血液净化的目的。整个过程模拟肾小球的滤过功能,但无肾小管的重吸收及排泌功能,而是通过补充置换液来完成肾小管的部分功能。血液滤过在治疗方面优于血液透析,是目前公认的治疗肾衰竭的一种完全有效的肾脏替代疗法。

(聂　珊)

第 6 章 血液及造血系统疾病患者的护理

血液流淌在每个人的血管中,从生命的开始直到生命的终结。虽然从表面上我们既看不到也摸不着,但人的每个器官、每个细胞的营养都来源于血液,是它给生命带来了新陈代谢所需的养料,血液成分的悄然变化将会影响到全身,而全身各部位的疾病也会导致血液相应的改变。揭开神秘的面纱,探索血液的秘密,清楚血液的来源,认识血液发生的疾病,懂得这些疾病的治疗护理措施,让我们更好地呵护生命。

第 1 节 概 述

血液系统疾病指原发(如白血病)或主要累及血液(如缺铁性贫血)和造血器官的疾病。其共同特点为:多表现为外周血中血细胞和血浆成分的病理性改变;机体免疫功能低下;出、凝血功能紊乱;骨髓、脾、淋巴结等器官结构功能改变。其病因可为原发的,如先天的造血功能缺陷或骨髓成分的恶性病变引起的白血病、淋巴瘤等;也可由其他系统的疾病、免疫性疾病、营养缺乏或外来因素如药物、化学毒物、感染等对造血系统损害而引起血液或骨髓成分改变。

一、血液系统的结构功能与疾病的关系

(一)血液系统的组成

血液系统由血液及造血器官组成,血液包括血浆及有形成分(红细胞、白细胞及血小板)。血浆占血液容积的55%;血液有形成分占45%,主要由造血器官的多能干细胞分化而来。造血器官出生前胚胎期以肝、脾、淋巴结为主,出生后其造血功能在应急情况下,肝脾能够重新恢复造血,称为髓外造血,出生后以骨髓为主,由造血干细胞和骨髓微环境构成。

考点:出生后主要的造血器官

(二)血液系统的功能

造血系统各成分的功能见表 6-1。

表 6-1 造血系统各成分的功能

成分	功能
血浆	含多种蛋白质、凝血及抗凝血因子、抗体、补体、激素、酶类、电解质及营养物质等,参与机体多种物质代谢并保持血液流动状态
红细胞	成熟的红细胞中血红蛋白结合并输送氧和二氧化碳
白细胞	成熟的白细胞主要起免疫防御功能
血小板	参与止血和凝血过程,并保持血管内皮的完整性
造血干细胞	具有不断更新和多向分化增殖能力,由多能干细胞分化为各系单能干细胞,最后发育成熟为各种血细胞
造血微环境	是造血干细胞定居、存活、增殖、分化和成熟的场所,微环境改变可引起机体造血功能异常

白细胞种类多,形态不同,功能各异,各类白细胞主要功能见表 6-2。

表6-2 白细胞的主要功能

种类		功能
粒细胞	中性粒细胞(NC)	主要有杀菌或抑菌作用。是入侵细菌的第一道防线
	嗜酸粒细胞(EC)	具有抗过敏、抗寄生虫作用
	嗜碱粒细胞(BC)	能释放组胺等生物活性物质,主要与变态反应有关
单核细胞	MC	吞噬异物、识别、杀伤癌细胞。是入侵细菌的防线
淋巴细胞	LC	T淋巴细胞参与细胞免疫,B淋巴细胞形成抗体参与体液免疫

(三) 血液系统疾病的病因及分类

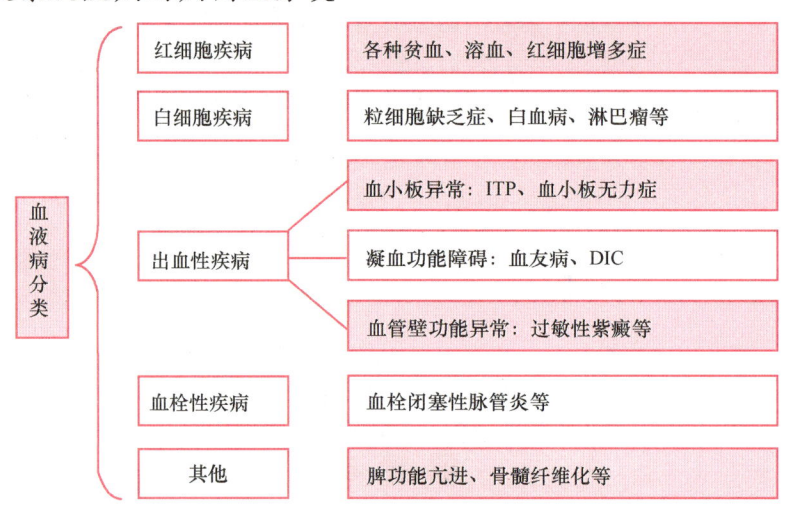

(四) 血液病的常用检查方法

1. **外周血象检查** 是血液系统疾病最基本的检查方法(表6-3)。

表6-3 部分外周血细胞正常参考值

种类	正常值
红细胞(RBC)	男 $4\times10^{12}\sim5.5\times10^{12}/L$,女 $3.5\times10^{12}\sim5.0\times10^{12}/L$
血红蛋白(Hb)	男 120~160g/L,女 110~150g/L
白细胞(WBC)	$4.0\times10^9\sim10.0\times10^9/L$
血小板(PLT)	$100\times10^9\sim300\times10^9/L$
网织红细胞(Ret)	在外周血中占0.5%~1.5%,绝对值$(77\pm23)\times10^9/L$

2. **骨髓象检查** 正常骨髓增生明显活跃,粒、红比例适当(2:1)~(4:1),易见到巨核细胞。
3. **细胞化学染色** 常有助于白血病鉴别诊断及指导缺铁性贫血的诊治。
4. **束臂试验** 用血压计袖带缚于上臂后充气,使血压维持在收缩压与舒张压之间,持续8分钟后放松袖带,5分钟后记录前臂屈侧直径为5cm圆周内的新出血点数目。超过10个为阳性,表示毛细血管脆性增加。
5. **出血时间(BT)测定** Duke法测定正常值为1~3分钟,BT>4分钟为延长。
6. **凝血时间(CT)测定** 试管法正常值为4~12分钟,CT>12分钟为延长。

> **链接:血液病新进展**
> 近年来血液病的研究及治疗护理进展很快,如染色体和基因的研究,用于某些血液病的预防和治疗。近代的化学疗法、血液分离、免疫治疗、造血干细胞移植、造血因子的应用及成分输血等,于是对专科护理提出更高的要求,如加强支持疗法、加强营养、心理护理、防止感染、防止出血、成分输血及各种化疗药物应用的护理等。

二、血液系统疾病患者常见症状体征的护理

血液系统疾病常见症状体征有贫血、出血倾向和继发感染。

贫 血

（一）概述

1. **概念** 贫血是指单位容积的外周血中血红蛋白（Hb）浓度、红细胞（RBC）计数和（或）血细胞比容（HCT）低于正常值的一种临床常见症状。其中以血红蛋白浓度降低最为重要。

2. **贫血标准** 我国成年人贫血的诊断标准，成年男性 Hb<120g/L，RBC<4.5×10^{12}/L；成年女性 Hb<110g/L，RBC<4.0×10^{12}/L；孕妇 Hb<100g/L，RBC<3.5×10^{12}/L，可诊断为贫血（表6-4）。

考点： 贫血的概念和标准

表6-4 贫血严重程度的划分标准（根据Hb浓度分）

贫血严重度	血红蛋白浓度	临床表现
轻度	>90g/L	症状较轻，仅有疲乏、困倦
中度	60~89g/L	可有活动后心悸气促
重度	30~59g/L	静息状态下仍感心悸气促
极重度	<30g/L	常并发贫血性心脏病、呼吸困难、重者晕厥

考点： 贫血程度分级及临床表现

3. **贫血分类** 根据红细胞形态特点可分为正常细胞性贫血、大细胞性贫血及小细胞低色素性贫血（表6-5）。

表6-5 贫血按红细胞形态分类

分类	MCV（fl）	MCHC（%）	MCH（pg）	临床类型
大细胞性贫血	>100	32~35	>32	巨幼细胞性贫血
正常细胞性贫血	80~100	32~35	26~32	再生障碍性贫血、急性失血性贫血、溶血性贫血
小细胞低色素性贫血	<80	<32	<26	缺铁性贫血、铁粒幼细胞性贫血、珠蛋白生成障碍性贫血

注：MCV（红细胞平均体积），MCHC（红细胞平均血红蛋白浓度），MCH（红细胞平均血红蛋白量）。

（二）护理评估

1. **健康史** 了解有无引起贫血的常见疾病，如缺铁性贫血、再生障碍性贫血、巨幼红细胞性贫血、白血病；各种溶血性疾病，如遗传性球形红细胞增多症、葡萄糖-6-磷酸脱氢酶缺乏症、自身免疫性溶血性贫血及脾功能亢进等；有无急慢性失血性疾病，如消化道出血、溃疡病、钩虫病、痔出血及月经过多等；有无化学毒物、放射性物质或特殊药物接触史；有无慢性炎症、感染、肝肾疾病、恶性肿瘤病史及家族史。

2. **身体状况** 贫血的临床表现主要由于血红蛋白量减少，携氧能力减低，引起全身组织缺氧及功能障碍所致，其表现与贫血发生的速度、贫血的严重程度、患者本身的身体状况和年龄等因素有关。

（1）一般表现：疲乏困倦、软弱无力，是贫血最常见和最早出现的症状。皮肤黏膜苍白是贫血的主要体征，一般以睑结膜、口唇及甲床最明显。

考点： 贫血最常见的症状和体征

（2）神经系统表现：因脑组织对缺氧最敏感，常有头晕头痛、眼花、耳鸣、失眠多梦、注意力不集中、记忆力减退、精神倦怠等，重者晕厥、神志模糊、感觉障碍。

（3）心血管系统表现：中度贫血时主要表现为活动后心悸气短，由于血流加快而在心尖区及肺动脉瓣区听到吹风样收缩期杂音；严重或长期贫血者可致贫血性心脏病而出现心绞痛、心律失常甚至全心衰竭。

（4）呼吸系统表现：不同程度的呼吸加快，重度贫血时即使不活动也有呼吸困难。

（5）消化系统表现：食欲减退、恶心、腹胀、便秘、腹泻等。

（6）泌尿生殖系统表现：多尿、蛋白尿、夜尿增多，甚至血尿素氮增加；女性月经失调、闭经，男性性功能减退。

3. 心理-社会状况　患者常有自卑、焦虑、抑郁、恐惧、悲观情绪甚至丧失治疗信心。

4. 辅助检查

（1）血常规：血红蛋白量及红细胞计数是常用的基本检查方法，用于判断有无贫血及贫血的程度；血涂片染色可直接观察到红细胞大小、形态及染色深浅度、白细胞及血小板的数量、形态等，可判断贫血的性质和类型。

（2）红细胞3个平均值的检查：将贫血区分为大细胞性贫血、正常细胞性贫血及小细胞低色素性贫血。

（3）网织红细胞计数：反映造血功能，作为判断贫血疗效的早期指标。

（4）骨髓穿刺：任何不明原因的贫血都应做骨髓穿刺，必要时做骨髓活检，对贫血病因诊断有重要意义。

（三）护理诊断及合作性问题

1. 活动无耐力　与血红蛋白减少携氧能力减低，引起全身组织缺氧及功能障碍有关。

考点：贫血最主要的护理诊断

2. 营养失调：低于机体需要量　与胃肠道缺氧消化吸收功能低下及缺乏造血原料有关。

3. 知识缺乏：缺乏有关疾病的病因及防治知识。

（四）护理措施

1. 一般护理

（1）休息与活动：轻度贫血，适当增加休息时间，避免过度劳累；中度贫血，增加卧床休息时间；重度贫血，卧床休息，提供生活照顾。

（2）给氧：严重贫血者应予吸氧以改善组织缺氧。

（3）饮食护理：高蛋白、高热量、富含维生素、易消化食物。

2. 配合治疗护理　遵医嘱输血或输浓缩红细胞，以缓解机体缺氧和减轻贫血症状。控制输血速度，严重贫血者输入速度应低于1ml/(kg·h)，以防诱发心力衰竭。

（五）护理目标及评价

患者缺氧症状减轻或消失，活动耐力增强；造血原料的缺乏得到纠正；患者获得本病的相关知识。

（六）健康指导

（1）指导患者注意休息，避免疲劳，防止跌倒；进食高蛋白、高热量、富含维生素、易消化食物。

（2）指导患者按医嘱正确服药，教会患者观察药效和不良反应，不擅自停药和减量，防止贫血加重。

（3）指导患者了解有关贫血的病因和防治知识及自我护理方法，使患者能正确认识疾病，积极配合治疗。若贫血严重导致晕倒，应立即就医。

出　血

（一）概述

1. 定义　出血是指机体止血和凝血机制障碍而引起自发性出血或轻微创伤后出血不易停止的一种状态。因[血小板数量和(或)质量异常、血管壁异常、凝血功能障碍]等原因所致。

2. 病因及分类　根据出血的病因不同可分3类(表6-6)。

表6-6　出血性疾病分类

病因	临床类型
血小板数量和(或)质量异常	特发性血小板减少性紫癜、再生障碍性贫血、白血病等
血管壁异常	过敏性紫癜
凝血功能障碍	血友病、肝病致凝血因子缺乏等

（二）护理评估

1. 身体状况

（1）出血部位：可遍及全身，以皮肤黏膜（如鼻腔、牙龈）出血最常见，也可发生在关节腔及内脏，以颅内出血最严重，多危及生命。

（2）出血程度：分轻、中、重度（表6-7）。

表6-7　出血程度划分

出血程度	出血量	临床表现
轻度	一次出血量小于500ml	无明显临床征象
中度	出血量达500~1000ml	收缩压低于90mmHg，心率100次/分以上
重度	出血量大于1000ml	收缩压低于60mmHg，心率120次/分以上

考点：出血程度划分

（3）出血的具体表现：①皮肤出血主要表现为紫癜、瘀斑、瘀点；②内脏出血，如消化道出血引起呕血和黑便、泌尿道出血引起血尿、子宫出血引起月经过多等；③颅内出血可突然出现视物模糊、呼吸急促、喷射性呕吐、颈项强直，甚至昏迷；④大量出血导致失血性休克者头晕乏力，心动过速甚至血压下降，意识模糊。

2. 心理-社会状况　大出血患者常有焦虑、恐惧等心理；慢性出血患者易产生抑郁、自卑、悲观情绪。

3. 辅助检查　出血时间延长、血小板计数减少、出凝血功能障碍。

（三）护理诊断及合作性问题

1. 组织完整性受损　与止血凝血机制障碍导致皮肤黏膜出血有关。
2. 恐惧　与反复出血尤其是大出血有关。
3. 潜在并发症：颅内出血。

（四）护理措施

1. 一般护理

（1）休息与活动：合理安排休息与活动，轻度出血可适当活动，但避免剧烈活动；血小板数低于$50×10^9$/L，应减少活动，增加卧床休息时间，保证充足的睡眠，避免外伤，避免剧烈运动、情绪激动、外科手术等；严重出血或血小板低于$20×10^9$/L者，绝对卧床休息，以防颅内出血；患者神志不清时更应加强防护。

考点：血小板减少患者休息安排

（2）饮食护理：高蛋白、高维生素、易消化的软食或半流质，禁食过硬和粗糙的食物。

（3）保持大便通畅，以免用力排便诱发内脏出血，甚至颅内出血；便秘者可用开塞露或缓泻剂，避免灌肠和测肛温等操作，以免引起肠黏膜损伤而出血。

2. 观察病情　观察出血部位、出血量、出血时间及生命体征的变化情况；了解血红蛋白浓度、红细胞数、血小板计数变化情况。皮肤黏膜出血易被发现，颅内及内脏出血不易被及时察觉，要警惕。有无内脏及颅内出血的征象，如呕血、便血提示消化道出血；若患者突然视物模糊、头晕、头痛、呼吸急促、喷射性呕吐，甚至意识障碍、脑膜刺激征等提示颅内出血，应立即报告医师并协助处理。

考点：颅内出血征象的观察

3. 配合治疗护理

（1）皮肤出血的护理：①保持床单平整衣被松软，避免皮肤摩擦及肢体受压；②剪短指甲，避免搔抓，用温水轻轻擦洗皮肤；③尽量避免人为的创伤，如各种注射、穿刺、拔牙、手术，必须注射时，于快速拔针后立即用干棉球较长时间压迫止血，直至针眼无渗血。注意更换注射或穿刺部位，以免反复损伤引起局部血肿。建议临床护士在给血液病患者做静脉注射时尽量不扎止血带,不拍打静脉,不挤压皮肤,拔针后延长按压时间,并注意观察有无渗血。护理操作动作准确、轻柔。

（2）鼻出血的护理:①保持鼻黏膜湿润,鼻腔干燥时用液状石蜡或抗生素软膏涂擦以防出血;②勿用手挖鼻孔和用力擤鼻;③切忌剥去鼻腔内血痂以免引起出血;④少量出血时可用明胶海绵或肾上腺素棉球填塞,局部冷敷;⑤出血严重时可用凡士林纱条行后鼻孔填塞术,并用液状石蜡油滴入保持黏膜湿润,3天后轻轻取出纱条。

（3）口腔、牙龈出血的预防和护理:①指导患者用软毛牙刷或棉签清洁牙齿,不用牙签剔牙;②牙龈渗血时用明胶海绵或肾上腺素棉片贴敷或压迫止血,或局部涂抹三七粉、云南白药,用1%过氧化氢及时清除口腔陈旧血迹,避免陈血对口腔黏膜的刺激,防止口腔黏膜溃烂、感染;③饮食宜软,勿烫,避免口腔黏膜损伤;④保持口腔清洁,进餐前后和睡觉前后用冷开水或生理盐水漱口。

（4）关节出血的防治护理:①关节活动度不可过大,避免关节过度负重,避免剧烈运动;②一旦发现有关节出血,要停止活动、卧床休息、抬高患肢,并将患肢置于功能位,冰袋冷敷出血关节,压迫止血。

（5）消化道出血患者的护理:①避免生硬、粗糙饮食;②消化道小量出血,可进食冰凉流质饮食;③大量出血时,则应禁食,做好输血前准备,保持静脉通道通畅,保证液体和止血药物准确及时输入。

（6）眼底及颅内出血的防治护理:指导患者不用力揉搓眼睛,不用眼过度,预防眼底出血。血小板低于$20×10^9/L$,应绝对卧床休息,减少活动,给予半流质少渣饮食,保持大便通畅,有便秘者给予开塞露或温水灌肠以助排便,防止用力排便而引起颅内压增高导致颅内出血。若出现头痛、头晕、呕吐、视物模糊、颈项强直等症状时警惕颅内出血,并协助医生处理以下几项:①立即置患者平卧,头偏向一侧,减少不必要的搬动;②头部置冰袋或冰帽;③高流量吸氧,保持呼吸道通畅;④迅速建立静脉通路,遵医嘱给予脱水剂,快速静脉滴注20%甘露醇、地塞米松、呋塞米,以降低颅内压,输入止血药或浓缩血小板;⑤观察并记录意识、瞳孔、生命体征等病情变化,做好重病交接班。

考点：各部位出血的护理

（7）用药护理:①遵医嘱给予糖皮质激素、免疫抑制剂、凝血因子、止血药等,严密观察疗效及毒副作用;②避免使用阿司匹林、吲哚美辛等抗血小板药物;③凝血障碍所致如血友病等,应慎用抗凝药,如华法林、肝素等;④避免对血小板明显降低的患者进行酒精擦浴。

4. 心理护理　加强与患者沟通,了解患者心理状况,消除患者不安情绪,保持环境安静舒适。关心、安慰患者,及时向患者及家属解释病情,消除患者恐惧感,积极主动配合治疗。

（五）护理目标及评价

患者出血停止或减轻;患者恐惧减轻或消失,情绪稳定;患者无并发症出现。

（六）健康指导

（1）指导患者注意休息,避免皮肤黏膜损伤,使用软毛牙刷刷牙,不用牙签剔牙,不挖鼻孔;指导进食高蛋白、高热量、富含维生素、易消化的软食或半流质食物,禁食过硬或粗糙的食物。

（2）指导患者按医嘱正确服药,教会患者观察药效和不良反应,不擅自停药和减量,防止出血加重。

（3）指导患者了解有关出血的病因、出血程度的判断、防治知识及自我护理方法,使患者能正确认识疾病,积极配合治疗。若出血严重,应立即就医。

护考链接

患者,女,23岁。反复出现皮肤瘀点,伴有鼻出血、月经过多,近来出现贫血、脾大,血小板$30×10^9/L$。不正确的护理措施是（　　）　A. 适当限制活动　B. 预防各种创伤　C. 尽量减少肌内注射　D. 鼻腔内血痂应剥去　E. 高蛋白、高维生素低渣饮食

点评:答案D,鼻腔出血患者鼻腔内血痂不宜剥去以免引起出血,故选D。本题主要考核出血的护理措施(技能)。

继发感染

（一）概述

1. **定义** 继发感染是指血液系统疾病患者由于机体防御功能低下，易致病原微生物侵袭而引起的感染。

2. **原因** 主要原因是由于正常的白细胞数减少，易致病原微生物侵袭而致的感染，以革兰染色阴性杆菌最多见。继发感染是白血病患者最常见的死亡原因之一。

考点： 继发感染的常见致病菌及严重后果

（二）护理评估

1. **健康史** 询问患者有无粒细胞缺乏症、严重贫血、白血病、再生障碍性贫血及淋巴瘤等疾病；有无受凉、进食不洁饮食、感染性疾病接触史、皮肤黏膜破损及组织受伤等诱因。

2. **身体状况**

（1）感染的部位和症状：感染最常见的症状是发热。感染部位以口腔、牙龈、咽峡部最常见，其次是肺部感染、皮肤或皮下软组织化脓性感染、肛周炎及肛周脓肿等，尿路感染以女性居多。严重时可发生败血症。

考点： 继发感染最常见和最严重的表现

（2）伴随症状：①口腔炎时发热伴口腔黏膜溃疡及糜烂。②伴咽部充血、扁桃体肿大者提示细菌性咽-扁桃体炎。③伴咳嗽咳痰、胸痛、气促、肺部干湿啰音提示呼吸道感染。④鼻腔感染时鼻腔黏膜糜烂、流淡红色液体甚至鼻中隔穿孔。⑤皮肤感染者红肿、溃疡，肛周感染者局部红肿、疼痛、糜烂、出血。⑥尿路感染者尿频、尿急、尿痛及血尿。⑦伴肝、脾、淋巴结肿大多为白血病。感染部位无脓液形成，局部可有大量幼稚白细胞。

3. **心理-社会状况** 因疾病及感染反复发生且疗效不佳，导致患者焦虑、抑郁。

4. **辅助检查** 血常规及骨髓象检查有助于病因诊断。

（三）护理诊断及合作性问题

体温过高与感染有关。

（四）护理措施

1. **一般护理**

（1）休息：高热时卧床休息，保持环境安静舒适，空气新鲜，每周用紫外线消毒2次，用消毒液擦拭家具、地板，限制探视，防止交叉感染。白细胞<$1×10^9$/L，中性粒细胞低于$0.5×10^9$/L时应实施保护性隔离。必要时吸氧。

考点： 保护性隔离的适应证

（2）饮食护理：补充营养，给予高蛋白、高热量、高维生素、易消化食物，多饮水，每天至少2000ml，必要时遵医嘱静脉补液。

2. **观察病情** 血液病患者注意体温变化，注意检查感染部位，如口腔、皮肤、呼吸道、消化道、肛门、泌尿系等处，以便及时发现感染。一旦感染，遵医嘱及时选用有效抗生素治疗。

3. **配合治疗护理**

（1）高热的护理：①给予物理降温，有出血倾向者禁用酒精擦浴，以免局部血管扩张引起出血。②慎用解热镇痛药，以免影响血小板数量及功能，诱发出血。

考点： 高热的护理措施

（2）各部位感染的护理

1）加强口腔护理：进餐前后、睡前和晨起后用生理盐水、复方硼砂溶液漱口，口腔溃疡时增加漱口次数，局部用锡类散和黏膜溃疡膏局部涂敷，有霉菌感染时用25g/L制霉菌素甘油饭后涂敷或用碳酸氢钠溶液含漱。

2）皮肤护理：保持皮肤清洁，各种注射时应严格无菌操作，局部严格消毒；女患者每天清洗会阴部2次。

3）肛周护理：保持大便通畅，防止肛裂，睡前、便后用1∶5000高锰酸钾溶液坐浴，防止肛周感染。

考点： 各部位感染的护理措施

4．心理护理 关心安慰反复感染的患者，消除患者焦虑不安的情绪。

（五）护理目标及评价

患者发热得到有效控制，体温恢复正常。

（六）健康指导

（1）指导患者加强营养，增强机体抵抗力，积极治疗原发病，防止着凉等诱因。

（2）指导患者按医嘱正确服药，教会患者观察药效和不良反应，不擅自停药和减量，以免发生耐药。

（3）指导患者及家属了解发生感染的危险因素、易感部位及预防措施，鼓励和督促患者积极预防感染。

护考链接

患者，女，发热，贫血，皮下出血点，脾大占满腹部，胸骨隐痛。对其高热的护理不宜采用（ ） A．冷盐水灌肠 B．输液 C．头部置冰袋 D．酒精擦浴 E．多饮水

点评： 答案D，血液病患者多有出血倾向，酒精擦浴可诱发或加重出血，故选D，本题主要考核继发感染的护理措施（技能）。

自 测 题

A₁型题

1．最能反映贫血的实验室检查指标是（ ）
　A．红细胞计数　　　B．血红蛋白总量
　C．血清蛋白总量　　D．网质红细胞计数
　E．红细胞沉降率

2．各类贫血的共同和最突出的特征为（ ）
　A．皮肤黏膜苍白　　B．毛发脱落
　C．异食癖　　　　　D．反甲
　E．慢性失血

3．有关出血倾向的护理，下列哪项不妥（ ）
　A．保持皮肤清洁　　B．避免肌内注射
　C．丰富维生素饮食　D．避免肢体受压
　E．局部可施热敷

4．正常细胞性贫血常见于（ ）
　A．巨幼细胞贫血　　B．缺铁性贫血
　C．地中海贫血　　　D．铁粒幼细胞性贫血
　E．再生障碍性贫血

5．血液系统最常见的症状是（ ）
　A．贫血　　　　　　B．出血
　C．感染　　　　　　D．肝、脾、淋巴结肿大
　E．胸骨压痛

6．血液病患者血小板低于多少，应绝对卧床休息，限制活动（ ）
　A．$50×10^9/L$　　　B．$40×10^9/L$
　C．$30×10^9/L$　　　D．$20×10^9/L$
　E．$10×10^9/L$

7．最常见的贫血是（ ）
　A．急性失血性贫血　B．再生障碍性贫血
　C．巨幼红细胞性贫血　D．缺铁性贫血
　E．溶血性贫血

8．属于小细胞低色素型贫血的是（ ）
　A．巨幼红细胞性贫血　B．再生障碍性贫血
　C．急性贫血　　　　D．缺铁性贫血
　E．白血病

9．血液病患者的白细胞低于下列哪项时需要进行保护性隔离（ ）
　A．$1.0×10^9/L$　　　B．$1.5×10^9/L$
　C．$2.0×10^9/L$　　　D．$2.5×10^9/L$
　E．$3.0×10^9/L$

10．骨髓穿刺术时，护士术前所做的哪一项准备不妥（ ）
　A．做普鲁卡因皮试
　B．嘱患者侧卧位，选髂前上棘为穿刺点
　C．术后平卧位休息4小时
　D．穿刺当日嘱患者不要沐浴
　E．观察穿刺部位有无出血

第2节 贫血患者的护理

缺铁性贫血患者的护理

情境6-1

患者女性,36岁,因月经过多1年,头晕、心悸、乏力半年入院。入院时说:"一年多来我的月经每次都比以前来得多,半年来经常感觉头晕、累,胸口不舒服,心慌慌的。"

入院后护士检查其T 36.5℃,P 80次/分,R 18次/分,BP 100/70mmHg,神清,显得倦怠,皮肤、黏膜苍白,无黄染及出血点,毛发稀疏无光泽,浅表淋巴结不大。心尖区闻及收缩期杂音,肝脾未触及,指端苍白,指甲脆裂呈匙状。

实验室检查:Hb 50g/L,RBC $2.5×10^{12}$/L,WBC $9.8×10^9$/L,BPC $130×10^9$/L,红细胞呈小细胞低色素。骨髓检查:红系增生活跃,粒系、巨核细胞无变化,铁染色未见铁粒幼红细胞。血清铁 6.5μmol/L,血清总铁结合力 89.6μmol/L。

一、疾病概要

(一)概述

1. 定义 缺铁性贫血是体内贮存铁缺乏,使血红蛋白合成减少,导致红细胞生成障碍所引起的一种小细胞、低色素性贫血。缺铁性贫血是贫血中最常见的一种,本病各年龄组均可发生,儿童和育龄期妇女发病率较高,尤其孕妇最常见。

主要表现有缺氧引起的疲乏、头晕,心悸等一般症状,缺铁引起的皮肤干燥、反甲等特殊表现。

考点: 缺铁性贫血的概念

2. 铁的来源与代谢

(1)铁在体内存在形式:正常成人体内含铁男性 50mg/kg,女性 35mg/kg,其中65%的铁存于血红蛋白中,30%以铁蛋白和含铁血黄素形式存在于肝、脾及骨髓等的单核-吞噬细胞系统内,其余的铁以肌红蛋白和酶的形式存在。

(2)铁的来源:生理情况下铁主要来源于衰老的红细胞,食物也是铁的主要来源。动物血、肝类、黑木耳、深色蔬菜等含铁丰富,而脂肪、乳类、谷物含铁较低。非生理情况下,铁可来源于药物和输血。

(3)铁的吸收:铁主要在十二指肠及空肠上部吸收。胃酸、维生素C促进食物中的Fe^{3+}转化为Fe^{2+}而被吸收,茶(含鞣酸)、奶(含磷)、咖啡会影响铁从食物中游离、还原、吸收。铁的吸收受体内贮存铁控制,贮存铁多,铁吸收减少,反之增多。

考点: 铁吸收部位及影响吸收的因素

(4)铁的转运:亚铁在血液中被氧化为高铁,高铁与血浆转铁蛋白结合后生成血清铁(ST),血清铁将铁输送至各组织。血浆转铁蛋白能结合的铁总量称为总铁结合力(TIBC)。

(5)铁的再利用和排泄:正常情况下,铁的吸收和排泄保持平衡状态。铁在胆汁和尿液中丢失极少,主要是伴随体细胞的脱落而丢失,如肠黏膜细胞、皮肤细胞、尿道细胞等,妇女还通过月经、妊娠和哺乳而丧失铁。

(二)病因及发病机制

(1)铁的需要量增加而摄入相对不足:是妇女儿童缺铁性贫血的主要原因。常见于婴幼儿、青少年、妊娠妇女、哺乳期妇女。青少年偏食、挑食也是导致缺铁的重要原因。一般饮食完全能满足正常成年男性和绝经女性的铁需求量。

(2)铁吸收不良:如胃、十二指肠切除术,慢性胃肠炎,萎缩性胃炎等。

(3)铁丢失过多:慢性失血是成人缺铁性贫血最常见和最重要的病因,如消化性溃疡、肠道肿瘤、痔出血、月经过多等。

考点：缺铁性贫血最常见的病因

（三）病理生理

缺铁性贫血主要病理改变是骨髓中幼红细胞胞质合成障碍，血红蛋白量减少，携氧能力减低，引起全身组织缺氧及功能障碍；其次是体内含铁的酶活性减低，功能障碍。

（四）诊断及治疗要点

1. 诊断要点 根据：①一般表现及特殊表现；②血象红细胞呈小细胞低色素性；③骨髓增生活跃、红细胞体积偏小、铁染色阴性，铁代谢生化检查异常。

2. 治疗要点 ①最关键是积极治疗原发病；②铁剂治疗是纠正缺铁性贫血的有效措施，口服铁剂是纠正缺铁性贫血的首选方法，必要时采取注射铁剂。

考点：缺铁性贫血的治疗要点

> **情境6-1 诊断分析**
>
> 1. 临床诊断思路 缺铁性贫血原因较多，如婴幼儿及青少年生长快，孕期、哺乳期铁需要量增加，偏食、挑食导致铁摄入不足，慢性失血性疾病等均可导致本病。
>
> 2. 诊断分析 ①有长期慢性失血的依据即月经过多病史，符合缺铁性贫血的病因；②有头晕、心悸、乏力，符合贫血引起的症状；③有贫血的一般体征，如皮肤黏膜苍白、毛发稀疏无光泽，心尖区收缩期杂音，有缺铁特异性体征如指甲脆裂呈匙状；④辅助检查提示红细胞和血红蛋白均降低，红细胞呈小细胞低色素，总铁结合力升高。根据病史、典型症状、体征及特异性的辅助检查结果，可以初步诊断为缺铁性贫血。可给予补铁治疗后检查网织红细胞上升情况进一步确诊。

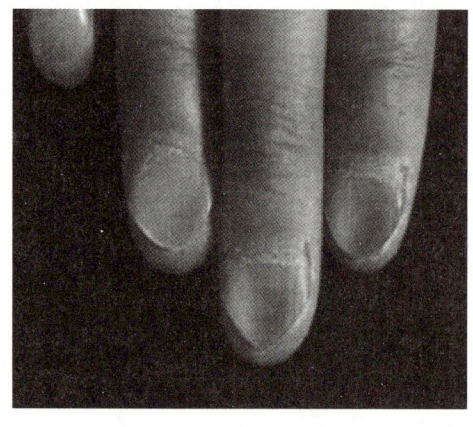

图6-1 反甲

二、疾病护理

（一）护理评估

1. 健康史 了解患者有无偏食、挑食；有无胃、十二指肠切除术，慢性胃肠炎，萎缩性胃炎，消化性溃疡、肠道肿瘤、痔出血、月经过多等病史。

2. 身体状况

（1）一般表现：疲乏困倦、软弱无力，皮肤黏膜苍白，头晕耳鸣记忆力减退，活动后心悸、气短。

（2）特殊表现：皮肤干燥，毛发干枯，反甲（图6-1）；黏膜损害；消化道症状，神经精神系统异常；少数有异食癖。

考点：缺铁性贫血的特殊表现

（3）体征：口腔黏膜糜烂、溃疡、反甲。

3. 心理-社会状况 长期轻度贫血患者，对疾病不够重视，部分患者因记忆力减退，工作效率低，有自卑感。一旦贫血加重症状明显时，患者常有焦虑烦躁。

4. 辅助检查

（1）血象：血红蛋白降低，红细胞体积小，中央淡染区扩大，为小细胞低色素性贫血（图6-2）。白细胞、血小板计数多正常。

（2）骨髓象：骨髓增生活跃，特别是晚幼红细胞增生活跃，细胞体积偏小。骨髓铁染色表现为细胞内外铁均减少，尤其细胞外铁减少明显，是诊断缺铁性贫血的可靠指标。

（3）铁代谢生化检查：血清铁<8.95μmol/L，血清总

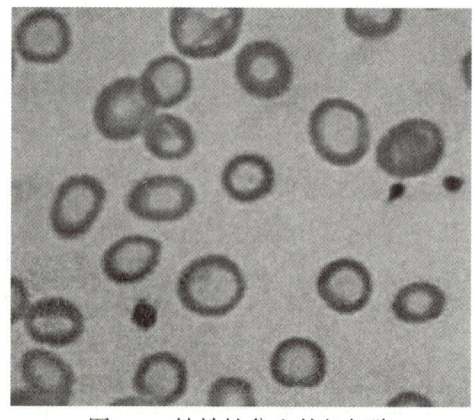

图6-2 缺铁性贫血的红细胞

铁结合力>64.44μmol/L,转铁蛋白饱和度<15%,血清铁蛋白<12μg/L。血清铁蛋白的准确度和敏感度最高,是反映贮存铁的敏感指标,可用于早期诊断。

考点: 缺铁性贫血的辅助检查

链接:口服铁剂治疗后有效的指标

网织红细胞上升为铁剂治疗有效指标,1周左右网织红细胞开始上升;2周左右血红蛋白上升;8~12周血红蛋白恢复正常。

(二) 护理诊断及合作性问题

1. 活动无耐力　与贫血引起全身组织缺氧有关。
2. 营养失调:低于机体需要量　与铁摄入不足和丢失过多有关。
3. 有受伤的危险　与严重贫血有关。
4. 知识缺乏:缺乏有关防治知识。

情境6-1 护理诊断分析

患者有月经过多病史,有头晕、乏力症状,贫血程度为重度。故存在下列主要护理诊断:活动无耐力,与全身组织缺血缺氧有关;营养失调:低于机体需要量,与铁丢失过多有关;有受伤的危险,与严重贫血有关。

(三) 护理措施

1. 一般护理

(1) 休息与活动:轻度贫血,适当增加休息时间,避免过度劳累;中度贫血,增加卧床休息时间;重度贫血,卧床休息,提供生活照顾。严重贫血患者应给予氧气吸入,以改善缺氧症状。

(2) 饮食护理

1) 纠正不良饮食习惯:注意指导患者均衡膳食,养成定时、定量、细嚼慢咽的饮食习惯。偏食挑食、进食速度过快、囫囵吞枣等不良饮食习惯,是导致机体缺铁的原因。

2) 给予含铁丰富食物:如瘦肉、动物血、肝、蛋黄、豆类及深色食物海带、香菇、木耳等。告知患者含铁量最低的食物是乳类食品等。同时向患者说明进食高蛋白、高维生素、高热量、易消化饮食的重要性。

3) 合理饮食搭配:饮食要注意荤(含铁)素(含维生素C)搭配,避免进餐后立即食用或饮用减少铁剂吸收的食物或饮料,如牛奶、浓茶、咖啡等。

4) 口腔炎或舌炎影响食欲者,避免进食过热、过辣食物,进食前后给予口腔护理。

考点: 缺铁性贫血的饮食护理

2. 病情观察　关注患者自觉症状及体征变化情况,评估患者活动耐力,了解有关检查结果,判断患者贫血程度及治疗效果。

3. 配合治疗护理

(1) 口服铁剂护理

1) 向患者解释口服铁剂可能会出现的不良反应,如胃肠道刺激症状、黑便等。

2) 服药注意事项:①指导患者餐中或餐后服用铁剂,以减轻胃肠道的刺激症状。②与维生素C同服,促进铁的吸收。③避免与茶、咖啡、蛋类、牛奶等同服,以免影响铁的吸收;避免同服H_2受体阻滞剂。④口服液体铁时,须用吸管,避免牙染黑。⑤遵医嘱按时按量服用铁剂,要在血红蛋白恢复正常后再口服用药3~6个月,以补足贮存铁。

考点: 口服铁剂的注意事项

护考链接

患者,女性,17岁,患缺铁性贫血,口服硫酸亚铁的方法是( )　A. 饭前服用　B. 饭后服用　C. 每8小时1次　D. 早晨、中午和睡前各一次　E. 任何时间服用

点评:答案B,铁剂对胃有刺激性,饭后服用可减轻对胃的刺激,故选B。本题考核口服铁剂的护理措施(技能)。

（2）肌内注射铁剂护理：尽量不用，过量可致中毒。

1）防止过敏反应及中毒。过敏反应表现为面色潮红、头痛、肌肉关节疼痛、荨麻疹等，严重者出现过敏性休克。首次注射量要少，一般不超过50mg，同时备好肾上腺素等急救药品。若患者无不良反应，次日按常规剂量（100mg/d）进行注射，至完成总剂量。准确计算铁总量公式如下：

补铁总量（mg）=（正常血红蛋白mg/dl−患者血红蛋白mg/dl）×300+储备铁500mg。

考点： 肌内注射铁剂的过敏反应

2）防止注射局部肿痛或形成硬结。选择肌肉丰厚处用较长的针头深部注射，并经常更换注射部位，注射速度要慢，拔针后按压针眼片刻，必要时局部热敷，促进铁的吸收。

3）避免药液引起皮肤染色。注意不在暴露部位注射，抽取药液后更换针头，采用"Z"形注射法。

（3）输血护理：必要时遵医嘱输血或输浓缩红细胞，严格控制输液速度，防止输血过多过快诱发心力衰竭。

4. 心理护理　向患者耐心解释缺铁性贫血是可以治愈的疾病，且治愈后对身体无不良影响，以解除患者的心理压力，并积极配合治疗。

情境6-1 护理工作过程

入院护理工作过程：

迎接患者—责任护士作自我介绍，介绍入院须知、主管医生、病区主任、护士长、环境等—送患者到病床，嘱患者取舒适体位—为患者戴腕带—通知医生、护工—护理评估，初步评估患者意识、瞳孔及生命体征、饮食、心理、睡眠、情绪、生活自理能力、皮肤黏膜及其他牙龈、口腔黏膜等部位出血情况、贫血体征情况，了解患者是否有慢性失血病史，了解辅助检查结果—安慰患者—办理入院手续—遵医嘱给予治疗，做好生活护理及心理护理—协助患者订餐—填写住院护理评估单及护理表格—进行入院注意事项告知和安全教育并签署知情同意书。

住院护理工作过程：

严密观察病情变化，监测生命体征、头晕及乏力情况—完善相关检查—执行医嘱：必要时给氧、口腔护理，—告知患者服用铁剂不良反应及注意事项—如需要输血则告知患者输血目的及注意事项，观察有无不良反应，并做好抢救准备—如需要注射铁剂则注射部位热敷护理—协助生活护理，防止受伤—给予营养丰富、易消化食物—心理护理—健康教育—填写各种护理评估单及记录单。

出院护理工作过程：

执行出院医嘱、撤销单据及卡片、整理出院病历、做好出院登记—征求患者意见和建议—出院宣教、指导患者合理饮食和活动—协助备好出院带药，嘱患者按医嘱用药，并注意药物不良反应，特别强调口服铁剂疗程要足够—通知护工—常规清洁床单—填写出院护理记录—护送患者出院。

（四）护理目标及评价

患者活动耐力改善；患者接受合理饮食，营养状态改善；患者能说出有关缺铁性贫血的防治知识。

三、健 康 教 育

（1）指导患者食用含铁丰富的食物，如肝、腰、肚等动物内脏和血、蛋、肉类、豆类、海带、紫菜、木耳，以及杏干、葡萄干、红枣等干果或绿叶蔬菜、红糖等；每日应保证充足的蛋白质和丰富的维生素C；尤其对妊娠哺乳期妇女及生长期儿童应强调不偏食挑食保证摄取均衡的营养。

（2）指导患者按时、按量服用铁剂；避免服用影响铁吸收的物质；定期复查血象。

（3）指导患者了解缺铁性贫血的基本知识，病因防治，如注意个人卫生，预防钩虫感染，及时治疗慢性胃肠炎、消化性溃疡、痔疮、月经过多等疾病。

小结

缺铁性贫血主要是贮存铁缺乏，以小细胞低色素性贫血为特点。是贫血中最常见的一种，慢性失血是成人缺铁性贫血最常见和最重要的病因。临床表现有贫血的共有表现及缺铁所特有的表现。骨髓铁染色阴性，铁代谢生化检查异常。病因治疗是根治缺铁性贫血的关键。补充铁剂主要通过饮食、口服铁剂、注射铁剂进行。

情境6-1问题回答

（入院时的对话）

患者： 护士，医生说我得的是缺铁性贫血，那这种病是怎么得的呢？

护士： 得这种病有好多种原因，我们的血红细胞需要铁参与合成，等红细胞衰老破坏后又释放出铁来，那些铁又被吸收反复利用的，如果长时间反复出血，使血红细胞中的铁丢失太多而不能重复利用，就可以得这个病。

患者： 那我是不是因为月经来得太多引起这个病呀？

护士： 您的月经过多已经有一年了，所以应该就是这个原因了。

患者： 那我为什么会头晕呢？

护士： 因为红细胞少了，携带氧就少了，脑部得到的氧不够，所以头晕，身体肌肉也缺氧，所以觉得没有力气。活动的时候请您慢一点，不要像平时那么快啊。

患者： 那能治好吗？

护士： 能的，除了补充铁剂之外，治疗原发病是最关键的。所以还要治疗月经过多这个病，医生会找妇科医生来一起看的。

（住院期间的对话）

护士： 您好，这就是医生给您开的补铁药，现在先给补充铁剂治疗。请您在吃饭后再吃药，这样对胃肠道的刺激就不那么厉害。

患者： 平时我爱喝牛奶，吃这个药还能喝牛奶吗？

护士： 不能同时喝牛奶，也不能喝茶、咖啡、蛋汤等，这些食物会影响药物的吸收。

患者： 还要注意什么吗？

护士： 喝药时要用吸管吸，以免染黑牙齿；另外，大便会变黑，停药后会恢复的，请您放心。

患者： 要多久？

护士： 到出院的时候再看吧，因为等血红蛋白恢复正常之后，还要再服药3个月才行。

（入院7天的对话）

护士： 您好，现在头晕好点了吗？

患者： 好些了，也没那么累了。谢谢你们了！

护士： 今天您的血液检查结果出来了，有1项是网织红细胞升高了，说明你吃补铁药有效了。

患者： 那还要住院多久呢？

护士： 再观察吧，还要继续吃药，再看别的项目恢复情况吧。

（出院前对话）

护士： 您好，您可以出院了，医生开了一些药给您带回去继续吃。这段时间您体内储存的铁少了，现在补得还不够，回去好药再吃药3个月到6个月，才能使补够，这些药够吃3个月，所以吃完这些药后再来找医生看，看是不是还要再开药给您。

患者： 那除了吃药，还应该注意什么呢？

护士： 不要偏食挑食，食物要多样，才能保证营养均衡。

自 测 题

A₁型题

1. 有利于口服铁剂吸收的维生素是（   ）
   A. 维生素 B_1 B. 维生素 B_{12}
   C. 维生素 C   D. 维生素 E
   E. 维生素 K

2. 下列哪项不是严重缺铁性贫血患者的临床表现（   ）
   A. 舌炎、口角炎   B. 指甲变薄、反甲
   C. 消化不良   D. 吞咽困难
   E. 皮肤湿润

3. 缺铁性贫血患者特殊表现是（   ）
   A. 面色苍白   B. 疲乏
   C. 头晕   D. 耳鸣
   E. 异食癖

4. 缺铁性贫血最重要的治疗是（   ）
   A. 补充铁剂   B. 病因治疗
   C. 切除脾脏   D. 少量输血
   E. 肌内注射维生素 B_{12}

5. 有关口服铁剂的注意事项，错误的是（   ）
   A. 向患者说明服铁剂后可出现黑便
   B. 服用铁剂后1个小时禁饮浓茶
   C. 避免铁剂溶液与牛奶同服
   D. 服铁剂溶液时要用吸管吸入咽下
   E. 症状改善后停药

6. 治疗贫血，口服铁剂的最佳时间是（   ）

A. 餐前 B. 餐时
C. 餐后 D. 两餐之间
E. 随意

A₂型题

7. 患者,女,发热、贫血,皮下有出血点。对此高热护理不宜采用的是(　　)
   A. 冷盐水灌肠 B. 供给足够的水分
   C. 头部置冰袋 D. 乙醇擦浴
   E. 给予药物降温

8. 病儿,5个月龄,人工喂养未添加辅食。1个月来皮肤、黏膜苍白,肝脾肿大,血红蛋白80g/L,以小细胞为主。该病儿贫血为(　　)
   A. 营养性缺铁性贫血 B. 溶血性贫血
   C. 出血性贫血 D. 再生障碍性贫血
   E. 营养性巨幼红细胞性贫血

9. 患儿,男,1岁,血红细胞$2.5×10^{12}$/L,血红蛋白70g/L,该小儿可能是(　　)
   A. 正常血象 B. 轻度贫血
   C. 中度贫血 D. 重度贫血
   E. 极重度贫血

10. 某缺铁性贫血患者,在进行铁剂治疗后,能最早反映其治疗效果的血液指标是(　　)
    A. 血清铁 B. 红细胞
    C. 血红蛋白总量 D. 红细胞比积
    E. 网织红细胞

11. 上题患者护理措施不正确的是(　　)
    A. 限制活动
    B. 重点观察内出血体征
    C. 防止肢体受压
    D. 出血局部热敷
    E. 避免搔抓皮肤

A₃型题

(12~15题共用题干)

患者,女性,30岁,因子宫肌瘤月经过多已2年。Hb60g/L,RBC$3×10^{12}$/L,MCV80fl。

12. 其贫血最可能属于(　　)
    A. 正常细胞性 B. 大细胞性
    C. 巨细胞性 D. 小细胞低色素性
    E. 单纯细胞性

13. 其贫血病因最可能是(　　)
    A. 溶血
    B. 缺铁
    C. 缺乏维生素B_{12}和叶酸
    D. 再生障碍
    E. 珠蛋白生成障碍性贫血

14. 为证实贫血的病因,下列哪项检查最有意义(　　)
    A. Coombs试验
    B. 骨髓铁染色
    C. 血清维生素B_{12}和叶酸
    D. 血红蛋白电泳
    E. 血细胞形态观察

15. 给予正确的治疗后,最先发现实验室改变项目为(　　)
    A. 血红蛋白增高 B. 红细胞计数增高
    C. 网织红细胞计数增高 D. 红细胞苍白区缩小
    E. 红细胞体积增大

再生障碍性贫血患者的护理

情境 6-2

患者,女,51岁。入院时焦虑地说"3个月来总感到头晕、眼花,刷牙时经常出血,胳膊和腿有瘀血,有时候心慌慌的,人没有力气。"

护士问病史得知,患者有长期服用"氯霉素"病史,近3个月来常感头晕、眼花、牙龈出血、皮肤自发性青紫色斑块,心悸、乏力。

护士检查:患者坐卧不安,神色紧张。T 36.2℃,P 80次/分,R 18次/分,BP 100/70mmHg,贫血貌,四肢多个散在黄豆花生米大瘀斑,压之不褪色,无痛。浅表淋巴结未触及,肝脾未触及。

血象:Hb 70g/L,RBC $3.2×10^{12}$/L,WBC $2.9×10^9$/L,PLT $26×10^9$/L,网织红细胞0.1%。骨髓检查:红系、粒系增生减低,全片见巨核细胞1个。

一、疾 病 概 要

(一) 概述

再生障碍性贫血简称再障,是因多种原因使造血干细胞及造血微环境损伤,导致骨髓造血功能衰竭,临床以进行性贫血、出血、感染及全血细胞减少为特征的一类贫血。一般按发病的缓急和病程的长短,将再障分为急性(又称重型再障Ⅰ型)和慢性2大类型。慢性再障病情恶化时似急性再障(又称重型再障Ⅱ型)。根据是否有明确诱因,分为原发性和继发性再障。

考点: 再障的概念

(二) 病因及发病机制

再障的发生可能与下列因素有关。

1. 药物及化学因素　如氯霉素、解热镇痛药、苯、杀虫剂等。药物引起再障最多见为氯霉素。

考点: 再障最主要的病因

2. 物理因素　如电离辐射接触史。
3. 反复的病毒感染　如风疹病毒、肝炎病毒等。

链接:再障的发病机制

①造血干细胞内在缺陷("种子"学说),包括造血干细胞的质和量的异常,各种致病因素直接造成骨髓造血干细胞破坏。骨髓造血干细胞减少,使骨髓各系造血细胞明显减少,导致外周血中全血细胞减少。②造血微环境支持功能缺陷("土壤"学说),骨髓微环境受损影响造血细胞生长与发育。③免疫异常(免疫学说),免疫反应导致骨髓造血组织损伤。④遗传倾向。

(三) 病理生理

再障的病理生理改变主要为骨髓颗粒减少,脂肪滴增加,骨髓造血功能衰竭。

(四) 诊断及治疗要点

1. 诊断要点　根据患者出血、贫血、感染、全血细胞减少不伴有肝脾淋巴结肿大,骨髓象检查可确诊。

考点: 再障的确诊依据

2. 治疗要点
(1) 去除病因:嘱患者不再接触有害物质,禁服对骨髓有抑制作用的药物等。
(2) 支持及对症治疗。
(3) 免疫抑制剂:①抗胸腺细胞球蛋白(ATG)和抗淋巴细胞球蛋白(ALG),急性再障常选用。②环孢素,各型再障均可使用,是再障治疗的一线药物。
(4) 促进骨髓造血:①雄激素,是治疗慢性再障的首选药,常用丙酸睾酮。②造血细胞因子,主要用于重型再障。在免疫抑制剂治疗的同时或以后使用。③造血干细胞移植,是治疗重型再障最有希望的治疗措施之一。

情境 6-2 诊断分析

诊断依据:(1) 患者有引起发病的服药史,长期服用"氯霉素",氯霉素可抑制骨髓造血。(2) 有贫血的症状,头晕、眼花、心悸、乏力。(3) 有出血表现,牙龈出血,四肢皮肤紫癜。(4) 辅助检查提示3系细胞减少。(5) 肝脾未触及,可排除白血病可能。根据以上服药史、贫血症状、出血症状和体征、辅助检查等,可初步诊断为再生障碍性贫血。

考点: 再障的治疗要点

二、疾病护理

(一) 护理评估

1. 健康史　了解有无氯霉素、保泰松等药物应用史;苯类、放射线接触史;是否患过流感、肝炎等病毒感染性疾病;有无本病家族史。

2. **身体状况** 主要表现为进行性贫血、出血、反复感染。

(1) 急性再障(重型再障Ⅰ型)

1) 起病急,发展快,病情重,预后差,常于数月内死亡。此型较少见。

2) 以严重感染和出血为主要表现。常出现全身多部位感染,尤其以皮肤感染、肺部感染多见,严重者出现脓毒血症、败血症。

常见出血部位有皮肤、黏膜、鼻腔、口腔,此外还有内脏出血,如呕血、便血、血尿等;严重者可发生颅内出血,是本病死亡的主要原因之一。

3) 早期贫血症状较轻,但呈进行性加重。

(2) 慢性再障(非重型再障)

1) 此型多见,起病缓,病程长,经恰当治疗后病情可缓解或治愈。

2) 以贫血为首发和主要表现,感染及出血较轻。

3) 少数患者病情恶化(重型再障Ⅱ型),表现同急性再障,预后极差。

(3) 体征:可见皮肤黏膜不同程度的苍白,常有出血点、瘀斑。一般无肝、脾、淋巴结肿大。

考点: 再障的临床表现

护考链接

患者,男性,发热38.5℃,全身有小出血点,头晕乏力来诊。经查血红蛋白 $3×10^{12}/L$,白细胞 $3×10^9/L$,血小板 $70×10^9/L$。确诊为再生障碍性贫血。

1. 本病发生原因是( ) A. 缺铁 B. 缺蛋白 C. 骨髓受抑制 D. 缺维生素 B_{12} E. 缺叶酸

点评: 答案C,再生障碍性贫血的根本原因是各种因素导致骨髓造血功能衰竭,故选C,本题考核再障的病因(知识)。

2. 引起发热的原因是( ) A. 营养不良 B. 成熟粒细胞缺乏 C. 缺氧 D. 出血 E. 新陈代谢旺盛

点评: 答案B,本例再生障碍性贫血患者白细胞 $3×10^9/L$,明显低于正常值,极易感染引起发热,故选B。本题考核再障的临床表现(知识)。

3. 本病急性型易引起死亡的原因是( ) A. 贫血 B. 肾衰 C. 缺氧 D. 感染 E. 心衰

点评: 答案D,再生障碍性贫血患者继发感染严重者可导致败血症而死亡,故选D。本题考核再障临床表现(知识)。

3. **心理-社会状况** 重型再障因起病急、病情重及预后不良,患者常紧张、抑郁,甚至产生悲观绝望等负性情绪;非重型再障长期使用雄激素治疗可引起痤疮、多毛和体型变化,使患者感到自卑;骨髓移植需要高额费用,使患者和家属产生巨大的心理压力。

4. **辅助检查**

(1) 血象:全血细胞减少,呈正常细胞正常色素性贫血,网织红细胞绝对值低于正常,粒细胞计数减少,淋巴细胞比例相对增高,血小板减少,出血时间延长。血小板(PLT) $<20×10^9/L$ 有助于重型再障的临床诊断。

(2) 骨髓象:确诊再障的主要依据。骨髓增生低下或极度低下,红、粒2系减少,巨核细胞减少或缺乏是诊断再障的主要依据。慢性型可有灶性增生,但巨核细胞明显减少。

考点: 再障的血象和骨髓象特点

(二) 护理诊断及合作性问题

1. **活动无耐力** 与贫血、感染、发热,长期卧床有关。

2. **组织完整性受损** 与血小板减少导致皮肤黏膜出血有关。

3. 有感染的危险　与粒细胞减少有关。
4. 恐惧　与病情恶化,预后不良有关。

情境 6-2 护理诊断分析

患者有头晕、眼花、心悸、乏力表现,有牙龈出血、皮肤自发性青紫色斑块,有3系细胞减少,有坐立不安、神色紧张表现,故存在以下主要护理诊断:活动无耐力;组织完整性受损;有感染的危险;恐惧等。

(三) 护理措施

1. 一般护理

(1) 休息与活动:充足的睡眠与休息。

(2) 饮食:高蛋白,高热量,高维生素饮食,提高患者的抗病能力。

2. 病情观察　定期观察血象,了解红细胞、白细胞、血小板数量有无上升;注意全身皮肤、黏膜有无出血,有无内脏出血或颅内出血;有无体温升高等感染征象。

3. 配合治疗护理

(1) 对症护理:贫血护理、出血护理、感染护理(本章第1节)。

(2) 用药护理:加强对药物副作用的观察。

1) 抗胸腺细胞球蛋白(ATG)、抗淋巴细胞球蛋白(ALG)是生物制剂,其主要副作用是超敏反应、血小板消耗、并发感染。用药前做过敏试验。用药期间要加强支持疗法,注意有无过敏现象,做好保护性隔离,预防出血和感染。

2) 雄性激素,解释男性化作用等不良反应。丙酸睾酮,为油剂注射后不易吸收,深部肌内注射,每日更换注射部位并监测疗效,如血红蛋白、白细胞计数、网织红细胞计数。

3) 不可用对造血系统有害的药物,如氯霉素,磺胺类,保泰松,阿司匹林,安乃近。

4. 心理护理　解除思想顾虑,提高对疾病的认识,向患者介绍疾病概况及治疗目的,说明药物作用及副作用,鼓励患者坚持完成疗程。告诉患者雄激素是治疗再障的有效药物,需要3~6个月才见效,主要不良反应为痤疮、多毛、声音变粗、女性男性化,但停药后上述反应可逐渐消失。解除思想顾虑,提高对疾病的认识,消除不良情绪,增强治疗信心,积极配合治疗。

考点:再障的护理措施

(四) 护理目标及评价

患者活动耐力增强;无组织损伤,减少或避免出血;患者会采取预防感染的措施减少或避免感染发生;患者能正确对待病情变化,对治疗有信心,情绪稳定。

三、健 康 教 育

(1) 指导患者进食高蛋白、高维生素食物、新鲜蔬菜、水果,尽量吃煮沸过的食物,水果洗净去皮,不吃隔夜、变质食品,骨、刺要去净,以免损伤口腔黏膜。不要用手挖鼻孔,用力挖外耳道,以免引起出血;如有痤疮,可用温热水洗脸,不要用手抓痤疮,以防感染。

(2) 指导患者遵医嘱用药,不可随便用氯霉素、磺胺药、保泰松、阿司匹林、安乃近等。

(3) 指导患者了解疾病知识,避免长期接触可能引起再障的化学、物理因素,提高自我保健意识及能力。告知患者本病多数可缓解甚至治愈,预后明显改善。

小结

再生障碍性贫血是造血干细胞异常而引起的一类贫血。以3系均明显减少为特点。主要表现为进行性贫血、感染和出血。急性再障少见,以严重感染和出血为主要表现,预后差,常选用 ATG、ALG 治疗。慢性再障多见,以贫血为首发和主要表现,预后较好,常首选雄激素治疗。护理主要是对症护理及用药护理。

情境6-2 问题回答

患者：护士,您好。我为什么会得这个病呀?
护士：目前引起这种病的原因有使用或接触化学物质,如氯霉素、解热镇痛药、苯、杀虫剂等,反复病毒感染等损伤到骨髓的造血功能,可能得这种病。
患者：哦,我是不是因为吃了这个氯霉素引起的呢?
护士：是有这个可能。
患者：那为什么会牙出血呢?
护士：我们的血小板是有止血作用的,而这种病是骨髓生成的血小板少了,所以就会出血,您身上的这些瘀斑也是出血形成的。
患者：那我为什么会头晕、眼花、没力气、心慌呢?
护士：那是因为骨髓造的红细胞也少了,就会贫血,就会有这种不舒服了。
患者：我的病严重是吗?能治好吗?
护士：是不算严重,但是要重视,经过治疗后有些是可以治愈的,或者能缓解的。
患者：那我应该注意什么呢?
护士：您很可能是因为吃氯霉素引起的,所以不能再吃这种药了,也不要吃磺胺类,保泰松,阿司匹林,安乃近等药物。你的血小板比较低,容易出血,所以刷牙要轻柔,不要做剧烈运动,以免引发出血。在拔针之后要压迫针眼久一些。您的白细胞也少了,容易感染,所以要注意预防感冒等感染性疾病。
患者：那我的病要治疗多长时间呀?
护士：目前雄激素是治疗这种病的有效药物,但是起效慢,可能需要3~6个月才见效,请您要有耐心。
患者：哇,这么久,那有副作用吗?
护士：这种药的不良反应为痤疮、多毛、声音变粗、女性男性化,但停药后就会逐渐消失,请您放心,不必顾虑。
患者：好的,谢谢您了!

自测题

A₁型题

1. 引起再生障碍性贫血最多见的药物是( )
   A. 氯霉素　　B. 保泰松
   C. 苯妥英钠　D. 磺胺类药
   E. 阿司匹林

2. 慢性再生障碍性贫血患者口腔护理的注意事项是( )
   A. 取出义齿　B. 夹紧棉球
   C. 动作轻柔　D. 禁止漱口
   E. 患处涂冰硼散

A₂型题

3. 有一急性再生障碍性贫血患者,突然出现头痛、头晕、视物模糊、呼吸急促,你考虑该患者发生了什么情况( )
   A. 高血压危象　B. 脑动脉痉挛
   C. 梗死　　　　D. 颅内出血
   E. 高血压脑病

4. 患者,女性32岁,因头晕1个月来医院就诊。血红细胞$3.0×10^{12}$/L,血红蛋白80g/L,白细胞$2.0×10^9$/L 血小板$40×10^9$/L。应考虑为( )
   A. 缺铁性贫血
   B. 再生障碍性贫血
   C. 特发性血小板减少性紫癜
   D. 急性溶血
   E. 急性白血病

5. 患者男性,50岁,患重型再生障碍性贫血,住院期间患者突然出现剧烈头痛、呕吐、双侧瞳孔大小不等、一侧肢体瘫痪,首先应考虑为( )
   A. 颅内感染　　B. 脑出血
   C. 脑膜炎　　　D. 出血性休克
   E. 脑梗死

6. 某急性重型再生障碍性贫血,住院期间患者突然出现剧烈头痛、呕吐,疑为颅内出血,此时首要的处理措施是( )
   A. 头部置冰袋　B. 低流量吸氧
   C. 头低足高位　D. 保持口腔清洁
   E. 鼻饲流质饮食

7. 某再生障碍性贫血,贫血的横渡较重,给予丙酸睾酮治疗,该药的正确使用方法是( )
   A. 浅部肌内注射
   B. 用药1个月后见效可停药
   C. 该药不良反应少,可加大剂量
   D. 长期用药不会损害肝脏的功能
   E. 经常更换注射部位,防止注射处发生肿块

巨幼细胞性贫血患者的护理

情境6-3

患者男性,63岁,入院时对护士说:"5个月来,总感觉头晕,没力气,手和脚经常发麻"。护士进一步问病史,得知患者在5年前因溃疡病行胃大部切除术,术后每次进食量不多,近五个月来头晕、乏力、四肢发麻而来就诊,门诊以"巨幼红细胞性贫血"收入院。

护士检查发现患者舌呈"牛肉舌"状改变。

门诊化验结果如下(血常规):WBC $6.8×10^9$/L,RBC $2.49×10^{12}$/L,HB 101g/L,HCT 0.31,MCV 124fl,MCHC 327g/L,PLT $93×10^9$/L。

一、疾病概要

(一)概述

巨幼细胞性贫血(MA)是由于叶酸和(或)维生素B_{12}缺乏或某些影响核苷酸代谢药物的作用导致细胞脱氧核糖核酸(DNA)合成障碍所引起的一种贫血。

本病特点是呈大红细胞性贫血。在我国营养性巨幼红细胞贫血占90%,以叶酸缺乏为主,山西、陕西、河南等省的农村地区较多见。在欧美国家,维生素B_{12}缺乏及体内产生内因子抗体所致的恶性贫血多见。

考点:巨幼细胞性贫血的概念

人体不能合成叶酸,所需叶酸必须由食物供给,在空肠近端吸收,通过维生素B_{12}作用转变为四氢叶酸储存于肝脏。人体内叶酸储存量为5~10mg,需要量为200μg/d。维生素B_{12}是一种水溶性维生素,体内代谢所需维生素B_{12}全靠食物供给。食物中维生素B_{12}在胃内与壁细胞分泌的内因子结合后,被回肠黏膜吸收,大部分储存在肝脏。体内维生素B_{12}为4~5mg,需要量仅为2~5μg/d。

(二)病因及发病机制

1. 叶酸缺乏 ①摄入量不足:营养不良、偏食、食物烹煮过度所致。②需要量增加:婴幼儿、妊娠、哺乳、恶性肿瘤、溶血性贫血、慢性炎症等。③吸收不良:腹泻、小肠炎症、肿瘤、手术及某些药物(如抗癫痫药、柳氮磺吡啶、乙醇等)影响叶酸吸收。④应用抗叶酸制剂:如甲氨蝶呤、乙胺嘧啶、异烟肼、苯妥英钠等可阻断四氢叶酸形成。营养性巨幼细胞性贫血多因叶酸缺乏所致。

2. 维生素B_{12}缺乏 ①摄入量不足:完全素食者因摄入减少导致维生素B_{12}缺乏。②吸收障碍:是维生素B_{12}缺乏最常见的原因。可见于各种原因引起的内因子缺乏所致。

考点:巨幼细胞性贫血主要的病因

链接:巨幼细胞性贫血的发病机制

四氢叶酸和维生素B_{12}是合成DNA过程的重要辅酶。当叶酸和维生素B_{12}缺乏到一定程度时,细胞核中的DNA合成速度减慢,细胞分裂和增殖时间延长,而胞质内的RNA仍继续成熟,造成细胞核浆发育不平衡,细胞体积变大,而核发育较幼稚,形成巨幼细胞。巨幼变的细胞大部分在骨髓内未成熟就被破坏,成为无效造血。由于红细胞的生成速度变慢,进入血流中的成熟红细胞寿命也较短,故引起贫血。

(三)病理生理

巨幼细胞性贫血的病理生理改变主要为骨髓内出现"巨幼变"。

(四)诊断及治疗要点

1. 诊断要点 根据患者有营养缺乏的病因、贫血的表现、消化道、神经精神症状,结合特征性血象、骨髓象改变及叶酸、维生素B_{12}水平测定可确诊。

情境6-3 诊断分析

诊断依据:(1)有影响营养物质吸收的因素,即胃大部切除术,术后进食量少;(2)有贫血症状,头晕、乏力、四肢发麻;(3)有特征性体征,有"牛肉舌";(4)血液检查有支持本病的结果,RBC 2.49×10^{12}/L,HB 101g/L,HCT 0.31,MCV 124fl。根据以上胃大部切除术史、平时的饮食情况、典型的贫血症状和特征性的体征及血液检查结果,可初步诊断为巨幼红细胞性贫血。

考点: 巨幼细胞性贫血的确诊依据

2. 治疗要点
(1)治疗基础疾病,去除病因。
(2)营养知识教育,纠正偏食及不良的烹调习惯。
(3)补充叶酸或维生素B_{12}。
1)叶酸缺乏:口服叶酸5~10mg,3次/天。胃肠道不能吸收者可肌内注射四氢叶酸钙5~10mg,1次/天,直至血红蛋白恢复正常。一般不需维持治疗。
2)维生素B_{12}缺乏:肌内注射维生素B_{12} 500μg/次,每周2次,直至血红蛋白恢复正常。恶性贫血或胃全部切除者需终生采用维生素B_{12}维持治疗。

考点: 巨幼细胞性贫血的治疗要点

二、疾病护理

(一)护理评估

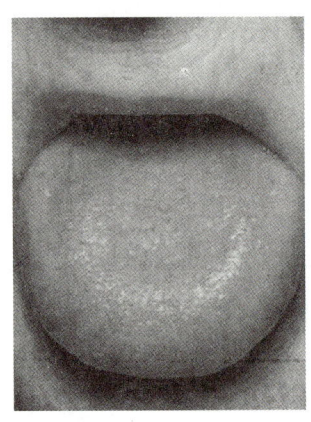

图6-3 "镜面舌"

1. 健康史 了解有无营养不良、偏食、腹泻、小肠炎症、肿瘤、手术史,有无氯霉素、抗癫痫药、柳氮磺吡啶、甲氨蝶呤、乙胺嘧啶、异烟肼、苯妥因钠等药物应用史;有无苯类、放射线接触史;是否婴幼儿、妊娠、哺乳期;有无恶性肿瘤、溶血性贫血、慢性炎症等。
2. 身体状况 主要表现为贫血、消化道症状、精神、神经症状。
(1)贫血:贫血起病隐匿,特别是维生素B_{12}缺乏者常需数月。而叶酸由于体内储存量少,可较快出现缺乏。某些接触氧化亚氮者、ICU病房或血液透析的患者,以及妊娠妇女可在短期内出现缺乏,临床上一般表现为中度至重度贫血,除贫血的症状如乏力、头晕、活动后气短心悸外,严重贫血者可有轻度黄疸,可同时有白细胞和血小板减少,患者偶有感染及出血倾向。
(2)胃肠道症状:表现为反复发作的舌炎,舌面光滑称"镜面舌"(图6-3),或舌质绛红称"牛肉舌"(图6-4)。舌乳突消失、味觉消失、食欲缺乏、腹胀、腹泻及便秘偶见。
(3)神经系统症状:维生素B_{12}缺乏特别是恶性贫血的患者常有神经系统症状,主要是由于脊髓后、侧索和周围神经受损所致。表现为乏力,手足对称性麻木、感觉障碍、下肢步态不稳、行走困难。小儿及老年人常表现脑神经受损的精神异常、无欲、抑郁、嗜睡或精神错乱。部分巨幼细胞贫血患者的神经系统症状可发生于贫血之前。

考点: 巨幼细胞性贫血的临床表现

3. 心理-社会状况 恶性贫血病情重及预后不良,患者常紧张、抑郁,甚至产生悲观绝望等负性情绪。
4. 辅助检查
(1)血象:为大细胞正色素性贫血(MCV>100fl),血象往往呈现全血细胞减少。中性粒细胞及血小板均可减少,但比贫血的程度为

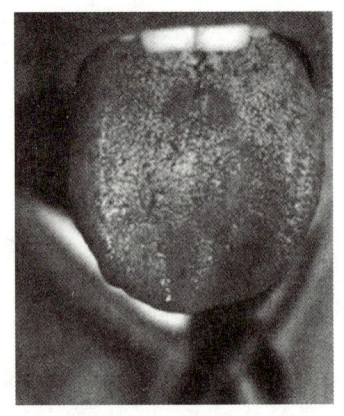

图6-4 "牛肉舌"

轻。血涂片中可见多数大卵圆形的红细胞,中性粒细胞分叶过多,可有 5 叶或 6 叶以上的分叶。偶可见到巨大血小板,网织红细胞计数正常或轻度增高。

(2)骨髓象:骨髓增生活跃,红系细胞增生明显增多,各系细胞均有巨幼变,以红系细胞最为显著。红系各阶段细胞均较正常大,胞质比胞核发育成熟(核老浆幼),核染色质呈分散的颗粒状浓缩。粒细胞及巨核细胞系也有类似的形态改变,骨髓铁染色常增多。

(3)血清叶酸和维生素 B_{12} 水平测定:血清叶酸的正常范围为 5.7~45.4nmol/L(2.5~20ng/ml),血清维生素 B_{12} 的正常范围 150~666pmol/L(200~900pg/ml)。此项测定仅可作为初筛试验。单纯的血清叶酸或维生素 B_{12} 测定不能确定叶酸或维生素 B_{12} 缺乏的诊断。

(4)红细胞叶酸测定:正常范围是 317.8~567.5nmol/L(140~250ng/ml)。红细胞叶酸不受短期内叶酸摄入的影响能较准确地反映体内叶酸的储备量。小于 227nmol/L(100ng/ml)时表示有叶酸缺乏。

考点: 巨幼红细胞性贫血的血象和骨髓象特点

(二)护理诊断及合作性问题

1. 营养失调(低于机体需要量)　与叶酸和(或)维生素 B_{12} 缺乏有关。
2. 活动无耐力　与贫血引起组织缺氧有关。
3. 口腔黏膜受损　与贫血引起舌炎、口腔溃疡有关。
4. 感知改变　与维生素 B_{12} 缺乏引起神经系统损害有关。
5. 有感染的危险　与白细胞减少致免疫力下降有关。

情境 6-3 护理诊断分析

患者有贫血表现、头晕乏力、肢体发麻,有舌炎的体征,故存在以下主要护理诊断:营养失调(低于机体需要量);活动无耐力;感知改变;口腔黏膜受损等。

(三)护理措施

1. 一般护理

(1)休息与活动:充足的睡眠与休息。

(2)饮食:向患者讲明均衡营养的重要性,叶酸缺乏者多吃含叶酸丰富的新鲜绿叶蔬菜、水果、谷类和高蛋白的动物食品;维生素 B_{12} 缺乏者多吃动物肉类、肝、肾、禽、蛋及海产品;婴幼儿及妊娠妇女要注意及时补充叶酸;同时注意避免蔬菜瓜果烹煮过熟。

2. 病情观察　定期观察血象,了解有无改善;注意观察舌象,有无肢体麻木、精神异常、无欲、抑郁、嗜睡或精神错乱等神经症状。

3. 配合治疗护理

(1)对症护理:对胃肠道症状明显或吸收不良的患者建议少量多餐、细嚼慢咽,进温软、清淡的饮食。对出现口腔炎或舌炎的患者,用朵贝尔溶液或生理盐水漱口。末梢神经炎、四肢麻木、无力者给予肢体保暖,走路不稳者要有人陪伴。

(2)用药护理:加强对药物不良反应的观察。肌内注射维生素 B_{12} 偶有变态反应,表现为皮疹、药疹甚至休克,要及时处理。恶性贫血及全胃切除者要终生肌内注射维生素 B_{12},但不能无限加大肌内注射维生素 B_{12} 的用量。

4. 心理护理　解除思想顾虑,提高对疾病的认识,告知患者本病一般预后良好,向患者介绍疾病概况及治疗目的,说明药物作用及不良反应,鼓励患者积极配合治疗。

考点: 巨幼细胞性贫血的护理措施

(四)护理目标及评价

患者营养摄取合理;活动耐力增强;口腔黏膜恢复完整;感知障碍的症状消除。

三、健康教育

（1）指导患者纠正不良饮食习惯，采取科学合理的烹饪方法；高危人群，服用核苷酸合成药物（如甲氨蝶呤、氨苯蝶啶和乙胺嘧啶等）治疗的患者，应注意补充叶酸和肌内注射维生素 B_{12}。

（2）教会患者自我监测病情。有神经系统症状者注意安全。

（3）指导患者了解疾病基本知识。

小结

巨幼细胞性贫血是由于叶酸和（或）维生素 B_{12} 缺乏或某些影响核苷酸代谢药物的作用导致细胞脱氧核糖核酸合成障碍所引起的一种贫血。本病特点是呈大红细胞性贫血。主要表现为贫血、胃肠道症状和神经系统症状。常选用叶酸和维生素 B_{12} 治疗，恶性贫血及全胃切除者要终生肌内注射维生素 B_{12}。本病一般预后良好。护理主要是对症护理及用药护理。

情境6-3 问题回答

（入院时的对话）

患者：护士，您好。我为什么会头晕、没有力气呢？

护士：血液中的红细胞能结合氧气，然后把氧气送到全身组织去的，因为你得的是贫血，就是红细胞少了，结合的氧气不够，脑部氧不足，就会头晕，全身缺氧，就会乏力。

患者：我为什么得这个病呢？

护士：得这个病是缺乏叶酸或维生素 B_{12} 影响红细胞正常发育成熟而引起的，如儿童喂养不当使营养摄入不足，胃肠道疾病影响营养物质的吸收，或其他疾病使叶酸和维生素需要量增加等，都可以发生这个病。

患者：哦，那我在5年前开刀了，我的胃都割去一半了，是不是因为这样才得这个病的呢？

护士：应该是的。

患者：那还能治好吗？

护士：能治的，医生开的药就是要给您补充叶酸和维生素 B_{12}，使您的红细胞能正常发育成熟，贫血就得到纠正。给您注射维生素 B_{12}，可能会有反应，如果有皮疹、皮肤红痒，请您及时呼叫我们。

（住院期间的对话）

患者：护士您好，我头晕没有那么厉害了，谢谢你们！

护士：那您的手脚还麻吗？

患者：还有点麻，但是也好多了。

护士：哦，那就好，说明治疗效果好。

患者：好是好了，但是我的胃都切去那么多了，以后会不会复发呀？

护士：您每次吃得少，那就少吃多餐吧，这样就能保证营养足够了。饮食上注意不要偏食，食物要多样化，蔬菜在煮沸以后其中的叶酸就被破坏了，所以要多吃水果；肉类食物中富含维生素 B_{12}，所以要注意食用肉类、肝、肾等。您已经做过胃大切手术，消化和吸收都受影响，所以更应该注意食物的多样化。但是可能要注射维生素 B_{12} 维持，不过不是每天都打，还是容易坚持的。

自 测 题

A_1型题

1. 营养性巨幼红细胞性贫血特异性的临床表现是（　　）
   - A. 皮肤、面色苍黄
   - B. 肝脾肿大
   - C. 心脏扩大
   - D. 神经、精神症状
   - E. 注意力不集中

A_2型题

2. 患儿10个月，面黄来诊，诊断为营养性小细胞性贫血。下属处理哪项不必要的是（　　）
   - A. 设法增进饮食
   - B. 口服铁剂
   - C. 口服维生素C
   - D. 肌内注射维生素 B_{12}
   - E. 预防发生心功能不全

3. 病儿面色蜡黄，手有震颤，血红细胞 $3×10^{12}/L$，血红蛋白 $80g/L$。血涂片中红细胞形态大小不等，以大细胞为多。首先考虑为（　　）
   - A. 营养性缺铁性贫血
   - B. 营养性巨幼红细胞性贫血

C. 营养性混合性贫血
D. 生理性贫血
E. 溶血性贫血

4. 患儿,女,11个月,母乳喂养,未添加辅食,近1个月出现反应迟钝,嗜睡,手、足、头震颤,面色苍黄,应采取以下哪项措施(　　)
   A. 口服铁剂
   B. 使用维生素 B_{12} 和叶酸
   C. 输血
   D. 吸氧
   E. 给予兴奋剂

A_3 型题

(5、6题共用题干)

患儿,8个月,单纯母乳喂养,从未添加辅食,近来面色蜡黄,表情呆滞,舌面光滑,有轻微震颤,肝肋下 4cm 触及。血红细胞计数 $2×10^{12}/L$,血红蛋白 90g/L,血清维生素 B_{12} 降低。

5. 你考虑该患儿可能发生的疾病是(　　)
   A. 营养性巨幼红细胞性贫血
   B. 营养性缺铁性贫血
   C. 营养性混合性贫血
   D. 溶血性贫血
   E. 感染性贫血

6. 预防该疾病应强调的是(　　)
   A. 预防感染　　　　B. 多晒太阳
   C. 按时添加辅食　　D. 培养良好饮食习惯
   E. 增强体格锻炼

第3节　特发性血小板减少性紫癜患者的护理

情境6-4

患者,女,40岁,皮肤、黏膜瘀点、瘀斑20余天,牙龈出血7天。患者入院时紧张地对护士说:"这20多天来,我身上很多地方出了很多黑点黑斑,用手抓捏哪里哪里就黑,这个星期来,每次刷牙都出血,刷牙完之后好久才停止。"

护士问病史得知,20多天前患者无明显诱因下出现四肢散在瘀点、瘀斑,无瘙痒、无疼痛,躯干受压或抓捏处也出现大片状瘀斑,无鼻出血、咯血、黑便,病后未重视,1周前出现牙龈渗血,不易停止,在当地县医院就诊,检查血小板 $34×10^9/L$,予"地塞米松"、"输血小板"等治疗后牙龈不再渗血,为进一步诊治而来就诊。

护理体检:贫血貌,皮肤散在瘀斑,无蜘蛛痣、无肝掌,胸骨无压痛。

辅助检查:血红蛋白 75g/L,白细胞 $8.0×10^9/L$,血小板 $35×10^9/L$,骨髓增生活跃,红系、粒系形态正常,巨核细胞数量增多。

一、疾病概要

(一) 概述

特发性血小板减少性紫癜(ITP)是一种自身免疫性出血综合征,也称自身免疫性血小板减少性紫癜,是血小板免疫性破坏导致外周血中血小板减少的出血性疾病。

(二) 病因及发病机制

1. 免疫因素　主要产生血小板抗体(PAIg),可能由感染引起免疫反应。
2. 感染　细菌或病毒感染,尤其上呼吸道感染。
3. 肝脾的作用　脾脏是产生血小板抗体(PAIg)和血小板破坏的场所,肝脏也有类似的作用。
4. 遗传因素　ITP 发生可能在一定程度上受基因调控,机制不明。
5. 其他因素　如雌激素抑制血小板生成,慢性型多见于女性,青春期后及绝经期前,妊娠可以使病情加重或促使复发,可能与体内雌激素水平较高有关。

发病机制:感染→产生血小板抗体(PAIg)→血小板与血小板抗体(PAIg)结合→血小板在脾脏破坏→血小板减少→出血。

> **链接**
>
> 正常血小板平均寿命7~11天，ITP发病期间血小板寿命明显缩短(仅1~3天)，急性型更短，血小板更新率加速4~9倍。

考点：特发性血小板减少性紫癜的病因及发病机制

(三) 诊断及治疗要点

1. 诊断要点　急性者根据有感染史，皮肤黏膜出血症状，脾脏不大。慢性者根据反复皮肤黏膜出血或月经过多，脾脏肿大。血小板检查异常、出血时间延长、PAIg阳性、骨髓巨核细胞成熟障碍等可诊断。

> **情境6-4 诊断分析**
>
> 诊断依据：(1)皮肤、黏膜瘀点、瘀斑、牙龈出血不易止的表现。(2)当地"输血小板"治疗有效。(3)辅助检查提示红细胞及血小板减少，巨核细胞数量增多。(4)无蜘蛛痣、无肝掌、胸骨无压痛，可排除肝功能不全及白血病。根据以上表现、治疗有效、辅助检查结果及鉴别诊断，可初步诊断为特发性血小板减少性紫癜。确诊有待进一步检查血小板相关抗体。

2. 治疗要点

(1) 糖皮质激素：为首选药物，常用泼尼松口服，严重者用地塞米松或甲泼尼龙静脉滴注，好转后改口服。

(2) 脾切除：用于糖皮质激素治疗无效，用量过大或有用药禁忌者。

(3) 免疫抑制剂：不作首选，常用药为长春新碱、环磷酰胺、硫唑嘌呤、环孢素等。

(4) 急症的处理：适用于血小板低于$20×10^9$/L或有严重出血甚至颅内出血者。输血及血小板悬液、大剂量丙种球蛋白、大剂量甲泼尼龙、血浆置换等。

考点：特发性血小板减少性紫癜的治疗要点

二、疾病护理

(一) 护理评估

1. 健康史　了解有无呼吸道感染史，预防接种史，药物接触史及相关家族史。

2. 身体状况　临床以皮肤黏膜出血为主要表现，严重者可发生内脏出血。根据发病年龄、病程长短及临床表现又分为急性型和慢性型。

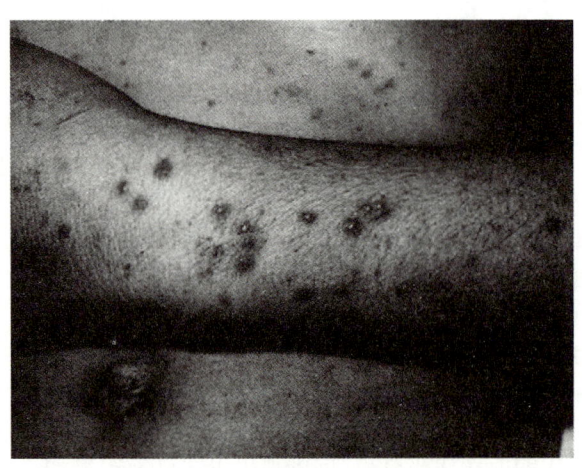

图6-5　皮肤黏膜瘀点、瘀斑、血疱

(1) 急性型：多见于儿童，病前1~2周多有呼吸道感染史，特别是病毒感染史。起病急，常有畏寒、发热。出血重，皮肤黏膜可有瘀斑、瘀点，甚至血疱和血肿形成(图6-5)，内脏出血，如消化道、泌尿道等，甚至颅内出血导致剧烈头痛、意识障碍、瘫痪等，是致死的主要原因。急性型病情多有自限性，一般4~6周多数患者可自行缓解。

(2) 慢性型：以40岁以下的女性多见。起病缓慢，出血症状相对较轻，常反复发生皮肤黏膜瘀点、瘀斑，女性患者月经过多较常见。长期月经过多可有贫血；反复发作者常有脾轻度肿大。慢性型易反复发作，不易自行缓解，甚至迁延数年(表6-8)。

考点：特发性血小板减少性紫癜的临床表现

3. 心理-社会状况 反复广泛出血或出血不止,患者易出现紧张、焦虑不安;随病情迁延,患者常出现烦躁易怒、悲观、恐惧等心理。

4. 辅助检查

(1) 血象:急性型发作期血小板常$<20\times10^9$/L,慢性型常为$30\times10^9\sim80\times10^9$/L(图 6-6)。

(2) 骨髓象:巨核细胞增加或正常,但有血小板形成的巨核细胞显著减少。

(3) 其他:毛细血管脆性试验阳性,出血时间延长、血块退缩不良、PAIg 阳性,血小板生存时间缩短。

考点: 特发性血小板减少性紫癜的辅助检查

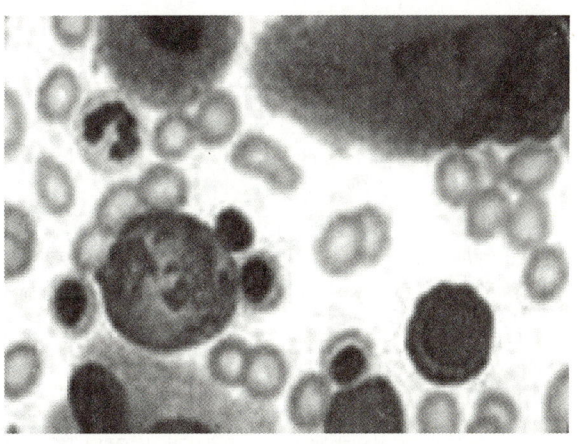

图 6-6 特发性血小板减少性紫癜血涂片

表 6-8 急慢性血小板减少性紫癜鉴别

鉴别点	急性型	慢性型
发病年龄	常见于儿童	以 40 岁以下的女性多见
前驱症状	病前 1~2 周多有呼吸道感染史,特别是病毒感染史	常因感染而使病情加重
起病情况	起病急,常有畏寒、发热	起病较缓慢
临床表现	皮肤黏膜可有瘀斑、瘀点,甚至血疱和血肿,血小板$<20\times10^9$/L 可发生严重的内脏及颅内出血,若出血量大或范围广,可出现不同程度的贫血、血压下降或失血性休克	四肢皮肤散在瘀点、瘀斑,鼻和牙龈出血,女性患者月经过多较常见,反复发作者常有贫血和脾大
血象	血小板计数减少,常$<20\times10^9$/L	血小板 $30\times10^9\sim80\times10^9$/L

(二) 护理诊断及合作性问题

1. 组织完整性受损:出血 与血小板减少有关。
2. 有感染的危险 与糖皮质激素治疗有关。
3. 潜在并发症:颅内出血。

情境 6-4 护理诊断分析

患者有全身多处皮肤黏膜瘀点、瘀斑、牙龈出血;需要用糖皮质激素治疗,影响免疫系统;血小板数量减少等,故存在以下主要护理诊断:组织完整性受损,有感染的危险,潜在并发症颅内出血。

(三) 护理措施

1. 一般护理

(1) 休息与饮食:出血严重者卧床休息;给予高维生素、高蛋白、高热量的饮食。根据病情具体指导,如有牙龈出血时,食物的温度不宜过高。多吃水果蔬菜,防止便秘,禁吃坚硬、多刺、辛辣食物,最好提供软食。血小板$<20\times10^9$/L,应卧床休息,避免用力排便、咳嗽,以免脑出血。

(2) 预防和避免出血加重

1) 减少活动:急性出血期应绝对卧床休息。避免一切伤害。

2) 谨慎用药:避免使用可能引起血小板减少或抑制其功能的药,如阿司匹林、双嘧达莫(潘生丁)、吲哚美辛(消炎痛)、保泰松等。

3) 避免可能导致颅内出血的因素:如便秘、剧烈咳嗽等。

2. 病情观察 注意观察皮肤黏膜及内脏出血的征象及出血量,监测血小板计数、生命体征及神志改变,警惕颅内出血。

内科护理

3. 配合治疗护理

（1）糖皮质激素：对长期服用者解释该药可引起医源性库欣综合征、高血压、血糖增高，易诱发或者加重感染。用药期间要定期监测血压、血糖。

（2）免疫抑制剂：要使患者了解药物的作用及不良反应，以主动配合治疗。用药期间定期检查血压、血糖、尿糖、白细胞分类计数，并观察药物的疗效及有无骨髓抑制等不良反应。

4. 心理护理　理解患者疾苦，关心支持患者，配合医生进行抢救，取得家属的配合，满足患者情感上的需要。

考点：特发性血小板减少性紫癜的护理措施

（四）护理目标及护理评价

患者无损伤和出血发生；无感染发生；无并发症发生。

三、健 康 教 育

（1）指导患者及家属了解疾病知识，学会压迫止血的方法，并能识别出血的征象，如皮肤瘀点、黑便等。定期复查。

（2）指导患者如何避免感染和外伤，避免诱发和加重出血。

（3）指导长期应用糖皮质激素者，不可自行减量或突然停药。

小结

特发性血小板减少性紫癜（ITP）是由于自身免疫导致血小板破坏，以皮肤黏膜出血为主要表现，严重者可发生内脏出血甚至颅内出血。急性型出血症状严重，可自行缓解。慢性型出血症状相对较轻，但反复发作，很少自行缓解。血细胞数量、血小板抗体、骨髓检查均异常。治疗首选糖皮质激素。护理主要是加强观察，预防出血。

情境6-4 问题回答

（入院时的对话）

患者：护士您好，我这个病为什么会出血呀？

护士：血小板是有止血作用的，因为您的血小板少了，所以就容易出血啦。

患者：那我的血小板为什么会减少呢？

护士：可能是因为病毒感染或者是雌激素的变化，使体内产生免疫反应，生成一种物质，叫血小板抗体，这种抗体黏附在血小板上，这样的血小板就容易被脾脏破坏而减少。

患者：那能治好吗？

护士：能治好，只要用药抑制抗体的生成，使血小板不再被破坏，血小板数量升上来，就不会再出血了。

患者：那以后会复发吗？

护士：有复发的可能，但是成人病情一般不严重，只要能及时发现并来治疗，一般不会出现危险。比较重的是在儿童发病，所以您不必过于担心。

患者：我的病不算很严重是吗？如果严重，那又要怎么治疗？

护士：如果更严重，那可以给您输血小板，直接增加血液中的血小板；还可以换血浆，就是把您的血抽出来，通过血浆置换机，除去血浆和血浆中的有害成分，比如血小板抗体，然后再给您输回去，并补充一定量的血浆，这样就达到治疗的作用。

患者：那我现在要注意什么呢？

护士：您的血小板比较低，已经自动出血了，所以要卧床休息，不要剧烈运动。也不要用力解大便，以免加重出血，所以要多吃蔬菜和水果，防治便秘。

（住院期间的对话）

患者：护士您好，这两天我身上不再有新的黑斑了，刷牙也不出血了，是不是就可以出院了呢？

护士：不再有黑斑，就是没有新的出血了，说明病情好转了，但是还不能出院。今天复查了您的血小板，才80（即$80×10^9$/L），还没有恢复正常，正常就要100~300（即$(100~300)×10^9$/L），所以您还要继续治疗哦。

（出院前护患对话）

护士：您好，您的病好多了，血小板也恢复正常，您可以出院了。

患者：好的，十分感谢你们！那出院后，我还要吃药吗？
护士：医生已经开药了，给您带回去，还要吃一段时间。您现在每天吃泼尼松每天30毫克，分三次吃，出院后慢慢减少药量，不能突然停止，也不能突然减量。
患者：怎样减量呢？
护士：每星期减少1次，每次每天减少5毫克。就是1个星期后每天减少到25毫克，您可以早餐后吃5毫克，中餐和晚餐后每次吃10毫克。再过1个星期后减少到每天20毫克，依次类推，减少到每天5毫克的时候再维持3个月时间。
患者：哇，这么久。
护士：是的，减量就要1个多月了，再维持3个月，久了一点。吃完疗程后要回来复查，在疗程期间，如果再有出血或别的不舒服，请您及时回来就诊。

自测题

A₁型题

1. 特发性血小板减少性紫癜治疗首选的方法是（　　）
   A. 糖皮质激素
   B. 脾切除
   C. 免疫抑制剂
   D. 输血及血小板混悬液
   E. 用达那唑

2. 特发性血小板减少性紫癜好发于女性，是因为雌激素可以（　　）
   A. 增强单核吞噬细胞系统的功能
   B. 增加毛细血管的脆性
   C. 增强中性粒细胞的功能
   D. 抑制因子的生成
   E. 加快血沉

A₂型题

3. 某女青年反复出现瘀点，伴有鼻出血、月经过多，近来出现贫血、脾大。此时错误的护理措施是（　　）
   A. 适当限制活动
   B. 预防各种创伤
   C. 尽量减少肌内注射
   D. 保持鼻黏膜湿润，剥去鼻腔内血痂
   E. 给予高蛋白、高维生素、低渣、易消化饮食

4. 某患者，因特发性血小板减少性紫癜入院，长期应用糖皮质激素治疗。常见的不良反应不包括（　　）
   A. 感染
   B. 糖尿病
   C. 高血压
   D. 多毛症
   E. 末梢神经炎

5. 患者女，28岁，印刷厂工人，因特发性血小板减少性紫癜住院，长期应用糖皮质激素治疗，出院前护士健康指导错误的是（　　）
   A. 必须调换工种
   B. 坚持饭后服药
   C. 避免到人多聚集的地方
   D. 注意自我病情监测
   E. 若无新发出血可自行停药

（甘权海）

第4节　白血病患者的护理

（一）概述

白血病（leukemia）是一类造血干细胞的恶性克隆性疾病。在儿童和青年所患恶性肿瘤中居首位。其特征为骨髓和其他造血组织中白血病细胞广泛而无控制的增生，并浸润、破坏全身组织器官，使正常造血功能受到抑制。临床出现贫血、出血、发热和组织器官浸润的表现，外周血中出现不同阶段的幼稚白细胞。

（二）分类

（1）根据细胞的分化成熟程度和自然病程，将白血病分为急性和慢性2大类。急性白血病(AL)外周血液和骨髓中多为原始和早幼细胞。病情发展迅速，自然病程仅几个月。慢性白血病(CL)外周血液和骨髓中多为较成熟或成熟细胞，病情发展缓慢，自然病程可达数年。

（2）根据主要受累的细胞系列，将急性白血病分为急性淋巴细胞白血病(ALL)和急性非淋巴细胞白血病(ANLL)或称急性髓系白血病(AML)。慢性白血病主要分为慢性粒细胞白血病(CML)和慢性淋巴细胞白血病(CLL)。

（三）病因及发病机制

白血病的病因和发病机制尚不清楚，实验与临床资料表明，发病可能与下列因素有关，这些因素均可促发遗传基因突变或染色体畸变，而使白血病细胞株形成，加上人体免疫功能缺陷，使已形成的肿瘤细胞不断增殖，最终导致白血病的发生。

1. **病毒因素** 目前已经证实，成人T淋巴细胞白血病是由人类T淋巴细胞病毒Ⅰ型所引起，它是一种C型反转录病毒，具有传染性，可通过哺乳、性生活及输血而传播。此外，EB病毒、HIV病毒与淋巴系统恶性肿瘤的关系也已被认识。

2. **放射因素** 包括X线、γ射线及电离辐射等。白血病的发生取决于人体吸收辐射的剂量，全身或部分身体受到中等或大剂量辐射后均可诱发白血病。

3. **化学因素** 一些化学物质有致白血病的作用，如接触苯及其衍生物的人群白血病的发生率高于一般人群。某些抗肿瘤的细胞毒药物如氮芥、环磷酰胺、依托泊苷等都有致白血病的作用。

4. **遗传因素** 家族性白血病约占白血病的7/1000，当家庭中有一个成员发生白血病时，其近亲发生白血病的几率比一般人高4倍。有染色体畸变的人群白血病的发病率高于正常人。

5. **其他血液病** 如骨髓异常增生综合征、淋巴瘤等最终可能发展为白血病。

考点：引起白血病可能的相关因素

急性白血病

情境6-5

女性患者，18岁。高热3天伴头晕、骨骼疼痛而来诊。自述病后明显乏力，多汗，时有恶心、呕吐、食欲极差。自感病重，忧心忡忡。

查体：T 39.2℃，P 116次/分，R 24次/分，BP 110/70mmHg，神志清楚，精神委靡，面色苍白，颈部、腋下浅表淋巴结肿大，胸骨压痛明显，肝脾轻度肿大，下肢皮肤可见散在出血点。辅助检查：血WBC $13×10^9$/L，分类可见65%原始和早幼粒细胞，RBC $2.8×10^{12}$/L，Hb 76g/L，PLT $58×10^9$/L。骨髓象：增生活跃，红系、粒系无特殊，幼稚型巨核细胞增多。

一、疾病概要

（一）概述

急性白血病是造血干细胞的恶性克隆性疾病，发病时骨髓中异常的原始细胞及幼稚细胞（白血病细胞）大量增殖，并广泛浸润肝、脾、淋巴结等各种脏器，抑制正常造血。

（二）分类

国际上常用的法、美、英FAB分类法将急性白血病分为急性淋巴细胞白血病和急性非淋巴细胞白血病2大类。急性淋巴细胞白血病分3型，急性非淋巴细胞白血病分8型（表6-9）。

表 6-9　急性白血病分型

急性淋巴细胞白血病分型		急性非淋巴细胞白血病分型	
L_1型	原始和幼淋巴细胞以小细胞为主	M_0型	急性髓细胞白血病微分化型
		M_1型	急性粒细胞白血病未分化型
L_2型	原始和幼淋巴细胞以大细胞为主	M_2型	急性粒细胞白血病部分分化型
		M_3型	急性早幼粒细胞白血病
		M_4型	急性粒-单核细胞白血病
L_3型	原始和幼淋巴细胞以大细胞为主,大小较一致,细胞内有明显空泡,胞质嗜碱性	M_5型	急性单核细胞白血病
		M_6型	红白血病
		M_7型	急性巨核细胞白血病

（三）诊断及治疗要点

1. 诊断要点　根据患者有持续性发热或反复发热、进行性贫血、出血、骨骼关节疼痛、肝、脾和淋巴结肿大等临床特征；外周血象中白细胞计数增加并出现原始或幼稚细胞；骨髓象中骨髓增生活跃,原始细胞占全部骨髓有核细胞的30%以上,一般可做出诊断。

情境 6-5 诊断分析

　　根据患者有发热(T 39.2℃),贫血(面色苍白,血红蛋白、红细胞减少),出血(皮肤散在出血点,血小板减少),骨骼疼痛,肝、脾和淋巴结肿大等临床特征；血象白细胞增多、以原始、早幼为主；骨髓象骨髓增生活跃,幼稚型巨核细胞增多。即可做出急性粒细胞白血病的诊断。

考点：白血病的诊断要点

2. 治疗要点

（1）对症治疗

1）防治感染：严重感染是导致急性白血病患者死亡的主要原因。对发热患者,应及时查明感染部位和病原菌,应用有效抗生素。

2）控制出血：出血严重、血小板计数$<20×10^9/L$者,应输注单采血小板悬液。并发DIC时,应进行相应的处理。

3）纠正贫血：严重贫血者给予吸氧、输注浓缩红细胞或全血,维持血红蛋白在80g/L以上。积极争取白血病缓解是纠正贫血最有效的方法。

4）预防尿酸性肾病：由于大量白血病细胞被破坏,可产生尿酸肾结石,引起肾小管阻塞,严重者可致肾衰,患者出现少尿或无尿。可口服别嘌醇,鼓励患者多饮水并口服碳酸氢钠碱化尿液。

考点：白血病患者出现尿酸性肾病的表现,如何预防

5）纠正水、电解质及酸碱平衡失调：化疗前及化疗期间均应监测水、电解质和酸碱平衡,及时发现异常并加以纠正,以保证机体内环境的相对稳定和药物疗效的正常发挥。

（2）化学药物治疗：是目前白血病治疗最主要的方法,也是造血干细胞移植的基础。化学治疗的原则为早期、联合、充分、间歇和分阶段用药。化学治疗的目的是达到完全缓解并延长生存期。完全缓解是指：①白血病的症状和体征消失；②外周血白细胞分类中无幼稚细胞,中性粒细胞绝对值$≥1.5×10^9/L$,血小板$≥100×10^9/L$；③骨髓象中相关系列的原始细胞与幼稚细胞之和$≤5\%$,红细胞及巨核细胞正常,无髓外白血病。患者能否获得完全缓解,是急性白血病治疗成败的关键。

1）化疗的阶段性。急性白血病化疗过程分为2个阶段,即诱导缓解和缓解后治疗。①诱导缓解,是急性白血病治疗的起始阶段。主要是通过联合化疗,迅速、大量杀灭白血病细胞,恢复机体正常造血,使患者尽可能在较短时间内获得完全缓解。②缓解后治疗,是完全缓解后患者治疗的延续阶段。急性白血病患者达到完全缓解后,体内尚有$10^8～10^9$的白血病细胞,且在髓外某些部位仍可有白

血病细胞的浸润,是疾病复发的根源。缓解后治疗主要是通过进一步的巩固与强化治疗,彻底消灭残存的白血病细胞,防止病情复发。

2) 化疗药物及治疗方案。常用化疗药物及联合化疗方案见表6-10、表6-11。

表6-10 白血病常用化疗药物

分类	药名	药理作用	主要不良反应
生物碱类	长春新碱(VCR)	抑制有丝分裂	胃肠反应、神经炎
	三尖杉碱(H)	抑制DNA、RNA合成	骨髓抑制、胃肠反应
	足叶乙苷(VP-16)	干扰DNA、RNA合成	同上
抗代谢药	巯嘌呤(6-MP)	抗嘌呤代谢,阻碍DNA合成	同上
	阿糖胞苷(Ara-c)	抗嘧啶代谢,阻碍DNA合成	同上
	羟基脲	抗嘧啶、嘌呤代谢,阻碍DNA合成	同上
	苯丁酸氮芥(瘤可宁、CBL)	阻碍DNA合成	同上
	甲氨蝶呤(MTX)	抗叶酸代谢,干扰DNA合成	骨髓抑制、肝损害
烷化剂	环磷酰胺(CTX)	破坏DNA合成	骨髓抑制、膀胱炎
抗生素类	柔红霉素(DNR)	抑制DNA、RNA合成	骨髓抑制、心脏损害
	多柔比星(ADM)	抑制DNA、RNA合成	同上
酶类	左旋门冬酰胺酶(L-ASP)	影响瘤细胞蛋白合成	肝损害、过敏
激素	泼尼松(P)、地塞米松(DEX)	破坏淋巴细胞	感染、高血压、高血糖
肿瘤细胞诱导分化剂	维A酸(AT-RA)	使白血病细胞分化为具有正常表型功能的白细胞	皮肤黏膜干燥、胃肠反应、肝损害

表6-11 急性白血病化疗方案

类型	方案	药物组成
成人急淋	首选VLDP	长春新碱、左旋门冬酰胺酶、柔红霉素、泼尼松
儿童急淋	首选VP	长春新碱、泼尼松
急非淋	DA或HA	柔红霉素、阿糖胞苷或三尖杉碱、阿糖胞苷

(3) 中枢神经系统白血病的防治:鞘内注射甲氨蝶呤(MTX)。MTX鞘内注射可引起急性化学性蛛网膜炎,患者可出现发热、头痛和脑膜刺激征。注射时加地塞米松5~10mg可减轻不良反应。急淋患者即使脑脊液检查正常,也需进行预防性鞘内药物注射。

考点:防治中枢神经系统白血病的首选药物

(4) 造血干细胞移植:目前主张除儿童急性淋巴细胞白血病外,所有年龄在50岁以下的急性白血病患者,应在第一次完全缓解期内进行造血干细胞移植。

考点:目前治疗急性白血病最有效的措施是什么,造血干细胞移植的最佳时间

(5) 细胞因子治疗:具有促进造血细胞增殖的作用。粒细胞集落刺激因子G-CSF和粒细胞集落刺激因子GM-CSF与化疗同时应用或化疗后应用,可以减轻化疗所致粒细胞缺乏,缩短粒细胞恢复时间,提高患者对化疗的耐受性。

二、疾病护理

(一) 护理评估

1. 健康史　详细询问患者有无反复的病毒感染史;是否接触过放射性物质或化学毒物,如苯、油

漆、橡胶、染料或亚硝胺类物质;是否用过易诱发本病的药物,如氯霉素、保泰松、抗肿瘤药物等;了解患者的年龄、职业、居住环境及家族史,是否患有其他血液系统疾病。

2. 身体状况　起病急缓不一,急者多为高热或严重出血,缓者常为面色苍白、疲乏或轻度出血。部分患者因月经过多或拔牙后出血不止而就医时被发现。

(1) 贫血:常为首发症状,呈进行性加重,半数以上患者就诊时已为重度贫血。发生贫血的主要原因是正常红细胞生成减少,其次是出血和溶血。

考点: 急性白血病的首发症状、发生贫血的主要原因

(2) 出血:几乎所有患者在整个病程中都有不同程度的出血。出血可发生在全身各部位,以皮肤瘀点、瘀斑、鼻出血、牙龈出血、月经过多较为常见,颅内出血常为致死原因。出血的主要原因是血小板生成减少及功能障碍,其次是白血病细胞浸润破坏血管壁和凝血因子减少等。

考点: 急性白血病的最主要死亡原因、出血的主要原因

(3) 发热:持续发热是急性白血病最常见的症状和就诊的主要原因之一,半数以上的患者以发热起病。发热多由继发感染所致,也可由白血病所致代谢亢进引起。

1) 继发感染,是导致急性白血病患者死亡最常见的原因之一。主要表现为持续低热或高热甚至超高热。感染的原因与正常粒细胞缺乏及机体免疫力降低等因素有关。感染可发生于机体的任何部位,但以口腔黏膜、牙龈、咽峡最为常见,其次是呼吸道及肛周皮肤等,严重者可致败血症或脓毒血症。常见致病菌为革兰阴性杆菌,近年来金黄色葡萄球菌等革兰阳性球菌感染的发生率有所上升。

考点: 急性白血病继发感染的主要原因、最常见的部位

2) 肿瘤性发热,与白血病细胞的高代谢状态及内源性致热原类物质的产生等有关。主要表现为持续低至中度发热,亦可有高热。常规抗生素治疗无效,化疗药物可使体温下降。

(4) 器官和组织浸润的表现

1) 肝、脾和淋巴结肿大:以急性淋巴细胞白血病多见。肿大的淋巴结中等硬度,多无触痛和粘连。脾脏轻至中度肿大,巨脾罕见。

2) 骨骼和关节:患者可出现骨骼、关节疼痛,尤以儿童多见。胸骨下段局部压痛对白血病诊断有一定价值。

3) 中枢神经系统白血病(CNSL):可发生在疾病的各个时期,但常见于化疗后缓解期,与化疗药物难以通过血脑屏障,隐藏在中枢神经系统的白血病细胞不能被有效杀灭有关。CNSL以急性淋巴细胞白血病最为常见,儿童患者尤甚。临床表现为头痛、恶心、呕吐、视力模糊、颈项强直,甚至抽搐、昏迷等。

考点: 中枢神经系统白血病好发在什么时期、出现中枢神经系统白血病的主要原因、易侵犯中枢神经系统的白血病是哪一类

4) 其他表现:弥漫性丘疹、结节性红斑;牙龈增生、肿胀;一侧睾丸无痛性肿大。眼部粒细胞肉瘤(或称绿色瘤)所致眼球突出、复视或失明;肺、心、消化和泌尿生殖系统受累等。

考点: 急性白血病细胞浸润的表现

3. 心理-社会状况　急性白血病病情严重,预后差,确诊后家属及患者常会感到死亡的威胁,容易出现忧心忡忡、恐惧不安、甚至悲观绝望。因限制探视,患者常有孤独感;化疗药物不良反应引起的身体极度不适常使患者拒绝或惧怕治疗;沉重的精神和经济负担,对患者及家属均可造成严重的影响。

4. 辅助检查　①外周血象:多数患者白细胞增多,甚至可超过 $100 \times 10^9/L$,称为高白细胞性白血病。部分患者白细胞计数在正常水平或减少,称为白细胞不增多性白血病。分类检查原始和(或)幼稚白细胞一般占30%~90%。红细胞、血小板减少。呈正常细胞性贫血。②骨髓象:骨髓穿刺检查是

急性白血病的必查项目和确诊的主要依据。骨髓增生明显活跃或极度活跃，主要是白血病性原始细胞，多超过30%。正常的幼红细胞和巨核细胞减少。少数患者的骨髓呈增生低下。奥尔小体仅见于急非淋，有独立诊断的意义。③其他：化疗期间血尿酸和尿尿酸浓度增高，主要与大量细胞被破坏有关。出现CNSL时，脑脊液压力增高，白细胞数增加，蛋白质增多而糖定量减少，涂片中可找到白血病细胞。此外，细胞化学、免疫学、染色体和基因等检查亦有助于明确病情及分型。

考点：确诊白血病的主要依据

（二）护理诊断及合作性问题

1. 有损伤的危险：出血 与血小板减少、白血病细胞浸润等有关。
2. 有感染的危险 与正常粒细胞减少、化疗有关。
3. 潜在并发症 化疗药物不良反应。
4. 预感性悲哀 与急性白血病治疗效果差、死亡率高有关。
5. 活动无耐力 与大量、长期化疗，白血病引起代谢增高及贫血有关。

情境6-5 护理诊断分析
患者皮肤散在出血点故提出有损伤的危险：出血（与血小板减少、白血病细胞浸润等有关）；患者有发热故提出有感染的危险（与正常粒细胞减少有关）；患者对疾病忧心忡忡，精神萎靡，故提出预感性悲哀（与急性白血病治疗效果差、死亡率高有关）；患者乏力、食欲极差故提出活动无耐力（与白血病引起代谢增高及贫血有关）；潜在并发症：化疗药物不良反应。

（三）护理措施

1. 一般护理

（1）活动与休息：保证患者充分的休息与睡眠，每日睡眠时间在7小时以上。依据病情，与患者一起制订活动计划，注意劳逸结合，适当限制体力活动以减少体力消耗。

（2）饮食护理：给予高蛋白、高维生素、高热量、清淡、易消化饮食，以补充体内营养所需。宜多食水果、蔬菜。化疗期间要保证充足的营养，禁食辛辣刺激性食物，注意饮食卫生。

2. 病情观察 密切观察患者意识和生命体征变化，监测外周血白细胞、血红蛋白、血小板计数及骨髓象情况。观察有无感染、贫血和出血的症状和体征。

3. 预防感染 因化疗药物对骨髓的影响，化疗期间患者更容易发生感染，应采取各种措施加强防护。

（1）预防呼吸道感染：将患者安置于单人病房，保持室内空气清新和物品清洁，室内用具、地面和空气定时消毒。严格限制探视，严格执行各项无菌操作。如粒细胞绝对值≤$0.5×10^9$/L，应对患者进行保护性隔离。

（2）预防口腔感染：指导患者进餐前后、睡前和晨起用生理盐水、氯己定、复方茶多酚含漱液或复方硼砂含漱液交替漱口。已发生口腔黏膜溃疡者，局部应用维生素E或溃疡膜涂敷。真菌感染者用2.5%制霉菌素或碳酸氢钠液含漱。

（3）预防皮肤和肛周感染：保持皮肤清洁、干燥，及时更换内衣和床上用品，尽量避免损伤患者皮肤，如穿刺、搔抓、挤压皮肤等。女性患者注意会阴部的清洗，保持局部清洁卫生。指导患者于睡前便后用1：5000高锰酸钾溶液坐浴，每次15～20分钟。保持大便通畅，避免用力排便诱发肛裂。

考点：急性白血病患者预防感染的护理措施

4. 用药护理 应用化疗药物需注意以下几点。

（1）药物现用现配：化疗药物应于输注前30分钟内配制，以免影响疗效。

(2) 注意保护血管：首选中心静脉置管。如应用外周浅表静脉,则尽量选择粗、直且弹性好的血管。静脉注射前先用生理盐水冲洗,确定注射针头在静脉内方可注入药物,药物推注速度应根据医嘱要求,一般为缓慢推注。应边推注药物边抽回血,确保药物注入血管内。药物输注完毕再用10~20ml生理盐水冲洗后方能拔针,并轻压数分钟,以防药液外渗或发生血肿。联合化疗时,应先输注对血管刺激性小的药物,再输入刺激性发疱性药物。

考点： 白血病化疗时保护静脉的措施有哪些

(3) 防治药物外渗：静脉滴注或推注速度宜缓慢。如有外渗,应立即停止滴注,并回抽血液3~6ml吸出部分药液。外渗局部滴入生理盐水稀释药液或应用解毒剂。根据医嘱,48小时内用利多卡因于局部间断封闭2~3次。如无禁忌可局部用冰袋24小时间断冷敷。药液外渗48小时内应抬高局部,促进外渗药液的吸收。

考点： 化疗药物外渗的处理方法有哪些

(4) 观察不良反应：化疗药物常见毒性反应有消化道反应、骨髓抑制、肝肾功能损害、脱发、局部刺激等。为减轻其毒性反应,宜在餐后睡前给药,控制静脉滴注速度,鼓励患者多饮水,避免一切不良刺激。要定期检查血象、骨髓象、肝功能和尿常规,以便早期发现,及时处理。鞘内注射化疗药物后应去枕平卧4~6小时,注意观察有无头痛、呕吐、发热等化学性脑膜炎的症状。

考点： 治疗脑膜白血病鞘内注射药物后应去枕平卧的时间

5. 对症护理 帮助骨骼、关节疼痛患者采取舒适卧位,疼痛关节用枕头支托,局部按摩。胸骨疼痛剧烈时,遵医嘱应用镇痛剂,解除患者痛苦。发热者应积极寻找感染灶,早期应用有效抗生素,并采取降温措施。贫血严重、症状明显者给予氧气吸入,限制活动量,输注浓缩红细胞。

6. 心理护理 鼓励并耐心倾听患者诉说其身体和心理感受,指导患者和家属正确认识和对待疾病,鼓励患者与治疗后长期缓解者进行交流,帮助患者树立战胜疾病的信心,减轻悲观和恐惧心理。预先告知患者所用药物可能导致的不良反应,使其有所心理准备。

（四）护理目标及评价

患者能积极配合,采取有效措施,减少或避免出血;能说出预防感染的重要性,减少或避免感染发生;能说出化疗可能出现的不良反应,并能积极应对;能正确对待疾病,悲观情绪减轻或消除;能认识到化疗期间合理休息与活动的重要性,体力逐渐恢复,生活自理。评价是否达到以上护理目标。

三、健康指导

(1) 疾病知识指导：告知患者和家属疾病的性质、主要临床表现、治疗和护理措施,使患者和家属了解疾病的治疗过程和反应,以及坚持长期治疗的意义,学会自我护理的技巧,主动配合治疗和护理。

(2) 疾病预防指导：告知患者避免接触和应用对造血系统产生损害的理化因素和药物,如电离辐射、染发剂、油漆等含苯物质及保泰松和氯霉素等。注意保暖,避免受凉,加强个人卫生,防止感染。注意活动量和活动类型,防止外伤,加强鼻腔、口腔、眼睛和皮肤的自我护理,防止出血。

(3) 预防感染和出血指导：注意保暖,避免受凉,外出戴口罩,尽量不去人群拥挤的地方。用软毛牙刷刷牙,不用牙签剔牙,不用手挖鼻孔,天气干燥时鼻腔涂敷金霉素眼膏,或用薄荷油滴鼻,选择适宜的活动种类并注意活动量,避免外伤。

(4) 自我监测指导：教会患者和家属自我监测病情的方法和内容,如自测体温,观察面色有无苍白、有无咯血和胸骨压痛、粪便和尿液颜色改变等。告知患者定期复查血象和骨髓象。使患者和家属了解如出现高热、出血加重等表现,应及时就医。

考点： 急性白血病的健康指导

情境6-5 问题回答

患者："护士,我女儿为什么会经常流鼻血,皮肤常常青一块紫一块。"

护士："阿姨,因为您女儿得了急性粒细胞白血病。几乎所有的白血病患者在整个病程中都有不同程度出血,可表现为皮肤黏膜瘀点和瘀斑、鼻出血、牙龈出血或月经过多等,所以她会经常流鼻血,皮肤青一块紫一块,最严重的还会发生脑出血。"

患者："怎么才能发现脑出血?"

护士："若有烦躁不安、嗜睡、头痛、呕吐、抽搐等症状,提示脑出血。你平时一定要注意观察。"

患者："她怎么得上这个病呢?"

护士："阿姨,这个病目前病因不清楚,可能与一些因素有关,如病毒感染、接触X线、γ射线及电离辐射等;一些化学物质也有致白血病的作用,如染发剂、油漆等。另外这个病与遗传因素也有关。有染色体畸变的人群白血病的发病率高于正常人。"

患者："护士,我女儿现在正在用化疗药物,头发掉很多,经常流眼泪,怎么办呢?"

护士："化疗会导致脱发现象,但大多数患者在化疗疗程结束后,头发会再生,可以鼓励孩子表达出内心的感受,平时可以使用假发或者戴帽子,给予患者心理支持,介绍有类似经验的患者与她分享经验,鼓励患者参与正常的社交活动。"

患者："哦,我明白了,谢谢你啊!"

护士："不用谢!你还有什么问题,可随时问我。"

慢性白血病患者的护理

情境6-6

患者,女性,44岁,1年来逐渐出现乏力、消瘦、低热、多汗,左上腹饱胀感,未去医院诊治。近1个月来,先有咳嗽、鼻塞、打喷嚏等上感症状,而后出现高热,伴乏力,食欲缺乏,来院就诊。查体:T 39℃,P 96次/分,R 25次/分,BP 110/70mmHg,精神萎靡,面色苍白,胸骨下段明显压痛。脾肋下6cm。血象:WBC $44.6×10^9$/L,见到幼稚白细胞,以中幼及晚幼为主,RBC $2.6×10^{12}$/L,Hb 50g/L,PLT $62×10^9$/L,骨髓象:骨髓增生明显活跃。其中以中性粒细胞中、晚幼和杆状核细胞明显增多。

一、疾 病 概 要

(一) 概述

慢性白血病分为慢性粒细胞白血病、慢性淋巴细胞白血病、慢性单核细胞白血病3型,我国以慢性粒细胞白血病多见,慢性淋巴细胞白血病少见,慢性单核细胞白血病罕见。

(1) 慢性粒细胞白血病简称慢粒,临床特点为病程发展缓慢,外周血粒细胞显著增多,分类以中幼粒、晚幼粒和杆状核粒细胞为主,脾脏明显增大。自然病程可经历慢性期、加速期和急变期,多因急性变而死亡。本病各年龄组均可发病,以中年最多见。

考点:最易出现脾脏高度肿大的白血病是哪一类

(2) 慢性淋巴细胞性白血病简称慢淋,是由于单克隆性小淋巴细胞凋亡受阻、存活时间延长而大量积聚在骨髓、血液、淋巴结和其他器官,最终导致正常造血功能衰竭的低度恶性疾病。临床以淋巴结肿大为主要表现,慢淋在我国较少见,90%以上的患者在50岁以上发病,男性略多于女性。

考点:慢性淋巴细胞性白血病主要表现

(二) 诊断及治疗要点

1. **诊断要点** 凡有不明原因的持续性白细胞数增高,根据典型的血象和骨髓象改变、脾大、Ph染色体阳性即可作出慢粒的诊断。依据患者有全身淋巴结肿大而无压痛等临床表现,结合外周血中持续性单克隆性淋巴细胞>$5×10^9$/L,骨髓中淋巴细胞≥40%,便可作出慢淋的诊断。

情境6-6 诊断分析

根据患者有发热、消瘦、胸骨下段明显压痛、脾大等临床特征;血象:白细胞增多,以中幼及晚幼为主。骨髓象:骨髓增生明显活跃。其中以中性粒细胞中、晚幼和杆状核细胞明显增多。根据以上表现即可做出慢性粒细胞白血病的诊断。可进一步可做Ph染色体检查。

2. 治疗要点

(1) 化学药物治疗

1) 羟基脲:是目前治疗慢性粒细胞白血病的首选药物,副作用少,耐受性好,与烷化剂无交叉耐药性。用药后2~3天白细胞即迅速下降,停药后又很快回升。

2) 白消安(马利兰):起效较羟基脲慢,但作用维持时间长。用药2~3周外周血白细胞开始下降,停药后白细胞减少可持续2~4周。用药过量常致严重骨髓抑制,且恢复较慢。敏感者即使小剂量也可发生骨髓抑制。长期用药可出现肺间质纤维化、皮肤色素沉着等,临床上已少用。

3) 氟达拉滨和苯丁酸氮芥:慢淋化疗首选苯丁酸氮芥,氟达拉滨干扰腺苷代谢,对慢淋有特效。

考点: 慢粒和慢淋化疗的首选药

(2) α-干扰素:与羟基脲或小剂量阿糖胞苷联合应用可提高疗效。约1/3的患者用药后血细胞Ph染色体减少或消失。对加速期和急变期的患者无效。

(3) 伊马替尼(格列卫):特异性阻断ATP在ABL激酶上的结合位置,使酪氨酸残基不能磷酸化,从而抑制BCR-ABL阳性细胞的增殖。近年临床应用较多,疗效可达95%~98%。

(4) 造血干细胞移植:是目前认为根治慢性粒细胞白血病的标准治疗。应在慢性期缓解后尽早进行,常规移植患者年龄以45岁以下为宜。

(5) 其他:白细胞淤滞症可采取血细胞分离单采,清除体内过高的白细胞,同时给予羟基脲化疗和水化、碱化尿液,保证足够尿量,并口服别嘌醇,以预防尿酸性肾病。脾放射用于脾大明显、有胀痛而化疗效果不佳时。慢粒急性变的治疗同急性白血病。

二、疾病护理

(一) 护理评估

1. 健康史 询问有无长期或一次大剂量接触射线、苯及其衍生物的情况,家族中有无类似患者。

2. 身体状况

(1) 慢性粒细胞性白血病

1) 慢性期:起病缓,早期常无自觉症状,可因体检发现血象异常或脾大而被确诊。随病情发展,可出现低热、乏力、多汗或盗汗、体重减轻等代谢亢进的表现。脾大为最突出的体征,可达脐平面,甚至可达盆腔,质地坚实、表面平滑,无压痛。但如发生脾梗死,则压痛明显。部分患者有胸骨中下段压痛,为重要的体征。白细胞极度增高超过$200×10^9$/L时,可发生"白细胞淤滞症",表现为呼吸窘迫、言语不清、头晕、中枢神经系统出血等。此期一般持续1~4年。

2) 加速期:如出现原因不明的高热、关节疼痛、出血和贫血、体重进行性下降、原治疗有效药物出现耐药等,提示疾病进入加速期。此期可维持数月到数年。

3) 急变期:为慢性粒细胞白血病的终末期,临床表现与急性白血病类似。多数为急粒变,部分为急淋变。个别患者以急变期为首发表现。急变期患者预后极差往往在数月内死亡。

考点: 慢粒的主要临床表现

(2) 慢性淋巴细胞性白血病:起病缓慢,多无自觉症状,淋巴结肿大常为就诊的首要原因,以颈部、腋下、腹股沟淋巴结为主。肿大的淋巴结无压痛、较坚实、可移动。50%~70%患者有肝、脾轻至中度肿大。早期可出现疲乏无力,随后出现食欲减退、消瘦、低热和盗汗等。晚期免疫功能减退,易发生贫血、出血、感染,尤其是呼吸道感染。约8%的患者可并发自身免疫性溶血性贫血。

考点:慢淋的主要临床表现

3. 心理-社会评估　慢性期因无明显症状患者及家属均未引起重视,一旦加速或急变,患者及家属常感到恐惧、紧张、无所适从。

4. 辅助检查

(1) 血象

1) 慢粒:白细胞明显升高,常在 $20×10^9/L$ 以上,晚期可超过 $100×10^9/L$。分类以中性中幼、晚幼和杆状核粒细胞为主,原始和早幼粒细胞不超过10%。晚期血小板逐渐减少并出现贫血。

2) 慢淋:淋巴细胞持续增多,白细胞计数 $>10×10^9/L$,淋巴细胞占50%以上,晚期可达90%,以小淋巴细胞为主。晚期血红蛋白、血小板减少。

(2) 骨髓象

1) 慢粒:骨髓增生明显或极度活跃。以粒细胞为主,粒红比例明显增高,其中中性中幼、晚幼及杆状核粒细胞明显增多,原粒细胞<10%。嗜酸粒细胞、嗜碱粒细胞增多。红系细胞相对减少,巨核细胞正常或增多,晚期减少。

2) 慢淋:骨髓增生明显活跃,红系、粒系及巨核细胞均减少,淋巴细胞比例≥40%,以成熟淋巴细胞为主,可见幼稚淋巴细胞或不典型淋巴细胞,发生溶血时幼红细胞增多。

(3) 染色体检查:90%以上的慢粒患者血细胞中出现 Ph 染色体。50%~80%的慢淋患者出现染色体异常,部分患者出现基因突变或缺失。

(4) 血液生化:血及尿中尿酸浓度增高,与化疗后大量白细胞破坏有关。慢粒患者血清维生素 B_{12} 浓度和维生素 B_{12} 结合力明显增加。

考点:慢性白血病的实验室检查特点,注意与急性区别

(二) 护理诊断及合作性问题

1. 疼痛:脾胀痛　与脾大、脾梗死有关。
2. 活动无耐力　与虚弱或贫血有关。
3. 营养失调:低于机体需要量　与机体代谢亢进有关。
4. 潜在并发症:尿酸性肾病。

> **情境6-6 护理诊断分析**
> 　　患者左上腹饱胀感、脾大故提出疼痛:脾胀痛(与脾大、脾梗死有关);患者有发热故提出有感染的危险(与正常粒细胞减少有关);患者乏力、精神萎靡、面色苍白故提出活动无耐力(与虚弱或贫血有关);患者消瘦、体重下降,故提出营养失调:低于机体需要量(与机体代谢亢进有关);潜在并发症:尿酸性肾病。

(三) 护理措施

1. 一般护理

(1) 活动与休息:休息可减少体力的消耗。病情轻或慢性期患者可适当休息;加速期或急变期,尤其是有明显感染、出血倾向、严重贫血的患者,应卧床休息。颅内出血患者绝对卧床。

(2) 饮食护理:给予高热量、高蛋白、高维生素、清淡、易消化饮食以补充机体的热量消耗,保证每天充足的饮水量。

2. 观察病情　注意观察有无不明原因的发热、出血、骨痛及淋巴结迅速增大。每日测量脾脏的大小、质地并做好记录。注意脾区有无压痛,观察有无腹痛、发热、血性腹水等脾栓塞或脾破裂的表现。

3. 用药护理　白消安的不良反应主要是骨髓抑制、血小板或全血细胞减少及皮肤色素沉着、停经等,用药前应向患者说明,使其主动配合治疗,坚持用药。应用羟基脲期间,应经常检查

血常规以调整药物剂量。α-干扰素可致发热、恶心、血小板减少及肝功能异常，应定期检查患者肝功能。

4. 对症护理　将患者置于安静、舒适的环境中，尽量卧床休息，并取左侧卧位，以减轻脾区疼痛和不适感。应尽量避免弯腰，勿碰撞腹部，以防脾脏破裂。化疗期间定期检查白细胞计数、血尿酸和尿尿酸含量。记录24小时出入量。鼓励患者多饮水，每日饮水量应达2000ml以上，以排出聚集在肾小管的尿酸。遵医嘱口服别嘌醇，以抑制尿酸的形成。

5. 心理护理　慢性期缓解的患者，应向患者及家属讲解疾病知识，如病情的演变过程等。为争取延长缓解期，患者必须主动配合治疗，保持情绪稳定，亲友应给予患者精神、物质等多方面的支持。

（四）护理目标

患者疼痛减轻或消失；活动耐力增强；能自觉加强营养，体力逐渐恢复；无尿酸性肾病发生。评价是否达到以上护理目标。

三、健　康　指　导

1. 疾病知识指导　告知患者及家属疾病的性质、主要表现、治疗和护理要点，所用药物的不良反应，用药期间休息、活动及饮食的要求，鼓励患者坚持长期规律用药，争取延长缓解时间。

2. 疾病预防指导　告知患者缓解后可从事工作或学习活动，但不可过度劳累。应避免接触含苯物质和放射性核素。出现其他健康问题时，应在医生指导下用药。

3. 自我监测指导　告知患者和家属定期检测外周血象和骨髓象，了解治疗效果。如出现贫血和出血加重、高热、脾脏进行性增大、腹痛等症状和体征，应及时到医院就诊。

情境 6-6 问题回答

患者："护士，我左腹胀痛，能摸着包块，是怎么回事？"
护士："阿姨，因为您得的是慢性粒细胞白血病。这个病的表现有脾大，您摸到的包块，就是肿大的脾"。
患者："我左腹总是胀痛，不舒服，怎么才能减轻疼痛？"
护士："您要减少活动，尽量卧床休息并取左侧卧位，这样可以减轻不适感，进食要少量多餐，以减轻腹胀，另外应尽量避免弯腰，不要碰撞腹部，以防脾脏破裂。"
患者："护士，我现在正在用化疗药物，医生还让我吃一种叫别嘌醇的药物，这个药管什么的？"
护士："化疗后大量白细胞被破坏，可引起尿中尿酸浓度增高，形成尿酸肾结石引起肾小管阻塞，严重者可致肾衰，出现少尿或无尿，别嘌醇可预防尿酸性肾病，另外阿姨您要多喝水，冲洗尿路，并口服碳酸氢钠碱化尿液。"
患者："哦，是这么回事啊，我明白了，谢谢您！"
护士："不用谢！您还有什么问题，可随时问我。"

小结

白血病是造血干细胞的克隆性恶性疾病。急性白血病主要表现为贫血、出血、感染和白血病细胞浸润的症状和体征，外周血和骨髓中出现大量原始和早期幼稚的白细胞；慢性粒细胞白血病较为常见，突出体征为脾脏肿大，外周血和骨髓中白细胞明显增高，以中粒、晚幼粒和杆状核粒细胞为主。急性白血病主要采用联合化疗和造血干细胞移植，慢性粒细胞白血病首选羟基脲治疗。护理重点包括密切观察患者的体温、脉搏及呼吸变化，有无咳嗽和咳痰、尿频和尿痛、皮肤瘀点和瘀斑等感染及出血表现，脾脏大小及脾区有无压痛。指导骨骼、关节疼痛的患者采取舒适卧位，必要时遵医嘱应用镇痛剂。发热者及时应用有效抗生素，并采取降温措施。贫血严重、症状明显者给予氧气吸入，限制活动量，输注浓缩红细胞。脾脏肿大者应尽量避免弯腰，勿碰撞腹部。化疗药物应现用现配，选择大血管并确保药物注入血管内，防止药物外渗。发生药物外渗立即停止滴注并回抽血液，局部处理。

自 测 题

1. 急性白血病引起贫血的主要原因是（　　）
   A. 造血原料缺乏　　B. 红细胞寿命缩短
   C. 红细胞增殖受干扰　　D. 自身免疫性溶血
   E. 出血
2. 急性白血病引起出血的主要原因是（　　）
   A. 血小板生成减少　　B. 血小板破坏增加
   C. 血小板寿命缩短　　D. 抗凝物质增多
   E. 凝血因子缺乏
3. 易侵犯中枢神经系统的白血病是（　　）
   A. 急性粒细胞白血病
   B. 慢性粒细胞白血病
   C. 急性淋巴细胞白血病
   D. 慢性淋巴细胞白血病
   E. 急性单核细胞白血病
4. 最易出现脾脏高度肿大的白血病是（　　）
   A. 急性粒细胞白血病
   B. 慢性粒细胞白血病
   C. 急性淋巴细胞白血病
   D. 慢性淋巴细胞白血病
   E. 急性单核细胞白血病
5. 中枢神经系统白血病选用下列哪种药物鞘内注射（　　）
   A. 长春新碱　　B. 阿糖胞苷
   C. 甲氨蝶呤　　D. 环磷酰胺
   E. 维A酸
6. 慢性粒细胞白血病化疗首选药物是（　　）
   A. 长春新碱　　B. 甲氨蝶呤
   C. 阿糖胞苷　　D. 羟基脲
   E. 苯丁酸氮芥
7. 白血病化疗时保护静脉的措施错误的是（　　）
   A. 选择较细的静脉
   B. 静脉穿刺后先注射生理盐水
   C. 外渗局部立即冷敷
   D. 滴药过程中不断进行回抽血检查
   E. 更换注射部位
8. 患者，女，16岁。发热、咽痛1周入院，经检查诊断为急性淋巴细胞白血病。下列属于白血病细胞浸润所致的体征是（　　）
   A. 胸骨下段压痛　　B. 皮肤紫癜
   C. 扁桃体充血、肿大　　D. 皮肤黏膜苍白
   E. 口腔血疱
9. 患者，男，52岁。患慢性粒细胞白血病4年，1周来出现原因不明发热，皮肤黏膜出现瘀斑。护理体检：贫血貌，胸骨压痛，脾肋下5cm。该患者应考虑（　　）
   A. 急性白血病
   B. 脾功能亢进
   C. 类白血病反应
   D. 慢性粒细胞白血病急性变
   E. 特发性血小板减少性紫癜
10. 患者，女，32岁。发热伴牙龈出血1周。护理体检：贫血貌，胸骨压痛，血红蛋白68g/L，白细胞$18×10^9$/L，血小板$35×10^9$/L。为明确诊断，应首选哪项检查（　　）
    A. 骨髓检查　　B. 测定出凝血时间
    C. 血小板计数　　D. 血小板平均寿命
    E. 网织红细胞计数
11. 患者，男，47岁，确诊急性白血病。在化疗期间，以下护理措施最重要的是（　　）
    A. 多吃蔬菜　　B. 多吃水果
    C. 少食多餐　　D. 多饮水
    E. 高蛋白质饮食
12. 急性白血病患者在化疗缓解期出现中枢神经系统白血病的原因主要是（　　）
    A. 抵抗力差
    B. 疗程不够
    C. 大多数抗白血病药物不易通过血脑屏障
    D. 化疗药物剂量不足
    E. 中枢神经系统的白血病细胞较多
13. 患者严重贫血，近日突发高热、皮肤广泛瘀斑。若诊断急性白血病，最有价值的检查是（　　）
    A. 血常规检查　　B. 尿液常规检查
    C. 血培养检查　　D. CT检查
    E. 骨髓象检查
14. 患者，女，57岁，患白血病2年。今日突然出现头痛、头晕、视物模糊，呼吸急促，来院急诊。判断该患者可能发生的并发症是（　　）
    A. 蛛网膜下隙出血　　B. 脑膜炎
    C. 颅内出血　　D. 脑梗死
    E. 高血压脑病
15. 患者，女，38岁。慢性粒细胞白血病慢性期，脾大至脐下。血常规：白细胞$61×10^9$/L，血红蛋白95g/L，血小板$500×10^9$/L。护士健康指导时应向患者特别强调的是（　　）
    A. 做好口腔护理　　B. 按时服药

C. 避免腹部受压　　D. 尽量少去人多的地方
E. 预防感冒

(16~18题共用题干)

患儿,7岁。因发热2天、鼻腔牙龈出血1天入院。查体:体温39.0℃,全身皮肤瘀斑、腋下淋巴结增大,胸骨下压痛,肝、脾大。骨髓象结果:有核细胞增生活跃,正常幼红细胞和巨核细胞减少。

16. 该患者最有可能发生的问题是(　　)
　　A. 急性非淋巴细胞白血病
　　B. 慢性粒细胞白血病
　　C. 急性淋巴细胞白血病
　　D. ITP急性发作
　　E. 脾功能亢进

17. 遵医嘱给予患者别嘌醇治疗,护士向患者解释该药的作用是(　　)
　　A. 减少白血病细胞的破坏
　　B. 降低白细胞
　　C. 预防原症状复发
　　D. 预防尿酸性肾病
　　E. 预防免疫疾病

18. 经治疗患者症状缓解,今日突然出现头痛、头晕、昏迷,急查脑脊液压力增高,白细胞计数增加,葡萄糖定量减少;血常规示:血小板$65×10^9$/L。则患者最有可能发生了(　　)
　　A. 脑梗死
　　B. 颅内出血
　　C. 继发中枢神经系统感染
　　D. 中枢神经系统白血病
　　E. 弥散性血管内凝血

第5节　血友病患者的护理

情境6-7

患者,男,14岁。反复鼻出血、皮肤青紫斑块12年,右肘、膝关节剧痛、肿胀,不能行走、卧床2天来院就诊。入院时患者的父亲说"我儿子的病是生来就有的,已经来住院很多次了,从2岁开始就经常鼻子流血,身上青一块紫一块的,每次跌倒膝盖都肿、痛。这2天右边胳膊关节和膝盖又胀痛了,走不了,只能躺着了。"

护士检查:右膝、肘关节红肿,压痛+++,右肘屈曲90°。实验检查:Ⅷ因子活性<0.5%。

一、疾病概要

(一) 概述

血友病(Hemophilia),是一组由于血液中某些凝血因子的缺乏而导致患者产生严重凝血障碍的遗传性出血性疾病。

男女均可发病,但绝大部分患者为男性。包括血友病甲(A)、血友病乙(B),临床上以甲型最常见。血友病在先天性出血性疾病中最为常见,出血是该病的主要临床表现。

(二) 病因及发病机制

血友病甲、乙是性联隐性遗传性疾病,其遗传基因位于X染色体上,男性发病,女性传递。70%的血友病甲有阳性家族史,30%的病例是由于基因突变。血友病乙有明显家族史者少,故此基因似有高度的自发性突变率,使女性X染色体的一条随机地无作用,不活化。患者与正常女子结婚其儿子正常,其女儿100%是血友病甲或乙传递者。传递者女子与正常男子结婚,其儿子半数为血友病患者,其女儿半数为传递者。遗传性的缺乏凝血因子Ⅷ(FⅧ)引起血友病甲,缺乏凝血因子Ⅸ(FⅨ)引起血友病乙。

考点:血友病的病因及发病机制

(三) 诊断及治疗要点

1. 诊断要点　根据为男性(女性纯合子极少见),有或无家族史,有家族史者符合X性联隐性遗传规律;关节、肌肉、深部组织出血,有或无活动过久、用力、创伤或手术后异常出血史,严重者可见关节畸形;实验室检查结果阳性。

内科护理

2. 治疗要点

（1）局部止血治疗：包括局部压迫、放置冰袋、局部用血浆、止血粉、凝血酶或明胶海绵贴敷等。

（2）替代疗法：为主要治疗方法。①输血浆；②冷沉淀物；③中纯度因子Ⅷ制剂；④凝血酶原复合物浓缩剂；⑤重组人凝血因子。

（3）其他治疗：去氨基-D-精氨酸血管加压素；肾上腺皮质激素；抗纤溶药物；达那唑；花生衣。

考点：血友病的治疗要点

> **情境6-7 诊断分析**
> 诊断依据：(1)从2岁开始就有长期反复鼻出血、皮肤青紫斑块病史及关节剧痛、肿胀症状，符合先天性疾病特征；(2)有关节畸形、活动障碍体征，符合重症特征；(3)辅助检查提示Ⅷ因子活性明显减少，符合血友病甲的情况。根据以上病史、症状和特征及凝血因子检查结果，可初步诊断为血友病甲（A）（重型），急性右肘、右膝关节出血（急性期）。

二、疾 病 护 理

（一）护理评估

1. **健康史** 了解有无外伤手术史及相关家族史。

2. **身体状况** 临床以出血为主要表现，两型的出血特点基本相同，只是出血程度不同，血友病甲较重，血友病乙较轻。

（1）关节积血：是血友病甲患者常见的临床表现，常发生在创伤、行走过久、运动之后引起滑膜出血，多见于膝关节，其次为踝、髋、肘、肩、腕关节等处。反复出血可致关节畸形，肌肉萎缩，最后丧失功能。

（2）肌肉出血和血肿：在重型血友病甲常有发生，多在创伤或肌肉活动过久后发生，多见于用力的肌群。

（3）皮肤、黏膜出血：由于皮下组织、齿龈、舌、口腔黏膜等部位易于受伤，故为出血多发部位。幼儿多见于额部碰撞后出血（血肿），但皮肤、黏膜出血并非是本病的特点。

（4）内脏出血：可有消化道出血、尿血、咯血、少数可发生颅内出血，危及生命。

考点：血友病的临床表现

3. **心理-社会状况** 反复广泛出血或出血不止，患者易出现紧张、焦虑不安；随病情迁延，患者常出现烦躁易怒、悲观、恐惧等心理。

4. **辅助检查**

（1）血象：一般无贫血，白细胞、血小板计数正常。

（2）凝血检查：出血时间正常；凝血时间延长；凝血酶原时间（PT）正常；活化部分凝血活酶时间（APTT）延长，能被正常新鲜血浆或硫酸钡吸附血浆纠正者为血友病甲（A）；能被正常血清纠正，但不被硫酸钡吸附血浆纠正者为血友病乙（B）。

（3）凝血因子活性测定：因子Ⅷ促凝活性（Ⅷ：C）测定明显减少（血友病甲，分型：重型<1%，中型2%～5%，轻型6%～25%，亚临床型26%～49%）；因子Ⅸ促凝活性（Ⅸ：C）测定减少（血友病乙）。

考点：血友病的辅助检查

（二）护理诊断及合作性问题

1. **有损伤的危险：出血** 与凝血因子缺乏有关。
2. **有失用综合征的危险** 与反复多次关节腔出血有关。
3. **焦虑** 与发生出血倾向、担心丧失劳动能力有关。
4. **恐惧** 与害怕出血不止，危及生命有关。
5. **疼痛** 与深部组织血肿或关节腔积血有关。

情境6-7 护理诊断分析

患者有关节肿痛、不能行走表现,有右肘关节屈曲90°体征,故存在以下主要护理诊断:有损伤的危险(出血);有失用综合征的危险;焦虑;恐惧;疼痛。

(三)护理措施

1. 一般护理

(1)休息与饮食:出血严重者卧床休息,给予高维生素、高蛋白、高热量的饮食。根据病情具体指导,如有牙龈出血时,少吃带骨、刺的食物,食物的温度不宜过高。多吃蔬菜水果,防止便秘,禁吃坚硬、多刺、辛辣食物,最好提供软食。

(2)预防和避免出血加重。

1)防止外伤:避免手术治疗及一切伤害。

2)谨慎用药:尽量采取口服给药,避免使用可能引起血小板减少或抑制其功能的药,如阿司匹林、双嘧达莫(潘生丁)等。

3)观察患者全身出血的症状,及时做好相应的处理。鼻出血时可冷敷局部或采用指压动脉法,无效时可填塞凡士林油纱条。咽喉部损伤者应保持呼吸道通畅,侧卧或头偏向一侧,必要时用吸引器将血吸出,避免血肿压迫呼吸道引起窒息。

2. 病情观察 注意观察皮肤黏膜、关节及内脏出血的征象、出血量、生命体征及神志改变,警惕颅内出血。

3. 配合治疗护理

(1)用药护理:观察各药疗效及不良反应。

(2)关节锻炼:在关节腔出血控制后,帮助患者进行主动或被动关节活动与患者一起制订活动计划,使其主动配合。关节腔积血导致关节不能过多活动时,应局部制动并保持肢体于功能位。

4. 心理护理 理解患者疾苦,关心支持患者配合医生进行治疗,取得家属的配合,满足患者情感上的需要。

考点:血友病的护理措施

(四)护理目标及评价

患者无损伤和出血发生;无关节废用发生;情绪稳定;疼痛缓解。

三、健 康 教 育

(1)指导患者合理安排工作,避免从事易引起受伤的工作和活动。避免剧烈接触性运动,如足球、篮球、拳击等,以降低外伤和出血的危险。注意口腔卫生,防止因拔除龋齿而引起出血。

(2)指导患者遵医嘱用药,避免使用阿司匹林或任何含有阿司匹林的药。

(3)指导患者了解疾病知识、遗传特点,说明本病为遗传性疾病,需终生治疗。教给患者及家属出血的急救处理方法,有出血时及时就医。患者外出远行时,应携带写明血友病的病历卡,以备意外时可及时处理。

小结

血友病是一组由于血液中某些凝血因子的缺乏而导致患者产生严重凝血障碍的遗传性出血性疾病,分甲型和乙型,以甲型最常见。临床以出血为主要表现,可有关节积血、肌肉血肿、皮肤黏膜出血,少数严重者颅内出血而危及生命。血浆凝血因子Ⅷ促凝活性(Ⅷ:C)测定明显减少。治疗主要是替代疗法,补充凝血因子。护理主要是加强观察,预防出血。

情境6-7 问题回答

（入院时的对话）

患者父亲：护士您好，我孩子为什么会得这种病呢？

护士：这是一种性联隐性遗传性疾病，有可能是父母遗传给小孩的。

患者父亲：但是我和她母亲都没有这种病呀。

护士：虽然你们都没有，但是母亲可能是传递者，也就是母亲可能是染色体异常，但不发病，到小孩就可以发病了。还有一种可能是小孩自身基因发生突变引起的。

患者父亲：怪不得小时候就经常出血。那为什么总是出血呢？

护士：因为人有十二种凝血因子，缺乏任何一种都会引起出血，您孩子就是缺乏其中一种。

患者父亲：那有什么好的办法治疗呀，老是这样来医院真是难呀。

护士：目前的有效治疗就是补充凝血因子，包括输血浆、用别的药，而且终身治疗。

（住院期间的对话）

患者：阿姨，我鼻子不出血了，但是胳膊和膝盖还是很痛，什么时候能好呀？

护士：慢慢会减轻的，现在不出血了，接着肿就会能消，疼痛就能好的。

患者：阿姨，我平时要注意什么呢？

护士：因为你容易出血，所以要注意避免剧烈接触的运动，如足球、篮球、摔跤等，跑步的时候要小心，不能跌倒。牙刷要用软毛的，刷牙动作要轻，不要吃坚硬的食物。不用手指挖鼻孔，不吃阿司匹林这种药。出远门要随身带写明血友病的病历卡，以免出意外时医生能及时恰当处理。

自 测 题

A$_1$型题

1. 关于血友病，下列说法错误的是（   ）
   A. 血友病甲缺乏凝血因子Ⅷ
   B. 血友病乙缺乏凝血因子Ⅸ
   C. 甲乙两型血友病均是半隐性遗传性疾病
   D. 女性发病，男性传递致病基因
   E. 反复关节腔出血后可留有后遗症

2. 关于血友病患者的治疗和护理，下列错误的是
   A. 出现深部组织血肿和关节腔出血时应避免活动，早期可加压冷敷或压迫止血
   B. 可以输新鲜血、血浆、抗血友病浓缩剂
   C. 颈部或喉部软组织出血时，应注意呼吸道是否通畅
   D. 平时活动要适量，行走、慢跑、持重物时间不宜过长
   E. 头痛、发热时可以服用阿司匹林

（甘权海　李　凤）

第7章 内分泌与代谢疾病患者的护理

第1节 概 述

内分泌系统是由内分泌腺和分布在机体某些脏器的内分泌组织和细胞及其所分泌的激素组成。内分泌系统固有的内分泌腺有垂体、甲状腺、甲状旁腺、肾上腺、性腺和胰岛。内分泌组织和细胞分布于心血管、胃肠、肾、脂肪组织、脑（尤其是下丘脑）等部位。下丘脑是人体最重要的神经内分泌器官，是神经系统和内分泌系统联系的枢纽。

一、内分泌及代谢系统的结构功能与疾病的关系

（一）激素的分泌

1. 下丘脑　主要分泌释放激素和释放抑制激素。分泌的释放激素有：①促甲状腺激素释放激素（TRH）；②促性腺激素释放激素（GnRH），包括黄体生成激素释放激素和尿促卵泡素释放激素；③促肾上腺皮质激素释放激素（CRH）；④生长激素释放激素（GHRH）；⑤催乳素释放因子（PRF）；⑥促黑（素细胞）激素释放因子（MRF）。分泌的释放抑制激素有：①生长激素释放抑制激素（GHRIH），又称生长抑素（SS）；②催乳素释放抑制因子（PIF）；③促黑（素细胞）激素释放抑制因子（MIF）。

2. 垂体　分为腺垂体和神经垂体两部分。在下丘脑神经激素及其相应靶腺激素等调节下分泌激素。腺垂体分泌7种激素：促肾上腺皮质激素（ACTH），促甲状腺激素（TSH），催乳素（PRL），促黑（素细胞）激素（MSH），生长激素（GH），促性腺激素（GTH）[包括尿促卵泡素（FSH）和黄体生成素（LH）]。神经垂体主要储存和释放下丘脑合成的抗利尿激素（ADH）和缩宫素（OTX）。

3. 靶腺　各靶腺在下丘脑和垂体的调节下分泌相应激素。

（二）内分泌系统的功能调节

1. 神经系统与内分泌系统的相互联系　神经系统通过下丘脑与内分泌系统建立起神经-内分泌调节联系。下丘脑具有神经分泌细胞的功能，合成的激素通过垂体门静脉系统进入腺垂体，调节腺垂体各种分泌细胞激素的合成和分泌。进而通过腺垂体所分泌的激素对靶腺如肾上腺、甲状腺和性腺进行调控，也可直接对靶器官、靶细胞进行调节。内分泌系统对中枢神经系统也有直接调控作用，如肾上腺皮质激素分泌过多时，可出现兴奋、失眠，严重时甚至有精神症状。其他内分泌激素（如甲状腺激素、儿茶酚胺、雌二醇等）也对中枢神经系统的功能有着重要影响。

2. 内分泌系统的反馈调节　下丘脑、垂体与内分泌腺之间存在反馈调节，如下丘脑合成的促肾上腺皮质激素释放激素（CRH）刺激垂体分泌促肾上腺皮质激素（ACTH），进而兴奋肾上腺皮质分泌皮质醇，使血液中皮质醇浓度升高；而升高的皮质醇浓度反作用于下丘脑，抑制CRH的分泌，同时抑制垂体分泌ACTH，从而减少肾上腺分泌皮质醇，最终维持三者之间的动态平衡。反馈调节是内分泌系统的主要调节机制，使机体内环境保持稳定。内分泌系统激素分泌反馈调节如图7-1。

3. 内分泌、神经和免疫系统的相互调节　内分泌、神经和免疫系统之间可通过相同的肽类激素和共有的受体相互作用，形成一个调节环路。一方面，神经-内分泌调控着机体免疫功能，如糖皮质激素、性激素等可抑制免疫应答，而生长激素、胰岛素和甲状腺激素能促进免疫应答；另一方面，免疫应

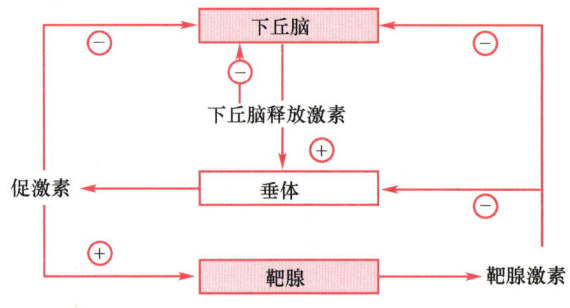

图 7-1　内分泌系统激素分泌反馈调节图

答的信使物质和免疫应答产物又对神经-内分泌有明显影响,许多内分泌疾病与自身免疫反应有关。如白细胞介素 IL-1 通过受体作用于下丘脑的 CRH 合成神经元,促进 CRH 的分泌。

4. 神经内分泌系统与物质代谢的相互调节　人体内的多种物质代谢是在神经内分泌系统的调节下运作的,而神经内分泌系统也可受许多物质代谢的影响。如进食后增高的血糖水平可刺激迷走神经、肠道激素等刺激胰岛素分泌,并抑制胰高血糖素的分泌,维持血糖水平的稳定;而血糖过低可兴奋交感神经使肾上腺素分泌增加,同时促进胰高血糖素的分泌,促使血糖水平回升。

(三) 内分泌及代谢系统疾病

内分泌系统的主要功能是合成、分泌各种激素,与神经系统和免疫系统共同调节人体的新陈代谢、生长发育、脏器功能、生殖和衰老等生命活动,以适应不断变化的外环境,保持机体内环境的相对稳定。内分泌系统疾病相当常见,可由多种原因引起病理和病理生理改变,表现为功能亢进、功能减退或功能正常。根据其病变发生在下丘脑、垂体或周围靶腺而分为原发性和继发性。内分泌腺或靶组织对激素的敏感性或应答反应降低也可导致疾病。非内分泌组织恶性肿瘤可异常地产生过多激素。此外,接受药物或激素治疗也可导致医源性内分泌系统疾病。

新陈代谢是人体生命活动的基础,通过物质的合成代谢和分解代谢两个过程不断为人体的生存、劳动、生长、发育、生殖和维持内环境稳定提供物质和能量。体内中间某一代谢环节出现障碍则会引起代谢性疾病。

内分泌代谢疾病大多为慢性过程,对患者的神经调节、生长发育和营养代谢有着明显的影响,常出现营养失调、水电解质紊乱、外貌体态改变,甚至出现精神异常等。因此,有效的日常生活护理、心理护理和健康教育在内分泌代谢疾病患者的护理中非常重要。

> **链接:内分泌学进展**
>
> 我国古代医书中早有关于糖尿病(消渴)、甲状腺肿(瘿瘤)、性腺功能减退症(睾丸阉割)和侏儒等的详细记述,但是对于内分泌学的深入认识,始于对内分泌腺的解剖、生理、生化和临床医疗的研究,经历了腺体内分泌学研究、组织内分泌学研究和分子内分泌学研究 3 个阶段。随着研究的日益深化,国内目前应用基因重组技术已能人工合成人胰岛素、人生长激素等,并广泛应用于临床,造福人类。

二、内分泌与代谢疾病患者的常见症状体征的护理

身体外形改变

身体外形改变多与脑垂体、甲状腺、甲状旁腺、肾上腺或部分代谢性疾病有关,包括面容、体形和身高、毛发、皮肤及黏膜色素等异常。

(一) 护理评估

1. **健康史**　重点询问有无内分泌疾病和代谢性疾病,如侏儒症、肢端肥大症、巨人症、呆小症、Cushing 综合征、甲状腺功能减退症、甲状腺功能亢进症、肾上腺皮质功能减退症、Sheehan 综合征及内分泌腺的恶性肿瘤等;询问患者治疗及用药情况;激素类药物应用史等;患者的生活方式和饮食习惯;家族史及女性患者的月经史等。

2. **身体状况**

(1) 面容异常:甲状腺功能亢进症患者可表现为"甲状腺功能亢进面容",如面容惊愕、眼裂增宽、

眼球突出及目光炯炯等;甲状腺功能减退症患者可表现为"黏液性水肿面容",如面色苍黄、颜面水肿、目光呆滞、反应迟钝及头发稀疏等;肢端肥大症患者可表现为"肢端肥大症面容",如面部变长、下颌增大、颧骨突出、唇舌肥厚及耳鼻增大等;皮质醇增多症患者可表现为"满月面容",如面圆如满月、皮肤发红,常伴痤疮等。

(2) 体形异常:成年男性身高低于145cm、女性低于135cm为体格异常矮小,见于侏儒症和呆小症患者;成年男性身高高于200cm、女性高于185cm为过高,见于巨人症和肢端肥大症患者。体重变化表现为肥胖和消瘦。下丘脑疾病、Cushing综合征、2型糖尿病(肥胖型)、甲状腺功能减退症等常伴有肥胖;1型糖尿病和2型糖尿病(非肥胖型)、甲状腺功能亢进症、Sheehan综合征、内分泌腺的恶性肿瘤等患者常有消瘦。

(3) 毛发异常:皮质醇增多时由于雄性激素分泌增多,患者面部和躯体毛发增多;甲状腺功能减退时,患者可出现头发稀疏、干燥、脆弱,睫毛和眉毛脱落(尤以眉梢为甚),男性胡须生长缓慢。

(4) 皮肤黏膜色素沉着:由于表皮基底层的黑色素增多导致皮肤色泽加深。如原发性慢性肾上腺皮质功能减退症患者可出现皮肤、黏膜色素沉着,尤以摩擦处、掌纹、乳晕和瘢痕处明显。

3. 心理-社会状况　患者因体型改变而引起自卑感及焦虑情绪,性格孤僻,出现社交孤立。

4. 辅助检查

(1) 实验室检查:①激素测定,可做空腹血中激素和24小时尿中激素及其代谢产物的测定;②动态功能测定,包括兴奋试验和抑制试验,前者多适用于分泌功能减退情况,后者多适用于分泌功能亢进的情况。

(2) 影像学检查:属非侵袭性检查,可鉴定下丘脑-垂体疾病、肾上腺肿瘤等,观察骨骺是否融合、骨化中心生长发育情况,骨龄是否延迟等。

(二) 护理诊断与合作性问题

自我形象紊乱,与激素分泌异常所致身体外形改变有关。

(三) 护理措施

1. 一般护理　根据患者体型特点给予相应的饮食指导,改善营养状况。
2. 修饰指导　教会患者自我修饰,以增加患者的自信心。如甲状腺功能亢进症突眼的患者外出时可戴深色眼镜;肥胖、巨人症、侏儒症患者选择合体的衣着等;毛发稀疏的患者外出可戴帽子等。
3. 心理护理　护士应以尊重和关心的态度与患者多交流,消除患者因体形改变而引起的挫折感及焦虑情绪,指导正确认识疾病所致的身体外观改变,提高适应能力。对举止怪异、有自杀倾向者加强观察,防止意外。
4. 健康指导　向患者及家属解释相关疾病知识,同时努力帮助患者寻找并去除病因、避免诱因,从而避免病情加剧,防止复发。有发生危象或昏迷可能的患者,外出时要携带救助卡以备急需。

(四) 护理目标及评价

身体外观得到改善;能正确认识并适应体型的改变,并能积极参加正常的社交活动。

消　瘦

消瘦是指机体摄入的营养低于需要量,体重低于理想体重的10%以上。表现为皮下脂肪减少,肌肉、骨骼逐渐萎缩,皮下静脉显露,严重者可呈恶病质状态。

(一) 护理评估

1. 健康史　详细了解患者的营养状况,有无引起消瘦的原发疾病,尤其注意询问有无消化道疾病、内分泌代谢疾病,短期内体重下降明显者应警惕恶性肿瘤病变。
2. 身体状况　消瘦患者多有疲乏无力、记忆力减退,同时血压下降易出现直立性低血压。严重者皮肤松弛干燥、面色苍白、皮下脂肪消失、肌肉松弛或萎缩、呈舟状腹,女性患者可发生月经紊乱、甚至闭经不孕。神经性厌食患者多为女性,性格内向,往往与家庭成员关系紧张,脱离社会,不能很好适应环境。

3. 心理-社会状况　患者因活动耐力下降、外表异常等改变,出现焦虑、易激惹或抑郁、淡漠等情绪改变,导致社交障碍、自我概念紊乱等心理社会功能失调。

（二）护理诊断与合作性问题

营养失调:(低于机体需要量)　与各种原因引起的营养摄入不足或消耗过多有关。

（三）护理措施

1. 饮食护理　鼓励患者选择高热量、高蛋白质、易消化和富含微量元素的饮食,必要时口服消化酶如胃蛋白酶、中药如参苓白术散等,以助消化,促进吸收。不能经口进食者采用鼻饲补充营养,必要时遵医嘱静脉补充营养液,如脂肪乳剂、氨基酸等。

2. 心理护理　与患者进行有针对性的交谈,探讨引起消瘦的可能因素,同时鼓励患者表达心理感受,参加正常的社会交往活动。帮助神经性厌食者解除心理障碍,重新建立正确的进食习惯。

3. 皮肤护理　对极度消瘦者应注意皮肤护理,预防压疮发生。

（四）护理目标及评价

体重逐渐增加,接近正常;患者能说出合理膳食的要求,自觉改变饮食习惯。

肥　胖

肥胖是多种因素引起体内脂肪堆积过多和(或)分布异常,体重超过理想体重的20%或体重指数≥25kg/m²。肥胖是遗传因素和环境因素共同作用的结果。根据病因,可分为单纯性肥胖和继发性肥胖2种。单纯性肥胖与摄食过多或运动过少有关,并有一定的遗传倾向;继发性肥胖常具有明确的病因,如内分泌疾病(库欣综合征、甲状腺功能减退症等)、服用某些药物(抗精神病药物等)、精神因素等。此外,女性肥胖可能与雌激素有一定的关系。

（一）护理评估

1. 健康史　了解患者有无内分泌疾病史和肥胖家族史,肥胖发生的年龄,是否摄食过多、运动过少。

2. 身体状况　肥胖患者可出现倦怠、活动时呼吸急促、关节疼痛等症状。定期测量患者的生命体征,尤其是血压、脉搏情况。

(1) 单纯性肥胖:患者脂肪呈均匀分布,幼年期发病者,脂肪细胞数量增多,常引起终身性肥胖,有时可有外生殖器发育迟缓;成年后发病者,脂肪数量不变,胞体肥大,治疗效果较好。

(2) 继发性肥胖:患者脂肪分布有明显特征,如库欣综合征患者脂肪呈向心性分布;下丘脑病变引起的肥胖性生殖无能综合征,表现为大量脂肪积聚在面部、腹部、臀部及大腿,性器官和第二性征发育不全。

3. 心理-社会状况　肥胖者由于外表臃肿、动作迟缓、参与社交的能力下降,常有压抑感;因肥胖可引起代谢紊乱和多脏器功能障碍,产生气急、关节痛、肌肉痛及水肿等躯体症状,患者会有自卑、焦虑、抑郁等心理问题。

> **链接:怎样运动更加安全有效**
>
> 1. 运动的种类　宜进行慢跑、散步、骑自行车、游泳等有氧运动。
> 2. 运动的强度　可用脉搏数来考量运动的强度,运动后的脉搏数≤(220-年龄)×(0.5~0.6)是安全有效的强度。
> 3. 运动的时间　在上述的安全强度内,连续运动的时间可为20~30分钟。
> 4. 运动的频度　最好每周3次,把运动作为生活的一部分。

（二）护理诊断与合作性问题

营养失调：高于机体需要量　与遗传、体内激素调节紊乱、饮食习惯不良、活动量少等因素有关。

（三）护理措施

1. 饮食护理　指导患者控制摄入总热量，以低糖、低脂、高维生素饮食为宜。患者如有剧烈饥饿感时可供给低热卡的蔬菜，如芹菜、韭菜、茄子、冬瓜、南瓜等，以增加饱腹感。指导患者建立良好的进食习惯，如减慢进食速度，增加咀嚼次数，避免边进食时边看电视或边听广播。

2. 适当体育锻炼　选择适合患者的运动方式进行有氧运动，鼓励患者循序渐进、长期坚持。

3. 健康指导　宣传肥胖症的危害，指导患者长期坚持运动锻炼，学会自我管理饮食，克服疲乏、厌烦、抑郁期间的进食冲动。

（四）护理目标及评价

患者体重得到有效控制或减至正常；患者能说出合理膳食的要求，自觉执行饮食计划。

自测题

A_1/A_2 型题

1. 关于下丘脑的说法，正确的是（　　）
   A. 分泌促甲状腺激素
   B. 分泌促黑色素细胞激素
   C. 分泌缩宫素
   D. 神经系统与内分泌联系的枢纽
   E. 分泌促肾上腺皮质激素

2. 由于内分泌疾病的神经、精神改变较突出，护理时安慰患者焦虑情绪的最佳措施（　　）
   A. 进行心理疏导　B. 给予地西泮
   C. 减少探视　　　D. 促进睡眠
   E. 饮食调理

3. 王女士，最近半年因心情不好经常暴饮暴食，体重明显增加，现体重已达到肥胖的标准。问：王女士体重超过正常体重的（　　）
   A. 20%　　　B. 10%
   C. 5%　　　　D. 15%
   E. 25%

第2节　单纯性甲状腺肿患者的护理

情境7-1

患者，女，46岁，家住西部农村。3年前发现颈部增粗，无明显不适，当地医院诊断为"单纯性甲状腺肿"，未予特殊治疗。近1年来，颈部肿物体积逐渐增大，并出现呼吸困难、声音嘶哑伴轻度吞咽困难，遂来我院就诊。患者发病以来无心悸、多食、善饥，大小便正常。查体发现甲状腺明显肿大，表面平滑，可随吞咽运动上下移动。检测血清 T_3、T_4 水平正常，Tg 增高，尿碘水平降低。

一、疾病概要

（一）概述

单纯性甲状腺肿（simple goiter）俗称"粗脖子"，也称为非毒性甲状腺肿（nontoxic goiter）是指非炎症、非肿瘤原因引起的甲状腺肿大，一般不伴有临床甲状腺功能异常（图7-2）。甲状腺可呈弥漫性或多结节性肿大。散发性单纯性甲状腺肿患者约占人群的5%，女性发病率是男性的3~5倍，尤以青年女性为多见。本病亦可呈地方性分布，如果某一地区儿童中单纯性甲状腺肿的患病率超过10%，称之为地方性甲状腺肿。

（二）病因及发病机制

1. 散发性甲状腺肿　散发性甲状腺肿病因复杂。主要有①外源性因素：摄碘过多、食物中致甲状腺肿物质、抑制甲状腺激素合成的药物等；②内源性因素：儿童先天性甲状腺激素合成障碍。上述

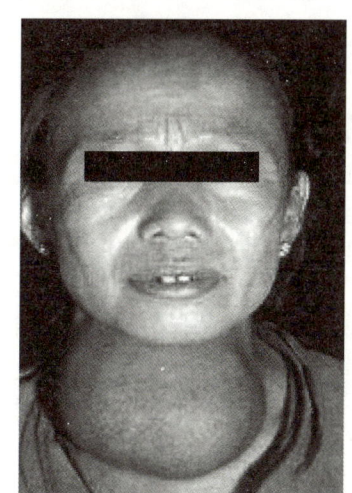

图7-2　单纯性甲状腺肿

因素导致甲状腺激素合成减少,促甲状腺激素分泌反馈性增加,引起甲状腺肿。

2. 地方性甲状腺肿　碘缺乏是该病最常见的原因,多见于山区和远离海洋地区。由于食物、水源、土壤中含碘量低,无法满足机体对碘的需要,导致甲状腺激素合成不足,反馈性刺激垂体分泌过多的促甲状腺激素,刺激甲状腺细胞增生,导致甲状腺肿。

3. 生理性甲状腺肿　在青春期、妊娠、哺乳期,由于机体对甲状腺激素需要量增加,可出现相对性缺碘而导致甲状腺肿。

考点：碘缺乏是地方性甲状腺肿的最常见最主要病因

护考链接

单纯性甲状腺肿的主要病因是(　　)　A. 食用海产品过多　B. 缺碘　C. 甲状腺合成障碍　D. 甲状腺激素释放障碍　E. 垂体功能亢进

点评：答案为 B

(三) 诊断及治疗要点

1. 诊断要点　主要依据是：①患者有弥漫性甲状腺肿大；②血清 T_3、T_4 正常；③血清 TSH 水平一般正常；④Tg 水平增高,且增高的程度与甲状腺肿的体积呈正相关；⑤地方性甲状腺肿的流行病史有助于诊断；散发性甲状腺肿发生与青春期、妊娠期、哺乳期或摄入某些食物、药物等有关。

情境7-1 诊断分析

患者,女,46岁,家住西部农村,西部农村为缺碘地区；颈部增粗,无明显不适,血清及尿检验结果符合单纯性甲状腺肿表现。

2. 治疗要点　主要取决于病因。由于碘缺乏所致者,补充碘剂。甲状腺肿一般不需治疗,肿大明显的患者,可采用左甲状腺素或甲状腺干粉片口服。有压迫症状时,应积极采取手术治疗。

链接：地方性甲状腺肿的预防

1996年起,我国立法推行普遍食盐碘化(USI)防治碘缺乏病。2002年修改国家标准,将食盐加碘浓度从原有的不低于 40mg/kg 修改为 (35±15) mg/kg。食盐加碘应根据各地区的自然碘环境有区别地推行,并要定期监测居民的尿碘水平,碘充足和碘过量的地区应当使用无碘食盐,具有甲状腺疾病遗传背景或潜在甲状腺疾病的个体不宜食用碘盐。2001年,世界卫生组织(WHO)等国际权威组织提出碘摄入量应当使尿碘中位数(MUI)控制在 100~200μg/L,甲状腺肿患病率控制在 5% 以下,并提出：碘过量(MUI>300μg)可导致自身免疫性甲状腺炎和甲状腺功能亢进症的患病率增加。

二、疾 病 护 理

(一) 护理评估

1. 健康史　询问患者是否来自于缺碘的流行地区；是否经常食用卷心菜、菠菜、萝卜、黄豆、花生和白菜等含致甲状腺肿物质的食物；是否服用抑制甲状腺素合成的药物,如硫氰酸盐、碳酸锂、过氧酸盐、保泰松、硫脲类、磺胺类及对氨基水杨酸等；是否为青春期、妊娠期及哺乳期女性；有无寒冷、感染、创伤和精神刺激等诱因。

2. 身体状况

(1) 症状：临床上一般无明显症状。甲状腺显著肿大时可引起压迫症状,压迫气管可引起咳嗽、呼吸困难,压迫喉返神经可导致声音嘶哑,压迫食管可出现吞咽困难。胸骨后甲状腺肿压迫上腔静脉可导致上腔静脉回流受阻,表现为面部、颈部青紫、肿胀,颈胸部浅表静脉扩张等。病程较长的患者,甲状腺内形成的结节可有自主甲状腺激素分泌功能,并可出现自主性功能亢进。

(2) 体征：甲状腺常呈轻度或中度肿大,表面平滑,质地软,无压痛。一般无震颤和血管杂音。

3. 心理-社会状况　明显肿大的甲状腺导致颈部增粗,患者易产生自卑感、挫折感,部分患者缺乏本病相关知识,怀疑肿瘤或癌变而出现焦虑、恐惧感等情绪反应。而在流行地区因患病人数多,人们习以为常,不愿意配合治疗。

4. 辅助检查

(1) 血液检查:血清T_3、T_4一般正常,TSH正常或偏高。血清甲状腺球蛋白(Tg)水平增高,增高的程度与甲状腺肿的体积呈正相关。

(2) ^{131}I摄取率及T_3抑制试验:^{131}I摄取率多增高但无高峰前移,可被T_3所抑制。

(3) 尿碘:是监测碘营养水平的公认指标,尿碘中位数(MUI)100~200μg/L为最适当的碘营养状态。常用学龄儿童的尿碘值反映地区的碘营养状态,MUI<100~80μg/L为轻度碘缺乏,MUI<80~50μg/L为中度碘缺乏,MUI<50μg/L为重度碘缺乏。

(4) 甲状腺扫描:可见弥漫性甲状腺肿,常呈均匀分布。

(二) 护理诊断与合作性问题

1. 知识缺乏　缺乏单纯性甲状腺肿的防治知识。
2. 自我形象紊乱　与甲状腺肿大、颈部外形改变有关。
3. 潜在并发症　呼吸困难、声音嘶哑、吞咽困难。

情境7-1 护理诊断分析

该患者家住西部农村,3年前发现颈部增粗,诊断为"单纯性甲状腺肿",未予特殊治疗。近1年来,颈部肿物体积逐渐增大,并出现呼吸困难、声音嘶哑伴轻度吞咽困难。故存在下列主要护理诊断:知识缺乏(缺乏单纯性甲状腺肿的防治知识);自我形象紊乱(与甲状腺肿大、颈部外形改变有关);潜在并发症,呼吸困难、声音嘶哑、吞咽困难。

(三) 护理措施

1. 一般护理

(1) 休息:指导患者注意劳逸结合,适当休息。

(2) 饮食:多食紫菜、海带等海产品及含碘丰富的食物,避免过多食用卷心菜、菠菜、白菜、萝卜、黄豆、花生和核桃等抑制甲状腺激素合成的食物。

2. 病情观察　观察患者甲状腺肿大的程度、质地,有无结节及压痛;有无声音嘶哑、吞咽困难、干咳、呼吸困难、颜面部及上肢有无水肿等局部压迫症状;有无因身体外形改变而出现自卑、焦虑等情绪改变。

3. 配合治疗护理

(1) 碘剂:由于碘缺乏所致者,应补充碘剂,WHO推荐的成年人每日碘摄入量为150μg。在地方性甲状腺肿流行地区可采用碘化食盐防治。碘剂补充应适量,以免碘过量引起自身免疫性甲状腺炎和甲状腺功能减退症。成人,特别是结节性甲状腺肿患者,应避免大剂量碘治疗,以免诱发碘甲亢。因摄入致甲状腺肿物质所致者,停用后甲状腺肿一般可自行消失。生理性甲状腺肿多可自行消退,宜多食含碘丰富的食物如紫菜、海带等。

(2) 甲状腺素片:甲状腺肿大明显者可以试用左甲状腺素或甲状腺干粉片口服,抑制TSH合成,使甲状腺体积缩小,但很难恢复正常大小。治疗中必须监测血清TSH水平,血清TSH减低或者处于正常下限时停用;甲状腺核素扫描证实有自主功能区存在者,也不能应用左甲状腺素治疗。指导患者遵医嘱服药,不得随意增减,并观察药物的治疗效果及不良反应,如患者出现心动过速、呼吸急促、食欲亢进、腹泻、怕热出汗等甲亢表现,应及时通知医生处理。

(3) 手术治疗:肿大明显、有压迫症状者,或疑有甲状腺癌者,应考虑手术治疗。

4. 心理护理　向患者阐明病因与防治知识,告知补碘等治疗后甲状腺肿可逐渐缩小或消失,消除患者的自卑与挫折感,正确认识疾病;帮助患者修饰打扮,改善自我形象,树立信心;积极与患者家属沟通,让家属给予患者心理支持。

（四）护理目标及评价

掌握单纯性甲状腺肿的防治知识；能够接受自身外形的改变，并积极配合治疗；未出现并发症。

情境7-1 问题回答

患者："护士，我现在感觉不好呼吸、声音也有点哑，还有吃饭时有点不好咽下去，这是怎么回事？"

护士："王大姐，这是因为您肿大的甲状腺压迫到了您的气管、喉返神经和食管引起的。"

患者："那我的脖子为什么会变粗呢？我们那个地方好多人都像我这样呢！"

护士："王大姐，您这个病又叫做'大脖子病'，您甲状腺肿大了，脖子就会变粗了。这个病有几种原因，对您来说主要原因可能是与您的生活区域是缺碘地区有关！"

患者："那我这个病怎么治呢？"

护士："您这个病的治疗主要取决于病因。由于碘缺乏所致者，补充碘剂。甲状腺肿一般不需治疗，肿大明显的患者，可采用左甲状腺素或甲状腺干粉片口服。有压迫症状时，应积极采取手术治疗。所以对您来讲需要进行手术治疗，同时还要注意补碘。"

患者："能治好吗？"

护士："王大姐，您这个病经过治疗后，您的脖子就不会像现在这样粗了，不好呼吸、声音哑，不好咽东西这种现象就没有了！"

患者："哦，这样啊，那我就放心了。谢谢护士啊！"

护士："不客气！如果有不清楚的问题您随时可以找我！注意休息，王大姐。"

三、健康指导

1. **饮食指导** 指导患者摄取海带、紫菜等海产品及含碘丰富的食物，食用碘盐，以预防缺碘所致地方性甲状腺肿。避免摄入大量抑制甲状腺激素合成的食物如卷心菜、萝卜、菠菜、花生等。

2. **用药指导** 指导患者遵医嘱长期服药，以免停药后复发。指导患者学会观察药物疗效及不良反应，如出现怕热多汗、腹泻、呼吸急促、心悸、手震颤等甲亢表现，应及时就诊。避免服用硫氰酸盐、碳酸锂、保泰松等阻碍甲状腺激素合成的药物。

3. **防治指导** 增加碘的摄入量可有效预防本病。在地方性甲状腺肿流行地区，指导当地居民食用碘化食盐；对青春发育期、妊娠期、哺乳期人群亦应适当增加碘的摄入量。

小结

单纯性甲状腺肿是指非炎症和非肿瘤原因引起的不伴有临床甲状腺功能异常的甲状腺肿。其中地方性甲状腺肿的最常见最主要的原因是碘缺乏。甲状腺肿大是本病主要表现，尿碘是监测碘营养水平的公认指标。患者可适当补充碘剂，肿大明显者还可服用甲状腺素片，必要时手术治疗。主要护理是补碘及健康指导。

自 测 题

A_1/A_2 型题

1. WHO推荐成人每日碘摄入量为（　　）
   A. 100mg
   B. 150mg
   C. 100μg
   D. 150μg
   E. 200μg

2. 关于单纯性甲状腺肿的护理，错误的是（　　）
   A. 避免摄入卷心菜、菠菜、花生等食物
   B. 使用甲状腺制剂的患者，应坚持长期服药
   C. 避免服用硫氰酸盐、保泰松等药物
   D. 食用含碘少的食物
   E. 食用含碘丰富的食物

3. 张女士，家住山区，甲状腺肿大来院就诊。未诉其他不适。血液检查：血清T_3、T_4正常，TSH正常。诊断为单纯性甲状腺肿，问：单纯性甲状腺肿的治疗要点不正确的是（　　）
   A. 碘缺乏所致者，补充碘剂
   B. 甲状腺肿一般都需治疗
   C. 甲状腺肿大明显者，可口服左甲状腺素
   D. 有压迫症状时，采取手术治疗
   E. 甲状腺肿大明显者，可口服甲状腺干粉片

第3节 甲状腺功能亢进症患者的护理

情景7-2

患者,女,40岁,2年前在其丈夫突然病故后,出现心悸、多汗、食量增多,伴有大便次数增多,为糊状稀便。平时情绪易激动、怕热,体重进行性下降10余千克,一直未治疗。体检双侧甲状腺明显弥漫对称性肿大,质软,心率110次/分,心律整齐,肺腹(-),身高160cm,体重44kg。查血TSH降低,T_3、T_4均明显增高。

一、疾病概要

(一)概述

甲状腺毒症是指组织暴露于过量的甲状腺激素条件下发生的一组临床综合征。甲状腺功能亢进症(简称甲亢),是最常见的内分泌系统疾病之一,是指多种原因引起甲状腺腺体本身产生的甲状腺激素(TH)过多而导致的甲状腺毒症。病因主要包括弥漫性毒性甲状腺肿(即Graves病)、结节性毒性甲状腺肿和甲状腺自主高功能腺瘤。其中Graves病是甲状腺功能亢进症最常见的病因,占全部甲亢的80%~85%。本节予以重点阐述。

Graves病(GD)是一种伴甲状腺激素(TH)分泌增多的器官特异性自身免疫疾病。临床主要表现为甲状腺毒症、弥漫性甲状腺肿、眼征和胫前黏液性水肿。我国普通人群的患病率为1.2%,女性高发[男:女=1:(4~6)],高发年龄为20~50岁。

(二)病因及发病机制

目前本病病因尚未完全阐明,但公认其发生与自身免疫有关。属器官特异性自身免疫病。

1. **遗传因素** Graves病有显著的遗传倾向,目前发现其与组织相容性复合体(MHC)基因有关。
2. **免疫因素** 本病以遗传易感为背景,在感染、精神创伤等因素作用下,诱发体内免疫功能紊乱。最明显的体液免疫特征是在患者血清中存在针对甲状腺细胞TSH受体的特异性自身抗体,即TSH受体抗体(TRAB)。TRAB与TSH受体结合,产生TSH的生物学效应,即甲状腺细胞增生、甲状腺激素合成及分泌增加。
3. **环境因素** 精神刺激、细菌感染、性激素、锂剂和应激等对本病有促发作用。

知识链接

部分弥漫性毒性甲状腺肿患者在临床症状出现之前有明显精神创伤或精神刺激史。精神因素使中枢神经系统去甲肾上腺素水平降低,促肾上腺皮质激素释放激素和促肾上腺皮质激素及皮质醇分泌增多,从而导致免疫监视功能降低,引起弥漫性毒性甲状腺肿。

考点: 甲亢的病因

护考链接

引起甲亢的主要因素是( ) A.自身免疫 B.病毒感染 C.理化因素 D.过度劳累 E.手术创伤

点评:Graves病是甲亢最常见的病因,而Graves病属器官特异性自身免疫病。因此答案为A。

(三)诊断及治疗要点

根据高代谢综合征、甲状腺肿大的表现,结合血清FT_3、FT_4增高,TSH降低,即可诊断为甲亢。而甲亢诊断的成立以及弥漫性甲状腺肿大则是诊断Graves病的必备条件。早期轻症、小儿及老年人表现为不典型甲亢,则有赖于相关检查来确诊。

情境7-2 诊断分析

该患者2年前在其丈夫突然病故后,受到精神刺激,出现甲状腺毒症的表现,双侧甲状腺明显弥漫对称性肿大,质软,心率110次/分,查血TSH降低,T_3、T_4均明显增高。综合以上可诊断为甲亢。

甲亢的治疗包括抗甲状腺药物治疗、放射性碘治疗及手术治疗3种,各有其优缺点,其中抗甲状腺药物治疗是甲亢的基础治疗。

甲状腺危象的治疗:避免和去除诱因,积极治疗甲亢是预防甲状腺危象的关键,尤其是防治感染和做好充分的术前准备工作。

(1) 抑制甲状腺激素合成:首选丙硫氧嘧啶,首次剂量600μg,口服或胃管注入。

(2) 抑制甲状腺激素释放:服用丙硫氧嘧啶1小时后再加用复方碘口服液或碘化钠。

(3) 抑制外周组织T_4转化为T_3:丙硫氧嘧啶、β受体阻滞剂等。

(4) 提高应激能力:糖皮质激素。

(5) 降低和清除血浆甲状腺激素:以上治疗效果不理想时,可采用血液透析、腹膜透析或血浆置换等措施迅速降低血浆甲状腺激素浓度。

(6) 降温和其他治疗:降温时避免用乙酰水杨酸类药物。

二、疾病护理

(一) 护理评估

1. **健康史** 询问患者发病前有无精神刺激、感染、创伤等诱发因素存在;了解患病对日常生活状况的影响;了解患者的情绪变化,有无急躁易怒,是否易与家人或同事争执等;了解有无家族史。女性患者的月经、生育史等情况。

2. **身体状况** 通常起病缓慢,少数患者可在精神刺激、感染等诱发因素下急性发病,常有多系统表现。

(1) 甲状腺毒症表现

1) 高代谢综合征:因甲状腺激素分泌过多导致交感神经兴奋性增高和新陈代谢加速,患者常有疲乏无力、怕热多汗、皮肤红润温暖潮湿、多食易饥、体重明显下降及低热等。

2) 精神神经系统:患者常出现神经过敏,多言好动、兴奋失眠、紧张多虑、焦躁易怒,注意力不易集中、记忆力减退,有时出现幻觉,甚至表现为躁狂症或精神分裂症。也可有伸手、伸舌和眼睑的细微震颤,腱反射亢进等。

3) 心血管系统:主要表现为①心动过速,多为窦性,一般90~120次/分,休息或睡眠时仍增快,为本病特征性表现;②心律失常,期前收缩较为常见,房性、室性和交界性期前收缩均可发生,以房性为多,还可有房颤、房扑等;③心音改变和心脏杂音,心脏收缩增强,可闻及心尖区第一心音亢进,常有Ⅰ、Ⅱ级收缩期杂音,偶可闻及舒张期杂音;④心脏增大,见于病程长的重症患者,甚至发生充血性心力衰竭,系心脏容量负荷增加引起;⑤血压变化,收缩压增高,舒张压正常或稍低,脉压增大,可出现水冲脉和毛细血管搏动征。

4) 消化系统:食欲亢进,消化吸收不良而排便次数增多,粪便多呈糊状含未完全消化的食物。重者可出现肝脏肿大和肝功能损害,偶有黄疸。

5) 骨骼肌肉系统:主要是甲亢性周期性瘫痪,多见于青年男性,常在剧烈运动、高碳水化合物饮食、注射胰岛素等情况下可以诱发,主要累及下肢,伴有低钾血症。少数患者有甲亢性肌病,肌无力多累及近心端的肩胛和骨盆带肌群,表现为登楼、蹲位起立,甚至梳头困难。甲亢可影响骨骼脱钙而发生骨质疏松。

6）造血系统：外周血中淋巴细胞比例增加、单核细胞增多，但白细胞总数偏低。血小板寿命缩短，可伴血小板减少性紫癜。由于消耗增加，营养不良和铁利用障碍，可引起各种贫血。

7）生殖系统：女性可有月经减少或闭经。男性可有阳痿，偶有乳房发育。

（2）甲状腺肿：多数患者的甲状腺腺体有程度不等的肿大，肿大多呈弥漫性、对称性。腺体质地不等，无压痛，可随着吞咽动作上下移动，能触及震颤，闻及血管杂音（图7-3～图7-5）。

（3）眼征：可分为单纯性突眼和浸润性突眼两类。突眼征是本病最具特征性的体征。

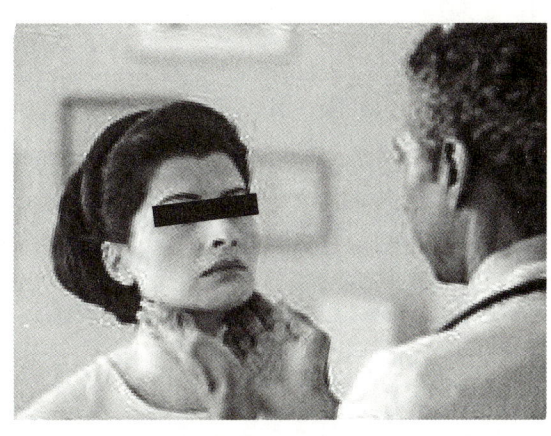

图7-3 甲状腺触诊

1）单纯性突眼，与交感神经兴奋眼外肌群和上睑肌有关。表现为①轻度突眼，突眼度<18mm；②Stellwag征（图7-6），瞬目减少，眼神炯炯发亮；③上睑挛缩、睑裂增宽；④Von Graefe征（图7-7），双眼向下看时上眼睑不能随眼球下落，露出白色巩膜；⑤Joffroy征（图7-8），向上看时前额皮肤不能皱起；⑥MoBius征（图7-9），两眼看近物时，眼球集合不良。

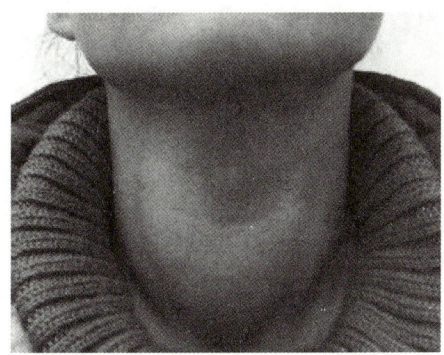
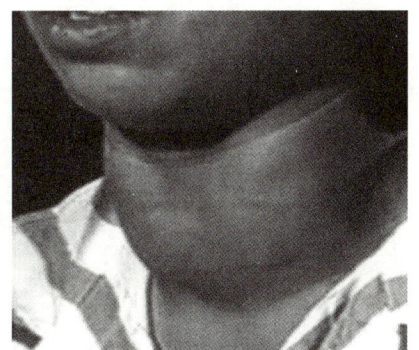

图7-4 甲状腺肿大正面观　　图7-5 甲状腺肿大侧面观

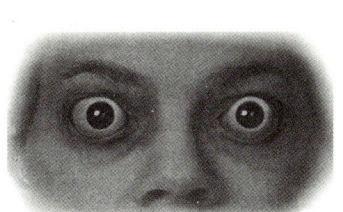
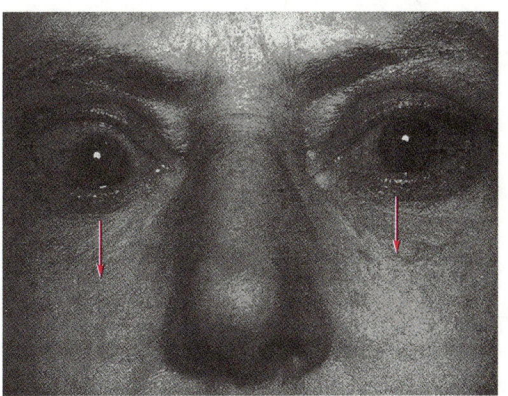

图7-6 Stellwag征　　图7-7 Von Graefe征

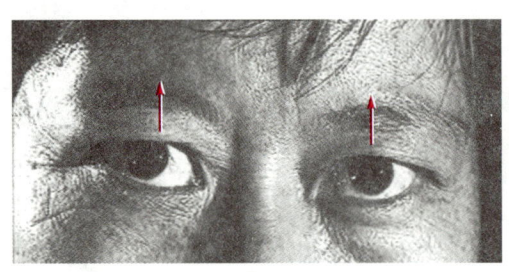

图 7-8 Joffroy 征

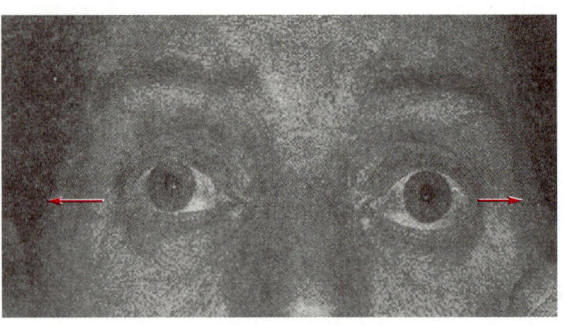

图 7-9 MoBius 征

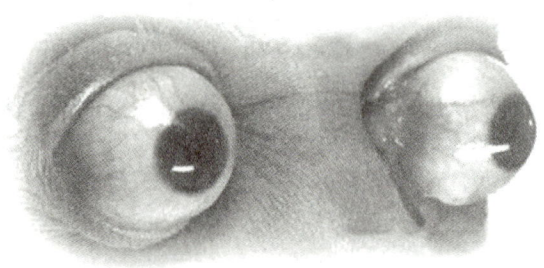

图 7-10 浸润性突眼

2）浸润性突眼（图 7-10），与眶后组织的自身免疫炎症有关。表现为眼球突出明显（突眼度≥18mm），自诉有眼内异物感、畏光、流泪、复视、斜视及视力下降，眼睑肿胀，结膜充血水肿，视野缩小，严重者眼球固定，眼睑闭合不全，角膜外露至溃疡或全眼球炎，甚至失明。

考点：甲亢的临床表现

> **链接：甲亢临床表现的助记口诀**
>
> 甲亢的表现概括如下：突眼，颈粗，兴奋貌；怕热，多汗，手震颤；腹泻，易饿，肌无力；心悸，消瘦，月经乱；良性突眼无感觉，恶性突眼症状多。
>
> 另将甲亢眼征概括如下：上视不皱额，下视睑迟落；眼睛突，少瞬目，裂宽内聚难；良性突眼无感觉，恶性突眼症状多。

（4）特殊类型

1）甲状腺危象：系甲状腺毒症急性加重的一个综合征，发生原因可能与短时间内大量甲状腺激素释放入血及心脏和神经系统的儿茶酚胺激素受体数目增加、敏感性增强有关。本病多发生于较重甲亢未治疗或治疗不充分的患者。

主要诱因有：①应激状态，如感染、手术、放射性碘治疗等；②严重躯体疾病，如心力衰竭、低血糖症、败血症、脑卒中、急腹症或严重创伤等；③口服过量 TH 制剂；④严重精神创伤；⑤手术过程中过度挤压甲状腺。

临床表现早期表现为原有甲亢症状加重，并出现高热（T>39℃）、心动过速（140 次/分以上）、常伴心房颤动或扑动、烦躁不安、大汗淋漓、呼吸急促、厌食、恶心、呕吐及腹泻，严重者导致虚脱、休克、嗜睡、谵妄或昏迷等。

考点：甲状腺危象发生的原因及诱因

护考链接

患者已有数年怕热、多汗，心率约 110 次/分，食量大，但渐瘦，经查 FT_4 及 FT_3 增高，昨天突然体温高达 40℃，心率 150 次/分，恶心、呕吐、腹泻，大汗持续而昏睡，急诊为甲亢伴甲状腺危象，其原因可能是（ ）
A. 甲状腺大量破坏　B. 机体消耗大量甲状腺激素　C. 垂体功能亢进　D. 大量甲状腺激素释放入血
E. 下丘脑功能亢进

答案： D

2)淡漠型甲亢:多见于老年患者,常起病隐匿,症状不典型,多无明显的甲状腺肿大、甲状腺毒症和眼征。主要表现为明显消瘦、反应迟钝、神志淡漠、嗜睡、心悸、厌食、腹泻。因表现不典型易误诊,如未及时治疗易发生危象。

3)妊娠期甲亢:简称妊娠甲亢,主要有以下几种特殊情况:①妊娠合并甲亢,高代谢症状较一般孕妇明显。甲状腺肿大,常伴有震颤和血管杂音;②绒毛膜促性腺激素相关性甲亢,由于大量绒毛膜促性腺激素刺激促甲状腺激素受体而出现甲亢,妊娠终止或分娩后消失。

4)胫前黏液性水肿:与浸润性突眼同属自身免疫性病变,约见于5%的患者,多见于白种人。水肿常见于胫骨前下1/3部位,也可见于足背、踝关节、肩部、手背或手术瘢痕处,偶见于面部。皮损为对称性,早期皮肤增厚、变粗,有广泛、大小不等的棕红色或暗紫红色突起不平的斑块或结节,边界清楚,直径5~30mm大小不等(图7-11)。皮损周围的表皮可有感觉过敏或减退,或伴痒感,后期皮肤粗厚如橘皮或树皮样(图7-12)。

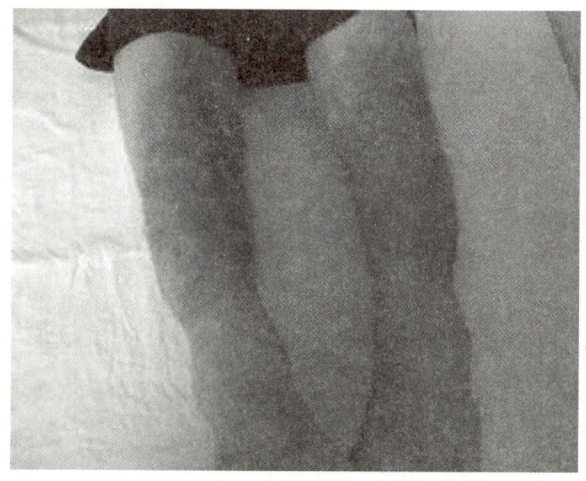

图7-11 胫前黏液性水肿早期

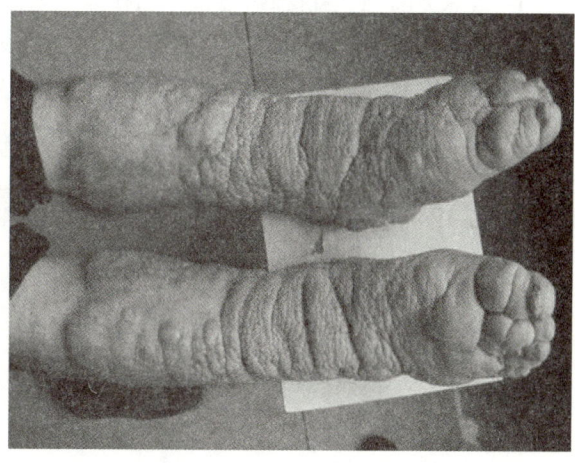

图7-12 胫前黏液性水肿后期

3. 心理-社会状况 作为甲亢临床症状的一部分,情绪改变几乎见于所有患者,主要表现为敏感、焦虑、易激动、注意力不易集中、记忆力减退,处理日常生活事件能力下降,家庭人际关系紧张。患者也可因甲亢所致突眼、甲状腺肿大等外形改变,产生自卑心理。部分老年患者可表现为抑郁、淡漠,重者可有自杀行为。

4. 辅助检查

(1)甲状腺激素测定

1)血清甲状腺激素测定:血清总甲状腺素(TT_4)、总三碘甲腺原氨酸(TT_3)增高,是甲状腺功能基本筛选试验;血清游离甲状腺素(FT_4)和游离三碘甲腺原氨酸(FT_3)增高,是有生理活性的甲状腺素,直接反映甲状腺功能,是临床诊断甲亢的首选指标。

2)促甲状腺激素(TSH)测定:是反映甲状腺功能最敏感指标,甲亢时因TSH受抑制而减少。

3)促甲状腺激素释放激素(TRH)兴奋试验:GD时血T_3、T_4增高,反馈抑制TSH,故TSH细胞不被TRH兴奋。当静注TRH后,TSH不增高则支持甲亢诊断。

(2)甲状腺自身抗体测定:GD患者血清中TSH受体抗体(TRAB)、TSH受体刺激抗体(TSAB)阳性,是诊断GD的重要指标之一。

(3)甲状腺影像学检查:摄^{131}I率增高,摄取高峰前移,可鉴别不同病因的甲亢;超声、放射性核素扫描、CT、MRI等有助于甲状腺病变性质的诊断。

内科护理

(4) 基础代谢率测定(BMR)：患者清晨起床前在完全安静、空腹时测定每分钟脉率和血压(mmHg)，按照简便公式计算，此方法不适用于心率失常患者。基础代谢率(%) = (脉率+脉压−111) × 100%。正常成人 BMR 为−10%～+15%。甲亢患者 BMR 增高，其增高程度与病情轻重相符。轻度甲亢：BMR 为+15%～+30%；中度甲亢：BMR 为+31%～+60%；重度甲亢：BMR 为>+61%。

考点： 甲亢的辅助检查

> **护考链接**
> 临床诊断甲亢的首选指标是（　　）　A. 睡眠时心率仍快　B. 善饥多食　C. FT_4、FT_3 增高　D. 突眼　E. 多汗
>
> 答案：C

(二) 护理诊断与合作性问题

1. 营养失调：低于机体需要量　与代谢率增高、消化吸收障碍有关。
2. 活动无耐力　与蛋白质分解增加、甲亢性心脏病、肌无力等因素有关。
3. 有组织完整性受损的危险　与浸润性突眼有关。
4. 潜在并发症：甲状腺危象。
5. 应对无效　与性格及情绪改变有关。

> **情境 7-2　护理诊断分析**
> 患者有出现心悸、多汗，食量增多，伴有大便次数增多，为糊状稀便。平时情绪易激动，怕热，体重进行性下降 10 余公斤，一直未治疗。体检双侧甲状腺明显弥漫对称性肿大。故存在以下护理诊断：营养失调，低于机体需要量(与代谢率增高、消化吸收障碍有关)；活动无耐力(与蛋白质分解增加等有关)；潜在并发症：甲状腺危象；应对无效(与性格及情绪改变有关)。

(三) 护理措施

1. 一般护理

(1) 环境和休息：将患者安置于安静、整洁、舒适的环境中，避免嘈杂。轻症患者可正常工作和学习，以不感疲劳为度；病情重、合并心力衰竭或严重感染者应严格卧床休息。

(2) 饮食护理：给予高热量、高蛋白、高维生素(尤其是复合维生素 B)及矿物质丰富的饮食。主食应足量，可增加奶类、蛋类、瘦肉等优质蛋白以纠正体内的负氮平衡，多摄取新鲜蔬菜和水果。避免辛辣等刺激性食物，减少可增加肠蠕动及导致腹泻的高纤维素食物摄入。避免进食含碘丰富的食物，应食用无碘盐，忌食海带、紫菜等海产品，以免甲状腺激素合成增加。鼓励患者多饮水，每日饮水 2000～3000ml 以补充出汗、腹泻、呼吸加快等所丢失的水分，并发心脏病者除外，以防诱发心力衰竭。禁用对中枢神经系统有兴奋作用的浓茶、咖啡等饮料。

2. 病情观察　观察心率、脉压和基础代谢率的变化，以判断甲亢严重程度；观察体重、情绪及症状的发展变化，了解治疗反应，脉搏减慢、体重增加是治疗有效的标志；注意各种激素监测结果；观察甲状腺危象早期表现，有异常立即报告医生并协助处理。

3. 眼部护理　由于高度突眼，球结膜和角膜暴露，易受外界刺激引起充血、水肿，继而感染，因此必须采取保护措施。①外出时戴深色眼镜，减少光线、灰尘和异物的侵害。②经常用眼药水湿润眼睛，避免过度干燥；睡前涂抗生素眼膏，用无菌生理盐水纱布覆盖双眼。③限制钠盐摄入，遵医嘱适量使用利尿剂，睡觉或休息时，抬高头部，以减轻球后组织水肿。④指导患者在眼睛有异物感、刺痛或流泪时，勿用手直接揉搓眼睛；眼睛勿向上凝视，以免加剧眼球突出和诱发斜视。⑤遵医嘱使用免疫抑制剂、左甲状腺素片等，以减轻浸润性突眼。⑥定期眼科角膜检查，一旦发生角膜溃疡或全眼球炎时，应配合医生做相应处理。

4. 配合治疗护理

（1）抗甲状腺药物治疗

1）适应证：①病情轻、中度患者；②甲状腺轻、中度肿大者；③年龄在 20 岁以下，孕妇、哺乳期（首选丙硫氧嘧啶），年老体弱或由于其他严重疾病不宜手术者；④手术前或 ^{131}I 治疗前的准备；⑤手术后复发而不宜进行 ^{131}I 治疗者。

2）常用药物：常用的抗甲状腺药物分为硫脲类和咪唑类。硫脲类有甲硫氧嘧啶和丙硫氧嘧啶等；咪唑类有甲巯咪唑（他巴唑）和卡比马唑（甲亢平）。以丙硫氧嘧啶和甲巯咪唑常用。作用机制是通过抑制甲状腺激素合成而达到治疗目的。丙硫氧嘧啶还具有在外周组织抑制 T_4 转化为 T_3 及改善免疫监护功能的作用，故严重病例或甲状腺危象时作为首选药。

3）剂量与疗程：分为初治期、减量期和维持期。剂量依据病情轻重而定，初治期通常持续 6~8 周，症状缓解或 T_3、T_4 恢复正常后可减量；减量期 3~4 个月，每 2~4 周减量 1 次，症状完全消除，体征明显好转后再减至最小维持量；维持期 1.5~2 年。

4）护理注意事项：抗甲状腺药物的主要不良反应是粒细胞减少和皮疹，应注意观察。粒细胞减少主要发生在治疗开始的 2~3 个月内，故开始时需每周检查血白细胞计数和分类 1 次，以后每 2~4 周检查 1 次。服药过程中，如患者出现发热、咽痛、皮疹等粒细胞减少的症状，白细胞低于 $3.0×10^9$/L 或中性粒细胞低于 $1.5×10^9$/L，应立即停药。皮疹亦较常见，可用抗组胺药物控制，不必停药，如皮疹加重，应立即停药，以免发生剥脱性皮炎。

（2）辅助用药的护理

1）甲状腺片：在抗甲状腺药物治疗过程中，有时症状缓解但甲状腺肿反而增大或突眼加重，应遵医嘱加服甲状腺片，以稳定下丘脑-垂体-甲状腺轴的功能。服药从小剂量开始，尤其对冠心病患者应控制好剂量，防治剂量过大引起心绞痛。用药后注意观察患者的心率有无明显增快。

2）β 受体阻滞剂：用药过程中应注意观察心率，以防心动过缓。有哮喘病史的患者禁用。

（3）放射性 ^{131}I 治疗的配合：利用甲状腺摄取 ^{131}I 后释放 β 射线，破坏甲状腺滤泡上皮细胞而减少甲状腺激素的分泌。β 射线在组织内射程短仅为 2mm，不累及相邻组织。此法安全简便，费用低廉，效益高，治疗有效率高达 95%，临床治愈率达 85% 以上，复发率小于 1%。

1）适应证为①中度甲亢；②年龄在 25 岁以上；③抗甲状腺药物治疗无效，或对抗甲状腺药物过敏；④不能手术、不愿手术或术后复发者。

2）禁忌证：①妊娠、哺乳期妇女；②年龄在 25 岁以下者；③严重心、肝、肾衰竭或活动性肺结核者；④外周血象白细胞在 $3.0×10^9$/L 以下或中性粒细胞低于 $1.5×10^9$/L 者；⑤重度浸润性突眼；⑥甲状腺危象。

3）并发症：①甲状腺功能减退，是主要并发症，也是难以避免的结果；②放射性甲状腺炎；③可诱发甲状腺危象；④可加重浸润性突眼。

4）放射性 ^{131}I 治疗的护理注意事项：①放射碘服用方法，告知患者在治疗前后 1 个月避免服用含碘的药物和食物。应遵医嘱空腹服用 ^{131}I，服药后 2 小时内不吃固体食物，以免引起呕吐而造成 ^{131}I 的丢失；服药后 24 小时内避免咳嗽、咳痰，以减少 ^{131}I 的丢失；服药后 2~3 日，饮水量 2000~3000ml/d，以增加排尿。服药后第 1 周避免用手按压甲状腺。②排泄物及用物的处理，服用 ^{131}I 后患者的排泄物、衣服、被褥及用具等需单独存放，待放射作用消失后再做清洁处理，以免污染环境，处理患者的物品及排泄物时戴手套，以免造成自身伤害。

（4）甲状腺危象的抢救配合

1）休息与体位：安置患者于安静、室温偏低的环境中，绝对卧床休息，避免一切不良刺激。烦躁不安者，遵医嘱给适量镇静剂。呼吸困难时取半卧位，给氧。

2）用药护理：迅速建立静脉通路。遵医嘱使用丙硫氧嘧啶、碘剂、糖皮质激素、β 受体阻滞剂等。使用丙硫氧嘧啶和碘剂时，注意观察有无中毒或过敏反应。准备好抢救物品，如镇静剂、血管活性药物和强心剂等。

3）病情监测：密切观察病情，定时监测生命体征，评估意识状况、心肾功能的变化并记录，准确记录24小时出入量。

4）对症护理：高热时行物理降温，必要时使用异丙嗪、哌替啶静脉滴注施行人工冬眠降温。避免使用乙酰水杨酸类药物。

5）营养支持：给予高热量、高蛋白、高维生素饮食和足够的液体摄入量，维持营养与体液平衡。

6）治疗配合：采用血透、腹透或血浆置换等措施降低血 TH 浓度者应做好相应的护理。

5. 心理护理 观察患者的精神情绪状态，有无敏感多疑、激动易怒现象。关心体贴患者，与患者交流时态度和蔼，避免刺激性语言。鼓励患者表达内心感受，理解、同情患者，避免其情绪不安；告知患者突眼、甲状腺肿大等变化在坚持治疗后能够改善，以解除患者焦虑，促使积极配合治疗；向患者家属、同事及同室病友解释患者紧张易怒的行为是暂时的，会因治疗而改善。鼓励患者保持乐观，避免情绪波动，参与集体活动以免社交障碍产生焦虑。与患者共同探讨控制情绪和减轻压力的方法，指导和帮助患者正确处理生活中的突发事件。患者焦虑严重时，可遵医嘱给予适当镇静药物如地西泮等。

考点：甲亢的护理措施

护考链接

患者，女性，40岁。因近2个月怕热、多汗、情绪激动，且经常腹泻心悸而门诊检查。护理体检：甲状腺肿大，两手微抖，眼球稍突。实验室检查：T_3 6.2mmol/L，T_4 254mmol/L。诊断为甲亢收入院进一步诊治。对上述患者采取的护理措施中，下列哪项不妥（　　） A. 立即置于光线较暗的抢救室 B. 物理降温、止吐，做好皮肤护理 C. 迅速建立静脉通路 D. 严密观察病情变化，并准确记录 E. 大量喝开水与浓茶

答案：E

（四）护理目标及评价

能恢复并保持正常体重；活动量增加，活动时无明显不适；能切实执行保护眼睛的措施，无感染发生，角膜无损伤；能主动避免诱发甲状腺危象的因素，发生甲状腺危象时能得到及时救治；能恢复并保持足够的应对能力。

三、健 康 指 导

1. 疾病知识指导 指导有关甲亢的知识和保护眼睛的方法和技巧，教会患者自我护理。指导患者上衣领宜宽松，避免压迫甲状腺，严禁用手挤压甲状腺以免 TH 分泌过多，加重病情。鼓励患者保持身心愉快，避免精神刺激或过度劳累，建立和谐的人际关系和良好的社会支持系统。

2. 用药指导 指导患者遵医嘱用药，不可随意减药或停药。按时监测血象和甲状腺功能。脉搏减慢、体重增加是治疗有效的标志。若出现高热、恶心、呕吐、腹泻、突眼加重等，应警惕甲状腺危象可能，应及时就诊。

3. 生育指导 对有生育需要的女性患者，应告知妊娠可加重甲亢，应治愈后再妊娠。对妊娠期甲亢患者，应指导其避免对孕妇及胎儿造成影响的因素。宜选用抗甲状腺药物（首选丙硫氧嘧啶）控制甲亢，禁用 ^{131}I 治疗，慎用普萘洛尔。产后如需继续服药者，则不宜哺乳。

4. 社区-家庭支持 指导患者出院后到所属社区卫生服务中心建档，利用社区卫生资源，接受社区延续性护理服务。社区护士应对甲亢患者定期家访，给予相关健康指导。

小结

甲亢是多种原因引起甲状腺激素过多而导致的甲状腺毒症，Graves 病是最常见病因。临床主要表现为弥漫性甲状腺肿、甲状腺毒症、眼征，相关激素测定是诊断的主要依据。治疗包括药物、放射性碘和手术治疗。护理以饮食护理、用药护理、眼部护理和甲状腺危象的识别与抢救配合为重。

情境 7-2 问题回答

患者："护士,我这2年老是心慌、出汗,还怕热,饭量挺大,体重却减轻了10多公斤,大便次数多,像拉肚子;脾气变得容易激动、烦躁;脖子也变粗了。我生的什么病啊?"

护士："李大姐,您是甲亢。"

患者："那我为什么会生这个病呢?"

护士："甲亢的诱发因素有很多,如精神刺激、细菌感染、性激素、锂剂和应激等。从您的情况来看,可能2年前您先生的去世对您造成了一定程度精神上的打击,因此您的发病主要与精神刺激有关。"

患者："您说的对,那一段时间我简直崩溃了,整天以泪洗面。那我以后要注意什么呢?"

护士："李大姐,首先您要配合医生治疗,按时按量服药;还要注意上衣领要宽松,避免压迫甲状腺,不要用手挤压甲状腺;当然,您也要保持身心愉快,避免精神刺激或过度劳累。"

患者："哦,我知道了。谢谢您啊,护士!"

护士："不用谢,您要是有什么问题的话就找我。您好好休息吧!"

自 测 题

A_1/A_2 型题

1. 引起甲亢发病的主要因素是( )
   A. 自身免疫　　　　B. 病毒感染
   C. 理化因素　　　　D. 过度劳累
   E. 手术创伤

2. 刺激甲亢患者症状加重的主要因素是( )
   A. 语言刺激　　　　B. 过度劳累
   C. 寒冷环境　　　　D. 进食不足
   E. 营养缺乏

3. 甲亢患者临床表现主要是( )
   A. 自主神经兴奋　　B. 心脏负担太重
   C. 消化功能减低　　D. 新陈代谢旺盛
   E. 体温中枢调节不良

4. 甲亢良性突眼的原因主要是( )
   A. 球后组织有细胞浸润
   B. 球后组织有水肿
   C. 眼外肌水肿变性
   D. 上眼睑肌的痉挛和回缩
   E. 球后脂肪组织增生

5. 甲亢患者神经系统最常见的表现是( )
   A. 焦躁易怒　　　　B. 寡言
   C. 淡漠　　　　　　D. 幻觉
   E. 反应迟钝

6. 甲状腺危象最常见的诱发因素是( )
   A. 外科手术　　　　B. 精神创伤
   C. 感染　　　　　　D. 妊娠
   E. 中断治疗

7. 甲状腺功能的基本筛选试验是( )
   A. 基础代谢率测定
   B. 甲状腺素抑制试验
   C. 甲状腺吸^{131}I率测定
   D. TT_3、TT_4 测定
   E. 血清甲状腺素(T_4)测定

8. 甲状腺危象的治疗,哪项是错误的( )
   A. 口服复方碘或静点碘化钠,停用抗甲状腺药
   B. 利舍平或普萘洛尔
   C. 纠正水电解质失衡,物理降温
   D. 地塞米松静点
   E. 防治感染

9. 甲亢患者的饮食宜给予( )
   A. 高热量、高蛋白、高维生素
   B. 高热量、高蛋白、低维生素
   C. 高热量、高蛋白、高盐
   D. 高热量、低蛋白、低盐
   E. 低热量、低蛋白、低盐

10. 甲亢突眼的护理错误的是( )
    A. 睡眠时用眼罩
    B. 每日滴眼药水1～2次
    C. 低盐饮食
    D. 戴墨镜
    E. 头低平卧位

A_3/A_4 型题

(11、12题共用题干)

李女士,46岁,已婚,生育1子,患甲亢3年,合并心房纤颤,经抗甲状腺药物治疗效果不理想。

11. 进一步治疗应采取何种方法为宜( )
    A. 甲状腺次全切除术　B. 洋地黄制剂
    C. 普萘洛尔　　　　　D. 放射性^{131}I治疗
    E. 碘剂

12. 上述治疗方法最常见的并发症是( )
    A. 甲状腺癌　　　　B. 白血病
    C. 甲状腺功能减退症　D. 甲亢危象

E. 白细胞减少症

(13~15题共用题干)

秦女士,28岁,因重度甲亢入院,择期手术治疗。术前准备期间,患者因害怕手术而焦虑不安。

13. 用以评估甲亢病情程度的主要表现是( )
 A. 情绪变化　　　　B. 脉率和脉压
 C. 体重和食欲　　　D. 突眼程度
 E. 甲状腺大小

14. 该患者目前的最主要护理诊断是( )
 A. 焦虑
 B. 营养失调:低于机体需要量
 C. 有角膜完整性受损的危险
 D. 自我形象紊乱
 E. 以上都不是

15. 对患者采取的护理措施中下述哪项不妥( )
 A. 不安排与重患者同住一室
 B. 避免刺激性语言
 C. 不回答有关手术的询问
 D. 介绍与治疗成功的患者交谈
 E. 酌情给予镇静剂

(16、17题共用题干)

张女士,23岁。主诉近几个月为脾气急躁,易出汗、无力、手抖、失眠、多食,检查发现甲状腺呈弥漫性肿大,质软,有轻度突眼,颈部闻及血管杂音,测得基础代谢率+25%。初步诊断为甲亢。

16. 最佳治疗方法是( )
 A. 手术治疗　　　　B. 放射性^{131}I治疗
 C. 普萘洛尔治疗　　D. 地西泮治疗
 E. 甲巯咪唑治疗

17. 服上述药物过程中,下列哪项指导不正确( )
 A. 用药疗程长至1.5~2年
 B. 轻度药疹可用抗过敏药物缓解
 C. 开始服用时需每周检查血白细胞计数1次
 D. 如发现白细胞计数低于$3.5×10^9$/L要停药
 E. 用药后2周左右才开始有效

第4节　糖尿病患者的护理

情境7-3

患者,男性,52岁,身高180cm,体重60kg,3个月来口渴多饮,多尿,易饥多食,消瘦乏力,来医院就诊。查空腹血糖10.2mmol/L,尿糖+++,家族史:其父患糖尿病。医生诊断为2型糖尿病,并为其制订饮食计划,给予盐酸二甲双胍口服,0.5g tid。患者治疗一段时间后症状有所缓解,但昨日出现咳嗽、咽痛、体温38.8℃,今晨发现患者嗜睡,呼吸深大且有烂苹果味。

一、疾病概要

(一) 概述

糖尿病是一种常见的代谢病,早在公元前2世纪,《黄帝内经》中即有论述,在我国传统医学中属"消渴"症范畴。它是一组由环境和遗传因素相互作用而引起的以慢性高血糖为特征的代谢性疾病。因胰岛素分泌和(或)作用缺陷引起碳水化合物、脂肪及蛋白质代谢紊乱。随着病程延长可出现肾、眼、心脏、血管、神经等组织器官的慢性进行性病变、功能减退或衰竭。重症或应激时可发生急性代谢紊乱,如糖尿病酮症酸中毒、高血糖高渗状态等。

糖尿病是常见病、多发病。根据国际糖尿病联盟统计:2011年全世界糖尿病患者数已达3.66亿,较2010年增加近30%。随着人们生活方式的改变、生活水平的提高、人口老龄化、肥胖率上升等,我国糖尿病的患病人数在逐年增加,其中2型糖尿病病发病率的增长远高于1型糖尿病。估计现有糖尿病人数约9240万,居世界第一位。糖尿病已成为严重威胁人类健康的世界性公共卫生问题。

糖尿病分为4型:1型糖尿病、2型糖尿病、其他特殊类型糖尿病、妊娠期糖尿病。

(二) 病因及发病机制

糖尿病的病因和发病机制很复杂,至今尚未完全阐明。概括来讲,糖尿病的病因可归纳为遗传因素和环境因素2大类。发病机制可归纳为各种病因导致胰岛β细胞分泌胰岛素缺陷和(或)外周组织胰岛素利用不足,从而引起碳水化合物、脂肪及蛋白质等物质代谢紊乱。

1. 1型糖尿病(胰岛素依赖型糖尿病)　绝大多数是自身免疫性疾病,遗传和环境因素共同参与其发病过程。某些环境因素(如病毒感染、化学毒物和饮食等)作用于有遗传易感性的个体,激活一系列自身免疫反应,引起胰岛β细胞破坏和衰竭,导致胰岛素分泌绝对不足,体内可产生胰岛细胞抗体,需依赖胰岛素治疗。本病主要见于30岁以前的年轻人,起病急,"三多一少"症状明显,有自发酮症倾向。

2. **2型糖尿病(非胰岛素依赖型糖尿病)** 主要与遗传有关,有明显的家族遗传倾向。其发病也与环境因素如人口老龄化、现代生活方式、营养过剩、体力活动不足等有关。其中肥胖与胰岛素抵抗和2型糖尿病的发生密切相关。2型糖尿病患者的胰岛β细胞无破坏,但是存在胰岛素抵抗和胰岛素分泌缺陷(胰岛素分泌相对不足),引起血糖升高,发生糖尿病。本病主要见于40岁以上的成年人,超重者占多数,起病缓慢,症状轻,部分患者可长期无症状,常在体检时发现高血糖。无应激情况下一般无酮症倾向。随着病程进展可出现各种并发症。

考点:糖尿病的病因

护考链接

1型糖尿病的病理变化是( ) A. 胰岛素绝对不足 B. 胰岛素抵抗 C. 胰岛素分泌缺陷 D. 免疫异常 E. 胰岛素相对不足

点评:答案为A

(三) 诊断及治疗要点

1. 诊断要点 大多数糖尿病患者,尤其是早期2型糖尿病患者无明显症状,要尽可能早诊断早治疗。典型病例根据典型"三多一少"症状,结合血糖检测结果可诊断。

本病的诊断主要根据空腹血浆葡萄糖、任意时间血浆葡萄糖或OGTT中2小时血浆葡萄糖值来进行。对于糖尿病的诊断,我国目前采用的是1999年WHO推荐的新标准:糖尿病症状加任意时间血浆葡萄糖≥11.1mmol/L或空腹血糖(FPG)≥7.0mmol/L或OGTT中餐后2小时血糖(2hPG)≥11.1mmol/L。症状不典型者,需另一天再次验证,但不主张做第三次OGTT。

情境7-3 诊断分析

该患者身高180cm,体重60kg,3个月来口渴多饮,多尿,易饥多食,消瘦乏力,"三多一少"症状明显;空腹血糖10.2mmol/L,符合糖尿病诊断标准;年龄52岁,有家族史;以上3点综合符合2型糖尿病诊断。患者治疗症状缓解,因上呼吸道感染,出现嗜睡,呼吸深大且有烂苹果味,此时患者发生了急性并发症:酮症酸中毒;同时还要重点监测血糖、血酮、水电解质及酸碱平衡等的变化,有助于病情变化的判断。

2. 治疗要点 糖尿病治疗强调早期、长期、综合治疗和治疗方法个体化的原则。治疗目标是通过纠正患者不良的生活方式和代谢紊乱,防止急性并发症的发生,降低慢性并发症的风险,提高患者的生活质量,保持积极良好的心理状态。综合治疗是目前采用国际糖尿病联盟提出的糖尿病治疗的5个要点即饮食治疗、运动疗法、血糖监测、药物治疗和糖尿病教育。具体治疗措施以饮食治疗和适当的运动锻炼为基础,根据病情选用口服降糖药物和胰岛素治疗。

(1) 糖尿病酮症酸中毒(DKA)的治疗

1) 补液:输液是抢救DKA的首要、关键措施。DKA患者常有严重失水,只有在组织灌注改善后,胰岛素的生物效应才能充分发挥。补液通常使用生理盐水。总量可按患者原体重的10%估计,如无心功能不全,开始补液速度宜快,2小时内输入1000~2000ml生理盐水,以迅速补充血容量,改善周围循环和肾功能。以后根据血压、心率及尿量等决定补液量和速度。第2~6小时输1000~2000ml。第1个24小时补液总量4000~6000ml,严重失水者可达6000~8000ml。

2) 小剂量胰岛素治疗:小剂量短效胰岛素加入生理盐水持续静脉滴注或静脉泵入0.1U/(kg·h),以使血糖快速、稳定下降但又不易发生低血糖反应,同时还能抑制脂肪分解和酮体产生。当血糖降至13.9mmol/L时,改为5%葡萄糖液加短效胰岛素(每2~4g葡萄糖加1U胰岛素),此时仍需按时复查血糖,调整胰岛素剂量。尿酮体消失后,根据病情调节胰岛素剂量或改为每4~6小时皮下注射胰岛素1次。

3)纠正电解质及酸碱平衡紊乱:轻症患者酸中毒纠正后不必补碱,重症患者补碱亦应慎重。治疗过程中注意补钾,需结合尿量调整补钾的量和速度。

4)防止诱因及处理并发症:如休克、严重感染、心力衰竭、心律失常、肾衰竭、脑水肿等。

(2)高渗性非酮症糖尿病昏迷的治疗:治疗大致与酮症酸中毒相近。虽然血浆渗透压显著升高,但补液主张先用等渗氯化钠溶液,因低渗溶液可使血浆渗透压下降较快,有可能诱发脑水肿、溶血反应。治疗过程中注意补钾及防止脑水肿。

考点: 糖尿病的治疗要点

护考链接

患者,男,46岁,有糖尿病病史16年,一直口服盐酸二甲双胍治疗。昨日因高热、咳嗽后,突然感到极度口渴、厌食、恶心,呼吸加速,晚上四肢厥冷、脉细速、血压下降,随即意识不清。此时首要的关键措施是( )
A. 静脉注射500g/L葡萄糖 B. 静脉滴注低渗盐水 C. 补液,先输入生理盐水 D. 静脉应用呼吸兴奋剂
E. 加大口服降糖药剂量

点评: 答案为 C

二、疾病护理

(一)护理评估

1. 健康史 询问患者有无糖尿病家族史,有无反复病毒感染,尤其是柯萨奇病毒、流行性腮腺炎、风疹病毒等感染;了解患者的生活方式、饮食结构、食量、体力活动、体重变化、妊娠次数、新生儿出生体重等。

2. 身体状况

(1)代谢紊乱症候群

1)典型患者出现"三多一少"症状,即多尿、多饮、多食和体重下降。血糖升高后因渗透性利尿作用引起多尿;多尿导致水分丢失过多,患者口渴而多饮;大部分葡萄糖随尿排出且机体对葡萄糖的利用减少,患者常易饥、多食;由于外周组织对葡萄糖利用障碍,蛋白质和脂肪分解代谢增加,引起体重减轻、消瘦和乏力。

2)皮肤瘙痒:因高血糖及末梢神经病变导致患者皮肤干燥及感觉异常,常出现皮肤瘙痒,尤其外阴瘙痒。

3)其他:部分患者眼房水、晶体渗透压改变而引起屈光改变致视力模糊;四肢酸痛、麻木、腰痛、性欲减退、阳痿不育、月经不调、便秘等。

(2)并发症

1)急性并发症:①糖尿病酮症酸中毒(DKA),是最常见的糖尿病急性并发症。糖尿病代谢紊乱加重时,脂肪动员和分解加速,大量脂肪酸在肝脏经β氧化产生大量酮体(乙酰乙酸、β-羟丁酸、丙酮),引起酮血症和酮尿,临床上统称为酮症。若代谢紊乱进一步加剧,血酮体继续升高,超过机体酸碱平衡调节能力时即发生代谢性酸中毒。诱因有1型糖尿病患者有自发酮症酸中毒倾向;2型糖尿病患者常有感染、胰岛素剂量不足或治疗中断、饮食不当、妊娠和分娩、创伤、手术、麻醉及急性心肌梗死、精神紧张或严重刺激等诱因,有时可无明显诱因。临床表现为多数在发生意识障碍前感到疲乏软弱、四肢无力,"三多一少"症状加重;随之出现食欲减退、恶心与呕吐,常伴头痛、嗜睡、烦躁、呼吸深快有烂苹果味。随着病情进一步发展出现严重失水、尿量减少、皮肤干燥、弹性差、眼球下陷、脉细速及血压下降、四肢厥冷。晚期各种反射迟钝,甚至消失,部分患者出现昏迷。也有少数患者表现为腹痛等急腹症的表现。血糖、血酮体升高明显,尿糖、尿酮体强阳性。②高血糖高渗状态(HHS),是糖尿病急性代谢紊乱的另一临床类型。以严重高血糖、高血浆渗透压、脱水为特点,无明显酮症,可有不同

程度的意识障碍或昏迷。多见于50~70岁的老年人，约2/3患者发病前糖尿病病史不明显。诱因常见有感染、急性胃肠炎、胰腺炎、脑卒中、严重肾脏疾病、血液或腹膜透析、不合理限制水分、静脉内高营养，以及某些药物如糖皮质激素、免疫抑制剂、噻嗪类利尿剂的应用等。少数患者因病程早期未确诊糖尿病而输入葡萄糖液，或因口渴而大量饮用含糖饮料等诱发。临床表现为起病缓，常先有多尿、多饮，但多食不明显，或反而食欲减退。逐渐出现严重脱水和神经精神症状，出现尿少甚至尿闭，患者反应迟钝、烦躁、嗜睡、幻觉、定向力障碍、偏瘫、偏盲等，最后陷入昏迷。血糖、血钠和血浆渗透压显著升高。尿糖强阳性，多无酮症。③低血糖，糖尿病患者因饮食或用药不当可出现低血糖。表现为面色苍白、饥饿、流涎、出汗、颤抖、心悸、心率加快、紧张、焦虑、头晕、视物模糊、甚至昏迷。一般将血糖低于2.8mmol/L作为低血糖诊断标准。但因个体差异，部分患者血糖不低于此值也可出现低血糖症状。④感染，糖尿病患者易发生感染，疖、痈等皮肤化脓性感染多见，肺结核发病率高，进展快，容易形成空洞。足癣、甲癣、体癣等皮肤真菌感染较常见，女性患者常并发真菌性阴道炎。肾盂肾炎和膀胱炎为泌尿系统常见的感染，尤其多见于女性。

2) 慢性并发症：①大血管病变，是糖尿病最严重而突出的并发症。由于糖代谢和脂质代谢异常易致动脉粥样硬化，主要侵犯大、中动脉，临床上引起冠心病、脑血管意外、肾动脉硬化、肢体动脉硬化等。肢体动脉硬化常以下肢动脉病变为主，表现为下肢疼痛、感觉异常和间歇性跛行，重者可发生肢体坏疽而需要截肢。心、脑血管病变是2型糖尿病患者的主要死亡原因。②微血管病变，病变主要发生在视网膜、肾、神经、心肌组织，以肾脏和视网膜病变最为重要。糖尿病肾病是1型糖尿病患者的主要死亡原因。糖尿病视网膜病变是糖尿病患者致盲的主要原因之一。③神经病变，以周围神经病变最常见，表现为对称性肢端感觉异常，如袜子或手套状分布，伴有麻木、烧灼、针刺感，有时伴痛觉过敏等。自主神经病变可出现尿潴留、胃肠功能紊乱和直立性低血压等。④糖尿病足，由于末梢神经病变、下肢动脉供血不足、感染等原因引起足部溃疡、感染和(或)深层组织破坏。主要表现为足部溃疡与坏疽。是糖尿病患者致残的主要原因(图7-13、图7-14)。⑤其他，有青光眼、白内障、黄斑病、屈光改变、虹膜睫状体等病变。

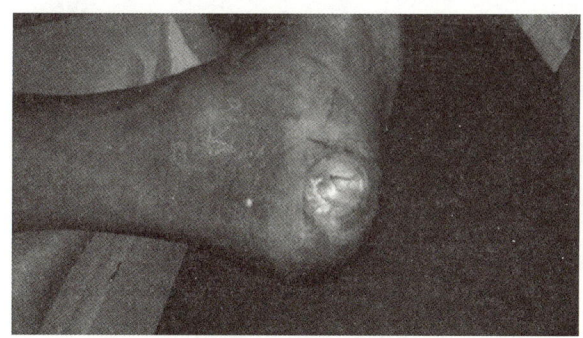

图7-13 糖尿病足(足跟深层组织破坏)

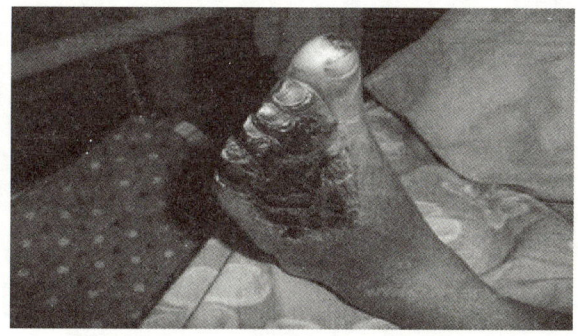

图7-14 糖尿病足(干性坏疽)

考点：糖尿病的临床表现

3. 心理-社会状况　糖尿病是终身疾病，需要终身治疗且须严格控制饮食，加上多器官、多组织功能障碍，容易使患者产生焦虑、抑郁等心理反应，对健康和生活信心不足，不能有效地应对，治疗依从性差。部分患者因糖尿病躯体痛苦甚至残疾威胁，产生沮丧、恐惧心理。

4. 辅助检查

(1) 尿糖测定：尿糖受肾糖阈影响。尿糖阳性是诊断糖尿病的重要线索，尿糖阴性不能排除糖尿病的可能。

(2) 血糖测定：血糖升高是诊断糖尿病的主要依据，也是监测糖尿病病情变化和治疗效果的主要指标。血糖测定的方法有3种：静脉血葡萄糖测定、毛细血管血葡萄糖测定和24小时动态血糖测定。

前者用于诊断糖尿病,后2种用于糖尿病的监测。空腹静脉血糖值正常范围为3.9~6.0mmol/L(70~108mg/dl)。

(3) 口服葡萄糖耐量试验(OGTT):用于血糖值高于正常而又未达到糖尿病诊断标准的可疑糖尿病患者的明确诊断。

(4) 糖化血红蛋白A_1(GHbA$_1$)和糖化血浆清蛋白测定:糖化血红蛋白A_1可反映取血前8~12周血糖的总水平,是糖尿病病情控制的监测指标之一。果糖胺可反映病人近2~3周血糖的总水平,是糖尿病近期病情监测的指标。

(5) 血浆胰岛素和C-肽测定:主要用于胰岛β细胞功能的评价。

考点:糖尿病的辅助检查

护考链接

目前诊断糖尿病的主要依据是( ) A. 尿糖测定 B. 血糖测定 C. 口服葡萄糖耐量试验 D. 血浆胰岛素和C-肽测定 E. 糖化血红蛋白A_1测定

点评:答案为B

(二) 护理诊断与合作性问题

1. 营养失调:低于或高于机体需要量 与胰岛素分泌和(或)作用缺陷引起糖、蛋白质、脂肪代谢紊乱有关。

2. 有感染的危险 与血糖增高、脂代谢紊乱、营养不良、微循环障碍等因素有关。

3. 潜在并发症:糖尿病酮症酸中毒、高血糖高渗状态、低血糖、糖尿病足。

4. 焦虑 与血糖控制不佳及长期治疗加重经济负担有关。

5. 知识缺乏:缺乏糖尿病的预防保健知识。

情境7-3 护理诊断分析

该患者身高180cm,体重60kg,3个月来口渴多饮,多尿,易饥多食,消瘦乏力。查空腹血糖10.2mmol/L。患者治疗症状缓解,因上呼吸道感染,出现嗜睡,呼吸深大且有烂苹果味。故存在以下护理诊断:营养失调,低于或高于机体需要量[与胰岛素分泌和(或)作用缺陷引起糖、蛋白质、脂肪代谢紊乱有关];有感染的危险(与血糖增高、脂代谢紊乱、营养不良、微循环障碍等因素有关);潜在并发症糖尿病酮症酸中毒;知识缺乏,缺乏糖尿病的预防保健知识。

(三) 护理措施

1. 一般护理

(1) 饮食护理:饮食控制是基础治疗措施,可以减轻胰岛β细胞负担,降低血糖,应严格、长期执行。

1) 制订总热量,根据患者理想体重、劳动强度、生活习惯计算每天所需总热量。理想体重简易计算公式为,年龄在40岁以下者,理想体重(kg)=身高(cm)-105;年龄在40岁以上者,理想体重(kg)=身高(cm)-100。成人静息状态下每日每千克体重给予热量105~125.5kJ(25~30kcal),轻体力劳动125.5~146kJ(30~35kcal),中度体力劳动146~167kJ(35~40kcal),重体力劳动167kJ(40kcal)以上。孕妇、乳母、儿童、营养不良和消瘦、伴有消耗性疾病者酌情增加,肥胖者酌情减少。

2) 食物的组成和分配:①食物组成,总体原则是高碳水化合物、适量蛋白质、低脂肪和高纤维素饮食。碳水化合物占饮食总热量的50%~60%,提倡用粗制米、面和一定量杂粮。蛋白质含量通常不超过总热量的15%,且至少有1/3来自动物蛋白;成人每日每千克理想体重摄入0.8~1.2g蛋白质,孕妇、乳母、儿童、营养不良和消瘦、伴有消耗性疾病者宜增值1.5~2.0g,伴有糖尿病肾病但肾功能正常者应限制至0.8g,血尿素氮升高者应限制至0.6g。脂肪约占总热量的30%,饱和脂肪、多不饱和脂肪与单不饱和脂肪之比应为1:1:1,每日胆固醇摄入量应少于300mg。多食含膳食纤维高的食物,每天饮食中膳食纤维含量以40~60g为宜,膳食纤维不仅可延缓食物吸收,降低餐后血糖高峰,还可以防止便秘;提倡食用绿叶蔬菜、粗谷物、豆类及含糖成分低的水果等。②每餐热量合理分配,应定时定量,根据患者生活习惯、病情和配合药物治疗的需要进行安排、分配。对病情稳定的2型糖尿病患者可按每日3餐1/5、2/5、2/5或各占1/3分配,也可按每日4餐1/7、2/7、2/7、2/7分配;对于注射胰岛素或口服降糖药且病情有波动的患者,可每天进食5~6餐,从3次正餐中匀出25~50g主食作为加餐用。

3)注意事项:①控制饮食的关键在于控制总热量。在保持总热量不变的前提下,增加一种食物时应同时减去另一种食物,以保证饮食平衡。若患者因饮食控制有饥饿感时,可增加碳水化合物含量小于5%的蔬菜,如油菜、菠菜、芹菜、韭菜、小白菜、大白菜、卷心菜、西红柿、冬瓜、黄瓜、茄子、茭白和丝瓜等。②严格限制各种甜食,如各种食糖、糖果、甜点心、饼干、冷饮及各种含糖饮料等。对于血糖控制较好者,可在两餐之间或睡前加食含果糖或蔗糖的水果,如苹果、梨、橙子等。③体重超重者,忌食油炸、油煎食物。④炒菜宜用植物油,忌食动物油。少吃动物内脏、虾子、鱼子、蟹黄等含胆固醇高的食物。⑤限制饮酒,每天食盐摄入量应<6g。⑥每周测量体重1次,如体重变化>2kg,应报告医生。

(2)运动疗法的护理

1)运动方式:有氧运动为主,如散步、慢跑、骑自行车、做广播操、打太极拳、球类运动等。最佳时间是餐后1h(从进食开始计时)。

2)运动量和时间选择:合适的运动强度为患者的心率达到个体60%的最大耗氧量,简易计算法为,心率=170-年龄。活动时间为20~30分钟,可根据患者具体情况逐渐延长,每日1~3次,每周运动不少于3次。若有心、脑血管疾病或严重微血管病变者,应按具体情况选择运动方式。

3)注意事项:①尽量避免在恶劣天气运动;不宜在空腹时运动,以免发生低血糖反应,随身携带糖果,当出现低血糖反应时及时食用并暂停运动。②指导患者逐渐增加活动量及时间,以不感疲劳为度;若运动中出现胸闷、胸痛、视物模糊等应立即停止运动并及时处理。③血糖>14mmol/L时,应减少运动,增加休息。④运动时随身携带糖尿病卡以备急需。⑤运动后做好运动日记,以便观察疗效和不良反应。

2. 病情观察 定期监测血糖、血压、血脂、糖化血红蛋白、眼底及体重等,以判断病情(表7-1)。观察有无酮症酸中毒、高血糖高渗状态、低血糖、糖尿病足等情况发生。

表7-1 糖尿病血糖控制目标

		理想	尚可	差
血浆葡萄糖(mmol/L)	空腹	4.4~6.1	≤7.0	>7.0
	非空腹	4.4~8.0	≤10.0	>10.0

3. 配合治疗护理

(1)口服降血糖药:主要包括促胰岛素分泌剂(磺脲类和非磺脲类)、增加胰岛素敏感性药物(双胍类和胰岛素增敏剂)、α葡萄糖苷酶抑制剂。主要用于2型糖尿病经饮食和运动控制血糖不理想者。

1)促胰岛素分泌剂:①磺脲类,作用于胰岛β细胞表面的受体促进胰岛素释放。常用药物有格列苯脲(优降糖)、格列吡嗪(美吡达)、格列齐特(达美康)、格列喹酮(糖适平)、格列苯脲(亚莫利)等。治疗应从小剂量开始,餐前30分钟服用,1型糖尿病、孕妇及哺乳期妇女、肝肾功能不全者禁用。主要不良反应为低血糖反应,同时还有胃肠道反应、肝损害等。②非磺脲类,常用瑞格列奈、那格列奈,作用机制是直接刺激胰岛β细胞分泌胰岛素,降糖作用快且短,主要用于控制餐后高血糖。

2)增加胰岛素敏感性药物:①双胍类,可增加外周组织对葡萄糖的摄取和利用,加速无氧糖酵解,抑制糖原异生和糖原分解,降低高肝糖生成率,并改善胰岛素敏感性,减轻胰岛素抵抗。常用药物有二甲双胍。是肥胖或超重的2型糖尿病患者的首选药。以胃肠道反应为主,如口中有金属味、腹部不适、畏食、恶心、腹泻等,严重时发生乳酸性酸中毒。餐中或餐后服药或从小剂量开始可减轻不适;

肝肾功能不全、心力衰竭、缺氧、糖尿病酮症酸中毒、急性感染、孕妇及哺乳期妇女禁用。②噻唑烷二酮类，也称格列酮类，作用主要是增强靶组织对胰岛素的敏感性，减轻胰岛素抵抗。常用药物有罗格列酮和吡格列酮。主要不良反应为水肿和体重增加，用药期间应密切观察，一旦出现应立即停药。心力衰竭和肝病者慎用或禁用，孕妇及哺乳期妇女、儿童慎用。

3）α葡萄糖苷酶抑制剂，主要通过抑制小肠黏膜上皮细胞的α葡萄糖苷酶而延缓碳水化合物的吸收，降低餐后高血糖。应与第1口饭同时服用。常用药物有阿卡波糖（拜糖平）、伏格列波糖（倍欣）。尤其适用于2型糖尿病餐后高血糖者。主要不良是腹胀、排气增多或腹泻；如与胰岛素促泌剂或胰岛素合用可能出现低血糖，此时应直接给予葡萄糖口服或静脉注射，进食淀粉类食物无效。孕妇及哺乳期妇女、儿童、胃肠功能紊乱者禁用。

（2）胰岛素治疗

1）适应证：①1型糖尿病；②2型糖尿病经饮食、运动及口服降糖药物治疗血糖控制不理想者；③糖尿病合并急、慢性并发症或处于应激状态如手术、妊娠、分娩、急性感染、创伤、消耗性疾病等；④全胰腺切除引起的继发性糖尿病。

2）制剂类型：一般分为皮下和静脉注射液体，按作用快慢和持续时间长短分为速效、短效、中效、长效、预混胰岛素5类。速效和短效胰岛素主要控制一餐餐后高血糖；中效胰岛素主要控制两餐餐后高血糖，以第二餐为主；长效胰岛素无明显作用高峰，主要提供基础胰岛素；预混胰岛素是速效或短效胰岛素与中效胰岛素的混合制剂（表7-2）。

表7-2 胰岛素制剂类型及作用时间表

作用类型	制剂类型	皮下注射作用时间（小时）		
		开始	高峰	持续
速效	门冬胰岛素	15分钟	0.5~1	2~5
短效	普通胰岛素	0.5	2~4	6~8
中效	低精蛋白锌胰岛素 慢胰岛素锌混悬液	1.5	4~12	16~24
长效	鱼精蛋白锌胰岛素 特慢岛素锌混悬液	3~4	14~24	24~36
预混	诺和灵30R、50R、优泌林30R	0.5	2~12	16~24
	优泌乐25、50	15分钟	0.5~1.5	15
	诺和锐30	15分钟	1~4	24

注：受胰岛素剂量、吸收、降解等多种因素影响，且个体差异较大，作用时间仅供参考。

3）使用原则和方法：①使用原则，应在综合治疗的基础上应用，一般从小剂量开始，根据血糖水平逐步调整，力求模拟生理胰岛素分泌模式，包括持续基础分泌和进餐后胰岛素追加分泌。②使用方法，联合用药即胰岛素+口服降糖药；常规胰岛素治疗即早、晚餐前各注射1次混合胰岛素或早餐前用混合胰岛素，睡前用中效胰岛素；强化治疗即对于1型糖尿病或新诊断的2型糖尿病或2型糖尿病后期提倡早期使用胰岛素强化治疗，在较短时间内将血糖控制在正常范围，这样可改善高糖毒性，保护胰岛β细胞功能，但要注意低血糖反应。

> **知识链接：胰岛素强化治疗2种方案**
>
> 一种方案是每天多次输注胰岛素：胰岛素皮下注射，3~4次/天。第二种方案是持续皮下胰岛素输注（CSII），也称胰岛素泵，是一种比较"智能"的治疗方式，调节好剂量后，胰岛素泵能24小时连续不断地向体内输注胰岛素，还可以在三餐前追加剂量。根据患者血糖变化，可随时调整胰岛素的输注量，以控制血糖在适当范围。但胰岛素泵价格较为昂贵。

4）使用胰岛素的护理：①给药方法：包括静脉滴注和皮下注射2种。普通胰岛素于饭前30分钟皮下注射，中效或长效胰岛素在早餐前1小时皮下注射。紧急情况下，仅普通胰岛素可以静脉给药。注射工具有胰岛素专用注射器、胰岛素笔、胰岛素泵3种（图7-15~图7-18）。②准确用药：熟悉各种胰岛素的名称、剂型及作用特点，准确执行医嘱，按时用药。我国常用的胰岛素制剂有每毫升40U和100U 2种规格，使用时应注意注射器与胰岛素浓度的匹配。③药物抽取：抽吸药液时要轻轻摇匀，但避免剧烈晃动。长、短效胰岛素混合使用时，应先抽吸短效胰岛素，再抽

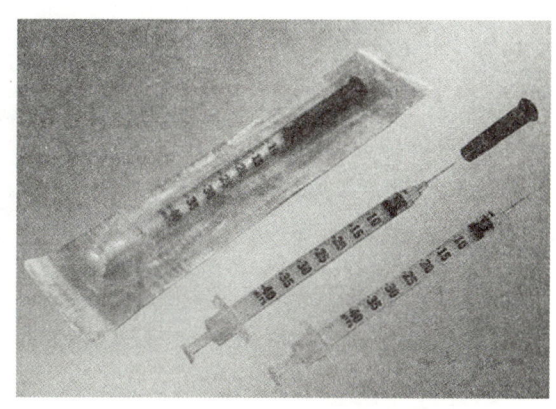

图7-15　胰岛素专用注射器

吸长效胰岛素，然后混匀，切不可反向操作，以免将长效胰岛素混入短效内，从而影响普通胰岛素的速效性。④注射部位的选择与更换：皮下注射胰岛素，宜选择皮肤疏松部位，如上臂三角肌、臀大肌、大腿前侧、腹部等（图7-19）。药物吸收以腹部最快，其次分别为上臂、大腿和臀部。注射部位应交替使用以免形成硬结和脂肪萎缩，影响药物吸收和疗效。同一区域注射时，必须与上一次注射部位相距2cm以上，注射部位重复应间隔2周以上。⑤胰岛素的保存：未开封的胰岛素放于4~8℃冰箱冷藏保存，正在使用的胰岛素在常温下（不超过28℃）可使用28天，不需放入冰箱，避免过冷、过热、剧烈晃动、太阳直晒等，以免蛋白质变性而失效。如超过有效期或药液出现颗粒时则不能使用。⑥使用胰岛素泵时应定期更换注射部位和导管以免感染和针头阻塞。使用胰岛素笔时应注意笔和笔芯要匹配，注射前确认笔内是否有足够剂量，药液是否变质；每次使用前均应更换针头，注射后针头应丢弃。⑦胰岛素不良反应的观察和处理。低血糖反应：与剂量过大和（或）饮食失调有关；一旦发生低血糖，应尽快补充糖分，神志清醒者给予约含15g糖的糖水、含糖饮料、饼干、面包等；病情重，神志不清者立即给予50%葡萄糖液40~60ml静脉注射，继以5%~10%葡萄糖液静脉滴注，清醒后应进食含淀粉或蛋白质的食物，以防再昏迷。过敏反应表现为注射部位瘙痒、荨麻疹样皮疹，全身性荨麻疹少见。应更换胰岛素制剂种类，使用抗组胺药物、糖皮质激素及脱敏疗法等，严重者需暂时中断或停止胰岛素治疗。注射部位皮下脂肪萎缩或增生（图7-20），停止该部位注射后可缓慢自然恢复。

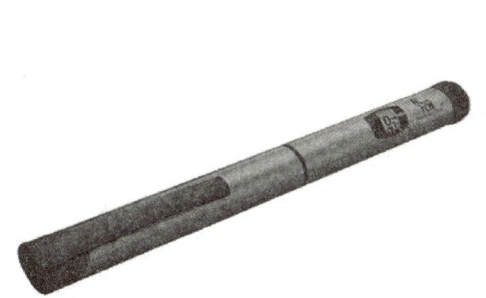

图7-16　胰岛素笔

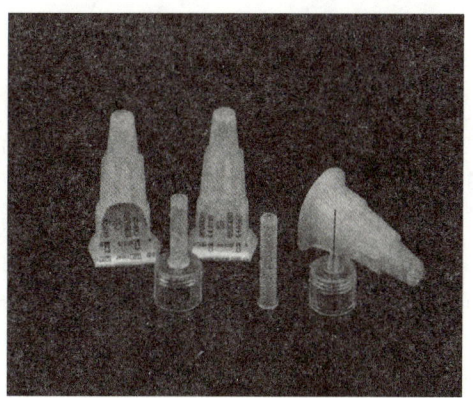

图7-17　胰岛素笔针头

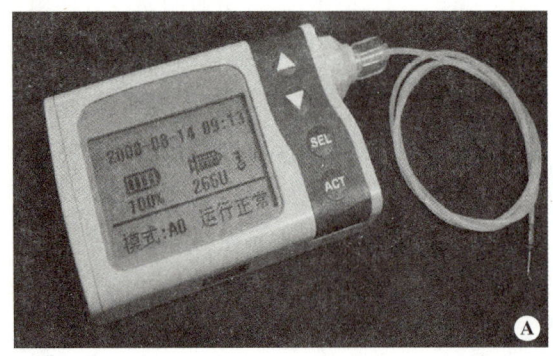 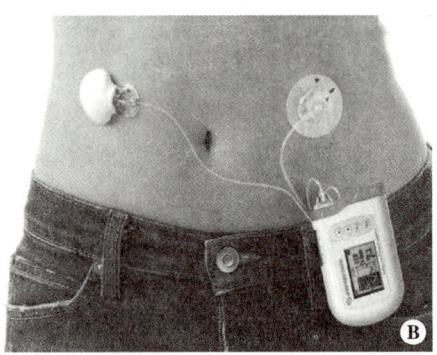

图 7-18　胰岛素泵及使用
A. 胰岛素泵；B. 胰岛素泵的使用方法

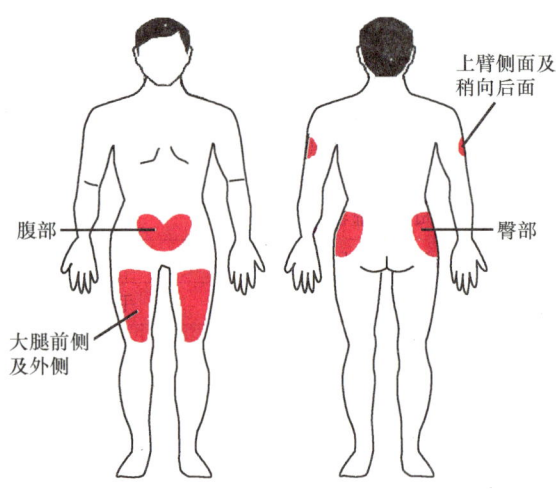 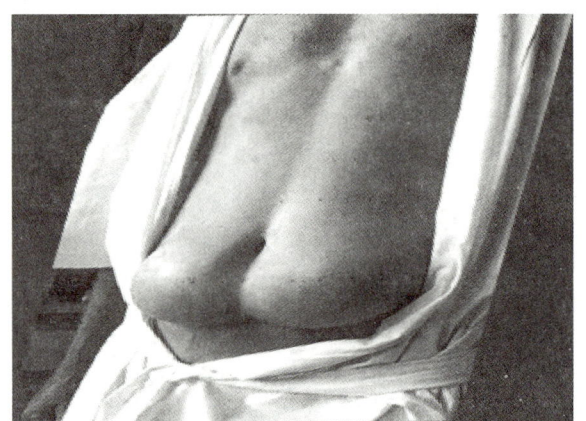

图 7-19　胰岛素注射部位　　　　图 7-20　皮下脂肪增生

考点：低血糖反应的表现及处理

护考链接

某人患 1 型糖尿病，查餐后 2 小时血糖 15mmol/L（270mg/dl）。给胰岛素静脉滴注，静脉滴注时患者自觉多汗、手抖、饥饿，应考虑其原因是　　A. 低血压　B. 低血糖　C. 静脉滴注速度过快　D. 药物过敏　E. 精神紧张

答案：B

4. 并发症护理

（1）酮症酸中毒、高血糖高渗状态的护理

1）一般护理：患者绝对卧床休息，注意保暖，吸氧，寻找和消除可能存在的诱因。

2）迅速建立 2 条静脉通路：一条静脉通路用于快速补液，另一通路为滴注胰岛素专用。准确执行医嘱，确保液体会和胰岛素的输入。

3）病情监测：严密观察、记录患者神志、生命体征、呼吸气味、皮肤弹性及 24 小时液体出入量等。遵医嘱定时监测血糖、血酮、尿酮、电解质、血浆渗透压等的变化。注意有无水电解质及酸碱平衡紊乱。

（2）足部护理

1）促进足部循环：经常按摩足部。每天进行适度的运动以促进血液循环，避免同一姿势站立过久，避免盘腿坐或跷二郎腿。冬天注意足部保暖，注意避免烫伤。戒烟。

2）保持足部清洁干燥，避免感染：指导患者勤换鞋袜，每日用温水清洗足部，保持趾间清洁、干燥。趾甲不能过长，修剪趾甲注意剪平，不要修剪过短以防伤及甲沟。如局部出现红、肿、热、痛等感染表现，应立即治疗。

3）预防足部受伤：指导患者选择轻巧柔软、前端宽大、圆头的鞋子，最好有系带或鞋袢，鞋底要平、厚；袜子以浅色、弹性好、透气、吸汗及散热性好的棉毛质地为好。指导患者不要赤脚走路，以防刺伤；外出时不要穿拖鞋，以免踢伤。有鸡眼、脚癣要及时治疗。

（3）感染的预防和护理：指导患者注意保暖，避免与肺炎、上呼吸道感染、肺结核等患者接触。注意个人卫生，保持全身和局部清洁，尤其要加强口腔、皮肤和会阴部的清洁。注射胰岛素时皮肤应严格消毒，以防感染。若发现感染征象，及时协助医生处理。

5. 心理护理　针对糖尿病需严格控制饮食、长期服用降糖药物及胰岛素治疗产生的焦虑、悲观情绪，要加强护患沟通，关心和理解患者。向患者及家属讲解糖尿病基本知识、预后情况，让其了解糖尿病虽不能根治，但可通过饮食控制、适当体育锻炼、终生治疗、规律生活而避免并发症的发生，可以和正常人一样生活和长寿，以解除焦虑、悲观心理，提高治疗的依从性。与患者及家属共同商讨制定饮食、运动计划，鼓励亲属和朋友多给予心理支持；鼓励患者参加各种糖尿病病友团体活动，增加战胜疾病的信心。

考点：糖尿病的护理措施

情境7-3 入院护理工作过程

入院护理工作过程：接诊患者—迅速安置患者于重症监护病房，绝对卧床休息，注意保暖，吸氧，保持呼吸道通畅—为患者戴腕带—通知医师其他相关人员及科室—测生命体征并记录—初步评估患者是否有感染、胰岛素剂量不足或治疗中断、饮食不当、创伤、手术、麻醉及急性心肌梗死、精神紧张或严重刺激等诱发因素及患者神志、呼吸气味、严重失水等情况，了解血糖、血酮、尿糖、尿酮、血气分析、血电解质等辅助检查结果—安慰家属—办理入院手续—立即建立2条静脉通道，遵医嘱治疗。1条静脉通道补液用，另1条静脉通道进行小剂量胰岛素治疗—填写住院护理评估单及护理表格—进行入院注意事项告知和安全教育。

情境7-3 住院、出院护理工作过程

住院护理工作过程：加强巡视，观察神志及生命体征、呼吸气味、血糖、血酮、尿糖、尿酮、血气分析、血电解质、失水等情况—执行医嘱—加强口腔、皮肤、呼吸道、泌尿道等部位的护理，注意安全防范，如加床栏，使用约束带—神志转清可给予低糖、低脂、低胆固醇饮食，限制饮酒，食盐<6g/d—心理护理、健康教育—填写护理记录单。

出院护理工作过程：执行出院医嘱、撤销单据及卡片、整理出院病历、做好出院登记—征求患者意见和建议—出院宣教—协助备好出院带药，嘱按医嘱用药并注意药物不良反应—通知护工、膳食科—常规清洁床单位—填写出院护理记录。

（四）护理目标及评价

体重恢复正常且保持稳定，血糖血脂正常或维持理想水平；未发生感染或发生感染时能被及时发现和处理；能采取有效措施预防并发症的发生，或出现并发症较晚、较轻，或发生时能得到及时有效的处理；能正确地对待疾病，情绪稳定；能说出糖尿病的相关防护知识，能正确地自我护理。

三、健 康 教 育

健康教育是糖尿病治疗重要的基本措施之一，是其他治疗成败的关键。教育内容如下。

1. 疾病知识指导　通过多种途径如举办集体讲座、放录像、发放宣传资料等对患者进行全面有效地指导，提高治疗依从性。指导患者外出时随身携带糖尿病卡，以便发生紧急情况时及时有效地处理。

2. **病情监测指导** 指导患者每3周复查果糖胺,每2~3个月复查糖化血红蛋白。每年定期对眼底、心血管和肾功能检查以早期发现慢性并发症。指导患者学会监测血糖、尿糖、血压、体重的方法,并了解各种监测项目的结果和意义。

3. **饮食指导** 指导患者掌握饮食治疗的具体要求和措施,严格执行饮食治疗方案。为患者准备常用食物营养素含量和替换表(表7-3),学会自我饮食调节,长期坚持。

表7-3 食物等量交换表(90kcal/份)

食物种类	每份重量	举例
谷类	50g	白米、白面、玉米面、挂面、咸苏打饼干
蔬菜类	500g	大白菜、大头菜、菠菜、冬瓜、黄瓜、西红柿
	350g	倭瓜、大青椒、萝卜、水发海带
	250g	扁豆、豇豆
瘦肉类	50g	牛肉、羊肉、猪肉、鸡肉、大鸡蛋1个、豆腐丝
豆乳类	100g	水豆腐
油脂类	/	1汤匙食用油(9g)、花生米20g、核桃仁15g、葵花子30g、南瓜子30g、芝麻酱15g

4. **运动指导** 让患者了解体育锻炼的意义,锻炼的具体方法及注意事项。运动时携带糖果等甜食和病情卡以备急需,运动时如感头晕、心悸等不适应立即停止运动。

5. **用药指导** 指导患者掌握口服降糖药的应用方法,学会观察不良反应;掌握胰岛素的注射方法,学会不良反应的观察和低血糖处理。

6. **并发症预防指导** 注意个人卫生,养成良好的卫生习惯。规律生活,戒烟、戒酒。告知患者酮症酸中毒及高血糖高渗状态等并发症的诱发因素。

> **小结**
>
> 糖尿病是一组由于胰岛素分泌相对或绝对不足而导致的以血糖增高为特征的代谢疾病群。分为1型、2型、其他特殊类型和妊娠期糖尿病四种类型,典型临床表现为多尿、多饮、多食、体重减轻,久病可导致多系统慢性进行性病变,重症或应激时可发生急性代谢紊乱。血糖测定是确诊的重要依据。治疗包括饮食治疗、运动疗法、血糖监测、药物治疗和糖尿病教育("五驾马车")等综合措施。护理重点包括饮食、运动和药物急性并发症的护理三方面。

情境7-3 问题回答

患者:"护士,自从我知道自己得了糖尿病之后,我按照医生的要求吃药、吃饭,为什么这次我会出现神志不清的情况呢?"

护士:"赵大叔,您说的这个情况是发生了糖尿病酮症酸中毒。糖尿病酮症酸中毒的诱发因素常有感染、胰岛素剂量不足或治疗中断、饮食不当、妊娠和分娩、创伤、手术、麻醉及急性心肌梗死、精神紧张或严重刺激等,您这次的诱发因素主要是上呼吸道感染。"

患者:"哦,我知道了。那现在怎么有2瓶药水同时给我输呢?"

护士:"赵大叔,抢救酮症酸中毒需要建立2条静脉通道。1条呢是补液用的,输液是抢救酮症酸中毒的首要、关键措施,您这瓶药水就是生理盐水;另1条呢,是把小剂量的短效胰岛素加入生理盐水中持续静脉滴注用的,可以使您的血糖快速、稳定下降但又不易发生低血糖反应。您明白了吗?"

患者:"明白了。谢谢您!"

护士:"不客气!您要是有其他问题,可以随时问我。我也会经常来看您的!"

自 测 题

A_1/A_2 型题

1. 糖尿病的基本病理变化是（　　）
   A. 生长激素分泌过多
   B. 甲状腺素分泌过多
   C. 胰升糖素分泌过多
   D. 糖皮质激素分泌过多
   E. 胰岛素分泌绝对或相对不足

2. 关于 1 型糖尿病,下列何项是错误的（　　）
   A. 起病较急,症状明显
   B. 对胰岛素不敏感
   C. 大多消瘦
   D. 有发生酮症酸中毒的倾向
   E. 血浆胰岛素水平显著降低,依赖胰岛素治疗

3. 糖尿病死亡的主要原因是（　　）
   A. 肾病变　　　　B. 心、脑血管并发症
   C. 糖尿病酮症酸中毒　D. 多发性神经炎
   E. 感染

4. 葡萄糖耐量试验的适应证是（　　）
   A. 血糖明显升高而无临床症状者
   B. 血糖正常偏低而口渴多饮多尿者
   C. 空腹血糖 10.9mmol/L 而尿糖阴性者
   D. 空腹血糖正常或略升高的可疑病例
   E. 饭前饭后血糖均正常而尿糖阳性者

5. 确诊糖尿病首选的检查是（　　）
   A. 尿糖测定
   B. 空腹血糖测定
   C. 口服葡萄糖耐量试验
   D. 血胰岛素测定
   E. 糖化血红蛋白测定

6. 有关应用胰岛素的护理注意事项中,下列哪项不妥（　　）
   A. 采用 1ml 注射器或胰岛素专用注射器
   B. 使用时不需放在冰箱内保存
   C. 剂量必须准确
   D. 胰岛素在早饭前 1 小时注射
   E. 注射部位应经常更换

7. 治疗糖尿病时,胰岛素制剂的最常用方式是（　　）
   A. 皮内注射　　　B. 皮下注射
   C. 肌内注射　　　D. 静脉注射
   E. 口服胶囊

8. 每个糖尿病患者必需的治疗是（　　）
   A. 胰岛素治疗
   B. 胰岛素+降糖药
   C. 饮食治疗
   D. 饮食疗法+降糖药
   E. 胰岛素+运动疗法

9. 2 型糖尿病主要治疗方法是（　　）
   A. 口服降糖药　　B. 控制饮食
   C. 注射胰岛素　　D. 体育锻炼
   E. 降糖食品

10. 肥胖 2 型糖尿病患者,控制饮食、体重是基本治疗。请问糖尿病饮食原则,不包括（　　）
    A. 碳水化合物占 60%
    B. 每餐热量分配为 1/5、2/5、2/5
    C. 少食粗纤维食物
    D. 每日脂肪宜限量
    E. 蛋白总量不超过 25%

11. 张先生,46 岁,有糖尿病史 16 年。昨日因高热、咳嗽后,突然感到极度口渴、厌食、恶心、呼吸加速,晚上四肢厥冷、脉细速、血压下降,随即意识不清。此时应立即（　　）
    A. 静脉注射 500g/L 葡萄糖
    B. 静脉滴注低渗盐水
    C. 静脉滴入胰岛素
    D. 静脉应用呼吸兴奋剂
    E. 加大口服降糖药剂量

A_3/A_4 型题

(12~14 题共用题干)

李女士,20 岁,学生,患 1 型糖尿病 5 年,一直使用胰岛素治疗。近日学校体能测试加大了运动量,患者出现了心悸、出汗、头晕、手抖饥饿感。

12. 患者出现了什么反应（　　）
    A. 低血糖反应　　B. 运动过量
    C. 心源性晕厥　　D. 饮食不足
    E. 过度劳累

13. 该反应的急救措施是（　　）
    A. 减少胰岛素用量
    B. 就地休息
    C. 立即输入氯化钠
    D. 立即食糖果或含糖饮料
    E. 加大饭量

14. 对胰岛素治疗的患者,主要的保健教育是（　　）
    A. 注意控制饮食
    B. 学会尿糖定性试验
    C. 学会胰岛素的注射方法
    D. 观察低糖的反应与酮症酸中毒

E. 保证足够的营养和睡眠

(15~17题共用题干)

张先生,55岁。有2型糖尿病病史10年,经饮食控制、运动、口服降糖药治疗,效果不理想。今日开始加用胰岛素治疗

15. 开始胰岛素治疗时一般应注意( )
   A. 胰岛素从大剂量开始
   B. 胰岛素从小剂量开始
   C. 胰岛素与鱼精蛋白锌胰岛素联合应用
   D. 鱼精蛋白锌胰岛素从大剂量开始
   E. 鱼精蛋白锌胰岛素从小剂量开始

16. 目前最主要的护理诊断及合作性问题是( )
   A. 营养失调,高于机体需要量
   B. 有感染的危险
   C. 执行治疗方案无效
   D. 潜在并发症:酮症酸中毒
   E. 潜在并发症:低血糖反应

17. 进行健康教育时,不正确的指导是( )
   A. 掌握并坚持饮食计划
   B. 多吃新鲜水果
   C. 学会胰岛素注射技术
   D. 学会尿糖监测
   E. 适当运动以减轻症状

第5节 甲状腺功能减退症患者的护理

情境7-4

患者,女性,28岁。近2年来经常出现畏寒、食欲缺乏、便秘、胸闷、嗜睡,并有体重增加,按冠心病治疗后无效,故来我院就诊。查体:皮肤干燥,面色蜡黄,口唇肥厚,声音嘶哑,心率57次/分,律齐,肝脾(-)。实验室检查示血清 T_3、T_4、rT_3 降低、TSH 增高,UCC 示左室扩大。诊断为甲减,经甲状腺素片治疗3个月后,症状消失。

一、疾 病 概 要

(一)概述

甲状腺功能减退症(hypothyroidism),简称甲减,各种原因导致的低甲状腺激素血症或甲状腺激素抵抗而引起的全身性低代谢综合征,其病理特征是黏多糖在组织和皮肤堆积,表现为黏液性水肿。起病于胎儿或新生儿的甲减称为呆小病,又称克汀病,多伴有智力障碍和发育迟缓。起病于成人者称成年型甲减,多见于中年女性,男女之比为1:(5~10)。

分类①根据发病年龄分类:呆小病(又称克汀病)、幼年型甲减和成年型甲减,前2型常伴有智力障碍。②根据病变部位分类:由甲状腺腺体本身病变引起的甲减称为原发性甲减,占全部甲减的95%以上;由下丘脑和垂体病变引起的甲减称为中枢性甲减。③由甲状腺激素在外周组织发挥生物效应障碍引起的综合征称为甲状腺激素抵抗综合征。本节主要介绍成年型甲减。

(二)病因及发病机制

1. 自身免疫损伤　最常见的是自身免疫性甲状腺炎引起甲状腺激素合成和分泌减少,包括桥本甲状腺炎、亚急性甲状腺炎、萎缩性甲状腺炎、产后甲状腺炎等。

2. 甲状腺破坏　包括甲状腺次全切除术、^{131}I 治疗等引起甲状腺功能减退。

3. 碘过量　可以引起具有潜在性甲状腺疾病者发生甲减,也可诱发或加重自身免疫性甲状腺炎。

4. 抗甲状腺药物　如锂盐、硫脲类、咪唑类等可以抑制甲状腺激素合成。

5. 下丘脑和垂体病变　垂体外照射、垂体大腺瘤、颅咽管瘤及产后大出血等。

(三)诊断及治疗要点

根据临床表现实验室检查如血清 TSH 增高、FT_4 降低,原发性甲减可成立。如血清 TSH 增高、FT_4 降低,则考虑为垂体性或下丘脑性甲减,需做 TRH 兴奋试验进行诊断。治疗的目标是将血清 TSH 和甲状腺激素水平恢复到正常范围内,需要用甲状腺素终生替代治疗。

情境7-4 诊断分析

该患者,近2年来经常出现畏寒、食欲缺乏、便秘、胸闷、嗜睡,并有体重增加,查体:皮肤干燥,面色蜡黄,口唇肥厚,符合甲减的一般表现。心率57次/分,UCC示左室扩大符合甲减的心血管系统的表现。TSH升高、FT_4降低是诊断本病的必备指标。综上可诊断为甲减。

黏液性水肿昏迷的治疗:①立即补充甲状腺激素,首选左旋甲状腺素($L-T_3$)静脉注射,待患者症状改善、清醒后改为口服;②保暖、吸氧、保持呼吸道通畅,必要时气管切开及人工辅助呼吸;③氢化可的松200~300mg/d持续静脉滴注,待患者清醒后逐渐减量;④根据需要补充水分及电解质,补液量不宜过多,避免诱发心衰、脑水肿;⑤积极治疗原发病,控制感染、纠正休克等并发症。

二、疾病护理

(一)护理评估

1. 健康史 询问患者有无颅脑手术史、放疗损伤史;有无长期使用糖皮质激素史;有无家族史;询问有无畏寒、少汗、食欲减退等表现;询问性功能及女性生育及月经史。

2. 身体状况 各年龄均可发病,以中老年妇女多见,起病隐匿,病情发展缓慢。

(1) 一般表现:有怕冷、少汗、乏力、体温偏低、动作缓慢、反应迟钝、嗜睡、精神抑郁、食欲减退而体重无明显减轻。典型黏液性水肿可呈现表情淡漠、面色苍白、颜面及眼睑水肿,唇厚舌大,皮肤干燥、增厚、粗糙、脱屑,毛发稀少,眉毛稀疏(外1/3脱落),声音嘶哑。少数患者指甲厚而脆,多裂纹。由于贫血与胡萝卜素血症,手脚皮肤常呈姜黄色。

(2) 各系统表现

1) 心血管系统:窦性心动过缓、心浊音界扩大、心音减弱、心排血量下降。重则出现心包积液、心脏增大。

2) 消化系统:有畏食、腹胀、便秘等,严重者可出现麻痹性肠梗阻。

3) 血液系统:可因甲状腺激素缺乏引起血红蛋白合成障碍和(或)肠道吸收铁、叶酸、维生素B_{12}障碍而导致贫血。

4) 内分泌生殖系统:有性欲减退,女性常有月经过多、经期延长、溢乳,男性常出现阳痿。

5) 肌肉与关节:肌肉软弱无力、肌萎缩、腱反射减弱,寒冷时可有暂时性肌强直、痉挛、疼痛等。

(3) 黏液性水肿昏迷:见于病情严重者。诱因有寒冷、感染、手术、严重躯体疾病、中断甲状腺激素替代治疗和使用麻醉镇静药等。临床表现为嗜睡、低体温(<35℃)、呼吸缓慢、心动过缓、血压下降,四肢肌肉松弛,反射减弱或消失,甚至昏迷、休克、心肾功能不全而危及生命。

3. 心理-社会状况 评估疾病对患者日常生活的影响,甲减患者常因动作迟缓、反应迟钝,导致人际关系紧张。评估患者有无自卑、焦虑甚至绝望等心理改变。关注患者及家属对疾病知识的了解程度。

4. 辅助检查

(1) 血常规及血生化检查:轻、中度正细胞正色素性贫血。血清甘油三酯、总胆固醇增高。

(2) 甲状腺功能检查:血清TSH升高、TT_4、FT_4降低,TSH升高、FT_4降低是诊断本病的必备指标,TSH升高是原发性甲减诊断最早、最敏感的指标,亚临床甲减仅有血清TSH升高。

(3) TRH兴奋试验:主要用于原发性与中枢性甲减的鉴别。血清TSH不增高则提示垂体性甲减,延迟升高提示为下丘脑性甲减,TSH过度增高提示原发性甲减。

(4) 影像学检查:有助于异位甲状腺、下丘脑-垂体病变等的确定。

(二)护理诊断与合作性问题

1. 排便异常:便秘 与肠蠕动减慢有关。

2. 体温过低 与机体基础代谢率降低有关。

3. 社交障碍 与黏液性水肿导致身体外形改变、精神情绪改变造成反应迟钝、淡漠有关。

4. 潜在并发症　黏液性水肿昏迷。

> **情境7-4 护理诊断分析**

　　患者有畏寒、食欲缺乏、便秘、胸闷、嗜睡。查体：皮肤干燥，面色蜡黄。故患者存在下列主要护理诊断：排便异常，便秘(与肠蠕动减慢有关)；体温过低(与机体基础代谢率降低有关)；社交障碍(与黏液性水肿导致身体外形改变，精神情绪改变造成反应迟钝、淡漠有关)。

(三) 护理措施

　　1. 一般护理　①休息与活动：根据病情合理安排休息与运动计划，如有急性感染、心包积液、心衰等均应卧床休息；一般情况较好者，鼓励其进行适当活动，以刺激肠蠕动，促进排便。②合理饮食：鼓励患者进食，给予高蛋白、高热量、高维生素、低钠、低脂饮食。为减轻或防止便秘，应进食粗纤维食物，如玉米、荞麦、豆类、各种蔬菜水果等。桥本甲状腺炎引起的甲减，应避免食用含碘食物或药物，以免诱使病情加重。

　　2. 病情观察　观察患者神志、体温、脉搏、呼吸、血压的变化及全身性黏液水肿的情况，每日记录体重。

　　3. 对症护理　便秘者，指导患者每日定时排便，以建立规律的排便习惯，必要时可遵医嘱给予缓泻剂。体温过低者，室温调节在22～23℃，指导患者采取添加衣服、戴手套、睡眠时加盖被褥或使用热水袋等方法保暖，避免受凉。加强水肿部位的护理，防止破溃。若有皮肤干燥，可局部涂抹护肤油。

　　4. 配合治疗护理

　　(1) 用药护理：左甲状腺素需要终生替代，替代治疗效果最佳指标是血TSH恒定在正常范围内，应告知长期替代者每6～12个月监测一次，要按时服用，不能随意增减药量或停药。

　　(2) 黏液性水肿昏迷的护理：①建立静脉通道，遵医嘱补充甲状腺素，静脉注射左甲状腺素40～20μg，以后每6小时给予5～15μg，至患者清醒后改口服左甲状腺素片；静脉滴注氢化可的松200～300mg，患者清醒及血压稳定后遵医嘱减量。②注意保暖，保持呼吸道畅通，持续氧气吸入，必要时配合医生行气管插管或气管切开术。③监测生命体征、尿量及水、电解质、酸碱平衡、动脉血气分析的变化，记录出入液量。

　　5. 心理护理　给予心理支持，主动多与患者交流，关心患者。鼓励患者家属及好友探视患者，使患者感受到温暖和关怀，以树立战胜疾病的信心。鼓励患者多参与社交活动，并多与病情已改善的病友交流，以减轻社交障碍。

(四) 护理目标及评价

　　养成规律的排便习惯，能够正常排便；体温达到并维持正常范围；病情缓解，能够进行良好人际沟通；能够了解并避免黏液性水肿昏迷的诱因，无并发症发生。

三、健康教育

　　(1) 疾病知识宣教：告知患者甲减发生的原因、表现及注意事项，使患者学会自我观察。若出现心悸、头晕、体温降低(体温<35℃)等症状，应立即就医；慎用镇静、催眠、止痛、麻醉等药物；预防感染和创伤。

　　(2) 向患者强调终身服药的必要性，嘱其按时服药，不可随意停药或增减剂量。

　　(3) 定期复诊：出现不适及时就诊，定期复诊。

> **情境7-4 问题回答**

患者："护士，3个月前查出'甲减'，我已经吃药3个月了，现在症状都没有了。现在可以不吃了吗？"
护士："李琳，您的药不可以停，要终身服用，一旦停用的话，您的病情就会复发的，甚至还有可能加重。"
患者："哦，是这样的啊。那我以后还得注意什么呢？"
护士："您还要注意避免寒冷、感染、手术、严重躯体疾病和使用麻醉镇静药等。"
患者："我知道了。谢谢您啊，护士！"
护士："不用谢！您有什么问题的话可以随时问我！"

小结

甲减是由各种原因导致的低甲状腺激素血症或甲状腺激素抵抗而引起的全身性低代谢综合征。主要表现为低代谢状态和各系统功能低下,严重者可出现黏液性水肿昏迷。本病需终生替代治疗。护理需注意饮食和配合治疗护理。

自测题

A_1/A_2型题

1. 原发性甲减诊断最早、最敏感的指标是(　　)
   A. TT_4、FT_4降低　　B. TT_3、FT_3降低
   C. TSH升高　　D. TT_3、TT_4降低
   E. FT_3、FT_4降低
2. 王女士,怕冷、少汗、乏力、体温偏低、反应迟钝半年余,食欲减退而体重无明显减轻。经检查后诊断为甲减。关于甲减的治疗下列不正确的是(　　)

A. 目标是将血清TSH和甲状腺激素水平恢复到正常范围内
B. 血清TSH和甲状腺激素水平恢复到正常范围时即可停用甲状腺素
C. 告知长期替代者每6~12个月监测一次
D. 要按时服用
E. 不能随意增减药量或停药

第6节　库欣综合征患者的护理

情境7-5

患者,男性,42岁。6年前无明显诱因出现体重进行性增加,以胸、背、腹部肥胖为主,面圆呈暗红色,伴疲乏无力。查体:体温36.8℃,脉搏86次/分,呼吸19次/分,血压170/100mmHg,神清,颈后有脂肪垫。心肺(-);腹软隆起,皮下脂肪较多,肝脾(-),无移动性浊音。双大腿外侧可见明显紫纹,双下肢无水肿,四肢相对消瘦。血钾偏低,血皮质醇水平升高,失去昼夜节律性,且不能被地塞米松抑制。腹部增强CT示右肾门区有一稍低密度肿块影。行右肾肿瘤切除术,术后病理:异位肾上腺组织。

一、疾病概要

(一)概述

库欣综合征(Cushing综合征)为各种原因导致肾上腺分泌过多的糖皮质激素(主要是皮质醇)所致病症的总称,其中最常见的是垂体促肾上腺皮质激素(ACTH)分泌亢进所致的临床类型,称为库欣病(Cushing病)。

主要表现为满月脸、向心性肥胖、多血质外貌、皮肤紫纹、痤疮、糖尿病倾向、高血压和骨质疏松等。本病多见于女性,男女之比为1:(2~3),20~40岁女性多见,约占2/3。

(二)病因及发病机制

1. **依赖ACTH的皮质醇增多症**　①Cushing病:最常见,约占库欣综合征的70%,指垂体分泌ACTH过多,伴有肾上腺皮质增生。垂体多有微腺瘤,少数有大腺瘤。②异位ACTH综合征:垂体以外肿瘤分泌大量ACTH,刺激肾上腺皮质增生,分泌过量的皮质醇。最常见的是肺癌,其次是胸腺癌、胰腺癌。

2. **不依赖ACTH的皮质醇增多症**　主要包括肾上腺皮质腺瘤、肾上腺皮质癌、不依赖ACTH的双侧肾上腺大、小结节增生等。

3. **医源性皮质醇增多症**　长期或大量使用糖皮质激素治疗某些疾病时可引起医源性皮质醇增多症。

(三)诊断及治疗要点

典型病例根据临床表现即可做出诊断。早期或表现不典型者,则主要依赖于实验室及影像学检查。

情境 7-5 诊断分析

该患者 6 年前无明显诱因出现体重进行性增加,以胸、背、腹部肥胖为主,面圆呈暗红色,四肢相对消瘦,符合向心性肥胖,满月脸,多血质表现特点;大腿外侧可见明显紫纹,符合库欣综合征皮肤表现;血压 170/100mmHg,符合库欣综合征心血管表现;血钾偏低,血皮质醇水平升高,失去昼夜节律性,且不能被地塞米松抑制,符合库欣综合征实验室检查特点;腹部增强 CT 示右肾门区有一稍低密度肿块影。行右肾肿瘤切除术,术后诊断:右肾门异位肾上腺皮质腺瘤,提示该患者是由异位肾上腺皮质腺瘤引起的库欣综合征。

本病治疗原则是尽可能恢复正常的血浆皮质醇水平,根据不同病因做相应的治疗。治疗方法可分为手术、放射和药物治疗。对垂体微腺瘤者首选经蝶窦垂体微腺瘤切除术。病情严重者,应先对症治疗以改善病情。各类皮质醇增多症患者,当其他治疗效果不明显时,可使用米托坦、美替拉酮等肾上腺皮质激素合成阻滞药。

二、疾 病 护 理

(一) 护理评估

1. 健康史　询问患者既往健康状况,有无垂体瘤,有无垂体以外的肿瘤,如肾上腺皮质腺瘤、肾上腺皮质癌及肺癌等,有无长期应用糖皮质激素等情况。

2. 身体状况　皮质醇分泌过量会引起机体代谢紊乱和多脏器功能障碍,感染和机体抵抗力下降。本病典型的临床表现如下。

(1) 向心性肥胖、满月面容、多血质(图 7-21、图 7-22):患者面圆呈暗红色,颈、胸、背及腹部脂肪增厚,主要与脂肪代谢紊乱及脂肪的重新分布有关。疾病后期因肌肉消耗,四肢相对瘦小。多血质主要与皮肤菲薄、微血管易透见有关;其次可能与皮质醇刺激骨髓,使血红蛋白含量和红细胞计数增高有关。

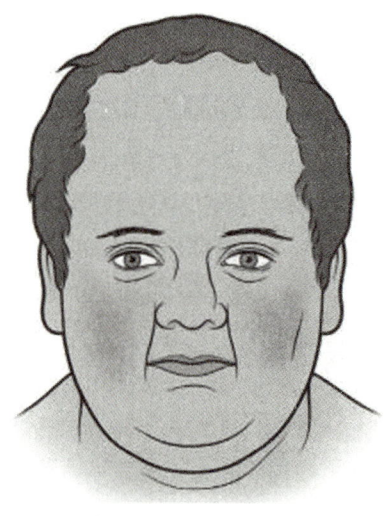
图 7-21　满月面容

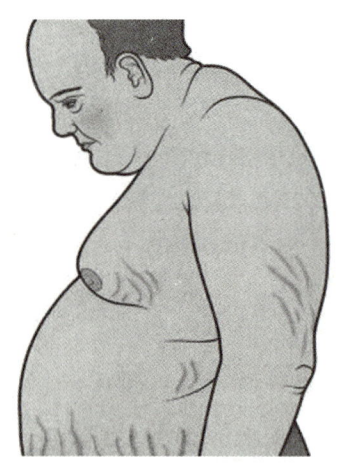
图 7-22　向心性肥胖

(2) 皮肤表现:皮肤薄,微血管脆性增加,轻微外伤就可引起瘀斑。由于皮肤下弹力纤维断裂、皮肤薄、肥胖等原因,患者大腿外侧、下腹两侧等处出现紫纹(图 7-23)。手、脚、指(趾)甲、肛周常出现真菌感染。部分患者皮肤色素明显加深(图 7-24)。

(3) 心血管表现:高血压多见。长期高血压可导致左心室肥大、心力衰竭、脑血管意外等并发症。由于脂肪代谢紊乱,易发生动、静脉血栓,使心、脑血管并发症发生率增加。

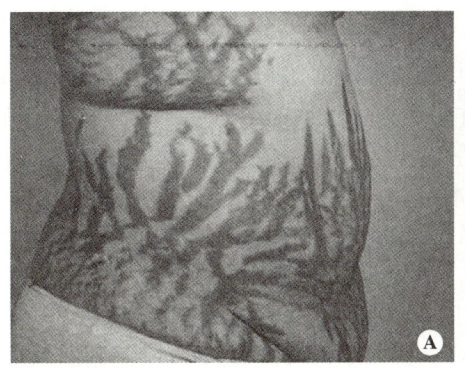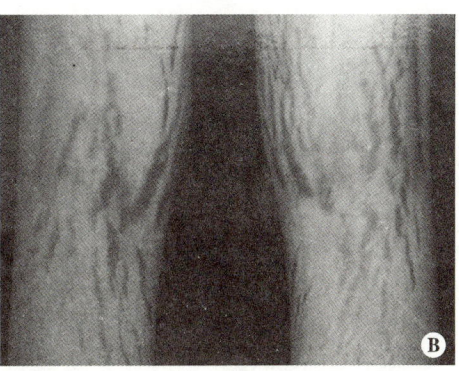

图 7-23 皮肤紫纹

（4）感染：长期皮质醇分泌增加使患者免疫功能减弱，患者易发生各种感染，以肺部感染多见。化脓性细菌感染不容易局限化，可发展成蜂窝织炎、菌血症、败血症。皮质醇增多可使发热等机体防御反应被抑制，患者感染后，炎症反应常不显著，发热不明显。

（5）性功能异常：由于皮质醇对垂体促性腺激素的抑制作用，女性患者可出现月经减少、不规则或停经、痤疮、胡须等。男性患者可出现性欲减退、阴茎缩小、睾丸变软等。

（6）神经、精神表现：常表现为肌无力，下蹲后起立困难。患者常有情绪不稳、烦躁及失眠等不同程度的精神、情绪变化。重者可出现精神异常。

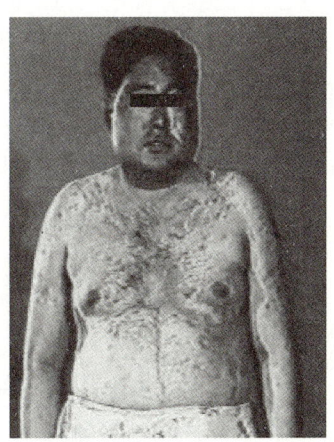

图 7-24 色素沉着

（7）代谢障碍：大量皮质醇促进糖异生，抑制外周组织对葡萄糖的酵解和利用，并拮抗胰岛素的作用，使血糖升高，葡萄糖耐量减少，部分患者出现类固醇性糖尿病。大量皮质醇还有潴钠、排钾作用，低血钾使患者乏力加重，部分患者因钠潴留而出现轻度水肿。皮质醇有排钙作用，病程较久者出现骨质疏松。儿童患病后，生长发育受到抑制。

3. 心理-社会状况　患者容易产生精神紧张、烦躁不安，同时因家庭和社会生活受影响而产生自卑感，不愿主动与人交流，影响正常人际交往。

4. 辅助检查

（1）皮质醇测定：血浆皮质醇水平增高，昼夜节律消失。24 小时尿 17-羟皮质类固醇、尿游离皮质醇升高。

（2）地塞米松抑制试验：血浆皮质醇不受地塞米松的明显抑制，不低于对照值的 50%。

（3）ACTH 兴奋试验：垂体性 Cushing 病和异位 ACTH 综合征者有反应，原发性肾上腺皮质肿瘤者多无反应。

（4）影像学检查：肾上腺超声检查、CT、MRI 等可协助病变部位的诊断。

（二）护理诊断与合作性问题

1. 自我形象紊乱　与皮质醇增多引起向心性肥胖，女性男性化等因素有关。
2. 体液过多　与糖皮质激素过多引起水钠潴留有关。
3. 有感染的危险　与营养不良，皮质醇增多引起的机体抵抗力低下有关。
4. 有受伤的危险　与代谢障碍致骨质疏松有关。
5. 活动无耐力　与皮质醇增多引起蛋白质分解增加、肌肉萎缩有关。
6. 潜在并发症　心力衰竭、脑血管意外、类固醇性糖尿病。

情境 7-5 护理诊断分析

该患者以胸、背、腹部肥胖为主,面圆呈暗红色,四肢相对消瘦,伴疲乏无力。血压170/100mmHg,血钾偏低,血皮质醇水平升高。故存在下列护理诊断:自我形象紊乱(与皮质醇增多引起向心性肥胖、面貌改变等有关);有感染的危险(与皮质醇增多引起的机体抵抗力低下有关);活动无耐力(与皮质醇增多引起蛋白质分解增加、低钾血症有关);潜在并发症,心力衰竭、脑血管意外。

(三) 护理措施

1. 一般护理

(1) 休息与体位:合理的休息可以避免加重水肿。患者宜取平卧位,适当抬高双下肢,有利于静脉回流。

(2) 饮食:患者宜进食低钠、高钾、高蛋白、低碳水化合物及低热量的食物,鼓励患者食用含钾高的食物如柑橘类、枇杷、香蕉、南瓜等,预防和控制水肿、高血糖和低钾血症。鼓励患者摄取富含钙及维生素D的食物如牛奶、紫菜、虾皮、坚果等以预防骨质疏松。

2. 病情观察 注意观察血压、心律、心率变化,以防左心衰竭发生;有无低钾血症的表现,如出现恶心、呕吐、腹胀、乏力及心律失常等表现,应及时报告医生处理;监测血糖变化;监测体温,定期检查血常规,注意有无感染征象;水肿者,每日测量体重变化,记录24小时液体出入量;有无关节痛或腰背痛等骨质疏松表现,及时报告医生。

3. 对症护理

(1) 感染的预防和护理:保持室内环境清洁,温、湿度适宜;严格执行无菌操作,减少侵入性治疗措施,降低感染和交叉感染的危险;向患者及家属介绍预防感染的知识如注意个人清洁卫生,注意保暖,减少或避免到公共场所,以减少感染机会。一旦发生感染应遵医嘱及早治疗。

(2) 防止受伤:注意休息,避免过度劳累;提供安全、舒适的环境,移去环境中不必要的家具或摆设,浴室铺上防滑脚垫,防止因跌倒或碰撞引起外伤或骨折;避免剧烈运动,变换体位时动作应轻柔,防止摔伤和骨折;护理操作应轻稳,避免碰击或擦伤患者皮肤,引起广泛性皮下出血。

4. 配合治疗护理 遵医嘱应用肾上腺皮质激素合成阻滞药,注意观察疗效和不良反应。此类药物的主要不良反应是食欲缺乏、恶心、呕吐、嗜睡和乏力等。部分药物对肝损害较大,应定期做肝功能检查。

5. 心理护理 多与患者沟通,鼓励说出身体外观改变的感受,对患者进行心理疏导以减轻其紧张、焦虑等不良情绪。指导家属为患者提供有效的心理支持,教会患者自我护理,从事力所能及的活动,增强患者的自信心和自尊感。

(四) 护理目标及评价

病情逐渐缓解,身体外形趋于正常;水肿程度减轻或消退;抵抗力逐渐增强,未出现感染;能够得到及时有效的看护,未出现损伤;能逐步增加活动量,且活动时无明显不适;能够积极配合治疗,未出现并发症。

情境 7-5 问题回答

患者:"护士,我这6年来体重为什么会一直在增加呢?简直是虎背熊腰了,我的胳膊和腿倒是变瘦了点。还有我之前血压也挺正常的,现在血压170/100mmHg,也不知道是怎么回事?"

护士:"刘叔叔,您这种情况是由于您体内的肾上腺分泌过多的糖皮质激素所引起的。"

患者:"那我的肾上腺为什么分泌过多的糖皮质激素呢?"

护士:"刘叔叔,您做的这个手术诊断您有右肾门异位肾上腺皮质腺瘤,就是它导致您分泌过多的糖皮质激素呢。"

患者:"那我这个肿瘤切除了,是不是这些症状就会好了呢?"

护士:"是的,这个病因去掉了,您的症状就会好转的。"

患者:"这我就放心了。谢谢您,护士!"

护士:"不用谢!您要是有其他问题的话可以随时问我,我也会经常来看您的。您好好休息吧。"

三、健康教育

1. 疾病知识指导　告知患者疾病过程及相关治疗方法,指导患者正确用药并学会观察药物疗效及不良反应。对使用皮质激素替代治疗者,应详细介绍用法、注意事项。

2. 生活指导　教会患者自我护理,保持生活规律、心情愉快;尽量少去公共场所,以免发生感染;指导家属及患者让患者完成力所能及的活动,增强其自信心和自尊感。

小结

库欣综合征是各种原因导致肾上腺分泌过多的糖皮质激素所致病症的总称,其中Cushing病最常见。典型表现为满月脸及向心性肥胖,皮肤菲薄有紫纹,易出现感染及各种严重并发症。以激素水平测定及抑制试验为诊断的主要依据。治疗以手术为主,配合药物治疗。护理需注意配合治疗护理。

自测题

A_1/A_2型题

1. 库欣综合征最常见的原因是(　　)
   A. 异位ACTH分泌过多
   B. 肾上腺皮质腺癌
   C. 垂体ACTH分泌过多
   D. 异位CRF分泌过多
   E. 小细胞肺癌
2. 库欣综合征最典型的表现是(　　)
   A. 高血压　　　B. 向心性肥胖
   C. 皮肤紫纹　　D. 骨质疏松
   E. 痤疮
3. 张女士,30岁,身高165cm,体重75kg。腹部及大腿可见紫纹,血压145/85mmHg,空腹静脉血糖8.5mmol/L。初步诊断为库欣综合征。张女士的饮食要求应是(　　)
   A. 高钠、高钾、高蛋白、低热量
   B. 低钠、低钾、高蛋白、低热量
   C. 低钠、高钾、高蛋白、低热量
   D. 低钠、高钾、低蛋白、低热量
   E. 低钠、高钾、高蛋白、高热量

第7节　痛风患者的护理

情境7-6

患者,男,60岁,身高172cm,体重80kg。昨天晚上饮酒后,午夜突然发生左足第一跖趾关节肿痛,惊醒后难以入睡,局部灼热红肿,伴活动障碍,遂来院就诊。患者有高血压病史、血脂升高病史。体检:T 37.8℃其余生命体征平稳,心肺腹未见明显异常。左足跖趾关节周围皮肤红肿,皮温升高,压痛伴活动障碍。辅助检查:血常规,血白细胞计数$9.0×10^9$/L,中性粒细胞百分比79%;血尿酸700μmol/L;左足X线,受累关节可见非特征性软组织肿胀,未见关节面骨质缺损。

一、疾病概要

(一) 概述

痛风(gout)是一组由嘌呤代谢障碍和(或)尿酸排泄减少导致高尿酸血症的代谢性疾病。临床表现除高尿酸血症外,还有痛风性关节炎、痛风石、慢性间质性肾炎,严重者呈关节畸形及功能障碍,常伴有尿酸性尿路结石。

随着人们生活水平的提高和饮食结构的改变,痛风的发病人数逐渐增多。临床上将痛风分为原发性和继发性两大类,前者是本节介绍的重点,多由先天性嘌呤代谢异常所致,常伴有高脂血症、肥胖、糖尿病、高血压病、动脉硬化和冠心病等;后者可由肾脏疾病、血液系统疾病或药物等多种原因引起。

(二) 病因及发病机制

目前,本病的病因和发病机制仍不十分明确。

1. 高尿酸血症的形成　高尿酸血症是痛风的生化标志。尿酸是嘌呤代谢的终产物,80%的尿酸由细胞代谢分解的核酸和其他嘌呤类化合物经酶的作用分解而来(内源性),其余的20%来源于食物中的嘌呤分解(外源性)。导致原发性痛风的原因有①尿酸排泄减少:是导致高尿酸血症的重要因素,包括肾小球滤过减少、肾小管重吸收增多、肾小管尿酸分泌减少及尿酸盐结晶沉积于泌尿系统。80%~90%的高尿酸血症患者具有尿酸排泄障碍,且以肾小管分泌减少最为重要。②尿酸生成增多:在嘌呤代谢过程中,因嘌呤核苷酸代谢酶缺陷、功能异常引起嘌呤合成增加而主要由酶的缺陷所致,且为性连锁遗传。

2. 痛风的发生　临床上仅有10%~20%高尿酸血症患者发生痛风。当血尿酸浓度过高和(或)在酸性环境下,尿酸可析出结晶,并沉积在骨关节、肾脏和皮下组织等,导致痛风性关节炎、痛风肾和痛风石等。急性关节炎是由于尿酸盐结晶沉积引起的炎症反应;长期尿酸盐结晶沉积形成的异物结节即痛风石。痛风性肾病是痛风特征性的病理变化之一。

(三) 诊断及治疗要点

1. 诊断要点　中老年男性如有家族史及代谢综合征表现,在有诱因的基础上,夜间突然出现典型关节炎发作,或尿酸性结石肾绞痛发作,要考虑痛风。关节液穿刺或痛风石活检证实为尿酸盐结晶可做出诊断。诊断仍有困难者,予秋水仙碱试验性治疗,若迅速显效则具特征性诊断价值。

情境 7-6 诊断分析
该患者饮酒后,午夜突然发生左足第一跖趾关节肿痛,局部灼热红肿,伴活动障碍,T 37.8℃,符合痛风的急性关节炎期表现;辅助检查:血常规及血尿酸测定结果符合痛风的诊断。

链接:假性痛风
假性痛风系由焦磷酸钙沉积于关节软骨,即关节软骨钙化所致,具有下述特点:①老年人多见;②病变主要侵犯膝、肩、髋等大关节,症状无明显季节性;③X线检查可见关节间隙变窄和软骨钙化灶呈密点状或线状而无骨质破坏改变;④血清尿酸含量往往正常;⑤关节滑囊液中可见焦磷酸钙结晶体;⑥秋水仙碱治疗效果较差。

2. 治疗要点　目前尚无有效办法根治原发性痛风。防治目的:①控制高尿酸血症,预防尿酸盐沉积;②迅速终止急性关节炎发作,防止复发;③防止尿酸结石形成和肾功能损害。

(1) 急性痛风性关节炎期的治疗:①秋水仙碱,是治疗急性痛风性关节炎的特效药物,90%的患者口服秋水仙碱后48小时内疼痛缓解,用药越早效果越好。②非甾体抗炎药,可消炎镇痛,但禁止2种或多种非甾体抗炎药同时服用,否则会加重不良反应。③糖皮质激素,可在上述药物无效或不能使用时行短程治疗。

(2) 发作间歇期和慢性期的处理:维持血尿酸正常水平。①排尿酸药,适合肾功能良好者,常用药物有苯溴马隆、丙磺舒等,应从小剂量开始逐步递增,用药期间应多饮水并碱化尿液;②别嘌醇,可抑制尿酸生成,适用于尿酸生成过多或不适合使用排尿酸药物者;③碳酸氢钠,碱化尿液,使尿酸不易在尿中积聚形成结晶,成人口服3~6g/d。

(3) 其他:较大痛风石或经皮溃破者可手术剔除。痛风常与代谢综合征伴发,应积极降压、降脂、减重及改善胰岛素抵抗等综合治疗。

二、疾病护理

(一) 护理评估

1. 健康史　详细询问患者家族史,了解有无酗酒、过度疲劳、外伤、手术、感染、寒冷、大量进食高嘌呤类食物等诱因存在。

2. 身体状况　多见于40岁以上的男性,女性多在更年期后发病。常有家族遗传史。主要表现为关节炎、痛风石和肾脏病变。

（1）无症状期：仅有波动性或持续性高尿酸血症，从血尿酸增高至症状出现的时间可长达数年至数十年，有些可终身无症状，但随年龄增长痛风的患病率增加，并与高尿酸血症的水平和持续时间有关。

（2）急性关节炎期：急性关节炎是痛风的首发症状，多在午夜或清晨突发剧痛，数小时内出现受累关节的红、肿、热、痛和功能障碍，最常累及单侧拇趾及第一跖趾关节，其余依次为踝、膝、腕、指、肘等关节，可有关节腔积液，伴发热。初次发作常呈自限性，数日内自行缓解，此时受累关节局部皮肤出现脱屑和瘙痒，为本病特有的表现。可伴有高尿酸血症。多于春秋发病，酗酒、过度疲劳、关节受伤、关节疲劳、手术、感染、寒冷、摄入高蛋白和高嘌呤食物等为常见诱因。

（3）痛风石及慢性关节炎期：痛风石是痛风的特征性表现，多见于末梢关节，如跖趾、指间、掌指关节及耳轮，常为多关节受累，表现为关节肿胀、僵硬、畸形及周围组织的纤维化和变性，严重时患处皮肤变薄、发亮，破溃则有豆渣样的白色物质排出，形成瘘管时虽不易愈合但很少感染。

（4）肾病病变

1）痛风性肾病：是痛风特征的病理变化之一。起病隐匿，有间歇性蛋白尿，逐渐出现夜尿增多，晚期可发展为肾功能不全，表现为水肿、高血压、血尿素氮和肌酐升高。少数患者表现为急性肾衰竭，少尿或无尿，最初24小时尿酸排出增加。

2）尿酸性肾石病：10%～25%的患者发生，有肾尿酸结石，呈泥沙样，常无症状，结石较大者可发生肾绞痛、血尿。引起梗阻时可导致肾积水、肾盂肾炎、肾积脓或肾周围炎，感染可加速结石增长，加速肾实质的损害。

3. 心理-社会状况　评估患者是否因病程漫长、症状反复发作而出现焦虑或紧张；询问痛风对患者的生活有何影响、患者对疾病的认识情况；了解家属对疾病和治疗的态度；评估患者的应对能力。

4. 辅助检查

（1）血尿酸测定：正常男性为150～380μmol/L，女性为100～300μmol/L，一般男性>420μmol/L，女性>350μmol/L可确定为高尿酸血症。

（2）滑囊液或痛风石内容物检查：偏振光显微镜下可见白细胞内有针形尿酸盐结晶。

（3）X线检查：急性关节炎期可见非特征性软组织肿胀；慢性期或反复发作后可见软骨缘破坏，关节面不规则，特征性改变为穿凿样、虫蚀样圆形或弧形的骨质透亮缺损。

（二）护理诊断与合作性问题

1. 疼痛：关节痛　与尿酸盐结晶沉积在关节引起的炎症反应有关。
2. 躯体活动障碍　与关节炎症、关节畸形有关。
3. 知识缺乏　缺乏与痛风有关的疾病知识。

> **情境7-6 护理诊断分析**
> 该患者，晚上饮酒后，午夜突然发生左足第一跖趾关节肿痛，惊醒后难以入睡，局部灼热红肿，伴活动障碍。故存在下列护理诊断：疼痛（关节痛，与尿酸盐结晶沉积在关节引起的炎症反应有关）；躯体活动障碍（与关节炎症、关节畸形有关）；知识缺乏（缺乏与痛风有关的疾病知识）。

（三）护理措施

1. 一般护理

（1）休息与运动：急性关节炎发作时，要绝对卧床休息，抬高患肢，避免受累关节负重，必要时可在病床上安上支架支托被褥，减少患部受压。关节疼痛缓解72小时后方可恢复活动。适当运动有助于缓解关节疼痛、防止关节挛缩及肌肉萎缩。

（2）饮食护理：①控制饮食总热量，痛风患者多肥胖，热量应限制在5020～6276kJ/d（1200～1500kcal/d），碳水化合物占50%～60%，蛋白质0.8～1.0g/(kg·d)；②严禁饮酒和进食高嘌呤食物

（如动物内脏、鱼虾蟹类、肉类、黄豆、豌豆、扁豆、菠菜、蘑菇、浓茶等）；③忌辛辣刺激性食物，饮食宜清淡、易消化；④可进食碱性食物，如各种水果、蔬菜、鸡蛋、牛奶等，使尿液的 pH 在 7.0 或以上，减少尿酸盐结晶的沉积；⑤多饮水，每日饮水量不少于 2000ml，以增加尿酸的排泄，尤其在应用排尿酸药物时更应多饮水。

2. 病情观察　①观察关节疼痛的部位、性质、间隔时间，有无午夜剧痛惊醒等，是否伴有关节红、肿及功能障碍；②观察有无过度疲劳、寒冷、精神紧张、饮酒、高嘌呤饮食等诱因；③有无痛风石体征，了解其部位及是否有继发改变；④观察体温变化，监测血、尿尿酸变化。

3. 配合治疗护理　指导患者正确用药，观察疗效，及时处理不良反应。①秋水仙碱的主要不良反应为恶心、呕吐、厌食、腹胀和水样腹泻等胃肠反应，如出现上述表现应及时调整剂量或停药。少数患者还可出现白细胞减少、血小板减少等骨髓抑制表现及脱发等。长期服药必须观察血象，骨髓功能低下者忌用，伴有肝肾疾病者应适当减量。本药可引起生育缺陷，妊娠 3 个月前需完全禁用。②非甾体抗炎药最常见的不良反应是胃肠反应，注意观察有无活动性消化性溃疡或消化道出血。③糖皮质激素应注意停药后容易出现症状"反跳"现象。④苯溴马隆、丙磺舒等排尿酸药物使用期间注意多饮水，口服碳酸氢钠等碱性药物碱化尿液。注意观察及处理胃肠反应、发热、皮疹等不良反应。⑤别嘌呤醇常见不良反应有胃肠道反应、皮疹、发热、肝损害、骨髓抑制等，肾功能不全者剂量减半。

4. 心理护理　患者因关节疼痛影响休息，疾病反复发作导致关节畸形和肾功能损害，思想负担较重，常出现情绪低落、忧郁，应向其讲解痛风的有关知识，使其明确紧张、过度疲劳、焦虑、强烈的精神创伤易诱发痛风。告知患者要劳逸结合，保证睡眠，生活要有规律，以消除各种心理压力。

（四）护理目标及评价

关节疼痛得到控制，并能运用有效方法缓解疼痛；患者能逐步增加活动量，且活动时无明显不适；患者能识别并有效控制诱发因素

三、健 康 教 育

1. 疾病知识宣教　向患者及家属讲解疾病相关知识，说明本病虽是一种终生性疾病，但经积极有效治疗，患者可恢复正常的生活和工作。嘱其保持心情舒畅，生活要有规律，防止受凉、疲劳、感染、外伤等。

2. 适度运动与保护关节　尽量使用大肌群，不用手指负重。不要长时间持续进行重体力劳动，经常变化姿势，保持受累关节舒适，急性期制动。清晨起床时人体肌肉、关节、内脏功能低下，不能很快适应运动，易造成急慢性损伤；同时夜间喝水少，血液浓缩，易诱发痛风。所以不提倡痛风患者进行清晨运动，而提倡在午睡后至晚饭前进行有氧运动。

3. 饮食指导　详见本节一般护理。

4. 学会自我监测　观察体表痛风石大小、数量的变化，定期查尿酸，门诊随访。

情境 7-6 问题回答

患者："护士，我脚趾关节为什么半夜会疼的这么厉害？而且又红又肿的？"

护士："林大爷，您现在是痛风。痛风疼痛的特点是多在午夜或清晨突发剧痛，数小时内出现受累关节的红、肿、热、痛和功能障碍，最常累及单侧拇趾及第一跖趾关节。"

患者："我得痛风的原因是什么呢？"

护士："痛风的病因主要是先天性嘌呤代谢障碍，从而引起高尿酸血症，最终发展为痛风。而诱发痛风发生的因素有酗酒、过度疲劳、关节受伤、关节疲劳、手术、感染、寒冷、摄入高蛋白和高嘌呤食物等。"

患者："病因我知道了，我还得注意避免您说的诱发因素，对吗？那您能具体告诉我饮食上我该注意什么问题吗？"

护士："林大爷，您要注意以下几点：①控制饮食总热量；②严禁饮酒和进食高嘌呤食物（如动物内脏、鱼虾蟹类、肉类、黄豆、豌豆、扁豆、菠菜、蘑菇、浓茶等）；③忌辛辣刺激性食物；④可进食碱性食物，如各种水果、蔬菜、鸡蛋、牛奶等；⑤多饮水，每日饮水量不少于 2000ml。"

患者："好的，我知道了。谢谢您啊！"

护士："不用谢！您还有什么问题可以随时问我！"

> **小结**
> 痛风是嘌呤代谢障碍引起的代谢性疾病,常与肥胖、糖脂代谢紊乱、高血压、动脉硬化和冠心病等伴发。常表现为高尿酸血症、急性关节炎、痛风石、慢性关节炎、关节畸形、痛风性肾病和尿酸性尿路结石。滑囊液或痛风石内容物活检是确诊的重要依据。治疗及护理主要包括饮食和药物 2 个方面。

自 测 题

A_1/A_2 型题

1. 患者,男,45 岁。痛风病史 8 年。该患者不需要加以限制的饮食有(　　)
   A. 豆腐、蘑菇　　B. 菠菜、鸡汤
   C. 红酒、牛排　　D. 鸡肝、米饭
   E. 水、土豆

2. 下列哪项是痛风的特点(　　)
   A. 颊部蝶形皮疹及蛋白尿
   B. 腕、掌指、近端指间关节受累
   C. 膝关节受累
   D. 第一趾较剧烈疼痛
   E. 大量龋齿

实践 7　内分泌及代谢性疾病常用诊疗技术及护理

一、微量血糖测定

【目的和要求】
1. 培养学生的专业素养,关心、爱护患者,使学生具有良好的团队协作能力。
2. 能指导糖尿病患者利用血糖仪进行自我监测。

【内容】
微量血糖测定是采集患者耳血或指血一滴,利用血糖仪显示血糖值。是患者进行血糖自我监测的便利而较准确的手段,可据此调整饮食和活动,同时也可把记录下来的监测数据提供给医生,有利于医生调整治疗。适用于任何人,尤其是糖尿病患者。

【方法】
1. 环境准备　环境清洁,光线明亮,温、湿度适宜。
2. 患者准备　向患者解释操作目的、操作过程及如何配合。
3. 护士准备　衣帽整齐,修剪指甲、洗手,戴口罩。
4. 物品准备　治疗盘、弯盘、75%乙醇、无菌干棉签、血糖仪、血糖试纸、采血器与针头,保证用物在有效期内、处于完好、备用状态。
5. 备齐用物至患者床旁。
6. 将针头装入采血器中。
7. 开启血糖仪　打开开关,待仪器显示"插入"时将试纸插入。
8. 用 75%乙醇棉签消毒手指采血部位,待干。
9. 采血　用采血针刺指腹尖侧面,使血液自动流出。
10. 吸取血样　吸取足够量血样后血糖仪自动进入倒计时,显示血糖测定结果。
11. 按压止血　用无菌干棉签按压。
12. 整理用物、洗手。
13. 记录　记录检测时间及血糖值。
14. 健康指导。
15. 注意事项　①采血前局部加温或手臂下垂可增加采血量,但不可过度挤压手指;②采血部位在指腹两侧,部位要交替更换;③根据患者皮肤情况选择针刺深浅度;④不要触摸试纸的滴血区、测试区;⑤待乙醇挥发后再采血。

【考核方式与成绩评定】

总分值:100 分。若没有核对试纸的有效期,本次考核按零分计。操作评分:

序号	项目	分值	内容
1	环境准备	2	环境清洁,光线明亮,温、湿度适宜
2	护士准备	4	衣帽整齐,修剪指甲、洗手、戴口罩
3	用物准备	4	备齐用物,摆放合理
4	患者准备	10	评估:(1)患者进餐情况。(2)患者局部皮肤情况,如颜色、温度,有无硬结、淤血、感染等;对乙醇及冷有无过敏。(3)患者的意识状况、活动能力及合作程度。(4)解释操作目的及注意事项,取得患者理解和配合
5	操作正确	2	备齐用物携至床旁
		6	核对并向患者解释目的,取得患者配合
		4	协助患者取舒适体位(坐位或卧位)
		6	用75%乙醇棉签消毒采血部位、待干
		6	插入血糖试纸
		10	待乙醇完全干后,用一次性采血针在手指腹尖两侧采血
		10	吸取足够量血样
		4	按压止血
		2	等待仪器显示测试结果
6	整理用物	4	取出使用过的试纸,关闭血糖仪,退出采血针;正确处置医疗废弃物
7	洗手	2	
8	记录	4	记录检测时间及结果
9	健康指导	8	交代患者注意事项
10	总体评价	12	护患沟通有效;操作熟练、动作轻柔;操作中体现关爱患者的职业素质

二、胰岛素笔式注射器的应用

【目的和要求】

1. 培养学生的专业素养,对患者的关心、爱护,使学生具有良好的团队协作能力。
2. 能指导糖尿病患者正确使用胰岛素笔式注射器。

【内容】

胰岛素笔式注射器具有操作简单,调节剂量精确,注射时疼痛感小,使用时间长,体积小携带方便,易于保管等优点。掌握胰岛素笔式注射器的正确使用方法,能使糖尿病患者出院后利用胰岛素更为便捷,有利于血糖的控制。

【方法】

1. 患者准备 解释操作目的、操作过程及如何配合。
2. 物品准备 准备好75%乙醇、无菌干棉签、胰岛素笔式注射器(含胰岛素的笔芯)。
3. 旋转拔下笔帽。
4. 拧开笔芯架。
5. 将回复装置往右转 直到活塞杆完全进入为止。
6. 放入含胰岛素的笔芯 颜色代码帽一端先放入。
7. 旋转机械装置与笔芯架 将两者紧密连接起来。
8. 安装针头 将针头的保护片撕去,随后将针头紧紧地拧在颜色代码帽上,将针的外针帽和内针帽取下。

9. 排气　针尖朝上,连续轻弹笔芯架,推按注射键,排尽笔芯内空气,确认针尖可见胰岛素滴。
10. 选择注射剂量　剂量显示窗所示刻度,长线表示奇数单位量,短线表示偶数单位量。
11. 将针头扎入体内　按下注射键。
12. 再次检查　注射之后,应检查剂量显示窗,确认读数已回零。
13. 处理针头　注射完毕,戴上外针帽,旋下针头,按消毒隔离规定处理废弃针头。
14. 注意事项　①需爱护使用胰岛素笔式注射器,谨防坠落,避免撞击坚硬物体;②胰岛素笔式注射器取出盒外时,请注意防尘并保持清洁;③安装连接机械装置部分和笔芯架前,应确认活塞杆已经完全回复到机械装置部分之内;④笔芯上的色带表示胰岛素不同剂型,每次注射前,应仔细查对、确认所注射胰岛素剂型无误;⑤每次注射之前都应查看笔芯中胰岛素余量是否够本次注射剂量。

【考核方式与成绩评定】

总分值:100 分。若操作前、中、后未进行核对,本次考核按零分计。操作评分:

序号	项目	分值	内容
1	环境准备	2	环境清洁,温度适宜,必要时屏风遮挡
2	护士准备	4	衣帽整齐,符合要求;修剪指甲;洗手;戴口罩
3	用物准备	4	备齐用物,摆放合理
4	患者准备	10	核对患者床号、姓名;了解患者的病情、意识状态、合作程度;进行解释;体位合适
5	操作正确	4	打开胰岛素笔式注射器手法正确
		4	拧针头手法正确
		4	排尽笔芯内空气
		4	选择注射剂量准确,手法正确
		4	药液无浪费
		4	无污染
		4	再次核对
		4	将针头扎入体内,按下注射推键
		4	检查剂量显示窗,确认读数已回零
		4	再次核对
		4	戴上外针帽,旋下针头
		4	按消毒隔离规定处理废弃针头
6	注射后观察	2	观察用药后反应
7	整理用物	4	
8	洗手	2	
9	记录	4	记录注射时间、剂量
10	健康指导	8	交代患者注意事项
11	总体评价	12	操作中体现对患者的关心;操作熟练;动作轻柔

(仲　琴)

第8章 风湿性疾病患者的护理

风湿性疾病简称风湿病,是指累及骨、关节及周围组织包括肌肉、肌腱、骨膜、韧带的一组以内科治疗为主的肌肉骨骼系统疾病。其主要特点是关节疼痛、肿胀及活动障碍,病程进展缓慢,发作与缓解交替出现,部分患者可出现皮肤损害、关节致残和脏器功能损害甚至衰竭。近年来,风湿病的发病率有日益增多的趋势。有关研究推测,风湿病很有可能成为除心脑血管疾病、肿瘤外,危及人类健康的第3大类疾病。

第1节 概 述

风湿性疾病包括弥漫性结缔组织病及各种原因引起的关节和关节周围软组织的疾病。弥漫性结缔组织病简称结缔组织病,是风湿性疾病中的一大类,又叫自身免疫病,可有风湿病的慢性病程、肌肉关节病变。

风湿性疾病共同的临床特点有:①属于自身免疫性疾病。②以血管和结缔组织慢性炎症的病理改变为基础。③病变累及多个系统,包括肌肉、骨骼系统。④同一种疾病其临床表现及预后个体差异很大。⑤发作与缓解相交替的慢性病程,晚期可引起多器官系统损害。⑥对糖皮质激素的治疗有一定的反应。

风湿性疾病病因复杂,主要与感染(如乙型肝炎病毒所致的关节炎)、免疫(如类风湿性关节炎)、代谢(如痛风)、内分泌(如肢端肥大症)、环境(如大骨节病)、遗传、肿瘤等因素有关。

风湿性疾病的常见症状和体征有关节损害和皮肤损害。

一、关节损害

风湿性疾病关节损害是指关节疼痛、肿胀、僵硬及活动障碍等。关节疼痛是关节受损的首发症状,是风湿性疾病最早、最常见的症状,也是患者就诊的主要原因,可有肿胀和压痛。疼痛的特点为:①除痛风的发作常突然急骤外,多呈缓慢起病。②疼痛性质与关节活动的关系对风湿性疾病有一定的特征性。如痛风的关节痛为剧烈难忍,常固定于少数关节;风湿热关节痛多为游走性。③关节痛的部位对风湿性疾病的诊断有一定意义。如骨关节炎常累及远端指间关节,很少影响腕和掌指关节;类风湿性关节炎则多影响腕、掌指及近端指关节,且受侵犯关节对称性很强,为多关节炎;而痛风发作多为不对称,少数或单一关节炎。④关节痛的伴随症状及演变对风湿性疾病的预后评价有一定的价值。如风湿热所致关节炎虽有红肿热,但治疗后恢复良好,无骨关节破坏;而类风湿性关节炎随着病情进展,常会出现不同程度的关节损害,甚至关节畸形强直。而系统性红斑狼疮除关节症状外,常有多系统脏器损害的表现。

关节僵硬是指关节在静止一段时间后试图再活动时出现的一种关节局部不适、难于达到平时关节活动范围的现象。多在活动后缓解或消失。一般在早晨起床时表现明显,故又称晨僵。晨僵的持续时间和炎症的严重程度成正比,因此晨僵是判断滑膜关节炎症活动的客观指标。几乎所有的风湿性疾病均可引起关节损害。

二、皮肤损害

（一）病因及诱因

多见于系统性红斑狼疮、类风湿关节炎、皮肌炎、原发性干燥综合征及系统性硬化症、风湿热及痛风等疾病患者。患者可因进食芹菜、无花果、烟熏食物及蘑菇等食物或者服用了普鲁卡因胺、异烟肼、氯丙嗪及甲基多巴等药物而诱发。

（二）临床表现

风湿性疾病常见的皮肤损害有皮疹、红斑、水肿、溃疡等，多由血管炎症性反应引起。临床表现多种多样，如系统性红斑狼疮最具特征性的皮肤损害为面部蝶形红斑、口腔黏膜溃疡或糜烂。类风湿性血管病变常累及皮肤，可见棕色皮疹、甲床瘀点或瘀斑；发生在眼部可引起巩膜炎、虹膜炎和视网膜炎。类风湿结节是类风湿关节炎较特异的皮肤表现。皮肌炎的皮肤损害表现为对称性眼睑、眼眶周围出现紫红色斑疹及实质性水肿，部分患者可出现雷诺现象。系统性硬化症的皮肤损害首先发生在双侧手指及面部，常造成正常面纹消失而使面容刻板，张口困难。

第 2 节　系统性红斑狼疮患者的护理

情境 8-1

一名31岁已婚女士，患者自述一年来经常发热，就诊前一个月曾口服避孕药，后出现发热、乏力、全身不适、嘴巴里有溃疡，曾在当地医院就诊，检查发现患者发热、面部蝶形红斑、有少许鳞屑，胸腹检查无异常，尿常规和肾功能检查正常。给予治疗，但效果不佳，出现指、腕、膝关节明显疼痛，眼睑水肿，今日来我院就诊。诉说："我最近2天全身乏力、头晕、眼部水肿、腰部不适、嘴巴里有溃疡。"查体：面颊及鼻梁部蝶形红斑，血压150/95mmHg，抗核抗体（ANA）阳性，抗双链DNA抗体阳性，总补体和补体C_3降低。

一、疾病概要

（一）概述

系统性红斑狼疮（简称SLE）是一种由多因素参与的、累及全身多系统、多器官的特异性自身免疫性疾病。被称为世界3大疑难病症之一，具有病因未明，病程长，多系统、多脏器受累，易复发，死亡率高等特点。本病多见于育龄期妇女，男女比例1∶10，发病年龄多在20~40岁。其发病缓慢，起病可急可缓，早期多表现为非特异的全身症状，如发热，以低热常见，全身不适，乏力，体重减轻等。以自身免疫为特征，在患者体内存在多种以抗核抗体为主的自身抗体，不仅影响体液免疫、细胞免疫，补体系统也有变化。统计显示，红斑狼疮人群患病率70/10万，在我国现约有100万红斑狼疮患者，为全球之最。

系统性红斑狼疮是一种全身性免疫疾病，可累及多个脏器，危害广泛。心血管系统是系统性红斑狼疮累及的最重要的脏器之一，约50%患者可累及心内膜、心肌或心包。此外，系统性红斑狼疮还会危及到患者心、肺、肾、肝、脑等多个器官，重者可导致死亡，且系统性红斑狼疮病情呈现反复发作与缓解交替的过程，一度被认为是不治之症。通过早期诊断及综合治疗，本病预后已较前明显改善。

（二）病因和发病机制

目前认为本病的发生可能与病毒、性激素、环境因素（日光过敏）、某些药物（普鲁卡因胺、异烟肼、肼屈嗪、氯丙嗪、甲基多巴等）有关。

发病机制：目前认为是上述因素作用于带有易感基因的人体，从而产生多种自身抗体，引起体液和细胞免疫紊乱，导致组织炎症性损伤。病理表现为结缔组织有较广泛的纤维蛋白样变性及淋巴细胞、浆细胞浸润;坏死性血管炎;所有受损器官的炎症区见到苏木紫小体。

(三) 诊断及治疗要点

根据慢性病程,早期多表现为非特异的全身症状,如低热、全身不适、乏力、面颊部蝶形红斑等症状,可初步诊断为系统性红斑狼疮,确诊有赖于免疫学检查。系统性红斑狼疮目前不能根治,但早发现、早诊断、早治疗有助于提高治疗效果。治疗原则是纠正免疫功能失调,抑制炎症反应,保护脏器功能,治疗各种并发症,促进临床缓解。临床上主要采用糖皮质激素(是目前治疗重症免疫性疾病的首选药物)、非甾体类抗炎药、抗疟药、免疫抑制剂及中医中药等药物治疗。

> **情境 8-1 诊断分析**
>
> 该患者自述 1 年来经常发热,就诊前 1 个月因口服避孕药,说明有可能是避孕药诱发而引起;后出现全身乏力、头晕、眼部水肿、腰部不适、关节疼痛、眼睑水肿、面颊及鼻梁部蝶形红斑、嘴巴里有溃疡等症状,查体时发现眼睑水肿,面颊及鼻梁部蝶形红斑,指、腕、膝关节明显疼痛,口腔溃疡,T 38.5℃,血压 150/95mmHg,ANA 阳性,抗双链 DNA 抗体阳性,总补体和补体 C_3 降低。这些症状和检查结果都说明患者出现心脏、肾脏和皮肤损害。根据以上症状、体征和辅助检查的结果,可诊断该患者患系统性红斑狼疮。

二、疾病护理

(一) 护理评估

1. 健康史 本病病因未明,可能与遗传、性激素、环境等有关。询问患者的起病时间、病程情况;有无诱因如病毒感染、日光过敏、妊娠、过度劳累、药物、精神刺激等;女患者的月经、生育史;家族史;病后对生活的影响;诊疗及用药情况等。

2. 身体状况

(1) 症状:本病症状多样,个体差异大,早期症状不典型。

1) 全身症状,狼疮活动期 90% 的患者有发热,以低热和中度热常见。疲乏常见但易被忽视,常是狼疮活动的先兆。患者也可有体重下降等全身症状。

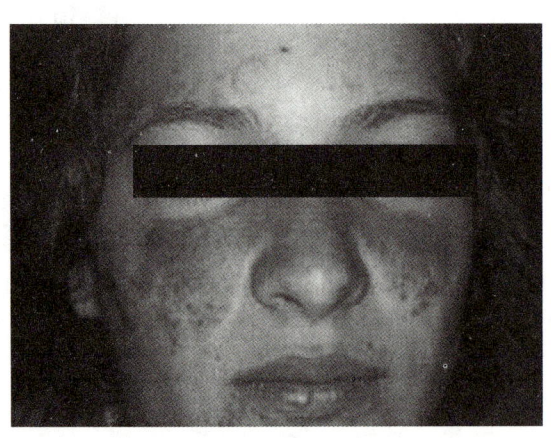

图 8-1 系统性红斑狼疮特征性的皮肤改变
(蝶形红斑)

2) 皮肤与黏膜损害,80% 患者有皮肤损害。常于颜面、四肢等暴露部位出现对称性皮疹。典型者面颊及鼻梁部位可见不规则的鲜红色或紫红色蝶形红斑(图 8-1),是系统性红斑狼疮特征性的皮肤改变。少数呈盘状红斑。也可于手掌大小鱼际部位的皮肤、指(趾)端及甲周出现红斑、紫癜、网状红斑、血管性水肿或硬皮病样损害。部分患者可有光过敏现象,口腔黏膜有反复发作性无痛性溃疡,遇冷后出现对称性指(趾)端苍白、发绀和潮红等肢端小动脉痉挛(雷诺现象)。

3) 关节、肌肉疼痛,约 85% 的患者有关节疼痛,大多数关节肿痛为首发症状,指、腕、膝关节最常见,表现为不对称的间歇性多关节痛,偶有关节畸形。部分患者伴有肌痛或肌炎。

4) 脏器损害:①肾脏:几乎所有的患者都有肾脏损害的病理改变。可表现为蛋白尿、血尿、管型尿、肾性高血压、肾功能不全等,晚期的尿毒症多为系统性红斑狼疮死亡的常见原因。②肺与胸膜,约 35% 的患者会出现胸腔积液,10% 的患者有狼疮性肺炎,表现为发热、干咳、胸痛、气促及低氧血症等。③心血管,以心包炎最常见,也可有心肌炎和心内膜炎。④消化系统,约 30% 的患者有食欲减退、恶心、呕吐、腹痛、腹泻、腹水等,部分患者也可为首发症状。⑤神经系统,以脑损害最多见,约25%的患者累及中枢神经系统,表现为头痛、呕吐、偏瘫、癫痫或意识障碍等。⑥血液系统,活动性系统性红斑狼疮中,约60%的患者可出现贫血,也可因血小板减少,发生各系统出血。⑦眼,约15%的患者可有眼底出血、视神经盘水肿、视网膜渗出等,可影响视力,重者可在数日内致盲。

(2) 体征:系统性红斑狼疮患者可能会出现面部红斑、弥漫性斑丘疹,盘状红斑样皮肤损害。皮肤血管炎性表现(皮下结节、溃疡、皮肤或手指坏死)、光敏感、荨麻疹、多形红斑、眼睑水肿等,也可有胸腔积液、腹水、高血压、肝脾大、关节红肿等。

考点: 系统性红斑狼疮的症状和体征

3. 心理-社会状况　因病程长、反复发作及面部皮肤损害,严重影响患者的日常生活和工作,容易出现自卑、郁闷、焦虑、悲观厌世等心理反应。

4. 辅助检查

(1) 一般检查:血液检查红细胞计数及血红蛋白下降、白细胞计数减少、血小板减少提示血液系统受损;蛋白尿、血尿及管型尿等提示肾损害。

(2) 免疫学检查

1) 抗核抗体(ANA):敏感性可高达95%,但特异性低,是目前最佳的系统性红斑狼疮筛选试验指标。

2) 抗双链DNA抗体和抗Sm抗体:是诊断系统性红斑狼疮的标志抗体,特异性较高。

3) 补体:CH_{50}(总补体)、C_3、C_4降低,有助于狼疮诊断,并提示狼疮活动。

(3) 免疫病理学检查

1) 肾穿刺活组织检查:对狼疮性肾炎的诊断、治疗和预后有诊断价值。

2) 皮肤狼疮带试验:测试正常皮肤暴露部位阳性率为50%~70%,皮肤损害部位可高达90%以上。

考点: 确诊的检查项目

(二) 护理诊断与合作性问题

1. 皮肤完整性受损　皮疹、面部红斑、雷诺现象,与自身免疫反应导致皮肤炎症性损伤、光敏感有关。

2. 预感性悲哀　郁闷、焦虑、悲观厌世,与多脏器受累、久治不愈及容貌改变等有关。

3. 有感染的危险　与皮肤完整性受损及长期应用糖皮质激素等有关。

4. 潜在并发症　肾衰竭。

> **情境8-1 护理诊断分析**
> 因患者有面部及鼻梁部有蝶形红斑,指、腕、膝关节明显疼痛,眼部水肿、腰部不适。故存在下列主要护理诊断:疼痛(与患者出现关节、肌肉疼痛有关);预感性悲哀(郁闷、焦虑、悲观厌世,与多脏器受累及容貌改变等有关)。

(三) 护理措施

1. 一般护理

(1) 休息:保持病室环境安静、整洁,温度适宜。病床安排在无阳光直射的地方。急性活动期的患者应以卧床休息为主,病情缓解后可正常学习、工作,适度运动,提高机体免疫力,但应避免过度劳累。

(2) 饮食护理:高热量、高维生素、高蛋白饮食。肾衰竭患者,应给予优质低蛋白饮食;心力衰竭、肾衰竭、水肿者,严格限制钠盐摄入,并记录24小时出入液量;忌食芹菜、无花果、蘑菇及烟熏食物,以免诱发或加重病情;避免进食辛辣等刺激性食物。

(3) 口腔护理：每日早晚和进餐前后用漱口液漱口，预防口腔感染；发生口腔溃疡时，可口含制霉菌素或用2.5%制霉菌素甘油涂敷患处，也可用冰硼散、中药、锡类散等涂敷。

2. 病情观察

(1) 监测生命体征，必要时进行心电监护。

(2) 观察患者有无水肿、少尿、高血压、氮质血症等肾衰竭的表现，严格记录24小时出入液量。

(3) 观察患者有无头痛、恶心、呕吐、颈项强直、肢体瘫痪、行为异常、忧郁、淡漠或过度兴奋、幻觉、强迫观念或偏执等现象。有无气促、心前区疼痛、发热、干咳、胸痛、食欲减退等。

3. 配合治疗护理

(1) 皮肤黏膜损害护理：每天3次用清水冲洗患处，用30℃左右温水湿敷红斑处，每次30分钟，忌用碱性肥皂、化妆品和其他化学药品；合并雷诺现象的患者应注意保暖，避免吸烟、饮咖啡，以减少病变小血管痉挛。

(2) 用药护理

1) 非甾体类抗炎药：如布洛芬、萘普生、阿司匹林，其不良反应主要是胃肠道症状如恶心、呕吐等，也可导致胃黏膜损伤，故应饭后服用。

2) 糖皮质激素：长期服用可出现的不良反应有向心性肥胖、血压升高、血糖升高、激发感染、电解质紊乱、股骨头坏死、骨质疏松、消化性溃疡。必须遵医嘱服药，不可擅自减量或停药，以免引起"反跳"。

3) 免疫抑制剂：主要副作用是白细胞减少。常用的有环磷酰胺，其主要不良反应是出血性膀胱炎，在用药过程中注意观察尿液的颜色，鼓励患者多喝水，并定期进行尿常规、肝、肾功能的检查。

4. 心理护理　给患者介绍本病的相关知识，让患者和家属了解本病并非"不治之症"，若能坚持治疗，病情可以得到长期缓解。让患者参与制订护理计划，向患者说明良好的心理状态对缓解疾病和改善预后有着重要意义，以取得更好的治疗效果。

考点：护理措施

(四) 护理目标及评价

患者皮肤损害减轻或消失；患者及家属的焦虑或恐惧程度减轻或消失，患者情绪稳定，积极配合治疗及护理；患者未出现感染等症状；患者无并发症发生。评价经实施护理措施，是否达到以上护理目标。

三、健 康 指 导

1. 疾病知识指导　向患者及其家属介绍系统性红斑狼疮的有关知识，尽量避免导致本病发生的相关诱因，如病毒感染、日光照射、妊娠、过度劳累、药物（青霉胺、甲基多巴、普利卡因酰胺、肼屈嗪等）、食物（蘑菇、无花果、芹菜及烟熏食物）和精神刺激等，避免接受各种预防接种；注意增强机体免疫力，保持口腔、皮肤清洁，忌用各种刺激皮肤的美容化妆品，以免加重皮肤损害。

2. 生活指导　保持有规律的生活和乐观情绪，合理饮食，注意劳逸结合，鼓励患者参加适量体育锻炼，如慢跑、太极拳、气功等，养成良好的生活习惯。病情稳定后可正常参加社会活动和日常工作。

3. 用药指导　指导患者遵医嘱合理用药，讲解常用药物的用法、剂量、疗效及可能出现的副作用；定期复诊。

情境 8-1 问题回答

（入院时的对话）

患者："护士，您好。我为什么会得这种病呢？"

护士："现在得这种病的原因还不是很清楚，可能是多种因素引起，比如遗传因素、性激素、环境因素、病毒感染、饮食等。"

患者："那么，一年来我经常发热，是不是这个病引起呀？"

护士："应该是的，这种病，有的发病急，有的发病慢，慢性发病的人，往往是先反复发热，所以您算是慢性起病的了。"

患者："哦，早知道这样就早些来看了，耽误了这么久。"

护士："也不要紧张，目前这种病的治疗效果还蛮好的。"

患者："那我脸上的红斑、关节痛、容易累，还有嘴巴里有溃疡，这些都是这个病引起的吗？"

护士："是的，您的病还不算重。"

患者："那么，如果重的话，还会是怎样呢？"

护士："这种病还可以损害到其他器官的，如心脏、血管、消化系统、呼吸系统、肾脏、神经系统等，不过像您现在的病情，应该没有损害到这些系统，您不必紧张。好好配合治疗吧。"

患者："那么我应该注意什么呢？"

护士："不要阳光下暴晒，不要吃芹菜、香菜、无花果、蘑菇、烟熏的食物，以免加重病情，给您发的药一定要按时吃。"

（出院前对话）

患者："护士您好，我不感到那么累了，关节不痛了，看镜子看到脸上的红斑也退了，但是原来有红斑的地方为什么变黑了呢？"

护士："那就是好多了，脸上变黑是因为有色素沉着。"

患者："那这种色素沉着最后会消退吗？"

护士："不好说的，有些人可以消退，有些也可能不能消退。"

患者："那出院了以后，我还要注意哪些方面呢？"

护士："出院后还要带药回去吃，请您一定按医生的要求吃药，这是激素，不能随便减量或者不吃，以免疾病加重。这种药对胃肠道有刺激，如果有肚子疼痛，或者发现大便有血，要及时来看。"

患者："我的病还会复发吗？"

护士："有这种可能，所以还要注意，除了注意饮食以外，以后不能吃的药有青霉胺、苯妥英钠、肼屈嗪、异烟肼、甲基多巴、普利卡因胺等。如果复发，就要及时来看。"

患者："好的，谢谢您，谢谢你们了！"

小结

系统性红斑狼疮是一种由多因素参与的、累及全身多系统、多器官的特异性自身免疫性疾病。本病的发生可能与病毒、性激素、环境因素（日光过敏）、某些药物（普鲁卡因酰胺等）有关。临床表现有疲乏、发热、体重下降等全身症状和皮肤与黏膜损害（特征性皮肤改变有面颊及鼻梁部位可见鲜红或紫红色蝶形红斑）、关节与肌肉疼痛、脏器损害。具有病程长，多系统、多脏器（心、肺、肾、肝、脑）受累，易复发，死亡率高等特点。抗双链DNA抗体和抗Sm抗体的检测结果可诊断系统性红斑狼疮。目前尚不能根治，但早发现、早诊断、早治疗对患者效果更好。护理重点是病情观察、饮食、用药护理及心理护理。

自测题

A_1型题

1. 系统性红斑狼疮患者皮肤的护理哪项不妥（　　）
   A. 常用清水清洗　　B. 忌用碱性肥皂
   C. 忌用化妆品　　D. 避免阳光暴晒
   E. 每日三次用10℃低温水局部湿敷

2. 哪项指标常提示狼疮活动（　　）
   A. 总补体增高　　B. 补体C_3降低
   C. IgG降低　　D. γ球蛋白增高
   E. $α_2$球蛋白降低

3. 系统性红斑狼疮面部典型皮损的特征为（　　）
   A. 盘状红斑　　B. 环形红斑
   C. 蝶形红斑　　D. 网状红斑
   E. 丘疹状红斑

4. 狼疮性肾炎肾脏损害不会出现哪项表现（　　）

A. 蛋白尿　　　　　B. 血尿
C. 管型尿　　　　　D. 尿路刺激征
E. 高血压

5. 下列哪一因素与系统性红斑狼疮发病无关（　　）
   A. 病毒感染　　　　B. 遗传因素
   C. 内分泌因素　　　D. 药物与环境因素
   E. 皮肤化脓灶

6. 系统性红斑狼疮发病中可能起作用的是（　　）
   A. 雄激素　　　　　B. 雌激素
   C. 生长激素　　　　D. 肾素
   E. 黑色素

A_2 型题

7. 陈女士，30岁，已婚，入院诊断：系统性红斑狼疮。护理体检：T 38.5℃，面部蝶形红斑、有少量鳞屑，胸腹检查无异常，尿常规和肾功能检查正常，ANA 阳性，抗双链 DNA 抗体阳性。总补体和补体 C_3 降低。给予泼尼松 45mg/d 治疗。下列哪项护理措施欠妥（　　）
   A. 安置于背阳的病室卧床休息
   B. 高蛋白、高维生素、低盐饮食
   C. 忌食芹菜、香菜等含补骨脂素的食物
   D. 用 30℃ 左右温水湿敷面部，每日 3 次
   E. 预防感染，紫外线消毒病室每日 2 次

8. 王小姐，20岁，大学生，因患系统性红斑狼疮 2 次住院。本次住院面部红斑明显、脱发，在病房时哭时笑，不肯与别人接触，有一次她对着镜子和护士说："这不像我，我该怎么办？我的世界完蛋了。"并常流露将会发生的可怕后果，拒绝接受糖皮质激素的治疗。目前王小姐最主要的护理问题是（　　）
   A. 皮肤完整性受损　　B. 思维过程改变
   C. 绝望　　　　　　　D. 有感染的危险
   E. 潜在药物不良反应

A_3 型题

（9~11 题共用题干）

郝女士，31岁，已婚。不规则发热伴小关节疼痛月余。护理体检：T38.4℃，面部未见红斑，口腔、鼻腔有溃疡灶，右膝及左踝、趾关节轻度红肿、压痛、无畸形。体验：尿蛋白（+），颗粒管型（+）；外周血 WBC 3.5 $\times 10^9$/L；抗核抗体（+）。

9. 高女士所患的疾病是（　　）
   A. 类风湿性关节炎　　B. 系统性红斑狼疮
   C. 肾小球肾炎　　　　D. 肾盂肾炎
   E. 风湿性关节炎

10. 对高女士进一步作实验室检查，还可能出现以下结果，其中错误的是（　　）
    A. 红细胞增多　　　　B. 血小板减少
    C. 抗 SM 抗体阳性　　D. 抗双链 DNA 抗体阳性
    E. 总补体和补体 3 降低

11. 护士对高女士作健康教育，正确的是（　　）
    A. 加强户外锻炼、增强体质
    B. 强调本病的严重性，使其重视
    C. 予高蛋白、营养丰富的饮食，多食芹菜、香菜
    D. 口腔涂碘甘油
    E. 口服避孕药，以免妊娠、分娩致病情恶化

第 3 节　类风湿关节炎患者的护理

情境 8-2

一名 43 岁的女士，自述近年来在早晨起床后，感觉双手腕关节和手指的关节不灵活，大约持续 1 个小时，但是在活动后又慢慢好一些，每天都是这样。曾经在当地按关节炎治疗，但效果不佳，出现指、腕关节明显疼痛和肿胀，并且早上起床后双手腕关节和手指的关节出现僵硬，今日来院就诊。查体发现患者关节肿胀、疼痛、尺侧偏斜、屈曲畸形、功能障碍，血液检查：血沉增快、C 反应蛋白增高、IgM 型类风湿因子呈阳性；关节 X 线检查：关节半脱位、纤维性和骨性强直，手指和腕关节畸形。

一、疾病概要

（一）概述

类风湿性关节炎又称类风湿（RA），是一种以累及周围关节为主的多系统性炎症性全身性自身免疫性疾病，常伴关节外症状。其特征性的症状常为对称性、多个周围性关节的慢性炎症性病变，可表现为受累关节疼痛、肿胀、功能下降，病变呈持续、反复发作的过程。患者可出现关节腔滑膜炎症、渗液、细胞增殖、肉芽肿形成，软骨及骨组织破坏，最后关节强直及功能障碍。多侵犯小关节，如手、足及腕关节等，可有暂时性缓解，患者血清中可查到自身抗体，故认为本病是自身免疫性疾病。本病可发

生在任何年龄,其中以 35～50 岁多见,男女之比为 1∶3。

(二)病因及发病机制

本病病因及发病机制尚不明确。可能与发病有关的因素有:

1. **感染**　病灶与本病发病有关。一般认为是感染后引起的自身免疫反应,80% 的患者体内有"类风湿因子",它是一种自身抗体,属 IgM,能与体内变性的 IgG 起免疫反应,形成抗原-抗体复合物,并沉积在滑膜组织上,同时激活补体,产生多种过敏毒素,引起关节滑膜炎症,并可侵犯脉管系统,累及全身多个脏器。

2. **遗传**　本病患者 HLA-DRwu 抗原检出率明显升高,提示发病与遗传有关。

3. **免疫机能紊乱**　实验证明,类风湿性关节炎是免疫系统调节功能紊乱所致的炎症反应性疾病。

> **知识拓展**
>
> **如何区别风湿性关节炎和类风湿关节炎?**
>
> 从病因来看,风湿病多数应称为风寒湿性关节痛,多见于寒冷地区,病变不累及心脏、不破坏骨质,绝大多数可治愈;从发病特征来看,风湿性关节炎具有两个特点:一是关节红、肿、热、痛明显,不能活动,发病的部位常常是膝、髋、踝等下肢大关节,肩、肘、腕关节,手足的小关节少见;二是疼痛游走不定,不同时间有不同的关节不适发作,疼痛持续时间不长,几天即可消退。类风湿关节炎则属于自身免疫性疾病,虽不属于遗传性疾病,但也可能与遗传因素有关,多发生于 35～50 岁的女性。早期症状多为关节疼痛、肿胀、晨僵、活动不便,时轻时重,反复发作,迁延不愈,常遗留骨关节强直畸形。少数患者可有心血管疾病,但绝大多数患者无心脏病症状,类风湿因子检测呈阳性。

(三)诊断及治疗要点

根据对称性、多个周围性关节的炎症性病变,受累关节疼痛、肿胀、功能下降,病变呈慢性、持续、反复发作的过程,可初步诊断为类风湿性关节炎,确诊有赖于关节 X 线钡餐检查和血液检查。目前尚缺乏根治方法。治疗原则包括早期治疗、联合用药、治疗方案个体化和功能锻炼。治疗目的主要是控制炎症,缓解症状,控制进展,保持关节功能和防止骨破坏及关节畸形,促进已破坏的关节骨的修复。常用药物有①非甾体类抗炎药:其作用是控制关节肿痛、改善症状。常用阿司匹林、吲哚美辛、布洛芬等,需 2 周方能判断疗效。②慢作用抗风湿药:具有改善关节症状、抗炎和控制疾病发展作用,如环磷酰胺、环孢素 A、甲氨蝶呤、雷公藤、金制剂、青霉胺等,多与非甾体抗炎药物联合应用。③糖皮质激素:抗炎作用强,但不能根本控制本病,停药后易复发,适用于活动期有关节外症状者、关节炎症状明显或急性发作者而非甾体类抗炎药或慢作用抗风湿药疗效差的患者。

> **情境 8-2 诊断分析**
>
> 该患者既往有关节炎,有典型的类风湿性关节炎症状,如关节疼痛、肿胀、晨僵、活动不便,时轻时重,反复发作,迁延不愈,骨关节强直畸形。符合类风湿性关节炎的特点。根据病史、症状及血液和 X 线检查结果,可初步诊断为类风湿关节炎,患者有关节肿胀、疼痛、尺侧偏斜、屈曲畸形、功能障碍,说明病情已进入较晚期,应密切观察病情,有助病情程度及病情变化的判断。

二、疾病护理

(一)护理评估

1. **健康史**　询问患者有无金黄色葡萄球菌、链球菌、支原体、病毒、原虫等感染史;有无诱因如寒冷、潮湿、疲劳、感染、创伤、精神刺激等;有无家族史。

2. 身体状况

(1) 症状

1) 关节表现：典型表现为对称性多关节炎。最常侵犯的关节依次是腕关节、近端指间关节、掌指关节和跖趾关节，其次是膝、踝、肘、肩、髋等关节。主要有：①晨僵，出现在95%以上的患者。表现为病变的关节在夜间或白天静止不动后出现较长时间关节僵硬（多超过1小时，或在早晨起床后出现），如胶黏附样的感觉，活动后症状减轻。晨僵持续时间与关节炎症的严重程度呈正比，是观察本病活动的指标之一。②关节肿胀和疼痛，多发生在近端指关节，关节痛常常是最早症状，多呈对称性、持续性的钝痛或胀痛，时轻时重，多伴有压痛。因关节腔内积液、滑膜增生及组织水肿导致关节炎性肿大而附近肌肉萎缩，关节呈梭形如梭状指。③关节畸形（图8-2）和功能障碍：多见于较晚期的患者。因关节及周围组织病变，使关节不能保持正常位置，出现手指关节半脱位，如尺侧偏斜、屈曲畸形、天鹅颈样畸形等，关节肿痛、结构破坏和畸形均可引起关节的功能障碍。

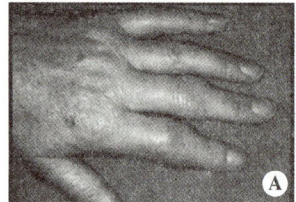 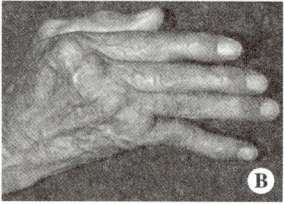 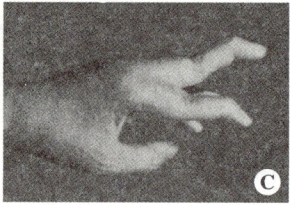 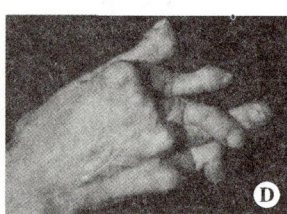

梭形肿胀　　　　　　尺侧偏斜　　　　　　　　　C、D天鹅颈样畸形

图8-2　关节畸形

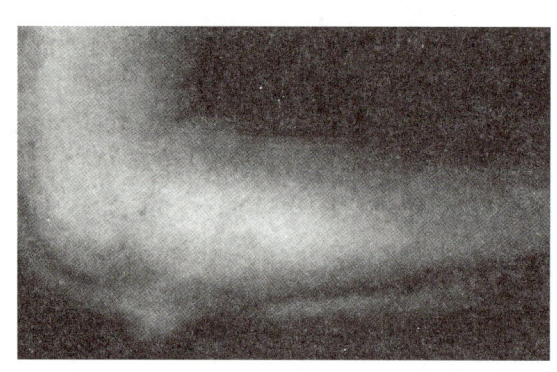

图8-3　类风湿结节

2) 关节外表现：①类风湿结节（图8-3），多位于关节隆突部及受压部位的皮下，如前臂伸面、肘鹰嘴附近、枕、跟腱等处皮下，结节直径数毫米至数厘米不等，质硬、无压痛，对称性分布，提示病情活动。是本病较特异的皮肤表现。②类风湿血管炎，是关节外损害的病理基础。可发生在任何部位，肢体末端动脉炎可表现为甲床裂片样出血、指端坏死、小腿溃疡等，病情较重者可累及多个脏器。侵犯肺部可出现胸膜炎、肺间质性病变。心脏受累时最常见的是心包炎。③其他，部分患者可出现干燥综合征和小细胞低色素性贫血等。

(2) 体征：类风湿关节炎患者可出现关节疼痛、肿胀、僵硬、功能低下，晚期出现关节畸形及功能障碍，以及一系列关节外表现。

考点： 类风湿性关节炎的症状和体征

3. 心理-社会状况

因病程长、反复发作及炎症破坏软骨和骨导致关节畸形和功能障碍，严重影响患者的日常生活和工作，容易导致患者出现自卑、郁闷、焦虑、悲观厌世等心理反应。

4. 辅助检查

(1) 血液检查：红细胞计数及血红蛋白浓度下降；活动期有血沉增快、C反应蛋白增高；70%患者血清中可测到IgM型类风湿因子及免疫复合物。

(2) 关节滑液检查：关节炎症时，关节滑液中白细胞明显增多。

(3) 关节X线检查：早期仅见关节周围软组织肿胀、关节端骨质疏松；稍后关节间隙变窄、关节面出现虫蚀样改变；晚期可出现关节半脱位、纤维性和骨性强直。以手指和腕关节的X线摄片最有价值。

考点： 最有价值的检查项目

（二）护理诊断及合作性问题

1. 疼痛：关节痛　与滑膜炎症、关节肿胀有关。
2. 自理能力缺陷　与关节肿痛、畸形等有关。
3. 有废用综合征的危险　与关节炎反复发作导致关节骨质破坏有关。
4. 焦虑　与疾病久治不愈、关节畸形影响生活和工作有关。

> **情境 8-2 护理诊断分析**
> 因患者有关节肿胀、疼痛、尺侧偏斜、屈曲畸形、功能障碍、晨僵、活动不便。故存在下列主要护理诊断：疼痛——关节痛（与滑膜炎症、关节肿胀有关）；自理能力缺陷（与关节肿痛、畸形等有关）；有废用综合征的危险（与关节炎反复发作导致关节骨质破坏有关）。

（三）护理措施

1. 一般护理

（1）休息：活动期患者应卧床休息，症状缓解后鼓励患者及早下床活动，防止关节僵硬和肌肉萎缩。病情严重者，协助患者做好日常生活护理。

（2）饮食护理：给予富含蛋白质和维生素的清淡、易消化饮食，贫血患者增加含铁食物。

2. 病情观察

（1）观察关节疼痛、肿胀和活动受限的变化，晨僵、关节畸形的进展或缓解的情况。

（2）观察有无胸痛、心前区疼痛、腹痛、消化道出血、头痛、发热、咳嗽、呼吸困难等关节外症状。一旦出现，提示病情严重，应及时报告医生处理。

3. 配合治疗护理

（1）关节护理

1）保持关节功能位：可使用矫形支架和夹板，维持肘、腕关节呈伸展位；足底置护足板以防足下垂。

2）保暖：给出现晨僵的肢体戴手套保暖，起床后用热水浸泡或洗温水浴，以减轻晨僵程度和尽快缓解症状。

3）锻炼：鼓励患者在可以耐受的范围内积极进行主动或被动锻炼，以保存关节的活动功能，加强肌肉的力量和耐力。

4）物理治疗：关节局部热敷、按摩、热水浴、温泉浴、红外线超短波或短波透热疗法，以增加局部血液循环，使肌肉松弛，减轻疼痛，消除关节僵硬。

（2）用药护理：慢作用抗风湿药常见的不良反应有胃肠道症状、脱发、肝损害、骨髓抑制、肾损害、出血性膀胱炎、性腺毒性等，应密切观察并及时检查血象和肝功能等。非甾体类抗炎药和糖皮质激素的用药护理详见本章第二节。

4. 心理护理　向患者和家属解释本病治疗及预后，鼓励与同病室患者多沟通和交流，增强与疾病抗争的信心。鼓励患者自我护理，从事力所能及的活动，克服自卑心理，争取早日重归家庭和社会。

（四）护理目标及评价

患者关节疼痛、关节肿胀减轻或消失；生活能够自理或部分自理；患者能够积极参加康复锻炼，减少或延缓肢体功能的丧失；患者焦虑程度减轻或消失，情绪稳定，积极配合治疗及护理。评价经实施护理措施，是否达到以上护理目标。

三、健 康 指 导

1. 疾病指导　向患者及其家属介绍类风湿关节炎的相关知识，避免导致本病发生的相关诱因，如感染、受凉、寒冷、潮湿、过度劳累等，注意肢体的保暖。

2. 生活指导　给予足量蛋白质、高维生素、营养丰富的清淡易消化饮食，忌吃辛辣食物。养成良好的生活方式和习惯,坚持锻炼,保护关节功能;教会患者及家属进行晨僵护理及预防关节废用。

3. **用药指导** 指导患者按医嘱服药,向患者详细介绍药物的用法、用量及不良反应,定期检测血、尿常规及肝、肾功能等,如出现不良反应,应立即停药并及时处理。

情境 8-2 问题回答

(入院时的对话)

患者:"护士,您好。我为什么会得这种病呢?"

护士:"目前还不清楚,可能跟感染、遗传因素有关。"

患者:"那早上起床后,感觉手的关节僵硬,活动一下后又好,每天都是这样。这种情况以后是不是更严重呢?"

护士:"关节僵硬是跟疾病严重程度有关的,疾病越重,僵硬越明显。您的僵硬程度还不是很严重,也说明您的病还不很重。"

患者:"那么更重的会是怎样?"

护士:"如果不能及时系统地治疗,会出现关节畸形、活动障碍更严重,关节肌肉也会萎缩。"

患者:"那还会损害到其他地方吗?"

护士:"也有可能,比如肠道、心脏、小血管等。"

患者:"那么容易治疗吗?"

护士:"虽然见效比较慢,但可以治疗,所以不要担心。"

患者:"那么除了用药治疗,我关节疼痛、僵硬,应该注意什么呢?"

护士:"关节疼痛、僵硬,早上起来后先热敷或者按摩,促进血液循环,可以缓解这些症状。特别要让脚的关节保持和站立姿势差不多的角度,这个位置可以防止脚下垂。"

(出院前的对话)

患者:"护士您好,我的病好多了,关节不疼了,也不僵硬了。可以出院了吧?"

护士:"是的。出院后还要带药回去吃,长期吃药,请您一定按医生的要求吃药,这些药对胃肠道有刺激,如果有肚子疼痛,或者大便有血,要及时来看,但不能随便减量或者停药,以免疾病加重。"

患者:"我的病还会复发吗?"

护士:"有可能,当然这也是看您个人情况。所以,不能乱停药,如果有复发或加重,要及时来看。"

小结

类风湿性关节炎是一种以累及周围关节为主的多系统性炎症性全身性自身免疫性疾病,可表现为受累小关节疼痛、肿胀、功能下降,病变呈持续、反复发作的过程,多侵犯小关节,如手、足及腕关节等,重者可出现关节强直及功能障碍。患者血清中可查到自身抗体,故认为本病是自身免疫性疾病。目前尚缺乏根治方法。治疗原则包括早期治疗、联合用药、治疗方案个体化和功能锻炼。治疗的主要是控制炎症,缓解症状,控制进展,保持关节功能和防止骨破坏及关节畸形,促进已破坏的关节骨的修复。护理重点是病情观察、饮食、用药护理及并发症护理。

自 测 题

A₁ 型题

1. 类风湿性关节炎最常累及的关节是( )
   A. 肘关节 B. 四肢小关节
   C. 膝关节 D. 脊柱小关节
   E. 肩关节

2. 类风湿性关节炎缓解期最重要的护理是( )
   A. 观察病情变化 B. 避免疲劳
   C. 避免精神刺激 D. 指导医疗体育锻炼
   E. 给予营养丰富的饮食

3. 类风湿性关节炎患者关节症状早期最显著的是( )
   A. 晨僵 B. 局部发红
   C. 局部压痛 D. 局部发热
   E. 关节强直与畸形

4. 风湿性疾病以哪种症状为主要症状( )
   A. 发热 B. 疼痛
   C. 肝、脾肿大 D. 淋巴结肿大
   E. 关节畸形

A₂ 型题

5. 李某,女,40岁。因发热、关节疼痛,拟诊为类风湿

性关节炎收住院。下列护理措施正确的是( )
- A. 进行关节锻炼
- B. 保持关节功能位
- C. 绝对卧床休息
- D. 膝关节保持屈曲
- E. 侧卧位,髋关节屈曲

6. 张某,女,50岁。临床确诊为类风湿性关节炎。近10天来手、足及膝关节肿胀疼痛加剧,活动后疼痛减轻,伴有食欲缺乏、乏力等不适症状,其护理应( )
- A. 维持膝关节屈曲位
- B. 取平卧位,保持肩关节外旋
- C. 用冷水浸泡肿胀关节以缓解肿胀感
- D. 绝对卧床休息
- E. 足底放足护板

A₃型题

(7~9题共用题干)

46岁的王女士,长期居住在阴暗潮湿的地方10多年,关节肿痛已2年多,诊断为类风湿性关节炎。

7. 王女士的关节损害最常见的是( )
- A. 手足小关节
- B. 肘关节
- C. 膝关节
- D. 髋关节
- E. 脊柱

8. 王女士体内最常见的自身抗体是( )
- A. 抗核抗体
- B. 抗单链DNA抗体
- C. 抗双链DNA抗体
- D. 抗SM抗体
- E. 类风湿因子

9. 王女士在疾病后期可能出现的特征性体征是( )
- A. 梭形指
- B. 晨僵
- C. 脊柱强直
- D. 关节隆突部出现皮下类风湿结节
- E. 手指尺侧偏向畸形

实践8 类风湿性关节炎患者的护理

【目的和要求】

1. 学会对类风湿性关节炎患者进行护理评估。
2. 能正确提出患者的护理诊断,并能够说出对患者采取的护理措施。
3. 能够对患者进行相应的健康教育。

【内容】

对类风湿性关节炎患者进行护理评估,提出护理诊断,给予相应的护理措施和并发症的观察及健康教育。

【准备】

1. 临床见习,事先与医院联系好,选择适合的患者并与患者沟通,取得患者的配合,备好屏风。
2. 如不具备医院见习条件,可在实训室进行。教师提前准备好病例资料,也可采用视频资料或病例介绍,尽量达到仿真的环境。

【方法与过程】

1. 临床见习 学生分组采集病史,评估患者的身体状况,有重点地进行护理体检,了解相关辅助检查的结果。各小组对自己评估的患者资料进行整理分析,提出护理诊断,拟定护理计划,各组找出代表对小组的学习情况向其他同学和老师进行汇报,并接受老师和同学的修改意见。
2. 观看视频资料或介绍病例 学生观看后分组进行讨论,找出患者存在的护理问题,拟定护理计划,讨论护理措施的实施过程及并发症的预防措施,对该患者如何进行健康教育。将本小组讨论结果反馈给其他小组的同学和老师,听从大家的改进意见。

【效果评价】

小组间互评和老师讲评,评价学生是否掌握了类风湿性关节炎患者的护理;能否配合医生进行护理技术操作;能否对不同患者熟练进行护患沟通和健康教育。

(江 乙)

第9章 神经系统疾病患者的护理

神经系统按解剖结构分为周围神经系统(脑神经、脊神经)和中枢神经系统(脑、脊髓),前者主管传递神经冲动,后者主管分析综合体内外环境传来的信息并作出反应。按功能又分为躯体神经系统和自主神经系统,前者调整人体适应外界环境变化,后者稳定内环境。神经系统疾病是指神经系统和骨骼肌由于感染、血管病变、肿瘤、变性、遗传、中毒、先天发育障碍、免疫障碍、营养缺陷和代谢障碍等所致的疾病,其主要症状有运动、感觉和反射障碍,当病变累及大脑时,常出现意识障碍和精神症状。神经系统疾病具有"三高"(发病率高、死亡率高、致残率高)的特点。在我国城市居民主要疾病死因中,脑血管病位居第二,仅次于肿瘤。

第1节 概 述

一、神经系统的结构功能与疾病的关系

(一)周围神经系统

1. 脑神经　共有12对,以罗马数字依次命名为:Ⅰ嗅神经、Ⅱ视神经、Ⅲ动眼神经、Ⅳ滑车神经、Ⅴ三叉神经、Ⅵ展神经、Ⅶ面神经、Ⅷ位听神经、Ⅸ舌咽神经、Ⅹ迷走神经、Ⅺ副神经、Ⅻ舌下神经。脑神经有感觉纤维和运动纤维,主要支配头面部。其中第Ⅰ、Ⅱ、Ⅷ对为感觉神经;第Ⅲ、Ⅳ、Ⅵ、Ⅺ、Ⅻ对为运动神经;第Ⅴ、Ⅶ、Ⅸ、Ⅹ对为混合神经。除第Ⅰ、Ⅱ对脑神经进入大脑外,其余均与脑干相连。

2. 脊神经　共有31对,包括8对颈神经,12对胸神经,5对腰神经,5对骶神经,1对尾神经,均发自脊髓各段面,主要分布到四肢和躯干。每对脊神经由前根(运动纤维)和后根(感觉纤维)所组成,相连于一个脊髓节段。脊神经在皮肤的分布有明显的节段性,如乳头线为胸4,脐孔为胸10,腹股沟为腰1。根据不同部位的感觉障碍水平,判断脊髓损伤的平面,对节段定位诊断具有重要价值。脊神经病变可表现为受损神经支配范围内的感觉、运动、反射和自主神经功能障碍,其部位和范围随受损神经的分布而异,但又具有共同的特性。

(二)中枢神经系统

1. 脑　又分为大脑、间脑、脑干和小脑。

(1)大脑:由大脑半球、基底核和侧脑室组成。①大脑半球分为额叶、颞叶、顶叶、枕叶、岛叶和边缘系统。两侧大脑半球的功能不完全对称,如语言中枢大多数在左侧半球(优势半球)。大脑皮质各部分在整体功能的基础上有其独特的生理作用:额叶与躯体运动、语言和高级思维活动有关;颞叶与听觉、语言和记忆有关;顶叶与躯体感觉、味觉和语言等有关;枕叶与视觉信息的整合有关;岛叶与内脏感觉有关;边缘系统与情绪、行为和内脏活动有关。②内囊聚集了大量的上下行传导束,特别是锥体束在此高度集中,如完全损害,病灶对侧可出现偏瘫、偏身感觉障碍及偏盲,称为"三偏征",见于脑出血及脑梗死。

(2)间脑:是脑干与大脑半球的中继站,可分为丘脑和下丘脑。其中下丘脑对体重、体温、代谢、摄食、内分泌、生殖及性功能、睡眠及觉醒的生理调节起重要作用,同时也与人的情绪、行为有关。下丘脑损伤可出现中枢性尿崩症、中枢性高热或体温过低、食欲亢进或厌食、失眠或过度睡眠、性早熟或性功能障碍等表现。

(3)脑干:介于间脑和脊髓之间,由中脑、脑桥和延髓组成。脑干有许多生命中枢(如呼吸中枢、

心血管运动中枢、血压反射中枢、呕吐中枢等),损害严重时可致呼吸、心搏骤停;脑干还具有传导功能及保持睡眠与觉醒功能。脑干病变多涉及某些脑神经和传导束,多见于血管病和肿瘤等,可出现交叉性瘫痪、昏迷、去大脑强直等,脑桥损伤还可出现两侧瞳孔针尖样缩小。

(4) 小脑:主要维持躯体平衡,控制姿势、步态,调节肌张力和协调随意运动,小脑病变可引起共济失调,见于脑血管病、肿瘤等。

2. 脊髓由含神经细胞的灰质和含上、下行传导束的白质组成,是四肢和躯干的初级反射中枢,其正常活动在大脑的控制下进行。主要功能为①传导功能:一方面把大脑皮质的运动兴奋性经过脊髓、脊神经到达效应器官,另一方面把肌肉、关节和皮肤的痛觉、温度觉、触觉等感觉经脊神经、脊髓、脑干传至大脑半球。②反射功能:当脊髓失去大脑控制后,仍能自主完成较简单的骨骼肌反射和躯体内脏反射活动,如膀胱、直肠反射及牵张反射、屈曲反射、浅反射等。

二、神经系统疾病患者常见症状的护理

头　痛

头痛是指额、顶、颞及枕部的疼痛。头痛的敏感结构包括颅内的血管、神经和脑膜及颅外的血管、骨膜、头皮、颈肌、韧带等,这些敏感结构受挤压、牵拉、移位、炎症、肌肉紧张性收缩、血管扩张与痉挛等均可引起头痛。

(一) 护理评估

1. 健康史　了解引起患者头痛的病因和诱因。
(1) 颅内因素:感染、外伤、血管病变、占位性病变等。
(2) 颅外因素:包括头部临近器官疾病(如五官及颈部疾病)及全身性疾病(如高血压、急性感染、中毒、缺氧、代谢紊乱等)。
(3) 诱因:情绪紧张、睡眠不足、饮酒、饥饿、用力性动作、噪声、强光等。

2. 身体状况
(1) 症状
1) 头痛的部位、性质和程度:颅内因素所致头痛,常弥散与深在,表现为钝痛;颅外因素所致的头痛,如眼、鼻、耳等所致的头痛,多位于病灶附近,较表浅和局限;偏头痛多为一侧颞部搏动性剧痛;三叉神经痛常呈阵发性电击样短促的剧痛;紧张性头痛表现为双侧枕部或全头部的紧缩性或压迫性疼痛。三叉神经痛、偏头痛及脑膜刺激征的头痛最为剧烈。
2) 头痛的规律:询问头痛发病的急缓,是持续性还是阵发性,起始与持续时间,发作频率,激发、加重或缓解的因素,与饮食、季节、气候、体位、情绪、睡眠、疲劳及与颅内压暂时性升高(如咳嗽、用力)等的关系。新近发生与以往不同的头痛很可能为严重疾病的信号,如突发的剧烈头痛可能提示蛛网膜下隙出血;长时间阅读后头痛,常见于眼病。
3) 伴随症状:典型偏头痛发作常伴视觉先兆症状;头痛伴高热常见于颅内感染;剧烈头痛伴喷射性呕吐,常见于颅内压增高;伴眩晕常见于小脑疾病;伴焦虑、失眠、注意力不集中,提示神经症。
(2) 体征:重点检查生命体征、意识、瞳孔大小和对光反射情况,头部有无外伤及脑膜刺激征。
3. 心理-社会状况　患者长期反复头痛可出现焦虑、抑郁心理。重者常辗转不安、呻吟及哭泣,甚至产生恐惧心理。
4. 辅助检查　①脑脊液检查:了解脑脊液是否为无色透明、压力是否增高。②头颅 CT 或 MRI 检查、脑血管造影检查:可检查有无颅内病灶,有助于病因诊断。

(二) 护理诊断与合作性问题

1. 疼痛:头痛　与颅内外血管舒缩功能障碍或脑部器质性病变等因素有关。
2. 焦虑　与头痛及其他不适症状有关。

（三）护理措施

1. **一般护理** 避免诱因，保持环境安静、舒适、光线柔和。非器质性头痛患者增加休息和睡眠时间；器质性头痛患者应绝对卧床休息，减少头部活动。保持大便通畅，避免用力排便。

2. **病情观察** 观察头痛的部位、性质、程度、持续时间及伴随症状，注意观察患者生命体征、意识、瞳孔等变化，发现异常立即报告医生。

3. **配合治疗护理** 指导患者做缓慢深呼吸、听轻音乐、练气功、引导式想象、冷敷或热敷、理疗、按摩、指压止痛法等方法缓解头痛。指导患者遵医嘱正确服药，告知止痛药的疗效与不良反应，让患者了解药物依赖性或成瘾性的特点，如大量使用止痛剂，滥用麦角胺咖啡因可致药物依赖。

4. **心理护理** 理解、同情患者的痛苦，耐心解释、适当诱导，解除其思想顾虑，鼓励患者树立信心，积极配合治疗。

（四）护理目标及评价

患者能正确运用减轻头痛的方法，头痛发作次数减少或程度减轻；焦虑程度减轻或消失。评价经实施护理措施，是否达到以上护理目标。

感觉障碍

感觉是指各种形式的刺激作用于人体感觉器后在人脑中的直接反映。感觉分为内脏感觉（由自主神经支配）、特殊感觉（视、听、嗅和味觉，由脑神经支配）和一般感觉。一般感觉由浅感觉（痛、温度和触觉）、深感觉（运动觉、位置觉和振动觉）和复合感觉（实体觉、图形觉及两点辨别觉等）所组成。

感觉障碍是指机体对各种形式刺激（如痛、温度、触、压、位置、振动等）无感知、感知减退或异常的一组综合征。可表现为抑制性和刺激性症状。

（一）护理评估

1. **健康史** 了解有无神经系统的感染、血管病变、药物或毒物中毒、脑肿瘤、脑或脊髓外伤、椎间盘压迫等病因；注意有无认知、情感或意识行为方面的异常，是否疲劳或注意力不集中。

2. **身体状况**

（1）症状

1）抑制性症状：感觉传导径路被破坏时功能受到抑制，出现感觉减退或缺失，包括完全性感觉缺失（同一部位各种感觉均消失），分离性感觉障碍（同一部位仅有某种感觉障碍而其他感觉保存）。

2）刺激性症状：感觉传导径路受刺激或兴奋性增高时出现的症状。常有以下几种表现。

A. 感觉过敏：指轻微刺激引起强烈感觉，如用针轻刺皮肤引起强烈的疼痛感受。

B. 感觉过度：感觉的刺激阈增高，反应剧烈、时间延长。当刺激达到阈值时，经一潜伏期，可产生一种强烈的、定位不明确的不适感。如烧灼性神经痛、带状疱疹疼痛。

C. 感觉异常：没有外界任何刺激而出现的感觉，如麻木感、针刺感、蚁行感、痒感、沉重感、电击感、紧束感、冷热感、肿胀感等。

D. 感觉倒错：指对刺激产生的错误感觉，如热觉刺激引起冷觉感，非疼痛刺激误认为痛觉。

E. 疼痛：为临床上最常见的刺激性症状。可分为①局部疼痛：病变部位的局限性疼痛。②放射性疼痛：神经干、神经根或中枢神经受病变刺激时，疼痛不仅发生于刺激局部，而且可扩展到受累神经的支配区。③扩散性疼痛：刺激由一个神经分支扩散到另一个神经分支而产生的疼痛，如牙疼时，疼痛扩散到其他三叉神经的分支区域。④牵涉性疼痛：内脏病变时，内脏的疼痛性冲动扩散到相应节段的体表，如心绞痛可引起左胸、左肩痛并沿着左臂内侧达无名指和小指，肝胆病变可引起右肩痛。⑤灼性神经痛：为剧烈的烧灼样疼痛，迫使患者用冷水浸湿患肢，多见于正中神经或坐骨神经受损后。⑥幻肢痛：截肢后，感到被切断肢体仍然存在且出现疼痛。

（2）体征：根据感觉障碍的分布不同可进行定位诊断，感觉障碍根据受损部位，可分类如下：

1) 末梢型,肢体远端对称性感觉减退,呈手套-袜套样分布,见于多发性周围神经病(如糖尿病神经病变)等。

2) 周围神经型,单神经干分布区内感觉障碍。如尺神经受损出现前臂尺侧及4~5指的感觉障碍。

3) 后根型,为相应节段区域内的感觉障碍,常伴有剧烈疼痛(根痛)。多见于髓外肿瘤、椎间盘突出等。

4) 脊髓型:①脊髓半切综合征:受损平面以下对侧痛温觉障碍,同侧深感觉障碍及上运动神经元瘫痪。见于脊髓外伤、髓外占位性病变。②脊髓横贯性损伤:受损平面以下所有感觉均缺失或减弱,可伴有截瘫或四肢瘫及大小便障碍,常见于脊髓灰质炎、脊髓肿瘤等。

5) 脑干型,出现交叉型感觉障碍,即同侧面部及对侧躯体痛温觉障碍,常伴有交叉性瘫痪,常见于脑血管病。

6) 内囊型,出现对侧偏身感觉缺失或减退,常伴有偏瘫及偏盲,称为三偏征,见于脑血管病,如内囊出血。

7) 皮质型,多出现对侧单肢感觉障碍,可伴有复合感觉障碍。

考点: 感觉障碍的类型

3. 心理-社会状况　感觉过敏或过度患者常心情烦躁、焦虑不安,常有失眠。感觉缺失或减退患者容易受伤,常产生紧张、恐惧心理。

4. 辅助检查　脑脊液检查、诱发电位、CT及MRI检查可以帮助诊断。

(二) 护理诊断与合作性问题

1. 感觉紊乱　与神经系统病变致感觉传导受损有关。
2. 有皮肤完整性受损的危险　与神经性病变导致皮肤感觉障碍有关。

(三) 护理措施

1. 一般护理　对浅感觉障碍患者,保持床单平整、柔软、无渣屑;避免高温或过冷刺激,慎用热水袋或冰袋,防止烫伤、冻伤;肢体保暖需用热水袋时,水温不宜超过50℃,每30分钟观察并更换部位,以防烫伤;对感觉过敏的患者尽量避免不必要的刺激;对感觉异常者避免搔抓,以防皮肤损伤。对有深感觉障碍的患者,室内、走廊、洗漱间要有扶手,光线要充足,避免夜间独自行走,以防跌伤。

考点: 感觉障碍的一般护理

2. 感觉训练　指导患者或家属每天进行感觉训练,可进行肢体的拍打、按摩、理疗、针灸、被动运动和各种冷、热、电的刺激。如每天用温水(40~50℃)擦洗感觉障碍的部位,以促进血液循环;被动活动关节时反复适度挤压关节、牵拉肌肉、韧带;让患者注视患肢并认真体会其位置、方向及运动感觉,让患者闭目寻找停滞在不同位置的患肢的不同部位,多次重复直至找准,这些方法可促进患者本体感觉的恢复。上肢运动感觉机能的训练可使用木钉盘,如使用砂纸、棉布、毛织物、铁皮等缠绕在木钉外侧,当患者抓木钉时,通过各种材料对患者肢体末梢的感觉刺激,提高中枢神经的感知能力。还可以提高患侧上肢的负重训练,改善上肢的感觉和运动功能。

3. 心理护理　关心、体贴患者,主动协助日常生活活动,多与患者沟通,取得患者信任,使其正确面对病情,积极配合治疗和训练。

(四) 护理目标及评价

患者能适应感觉障碍的状态,感觉障碍减轻或消失;感觉障碍部位的皮肤不发生损伤等并发症。评价经实施护理措施,是否达到以上护理目标。

运 动 障 碍

运动系统由上运动神经元(锥体系统)、下运动神经元、锥体外系统和小脑组成。人的运动包括随意运动和不随意运动2大类。随意运动指有意识、能随着自己的意志而完成的动作,由椎体系统及其所支配的下运动神经元来完成。不随意运动是不受主观意志支配的、无目的的骨骼肌运动,由锥体外系统及小脑来控制。

运动障碍是指神经系统执行运动功能的部分发生病变而引起的异常,包括瘫痪、不随意运动及共济失调等。

（一）护理评估

1. 健康史　询问患者有无脑和脊髓的感染及占位病变、脑血管病、颅脑外伤、脑先天畸形、药物或毒物中毒等病史。

2. 身体状况

(1) 瘫痪:指随意运动功能的减退或丧失,是最常见的运动障碍。

1) 瘫痪性质,按病变部位分为上运动神经元瘫痪(亦称中枢性瘫痪,痉挛性瘫痪或硬瘫)和下运动神经元瘫痪(亦称周围性瘫痪,迟缓性瘫痪或软瘫)(表9-1)。

表9-1　上、下运动神经元瘫痪的鉴别

鉴别点	上运动神经元瘫痪	下运动神经元瘫痪
病损部位	大脑皮质、内囊、脊髓	脊髓前角、前根、周围神经
瘫痪分布	以整个肢体为主(单瘫、偏瘫等)	以肌群为主
肌张力	增高	减低
腱反射	增强	减弱或消失
病理反射	有	无
肌萎缩	无,长久可见失用性萎缩	显著,早期出现
肌电图	神经传导正常,无失神经电位	神经传导异常,有失神经电位

考点:上下运动神经元瘫痪的鉴别

2) 瘫痪类型,根据瘫痪类型可对瘫痪进行定位诊断(表9-2)。

表9-2　瘫痪的定位诊断

瘫痪类型	临床表现	病变部位
单瘫	单个肢体瘫痪	大脑半球、脊髓前角细胞、周围神经或肌肉病变
偏瘫	一侧面部和上下肢瘫痪	内囊病变
交叉性瘫痪	病变侧脑神经下运动神经元瘫痪和对侧肢体上运动神经元瘫痪	脑干病变
截瘫	双下肢瘫痪	胸腰段脊髓横贯性病变
四肢瘫痪	双侧上下肢均瘫痪	高颈段脊髓或周围神经病变

考点:瘫痪的类型

3) 瘫痪程度,可用肌力表示。肌力是受试者主动运动时肌肉产生的收缩力,采用0～5的六级记录法(表9-3)。

表9-3　肌力的分级

肌力分级	临床表现
0级	肌肉无任何收缩(完全瘫痪)
1级	肌肉可轻微收缩,但不能产生动作
2级	肢体仅能在床面上移动,但不能抬起
3级	肢体能克服地心引力抬离床面,但不能抵抗阻力
4级	肢体能做抵抗阻力动作,但差于正常肌力
5级	肌力正常

考点：肌力的分级

（2）不随意运动：由锥体外系统病变引起的不受主观控制的无目的的不自主运动。临床上表现为震颤、舞蹈症、手足徐动、扭转痉挛、投掷动作等，所有不随意运动的症状随睡眠而消失。如帕金森病可引起震颤并出现慌张步态。

（3）共济失调：指由本体感觉、前庭迷路及小脑系统损害所致的运动笨拙和不协调，而并非肌无力，可累及四肢、躯干和咽喉肌，引起姿势、步态和语言障碍。根据病变部位共济失调可分小脑性共济失调、大脑性共济失调、脊髓性共济失调。可通过指鼻试验、轮替运动试验、跟膝胫试验等检查共济运动情况。

3. 心理-社会状况　患者因瘫痪、不随意运动导致生活不能自理，产生急躁、焦虑、无能感及抑郁、自卑、悲观、绝望心理，易对他人产生依赖性。

4. 辅助检查　①影像学检查：CT、MRI可了解中枢神经系统有无病灶。②肌电图检查：可了解脊髓前角细胞、神经传导速度及肌肉有无异常。③神经肌肉活检：可鉴别各种肌病和周围神经病。

（二）护理诊断与合作性问题

1. 躯体活动障碍　与运动神经元或肌肉受损致肢体瘫痪或协调能力异常有关。
2. 自理缺陷　与肢体瘫痪或病情需要长期卧床有关。
3. 有废用综合征的危险　与肢体瘫痪、长期卧床有关。

（三）护理措施

1. 一般护理　①保持床单整洁、干燥，减少对皮肤的机械性刺激。②预防压疮和下肢静脉血栓形成：垫气垫床，抬高患肢并协助被动运动，按摩关节和骨隆突部位，必要时骶尾部及足跟处给予减压贴保护；帮助患者建立舒适卧位，协助定时翻身、拍背；每天全身温水擦拭1~2次，促进肢体血液循环。③协助生活自理：协助患者洗漱、进食、如厕、沐浴和穿脱衣服等，满足基本生活需求。④饮食及二便护理：提供高蛋白、高维生素、高纤维素食物，热量充足；留置尿管者每4小时开放1次，多饮水，2000ml/d以上，每周更换尿管1次；每天按摩腹部，养成定时排便习惯，保持大便通畅，预防便秘。⑤预防感染：做好口腔护理，预防肺部感染。

考点：瘫痪的一般护理

2. 安全护理　①床周设置床栏，走廊、洗漱间设置扶手。②呼叫器和常用物品置于床头患者伸手可及处。③地面保持平整、防湿、防滑，穿防滑软底鞋。④活动和功能训练场所要宽敞、明亮，建立"无障碍通道"。⑤上肢肌力下降者不要自行用热水瓶倒水，以防烫伤；步态不稳者选用三角手杖等辅助工具，并有人陪伴，防止受伤。

考点：瘫痪的安全护理

3. 保持瘫痪肢体功能位　急性期床上瘫痪肢体以功能位摆放，可防止关节变形而失去功能，教会患者和家属摆放和保持患肢功能位置：①上肢，患肢平放，腕关节背屈20°~25°，肘关节稍屈曲，维持手臂外展姿势，仰卧时肩关节高于肩水平，防止肘、腕关节屈曲痉挛，肩关节内收。②下肢，用夹板将足底垫起，使踝关节呈直角，膝关节下垫一小枕使其微屈，防止下肢外旋、足下垂。

考点：保持瘫痪肢体的功能位

4. 康复护理　告知患者和家属早期康复的重要性、训练内容与开始时间。只要不妨碍治疗，康复训练越早，功能康复的可能性越大，预后越好。

（1）原则：被动与主动训练相结合，床上与床下训练相结合，肢体功能训练与其他功能训练相结合，循序渐进，活动量由小到大，时间由短到长。

（2）方法：①床上训练，Bobath握手、桥式运动、关节被动或主动运动（伸手、抬腿、拉绳、大小关节伸屈等）、翻身及起坐训练。②使用轮椅训练，对不能行走或借助助行器行走的患者，教会其使用轮椅的方法。③行走训练，站稳后训练下蹲，借助助行器行走或独立行走。④手精细动作训练，坐稳后练习手指屈伸、捻动、抓握、翻书报、刷牙、使用勺筷、系鞋带、扣纽扣等。⑤鼓励患者调动健侧肢体,辅助患者肢体进行运动。⑥配合使用针灸、理疗、按摩等辅助治疗。

5. 心理护理　关心、尊重患者,多与患者沟通交流,鼓励患者表达自己的感受,指导克服焦躁、悲观情绪,适应患者角色的转变。在协助患者进食、洗漱和如厕时不要流露出厌烦情绪,正确对待康复训练过程中患者所出现的诸如注意力不集中、缺乏主动性、畏难、悲观及急于求成等心理现象,鼓励患者克服困难,摆脱对照顾者的依赖心理,增强自我照顾能力与自信心,营造一种和谐的亲情氛围和舒适的休养环境,建立医院、家庭、社区的协助支持系统。

（四）护理目标及评价

患者和亲属能掌握并配合肢体功能训练方法,日常生活活动能力逐渐增强;能够适应进食、穿衣、沐浴或卫生生活自理缺陷状态,能在他人协助下定时翻身、更换体位,直至逐渐恢复部分或全部生活自理;不发生受伤、压疮、深静脉血栓形成和肢体挛缩畸形等并发症。评价经实施护理措施,是否达到以上护理目标。

意识障碍

意识是指机体对自身和周围环境的刺激做出应答反应的能力。意识障碍是指人对外界环境刺激缺乏反应的一种精神状态。意识障碍可分为觉醒度下降和意识内容（定向力、感知力、注意力、记忆力、思维、情感、行为等）变化两方面。

1. 以觉醒度改变为主的意识障碍

（1）嗜睡：是意识障碍的早期表现。患者表现为睡眠时间过度延长,但能被叫醒,醒后可勉强配合检查及回答简单问题,停止刺激后又继续入睡。

（2）昏睡：是一种比嗜睡较重的意识障碍。患者处于沉睡状态,正常的外界刺激不能使其觉醒,需大声呼唤或较强烈刺激方可唤醒,可做含糊、简单而不完全的答话,停止刺激后很快入睡。

（3）昏迷：是最严重的意识障碍。患者意识完全丧失,各种强刺激不能使其觉醒,无有目的的自主活动,不能自发睁眼。按严重程度可分为三级：①浅昏迷,意识完全丧失,仍有较少的无意识自发动作。对周围事物、声、光刺激无反应;对强烈疼痛刺激尚可出现痛苦表情或肢体退缩等防御反应;脑干生理反射（角膜、瞳孔对光、吞咽、咳嗽等反射）可存在,偶有眼球转动;深浅反射及生命体征无明显改变。②中度昏迷,对外界的正常刺激均无反应,自发动作很少。对强烈疼痛刺激的防御反应、脑干反射均减弱,眼球无转动;生命体征可有改变,大小便潴留或失禁,可有病理反射。③深昏迷,全身肌肉松弛,对任何刺激均无反应,眼球固定,瞳孔散大;脑干反射、深浅反射和病理反射均消失;生命体征不稳定,大小便失禁。

考点：昏迷的分级

护考链接

一患者因车祸急诊入院,体检发现患者随意运动消失,呼之不应,但压迫其眶上神经有痛苦表情。该患者的意识障碍程度是(　　)A. 嗜睡　B. 昏睡　C. 意识模糊　D. 浅昏迷　E. 深昏迷

点评：患者随意运动消失,呼之不应可考虑为昏迷,而压迫框上神经时有痛苦表情可判断为浅昏迷,如刺激无任何反应则考虑为深昏迷。故答案选D。

2. 以意识内容改变为主的意识障碍

（1）意识模糊：表现为注意力减退,情感反应淡漠,定向力障碍,活动减少,语言缺乏连贯性,对外界刺激可有反应,但低于正常水平。

（2）谵妄：是一种急性的脑高级功能障碍,患者对周围环境的认识及反应能力有所下降,表现为认知、注意力、定向、记忆功能受损,思维推理迟钝,语言功能障碍,错觉、幻觉等,可表现为紧张、恐惧和兴奋不安,甚至有冲动和攻击行为。急性谵妄状态常见于高热或中毒;慢性谵妄状态可见于慢性乙

醇中毒。

（一）护理评估

1. 健康史　了解患者有无下列疾病病史：①颅内疾病，感染、急性脑血管病、占位病变、颅脑外伤及癫痫等。②心血管疾病，高血压脑病、阿-斯综合征等。③全身感染性疾病，败血症、中毒性肺炎等。④代谢性疾病，糖尿病酮症酸中毒、肝性脑病、尿毒症等。⑤中毒性疾病，一氧化碳、乙醇、巴比妥类药物及有机磷等中毒。

2. 身体状况

（1）了解有无意识障碍及其类型、程度、发生的急缓。急骤发生，可见于颅脑外伤、急性脑血管病、中枢神经系统急性感染等；缓慢发生，可见于肝性脑病、尿毒症、脑肿瘤等。

链接：昏迷程度的判断

常用格拉斯哥昏迷评定量表（Glasgow coma scale，GCS）作为意识障碍程度的量化标准（表9-4），是通过言语、针刺及压迫眶上神经等刺激，检查患者睁眼、言语及运动反应3个方面并进行评分，通过所得分数总和判断意识障碍程度，总分15分，最低3分，15分为正常，8分以下为昏迷，分数越低意识障碍越重。通常8分以上恢复机会较大，7分以下预后较差，3~5分并伴有脑干反射消失患者有潜在死亡的危险。

表 9-4　Glasgow 昏迷评定量表

睁眼反应	评分	言语反应	评分	运动反应	评分
自动睁眼	4	回答切题	5	能按指令动作	6
呼之睁眼	3	答非所问	4	疼痛刺激时能定位	5
疼痛刺激睁眼	2	言语错乱，字意可辨	3	疼痛刺激时能躲避	4
疼痛刺激不睁眼	1	言语难辨，只能发音	2	疼痛刺激时上肢屈曲	3
		刺激无发音	1	疼痛刺激时四肢过伸	2
				疼痛刺激时无动作	1

（2）了解意识障碍时的伴随症状及体征：检查瞳孔大小、对光反射是否灵敏，观察生命体征变化；评估有无肢体瘫痪、头颅外伤、耳、鼻、结膜有无出血或渗液、皮肤有无破损、发绀、出血、水肿等，脑膜刺激征是否阳性。

3. 心理-社会状况　急性意识障碍患者常常给家属带来不安及恐惧，而慢性患者行为意识紊乱及产生的昂贵医疗费及后遗症等问题，易导致家属产生焦虑、厌烦心态和不耐烦行为。

4. 辅助检查　脑电图可提示脑功能受损情况，血液生化检查血糖、血脂、电解质及血常规，头部CT、MRI检查等可明确病因。

（二）护理诊断与合作性问题

1. 急性意识障碍　与脑组织受损、功能障碍有关。
2. 有受伤的危险　与脑组织受损导致的意识障碍有关。

（三）护理措施

1. 一般护理　①休息与活动：卧气垫床或按摩床，保持床单整洁、干燥，减少对皮肤的刺激；定时翻身、拍背、按摩骨突受压处，预防压疮；谵妄躁动者加床栏，必要时作适当的约束，防止坠床和自伤、伤人。②饮食护理：给予高热量、高蛋白、高维生素饮食，补充足够水分。昏迷者鼻饲流质，定时喂食以保证营养，喂食时到喂食后30分钟抬高床头防止食物反流。

考点：昏迷的饮食护理

2. 保持呼吸道通畅　取侧卧位或平卧位头偏向一侧，去除义齿，及时清除口鼻分泌物、吸痰，肩下垫高，防止误吸、舌根后坠和窒息。

3. **预防感染** 保持室内空气流通、新鲜,限制探视,每天口腔护理2~3次,翻身时叩背、吸痰,张口呼吸者口部覆盖温湿纱布,防止口腔和呼吸道感染;做好大小便护理,保持外阴部皮肤清洁,预防尿路感染。慎用热水袋,防止烫伤。

4. **病情观察** 严密监测并记录生命体征、瞳孔、疼痛刺激反应等变化,判断意识障碍程度,观察有无呕吐及呕吐物情况,有无脑膜刺激征、肢体瘫痪、抽搐等,准确记录出入液量,防止消化道出血和脑疝发生。长期卧床者易致坠积性肺炎,随时观察体温、呼吸和痰液的性状。

考点: 昏迷的病情观察

5. **心理护理** 经常与患者家属沟通,及时将患者的病情变化、诊疗方案、医疗费用等信息告知家属,使其更好地配合治疗和护理。

(四)护理目标及评价

患者意识障碍无加重或意识逐渐清楚;患者不发生误吸、窒息、无感染、压疮等长期卧床引起的并发症。评价经实施护理措施,是否达到以上护理目标。

小结

神经系统疾病常见病因有感染、血管病变、肿瘤、变性、遗传、中毒、先天发育障碍、免疫障碍、营养缺陷和代谢障碍等,所引起的常见症状有头痛、感觉障碍、运动障碍和意识障碍等,常见的护理诊断有躯体活动障碍、语言沟通障碍、急性意识障碍、自理缺陷、有皮肤完整性受损的危险、有受伤的危险等。其中瘫痪和昏迷的性质、类型、程度以及护理措施是重点。

自 测 题

A₁型题

1. 对有感觉障碍的患者不宜( )
   A. 定时翻身
   B. 被动运动
   C. 用乙醇按摩局部
   D. 每天温水擦洗,促进血液循环
   E. 用热水袋保暖

2. 关于瘫痪的叙述哪项错误( )
   A. 瘫痪是指随意运动的减退或丧失
   B. 单瘫是一个肢体瘫痪
   C. 偏瘫是一侧面部和上下肢瘫痪
   D. 交叉瘫是一侧上肢与对侧下肢瘫痪
   E. 截瘫是双下肢均瘫痪

A₂型题

3. 患者,女,35岁,在强烈刺激下才能唤醒,醒后表情茫然,反应迟钝,只能做简单、含糊的答话,这种意识状态属于( )
   A. 意识模糊   B. 嗜睡
   C. 昏睡   D. 浅昏迷
   E. 深昏迷

4. 患者,男,62岁,诊断脑血栓形成,经治疗后,右下肢已经能克服地心引力抬离床面,但不能对抗阻力。你判断该患者目前右下肢肌力为( )
   A. 0级   B. 1级
   C. 2级   D. 3级
   E. 4级

第2节 急性脑血管疾病患者的护理

急性脑血管疾病是指脑部或颈部血管病变引起脑局灶性急性血流障碍,而发生的局限性或弥漫性脑功能缺损综合征。又称脑卒中,中医也有"中风"之说。脑卒中发病率、患病率和死亡率随年龄增长而增加,75岁以上者发病率是45~54岁组的5~8倍;其中,男性发病率和死亡率明显高于女性,男女之比为(1.3~1.7):1。脑卒中有死亡率高、致残率高和复发率高的特点,与心脏病、恶性肿瘤构成人类的3大死因,在我国脑卒中分别列于城市和农村人口死因顺序的第一、二位。

脑卒中的病因:①血管壁病变,以动脉粥样硬化最常见。②血液流变学异常及血液成分改变,如高血脂、高血糖等。③心脏病和血流动力学改变,如高血压、低血压、心脏功能障碍等。④其他,各种颅外栓子流入颅内、颈椎病压迫邻近大血管等。

脑卒中的危险因素：①不可干预因素，年龄、性别、气候、种族、遗传、性格等。②可干预因素，高血压、糖尿病、高脂血症、心脏病；吸烟、酗酒、肥胖、口服避孕药、高盐饮食等。其中高血压是各类脑卒中最重要的独立的危险因素。高血压、糖尿病、心脏病和短暂性脑缺血发作被认为是最重要的4大危险因素。

考点：脑卒中的危险因素

脑卒中的分类方法：①根据神经功能缺失持续时间，不足24小时称短暂性脑缺血发作，超过24小时称脑卒中。脑卒中是急性脑循环障碍导致局限性或弥漫性脑功能缺损的临床事件。②根据病理性质可分为缺血性卒中和出血性卒中，前者包括脑血栓形成和脑栓塞，统称为脑梗死；后者包括脑出血和蛛网膜下腔出血。

链接：脑的血液供应

脑部的血液由2条颈内动脉和2条椎动脉供给。颈内动脉进入颅内后依次分出眼动脉、后交通动脉、脉络膜前动脉、大脑前动脉和大脑中动脉。这些动脉供给上部及大脑半球前3/5的血液。双侧椎动脉经枕骨大孔入颅后汇合成基底动脉。基底动脉在脑干头端腹侧面分为2条大脑后动脉，供应大脑半球后2/5的血液。椎-基底动脉在颅内依次分出小脑后下动脉、小脑前下动脉、脑桥支、内听动脉、小脑上动脉等，供应小脑和脑干。两侧大脑前动脉之间由前交通动脉、两侧颈内动脉与大脑后动脉之间由后交通动脉连接起来，构成脑底动脉环（Willis环）。当此环的某一些血供减少或闭塞时，可互相调节血液供应。此外，颈内动脉还通过眼动脉与颈外动脉的分支之间以及大脑表面的软脑膜动脉间亦有多处吻合。

短暂性脑缺血发作

一、疾病概要

（一）概述

短暂性脑缺血发作（TIA，又称小中风）是指由于脑动脉一过性供血不足引起的突发短暂性、可逆性神经功能障碍，出现供血区局限性神经功能缺失的症状。可反复发作，每次发作持续数分钟至1小时，24小时内完全恢复，不遗留任何后遗症。TIA被公认为是缺血性脑卒中最重要的危险因素，近期频繁发作的TIA是脑梗死的特级警报。TIA好发于中老年人（50~70岁），男性较多。

（二）病因及发病机制

关于TIA的病因和发病机制，目前仍有争论。多数认为TIA为一种多病因的综合征，但主要病因是动脉粥样硬化。

1. 微栓塞　颈部和颅内动脉的粥样硬化斑块或其他来源的微栓子脱落，随血流进入颅内，造成动脉栓塞，引起局部缺血症状。当微栓子在血管内被血流冲散或分解，则恢复血液供应，症状消失。

2. 血流动力学改变　脑动脉严重狭窄或完全闭塞，平时靠侧支循环尚能勉强维持该局部脑组织的供血，当血压突然降低时，脑血流量减少，发生一过性缺血症状；当血压回升，局部血流恢复正常，症状消失。

3. 脑血管痉挛　严重高血压和微栓子对附近小动脉床的刺激引起脑血管痉挛，出现局部脑缺血症状。

4. 其他　如红细胞增多症、血液高凝状态等。

（三）诊断及治疗要点

1. 诊断要点　绝大多数TIA患者就诊时症状和体征已消失，故其诊断主要依靠病史。要点如下：①50岁以上突然发病，持续时间短暂，24小时内完全恢复。②有局限性脑功能缺失症状。

2. 治疗原则　消除病因、减少及预防复发，保护脑功能。

二、疾病护理

（一）护理评估

1. 健康史　询问患者有无动脉粥样硬化病史，有无严重高血压、心脏病、糖尿病、高血脂、颈椎病及严重贫血等病史；发病前有无血压明显波动、急剧头部转动和颈部伸屈及严重脱水等血流动力学改变的情况。

2. 身体状况

（1）临床特点：①发作突然，迅速出现局灶性神经功能缺失症状和体征。②历时短暂，一般为10~15分钟，多在1小时内恢复，最长不超过24小时。③可反复发作，每次发作表现相似，不遗留任何后遗症。

考点：TIA的临床特征

（2）不同动脉系统TIA表现

1）颈内动脉系统：常表现为发作性病灶对侧单肢无力或轻瘫、面瘫、偏身感觉障碍；病变侧一过性单眼盲是颈内动脉分支眼动脉缺血的特征性症状；优势半球受累可有失语。

2）椎-基底动脉系统：常见症状有眩晕、平衡失调，跌倒发作和短暂性全面遗忘症为特征性症状；还可有复视、吞咽困难、构音不清、共济失调、眼球震颤、交叉性瘫痪、偏盲或双侧视力障碍等。

3. 心理-社会状况　因突然或反复发作，常使患者产生紧张、焦虑和恐惧心理；部分患者因缺乏相关知识而麻痹大意。

4. 辅助检查　①影像学检查：CT和MRI检查多正常。②血液检查：可发现血黏度增高及血小板聚集性增加等。

（二）护理诊断与合作性问题

1. 有受伤的危险　与突发眩晕、平衡失调、复视及一过性失明等有关。
2. 知识缺乏　缺乏疾病防治知识。
3. 潜在并发症　脑卒中。

（三）护理措施

1. 一般护理

（1）安全护理：发作时卧床休息，枕头不宜太高；频繁发作者应避免重体力劳动，必要时如厕、沐浴及外出活动时应有家人陪伴；发作不频繁者可适当活动，要移开活动场所的障碍物，防止地面过滑，卫生间、走廊和楼梯安装扶手；有前驱症状时立即平卧，避免摔伤。

（2）饮食护理：给予低脂、低胆固醇、低盐、高维生素、适量碳水化合物饮食，戒烟限酒，忌暴饮暴食。

2. 病情观察　频繁发作者应注意观察和记录每次发作的持续时间、间隔时间和伴随症状，观察患者的神志、肌力、视力等改变，有无眩晕、复视、共济失调等，警惕完全性缺血性脑卒中的发生。

3. 用药护理　遵医嘱正确服药，不能随意更改、终止或自行购药服用。告知患者药物作用及不良反应。如肝素抗凝治疗时可出现皮肤出血点及青紫斑，应密切观察有无出血倾向；使用阿司匹林、氯吡格雷或奥扎格雷等抗血小板聚集剂治疗时，可出现消化道症状、皮疹或白细胞减少等不良反应，发现异常情况应及时报告医生处理。

4. 心理护理　了解患者及家属的思想顾虑，耐心解释病情，说明积极配合治疗和护理的重要性，减轻焦虑，保持情绪稳定，以利康复。

（四）护理目标及评价

患者了解受伤的危险因素，能用安全的方法预防受伤；获得本病的相关知识；无脑卒中等并发症发生。评价经实施护理措施，是否达到以上护理目标。

三、健 康 指 导

1. 疾病知识指导　本病为脑卒中的一种先兆表现或警示,如未经正确治疗而任其自然发展,约1/3患者在数年内会发展成为完全性脑卒中。护士应向患者及家属说明避免危险因素、积极治疗的重要性;对频发者应尽量减少独处,避免发生意外。告知患者遵医嘱服药,用药期间应观察的指征,定期门诊复查,如出现肢体麻木、无力、视力障碍等,应及时就诊。

2. 疾病预防指导　指导患者改变不合理的饮食习惯、结构。选择低脂、低胆固醇、低盐、低糖、充足蛋白质和丰富维生素的饮食,如多食谷类和鱼类、新鲜蔬菜、水果、豆类、坚果;少吃甜食;限制钠盐(<6g/d)和动物油的摄入;忌辛辣、油炸食物和暴饮暴食;注意粗细搭配、荤素搭配;戒烟限酒;控制食物热量,保持理想体重。使患者了解长期精神紧张可致血压升高,加重动脉硬化,甚至诱发某些心脑血管病。应鼓励患者积极调整心态、稳定情绪,培养自己的兴趣爱好,多参加有益身心的社交活动。

脑血栓形成

情境 9-1

患者,男,65 岁。既往有糖尿病史 10 年。晨醒后左侧肢体无力 12 小时,家人送来医院就诊,患者自述:"昨天还好好的,今早醒来就发现左边的手脚发软,无力穿衣、刷牙、洗脸,走路不稳,喝水时水从左嘴角流出,到了下午左手啥也拿不了了,也走不了路"。体格检查:BP150/90mmHg,神清,左侧鼻唇沟变浅,伸舌偏左,左上肢肌力 2 级,左下肢肌力 3 级,左侧上肢和面部感觉减退。头颅CT检查正常。

一、疾 病 概 要

(一) 概述

脑血栓形成是指脑动脉粥样硬化导致血管管腔狭窄、闭塞或形成血栓,引起相应供血区脑组织缺血、缺氧而软化、坏死,出现偏瘫、失语等神经症状和体征。脑血栓形成是临床最常见的脑血管疾病。

(二) 病因及发病机制

1. 病因　脑动脉粥样硬化是脑血栓形成最常见、最基本的病因,常伴高血压病,两者相互影响,糖尿病和高脂血症可加速脑动脉硬化的进程;其次是各种脑动脉炎;其他尚有真性红细胞增多症、血液高凝状态等。

考点：脑血栓形成的常见病因

2. 发病机制　脑动脉粥样硬化导致血管狭窄及血管内膜粗糙,脉管炎所致血管内膜损伤、血流缓慢及血液黏稠度增加等,均可促发脑血栓形成。当脑血管狭窄或闭塞,导致缺血性脑组织坏死、软化,称为脑梗死,大面积梗死可发生明显的脑水肿及颅内高增高而危及生命。3~4 周后脑组织可形成瘢痕或中风囊。

(三) 诊断及治疗要点

1. 诊断要点　中老年患者,有动脉粥样硬化、高血压、糖尿病等病史,发作前有 TIA 史,多在安静、睡眠时发病;症状在数小时或数日达高峰,多无意识障碍,而偏瘫、失语等神经系统局灶体征明显;结合 CT 或 MRI 可明确诊断。

情境 9-1 诊断分析

该患者为中老年,存在有高血压、糖尿病等危险因素;晨起安静时发病,起病缓慢;有左侧偏瘫,左侧偏身感觉障碍等神经系统局灶体征,无意识障碍;头颅 CT 检查正常排出急性出血的可能,以上符合脑血栓形成的特点,可在 24 小时后再做头颅 CT 检查以明确诊断。故该患者可能的诊断为脑血栓形成。

2. 治疗原则 ①急性期:超早期(发病6小时内)溶栓治疗,个体化治疗,对症治疗,支持疗法,防止并发症的整体化治疗。早期以溶栓治疗为主,酌情选用改善脑循环、脑保护、抗脑水肿、降颅压等措施。②恢复期:进行康复训练,促进运动、语言等神经功能恢复。

二、疾病护理

(一) 护理评估

1. **健康史** 了解患者有无动脉粥样硬化、高血压、高脂血症、糖尿病及TIA史;发病前有无脱水、大出血、心力衰竭及心律失常等诱因;是否长期摄入高盐、高脂肪饮食,有无烟酒嗜好;有无家族史。

2. **身体状况**

(1) 临床特点:①多见于50岁以上动脉硬化者,且多伴有高血压、冠心病或糖尿病。②多在安静或睡眠状态下发病,部分患者发病前有头晕、头痛、肢体麻木无力等前驱症状或TIA史。③起病缓慢,症状多在发病后10小时或1~2天达到高峰。④多数患者意识清楚,以局灶性神经功能缺损的表现如偏瘫、失语、偏身感觉障碍和共济失调等为主。

考点: 脑血栓形成的临床特点

(2) 临床分型:根据起病形式和病程可分为4型:完全型(发病6小时内达高峰,完全性偏瘫,病情重,甚至昏迷,与脑出血相似)、进展型(局灶性脑缺血症状呈阶梯式加重,可持续6小时至数日)、可逆性缺血性神经功能缺失(持续时间超过24小时,但在1~3周内可完全恢复)、缓慢进展型(病情逐渐进展,2周或2周以上达高峰)。

3. **心理-社会状况** 由于瘫痪、语言交流障碍导致生活自理缺陷,影响工作及生活,患者常出现沮丧、急躁、自卑、消极、依赖、悲观绝望等心理。家属也可表现出焦虑、抑郁等。

4. **辅助检查** ①实验室检查:血液检查包括血常规、血流变、血脂、血糖、凝血功能等,有助于发现危险因素并进行病因鉴别;脑脊液检查多正常。②头颅CT:是最常用的检查,发病24小时内多无改变,24小时以后逐渐出现低密度梗死灶。③头颅MRI:脑梗死数小时内即显示缺血组织的大小、部位,甚至可以显示皮质下、脑干和小脑的小梗死灶。④脑血管造影(DSA):可发现血管狭窄和闭塞的部位,可显示动脉炎、动脉瘤和血管畸形等。

> **护考链接**
>
> 患者,男,65岁,晨起发现右侧肢体活动不便4小时入院。患者既往有高血压及糖尿病史,曾有过TIA史。体检:神志清楚,右侧肢体肌力为2级。急行头颅CT检查无高密度影。最可能的诊断为( ) A. 脑出血 B. 蛛网膜下腔出血 C. 脑血栓形成 D. 脑栓塞 E. 短暂性脑缺血发作
>
> **点评:**该患者为老年人,既往有高血压、糖尿病史,有过TIA史,安静状态发病,神志清楚,有肢体瘫痪,CT检查无高密度影可排除急性出血,考虑为脑血栓形成,故答案为C。

(二) 护理诊断与合作性问题

1. **躯体活动障碍** 与运动中枢受损致肢体瘫痪有关。
2. **语言沟通障碍** 与语言中枢受损有关。
3. **感觉紊乱** 与脑卒中引起感觉传导受损有关。
4. **自理缺陷** 与肢体瘫痪、认知障碍有关。
5. **焦虑/抑郁** 与肢体瘫痪、语言沟通困难等影响工作和生活,减少社会支持有关。

> **情境9-1 护理诊断分析**
>
> 患者有左侧偏瘫,左侧上肢和面部感觉减退。故存在下列主要护理诊断:躯体活动障碍(与偏瘫有关);感觉紊乱(与脑卒中引起感觉传导受损有关)。

（三）护理措施

1. 一般护理

（1）休息与体位：安置患者平卧位以增加脑部供血。头部禁用冰袋或冷敷以免血管收缩、血流减少加重脑缺血。

（2）饮食护理：给予低脂、低盐、高蛋白、丰富维生素饮食。患者有饮水呛咳、吞咽困难时，可给予糊状半流质，放在口腔健侧舌根处小口缓慢喂食，必要时鼻饲；不能使用吸管饮水、饮茶。床旁备吸引装置，如患者呛咳、误吸或呕吐，应立即取头侧位，及时清理口鼻分泌物和呕吐物，保持呼吸道通畅，预防窒息和吸入性肺炎。

考点：缺血性脑卒中的一般护理

2. 病情观察 密切观察生命体征、意识、瞳孔、神经系统症状和体征的变化；及时发现有无脑缺血加重及颅内压增高的症状，如有异常及时报告医生处理。

3. 配合治疗护理

（1）溶栓、抗凝治疗：发病6小时内应尽早溶栓，常用溶栓药物有尿激酶、链激酶或重组组织型纤溶酶原激活剂（rt-PA）；抗凝药如肝素等用于防止血栓扩展及新血栓形成。使用溶栓、抗凝剂应严格把握剂量，监测出凝血时间、凝血酶原时间，观察有无出血倾向。如出现严重头痛、脉搏减慢、血压增高、恶心呕吐，应考虑是否颅内出血，立即报告医生并协助处理。

（2）防治脑水肿：首选20%甘露醇快速静脉滴注。

（3）调整血压：急性期血压应维持于较平时稍高水平，以保证脑部灌注，防止梗死面积扩大。如血压>220/120mmHg，立即应用扩血管药，使血压维持在（170~180）/（95~100）mmHg，切忌过度降压。用药期间密切监测血压变化。

（4）抗血小板聚集治疗：可用阿司匹林，宜饭后服，注意观察胃肠道反应。

（5）脑保护治疗：可应用胞磷胆碱、钙通道阻滞剂、自由基清除剂依达拉奉等药物。

（6）高压氧治疗：可通过改善脑组织血氧含量，纠正脑缺氧，促进血栓形成部位血管再生、侧支循环再建，保护神经元。

4. 安全及康复护理 对瘫痪、感觉障碍患者护理详见本章第2节"运动障碍"和"感觉障碍"的护理。

5. 心理护理 对患者耐心解释有关疾病、治疗及预后的知识，消除患者思想顾虑，稳定情绪。做好家属工作，让家属在精神和物质方便提供帮助，并可组织病友间进行交流，让患者感受到来自各方面的温暖，树立战胜疾病的信心。

（四）护理目标及评价

患者能配合进行肢体功能的康复训练，躯体活动能力逐渐增强；能采取有效的沟通方式表达自己的需要和情感，语言表达能力能逐步增强；感知障碍改善，未受到意外伤害；对提供的生活照顾满意，且逐渐完成最大限度的自理活动；情绪稳定，能积极配合治疗。评价经实施护理措施，是否达到以上护理目标。

三、健康指导

1. **疾病知识和康复指导** 向患者和家属介绍本病的基本知识，告知本病的早期症状和就诊时机。教会患者康复训练的基本方法，促进神经功能恢复，同时注重心理康复，逐步达到职业和社会康复。

2. **日常生活指导** 适当运动（如慢跑、散步等），合理休息和娱乐，多参加一些有益的社会活动，日常生活不依赖家人，尽量做力所能及的家务。夜间、晨起时要注意3个半分钟（平躺半分钟、床上静坐半分钟、双腿下垂床沿静坐半分钟）后再下床；体位变换时动作要缓慢，转头不宜过猛过急；洗澡时间不宜过长；外出时有人陪伴，防止跌倒。

3. 疾病预防指导　选择低脂、低盐、低热量、丰富维生素、高蛋白饮食，改变不良饮食习惯，戒烟、限酒。遵医嘱正确服用降压、降糖和降脂药物；定期门诊检查。预防并发症和脑卒中复发。当患者出现头晕、头痛、肢体麻木无力、讲话吐词不清等脑血栓前驱症状时，应及时就诊。

考点： 缺血性脑卒中的健康指导

> **情境 9-1 问题回答**
>
> **患者：**"护士，我左边手脚为什么会动不了呢？喝水还会从嘴角流出？"
>
> **护士：**"王大爷，那是因为您患了脑血栓形成这个病，俗称'中风'而引起的瘫痪。脑血栓形成的特点是多见于年纪大的人，安静或睡着的时候发病，您由于右边脑组织缺血发生了病变而不能支配左侧手脚的运动，所以是左边肢体瘫痪和面瘫，喝水会从左嘴角流出也是因为这个的缘故。"
>
> **患者：**"护士，我为什么会得这个病呢？"
>
> **护士：**"王大爷，这个病是因为高血压、高血脂、糖尿病等原因引起脑动脉粥样硬化，导致血管里面有血栓形成，引起脑组织缺血。所以您得重视治疗高血压和糖尿病，同时要注意低脂、低盐、低热量饮食呢！"
>
> **患者：**"护士，我这个病能完全治好吗？"
>
> **护士：**"王大爷，您这个病经过治疗是可以好转的，主要使用一些改善脑循环的药物、脱水剂、降压药、抗血小板聚集药、脑细胞营养药等进行治疗，只要您配合医生的治疗，改变不良饮食习惯，且在康复期积极进行肢体功能训练，大多数患者都会康复，能生活自理。"
>
> **患者：**"哦，我明白了，我会积极配合医生治疗的。谢谢您啊！"
>
> **护士：**"不用谢！您还有什么问题，可以随时问我。"

脑　栓　塞

> **情境 9-2**
>
> 患者，女，48岁，既往有风湿性心脏病史12年。突然左侧肢体活动不佳，伴短暂意识不清、抽搐2小时急送入院。患者自述："我在上厕所时突然眼前一黑就不省人事了，醒来后发现已经躺在床上，这时发现自己左边手脚都不能动了，但是脑子很清醒。"她的女儿补充："我听到声响跑进厕所，见我妈倒在地上，全身抽搐，叫不醒她，还发现她嘴巴歪了，就叫我弟一起把她抱出去放床上，马上打了急救电话。"入院后体检：BP120/80mmHg，心界略向左扩大，HR 92 次/分，心音强弱绝对不等，心律绝对不整。神经系统检查：神清语利，左侧面部痛觉减退，左侧鼻唇沟变浅，伸舌左偏。左侧上、下肢体肌力0级，肌张力减低，Babinski 征阳性，无脑膜刺激征。头颅CT未见异常；心电图示心房颤动。

一、疾病概要

（一）概述

脑栓塞是指由各种栓子沿血液循环进入脑动脉，使血管腔急性闭塞，引起相应供血区脑组织缺血性坏死及脑功能障碍。

（二）病因及发病机制

根据栓子来源分为三大类：

1. 心源性　为脑栓塞最常见的原因。最常见为风湿性心脏病二尖瓣狭窄并发心房颤动时形成的附壁血栓，其他如感染性心内膜炎心瓣膜上的炎性赘生物、心肌梗死时导致血液淤滞形成的附壁血栓等，一旦脱落均可成为栓子。心脏黏液瘤、二尖瓣脱垂及心脏手术、心导管检查等也可形成栓子。

2. 非心源性　主动脉弓或颈动脉粥样硬化斑块与附着物及肺静脉血栓脱落，也是脑栓塞的重要原因。其他心脏以外的栓子如败血症引起的感染性脓栓、长骨骨折的脂肪栓、癌性栓子、空气栓子等均可引起脑栓塞。

3. 来源不明性　部分患者虽经现代先进设备、方法进行仔细检查仍未能找到栓子的来源。

考点： 脑栓塞的常见病因

(三) 诊断及治疗要点

1. 诊断要点　有风湿性心脏病、心房颤动等病史者，突发偏瘫、失语等神经系统局灶体征，症状在数秒至数分钟内达高峰，诊断不难。头颅 CT 和 MRI 检查可明确诊断。

> **情境 9-2 诊断分析**
> 该患者为青壮年，有风湿性心脏病史，发病时房颤，提示有来自心脏的栓子脱落的可能；起病急，排便时发病，起病即有偏瘫、偏身感觉障碍、抽搐等神经系统局灶体征，意识障碍短暂；病理反射阳性；无脑膜刺激征，排除出血可能性，符合脑栓塞的特点。故该患者诊断为脑栓塞。

2. 治疗要点　积极治疗原发病，消除栓子来源及治疗脑部病变，是防治脑栓塞的重要环节。对脑栓塞的治疗与脑血栓形成相同。必要时进行抗凝和抗血小板聚集治疗，能防止被栓塞的血管发生逆行性血栓形成，预防复发。

二、疾病护理

(一) 护理评估

1. 健康史　了解患者有无风湿性心脏病、感染性心内膜炎及心肌梗死病史；有无动脉粥样硬化、高血压、高脂血症及 TIA 病史；是否长期摄入高钠、高脂饮食，有无烟酒嗜好。

2. 身体状况

(1) 任何年龄均可发病，风湿性心脏病引起者以青壮年多见，冠心病及大动脉病变引起者以中老年居多。

(2) 安静、活动时均可发病，以活动中突然发病常见；起病急，可在数秒钟至数分钟内达高峰(在所有脑卒中中起病最快)。

(3) 常见症状为局限性抽搐、偏盲、偏瘫、偏身感觉障碍、失语等，意识障碍常较轻且很快恢复。重者可突起昏迷、全身抽搐，可因脑水肿或颅内压增高，继发脑疝而死亡。

考点： 脑栓塞的身体状况

3. 心理-社会状况　患者由于瘫痪、语言交流障碍导致生活自理缺陷，影响工作及生活，常出现沮丧、急躁、自卑、消极、依赖、悲观绝望等心理。家属也可表现出焦虑、抑郁等。

4. 辅助检查　①头颅 CT 及 MRI：可显示缺血性梗死的部位和范围，CT 检查于发病后 24~48 小时内呈低密度梗死灶。②脑脊液检查：压力多正常，大面积脑栓塞者可增高。

(二) 护理诊断与合作性问题

见本节"脑血栓形成"。

> **情境 9-2 护理诊断分析**
> 患者有左侧偏瘫、偏身感觉障碍。故存在下列主要护理诊断：躯体活动障碍(与偏瘫有关)；感觉紊乱(与脑卒中引起感觉传导受损有关)。

(三) 护理措施、目标及评价

见本节"脑血栓形成"。

三、健康指导

见本节"脑血栓形成"。

> **情境 9-2 问题回答**
> 患者："护士,我一直有风湿性心脏病,我现在这个情况跟心脏病有没有关系呢?"
> 护士："张阿姨,您这次发病是因为得了脑栓塞,而这个病最常见的病因就是风湿性心脏病,这个病很容易在心脏里形成栓子,在发生房颤时会把栓子抖落下来,再从心脏流出进入脑里面,引起脑血管堵塞,脑组织缺血。您要积极治疗这个心脏病才行啊!"
> 患者："护士,以后我应该怎么预防这种病发生?"
> 护士："张阿姨,您这次发病可能是因为您用力排便而发生了房颤,导致栓子脱落,所以您特别要注意平时多喝水,多吃新鲜蔬菜水果补充纤维素,适当运动,按医生嘱咐预防便秘,一旦有便秘要尽早治疗,千万不要再用力排便!另外还应注意保持情绪稳定,不做剧烈运动和重体力劳动。"
> 患者："哦,我明白了,我会积极配合医生治疗和注意预防的。谢谢您啊!"
> 护士："不用谢!您还有什么问题,可以随时问我。"

脑 出 血

> **情境 9-3**
> 患者,男,60岁,既往有高血压病史18年,3小时前突发头痛,右侧肢体不能活动来诊。患者儿子代述:"3h前我跟我爸把一张桌子搬到另一个房间,他突然说头很痛,呕吐了1次,几分钟后就看见他右边手脚都不能动,嘴巴也歪了,很快就不省人事了"。体格检查:BP 185/105mmHg,深昏迷,右侧鼻唇沟浅,右侧肢体肌力0级,肌张力低,腱反射(-),右侧Babinski征(+)。急查头颅CT示左基底节区4cm×4cm×4cm高密度灶。

一、疾病概要

(一)概述

脑出血系指原发性非外伤性脑实质内出血。占急性脑血管疾病的20%~30%,其中大脑半球出血占80%,脑干和小脑出血仅占约20%。

(二)病因及发病机制

1. 病因
(1) 高血压合并动脉粥样硬化　为最常见病因。
(2) 其他　颅内动脉瘤、脑内动静脉畸形、脑动脉炎、血液病(白血病、再生障碍性贫血、血小板减少性紫癜、血友病等)、抗凝及溶栓治疗、脑淀粉样血管病等。

考点: 脑出血的常见病因

2. 发病机制　在原有高血压和脑血管病变的基础上,用力过度和情绪激动等因素使血压进一步骤升,血管破裂出血。高血压性脑出血的发病部位以基底节区最多见,主要因为供应此区的豆纹动脉从大脑中动脉呈直角发出,在原有病变的基础上,受到高压血流冲击后易致血管破裂。

(三)诊断及治疗要点

1. 诊断要点　50岁以上有高血压病史者,在体力活动或情绪激动时突然发病,迅速出现不同程度的意识障碍及颅内压增高症状,伴失语、偏瘫等神经系统定位体征,应考虑为脑出血,头颅CT或MRI检查可明确诊断。

> **情境 9-3 诊断分析**
> 该患者为中老年人,有高血压病史;体力活动时突然发病,头痛,数分钟内出现偏瘫、偏身感觉障碍等神经系统局灶体征及严重意识障碍;血压高,病理反射阳性;头颅CT示高密度灶,符合脑出血的特点。故该患者诊断为脑出血。

2. **治疗原则**　控制脑水肿、降低颅内压;调整血压;防止继续出血;促进神经功能恢复,防治并发症。

二、疾病护理

(一)护理评估

1. **健康史**　了解患者既往有无高血压、动脉粥样硬化、先天性动脉瘤、颅内血管畸形及血液病等病史;有无家族史。了解患者性格特点、生活习惯与饮食结构等。

2. **身体状况**

(1)临床特点:多见于50岁以上有高血压病史者,男性略多,冬季好发;常在体力活动或情绪激动时发病,多无前驱症状;起病急,于数分钟至数小时达高峰。血压常明显升高,有瘫痪、失语、大小便失禁等,重者突感剧烈头痛,瞬即喷射性呕吐,数分钟内意识模糊、昏迷。

(2)常见不同部位出血的表现

1)基底节区出血:以壳核出血最为常见,其次为丘脑出血及尾状核头部出血。壳核出血由豆纹动脉破裂所致,最常累及内囊出血,主要表现为三偏征,即病灶对侧偏瘫、偏身感觉障碍和同向性偏盲,双眼球不能向病灶对侧同向凝视;优势半球损害可有失语。出血量小(<30ml)者临床症状轻;出血量大(>30ml)者临床症状重,可引起脑疝甚至死亡。

2)脑桥出血:小量出血者表现为交叉性瘫痪或偏瘫;大量出血者立即昏迷、双侧瞳孔缩小呈针尖样、呕吐咖啡色胃内容物(应激性溃疡)、中枢性高热和四肢瘫痪,多在48小时内死亡。

3)小脑出血:突然枕部疼痛、眩晕、呕吐、病变侧共济失调等,可有眼球震颤,无肢体瘫痪。重者颅内压迅速增高引起频繁呕吐、昏迷、呼吸不规则、双侧瞳孔缩小呈针尖样,常因枕骨大孔疝而死亡。

考点:不同出血部位的脑出血典型体征

> **护考链接**
> 高血压性脑出血最好发的部位是(　　)　A.脑室　B.基底节区　C.丘脑　D.脑桥　E.小脑
>
> 点评:高血压性脑出血最好发的部位是基底节区出血,以壳核出血最为常见,尤其是内囊出血,故答案选B。

3. **心理及社会状况**　患者由于突发昏迷、瘫痪卧床、肢体残疾,生活需要依赖他人,醒后常出现沮丧、焦虑、依赖、悲观绝望等心理。家属也可出现焦虑、抑郁等。

> **链接**:颅内压增高和脑疝
> 各种病因引起颅内压持续高于正常范围(成人70~200mmHg,儿童50~100mmHg),出现头痛、呕吐和视盘水肿,称为颅内压增高。早期呼吸慢而深、脉搏慢而有力、血压升高("二慢一高"),重者呼吸、循环衰竭而死亡。颅内压增高可使颅内各分腔的压力失去平衡,并能推动脑组织从高压力区通过解剖间隙或孔道向低压力区移位,从而出现一系列严重的临床症状和体征,称为脑疝。当病侧瞳孔先小后大,对光反射减弱或消失时,提示小脑幕切迹疝;在无明显意识障碍和瞳孔改变的情况下呼吸骤停,为枕骨大孔疝。

4. **辅助检查**　①头颅CT:是确诊脑出血的首选方法,发病后即刻显示边界清楚的均匀高密度影像,可早期发现脑出血的部位、范围和出血量。②头颅MRI:可发现CT不能明确的脑干或小脑的小量出血。③脑脊液检查:压力增高,血液破入脑室者呈均匀血性。仅在不能进行头颅CT检查且无明显颅内压增高时进行,以免诱发脑疝。怀疑小脑出血者禁腰穿。

（二）护理诊断与合作性问题

1. **急性意识障碍** 与脑出血损害大脑皮质、脑水肿所致大脑功能受损有关。
2. **躯体活动障碍** 与脑出血使锥体束受损导致肢体瘫痪有关。
3. **有受伤的危险** 与脑出血导致脑功能损害、意识障碍有关。
4. **自理缺陷** 与脑出血致意识障碍、偏瘫或医源性限制有关。
5. **潜在并发症** 脑疝、上消化道出血、感染、压疮。

> **情境9-3 护理诊断分析**
>
> 患者有偏瘫、头痛、意识障碍。故存在下列主要护理诊断：急性意识障碍（与脑出血损害大脑皮质、脑水肿所致大脑功能受损有关）；躯体活动障碍（与脑出血使锥体束受损导致肢体瘫痪有关）；疼痛：头痛（与脑出血所致脑水肿、颅内高压有关）；潜在并发症：脑疝、上消化道出血。

（三）护理措施

1. 一般护理

（1）休息与安全：急性期绝对卧床休息2~4周，发病24~48小时避免搬动患者；抬高床头15°~30°，以减轻脑水肿；躁动患者加床栏由专人陪护，必要时使用约束带；保持环境安静、安全，严格限制探视，避免各种刺激，各项治疗和护理操作应集中进行。

（2）饮食护理：急性脑出血在发病24小时内应暂禁食，24小时后如病情平稳可给予高热量、高蛋白、高维生素、清淡、易消化的流质或半流质饮食，食物温度适宜，少量多餐；进食时取坐位或高侧卧位（健侧在下），食物送至口腔健侧近舌根处，以利吞咽；昏迷或有吞咽障碍者，发病第2~3天应遵医嘱鼻饲，鼻饲前应抽胃液观察，如呈咖啡色，应及时报告医生。

（3）保持大便通畅：避免用力排便，可进行腹部按摩，遵医嘱应用导泻药物，禁止灌肠。

考点： 脑出血的一般护理

2. 病情观察 严密观察病情变化，定时测量生命体征、意识状态、瞳孔变化并详细记录，及时判断患者有无病情加重及并发症的发生。若患者出现剧烈头痛、喷射性呕吐、血压进行性升高、脉搏慢而有力、呼吸不规则、意识障碍加重及两侧瞳孔不等大，常为脑疝先兆；如有呕血、黑便或抽胃液呈咖啡色，考虑为上消化道出血。出现以上情况应立即报告医生并协助处理。

考点： 脑出血的病情观察

3. 配合治疗护理

（1）对意识、感觉、运动、语言沟通障碍等给予相应的护理。

（2）用药护理：①脱水剂。积极控制脑水肿、降低颅内压是急性期治疗的重要环节，最常用20%甘露醇125~250ml，快速静脉滴注（30分钟内滴完），1次6~8小时，注意尿量及电解质变化。②降压药。急性期一般不予降压药，但当血压≥200/110mmHg时，应采取降压治疗，使血压维持在略高于发病前水平或180/105mmHg左右，防止过速或过度降压，导致脑缺血。常用药物有硝苯地平、卡托普利等，需密切监测血压。

考点： 脑出血的用药护理

（3）脑疝的抢救配合：及时清除呕吐物和口鼻分泌物，保持呼吸道通畅，防止舌根后坠和窒息；迅速给予高流量吸氧；建立静脉通道，遵医嘱给予快速脱水、降颅压药物，如静脉滴注甘露醇应在30分钟内滴完。备好气管切开包、脑室穿刺引流包、监护仪、呼吸机和抢救药品等。

考点： 脑疝的抢救配合

4. 心理护理 鼓励患者做力所能及的事情，减少依赖性。指导家属充分理解关心患者，给予各方面的支持，从而帮助患者树立战胜疾病的信心。

> **情境9-3 护理工作过程**
>
> 　　入院护理工作过程：接诊患者—送患者到病床，给予抬高床头15°~30°体位—为患者戴腕带—通知医生、护工、膳食科—测体重及生命体征并记录—初步评估患者意识、瞳孔、肢体功能、语言功能等神经系统功能情况，了解辅助检查结果—安慰患者—办理入院手续—遵医嘱给予治疗—填写住院护理评估单及护理表格—进行入院注意事项告之和安全教育。
>
> 　　住院护理工作过程：加强巡视，观察生命体征、意识、瞳孔（潜在并发症：脑疝）、大便（潜在并发症：上消化道出血）、进食（24小时内暂禁食）、肌力、肌张力、腱反射等变化情况，及时发现有无脑出血加重、颅内压增高、脑疝及上消化道出血等的症状—执行医嘱—加强口腔、皮肤、呼吸道、尿道等部位基础护理—做好意识障碍、运动障碍、感觉障碍护理—做好饮食、用药、安全、心理护理及健康教育—填写护理记录单。
>
> 　　出院护理工作过程：执行出院医嘱、撤销单据及卡片、整理出院病历、做好出院登记—征求患者意见和建议—出院宣教，指导患者疾病预防和康复训练—协助备好出院带药，嘱按医嘱用药并注意药物不良反应—通知护工、膳食科—常规清洁床单位—填写出院护理记录。

（四）护理目标及评价

患者意识障碍程度逐渐减轻，或意识恢复；躯体活动能力增加；不发生误吸、窒息等；对提供的生活照顾满意，且逐渐完成最大限度的自理活动；不发生脑疝、上消化道出血，或能及时识别脑疝的先兆表现和上消化道出血的症状和体征，能采取积极措施抢救脑疝和上消化道出血，无感染、压疮等长期卧床引起的并发症。评价经实施护理措施，是否达到以上护理目标。

三、健康指导

1. **疾病预防指导**　指导高血压患者保持情绪稳定和心态平和，避免激动、用力活动等使血压骤升骤降的因素刺激；建立健康的生活方式，保证充足睡眠，适当运动，避免过度劳累；低盐、低脂、高蛋白、高维生素饮食，戒烟酒；养成定时排便的习惯，保持大便通畅。

2. **积极治疗原发病**　遵医嘱正确服用降压药，每日监测血压，发现有异常波动，或有头痛、头晕及其他不适应及时就诊。

3. **康复训练指导**　向患者及家属说明康复训练越早疗效越好，强调坚持长期康复训练的重要性和必要性，并介绍和指导康复训练的具体方法，使患者尽可能恢复生活自理能力。

考点： 脑出血的健康指导

> **情景9-3 问题回答**
>
> **患者儿子：** "护士，我爸为什么到现在还没清醒过来？什么时候能醒呢？"
> **护士：** "您好！您爸是因为患了左侧脑出血，这个病的特点是多见于中老年人，原先有高血压病史，用力过度或激动时突然发病，迅速出现瘫痪、失语、大小便失禁等，严重的由于颅内压增高和脑水肿，会剧烈头痛、呕吐，很快昏迷。他现在病情很重，还处在发病高峰期，所以还没清醒，至于什么时候能醒，得看治疗效果和恢复情况，请您不要着急，要有耐心。"
> **患者儿子：** "护士，我爸为什么会得这个病呢？"
> **护士：** "您爸这个病是因为在原有高血压和脑动脉粥样硬化等的基础上，在用力过度时引起血压升高，引起脑血管破裂而出血，所以您爸得重视治疗高血压和动脉粥样硬化，平时要注意低脂、低盐、低热量饮食！"
> **患者儿子：** "哦，我明白了，我们会积极配合医生治疗的。谢谢您啊！"
> **护士：** "不用谢！您还有什么问题，可以随时问我。"

蛛网膜下腔出血

情境9-4

患者,女,26岁,突然剧烈头痛、呕吐,伴一过性意识不清2小时入院。患者自述:"中午吃饭时跟他(指丈夫)吵架,突然就感觉头痛欲裂,还呕吐了几次,很快人事不省"。丈夫补充:"当时她说头很痛,呕吐几次后,还抽搐了1次,2分钟后清醒过来,但抽搐过后手脚活动没问题,问话也能回答,我就把她送到附近医院,医生处理了一下,但她还是感到头痛很厉害,就转送来这里了"。入院后体检:BP150/95mmHg,神清语明,双侧Babinski征(-),颈项强直,Kernig征(+)。头颅CT:脑沟、池、裂可见高密度影,脑实质内未见异常;腰穿脑脊液压力为360mmH$_2$O,呈均匀一致血性。

一、疾病概要

(一) 概述

蛛网膜下隙出血(SAH)是指多种病因致脑底部或脑表面血管破裂,血液直接流入蛛网膜下腔,又称原发性SAH。脑实质内出血,血液穿破脑组织流入脑室及蛛网膜下腔者,称继发性SAH。本节仅介绍原发性SAH。

(二) 病因及发病机制

1. **病因** 最常见病因为先天性颅内动脉瘤,其次是脑血管畸形和动脉硬化性动脉瘤,少数见于脑底异常血管网病、血液病、脑动脉炎、脑肿瘤等。

考点: 蛛网膜下腔出血的常见病因

2. **发病机制** 在脑血管形成上述病变的基础上,当剧烈运动、情绪激动、用力排便、酗酒等时,血压突然增高而导致破裂,血液流入蛛网膜下腔,引起颅内容积增加致颅内压增高,重者引起脑疝;而血液刺激和5-羟色胺等物质释放,可引起脑膜炎症、脑血管痉挛及脑水肿等。若SAH反复发生,凝血块和炎性渗出物反复机化,造成蛛网膜下腔粘连,使脑脊液循环障碍导致脑积水。

(三) 诊断及治疗要点

1. **诊断要点** 在剧烈运动、情绪激动时突发剧烈头痛、呕吐、脑膜刺激征阳性,无局灶性神经体征,头颅CT显示蛛网膜下隙内高密度影,脑脊液为均匀一致血性、压力增高,即可确诊。

情境9-4 诊断分析

该患者为青壮年女性,在情绪激动下突然发病,剧烈头痛、呕吐、抽搐,意识障碍时间短,无瘫痪、失语等局灶性神经体征;体检发现血压高,脑膜刺激征阳性,病理反射阴性;头颅CT示脑沟、池、裂高密度灶,脑实质内未见异常;脑脊液压力高,呈均匀一致血性,符合蛛网膜下腔出血的特点。故该患者诊断为蛛网膜下隙出血。

2. **治疗原则** 控制继续出血;防治再出血、脑血管痉挛及脑积水等并发症,降低死亡率和致残率;去除病因、防止复发。

二、疾病护理

(一) 护理评估

1. **健康史** 询问患者有无先天性动脉瘤、脑血管畸形、高血压、动脉粥样硬化等病史;有无血液病、糖尿病、颅内肿瘤及抗凝治疗史;了解发病前有无突然用力、情绪激动及酗酒等诱因;了解患者过去有无类似发作及诊治情况。

2. **身体状况**

(1) 各年龄组可见,但以青壮年多见,女性稍多。

(2) 多有剧烈运动、情绪激动、突然用力等诱因,突发剧烈头痛、呕吐、面色苍白、全身冷汗,数分钟至数小时内达高峰,重者短暂意识障碍,少数出现癫痫发作。严重头痛是动脉瘤性SAH的典型症状,可持续数日不变,2周后逐渐减轻。

(3) 可有颈项强直等脑膜刺激征(最具特征性体征),一般无肢体瘫痪,少数患者因血块或动脉瘤压迫邻近脑神经引起麻痹,以动眼神经麻痹多见,出现患侧瞳孔散大。

(4) 并发症:常见为再出血、脑血管痉挛和脑积水。再出血是SAH严重的急性并发症,多见于起病4周内,尤其第2周发生率最高;脑血管痉挛是SAH患者死亡和致残的重要原因。

考点:蛛网膜下腔出血的身体状况

3. 心理-社会状况　多为青壮年,突然发病让患者一时难以接受,同时要接受损伤性检查和手术治疗,患者会产生紧张、焦虑和恐惧心理,也会有消极情绪出现。

4. 辅助检查　①CT检查:是确诊SAH的首选检查方法,可在蛛网膜下腔内发现有高密度出血影。还可初步判断出血部位、出血量,动态观察出血的吸收情况,有无再出血等。②脑脊液检查:对确诊SAH最具诊断价值和特征性。肉眼可见均匀一致血性,压力增高,镜检可见大量红细胞,数日后白细胞略增高。③脑血管造影(DSA):是确诊SAH病因尤其是颅内动脉瘤最有价值的检查方法,宜在发病3d内或3周后进行,可确定动脉瘤位置、大小、有无血管痉挛等。

(二) 护理诊断与合作性问题

1. 疼痛:头痛　与颅内压增高、脑水肿、脑血管痉挛或血液刺激脑膜有关。
2. 恐惧　与剧烈头痛、担心再出血和疾病预后有关。
3. 潜在并发症　再出血、脑血管痉挛、脑积水。

情境9-4 护理诊断分析

患者有剧烈头痛。故存在下列主要护理诊断:疼痛:头痛(与颅内压增高、脑水肿、脑动脉痉挛或血液刺激脑膜有关);潜在并发症:再出血、脑血管痉挛、脑积水。

(三) 护理措施

1. 一般护理

(1) 休息与体位:强调绝对卧床休息4~6周,床头可抬高15°~30°,避免不良声、光刺激,严格限制探视,告知患者及家属绝对卧床休息的重要性,避免搬动。对头痛和躁动不安者应用足量有效的止痛、镇静药,以保持安静休息。

(2) 饮食护理:选择低盐、低脂、高蛋白、高维生素饮食,如多食谷类和鱼类、新鲜蔬菜、水果、豆类、坚果等。忌辛辣、油炸食物和暴饮暴食,戒烟限酒。

考点:蛛网膜下腔出血的一般护理

2. 病情观察　密切观察病情变化,预防复发,如病情稳定好转的情况下,突然再次出现剧烈头痛、呕吐、抽搐发作、昏迷及脑膜刺激征,则提示再出血,应及时报告医生并协助处理。

3. 配合治疗护理

(1) 缓解头痛的方法:指导患者做缓慢深呼吸,听轻音乐,或做气功、引导式想象、理疗、按摩等方法缓解头痛。必要时遵医嘱应用止痛、镇静剂。

(2) 用药护理:遵医嘱用药,观察疗效和不良反应。使用脱水剂20%甘露醇时,需快速静脉滴注(30分钟内滴完),必要时监测24小时尿量及电解质。使用尼莫地平等缓解脑血管痉挛的药物时,观察有无出现皮肤发红、多汗、心动过缓或过速、胃肠不适等反应,适当控制输液速度。

考点:蛛网膜下腔出血的用药护理

4. 心理护理　告知患者和家属疾病的过程与预后,耐心解释头痛发生的原因及可能持续的时间。指导患者消除紧张、恐惧、焦虑心理,增强战胜疾病的信心,配合治疗和检查。

(四) 护理目标及评价

患者头痛的次数减少或程度减轻;情绪逐渐稳定,恐惧感减轻或消失;不出现蛛网膜下腔再出血、脑血管痉挛、脑积水等并发症,或出现时能够及时处理。评价经实施护理措施,是否达到以上护理目标。

> **链接:突然脑卒中该怎么办呢?**
>
> 　　患者发病后在家里抢救是否及时、处理是否得当,对患者的预后至关重要。首先,不要惊慌失措,尽快与医院或急救中心联系。一旦脑细胞被破坏,要修复是十分困难的,正所谓"机不可失,时不再来"。再者,不要急于从地上把患者扶起,最好2~3人同时把患者平托到床上,头部略抬高,以避免震动。其次,松开患者衣领,取出义齿,呕吐患者应将其头部偏向一侧,以免呕吐物堵塞气管而窒息。最后,如有抽搐发作,可用筷子或小木条裹上纱布垫在上下磨牙间,以防咬破舌头。
>
> 　　注意:千万不要企图唤醒患者而摇动其身体和头部。应避免长途运送患者,尽早就近治疗。

三、健康指导

1. **疾病知识指导**　向患者和家属介绍疾病的病因、诱因、临床特点、病程和预后、需要做的检查、防治原则、自我护理的方法,积极配合各项检查和治疗。应避免剧烈运动、用力排便、情绪激动等诱因。

2. **预防再出血**　告知患者情绪稳定对疾病恢复、减少复发的重要性,指导患者配合治疗和护理,遵医嘱绝对卧床。指导家属关心、体贴患者,减轻患者紧张、恐惧心理。告知患者和家属再出血的表现,发现异常及时就医。女性患者1~2年内避孕。

> **情景9-4 问题回答**
>
> 患者:"护士,为什么我头痛这么严重?"
> 护士:"魏小姐,因为您患了蛛网膜下腔出血,这个病会发生颅内压增高和脑水肿,所以引起剧烈头痛和呕吐,不过您只要配合医生的治疗,降低颅内压,并严格按我们要求绝对卧床4~6周,没有继续出血,头痛很快会缓解。"
> 患者:"护士,我为什么会得这个病呢?"
> 护士:"魏小姐,您得这个病可能是因为脑里面有先天性动脉瘤或脑血管畸形等,在您激动或用力时血压会升高,导致脑表面血管发生破裂而出血,所以您以后要尽量保持情绪稳定、避免剧烈运动、用力排便等因素,否则容易复发。"
> 患者:"哦,我明白了,我会积极配合医生治疗的。谢谢您啊!"
> 护士:"不用谢!您还有什么问题,可以随时问我。"

> **小结**
>
> 　　脑卒中包括缺血性和出血性脑血管疾病2大类,前者有TIA、脑血栓形成和脑栓塞,后者有脑出血和蛛网膜下腔出血。临床表现因病因不同而存在差异,头颅CT是首选检查方法。脑血栓形成和脑栓塞以早期溶栓、抗凝和脑保护治疗为主,脑出血则以控制脑水肿和降低颅内压为首要处理措施,蛛网膜下腔出血要防止再出血。因存活者中有一半以上患者遗留不同程度的瘫痪、失语等严重残疾,故恢复期需加强康复训练,以提高生活质量。

自 测 题

A_1型题

1. 符合脑血栓形成的特点是(　　)
    A. 多在白天发病
    B. 常在情绪激动、活动后发病
    C. 表现为剧烈头痛、呕吐
    D. 一般无意识障碍
    E. 体检血压可高达 200mmHg

2. 降低颅内压的首选药物是(　　)
    A. 呋塞米　　　　B. 20%甘露醇
    C. 50%甘露醇　　D. 50%葡萄糖
    E. 氢氯噻嗪

3. 脑出血以内囊出血最常见,其特征性的临床表现为(　　)
    A. 同侧偏瘫　　　B. 对侧偏瘫

C. 同侧偏盲　　　　D. 三偏征
E. 交叉性瘫痪

4. 出血性脑血管疾病的主要治疗措施是（　　）
   A. 应用止血药物　　B. 抗凝治疗
   C. 应用血管扩张剂　D. 降低颅内压和控制血压
   E. 补充血容量治疗

5. 青壮年脑栓塞栓子来源最多者是（　　）
   A. 风湿性心脏病伴房颤 B. 急性细菌性心内膜炎
   C. 心肌梗死　　　D. 心脏黏液瘤
   E. 高血压

6. 护理脑血栓形成患者，下列哪项不妥（　　）
   A. 保持安静　　　B. 保暖
   C. 头置冰袋　　　D. 增加营养
   E. 头平卧位

A₂ 型题

7. 患者，男，60岁，4小时前突发右侧肢体不能活动，晨间查房时发现患者所有症状体征完全消失，最可能的诊断是（　　）
   A. 脑血栓形成　　B. 短暂性脑缺血发作
   C. 脑栓塞　　　　D. 脑出血
   E. 蛛网膜下腔出血

8. 患者，男，55岁，高血压18年，外出时出现头晕、头痛，BP180/100mmHg，朋友将其送往医院，不久症状好转，诊断为TIA。这种疾病最常见的病因是（　　）
   A. 情绪激动　　　B. 高血压
   C. 吸烟　　　　　D. 饮酒
   E. 动脉粥样硬化

9. 患者，女，60岁，高血压20年，晨起发现右侧肢体瘫痪，当时意识清楚，家人急送入院，诊断为脑血栓形成。选择溶栓的时间最好是发病（　　）
   A. 6小时内　　　B. 9小时内
   C. 12小时内　　 D. 15小时内
   E. 24小时内

10. 患者，男，64岁。急诊以"脑血栓形成"收入院。入院后护士判断该患者可经口进食，但吞咽困难。为防止因进食所致的窒息，护士采取的措施不妥的是（　　）
    A. 营造安静、舒适的进餐环境
    B. 进食前应注意休息，避免疲劳
    C. 嘱患者使用吸管喝汤
    D. 食物应从流质逐渐过渡到普食
    E. 进行空吞咽运动训练

11. 患者，男，65岁，有心房颤动病史，清晨起床自行上厕所时摔倒，家人发现其口角歪斜，自述左上下肢麻木。送医院检查：神志清楚，左侧偏瘫。最可能的诊断是（　　）
    A. 脑出血　　　　B. 脑挫伤
    C. 脑震荡　　　　D. 蛛网膜下隙出血
    E. 脑梗死

12. 患者，男，65岁，患高血压、糖尿病多年。1天前发现左侧上下肢活动受限，吐字不清，神志清楚，无明显头痛、呕吐。检查发现左侧上下肢肌力3级，左半身痛觉减退，头部CT检查未见异常，临床上考虑可能性最大的疾病是（　　）
    A. 脑血栓形成　　B. 短暂性脑缺血发作
    C. 脑栓塞　　　　D. 脑出血
    E. 蛛网膜下腔出血

13. 患者，男，66岁。有高血压病史8年。急起口齿不清，口角歪斜，左侧肢体活动障碍3天。目前最适合的检查是（　　）
    A. 脑血管造影　　B. 脑电图
    C. 超声波　　　　D. 腰椎穿刺脑脊液检查
    E. 头部CT

14. 患者，女，44岁，患风湿性心脏病，突然出现偏瘫、失语。检查：神志清楚，脑脊液正常，ECG为心房颤动，最有可能为（　　）
    A. 脑出血　　　　B. 脑栓塞
    C. 脑血栓形成　　D. 蛛网膜下隙出血
    E. 短暂性脑缺血发作

15. 患者，女性，67岁，脑动脉硬化5年，因与家人发生矛盾，突然出现眩晕、枕后痛、呕吐，伴共济失调和眼球震颤，很快出现意识模糊，头颅CT显示高密度影。根据临床特点，判断出血部位是（　　）
    A. 脑干　　　　　B. 脑桥
    C. 小脑　　　　　D. 内囊
    E. 蛛网膜下腔

16. 患者，男，30岁，劳动中突感剧烈头痛、呕吐，一过性意识不清，醒后颈枕部痛，右侧眼睑下垂、瞳孔散大，颈项强直，Kernig征（+）。最可能的诊断是（　　）
    A. 急性脑膜炎　　B. 脑出血、脑疝
    C. 小脑出血　　　D. 脑桥出血
    E. 蛛网膜下腔出血

17. 患者，女，73岁。高血压病史30年，在做家务活动时突发头晕，随即倒地，急送医院检查：BP190/120mmHg，昏迷，左侧肢体偏瘫，CT检查见高密度影。该患者诊断为（　　）
    A. 脑血栓形成　　B. 短暂性脑缺血发作
    C. 脑栓塞　　　　D. 脑出血

E. 蛛网膜下隙出血
18. 患者,女,45岁,脑出血,入院第2天发生颅内压增高,遵医嘱静脉滴注20%甘露醇250ml时应注意( )
   A. 慢　　　　　B. 极慢
   C. 一般速度　　D. 快速滴注
   E. 根据血压调节滴注速度
19. 患者,女,55岁,诊断脑出血,遵医嘱给予输注20%甘露醇250ml,输注时间最多( )
   A. 10分钟　　　B. 30分钟
   C. 60分钟　　　D. 90分钟
   E. 120分钟
20. 患者,女,36岁。突然出现剧烈头痛、喷射性呕吐,很快出现意识模糊,检查脑膜刺激征阳性,诊断蛛网膜下腔出血。主要治疗措施为( )
   A. 手术　　　　B. 溶栓
   C. 降低颅内压,使用甘露醇
   D. 止血　　　　E. 降血压
21. 患者,男,62岁,1小时前与家人吵架后突然头痛、意识丧失,急送入院。体检:BP190/110mmHg,意识不清,右侧鼻唇沟变浅。头颅CT示左侧内囊出血。正确的护理措施是( )
   A. 鼓励多探视患者
   B. 侧卧位,头抬高15°~30°
   C. 及时鼻饲营养丰富的流质饮食
   D. 禁用冰敷
   E. 24小时后给予肢体被动运动
22. 患者,男,80岁,突然出现意识模糊、频繁呕吐急诊入院。体检:右侧瞳孔散大,BP 200/115mmHg,左侧偏瘫,诊断为脑出血。下面哪项措施不妥( )
   A. 绝对卧床休息,头偏向一侧
   D. 置瘫痪肢体功能位
   B. 应用脱水剂,降颅压
   C. 遵医嘱降血压
   E. 出现便秘,给予灌肠以保持大便通畅
23. 一剧烈头痛伴频繁呕吐的患者,突然出现意识不清,呼吸、脉搏减慢,两侧瞳孔明显不等大,应考虑为( )
   A. 脑出血　　　B. 高血压脑病
   C. 脑疝　　　　D. 癔症发作
   E. 蛛网膜下腔出血

A$_3$/A$_4$型题
(24、25题共用题干)
患者,女,60岁,既往高血压史12年,午睡后出现右侧肢体无力3小时入院。体格检查:BP 160/100mmHg,神清,双眼左侧凝视,右侧鼻唇沟变浅,伸舌偏右,右侧肌力1级。头颅CT未见异常,血常规、血出凝血时间、心电图无异常。
24. 该患者最可能的诊断是( )
   A. 脑血栓形成　　B. 脑出血
   C. 蛛网膜下腔出血　D. 脑栓塞
   E. TIA
25. 该患者首选的治疗是( )
   A. 降血压治疗　　B. 甘露醇脱水治疗
   C. 尿激酶溶栓治疗　D. 扩张脑血管
   E. 肝素抗凝治疗

(26、27题共用题干)
患者,女,29岁,排便时突起剧烈头痛伴呕吐5小时入院。体格检查:BP 160/90mmHg,神清,颈项强直,其他神经系统检查均未见异常。
26. 该患者最可能的诊断首先考虑( )
   A. 血管性头痛　　B. 脑出血
   C. 脑膜炎　　　　D. 蛛网膜下腔出血
   E. 脑肿瘤卒中
27. 首选的检查是
   A. 腰穿脑脊液检查　B. 头部CT
   C. 脑电图　　　　D. 头部MRI
   E. 脑血管造影

(28~30题共用题干)
患者,男,68岁。原发性高血压史25年,今晨发现患者昏迷不醒,呕吐咖啡样液体,急送入院。体检:深昏迷,双侧瞳孔呈针尖样大小,交叉性瘫痪,体温39.8℃。
28. 该患者应考虑为( )
   A. 内囊出血　　　B. 小量脑桥出血
   C. 大量脑桥出血　D. 小脑出血
   E. 蛛网膜下腔出血
29. 目前患者最主要的护理问题是( )
   A. 疼痛:头痛　　B. 躯体移动障碍
   C. 生活自理缺陷　D. 有受伤的危险
   E. 潜在并发症:脑疝
30. 护士应重点观察( )
   A. 体温　　　　　B. 肢体瘫痪情况
   C. 呕吐量及性质　D. 脉搏
   E. 瞳孔

第3节 癫痫患者的护理

情境9-5

谢某,男,22岁,于18岁开始癫痫发作,今因发作严重影响学习和生活而入院治疗。患者母亲代述:"他上高三之后,据同学说有次上课时突然尖叫一声,倒在地上,不省人事,全身抽搐,口吐白沫,两眼上翻,尿失禁,大约5分钟后逐渐清醒,醒后他说头有点痛,但是不清楚之前发生了什么事情。之后1年里有2次类似发作,后来考上大学,每年发作3~4次,最近半年来已经发作5次了,而且每次发作后都有恐惧感,想到准备要毕业找工作了,他担心影响学习和找工作,也很怕别人会看不起他"。入院体检:T、R、P、BP无异常,神志清楚,言语清晰,对答切题。四肢肌力、肌张力正常,Budzinski征(-)。

一、疾病概要

(一) 概述

癫痫是由多种病因导致脑部神经元高度同步化异常放电所引起的,以短暂性脑功能失常为特征的慢性疾病。临床表现具有发作性、短暂性、重复性和刻板性的特点。临床上可表现为不同程度的运动、感觉、意识、精神、行为和自主神经功能障碍或兼有之。癫痫可见于各年龄组,青少年和老年是发病的两个高峰阶段。

(二) 病因及发病机制

1. 病因 按病因是否明确可分为以下两种。

(1) 特发性癫痫:又称原发性癫痫。病因未明,未能确定脑部存在足以引起癫痫发作的结构性损伤或功能异常,与遗传因素关系密切,多在儿童或青年期首次发病,药物治疗效果较好。

(2) 症状性癫痫:又称继发性癫痫。由各种明确的中枢神经系统结构损伤或功能异常所致,常见有脑部损害如颅脑产伤、颅内感染、脑肿瘤、脑血管病、脑外伤、脑寄生虫等,全身性疾病如肝性脑病、尿毒症、代谢性疾病(低血糖、低血钙等)、脑缺氧(阿-斯综合征、窒息、休克等)、中毒等。各年龄阶段均可发病,药物治疗效果差。

2. 发病机制 迄今为止尚未完全阐明。神经系统具有复杂的调节兴奋和抑制的机制,通过反馈活动,使任何一组神经元的放电频率不会过高,也不会无限制地影响其他部位,表现为维持神经细胞膜电位的稳定。不论是何种原因引起的癫痫,其电生理改变是一致的,即发作时大脑神经元出现异常、过度的同步性放电。其原因为兴奋过程的过盛、抑制过程的衰减和(或)神经膜本身的变化。脑内最重要的兴奋性递质为谷氨酸和天门冬氨酸,其作用是使钠离子和钙离子进入神经元,发作前,病灶中这两种递质显著增加。

(三) 诊断及治疗要点

1. 诊断要点 完整和详尽的病史和发作时目击者的描述,临床表现有发作性、短暂性和间歇性特点,发作时有舌咬伤、跌伤和尿失禁等,脑电图检查异常即可诊断。通过神经系统检查和辅助检查,可进一步明确病因。

情境9-5 诊断分析

该患者为青年,具有反复发作特点,持续时间短暂;发作时意识丧失,全身抽搐,口吐白沫,两眼上翻,尿失禁,醒后对发作全无记忆;无神经系统阳性体征,符合癫痫大发作特点。故该患者诊断为癫痫大发作。

2. 治疗要点 ①治疗原则:癫痫发作时应保持呼吸道通畅,防止外伤、窒息等;对癫痫持续状态者应首选地西泮迅速控制发作,防治各种并发症;发作间歇期主要以服用药物治疗为主;有明确病因者尽早进行病因治疗。②治疗目标:控制发作或最大限度减少发作次数;没有或只有轻微的不良反应;尽可能不影响生活质量。

二、疾病护理

（一）护理评估

1. 健康史 评估患者有无脑部病变(如颅脑外伤、脑肿瘤、脑血管疾病、颅内感染等)病史,有无脑缺氧(如窒息、休克等)、中毒(如一氧化碳、铅、汞中毒等)及代谢性疾病(如低血钙、低血糖等)。是否存在睡眠不足、疲乏、饥饿、饮酒、便秘、情感冲动、过度换气等诱因;有无在某种特定条件下(如闪光、音乐、下棋、沐浴等)发作的情况;女患者应注意询问与月经的关系。有无家族史。了解首次癫痫发作的年龄、时间、表现、诱因、频率及诊治经过、用药情况等。

2. 身体状况 癫痫每次或每种发作的过程称为痫性发作。根据发作时的临床表现和脑电图特征可将痫性发作分为不同临床类型(表9-5)。以下介绍几种常见癫痫发作类型的临床表现。

表9-5 国际抗癫痫联盟(ILAE,1981)癫痫发作分类

1. 部分性发作	2. 全面性发作(伴意识障碍)
(1)单纯部分性发作(不伴意识障碍)	(1)失神发作
①有运动症状	①典型失神发作
②有体觉或特殊感觉症状	②不典型失神发作
③有自主神经症状	(2)肌阵挛发作
④有精神症状	(3)阵挛性发作
(2)复杂部分性发作(伴意识障碍)	(4)强直性发作
①先有单纯部分性发作,继有意识障碍	(5)强直-阵挛性发作
②开始即有意识障碍	(6)失张力性发作
(3)部分性发作继发为全面性发作	3. 未分类发作
①单纯部分性发作继发	
②复杂部分性发作继发	

（1）部分性发作

1）单纯部分性发作:发作时间较短,一般不超过1分钟,无意识障碍,以局部症状为特征。可有运动性发作,表现为发作性局部(如口角、眼睑、手指或足趾)或一侧肢体及面部呈不自主抽动;若抽搐自一处开始,按大脑皮质运动区的分布顺序缓慢扩展,自一侧拇指沿手指—腕部—肘部—肩部—口角—面部渐传至半身,称杰克逊(Jackson)癫痫。也可有躯体感觉性发作(如针刺、麻木、触电感)或特殊感觉性发作(包括视觉性、听觉性、嗅觉性、眩晕性)。还可伴有腹痛、皮肤发红或苍白、多汗、瞳孔散大等自主神经性发作。

2）复杂部分性发作:以发作性意识障碍、精神症状、自动症为特征,也称精神运动性发作。发作时外观如常人,但有意识模糊,并在此基础上出现错觉、幻觉、兴奋躁动,甚至伤人损物等精神症状。有的患者还表现为无目的行为和动作,称自动症,如吮吸、咀嚼、舔唇、清喉、搓手、抚面、解扣、脱衣和挪动桌椅等,甚至奔跑、乘车上船。每次发作历时数分钟至数小时,事后对发作过程不能回忆。

（2）全面性发作

1）失神发作:也称小发作,多见于儿童(6～7岁为发病高峰)。以短暂意识丧失为特征,无先兆和局部症状。发作时意识短暂丧失,停止正在进行的活动,两眼凝视不动,呼之不应,手中持物坠落。发作持续5～10秒,清醒后继续原来的活动,对发作全无记忆。每日可发作数次至数百次。

2）全面性强直-阵挛发作(GTCS):也称大发作。以突然意识丧失和全身对称性抽搐为特征,是最常

见的发作类型。发作前可有瞬间疲乏、心悸、幻觉、恐惧等先兆表现,数秒后突然意识丧失,跌倒在地,进入发作期,其后可分为3期:①强直期。全身骨骼肌持续性收缩:上眼睑抬起,两眼球上翻或斜视;喉肌痉挛,尖叫一声,呼吸暂停、口唇发绀;口先强张后突闭,可咬破舌尖;颈部和躯干先屈曲后反张,上肢先上举、后旋再转为内收前旋,下肢自屈曲后伸直。常历时10~20秒进入阵挛期。②阵挛期:不同肌群痉挛与松弛相交替,最后全身肌肉有节律抽动,呼吸呈急冲式,口喷白沫,有时因咬破唇舌可吐血沫,常有二便失禁。阵挛频率由快变慢,松弛期逐渐延长,最后一次强烈阵挛后发作停止。持续30~60秒。以上2期常有心率加快、血压升高、唾液和支气管分泌物增多、瞳孔散大及对光反射消失,可引起受伤和窒息。③发作后期。阵挛过后进入昏睡,呼吸首先恢复,继而心率、血压、瞳孔等恢复正常,意识逐渐清醒。自发作开始至意识恢复历时5~10分钟。醒后常感到头昏、头痛、疲乏无力,对抽搐过程全无记忆。

考点: 癫痫各类型发作的临床表现

护考链接

患者,女,18岁,在学校进行演讲比赛过程中,突然意识丧失,全身抽搐,两眼上翻,口吐白沫,尿失禁。数分钟后逐渐清醒,醒后对发作全无记忆。护士考虑该患者最可能是(　　) A. 癔症发作　B. 癫痫单纯部分性发作　C. 癫痫复杂部分性发作　D. 癫痫小发作　E. 癫痫大发作

点评:该患者突然意识丧失和全身抽搐,两眼上翻,口吐白沫,尿失禁,发作持续时间数分钟,醒后对发作全无记忆,符合癫痫大发作的临床特点,故答案为E。

(3) 癫痫持续状态:指一次癫痫发作持续30分钟以上,或多次连续发作致发作间期意识或神经功能未恢复至通常水平。可见于任何类型癫痫,但通常是指大发作持续状态。最常见诱因为突然停用抗癫痫药物,其他可因感染、过劳、精神刺激、酗酒、妊娠等诱发。常伴脱水、高热、酸中毒、脑水肿等严重并发症,若不及时治疗可危及生命。

考点: 癫痫持续状态的定义

3. 心理-社会状况　癫痫反复发作影响正常工作和生活,使患者时时担心再次发病,出现紧张、焦虑、恐惧等心理;发作时抽搐、尿失禁等致自身形象紊乱,出现家庭、社会歧视,使患者自尊心受挫而产生自卑感。

4. 辅助检查　①脑电图(EEG):诊断癫痫最重要的检查方法。发作时典型表现有棘波、尖波、棘-慢波或尖-慢复合波。②神经影像学检查:可确定脑结构异常或病变。

(二) 护理诊断与合作性问题

1. 有窒息的危险　与癫痫发作时喉头痉挛、气道分泌物增多、意识障碍有关。
2. 有受伤的危险　与癫痫发作时意识突然丧失、肌肉抽搐有关。
3. 自尊低下　与害怕在公共场所发病引起的窘迫、社会歧视有关。
4. 潜在并发症:脑水肿、酸中毒、水电解质紊乱。

情境9-5 护理诊断分析

患者有意识丧失,全身抽搐,口吐白沫,两眼上翻,尿失禁,发作后有恐惧感,担心影响学习、找工作,怕别人会看不起他。故存在主要护理诊断:有窒息的危险(与癫痫发作时意识丧失、喉肌痉挛、口腔和支气管分泌物增多有关);有受伤的危险(与癫痫发作时意识突然丧失、肌肉抽搐有关);恐惧(与癫痫反复发作、担心预后有关);自尊低下(与害怕在公共场所发病引起的窘迫、社会歧视有关)。

(三) 护理措施

1. 一般护理

(1) 休息与活动:病室环境应安静,减少声、光刺激;对癫痫持续状态患者应专人守护,床旁加床档,极度躁动者必要时给予约束带,但注意约束带勿过紧,以免影响血液循环。

（2）饮食护理：给予营养丰富、易消化饮食。

2. 配合治疗护理

（1）发作时护理

1）防止窒息：保持呼吸道通畅，取平卧位头偏向一侧或侧卧位，及时清除口鼻腔分泌物，解开衣领、裤带；必要时用舌钳将舌拉出，以防舌后坠致呼吸道阻塞；不可强行喂食、喂水，以免误入气道。

2）防止受伤：有发作先兆时立即就地平卧，摘下眼镜、活动义齿，移去身边危险物品，易擦伤关节处及头下垫以柔软物加以保护，防止跌伤和擦伤；用牙垫、包以纱布的压舌板或小布卷等置于上下磨牙间，防止唇舌及颊部咬伤；切勿用力按压抽搐的肢体，以免骨折、肌肉撕裂或关节脱位。少数患者抽搐停止、意识恢复的过程中有短暂兴奋躁动，应加强保护，防止自伤或伤人。

考点：癫痫发作时护理

（2）发作间歇期护理：主要服用抗癫痫药物治疗。

1）用药原则：①确定是否用药，半年内发作2次以上者，一旦确诊即需服药。首次发作或半年以上发作1次者，根据患者和家属的意愿，酌情选用或不用。②尽可能单一用药。③小剂量开始。④正确选择药物，根据发作类型、药物不良反应等选择。⑤长期规律服药，控制发作后必须坚持长期服用药物，不可随意减量或停药。一般来说，全面强直-阵挛发作完全控制4~5年后、失神发作停止半年后可考虑停药，且停药前应有缓慢减量过程，1~1.5年以上无发作者方可停药。少数患者可能终生服药。

2）用药护理，遵医嘱使用抗癫痫药物、脱水剂等，护士应熟悉常用抗癫痫药物的用药方法及不良反应（表9-6）。注意监测血象、肝肾功能。癫痫持续状态使用地西泮、巴比妥类药物静脉注射时应观察呼吸变化。

表9-6　常用抗癫痫药物的不良反应

药物	不良反应
苯妥英钠（PTH）	胃肠道症状、毛发增多、齿龈增生、小脑征、复视、精神症状、骨髓与肝损害
卡马西平（CBZ）	胃肠道症状、小脑征、嗜睡、体重增加、骨髓与肝损害、皮疹
苯巴比妥（PB）	嗜睡、小脑征、复视、认知与行为异常
丙戊酸钠（VPA）	肥胖、震颤、嗜睡、毛发减少、胰腺炎、骨髓与肝损害
托吡酯（TPM）	震颤、头晕、小脑征、肾结石、胃肠道症状、体重减轻
拉莫三嗪（LTG）	头晕、嗜睡、恶心、皮疹
加巴喷丁	头晕、复视、健忘、感觉异常、步态不稳

考点：抗癫痫药物用药原则、不良反应

（3）癫痫持续状态护理

1）用药护理：迅速建立静脉通路，按医嘱首选地西泮10mg，缓慢静脉注射（不超过2mg/min），30分钟内按需增加剂量重复注射；或100~200mg溶于5%葡萄糖注射液500ml中，于12小时内缓慢静脉滴注。其他可选择10%水合氯醛保留灌肠，苯妥英钠或异戊巴比妥钠稀释后缓慢静脉注射。

2）其他护理：保持呼吸道通畅，吸氧，必要时气管切开；进行心电、血压、呼吸、脑电监测，定时行血液生化、动脉血气分析等检查。防治并发症，脑水肿者快速静脉滴注20%甘露醇；高热者给予物理降温；预防性应用抗生素控制感染；保持水电解质和酸碱平衡。

考点：癫痫持续状态护理

3. 病情观察　注意发作类型，观察并记录发作时间及次数。发作时密切观察生命体征、意识、瞳孔变化，注意有无呼吸暂停、瞳孔散大、牙关紧闭、大小便失禁等，有无受伤、窒息。

4. 心理护理　护士应关心、理解、尊重患者，鼓励患者说出内心感受，帮助患者正确面对现实，采取积极的应对方式,配合长期药物治疗;指导患者积极主动参与各种社交活动,承担力所能及的社会工作,在活动及工作中体现自身的价值。指导家属关心照顾患者,使患者感受到家庭温暖,树立战胜疾病的信心;充分理解患者可能会脾气暴躁、易激惹,不要和患者争执,耐心讲道理,同时应预防患者伤人或自伤。

（四）护理目标及评价

患者能保持呼吸道通畅,未发生窒息;受伤的危险减小或不受伤;能保持良好的心态,积极主动参与各种社交活动;未发生脑水肿、酸中毒、水电解质紊乱等并发症。评价经实施护理措施,是否达到以上护理目标。

三、健 康 指 导

1. 疾病知识指导　向患者和家属介绍疾病及其相关知识和自我护理的方法。叮嘱患者食物应以富营养清淡为宜,避免辛辣食物,戒烟酒。生活要有规律,避免过度疲劳、便秘、睡眠不足、饥饿、情感冲动、惊吓、长时间看电视或用手机、洗浴等诱因。充分休息,养成良好生活习惯,适当参加体力和脑力劳动。

2. 用药指导与病情监测　遵医嘱坚持长期、规律用药,切忌突然停药、减药、漏服及自行换药。坚持定期复查,首次服药后5~7天查血药浓度,以后每3个月至半年复查1次;每月检查血常规,每季检查肝、肾功能,以动态观察血药浓度和不良反应。当癫痫发作频繁、控制不理想,或出现不良反应时及时就诊。

3. 安全指导　禁止从事带有危险的活动及工作(如攀高、游泳、驾驶及在炉火旁或高压电机旁作业等),以免发作时危及生命;不宜做远距离旅游,避免单独外出,需外出时随身携带写有姓名、病史、住址和家人联系方式的信息卡。

4. 婚育指导　特发性癫痫且有家族史的女性患者,婚后不宜生育;双方均有癫痫,或一方有癫痫,另一方有家族史者不宜婚配。

考点: 癫痫的健康指导

情境 9-5 问题回答

患者: "护士,为什么我这个病每次发作那么可怕,但是不发作时又完全没有问题?"

护士: "小谢,您这个病叫癫痫,您发作的类型叫全面性强直-阵挛发作,也叫大发作,就是俗称的'羊癫疯',是由脑神经元异常放电引起的,病因多不清楚,可能跟遗传有关系,您第1次发病是在高三,可能是因为学习压力大而诱发。癫痫具有发作性、短暂性、重复性和刻板性的特点,每次发作都是1次脑神经元过度放电的过程,就像你那样发作,但是不发作时神经元不过度放电了,就完全没有问题。"

患者: "护士,我这个病以后会影响工作吗?将来可以结婚吗?"

护士: "小谢,您这个病只要配合医生坚持长期、规律服药治疗,就可以完全控制发作,只要不从事带有危险的工作如高压电机旁或高空作业、驾驶等,对工作是没有太大影响的。患这个病是可以结婚的,但最好不要跟也患有这个病的对象结婚。"

患者: "哦,我明白了,我会积极配合医生治疗的。谢谢您啊!"

护士: "不用谢!您还有什么问题,可以随时问我。"

小结

癫痫是一组由大脑神经元异常放电所引起的暂时性中枢神经系统功能障碍的慢性脑部疾病,具有突然发生、反复发作的特点。临床上可表现为运动、感觉、意识、行为和自主神经等不同程度障碍,可为一种或同时几种表现发作。发作易引起受伤和窒息。脑电图是最有诊断价值的检查。发作时防止受伤和窒息、用药护理、癫痫持续状态护理及健康指导是护理重点。

自 测 题

A₁型题

1. 癫痫强直-阵挛发作时勿用力按压抽搐肢体,以防发生( )
   A. 坠床 B. 骨折
   C. 持续抽搐 D. 心脏骤停
   E. 休克

A₂型题

2. 患儿,男,9岁,做作业时,突然中断,发呆。手中铅笔落地,约10秒后又能继续做作业,近来连续发作,1周内发作4次,但每次发作均无记忆,最可能的诊断是( )
   A. 癫痫失神发作 B. 肌阵挛发作
   C. 无张力发作 D. 癫痫精神运动性发作
   E. 癫痫单纯部分性发作

3. 女性,28岁,2年前诊断为癫痫,一直服用苯妥英钠治疗。患者询问有关能否结婚生子的问题,护士最恰当的回答是( )
   A. 你可以结婚生子
   B. 癫痫患者一般很难受孕
   C. 在治愈癫痫之前不要考虑要孩子的问题
   D. 不停药也可以怀孕
   E. 如果打算要孩子,可以让医生给你换药

4. 患者,女,36岁。癫痫大发作。预防发生窒息,护士应采取的护理措施是( )
   A. 卧床休息,减少探视
   B. 移走身边危险物体
   C. 将患者头位放低,偏向一侧
   D. 禁止喂食丸状食物
   E. 快速利尿和吸氧

5. 患者,男,35岁。因突然发作性全身抽搐,口吐白沫,大小便失禁,诊断为"癫痫"入院治疗。在患者抽搐期间的护理措施,下列哪项不妥( )
   A. 立即解开衣领、衣扣和腰带
   B. 置小布卷于上下白齿间
   C. 将头部侧向一侧
   D. 按压住抽搐的肢体
   E. 需有专人守护

6. 患者,男,28岁,原有癫痫大发作史,今晨起有多次抽搐发作,间歇期意识模糊,两便失禁,中午送来院急诊,紧急处理措施是( )
   A. 鼻饲抗癫痫药
   B. 静脉推注地西泮
   C. 肌内注射苯巴比妥
   D. 0.1%水和氯醛保留灌肠
   E. 20%甘露醇静脉滴注

A₃/A₄型题

(7、8题共用题干)

患者,男,11岁,在一次考试中突然将手中钢笔掉在地上,两眼向前瞪视,呼之不应,持续数秒钟。过后对上述情况全无记忆,以后反复有类似发作,有时一日犯几次。

7. 本患者可诊断为( )
   A. 癫痫全面性强直-阵挛发作
   B. 癫痫失神发作
   C. 癔症发作
   D. 精神运动性发作
   E. 癫痫单纯部分性发作

8. 最重要的辅助检查是( )
   A. 脑电图检查 B. CT
   C. MRI D. PET
   E. 以上都不是

第4节 三叉神经痛患者的护理

情境9-6

李某,女,42岁。左侧口角区发作性疼痛2年。患者自述:"2年前开始出现左边面部疼痛,没有规律性,每日出现多次,说话、刷牙、吃饭时会发作,疼痛时像触电或刀割那种感觉,剧烈难忍,要用手压住才舒服点,每次持续1~2分钟,有时不敢说话、刷牙甚至吃饭。后来到附近诊所治疗,医生说是左下第一磨牙慢性牙髓炎,进行根管治疗后,并没有好转"。入院后体检:患者手捂面部,口角区有明显的"扳机点",角膜反射正常。

一、疾病概要

（一）概述

三叉神经痛是原发性三叉神经痛的简称，是一种原因未明的三叉神经分布区内闪电样反复发作的剧痛。70%~80%为40岁以上中老年人，女性多见。

（二）病因及发病机制

原发性三叉神经痛病因不明，可能为三叉神经脱髓鞘产生异位冲动或伪突触传递所致。继发性三叉神经痛多为脑桥小脑角占位病变压迫三叉神经及多发性硬化等所致。

（三）诊断及治疗要点

1. 诊断要点　根据疼痛发作的性质、面部扳机点、部位和范围及无神经系统阳性体征，间歇期完全正常，典型原发性三叉神经痛不难确诊。易与牙痛混淆。

情境 9-6 诊断分析
　　该患者为中年女性，有典型原发性三叉神经痛的特点：左侧口角区发作性疼痛，说话、刷牙时诱发，疼痛剧烈呈电击样或刀割样，体检见患者手捂面部，有口角区明显的"扳机点"，神经系统检查无阳性体征。故诊断为原发性三叉神经痛。

2. 治疗要点　迅速有效镇痛是治疗本病的关键。首选抗癫痫药物治疗，首选卡马西平，其次可选用苯妥英钠、氯硝西泮、加巴喷丁等。药物治疗无效者可采用三叉神经纯乙醇封闭、经皮半月神经节射频电凝术、三叉神经感觉根部分切除术等治疗，也可行三叉神经显微血管减压术，止痛同时无感觉、运动障碍，是目前广泛应用的最安全有效的方法。

考点： 原发性三叉神经痛的治疗首选药物

二、疾病护理

（一）护理评估

1. 症状　以面部三叉神经分布区内突发的剧痛为主要症状。①疼痛性质：常无先兆，为骤然闪电样发作，似刀割、触电、针刺、烧灼样疼痛，以面颊部、上下颌或舌疼痛最明显；鼻翼、颊部、口角和舌等处最敏感，轻触、叩即可诱发，故有"触发点"或"扳机点"之称。重者刷牙、洗脸、谈话、咀嚼均可诱发。发作时患者常双手紧握拳或握物，或用力按压痛部，或用手擦痛部，以减轻疼痛。②发作时间：每次发作从数秒至2分钟不等，来去突然，间歇期完全正常。③疼痛范围：常局限一侧，多累及一支，以第二、三支最常受累，也可同时累及两支。④周期性发作：开始时发作次数较少，间歇期长，随着病程进展发作逐渐频繁，间歇期缩短，甚至整日疼痛不止。

考点： 原发性三叉神经痛的主要症状

2. 体征　原发性三叉神经痛者神经系统检查无阳性体征，继发性者多伴有面部皮肤感觉减退、角膜反射减弱等阳性体征。

3. 心理-社会状况　患者因疼痛不愿意洗脸、刷牙、进食，致面部、口腔卫生状况极差，产生抑郁、消极情绪。

（二）护理诊断与合作性问题

1. 疼痛：面颊部、上下颌及舌疼痛　与三叉神经受损（发作性放电）有关。
2. 焦虑　与疾病引起剧烈疼痛及手术因素等有关。

情境 9-6 护理诊断分析
　　患者有左侧口角区发作性疼痛，故存在下列主要护理诊断：疼痛：面颊部疼痛（与三叉神经受损有关）。

（三）护理措施

1. **避免发作诱因** 帮助患者尽可能减少刺激因素，如保持周围环境安静、室内光线柔和，避免因环境刺激而产生焦虑情绪，诱发或加重疼痛；保持心情愉快、生活规律、合理休息、适度娱乐。选择清淡、无刺激饮食，重者流质。

2. **疼痛护理** 观察患者疼痛的部位、性质，了解疼痛的原因和诱因；与患者探讨减轻疼痛的方法与技巧，鼓励患者运用指导式想象、阅读报纸杂志、听音乐等分散注意力，以达到精神放松而减轻疼痛。

3. **用药护理** 指导患者遵医嘱正确服用抗癫痫药物，并告知药物可能出现的不良反应，如卡马西平可出现恶心、口干、头晕、步态不稳、肝功能损害、精神症状、皮疹、白细胞减少；氯硝西泮可致嗜睡、步态不稳。有些症状可于数日后自行消失，患者不可随意更换药物或自行停药；而有些症状需立即停药，护士应观察、记录和及时报告医生。

（四）护理目标及评价

患者能避免引起疼痛发作的诱因，掌握运用非药物的方法分散注意力，疼痛减轻或消失；焦虑缓解或消失，情绪稳定。评价经实施护理措施，是否达到以上护理目标。

三、健康指导

1. **疾病知识指导** 告知患者本病相关知识与自我护理方法，指导患者生活有规律，保持情绪稳定和健康心态，培养多种兴趣爱好以分散注意力；保持正常作息和睡眠；刷牙、洗脸动作宜轻柔；食物宜软，忌生硬、油炸食物。

2. **用药指导与病情监测** 服用卡马西平者每1~2个月检查1次肝功能和血常规，出现眩晕、行走不稳或皮疹时及时就诊。

情境9-6 问题回答

患者："护士，我为什么会出现面部疼痛？是不是医生说的牙髓炎引起的呢？"
护士："李大姐，您是因为患了原发性三叉神经痛才引起了面部疼痛，而不是牙髓炎引起的牙痛，这两种病很相似。原发性三叉神经痛的特点是多见于40岁以上的女性，病因不明确，发作时在面颊部、上下颌或舌疼痛最明显，似刀割、触电、火烧样疼痛，可以在说话、刷牙、吃饭时诱发，时间很短。"
患者："护士，我这个病能治好吗？怎样才能减少疼痛发作？"
护士："李大姐，您这个病主要采用长期药物治疗，无效可以再选择封闭或手术治疗，疼痛可以减轻或消失。平时您要尽可能减少刺激因素，比如焦虑、食用生硬油炸食物，刷牙洗脸要轻柔，疼痛发作时做点别的事情分散注意力。"
患者："哦，我明白了，我会积极配合医生治疗的。谢谢您啊！"
护士："不用谢！您还有什么问题，可以随时问我。"

小结

原发性三叉神经痛是三叉神经分布区内闪电样反复发作的剧痛，以面颊部、上下颌或舌疼痛最明显，有"扳机点"，无神经系统阳性体征。首选卡马西平治疗，疼痛及用药护理是重点。

自 测 题

A_1型题

1. 关于原发性三叉神经痛的临床表现以下哪项除外（ ）
   A. 发作性疼痛
   B. 呈闪电样、针刺样或刀割样剧痛
   C. 存在扳机点（触发点）
   D. 患侧角膜反射减弱
   E. 严格限于三叉神经分布区域内

A_2型题

2. 患者，男性，41岁，既往体健，近日因寒冷突然出现

左侧面部剧痛,医院诊断为原发性三叉神经痛,首选的治疗药物是（　　）
A. 阿司匹林　　B. 6-氨基己酸　　C. 卡马西平　　D. 地西泮　　E. 新斯的明

第5节　帕金森病患者的护理

> **情境9-7**
> 患者,男,74岁,因右侧肢体抖动、僵硬4年来诊。患者话语迟缓、断续,由儿子代述:"最初是我们发现我爸安静坐着时出现右边手抖动,经提醒后他自己注意到就抖动得更厉害,难以控制,但睡着后很正常,逐渐发现他说话很慢,手脚活动不太灵活、僵硬,穿脱衣服、洗脸刷牙很困难,起床很费力,走路有点急冲,越走越快,一直没到医院看过,也没吃过什么药物,这几年越来越严重了"。既往无脑炎、脑出血、脑梗死病史。入院后体检:生命体征正常,神志清楚,面具脸,流涎,慌张步态,右侧肢体搓丸样静止性震颤,呈"齿轮样"肌张力增高,指鼻准,肌力正常,病理反射阴性。头颅CT未见异常。

一、疾病概要

（一）概述

帕金森病（PD）,又称震颤麻痹,是一种较常见的以黑质多巴胺能神经元变性和路易小体形成为病理特征,以静止性震颤、肌强直、运动迟缓和姿势步态异常为临床特征的慢性疾病。本病呈慢性进行性发展,且不能自动缓解,主要死于晚期各种并发症。

（二）病因及发病机制

病因不明,可能与以下因素有关:①年龄老化,60岁以上患病率高达1%。随年龄增长,黑质多巴胺能神经元开始呈退行性变,数量减少。但衰老只是帕金森病的促发因素。②环境因素,长期接触与1-甲基-4-苯基-1,2,3,6-四氢吡啶（MPTP）分子结构类似的杀虫剂、除草剂或某些工业毒物等可能是本病的危险因素。③遗传因素,有报道10%左右的患者有家族史,与基因突变有关。

目前认为帕金森病非单因素引起,而是多因素交互作用。基因突变可使发病率增加,但不一定发病,只有在环境因素及衰老的共同作用下,导致黑质多巴胺能神经元大量变性、丢失而发病。

（三）诊断及治疗要点

1. 诊断要点　中年以后发病,进行性加重的静止性震颤、肌强直、运动迟缓和姿势步态异常等典型症状和体征,结合对多巴胺治疗敏感即可诊断。PD须与帕金森综合征鉴别,后者是由于脑部炎症、肿瘤、脑动脉硬化、代谢障碍及使用某些药物如氯丙嗪、利舍平、氟桂利嗪等产生的震颤。

> **情境9-7诊断分析**
> 该患者为老年男性,缓慢病程,有进行性加重的右侧肢体搓丸样静止性震颤、僵硬、运动迟缓、步态异常;体检有面具脸,流涎,慌张步态,右侧肢体呈"齿轮样"肌张力增高,无锥体束征,肌力正常;头颅CT正常,符合帕金森病的特点。故该患者初步诊断为帕金森病。

2. 治疗要点　采取综合治疗,包括药物、手术、康复及心理治疗等,但只能改善症状,不能阻止病情的发展,更无法治愈。其中,药物治疗是首选且主要的治疗方法,以替代性药物如复方左旋多巴、多巴胺受体激动剂等效果较好,需长期或终身服药。

二、疾病护理

（一）护理评估

1. 健康史　询问患者患病的起始时间、主要症状及其特点;有无长期接触杀虫剂、除草剂或某些工业化学品等;有无帕金森病家族史;既往健康状况,有无高血压和脑动脉硬化、外伤、中毒、肿瘤等病史;了解患者患病后的检查、治疗用药经过和效果及躯体活动能力、语言功能、饮食量等情况。

2. 身体状况

（1）发病情况:常为60岁以后发病,男性稍多,起病缓慢,进行性发展。首发症状多为震颤（60%~70%）,其次为步行障碍（12%）,肌强直（10%）和运动迟缓（10%）。

（2）症状与体征

1）静止性震颤:常为首发症状,多始及一侧上肢远端,典型表现为拇指与屈曲的食指间呈"搓丸样"动作。具有静止时明显、紧张时加剧、动作时减轻、入睡后消失等特征,故有"静止性震颤"之说。

2）肌强直:多从一侧肢体近端开始,逐渐蔓延至远端、对侧和全身肌肉。表现为屈肌和伸肌肌张力均增高,被动运动时关节始终保持阻力增高,类似弯曲软铅管的感觉,故称"铅管样肌强直"。在有静止性震颤患者中可感到均匀的阻力中出现断续停顿,如同转动齿轮感,称为"齿轮样肌强直"。

3）运动迟缓:指随意动作减少、减慢。早期表现为手指精细动作如系鞋带、解纽扣、穿衣、洗脸、刷牙等动作缓慢,逐渐发展成全面性随意动作减少、缓慢,如行走时启动和终止均有困难,晚期合并肌张力增高致起床、翻身均有困难。体检可见面肌强直使面容呆板、双目凝视和瞬目减少,呈现"面具脸";语速变慢、语音低调;书写时字越写越小,呈现"写字过小征"。

4）姿势步态异常:此症状为病情进展的重要标志,是致残的重要原因。早期走路拖步,迈步时身体前倾,行走时步距缩短,上肢摆臂幅度减小或消失;晚期自坐位、卧位起立困难;有时行走中全身僵住,不能动弹,称为"冻结"现象;有时迈步后碎步、往前冲,越走越快,不能及时止步,称为"慌张步态",是帕金森病特有的体征。

5）其他:常见有自主神经症状,如便秘、出汗异常、流涎、性功能减退和脂溢性皮炎（脂颜）等。近半者伴有抑郁症和（或）睡眠障碍。15%~30%患者在晚期出现痴呆。

考点: 帕金森病的主要症状和体征

3. 心理-社会状况　患者早期动作迟缓笨拙、言语断续、流涎,容易产生自卑、脾气暴躁和忧郁心理,回避人际交往,拒绝社交活动,整日沉默寡言;晚期随着病情加重,生活自理能力下降,产生焦虑、恐惧甚至绝望心理。

（二）护理诊断与合作性问题

1. 躯体活动障碍　与黑质病变、锥体外系功能障碍所致震颤、肌强直、体位不稳、随意运动异常有关。

2. 自尊低下　与震颤、流涎、面肌强直等身体形象改变和言语障碍、生活依赖他人有关。

3. 知识缺乏　缺乏本病相关知识与药物治疗知识。

4. 营养失调:低于机体需要量　与吞咽困难、饮食减少和肌强直、震颤所致机体消耗量增加等有关。

5. 语言沟通障碍　与咽喉部、面部肌肉强直,运动减少、减慢有关。

6. 潜在并发症　外伤、压疮、感染。

情境9-7 护理诊断分析

患者有静止性震颤、僵硬、运动迟缓、步态异常、流涎、面具脸,未及时诊治。故存在下列主要护理诊断:躯体活动障碍（与黑质病变、锥体外系功能障碍所致震颤、肌强直、体位不稳、随意运动异常有关）、自尊低下（与震颤、流涎、面肌强直等身体形象改变和言语障碍、生活依赖他人有关）、知识缺乏（缺乏本病相关知识与药物治疗知识）。

（三）护理措施

1. 一般护理

（1）休息与活动。①早期:鼓励患者积极参与家居及社交活动,坚持适当锻炼,如下棋、散步、体操等。②中期:对已出现某些功能障碍或起坐已感到困难的动作要有计划有目的地锻炼。如患者感到起坐困难,每天做完一般运动后,反复多次练习起坐动作;起步困难者可以在脚前放置一个小障碍物作为视觉提示,帮助起步;步行时目视前方而不是地面;步行时两腿尽量保持一定距离,双臂要摆动以增加平衡;转身时要以弧形线形式前移,尽可能不要在原地转弯;提醒患者不可边步行边讲话、碎步急速移动及起步时拖着脚走路,否则容易跌倒。③晚期:帮助卧床患者采取舒适体位,被动活动关节,按摩四肢肌肉。

(2) 饮食护理。①饮食原则:给予高热量、高维生素、高纤维素、高钙、适量优质蛋白、低盐、低脂的易消化饮食,戒烟酒。蛋白质不宜过多,以免降低左旋多巴类药物的疗效,槟榔可降低抗胆碱能药物的疗效,应禁食。②食物选择:主食以五谷类为主,多食新鲜蔬菜水果,多饮水;适当奶制品和肉类、家禽、蛋、豆类;少吃油、盐、糖。③进食方法:进食或饮水时抬高床头,不催促、打扰患者;流涎过多者可使用吸管吸食流质;咀嚼和消化功能减退者给予易消化、易咀嚼的细软、无刺激软食或半流食;咀嚼和吞咽功能障碍者选用麦片、稀粥、蒸蛋等精细制作的小块食物或黏稠不易反流的食物,避免吃坚硬、滑溜及圆形食物;对进食困难、饮水反呛者要及时鼻饲,防止误吸、窒息或吸入性肺炎。必要时遵医嘱给予静脉营养。

考点: 帕金森病的饮食护理

(3) 个人卫生:对出汗多、皮脂腺分泌亢进者,指导其穿柔软、宽松棉布衣服;经常清洁皮肤,勤换被褥、衣物,勤洗澡。

(4) 皮肤护理:卧床患者垫气垫床或按摩床,保持床单整洁、干燥,定时翻身、拍背,预防褥疮。

(5) 两便护理:指导多食含纤维素丰富的食物,多饮水,每天顺时针按摩腹部,促进胃肠蠕动;可适量服用蜂蜜、麻油等通便;必要时遵医嘱给予缓泻剂口服或开塞露塞肛、灌肠等。对排尿困难者指导腹部按摩、热敷以刺激排尿;必要时给予导尿和留置尿管。

2. 安全护理 措施见本章第1节"运动障碍"的安全护理。强调:①对上肢震颤未能控制、日常生活动作笨拙的患者,避免自行使用液化气炉具和从开水瓶拿热水、热汤,谨防烧伤、烫伤,为端碗持筷困难者准备带有大把手的餐具,选用不易碎的不锈钢饭碗、水杯和汤勺。②对有幻觉、错觉、欣快、抑郁、精神错乱、意识模糊或智能障碍者要安排专人陪护。护士应认真查对患者是否按时服药,有无错服或误服,药物代为保管,每次送药到口;严格交接班制度,禁止患者自行使用利器和危险品;智能障碍者应安置在有严密监控的区域,避免自伤、坠床、坠楼、走失、伤人等意外发生。

考点: 帕金森病的安全护理

3. 配合治疗护理

(1) 用药护理

1) 用药原则:小剂量开始,逐步缓慢加量直至有效维持;服药期间尽量避免使用维生素B_6、利舍平、氯丙嗪、奋乃静等药物,以免降低疗效或导致直立性低血压。

2) 常用药物、不良反应及注意事项。①复方左旋多巴:目前仍是治疗本病最基本、最有效的药物,对震颤、强直、运动迟缓均有较好疗效。常用复方制剂,有标准片、控释片、水溶片等不同剂型,常用药物有多巴丝肼(美多巴;左旋多巴/苄丝肼)。可引起恶心、呕吐、直立性低血压、眩晕、精神症状、症状波动、异动症等。需服药数日或数周才见效,应避免与高蛋白食物同服及突然停药,精神病禁用。②抗胆碱能药物:主要用于震颤明显且年轻患者,老年慎用。常用药物有苯海索(安坦)。可引起口干、视物模糊、排尿困难、便秘等,重者幻觉、妄想。停药前需缓慢减量,以免症状恶化。③多巴胺受体激动剂:目前大多推崇此类药物为首选药物,尤其早期年轻患者。能直接激动纹状体,产生和多巴胺相同的作用,减少和推迟运动并发症的发生。常用药物有普拉克索和吡贝地尔。不良反应与复方左旋多巴相似,不同之处是症状波动和异动症发生率低,而低血压和精神症状发生率高。首次服药后应卧床,避免开车或操作机械;尽量在上午服药,避免失眠。④金刚烷胺:对少动、强直、震颤均有改善作用。可引起恶心、呕吐、眩晕、失眠、惊厥、水肿等,尽量在黄昏前服用,避免失眠。⑤单胺氧化酶B抑制剂:能阻止脑内多巴胺降解,增加多巴胺含量,与复方左旋多巴合用可增强疗效。常用药物有司来吉兰。可引起恶心、呕吐、眩晕、不自主动作。应尽量在上午服药,避免失眠;溃疡者慎用。⑥儿茶酚-氧位-甲基转移酶抑制剂:抑制左旋多巴在外周的代谢,使血浆左旋多巴浓度保持稳定,并增加其进脑量。单用无效,一般与复方左旋多巴合用增强其疗效。常用药物有恩他卡朋,可引起恶心、呕吐、腹泻、神智混乱、不自主动作等。

考点:帕金森病的用药护理

(2) 康复护理:中药、针灸和康复治疗对改善症状有一定作用。进行语言、肢体运动、进食等训练和指导,可改善生活质量和减少并发症。

4. **自我修饰指导** 指导患者进行如鼓腮、伸舌、撅嘴、龇牙、吹吸等面肌功能训练,可改善面部表情和吞咽困难,协调发音;督促进食后及时清洁口腔,随身携带纸巾擦尽口角溢出的分泌物,注意保持着装整洁和个人卫生等,以维护自我形象。

5. **疾病知识指导** 指导患者及家属了解本病的临床表现、病程进展和主要并发症,帮助患者和照顾者适应角色转变,掌握自我护理知识,积极寻找和去除任何使病情加重的原因。

6. **心理护理** 护士应细心观察患者的心理反应,鼓励其表达并注意倾听他们的心理感受,与患者讨论健康状况改变所造成的影响和不利于应对的因素,及时给予正确的信息和引导,使其能接受并适应自己目前的状态并设法改善。告诉患者本病病程长、进展缓慢、治疗周期长,而疗效好坏与精神情绪有关,鼓励他们保持良好心态。鼓励患者多与他人交往,多参加社交活动;指导家属关心体贴患者,多鼓励、少指责和念叨,为患者创造良好的亲情氛围。

(四) 护理目标及评价

患者能维持一定的躯体活动能力或活动能力逐渐增强;能维护良好的自我形象,无自卑、抑郁心理,心态良好;对疾病能有正确的认识,掌握药物的正确使用方法;营养状况改善、体重增加;能用非语言沟通方式与他人沟通,语言沟通能力逐渐提高;无外伤、压疮、感染等并发症发生。评价经实施护理措施,是否达到以上护理目标。

三、健康指导

1. **皮肤护理指导** 指导患者勤洗勤换,保持皮肤卫生;对中晚期患者,因卧床时间增多,应勤翻身勤擦洗,预防压疮。

2. **活动与休息指导** 鼓励患者维持和培养兴趣爱好,坚持适当运动和体育锻炼,做力所能及的家务。患者应树立信心,坚持主动运动,如散步、打太极拳等;加强日常生活动作训练,洗漱、进食、穿脱衣服等尽量自理;卧床患者协助被动活动关节和按摩肢体。

3. **安全指导** 指导患者避免登高和操作高速运转的机器,不要单独使用煤气、热水器和锐利器械,防止受伤;避免进食带骨刺食物和使用易碎的器皿;体位性低血压者睡眠时抬高床头,穿弹力袜,避免快速坐起或下床,防止跌倒;外出时需人陪伴,尤其精神智能障碍者其衣服口袋内要放置"安全卡片",写上姓名、住址和联系电话,或佩戴手腕识别牌,以防走失。

4. **照顾者指导** ①帕金森病无法根治,病程长达数年至数十年,家庭成员身心疲惫,经济负担重,容易产生无助感。应关心、理解照顾者及家属,尽力帮他们解决困难、走出困境。②照顾者应关心体贴患者,协助进食、服药和日常生活的照顾。督促患者遵医嘱正确服药,防止错服、漏服。③细心观察,积极预防并发症,及时识别病情变化。一旦出现发热、外伤、骨折、吞咽困难或运动障碍、精神智能障碍加重时应及时就诊。

情境9-7 问题回答

患者儿子："护士，我爸为什么会出现手抖？还有姿势步态怎么跟正常人不一样？"

护士："您好！您爸是因为患了帕金森病，也叫震颤麻痹，这个病的特点是中老年男性多见，可能跟年龄老化、接触化学毒物等有关，早期会先出现震颤，就是手抖，静止时明显，随着年龄增长逐渐出现肌强直、运动迟缓及姿势步态异常，有"面具脸"、"慌张步态"这些特征，部分患者晚期会出现痴呆。"

患者儿子："护士，我爸这个病能治好吗？"

护士："您爸这个病目前是无法治愈的，也不能阻止病情发展，但可以通过综合治疗改善症状，主要治疗方法是长期服药治疗！"

患者儿子："哦，我明白了，我们会积极配合医生治疗的。谢谢您啊！"

护士："不用谢！您还有什么问题，可以随时问我。"

小结

帕金森病以黑质多巴胺能神经元变性和路易小体形成为病理特性，以静止性震颤、肌强直、运动迟缓和姿势步态异常为临床特征。首选药物治疗，需长期或终身服药。帕金森病患者的饮食、安全和用药护理是重点。

自 测 题

A_1 型题

1. 帕金森病的特征性症状是（ ）
   A. 运动迟缓　　　　B. 吞咽困难
   C. 静止性震颤　　　D. 写字过小征
   E. 姿势步态异常

A_2 型题

2. 患者，男，65岁。因左侧肢体活动障碍、僵硬5年入院。体检：面具脸，流涎，走路慌张步态，左侧肢体肌张力高，呈齿轮样强直，指鼻试验正常，肌力正常。头颅CT未见异常。该患者最可能的诊断是（ ）
   A. 帕金森病　　　　B. 脊髓灰质炎
   C. 脑炎　　　　　　D. 脑血管疾病
   E. 癫痫

实践9　神经系统常用诊疗技术及护理

一、腰椎穿刺术

腰椎穿刺术是通过穿刺腰椎间隙进入蛛网膜下腔放出脑脊液的技术，主要用于中枢神经系统疾病的诊断和鉴别诊断。是神经系统疾病常用检查方法之一。

【目的和要求】

1. **诊断性穿刺**　检查脑脊液的成分，了解脑脊液常规、生化、免疫学、细胞学及病原学证据；测定脑脊液压力；了解椎管有无梗阻。

2. **治疗性穿刺**　注入药物或放出炎性、血性脑脊液。

【适应证】

中枢神经系统疾病（如脑膜炎、脑炎、出血性脑血管疾病、脑恶性肿瘤、脱髓鞘病等）诊断与鉴别诊断；脊髓造影和鞘内注射药物治疗；颅内压异常监测。

【禁忌证】

颅内压增高伴明显视盘水肿、脑疝先兆、颅后窝肿瘤、穿刺部位有化脓性感染性病灶、开放性颅脑损伤、有脑脊液漏、明显出血倾向、脊柱结核、脊柱压迫症的脊柱功能处于即将丧失的临界状态。

【腰椎穿刺及护理】

1. **术前护理**　评估患者文化水平、合作程度及是否做过腰椎穿刺等；向患者说明穿刺的目的、特殊体位、过程及注意事项,以免患者紧张、恐惧,征得患者和家属的签字同意;备好穿刺包、压力表包、治疗盘、无菌手套、所需药物和氧气等,用普鲁卡因局麻者穿刺前做皮试,嘱患者排空大小便,在床上静卧 15~30 分钟。

2. 术中护理

(1) 穿刺配合。①体位:协助患者去枕侧卧于硬板床上,背齐床沿,屈颈抱膝,使脊柱尽量前屈,以增加椎间隙宽度。②确定穿刺点:两侧髂嵴最高点连线与后正中线相交处为第 4 腰椎棘突,一般选择第 4~5 或 3~4 腰椎棘突间隙。③消毒、麻醉:协助穿刺针进行穿刺部位常规消毒。打开无菌包,操作者戴手套,铺巾,以 2% 利多卡因或 1% 普鲁卡因在穿刺点局部做皮内、皮下至韧带的浸润麻醉。④穿刺、测压:操作者将腰椎穿刺针沿腰椎间隙垂直进针(针头斜面向上),推进 4~6cm(儿童 2~3cm)深度或感阻力突然降低时,提示进入蛛网膜下腔,可将针芯拔出,让脑脊液自动滴出,并接上测压管先行测压,正常成人为 80~180mmHg。测压前嘱患者放松、缓慢伸直头部及双下肢,有利于医生测压及做压腹试验和压颈试验。⑤取脑脊液:撤去测压管,协助医生留取脑脊液 2~5ml 于无菌试管内送检。⑥拔针:术毕,将针芯插入穿刺针内一起拔出,消毒穿刺部位后覆盖无菌敷料,局部按压防止出血。

(2) 护理:术中护士应密切观察患者呼吸、脉搏及面色,询问有无不适感。

3. 术后护理 指导患者去枕平卧 4~6 小时,不能抬高头部,但可转动身体;24 小时内禁止淋浴;观察患者有无头痛、腰背痛、感染及脑疝等并发症,一旦出现,立即通知医生并协助抢救,如出现头痛、呕吐或眩晕可能为低颅压所致,可多饮水或静脉滴注生理盐水,延长卧床时间至 24 小时。

二、数字减影脑血管造影

数字减影脑血管造影(DSA)是指经肱动脉或股动脉插管,在颈总动脉或椎动脉注入含碘造影剂,分别在动脉期、毛细血管期和静脉期摄片,观察造影剂所显示的颅内血管的形态、分布和位置。是通过计算机把血管造影片的骨与软组织的影像消除,仅在影像片上突出血管的一种摄影技术。

(一) 适应证

脑血管病(颅内动脉瘤、动静脉畸形、动脉痉挛、动脉狭窄闭塞等);颅内占位病变的血供与邻近血管的关系及某些肿瘤的定性;自发性颅内血肿或蛛网膜下腔出血的病因检查。

(二) 禁忌证

有严重出血倾向或出血性疾病;穿刺部位皮肤感染;对造影剂过敏;严重心、肝、肾功能不全或病情危重不能耐受手术。

(三) 操作方法及护理

1. 造影前准备 ①评估患者文化水平和对造影检查的知晓程度,指导患者和家属了解造影目的、注意事项、造影过程中可能发生的反应,消除紧张、恐惧心理,征得家属签字同意和患者的合作。儿童与烦躁不安者应使用镇静药或在麻醉下进行。②完善各项检查,遵医嘱行碘过敏试验。③用物准备:造影剂、麻醉剂、肝素钠、生理盐水、股动脉穿刺包、无菌手套、沙袋及抢救药物等。④皮肤准备:按外科术前要求在穿刺侧腹股沟部位备皮。⑤术前 4~6 小时禁食、禁水,术前 30 分钟排空大小便,必要时留置导尿管等。⑥术前 30 分钟遵医嘱执行术前用药。

2. 造影中护理

(1) 方法(经股动脉插管 DSA):①在耻骨联合-髂前上棘连线中点、腹股沟韧带下 1~2cm 股动脉搏动最强点进行穿刺。②常规皮肤消毒,2% 利多卡因局部麻醉。③将穿刺针与皮肤成 30°~45°角刺入股动脉,将导丝送入血管 20cm 左右,撤出穿刺针,迅速沿导丝置入导管鞘或导管,撤出导丝。④在屏幕监护下将导管送入各个头臂动脉。⑤进入靶动脉后注入少量造影剂确认动脉,然后造影。

（2）护理：密切观察意识、瞳孔及生命体征变化，注意患者有无头痛、呕吐、抽搐、打哈欠、打鼾、失语及肢体活动障碍，发现异常及时报告医生处理。

3. 造影后护理　①术后平卧，穿刺部位按压30分钟，沙袋压迫6~8小时，穿刺侧肢体继续制动（伸展位，不可屈曲）2~4小时。一般于穿刺后8小时可行侧卧位；24小时内卧床休息、限制活动，协助生活护理；24小时后如无异常可下床活动。②密切观察双侧足背动脉搏动和肢体远端皮肤颜色、温度等，防止动脉栓塞；注意局部有无渗出、血肿，指导患者咳嗽或呕吐时按压穿刺部位，以免伤口出血。③指导患者多饮水，促进造影剂排泄。

（石　芳）

参考文献

蔡晋,江景芝.2007.内科护理.北京:科学出版社

葛均波,徐永健.2013.内科学.第8版.北京:人民卫生出版社

胡大一.2009.心血管内科学.北京:人民卫生出版社

金中杰,林梅英.2012.内科护理.第2版.北京:人民卫生出版社

陆再英,钟南山 2009.内科学.第7版.北京:人民卫生出版社

全国护士执业资格考试用书编写委员会.2013.全国护士执业资格考试指导.北京:人民卫生出版社

王兴华.2009.国家护士执业资格考试试题目精编.北京:科学出版社

徐亮.2010.内科护理学笔记.北京:科学出版社

杨跃进,华伟.2013.阜外心血管内科手册.第2版.北京:人民卫生出版社

尤黎明,吴瑛.2013.内科护理学.第5版.北京:人民卫生出版社

翟丽玲,黄秋杏.2011.护理技能综合实训.北京:北京大学医学出版社

张来平.2011.内科护理学.西安:第四军医大学出版社

张小来,陆一春.2012.内科护理学.北京:科学出版社

内科护理教学大纲

（112学时）

一、课程性质和任务

《内科护理》是临床护理的核心学科，是护理专业、助产专业的一门重要专业课程。主要研究患内科疾病的患者生理、心理和社会等方面健康问题的发生、发展规律，并运用整体护理来诊断、治疗和护理病人，以达到促进和保持患者健康的目的。本课程主要内容包括内科十个系统常见病、多发病病人的护理。本课程的主要任务是使学生树立"以人的健康为中心"的护理理念，养成良好的职业道德和工作作风，掌握内科护理的"三基"即：基本理论、基本知识和基本技能，成为具有职业生涯发展基础的技能型、服务型的高素质医务工作者，能在各级各类医疗机构为服务对象提供预防疾病、促进康复、保持健康的护理服务。

二、课程教学目标

（一）知识教学目标

1. 掌握临床表现、护理评估、护理措施。
2. 熟悉护理诊断及合作性问题、治疗要点。
3. 了解病因及发病机理。

（二）能力培养目标

1. 具有对服务对象进行常见病、多发病实施整体护理的能力。
2. 具有预防为主的观念和实施健康教育的能力。

（三）思想教育目标

1. 树立全心全意为病人服务的思想，具有认真、严谨、热情的工作作风。
2. 培养团队意识和协作精神，学习、尝试临床护理的新理论、新方法、新技术的创新意识。
3. 具有严谨的科学态度，良好的医德医风，立志为基层卫生事业而献身的精神。

三、教学内容和要求

教学内容	教学要求			教学活动参考	教学内容	教学要求			教学活动参考
	了解	熟悉	掌握			了解	熟悉	掌握	
第1章　绪论				理论讲授 多媒体演示	第2章　呼吸系统疾病患者的护理				理论讲授 多媒体演示 自测题训练
一、内科护理学的范围和内容	√				第1节　概述				
二、内科护理学的工作要点		√			一、呼吸系统的结构功能与疾病的关系		√		
三、学习内科护理的学习目的与方法			√		二、呼吸系统疾病患者常见症状体征的护理		√		
四、内科护理的发展趋势	√				第2~11节				

续表

教学内容	教学要求			教学活动参考	教学内容	教学要求			教学活动参考
	了解	熟悉	掌握			了解	熟悉	掌握	
一、疾病概要	√				三、消化系统疾病患者常见症状体征的护理	√			
1. 概述					第2~6节				
2. 病因及发病机制					一、疾病概述	√			
3. 诊断及治疗要点					1. 概述				
二、疾病护理					2. 病因及发病机制				
1. 护理评估			√		3. 诊断及治疗要点				
2. 护理诊断及合作性问题			√		二、疾病护理				
3. 护理目标	√				1. 护理评估			√	
4. 护理措施			√		2. 护理诊断及合作性问题			√	
5. 护理评价	√				3. 护理目标	√			
三、健康教育	√				4. 护理措施			√	
第3章 循环系统疾病患者的护理				理论讲授 多媒体演示 自测题训练	5. 护理评价	√			
第1节 概述					三、健康教育	√			
一、循环系统的结构功能与疾病的关系	√				第5章 泌尿系统疾病患者的护理				理论讲授 多媒体演示 自测题训练
二、循环系统疾病患者常见症状体征的护理	√				第1节 概述				
第2~10节					一、泌尿系统的结构功能与疾病	√			
一、疾病概要	√				二、疾病特点和护理要点	√			
1. 概述					三、泌尿系统疾病患者常见症状体征的护理	√			
2. 病因及发病机制					第2~4节				
3. 诊断及治疗要点					一、疾病概要	√			
二、疾病护理		√			1. 概述				
1. 护理评估			√		2. 病因及发病机制				
2. 护理诊断及合作性问题			√		3. 诊断及治疗要点				
3. 护理目标	√				二、疾病护理				
4. 护理措施			√		1. 护理评估			√	
5. 护理评价	√				2. 护理诊断及合作性问题			√	
三、健康教育	√				3. 护理目标	√			
第4章 消化系统疾病患者的护理				理论讲授 多媒体演示 自测题训练	4. 护理措施			√	
第1节 概述					5. 护理评价	√			
一、消化系统的结构功能与疾病	√				三、健康教育	√			
二、疾病特点和护理要点	√				第6章 血液及造血系统疾病患者护理				

续表

教学内容	了解	熟悉	掌握	教学活动参考	教学内容	了解	熟悉	掌握	教学活动参考
第1节 概述				理论讲授 多媒体演示 自测题训练	5. 护理评价	√			
一、血液系统的结构功能与疾病的关系	√				三、健康教育	√			
二、血液系统疾病患者常见症状体征的护理	√				第8章 风湿性疾病患者的护理				理论讲授 多媒体演示 自测题训练
第2~5节					第1节 概述	√			
一、疾病概要	√				第2~3节				
1. 概述					一、疾病概要	√			
2. 病因及发病机制					1. 概述				
3. 诊断及治疗要点					2. 病因及发病机制				
二、疾病护理					3. 诊断及治疗要点				
1. 护理评估			√		二、疾病护理				
2. 护理诊断及合作性问题			√		1. 护理评估			√	
3. 护理目标	√				2. 护理诊断及合作性问题			√	
4. 护理措施			√		3. 护理目标	√			
5. 护理评价	√				4. 护理措施			√	
三、健康教育	√				5. 护理评价	√			
第7章 内分泌与代谢疾病患者的护理				理论讲授 多媒体演示 自测题训练	三、健康教育	√			
第1节 概述					第9章 神经系统疾病患者的护理				理论讲授 多媒体演示 自测题训练
一、内分泌与代谢系统的结构功能与疾病	√				第1节 概述				
二、内分泌与代谢系统疾病患者常见症状体征的护理	√				一、神经系统的结构功能与疾病	√			
第2~7节					二、神经系统疾病患者常见症状体征的护理	√			
一、疾病概要	√				第2~5节				
1. 概述					一、疾病概要	√			
2. 病因及发病机制					1. 概述				
3. 诊断及治疗要点					2. 病因及发病机制				
二、疾病护理					3. 诊断及治疗要点				
1. 护理评估			√		二、疾病护理				
2. 护理诊断及合作性问题			√		1. 护理评估			√	
3. 护理目标	√				2. 护理诊断及合作性问题			√	
4. 护理措施			√		3. 护理目标	√			
					4. 护理措施			√	
					5. 护理评价	√			
					三、健康教育	√			

续表

教学内容	教学要求			教学活动参考	教学内容	教学要求			教学活动参考
	了解	熟悉	掌握			了解	熟悉	掌握	
二、疾病护理					实践3 循环系统常见诊疗技术及护理			√	
1. 护理评估			√						
2. 护理诊断及合作性问题			√		实践4 循环系统常见病的护理措施			√	
3. 护理目标	√				实践5 消化系统常用诊疗技术及护理			√	
4. 护理措施			√						
5. 护理评价	√				实践6 泌尿系统常见诊疗技术及护理		√		
三、健康教育	√				实践7 内分泌及代谢性疾病常用诊疗技术及护理				
实践				技能实训 临床练习					
实践1 胸腔穿刺术的配合操作技术			√		实践8 风湿性关节炎患者的护理			√	
实践2 呼吸机的操作及机械通气患者的气道护理			√		实践9 神经系统常用诊疗技术及护理		√		

四、学时分配建议（112学时）

序号	教学内容	学时数		
		理论	实践	合计
1	绪论	1		1
2	呼吸系统疾病患者的护理	19	4	23
3	循环系统疾病患者的护理	18	4	22
4	消化系统疾病患者的护理	12	2	14
5	泌尿系统疾病患者的护理	8	2	10
6	血液及造血系统疾病患者的护理	10	2	12
7	内分泌与代谢疾病患者的护理	10	2	12
8	风湿性疾病患者的护理	6	2	8
9	神经系统疾病患者的护理	8	2	10
	合计	92	20	112

五、教学大纲说明

1. 本教学大纲主要供中等卫生职业学校护理专业、助产专业教学使用。

2. 总学时为112学时，其中理论教学92学时，实践教学20学时，为有利学生自学，本教材按132学时编写，各校可结合各专业的实际及本校实际增减课时选择、使用。

（二）教学要求

1. 本课程对理论教学内容的要求分为掌握、熟悉、了解3个层次。掌握：指对内科常见病的护理评估及护理措施有较深的认识，并能运用解决实际问题。如：具有对内科常见病患者的病情变化、心理变化和治疗反应进行观察和初步分析处理的能力,能正确书写内科护理记录,能配合医师对内科急危重症患者进行抢救,能配合医师实施内科常用诊疗技术操作,能运用内科疾病预防保健知识和人际沟通技巧向个体、家庭、社区提供保健服务,开展健康教育。熟悉:指能够解释、领会概念的基本含义并会应用所学技能。了解:指能够简单理解、记忆所学知识。

2. 本课程对实践教学内容的要求分为掌握和学会2个层次。掌握:指能独立、规范地按照护理程序处理内科病人的护理问题,完成内科护理各项技术操作。学会:指能在教师的指导下,配合医生实施内科护理诊疗技术操作及护理。

（三）教学建议

1. 理论教学强调"必须、够用" 突出实用性,采用讲授、多媒体演示等多种教学方法,让学生掌握内科疾病及护理的"三基"知识,启迪学生思维,培养其分析、解决临床实际问题的能力。

2. 实践教学强调与岗位"零距离" 采用情境教学、项目教学、任务驱动的教学方法及临床见习等形式进行。通过实验课,让学生掌握内科常用诊疗技术护理技能;通过模拟病案,设置患者和护士的情境,让学生能在教室或实验室训练如何结合理论已学的知识对模拟患者实施护理评估、提出护理诊断并实施护理措施。实现教-学-做,"理-实一体"及理论和实践相结合的教学目的。

3. 教学评价 主要通过提问、作业、测验、实验报告、理论及技能考试等多种形式进行评价是否达到教学目标提出的各项任务。

参考答案

第1章
1. E 2. D 3. E

第2章
第1节
1. E 2. E 3. D 4. E 5. B 6. C 7. C 8. B 9. E
10. D 11. E

第2节
1. A 2. D 3. E 4. A 5. D 6. A

第3节
1. B 2. C 3. C 4. A 5. B 6. C 7. C 8. C 9. A
10. C 11. C 12. E

第4节
1. A 2. C 3. B 4. D 5. E 6. A 7. A 8. B

第5节
1. D 2. D 3. B 4. C 5. D 6. B 7. E 8. A 9. D
10. E 11. C 12. E

第6节
1. E 2. E 3. B 4. C 5. D 6. A 7. E 8. B 9. C
10. D 11. A

第7节
1. E 2. E 3. D 4. C 5. C 6. E 7. C 8. A 9. A
10. C 11. C 12. C

第8节
1. E 2. A 3. D 4. C 5. E 6. C 7. B 8. D

第9节
1. A 2. E 3. C 4. B 5. C

第10节
1. A 2. D 3. D 4. D

第11节
1. B 2. A 3. E 4. B 5. C 6. B 7. E

第3章
第1节
1. B 2. E 3. E 4. D 5. B 6. A 7. E

第2节
1. D 2. B 3. A 4. B 5. E 6. C 7. B 8. D 9. D
10. C 11. C 12. C 13. C 14. E 15. D 16. A

第3节
1. D 2. E 3. D 4. B 5. A 6. D 7. D 8. C 9. C
10. E 11. C 12. E 13. B 14. A 15. C

第4节
1. C 2. D 3. A 4. D 5. A 6. A 7. C 8. C 9. B
10. C 11. A 12. C

第5节
1. B 2. D 3. C 4. A 5. B 6. B 7. E 8. C 9. A
10. E 11. E 12. D 13. E 14. C 15. B 16. C
17. D 18. E 19. C

第6节
1. A 2. B 3. A 4. E 5. B 6. E 7. B

第7节
1. D 2. B 3. C 4. A 5. B 6. E 7. A 8. A 9. D
10. C 11. C 12. C 13. D 14. C 15. B 16. D
17. B 18. A 19. C 20. A 21. D 22. E

第8节
1. B 2. E 3. B 4. C 5. B 6. A 7. C 8. C

第9节
1. C 2. B 3. C

第10节
1. D 2. B 3. D

第4章
第2节
1. B 2. A 3. B 4. A 5. D 6. C 7. E

第3节
1. A 2. B 3. A 4. C 5. D 6. C 7. E 8. A 9. B
10. E 11. A 12. C 13. A 14. E 15. A 16. C
17. C 18. B 19. D 20. C 21. E 22. A 23. D
24. D

第4节
1. A 2. C 3. B 4. D 5. C 6. D 7. E 8. A 9. A
10. C 11. B

第5节
1. A 2. C 3. C 4. C 5. D 6. C 7. C 8. E

第6节
1. C 2. E 3. D 4. D 5. C

实践 5
1. A 2. B 3. E 4. C 5. A 6. D 7. E 8. E 9. C
10. A 11. C 12. A

第 5 章
第 1 节
1. C 2. D 3. E 4. C 5. E 6. D 7. D
第 2 节
1. D 2. C 3. E 4. E 5. D 6. C 7. E 8. C 9. A
10. E 11. C 12. C 13. E
第 3 节
1. C 2. C 3. E 4. A 5. D 6. E 7. E 8. B 9. A
10. E 11. B
第 4 节
1. A 2. E 3. E 4. D 5. B 6. C 7. B 8. B 9. E
10. D 11. B 12. B

第 6 章
第 1 节
1. B 2. A 3. E 4. B 5. A 6. D 7. D 8. D 9. C
10. B
第 2 节
1. C 2. E 3. E 4. B 5. E 6. E 7. D 8. A 9. C
10. E 11. D 12. D 13. D 14. B 15. C
再生障碍性贫血患者的护理
1. A 2. C 3. D 4. C 5. B 6. A 7. E
巨幼细胞性贫血患者的护理
1. D 2. D 3. E 4. B 5. A 6. C
第 3 节
1. A 2. A 3. D 4. E 5. E
第 4 节
1. C 2. A 3. C 4. B 5. C 6. D 7. A 8. A 9. D
10. A 11. D 12. C 13. E 14. C 15. C 16. C
17. D 18. D
第 5 节
1. D 2. E

第 7 章
第 1 节
1. D 2. A 3. A

第 2 节
1. D 2. D 3. B
第 3 节
1. A 2. A 3. D 4. D 5. A 6. C 7. D 8. A 9. A
10. E 11. D 12. C 13. B 14. A 15. C 16. E
17. D
第 4 节
1. E 2. B 3. B 4. D 5. B 6. D 7. B 8. C 9. A
10. C 11. C 12. A 13. D 14. A 15. B 16. E
17. B
第 5 节
1. C 2. B
第 6 节
1. C 2. B 3. C
第 7 节
1. E 2. D

第 8 章
第 2 节
1. E 2. D 3. C 4. D 5. E 6. B 7. E 8. C 9. B
10. A 11. D
第 3 节
1. B 2. D 3. C 4. E 5. B 6. E 7. A 8. D 9. E

第 9 章
第 1 节
1. E 2. D 3. C 4. D
第 2 节
1. D 2. B 3. D 4. D 5. A 6. C 7. B 8. E 9. A
10. C 11. E 12. A 13. E 14. B 15. C 16. E
17. D 18. D 19. B 20. C 21. B 22. E 23. C
24. A 25. C 26. D 27. B 28. C 29. E 30. E
第 3 节
1. B 2. A 3. C 4. C 5. D 6. B 7. B 8. A
第 4 节
1. D 2. C
第 5 节
1. C 2. A